岡出　美則　編・解説

戦後体育実践資料集

第2巻　カリキュラムの開発

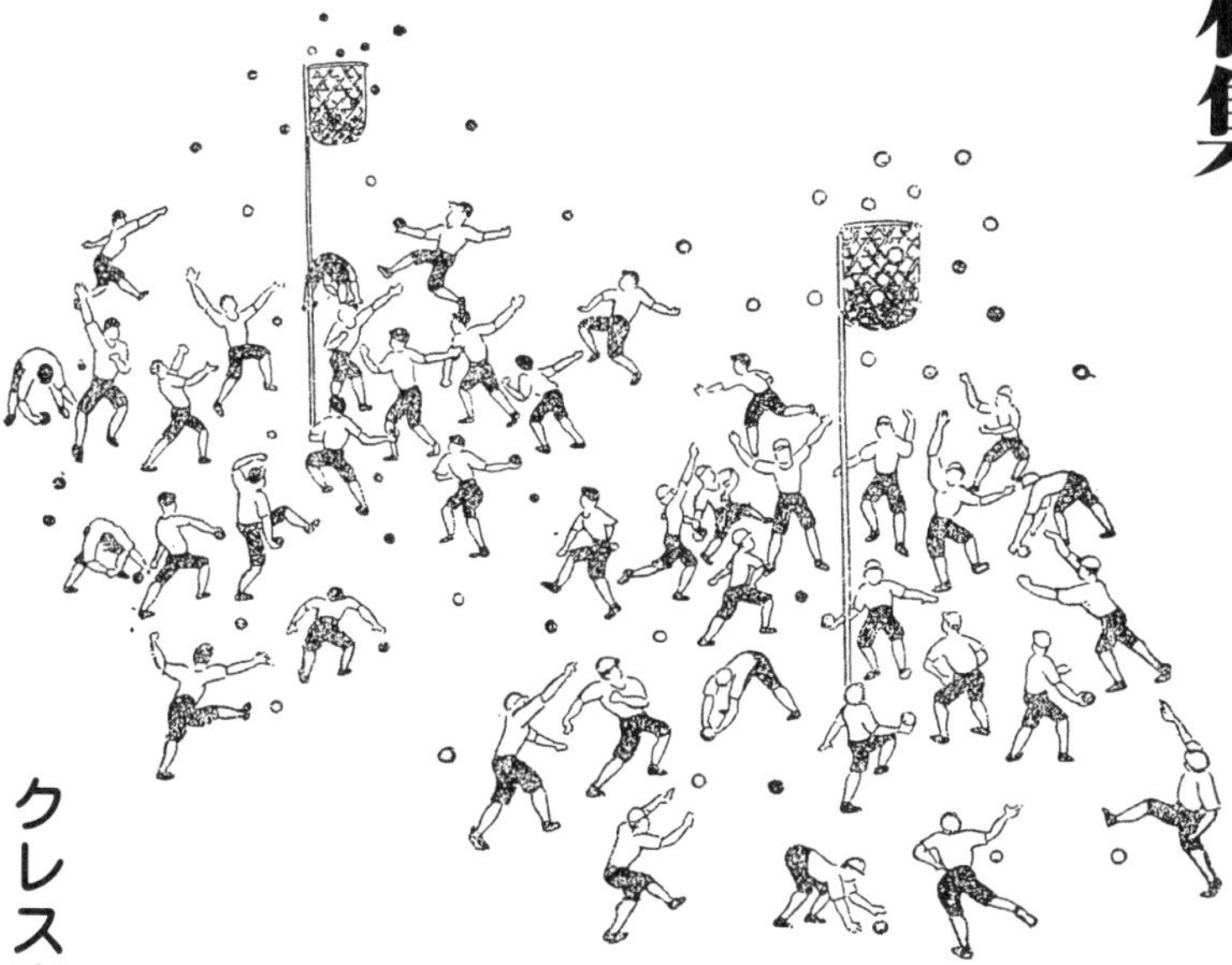

クレス出版

戦後体育実践資料集 各巻収録目次

第1巻 指針としての指導書、解説書

学校体育指導要綱解説
●日本体育指導者連盟編／一九五〇年／目黒書店

第2巻 カリキュラムの開発

生活カリキュラムと児童体育
●古屋三郎／一九四九年／教育文化出版社

私たちの教育課程研究 保健・体育
●日本教職員組合／一九七三年／一ツ橋書房

高等学校保健体育科 体育指導書―指導計画と指導法―
●文部省／一九五八年／教育図書

第3巻 実践展開に向けた示唆

弱い子供の体育指導
●岩本岩次郎／一九四九年／牧書店

小学校の体育教材
●今村嘉雄／一九五〇年／金子書房

体育単元の構成と展開
●丹下保夫／一九五〇年／教育文化出版社

第4巻 実践を語る

体育の子―生活体育をめざして―
●佐々木賢太郎／一九五六年／新評論社

考える体育
●亀村五郎／一九五六年／牧書店

戦後民主体育の展開〈実践編〉
●城丸章夫・荒木 豊・正木健雄／一九七五年／新評論

生活カリキュラムと児童体育

東京高等師範學校教諭　古屋三郎著

生活カリキュラムと兒童体育

教育文化出版社

まえがき

新教育ということは決してその意味するものが正しいものであるとすぐ決斷を下すことは出來ない」。新しいものは古いものと違つているということはいえるけれども、良いか惡いかは實際に使用してみた結果からいい得ることである。このような意味で現在新教育といわれているものは、生活教育であるが。これがよいものであるか、よくないものであるかは今後の教育それ自身が解決してくれるものである。然し吾々教育者にとつては現在の教育を傍觀して、それの善惡良否が解つてから生活教育を現場に生かそうとするのでは時代におくれてしまう。勿論時代におくれることは、それ自身惡いというのではない。けれども時代にとりのこされるということは時代的感覺を失うことである。教育者が時代的感覺を失うということは、決して喜ばしいことではない。

又新しいものは古いものに比べて完全な百八十度の轉回をしているということはない。古いものの中にも長所美點は幾分なりと存在しているものであつて、多くの新しいものは、古いものの缺點の部分の或る部分を矯正したものなのである。それ故吾々は舊教育の長を失うことなく流行を無暗におわずして、より正しい且つ時代に適した教育を行わなければならない。このような意味で新教育としての生活教育を學ぶことは大いに結構なことである。

然らばこの生活教育の中で體育は如何に考えられ、どんな方法で計畫され且實行にうつされなければならないか。

この問題をとりあげたのが本書である。けれども、もとより算數それ自身が生活の中にあるものではないと同樣、體育が生活の中にあるものでもない。算數といい、體育というものは抽象された一つの表現方法であつて、生活教育はそれ自身實生活をその基盤にもつている故に、こゝでいう體育は生活體育ともいわれるべきものである。

けれども學校教育は意圖的な人間活動である。それ故學校に於ける生活教育はあく迄も意圖的であるわけである。

意圖的な生活教育の中に體育は如何に生かされていくか。

著者がこの問題と取組んできたわずかの記録を本書の中で出來るだけわかりやすくまとめあげてきたつもりであるが、讀者諸賢の日日の教育にいささかでも益するところがあればまことに幸とするところである。

願わくは今後も尙此の道を學んでいく著者に御批評御鞭韃を賜わらんことを。

昭和二十四年八月二十八日

箱根溫泉にて　著　者　識

目次

第一章　生活カリキュラムと體育

第一節　兒童の生活

兒童の生活は遊戯の生活であるといわれているが、この遊戯に對してはいろ〳〵の學説がとなえられている。こゝではその學説に對してそれを檢討していくのではなく、實際の兒童の生活がどのようなものであるかについてのべていきたい。

兒童と一口にいつても、入學當初の一年生の兒童と、卒業を目前にひかえた六年生の兒童との間には、他の年齢層の同じへだたりには見ることの出來ない大きい差がある。前者は幼兒期からのつながりであり、後者は少年期乃至は思春期の直前であるか又はその第一歩である。

兒童とは小學校に學ぶ者の心理學的な總稱であつて、卽小學生のことである。

そこで兒童の生活が遊戯であるといつても、七八歳の一年生の頃はたしかに生活全部が遊びであるといえるかも知れないが十三四歳の六年生になれば學習は學習で遊びとは大人程の差はないにしろ、彼等自身ははつきり區別をしている。即ち私たちは今東京都の交通を研究しているとか、國立公園のことをしらべているとか、そして今は休み時間だからキャッチボールをして遊ぼうといい、體操の時間には同じ樂しい遊びらしい運動ではあるが、そこには規律とか、ゲームのやり方、作戰の仕方などを研究し、學びつゝ運動をするのだという、漠然ながらも目的をもつて生活している點では明らかに低學年生とは異つている。それ故兒童の生活とは〇〇であると私にははつきり規定することは出來ない。そこで一體兒童はどんなことを毎日くりかえし經驗しつゝ成長していくであろうかということをしらべていくことによつて、兒童をより深く認識してみたいと思う。

先づ第一に兒童の生活を空間的に分けてみよう。

大人の生活を空間的に分類することは複雜で困難であるが、兒童は義務教育の必要から、學校に通い學校で一日のある部分生活することは確かである。その他の時間は家庭が主であろう。

それ故空間的には

學校生活

家庭生活

の二つの方面に分類して間違いはないと思う。

又これを時間的に分けてみるならば一週間に一度は學校は休みであるし、春休み、夏休み、冬休み、祝祭日等々一カ年の内

學校生活を送る日　三十週乃至三十五週

家庭生活を送る日　二十五週乃至二十週

ということになる。

次に、この學校生活、家庭生活も時間的に分類してみることも考えなくてはならない。特に一日の生活をこゝではこまかく分類してみよう。それは、朝起きてから寢る迄をしらべてみればよい。

起床　六時

ふとんの始末

洗面

自由時間

朝食　七時

學校に行く仕度

排便

（以上　家庭生活）

八時	學校生活	登校
		學用品の始末
		自由時間
		始業
九時		自由時間（休み時間）
十時		授業
十一時		晝食
十二時		自由時間（休み時間）
十三時		授業
十四時		自由時間
		授業
十五時		自由時間（放課後）
		下校
十六時		自由時間

勉強		十七時
手傳い		
夕食	家庭生活	十八時
自由時間		
勉強		十九時
入浴		二十時
就寝		二十一時

これらのことは時間的乃至内容的に幾分の異動はあるかも知れないが、大略は兒童の生活の一日であると思つて間違いない。

即ち學校においては日中の六―七時間、長くて八時間の生活であり、殘り十七―十八時間は家庭の生活である。そのうち睡眠という時間は九―十一時間であるから、家庭で生活をしているといえる時間は六、七時間ということになるわけである。

第三にはこの生活を生活内容によつて分類してみよう。

起きる

食べる
排泄する ｝等は生きていくための必要かくべからざるもの
あそぶ ｝自然的慾求
學ぶ ｝人爲的必要
手つだう
仕事をする ｝其　他

これらは人間が身體を持つている以上、あくまでも他の生物と同じ原理をもつ生物的な現象と、人間なるが故の人間的な現象とが常にその時間を支配していくわけである。

然し、この中で「遊ぶ」という時間は兒童にとつては、彼等の生命ともいうべきもので、年齢が少さければ少さい程此の時間は多くなり、大人に至つては、レクリエイションとして使用されるわけである。

この生活內容の分類は十七世紀以後の敎育學者によつていろ〳〵の學說はとなえられているが、私は以上の時間的分類の內容から大略このようなものに分けてみたわけである。

然しながら問題になることは、兒童生活を如何に空間的、時間的乃至內容的に分類してみたところで、それはあくまでも兒童の現在の生活の實態そのものであつて、これが必ずしも眞の兒童生活そのものであると規定することは出來ないということである。現在の兒童はこのような生活をしているから、これを吾々が考え得る、又は實現する事が可能であらうと思われる理想社會においては、これこれこういう生活でなければならない。又はこうするべきが本當だと思う生活に導くことが必要になつてくるわけである。

吾々が兒童生活を迻つたかつてにおいては、その當時の實態は何に原因していたか、又現在の兒童生活は何が故にこのようになつているか、そして、そのいづれにも含まれている兒童生活の本質的なものは何であらうか。

兒童の生活が時代と場所において、その方法が異るということは環境によるものであるといつてさしつかえあるまい。そこで如何なる環境を作つたらよいか、學校で出來る範圍のものはその中でどれとどれをどのように作つていくかが大切な課題となつてくる。

次に兒童生活の本質は「遊戯である」と一應はいわれているけれども、これが果して完全な答になるであらうか、漠然とはわかるけれども、それ丈で滿足すべきであらうか、然し少くとも現代社會において、兒童の生活の本質を完全に把握することは困難であらう。既に乳幼兒、幼兒の時代にすら環境の影響はのがすことの出來ない現在の要因になつているからである。

それ故、現在の兒童の生活を心理學的に觀察してみると、前述の生活内容にもある程度ふれてくるが、一方には大人に早くなりたいという慾求と、いつ迄も大人に對して吾々は子供なのだといい張りたい慾求の二つの要素が兩極端になつて、お互に引つ張り合う一つの緊張關係とみることも出來ると考えられる。

このような考え方から、生活教育の必要性が生じ、そこに生活カリキュラムが要求されてくるわけである。

第二節　生活カリキュラム

吾々の生活が昔といわず、わづか數十年前の時代から考えてみても、ずい分複雜化し、混亂してきている。學問の世界においても然りであると同樣、科學の世界において、且又、その科學を利用し應用して生活している日常において實に多種多様の様相を呈してきている。この點で、吾々は明治以後行はれてきた一つの學問體系から割り出された教科目を指導し、これを學ばしめることでは到底現在の社會乃至は豫想される將來の社會の生活を完全にしかも能率的に生活していくことはむづかしいのではないかという問題に直面してきたわけである。

このような考え方から、實際の義務教育においては、少くとも現在社會の實想を出來るだけ把握させ、世の中に出た時にはすぐに役立つ人間に迄教育しておかなければならないという結論に到達したわけである。こゝに生活教育の必要が生じ、これが、現在の教育界に種々の問題をなげかけているわけである。

ところが生活教育を實施していくためには誰でも、そこにおける教育體系を問題にするのは當然である。

此の要求を滿たすものを稱して生活カリキュラムと吾々は呼ぶわけであるが、この生活カリキュラムには大體三つの考え方が現今行われているように思われる。

それは丁度、富士山に登るために、吉田口、御殿場口、須走口の三つがあるように、たどりつく頂上―目的――は同じであるが方法が異るとみて差つかえないであらう。只實際には、一體どの道が最も近道であるか、どの道が、簡單であるか、どの道が現代の兒童に適しているかは各々の異つた觀點に立つた場合、三者三樣の解釋が生じてくるであらう。これらの三つの立場、特に現在行われている各々の立場を私は體育ということを忘れることなくながめていくことにしよう。

第一の立場は現在の既存する教科をそのまゝ生かしながら生活カリキュラムを構成しようとするのである。

この立場は私は根本的に各教科の概念規定をしなをさなければならない必要にせまられているのではなかろうか、と考える。これなくして、そのまゝ今迄通りの教科目を教育の現場にもつて來た場合、そこには多くの矛盾に直面することは明らかである。

何故ならば、明治の初年教育制度が設けられた當時の教科に對して、七十年餘も經過した今日これに併列して家庭科、社會科等が加えられたことによる、明らかに不平等なものの併列という矛盾が一つと、もう一つは、それをぬいたかつての併列教科においてすら同樣の矛盾を感じることとが、それである。

すなはち、かつて行はれた修身は、修身の時間に於いてのみ指導されればそれで名目上は滿點であつたわけである。――勿論當時の教育者はそれだけしか行つていなかつたとも思わないし、教育全體の中で常に行われていたであらうけれども――

或は算術というものは數學という學問體系から、加算の次は減算といつた具合に規定されたものを教育していたわけである。それは抽象化された數概念の教育であり、これが教育の現場では實用の數學は取り上げられなかつた。

又體育に至つては、いわゆる體操なる文字で呼ばれ、こゝでは如何にして技術を習得させるかという點に最大のエネルギーがそゝがれ、實際には兒童の遊びから游離した基礎運動が主體になつていたわけである。

而してこれらはそれぞれ獨自な課程表を作製し、これに基づいて行われた教育は個々に切りはなされた知識として習得されたわけである。それ故、この一つ一つの課目を各自が自己の必要に應じて、その場その場で、これを利用して生活してきたわけである。

そこで各教科に社會性をもたせ、實生活に即應出來得るように教科を立てなおしていつたならば、一應は生活教育は可能であるという結論が導き出されるかも知れないが、もし教科のわくの中に入れることの出來ないものはどうするのであらう。おそらく、それはどれかの教科に入れて教育することになるのであらうが、こうなると前述した通り、教科のもつ意味――概念規定――を變えなければならなくなる。これは決して生易しいことでは出來得ないのは明らかである。それではその外に方法はないであらうか。

そこで第二の立場として廣域カリキュラム（Broad Field Curriculum）が考え出されてくるわけである。ところが、此の廣域カリキュラムは方法的には又二つに大別して考えられる。

その一つは、現行の各教科を相關連するものは、一まとめにして、いくつかの部分に分けて實施する方法であり、他の一つは生活という全體から、その生活内容を分類して、自然的なもの社會的なもの、情操的なもの等とし、これを、それぞれの指導系列を作成した上で生活を再構成しようとこゝろみるものである。前者は、あくまでも教科目を肯定し、これを規準にして、社會構造を分析し、統合しようと試みるもので、第一の立場より、幾分教育の面に廣い幅をもたせた感じがしないでもないがこゝでも、第一の立場と同樣教科の內容規定から生ずる疑問を解決する迄に至つていない。後者は此の點は、生活教育の名のもとに、生活それ自身を分類していくのであるから、前者よりたしかにすぐれた部分をずい分もつているといえるであらう。然し、こゝでは、第一圖のように三つの要素が、それぞれ、重り合つているとも考えられるし、第二圖のように生活教育の中に三つの要素が接しているものであるとも考えられる。

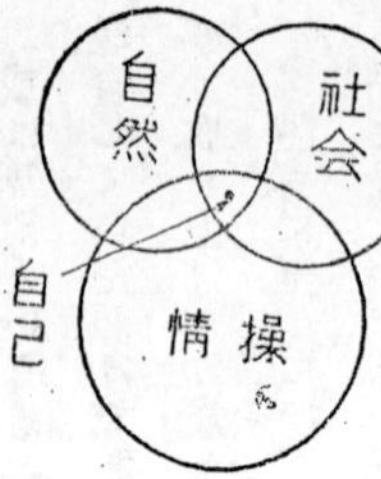

（第一圖）

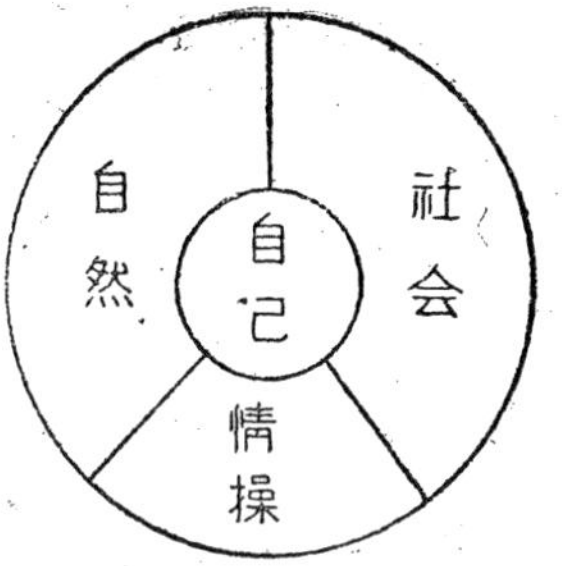

（第二圖）

このいづれにしてみても、體育を考える場合、それはどこの分野にも入るような氣もするし、これでは何だか不滿のような氣もする。そこで私は廣域カリキュラムに屬するといえば云えないこともないが、もう少し異つた觀點から生活教育をみていきたいと思う。

第三の立場は、コア・カリキュラムの立場で、生活教育を一つの中心學習をもうけることによつて、おし進めていくというのがそれである。これは、こゝで事新しく述べる迄もなく、社會の實態を出來るだけくまなく調査し、それを分析していくつかのスコープを構成し、それと發達段階（シークゥエンス）とをにらみ合せて學習單元を作成する方法である。そしてこれは兒童の生活に最も關係のあるものが撰ばれる故、こゝに兒童の生活の中心があるようになるわけで、かゝる意味から、コア・カリキュラムと呼ぶことがゆるされるわけである。それ故、こゝでいう單元とは生活學習單元で、今迄とは非常に異つた、教科では全然思いもよらない單元が種々生れてくるわけである。

私はこれを頭から否定しようとするものでない。確かにこの教育は新教育ともいわれる價値のあるものであり、その點では眞教育ともいわれても差つかえないものであるかも知れないが、これだけが眞教育のすべてであるとは思えない。

コア・カリキュラムはアメリカからの輸入であり、アメリカ自身今尙研究途上にある教育方法であつてみれば、發展しつゝある過程の一斷面を現在とらえて、日本に紹介されたわけであるから、完全とは云いきれないもののあるのは當然であらう。或は又アメリカに於いては殆んど完全なのかも知れない。それは、アメリカの現在の社會が完全に近い迄にすべての點でいきわたつた狀態に少くとも吾が國よりも出來上つている故に、これを日本ですぐに眞似をすることの不足な點をみのがしてはならない。

少し論點が橫途にそれるけれども、最近のあメリカに住む日本人二世と、吾々本國に住む日本人とでは、思春期の發育時期に於いて九・三センチメートルの身長差がみとめられると發表されているが（昭和二十四年五月・東大民族衛生學會）この原因のいくつかは明らかにアメリカと日本の社會狀態の相異を物語つているものであり、又それと同時期に、最近半世紀の間にアメリカ人の足の大きさは平均一・五センチメートル程度大きくなつているともいわれている。これらは、別に特別の教育方法、殊に醫學、體育學的な方法が講ぜられたわけではなく、むしろ社會全般のこれらを利用したレベルが高度のものであることを立證しているとみてさしつかえない。

こゝに私は特に現在の日本の生活カリキュラムの中に特に取り上げなければならない事象が殘されていると思ふ。このようになつてきているアメリカでさえ、健康教育の必要は義務教育期間にとくに强調している。アメリカの社會生活をもつと將來健康にしていくためにそこでいろ〳〵の教育がほどこされ、考案されていることであらう。ひるがえつて、日本の現在の社會生活はあまりにも、アメリカのそれとへだたりがあり、そして、義務教育においては、アメリカの水準に迄と思う處に大人と子供の生活の大きな溝のあることをみのがしてはならない。人間社會も他の生物同樣世代の交番は非連續の連續である。

榮養を取ること、生活樣式を合理的にすること、公衆衞生を徹底すること、これらは大人が大人自ら改善していかなければならないことである。そこで殘されたものの一つとして子供が出來る方法が一つある。これは運動によつて、健康を增進していくという方法である。

餘談はこのくらいにして、本論にうつることにしよう。今迄論じてきたところから考えて、私は、低學年は遊びとも學びともつかない生活であつたものが、逐次年齡の進むにつれて、兒童生活は遊びの生活と學びの生活の二分野に分れてくるということが出來よう。勿論、こゝまでが學びの生活であり、こゝまでが遊びの生活であるとはつきり區別することは困難としても……

このような考え方は決して、たゞちに主知主義の立場をとつたり、心身二元の立場をとるとはいい得ない。明らかに生活の場が異なれば、おのづから彼等の行動は異なり、氣持が變化するからである。それ故生活の中心が二つあつたとしても一向不思議なことはない。この點で現在のコア・カリキュラムは生活教育の學びのカリキュラムであるといえるであらう。即ち生活學習の中心であることに間違いはない。

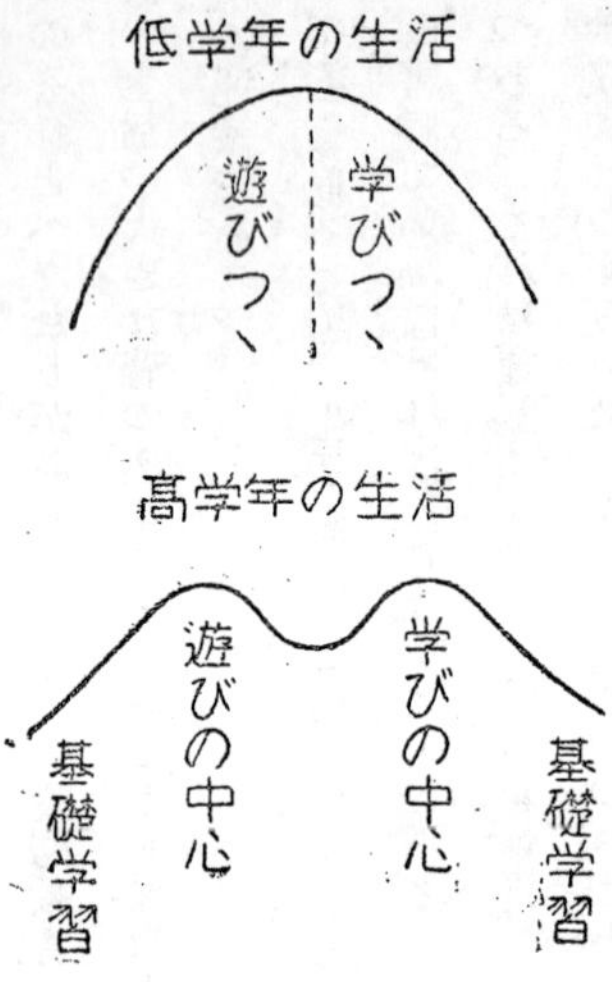

それ故、他の一方遊びのカリキュラムも作成され、これの中心が出來て、一日の生活が充實していとなまれ、繼續されたならば、それは生活教育、特に兒童中心の生活教育は完全なものとなるのではなからうか。

第三節　兒童體育と兒童生活

兒童生活が如何なるものであるかについてしらべてきた私たちは、次に兒童體育とは何如なるものであるかを知る必要にせまられてくる。然し、その前に體育とは何か、又學校體育とは如何なることをさしていうのか、その限界はどこにあるか、という問題に直面してくる。先づ體育とはどんな內容をもち何を目的としているのであらうかという問題からしらべていくことにしよう。

體育によらず、吾々の生活は過去から將來に向つて、進步しつづけてきている故、これを歷史的に觀察することによつて、その意義を明らかにすることは或る程度可能なことである。

體育史といえば、吾々はすぐにギリシャ當時の古代オリムピヤゲームを想起する程、當時の體育は盛んであり、重要視されていたのである。その目的とするところは身體の美しさというところにあつた。勿論その美しさは單にいわゆる肉體美を誇るということであつたのではなく、「健全なる精神は健全なる身體に宿る」といつた觀點からであり、心身共に健全であるという意味のもので決して心身の分離した二元的な立場をとつてはいなかつたと思はれる。

又、吾が國においても、體育という言葉の使用されていなかつた昔から、文武の道として、身體を鍛えてきたことはのべるまでもないことである。これとても、その目的とする所はあくまでも「道」に通ずることであつて、東洋的な道德の眞・美・善を常にねらつていたことがうかがわれる。

時代が流れ、生活が變つてきた今日でも、又將來も吾々が身體という實在によつて生活をし續けていく以上、この身體を健全に保つていこうと考えていくことは疑いない事實である。こゝに醫學の進歩があり、科學の力が必要になつてくるわけであるが、體育もこれと併行して乃至はこれらの力をかりながら、どこまでも身體の健全な姿を求めて發展していかなければならない。

私は「體育とは」と定義する時に、その構成されている文字の示す意味を考えることを忘れてはならないと思う。最も簡單にいえば體育とは讀んで字の如く體を育てるの意ということになる。こうなると體育は體の育つ時にのみ必要であつて、成長し終つた後においては不必要のものになりはしないかということになるが、これは餘りにも皮相的な考え方である。いづれにせよ體育とは、人間が生活していく身體の健全な發育、發達、又はその保持を目的とする一つの方法であるわけである。この體は何も肉體的な生物的なものばかりをさして、いつているのではない。要領にも示されている通り、社會的な有爲の人材を作り上げることを忘れてはならないことである。

第一節以後において兒童の生活をしらべてきた吾々は、これをみて、すぐうなづけるように、學びの生活と遊びの生活に大分されることに氣がついたわけである。そしていわゆる遊びの生活の中には晴天の日は殆んど日が暮れるまで屋外で、何かしら身體運動を主として遊びに夢中になつているのを見る時、どうせ遊ばせるなら、又はどうせ運動するならば、教育的な、しかも體育的なことをやらせたいと思うのは間違いであらうか、體育が生活から游離した、無味乾燥のものであるならば、そんな必要はない。少くとも體育は、生活體育でなければならない。これは、生活と體育とが、もともと分離しているもので、それを強いて結びつけるという意味でもなく、又體育を生活化するという意味のものでもない。明らかに、生活と體育とはながめる層の違いであつて、生活それ自身を、體育という價値からみて、價値あるものにしようということなのである。それ故、寒い季節に日當りで「ケン玉」で遊ぶより、「すもう」を教えてやる方が餘程、兒童の生活は充實するということである。

兒童の生活は出産後から思春期の發育の終りまで、人體が成長しつゞける間に位する、六カ年を意味する故、發育、發達の最も盛んな一時期であるが故に、大人に成人してしまつてからよりも、他の發育期と同樣、運動が身體發育に効果があると實證されている現代、みのがしてはならない重要なことである。勿論、身體運動のみが、身體の發育に寄與するなどと考えることは大きな誤りである。それには榮養、生活樣式、等々種々の要因のあることは周知のことであるが、これらのことに關しては今迄の科學は、その方法は出來るだけ科學的に處理してきている。然しながら、最も簡單な、日々の兒童の生活それ自身の本質的な遊びというものが如何に、常識的であり、更にいうならば教育の面でも教師のともなわない遊び時間乃至、體育の時間として無駄にすごされてきたことであろうか。體育に對する科學者の責任ともいえないこともなかろう。體育指導者の不勉强だともいえるかも知れない。然し、これは一般社會の責任であるというのが一番妥當であるのではなかろうか、責任の所在の云々するのが本節の目的ではない。

いずれにせよ、兒童の生活の中には體育的に價値のあるものが多分に含まれていることに間違いはない。特に體育の中で運動という面ではたしかにそうである。ところが體育は運動をすることばかりがその全部ではあり得ない。運動をするのが良いといつて運動ばかりしていれば、身體を害する人はいくらでも出てくるわけである。こゝに體育の他の面がある。然し、この他の面というのは兒童生活の中に果してあるであろうか、キャッチボールをすることは運動に違いはなく、體育にも違いないが、ボールは草むらにころがり、土にまみれ、汚水にもふれる。さて、運動を終つた兒童が、教室に入る、或いは家庭で間食を食べるとする。此の時に手、足、顔をきれいさつぱり洗つてからこれらの行動にうつるのと、そうでなく、すぐにこれらの行動にうつるのと、どちらが良いかは云わなくてもわかるだろう。

このような、清潔な習慣は、たしかに健康教育と近時呼ばれる教育の分野に屬するかも知れない。

さりとて體育といつても何らさしつかえないものである。こんな所で、つまらぬ繩ばり爭いはしたくない。體育は健康教育という語の發現する以前に存在していたものであり、時代を異にして、出來た語句は、それの概念規定において、明らかに、矛盾と、重複をかもし出すからである。

いずれにせよ、このような生活その自身の中で、それを清潔に、健康に、衞生的にすることに間違いないことだけはたしかである。只これらのことは兒童生活の本來の中にはないことゝいわなければならない。身體運動が、本能、或は衝動、乃至慾求によつて、いとなまれるとすれば、この問題は大人の價値判斷によつて、この內容を檢討することが大切なのであつて、習慣形成の面は、兒童生活の中にないものを、價値ある故に意圖的に、彼等の生活の中に入り込ませねばならないことなのである。こゝに、體育といつた場合、二つの異つた面のあることをわすれてはならない。

このことは、いいかえれば、兒童の體育には身體運動という動物的な、言いかえれば原始的なものへの力と、文化的な、人爲的な、生活規定を必要とする大人の働きかけとの二つの分野に分類することが出來よう。但し、この原始的なものへの力の働きも、そこには、體育の面から考えるならば、より生命力の强さを强調しようとする力の働きの自然的なあらわれとみることが出來るし、他の一つはその力の人爲的な面とみることも出來る。けれども、一方は放任された型において、他方が科學的な方法において營なまれるということは片手落といわなければなるまい。こゝに、運動に對する科學性が必要になつてくる。

これを充分に考えの中に入れた上で、運動を主にしたカリキュラムが教育計畫の中にとり上げられないものであろうか。

第四節　生活カリキュラムと兒童體育

兒童の生活の中で、いわゆる遊びが、生活の大きな部分であることがわかつたけれども、實際、教育を實施していく上に必要なカリキュラム――これが教科であろうと、廣域であろうと、コアであろうと、――の構成の中でどれ程、それが兒童中心にとりあげられているであろうか、なるほど、兒童の遊びが中心になつて、單元が作られているといえるかも知れない。然しその遊びは、果して體育的なものであるものが、どれ程含まれているであろうか、勿論體育がそれ程必要でないといえば、今位でよいかも知れない。私はこの點、體育を重視しないことは現在はそれ程問題はおこらないかも知れないが、兒童が大人になつた時には、少くとも、種々その結果が良くない方にあらわれるであろうと思うのである。大人にならない迄も思春期という時期は、性教育その他の面でも、實にあつかいにくい時代であり、この時期には出來るだけ運動をさせるのがよいといわれてきているが、此の頃になると、「出來ない」ということに對して、自己嫌惡の情をおこしたりして、その、「出來ない」ものから遠ざかつていく傾向にあることは周知のことであるが、兒童期において、いろ〳〵の運動に親しみをおぼえていれば、この問題も、解決にそう困難はきたさないであろう。

或は又、發育の面で、前節にものべた通り、運動が身體發育の一要素であることを考え、且又これによつて、兒童の性格がある程度變化していくことを考えてみただけでも、決してカリキュラムの中で、特に生活敎育というカリキュラムの中ではみのがしてはならない主要なものであることに氣がつくのである。

恐らく、此のようなことは、事實、敎育にたずさわつた者は學校敎育であると否とを問わず、誰でもが考え、感じたことであろう。それ故、今の子供は惡い遊びをするようになつたとか、スリごつこは止めさせねばならぬとか、いろ〳〵遊びの上に制限を加えるに至つたのであろうが、兒童とは、ある點では家にかつている鷄のようなものであるといつた人があつたが、それは例えば「敎室の壁にボールをなげつけてはいけない」といつておけば一時はたしかに止めるが、しばらくたつと、再びそれを始めるか、或は教師の見ていない時にはやつている。みつけた時に注意するとすぐに止めるが、又いつかやりだすといつた具合で、庭先にひろげて乾してある穀物に鷄があつまつてきた時「シッ」と追えば、逃げていくが、人がいなくなると又やつてきて穀物をあさり出すのと同じようなものである、というのである。

いずれにせよ、兒童は何も教えなくても、身體を活動させて遊び興ずることは確かである。それ故、どうせ遊ぶならば、又どうせ運動するならば、よい運動の出來るような環境を作つておくことが大切である。兒童の遊戲の發生をしらべてみると、明らかにそれは大人の環境に原因するものと、兒童自身の作る環境に原因するものと、この二つの混合が原因になるものとがある。(學校體育八月號拙稿參照)

そこで生活カリキュラムが現在まで、種々構成されているが、どれも、生活を教育していくのに、いくらかの不足なところがあるが、今迄のもので、少くとも生きた、身についた知識は得られると思うが、今まで喋々とのべてきた體育の點から、いさゝか、私の考えていることを、又、實際、私が、高等師範附屬小學校で二カ年有半實施してきてみたことを基礎にして述べていくことにする。

問題は、兒童中心の生活中心の教育の場における體育を、生活カリキュラム構成の上に如何に作り上げるかということである。それには、種々の調査を必要とすることはいう迄もないことであるが、

こゝではそれには具體的にふれないことにする。（拙著兒童期の體育計畫調査篇參照）

體育を生活カリキュラムの中で構成する場合、先ず兒童の生活の場の二つの異つた面のあることに誰しも氣がつくことで、これを同一に考えて計畫することは實際には困難である故、實施の上からは健康教育と重りあつている面は一應切りはなして考えるようにしたい。

體育 ｛ 運動の實践
　　　 衞生（安全教育も含む）の實践
健康教育 ｛ 實践
　　　　 理解（理論）

（衞生の實践と健康教育の實践）この面は同じことを意味する。

先ず身體運動について考えてみると、これは、いわゆるカリキュラム構成が、スコープとシークウエンスから單元が作られるという一般概念からは規定することが出來ないということがわかる。すなわち、體育科といわれていた時の教材それ自身が、他教科の教材とは異つていて、運動種目又は運動名が卽教材名として呼ばれていたことである。それ故現在兒童の生活の中にも早存在しているものなるが故に、これを全く新しく考え作りなおす必要は毛頭ない。たゞ、必要なことは、その運動が、どの位體育的に價値があるかということを判斷する基準が必要である。それが爲には、運動に含まれる種々の價値を分析して、そこに尺度をもうけ、價値ある運動群を撰出することが、他の場合と異つている點である。

私はこれを次のように分類することにしている。

1 身體の發育及發達
- 身長の發育及發達
- 胸圍の發育及發達
- 體重の發育及發達
- 內臟諸機能の發育及發達

2 運動能力の發達
- 投力の發達
- 走力の發達
- 跳力の發達
- 懸垂力の發達
- 持久力の發達
- 身體支配能力の發達
- 綜合體力の發達

3　社會的性格の育成
- 指導力の育成
- 協同心の育成
- 同情心の育成
- 明朗な心の育成
- 克己と自制心の育成
- 責任感の育成
- 性に對する正しい理解
- 正義感の育成
- 禮義

4　レクリエイション
- 現在のレクリエイションとしての價値
- 將來のレクリエイションとしての價値

5　美的な表現
- リズミカルな身體のこなし方
- 美しさの表現

以上五項目に分類されたものに對して一つの運動はどれだけの價値ある要素をふくんでいるかとい

うのである。

現在児童の興味ある運動種目（遊びの種目）を調査した上で、以上の尺度によつて一體どんな運動が撰定されてくるであろうか、一例を示すならば（チェック・スコアーを作ればよい）

身體の發育發達
運動能力の發達
社會的性格の育成
レクリエイション
美的表現

←

棒倒し
開戰
騎馬戰
登山
ボート
せみとり
虫とり
とんぼとり
體操
バスケットボール
ラクビー
ハンドボール
ねことねずみ
水雷艦長
だいとび
マラソン
インドアボール
雪合戰
けんけん取り
電車ごつこ
押しくら
ホッケー
たこあげ
はねつき
こま
ターザンごつこ
バトミントン
等々

野球
ドッチボール
フットベースボール
なわとび
すもう
ピンポン
かけつこ
とびばこ
サッカー
鐵棒
幅とび
ゴロベース
キャツチボール
五度ぶつけ
三度ぶつけ
水泳
スキー
スケート
ローラースケート
棒とび
テニス
釣り
自轉車乘り
ハイキング
おにごつこ
木登り
冒險ごつこ
かくれんぼ
リレー

このようにして撰定されたものといつても、それは又再び次の面で制約をうけなければならない。

運動實施上の制約の面

- 運動場の廣さ
- 敎師數と兒童數の割合
- 運動場の土質
- 敎育的價値
- 危險の有無
- 運動用具の種類と數

←

こうして、こゝに始めて、兒童の興味から生れた體育的に價値ある、しかも、實施可能な運動種目（單元と呼んでも差つかえない）が規定されてくる。すなわち

陸上競技
かけつこ
マラソン
リレー
其他

器械運動
鐵棒
跳箱

球　技
フットベースボール
キャプテンボール
ドッヂボール
サッカー

其　他
すもう
なわとび
水泳
其他
おにごつこ

ところが、吾々は、これとは別に、價値ある運動を一應は檢討してみる必要がある。丁度こゝでは「ダンス」が出て來ていない。吾々は「ダンス」というものを、美的な表現の所で唯一つの效果的な運動としてあげることが出來るが、これが現在の兒童の興味の中にないからといつて數えぬわけにはいかないと思う。或は又、マツト運動の良さも知つている。然し、これとても彼等の興味の中からは出て來ていないのである。これらを必要な價値ある運動種目として、教えるためには如何にしたらよいかという處に指導法の必要が生れてくるわけである。

兒童の興味は一定不變のものではない。前述した通り、常に世の中の諸現象と相關連し、この場の構造と兒童のもつ特性とから生れてくるものであることを考えれば、今もつている興味はそれ迄の環境と兒童との闘係において生じたものである故、將來はその環境の構成によつて、又變化するであろう。それ故如何によい環境を作るかということが、これからの教育では第一に必要なことになり、次にそれを如何に教えるかという指導法が必要になつてくるわけである。

このようにしてえらばれた運動名は如何にしてカリキュラムとして系統ずけられるであろうか、それには二つの觀點からながめていかなければならない。それは、

Ⅰ　季節によるもの

Ⅱ　發育部位によるもの

であつて、Ⅰは水泳、雪あそびの如きものをさすので、これらは、それぞれ、夏・冬といつた特定の時にしか行えないものであるが故に、その時期にあてはめねばならない。

Ⅱは人體の發育は、季節によつてその發育部位を異にすることが原因になる。このことは現在解つている範圍内においては、夏までは身長が伸びる時期とされ、秋から冬にかけては體重の増加時期とされていることである。

以上の事柄から構成出來るものとして、次のような運動のカリキュラムの概略が出來上るわけであ

る。

四月　跳箱
　　　リレー
五月　運動會種目
　　　かけつこ　　運動會
六月　ドッヂボール
　　　鐵棒　　ドッヂボール校内競技會、體力測定
七月　諸遊戯
八月　水泳　　水泳校内競技會
　　　登山
九月　鐵棒
　　　跳箱　　インドア校内競技會
十月　運動會種目
十一月　フットベースボール　　フットベースボール校内競技會
　　　跳箱　　體力測定

十二月　キャプテンボール
　　　　跳箱
一　月　マット運動
　　　　なわとび
二　月　すもう　　　　　　　すもう校内競技會
　　　　跳箱　　　　　　　　キャプテンボール校内競技會
　　　　マラソン　　　　　　マラソン校内競技會
　　　　なわとび
三　月　サッカー
　　　　諸遊戯

こゝで特に注意したいのは、いわゆる現在行われつゝある生活單元と異つているのは、運動會と同様に校内競技會が一月乃至二月間隔に計畫されていることである。それは兒童の今迄のあるがまゝの姿をそのまゝ教育として取上げたのでは教育にならない故、意圖的に校内競技會という直接眼に見えない環境が構成されているということである。

このようにして立案された遊戯中心の運動計畫は、それが中心となつて、種々の體育の基礎學習ともいうべき個々の技能動作等に分析練習され、再び、それがスポーツ、遊戯の綜合された身體活動となつて表わされてくるのである。

カリキュラムは常に改造され、補充されなければならない。それは興味中心である點に原因している。というのは、もし現在、野球に興味があつたとする、そこで野球を最も上手に行うにはそれを分析すると走る力、投げる力、跳ぶ力、ボールをとる練習等々いろ〳〵の基礎技能が必要になつてくる。或る時には走る練習を、或る時には跳ぶ練習で跳箱を、といつた具合に一つ一つの運動を實施するうち、リレーに、又は跳箱に興味をもつようになつてくる。こうなれば、野球からリレーや跳箱に興味は移行してきた故、主な單元としては、跳箱、リレーが生れてくるわけである。

×――――×

次に健康教育と體育との重り合つている面、即ち衛生習慣の實踐の問題が生活カリキュラムでは取り上げられなければならない。これは單に狹義の衛生ということのみを對象として考えられるべきものではなく、生活教育の中で特に日々生活していく上に必要な習慣形成の問題を内容として含まなければならない。

アメリカの健康教育にまねる迄もなく、今迄の教育では種々の教育法がとられてきたが、それは單なる一時的な何々週間であつたり、思いつきであつてはならない。健康な生活とは個人、及び社會の健康の保全を意味している以上、そこには安全教育とよばれるものもあり、又、それ以外のものもあるわけである。アメリカではチェックスコアー形式で習慣形成の多くの項目を學年別に配當してあるものが多く見うけられるけれども、これは一般社會が徹底した一つの型をもつており、幼兒の時代から家庭乃至社會環境から無意圖的或は意圖的に教育されていれば何も問題はないが、吾々日本の現狀では、大人それ自身の社會が訓練された子供の世界以下の場合が多い故、現在吾々が作り得る、そして教え得る可能性をもつた、習慣形成プログラムには二つの種類があげられる。

その一つは、誰でも社會生活を營む以上最低限度習慣づけておかなければならないいくつかの項目を取り上げ、それを長年月にわたつて徹底的に、學校社會で師弟一緒になつて習慣づけることである。

その一例を示すと

四　月　　自分の持物になまえを書くこと。

五　月　　食事の前には必ず手を洗うこと。

六　月　　登校、外出の時には手拭又はハンカチーフを持參すること。

七　月　四・五・六月のおさらい。
九　月　所持品になまえをかくこと。（夏物）
十　月　姿勢に氣をつけること。
十一月　身のまわりをきちんと整理すること。（机、かばん、靴箱等）
十二月　二學期のおさらい。
一　月　登校、外出の時には、チリ紙を持參すること。
二　月　常に手は清潔にしておくこと。
三　月　一年間のおさらい。

以上のようなプログラムが出來上るわけで、これは一カ年間實施してみたところで、効果はしなかつた時よりいくらかよい程度である。このようにして少くとも六カ年間實施すれば、大體は一つの形をおぼえるようになると確信する。

他の一つは一年生から、特別のプログラムを編成し、學年毎に逐次順をおつていく、いわゆるチェツクスコアー形式のものが實施されゝばよい。

その他自治活動の面もあるが、これは後の健康教育の指導のところでくわしくのべることにしよう。

第二章　生活カリキュラムにおける體育の指導

第一節　今迄の體育の指導

今迄の指導とは、すなわち體操の指導ということが出來るであろう。これは、その言葉の史的な變遷についてみていくならば、よくそれを理解することが出來る。

それは日本といわず、おそらく世界全部についてみても、ほとんど同様の變遷をみることが出來る。勿論吾が國では明治以前の封建制度の社會においては、武力政治が行われ、そこでは武士道と共に武術が身體鍛錬の方法として取行われていたが、この頃のことは、維新後とは覺生のひらきがあるので、こゝでは論じないことにする。

「アメリカの大學における『體育』概念の變遷」と題する前川峰雄氏の研究（體育六月號）にも、面白いグラフが示されているが、こゝでも physicalc ulture → physical training → physical education の時代的な推移が示されている。

吾が國でも明治二年以後體操の文字は長く用いられ、この時代がほとんど實際の體育のすべてを示していたわけである。この間に體操それ自身のもつ内容もずい分變化はしているが、いずれにしても體育の文字が表われてきてからも尙體育科の授業は體操と呼ばれてきている。家庭通知表にも、最近に到るまで「體操」の文字は印刷されていたことを思えば、おのずからわかる通り、あくまでも教育として行われる内容のうちの或る教科時間は體操の指導であり、體操の教育であつたわけである。

そこには一定の形式があり、一つの定められた。わくの中で、最も上手にこれを教える指導法乃至指導技術が第一に大切なこと柄であり、これの下手な者は教育者としての價値判斷にも大きな影響となつたわけである。それはちようど、無生物の材料を用いて、如何に上手な作品を作り上げるかという藝術的な作用にも似てたとえられた程である。勿論一定の形式というものが、全然兒童・生徒に不向きのものであつたとはいいきれないけれども、それはその時代迄の長い歴史と經驗によつて作り上げられたものであるから一つの法則はあつたとしても、指導内容迄規定しておくことは、今考えると明らかに大人の一人よがりであるともいえないでもない。

今こゝに少しその例を引用し、時代による變遷の一端をうかがつてみよう。

大正七年　小學校體操教授書

尋常科第五・六學年第三學期　教授豫定時數凡二十七時

教練

練習事項
直立不動
後　向
縱隊行進
伍の分合
縱隊行進間の伍の分合
方向變換
斜行進
駈步側面行進間の伍の分合
駈步横隊行進
駈步行進間の後向
駈步行進間の右(左)向

體操

徒手

練習事項
下肢
「閉足直立」擧踵臂側擧、半屈膝(四)
上肢
「直立」交互屈臂、側伸、屈膝側出(六)
頭
「直立手腰」頭左右屈(四)
背
「開脚、手腰」上體前屈(二)
胸
「手支持」上體後屈(二)
體側

啞鈴

練習事項
下肢
「直立」擧踵、半屈膝、臂側上擧(上擧合擧)(四)
上肢
「直立」交互屈膝側出、臂側上擧(上擧合擧)(四)
頭
(徒手に同じ)
背
「直立、臂前伸」臂側開、擧踵(二)
胸
「開脚屈臂」上體後屈(二)
體側

棒

練習事項
下肢
「直立」臂前上擧、半屈膝(四)
上肢
「直立」臂上擧、擧踵(二)
頭
(徒手に同じ)
背
「直立」(棒頭後)臂上擧、屈臂(四)
胸
「直立、屈臂」上體後屈(二)
腹
「開脚、屈臂」(棒

遊技

練習事項
上體
同時
キャプテンボール
全身
コーナーボール
同時
デッドボール
擬馬戰鬪
順次
メヂシンボール送
棒倒
角力

教授事項
駈歩行進間の方向轉換
縱隊より横隊を作る

「開脚手腰」上體左右屈（四）
腹
（腰掛）上體後倒（二）
「左（右）脚前出、手腰」上體後倒（二）
「左（右）脚前出、手首」上體後倒（二）
「左（右）脚前出、臂上伸」上體後倒（二）
懸垂
（並行水平棒）兩側懸垂、前進
（鐵棒水平棒）懸垂、屈膝、擧股
（鐵棒・水平棒）臂立懸垂
（吊繩）吊繩登降
（鐵棒）尻上
（鐵棒）俯下
跳躍
（徒手）「直立」前

「開脚、臂側伸」上體左右轉（四）
「開脚、屈臂」上體左右屈（四）
腹
「開脚、臂上伸」上體前後屈（四）
平均
（徒手に同じ）
呼吸
（徒手に同じ）

頭後）上體前屈、後倒（四）
體側
「開脚、屈臂」（棒頭後）上體左右屈（四）
平均
（徒手に同じ）
呼吸
（徒手に前じ）

進跳躍
（徒手）「直立」前進、巾跳
（跳臺）「直立」縱跳乘、後横下
（跳臺）「直立」縱跳上、跳下
（跳臺）「直立」縱一（二）節跳
（棒）「直立」棒跳下、巾跳
（棒）「直立」棒跳上、高跳

平均
「直立、手腰」脚擧左右轉
「閉足直立」擧踵、臂側擧、屈膝
「直立、手腰」脚後擧、半屈膝
「直立」徐歩

呼吸
「直立」臂側上擧、擧踵、呼吸

教授事項
なし

昭和六年師範學校體育教科書

體操科の教材

我が國における學校體操科の教材は、今までに種々の變遷があつたけれども、現在實施されているものは大正十五年五月二十七日文部省訓令第二十二號によつて公布された次の通りのものである。即ち「體操科ノ教材ヲ體操・教練・遊戲及競技トス但シ男子ノ師範學校、中學校及男子ノ實業學校ニ在リテハ劍道及柔道ヲ加フルコトヲ得。」

斯樣に體育の教材を多方面から取り入れたことに就いては大に理由がある。即ち別に記されたように、體操・教練・遊戲及競技は皆體育上類似點を有つていると共に、各特質を有ち、叉各長所を有つていると共に短所をもつている。而して現代體育の理想は各々の特長をとつて短所を補い、之を一系統として實施することによつて良好な効果を擧げることにある。

小學校令體操科施行規則抄

體操ハ身體ノ各部ヲ均齊ニ發育セシメ四肢ノ動作ヲ機敏ナラシメ以テ全身ノ健康ヲ保護增進シ精神ヲ快活ニシテ剛毅ナラシメ兼テ規律ヲ守リ協同ヲ尙フノ習慣ヲ養フヲ以テ要旨トス

尋常小學校ニ於テハ體操・教練・遊戲及競技ニ就キ簡易ナル動作ヨリ始メ漸ク其ノ程度ヲ進メテ之

ヲ授クヘシ又男兒女兒ノ別ニ依リ其ノ授クヘキ事項ヲ斟酌スヘシ高等小學校ニ於テハ前項ニ準シ一層其ノ程度ヲ進メテ之ヲ授クヘシ

土地ノ狀況ニ依リ體操ノ教授時間ノ一部若ハ教授時間ノ外ニ於テ適宜ノ戶外運動ヲ爲サシメ又水泳ヲ授クルコトアルヘシ

體操ノ教授ニ依リテ習成シタル姿勢ハ常ニ之ヲ保タシメンコトヲ務ムヘシ

教材

一　體操

下肢の運動
頸の運動
上肢の運動
胸の運動
懸垂運動
平均運動
體側の運動

腹の運動

背の運動

跳躍運動

倒立及び轉廻運動

呼吸運動

二　遊戯及び競技

競争遊戯

走技・跳技及び投技

球技

このように大正昭和の約四十年の間の指導は教材をみても明らかな通り、徒手體操に主體をおいたところの體操科であつたといえよう。それは生活からはむしろ、はなれた、一つの抽象化された型において實施されていたとも考えられる。

それでは、生活教育においては、一體、どのように生活體育となづけるものは、行われていつたらよいであろうか。

第二節　これからの體育指導

前節において、いわゆる體操の授業形體が概覽することが出來たわけであるけれども、それ自身惡い指導であるという處ばかりではない。たしかに體操の授業にしてみたところで、體操から體育への流れは見うけられる。そして、時代と共に年々その進歩の跡はみのがすことは出來ない程前進していることは確である。戰時中の體錬科は或る點では、廣域カリキュラムの歩み方をとつているとみることも出來るかも知れないし、當時にあつては、それが日々の生活課題の解決でもあつたわけである。然し、世の中が一變し、平和な、しかも責任ある自由をもつた生活を營む今後の生活指導を目標とした體育は、此の點でやはり新しい歩み方をしなければならなくなつてきた。

生活カリキュラムについて第一章で述べてきた通り、兒童の生活それ自身を有意義に且つ、社會人として役に立つ人間の教育を、運動を通して、衞生の實踐を通して、行つていこうとするのである。その爲には第一に、教師中心ということから、兒童中心ということに教育全般が中心を移行したことがあげられる。明らかに、後者は教師すらも環境構成の一要素となつているのである。

このことについて、具體的に論を進めていくこともよいが、實際の指導案を引例して、第一節との相違を讀者諸賢に自ら學んでいたゞくことにしようと思う。

第二學年體育指導案

場所　體育室

運動　圓形ドッヂボール

○選擇の理由　兒童達の最大の樂しみである運動會も新綠香る初夏の日ざしの下に盛大に行われたが、彼等の運動に對する意欲は日々高まりつゝあるように思われる。然もその興味の中心はむしろ學級用ボール二箇を對象としたボール遊びが主であるから彼等の心身の發達段階に應じたボール遊びとしての圓形ドッヂボールを選んだ。

○コートについては投力調査により男子平均八・二五米、女子平均五・四米、學級平均六・六米であつた。以上のことゝ久々に行う故コートの圓の直徑を六・五米にした。

○此の學級は男子二十二名、女子二十二名、計四十四名で現在三名が病氣缺席中（ハシカ）病後間もないもの三名で運動能力低きもの二〜四名居る。

ねらい　身體の發育發達旺盛なる時期に於て兒童の興味を中心としてゲームを行い、それを通じて身體の發育を助長し運動能力を主として投力を養い併せて敏捷性・協同精神・從順公正等の性格を養う。

本時のねらい

(1) 圓形ドッヂボールの規則を話し合いのもとに理解させる。

(2) 兒童達の興味をより増大するように指導する。

過程

兒童の活動	指導内容	用具	時間
一 整列 當番が集合させる始めの禮 二 呼名 三 衞生檢査 四 話し合い	Ⓐ體育室内圓外北側に鏡面に正對し小先頭二列縦隊。 Ⓑ挨拶が終つたら左を向かせる。 姿勢正しく元氣よく返事をさせる。 球を扱う故爪の伸びを注意し、併せてハンカチの所有をしらべる。 a去る日の運動會の活躍を賞讃し猶改める點をのべる。 b多くの兒童の好むドッジボールをやることを話し好まぬ者に對しても、大切な運動故興味が出るように話す。	授業前に體育室に次の準備をなす。 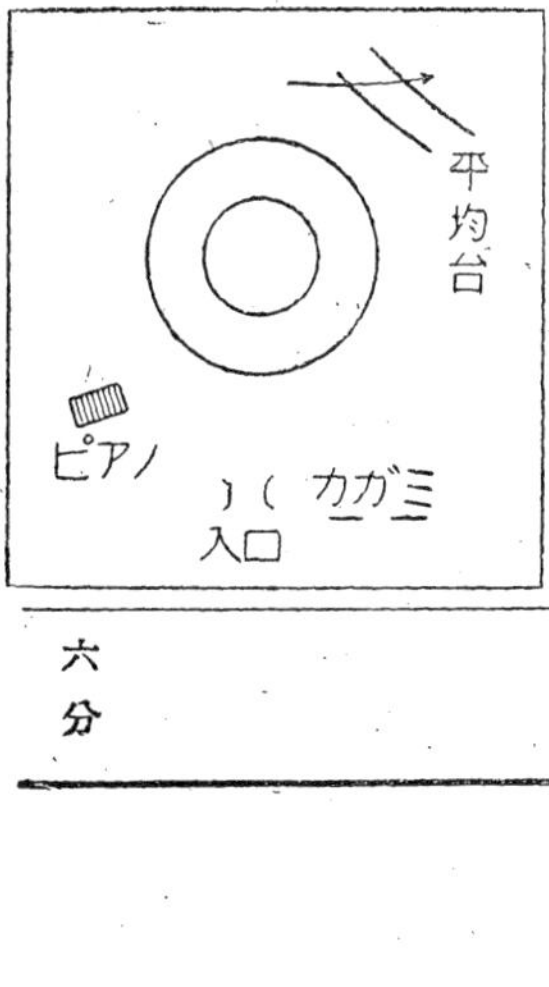 	六分

○縦隊になる	c 一年時代を思い起させる。 d 話し合いが済んだら右をむかせ縦隊にせしめる。	中央に同心圓にて直徑十米〃六・五米（行進圓）を記し、室内北西寄りに平均臺大小一本ずつならべる。	
始めの運動 (1) 圓形行進 a 行進隊形の作り方直ちに行う b 呼笛で停止する	紅白の二列から白紅と交互に出て歩きつゝ一列になり大圓周上を歩かす。 行進曲を變えても歩けるように又呼笛が鳴つたら停止するように耳を働かすことを話しておく。	ピアノ	五分
(2) 運動隊形 白は一歩前紅は一歩後に下る	隊形をとらせた折に左右交わらぬかどうかを注意する。		
(3) ボールを投げる練習	ボールを投げる眞似をせしめる近い人へ順次行う。		
(4) ボールを受けとる練習 Ⓐ普通の姿勢でうける Ⓑ高いボールをうける Ⓒ低いボールをうける	立つていて丁度よく飛んで來たボールをうける ジャンプして手をのばしてうけとる。 脚を屈してキャッチする。		

(5) 逃げる練習 Ⓐ高くとび上る Ⓑ小さくなつてよける Ⓒ左右によける	Ⓐ低ボールがとんで來てそれをよけるようにする。 Ⓑ體をうんと小さくするその折横に寢たりしないように注意する。 Ⓒ側屈してよける。		
(6) 圓形にもどす 白は一歩下り 紅は一歩出る	始めの行進の如く圓になる。		
(7) 呼吸運動	手を前から上げて横に下す。		
主な運動 圓形ドッヂボール 小圓にする	説明のゆきわたる如く小さい圓にあつまる 次の規則を説明する。 a ボールが當つたら定められた所で見學する。 b 圓内にあるボールは外に居るものがとりにゆき圓周に歸つてから投入する。 c 圓外から投じられたボールを受けるか又は投球者がラインクロス甚しき折はセーフ d アウトの折は呼笛をふく故お互の雜言をつゝしむ。	ボール一ケ 黒板一	三分

A第一回戦 a白を圓内に入れ紅を圓周に配置する	停止の合圖あつたら圓周に居るものはその場に座し圓内の殘留者は並ぶ圓周に平均して並ばぬことやボールのとり合いは不利 白を速に入れ紅を攻撃として紅の最小のものにボールを渡す四分にして停止。	十分
b停止に際しての態度をとらせる	人員（圓内殘留）を數え黒板に記入する。	
c反省	兒童の反省をきゝ改める點をのべる。	
d紅を圓内に白を攻撃側とする	四分間にて停止せしめる。	
e停止の折の態度	人員を數えて黒板に記す。	
f勝負によつて片方が萬歳をする	第一回戦の發表	
g反省	次の試合をしづかりやるようにし向ける。	
第二回戦 a紅を圓内に白を攻撃側とする	停止までの時間は四分なるも兒童の興味をそゝるようにしむける。	
b停止した折の態度	人員を數えて黒板に記入、反省を各自の心中でさせる。	

c 攻防のチェンジ d 停止の際の態度 e 勝者は萬歳をす f 批評	人員をしらべる勝負の決定を發表。 上達した點をほめ次の時間に一段の努力する點を求めて終る。		十分
終りの運動 (1)圓形をつくりつゝ歩く——停止 (2)肩を上下に動かす (3)肩をまわす (4)手をぶら〳〵させる (5)行進 (6)呼吸運動	どこでもよいからピアノが鳴つたら歩いて圓をつくるよう話す。 首と腕に力を入れぬように指導する。 右と同じ。 停止を上手にやらせる。 前から手を上げて横に下す。	ピアノ ピアノ	四分
話し合い 當番が集合させる 退場	(1)手足の汚れから病にかゝることを話す。 (2)手足を洗うことを約す整列の位置を體操室中央入口に正對して集合するよう話す 紅は男子當番、白は女子當番が集める。		二分

五年體育指導案

場所　校庭

運動　方形ドッヂボール

○選擇理由

(イ)　六月に校內大會が豫定されていること。

(ロ)　去年六月より今年三月迄にわたる數カ月間正課授業としてほとんど、やつていないこと。

(ハ)　最近少しの餘暇の時間でも各所で兒童は喜々としてドッヂボールを樂しんでしること。

(ニ)　先生ドッヂボールをもう長くやらないので忘れてしまいますから、是非お願いですからやらせて下さいと云つて來る兒童も少くない。ドッヂボールは現在では手輕に出來る球技として兒童達に親しまれていると同時に、この球技により味わう愉快な情緒は精神に高尙な慰めを與える。從つて餘暇を善用する健全娯樂としても適していること。正常な發育の狀態にある兒童にとつては誰にでも容易に出來て遊戲的な氣分を充分に滿喫する運動で、これを通じて身體の發育を助長することが出來る。

○クラスの現狀

(イ)體育方面に熱中する兒童と、智的方面に熱中する兒童の二つに分れている。
(ロ)運動としては特に男子は野球、女子はドッヂボール又はフットベースボールを好む。
(ハ)遊び方に於て指導的立場になる者が現在のところみあたらず、グループ活動は行われていない。
(ニ)此のクラスは男子二十四名、女子二十名、計四十四名
○ねらい。
(イ)ボールを避けることゝ相手方にあてることゝの二つの要素により構成されている。ボールゲームでティームゲームとして協同動作と協同精神を涵養する。
(ロ)急速に投げられたボールを敏捷に避ける運動によつて、全身の修練と正確な判斷力が養われる。
(ハ)男女混合で授業を行うので實力・體力の差はあるが、學級生活の團結と云うことにねらいを置く。
○本時間のねらい。
(イ)チームワークの一般的な指導

(ロ) 男子は女子に機會を與えてやる。
(ハ) ルールをよく守らせきりつ正しく指導する。
(ニ) ゲームの後に於ける反省は兒童の研究を助長し興味と關心を高めるように指適する。

過程

兒童の活動	指導内容	用具	時間
(1) 整列 キャプテンを中心に紅白二列にならぶ。始めの禮。 (2) キャプテンを定めてチームごとにドッヂボールをやるに適した運動を行わせる。 (3) 準備運動が終つたならば一・二分間を與えて作戦をする。	(1) キャプテンはチーム員をよくまとめること。 (2) 運動が不充分の場合は適宜指導する。 (3) 作戦はキャプテンを中心に上手に行われているか否かを注意する。チーム員はキャプテンをよく助けること。このことにつきよく觀察し適宜キャプテンを指導する。	蹴球ボールを稍々空氣を抜いた柔かな程度のものを用いる。コートは投力テストの結果左の圖の如くする。 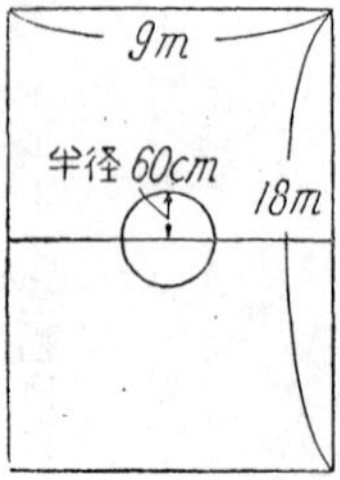	5 分
主な運動 (1) 中央ラインに相對し、	すみやかに正確にポストについたか否か		

て整列し禮の後ポジションにつく。 試合を始む。	をしらべたゞちにゲームにうつる。 ゲーム中に (1)ルールをおぼえているか否か。 (2)作戰はどうであつたか。 (3)試合方法はどうか。 (4)個人の動作 等について觀察しておく。		5分
第一回戰反省 時間五分經過後試合をやめ各コートにすわり反省會を行う。	時間五分經過と同時に呼笛を吹いて試合を停止させ勝敗を決めたならば各コート内にしやがませて反省會を開きこれを指導する。		2分
反省會後コートを交代しキャプテンを中心に所定の位置につく。第二回戰を始む。	ポストに正確にすみやかにきりつ正しくついたか否か。キャプテンを中心に活動しているか否かをしらべたゞちにゲームにうつる。前回の反省事項がどれだけ行われているかについて觀察する。出來れば二回戰に於ては紅白一勝一敗になる樣に試合をもつて行き三回戰を決勝戰と云うことにし兒童の興味を高める。		5分
五分經過後呼笛により試合を停止させる。	前回の反省事項について不徹底の個所あればよく徹底する樣指導する。よく徹底した		

各コートにすわり反省會を開く。	場合はほめてやる。 三回戰は決勝戰であるからキャプテンを中心によくチームワークをとつて全力をつくして最後迄頑張る樣話をする。 作戰は兒童によくねらせる。		2 分
キャプテンの話し合いによりコートを選びキャプテンはチーム員をポストにつかせる。 決勝戰開始す。	本時間に於ける試合を通して兒童はどれだけドッヂボールに對する理解がなされたか否かを觀察しておく。		7 分
七分經過後呼笛を吹き試合を終了させ勝敗を決める。 反省會	本時間の全體的反省を行う。		
終りの運動 (1) 腕前(側)(上)屈伸 (2) 肩の前後回旋 (3) 掌反胸伸展直立開脚	のび〳〵とやらせる。 肩の力をぬいて行う。 腕を輕く前に上げる時呼氣し胸を伸展する際吸氣するようにし呼吸と動作とを調和させる胸を伸展する場合は頭を輕く屈げる。		4 分
批評			10分

第三節　體育指導の一例

このように大略ではあるが、生活カリキュラムの中の遊びの面を大きく浮び上がらせ、こゝに生活教育の半面を徹底させるためには、今迄のように、體操の時間は生活からきりはなされた一つの身體運動であつたのでは不充分であることに納得がいつたわけである。學びの特に教室内を中心とした學習の中のその中心として、コアカリキュラムが構成され、それが運營されていくと同様、生活課題の一つの解決方法として、遊びの生活の中でその中心をみつけ、これから直接必要な基礎技能を習得させ、或は遊び方の方法、チームワークの取り方等を指導することが遊戯中心の體育カリキュラムとして必要になつてくるわけである。

以下四月に例をとつて、その指導を如何にするかを出來るだけわかりやすく述べ、次にカリキュラムの具體的なるものへと進むことにしよう。

四月の指導

單元　　リレー

跳箱

單元設定の理由

新學年の始まりであるということから、兒童も教師も新しい希望を胸一ぱいふくらませている時期であると同時に、季節的にいつて、春の氣持よい心のうきうきする時であるが、春休みという、家庭生活から、再び學校に通いだしたこと、三月迄は、未だ寒いという觀念から、餘り强い運動はしていなかつた故、急に運動量の多いものを長時間行うことは、かえつてさけなければならない。

且又身體の發育部位からいつて、若葉の出そろう季節であり、人間も他の生物と同樣ぐんぐん上へ上へと伸びる時季であるので、出來るだけ、伸びるような運動を與えてやりたいものである。身體が伸長するというのは殆んど脚の部分が伸びるのであつて坐高というものは、その割に伸びないものであるから、脚の伸びる運動をさせてやりたいと思う。

學級經營からいつて、新しい團結を必要とする。クラスが仲よくまとまつて生活が出來るようにするためには、どうしてもチームワークをとらせる運動をするのがよい。そしてその運動を通しておぼえたものを學級生活に活用し得るようにしたい。

運動能力の面からは、走ることは兒童のもつ身體運動の特徵でもあり、すべての運動の基礎ともいうべきものであるので、走力を養い且又これを利用して、跳力をも養成する。けだし跳箱運動による踏切の際の刺戟は脚長の伸長に影響する所大なるものがあると思われる故である。

休み時間に行う遊びは、體育の時間に教えられたことが、直接自己の課題乃至チームの課題解決を要する場合には、これが中心になる。例えば自分は前の時間に高い跳箱が跳べて先生にほめられたとなると、もつとうまくなりたいと思う欲求が出てくるものであるし、下手なものでも、ひくい跳箱が出ていると二三人出來ないものの同志があつまつて、最も低いものから下手ながらに遊び興じていく。かゝる點からして、レクリエイションとして、現在の兒童には適している。

最後に美しさに對する感覺・美しさの表現等、美に對しての心情を養う。走り方のむだのないやり方、とか、跳箱のうまい跳び方とか、兒童なりに觀賞しあい、そこにおのずから美を求める教育の一端が養われる。

以上、前述した運動の價値判斷の基準にてらして、こゝに四月に適した運動として、一カ月の期間の遊びの中心單元としたわけである。

環境構成

これからの教育には指導以前にそうするような環境を構成しておくことが必要であることを述べた

が、環境が作られていれば、兒童はその中で結構生活はしていくのである。むしろ、その環境によつて生活するわけである。それ故、四月の始業式後たゞちに次のことに着手したい。

第一には砂場は危險のないようによく掘りおこし、ガラスの破片や、石ころは取りのぞいておかなければならない。

第二には運動場には石灰ではつきりトラック（直線走路でも可）を畫いておくこと。

以上のことは新六年生は、學校にくればすぐ級長、委員等の選擧が行われ、運動部委員も選出されるであろうから、兒童の手で行うのもよいことである。

尚、この二つは常に氣をつけないと、コースがきえてきたり砂場が固くなるから、責任者を當番制にするようにして、常に運動し易いようにしておくことが大切である。

話し合い（誘導）

單元學習をする場合は、兒童の生活課題解決のさしせまつているものを單元として指導していくものであるけれども、彼等は四十八集まれば、そこには個人々々によつて持つている問題は一樣ではない。しかし、それを全部そのまゝを取り上げるわけにはいかない故、取捨選擇が行われるが、これと同樣といつた處で、兒童は體育に關しての知識は非常に貧弱であり、唯遊ぶことに夢中であるわけであるから、これを體育の面から價値ずけて話しを進めていくことは大切である。

それには

第一に私たちの體の發育に影響する運動をして遊んでいく場合、私たちのすきな運動のうちどれをしたらよいだろうか。

第二にはクラスが仲良くなつて、みんなでたのしくあそべるのにはどんな運動をしていくのがよいだろうか。

第三に五月にある運動會によい成績をあげるためには、今のうちから練習出來るものは練習をしておかなければならないだろう。

このような指示を與えて、四月中は表記の單元に指導の中心をもつていくことが大切である。

指導の經過

指導は、その大部分を授業時間中にするわけである。現在の文部省の規定では三十五週の授業日の中一年間に一〇五時間程度と規定してあるが、これは一週三時間程度の割合になるので、一カ月では四週十二時間内外が指導に要する直接の時間になるわけである。それ故、十二時間で、よくその運動種目の指導内容をのみこませ、あとは、いわゆる自由な時間(課外、遊び時間、家庭附近での遊び)

に練習されるわけである。

指導は年令の發達に應じて行われなければならない。それは心身の發育發達段階に應じたものであることを必要とするわけであるから、こゝでも、學年に應じて、その概略をのべることにしよう。

第一學年

第一學年の兒童は新學年といつても、それは新入學であり、未だ、幼兒期の延長でもあるわけで、別に體育の授業としてとりあげる迄もない。要するに生活それ自身が完全に未分化であり遊びであるといえるから、第一時、第二時と區分は出來ない。

そこでどのようなものから、逐次順をおつていつたらよいかということにとどめておきたいと思う。

リレーをおこなうためには第一に順序をおぼえておくことが大切である。それがためには自分の前後の人の名前と顔をはつきりおぼえさせることである。それには、先ず入學前の身體檢査の結果から身長の順（小さい者が前）に名簿を作成しておかなければならない。

かくして第一にリレーの初歩としては、「並びつこ」「整列競爭」から始めるのが順序であろう。

○並びつこ

この競技それ自身にも程度の高低はある故、その中の最も初歩的なものでなければならない。それは現在並んでいる處から距離も短かく、方向も同方向がよい。逐次方向を鋭角にまげていくが距離はのばさないことが必要である。

方向が直角以上になると、前後左右の者が入り混つて並ぶのに少し困難をともなつてくる。こうして「並びつこ」が出來るようになり、紅白の競爭力が出來てきてからでないとリレーは出來ない。

○リレー

この競技が出來るようになつても、常に、自分の前後の者をリレーの實施前におぼえさせることは大切である。

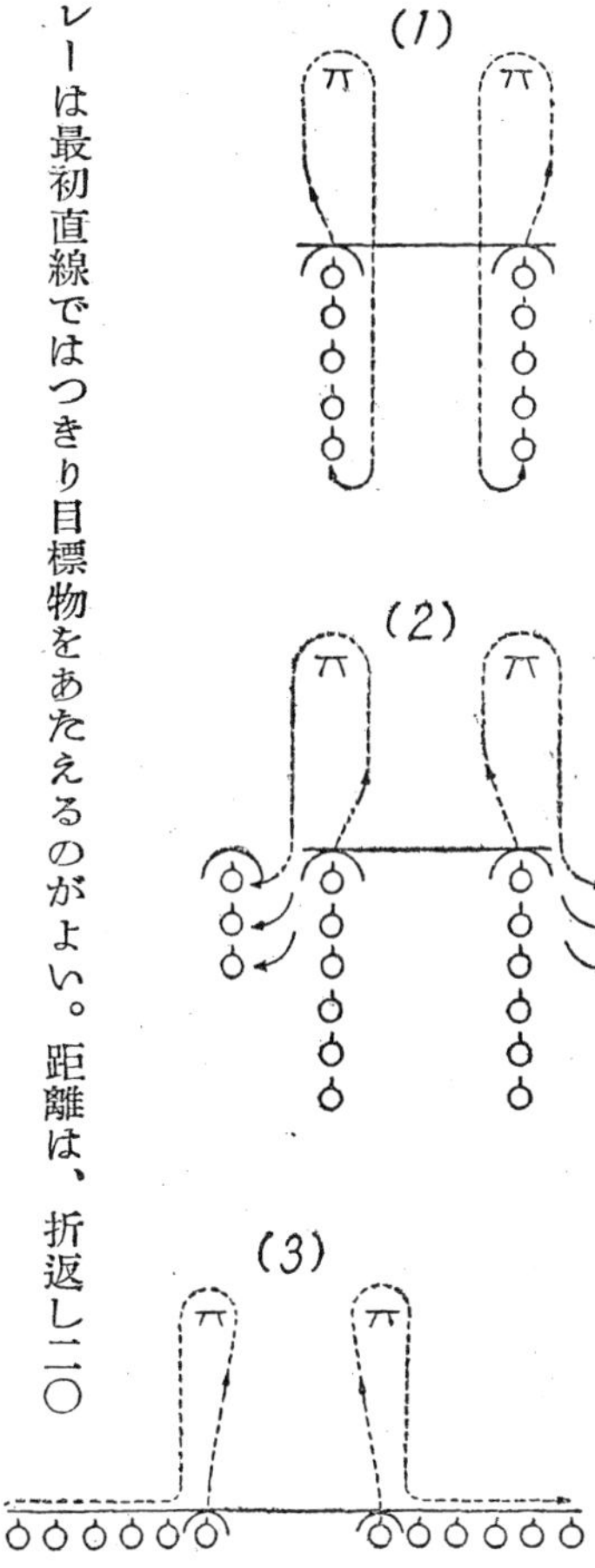

リレーは最初直線ではつきり目標物をあたえるのがよい。距離は、折返し二〇——三〇メ

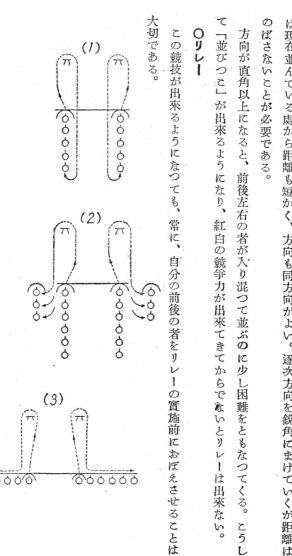

ートル程度、バトンは正規のものでなく、出來るだけ、大型の（ドッヂボール程度）のボールを使用するのがよい。終つた者の整列場所は、最後尾につく場合と（1）その列の横に縦に並ぶ場合とが普通である。（2）

特殊な場合としては、横に並べる場合もある。（3）

こゝまでの指導で四月の中ばもすぎるのが普通である。一年生はほとんど、午前中で下校するのが普通であるから豫定を多くくんでおいてもなかなか實現出來ないものである。然し新入生といえどもまだまだ程度は高めて良い。

○川とびリレー

生活カリキュラムにおいて指導される内容は兒童の生活の中から取材され、且、それも興味をもつているものが適しているわけであるが一年に新入した當時においては、そうならねばならぬかも知れないが、それは理論であつて、實際は敎師が良いあそび方を敎えるのが普通であろう。「川とびリレー」は直線リレーに比べれば複雑化している。

バトンのかわりにボールをもたせたが、こゝではボールを持つことは危險である故、始めは何ももたせぬがよい。

「春のよい日に、野原に散歩にいきましよう。」

運動場は野原である。こゝに川が流れている。

「こんな處に川があります。おちるとあぶないですから走つて來てとんでしまいましよう。さあ川は廣いところと狹いところとどつちがとびよいでしよう」

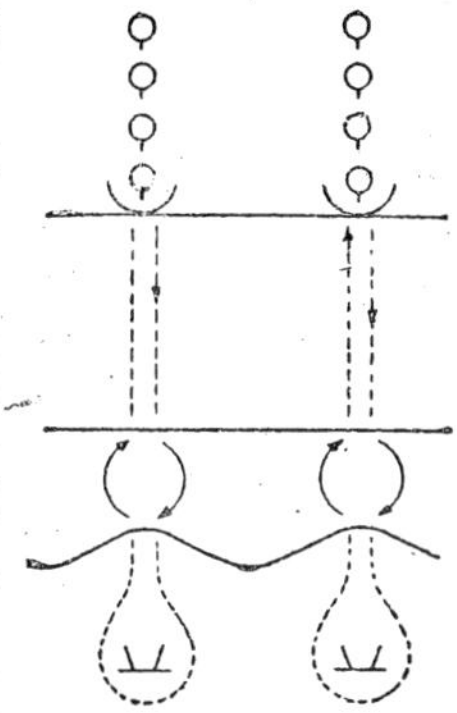

最初は二十四人位ずつ跳ばせて、準備運動をさせておくわけである。

「それでは、この前にリレーをしましたね。あの時のことをおぼえているでしよう。今日は川をとびながらリレーをしてみましよう」。

バトンはない故に、スタートラインではつきり、手をふれることを約束せねばならない。入學時に、わずかなことのようなものが、みのがされたが爲に、後の教育で無駄に時間を費すことがしばしばある。こゝでも必ず、スタートラインで、手をふれることに注意しなくてはならない。次には、川をうまく跳んだか否かについても教師は間違いなく判斷して失敗した場合にはやりなおさなければならない。

○木登りリレー

「此の前は野原で川を跳びました。今度はお山の木に登つてみましようか、木に登るのは面白いには違いありませんが、やたらに、よそのお家の木に登つたり、木の實をとつたりすることは良いことでしようか」。

こんな所にも生活敎育はある。恐らくこゝでしばらく皆の意見が自由に發表されると思う。

「學校にある木は特別によく登れるように出來ていますから、あぶなくはありません」肋木のところへいつてみる。

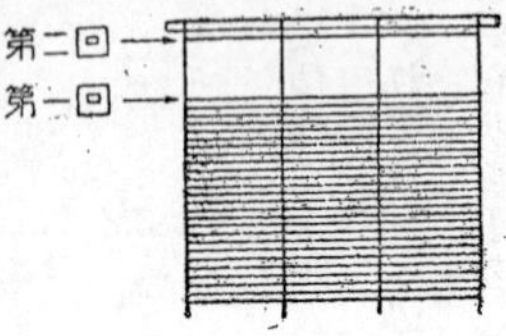

第一回目は皆で上圖の第一回の處まで登つてみる。この樣子で恐れる者がいた場合にはこの者は特別に指導しなければならない。

全部出來たならば、第二回のところに手をふれさせてみるがよい。普通の兒童であつたならばむしろ高く登ることに優越感をおぼえるものである。

この場合、肋木の握り方は親指を下の方から、他の四本の指は上の方から握るという基礎的なことは敎えておくことが大切である。

出來たならば、肋木の十メートル乃至十五メートルはなれたところにスタートラインを前のように畫き、肋木登りのリレーを行わせる。

こうして跳ぶこと、登ることを一應行つてみたならば、その基礎的な運動を遊びながら實施させてみる。

○川跳び

川跳びは最低レベルを川幅にしたが、此度は實力を測つてみる。勿論、物指等で一人一人測定していたら大變であるから、圖のように幅を異にしたロープをはつておけばよい。

七〇センチメートル迄の者はC、一・二メートル以上はA、その間をBとしておけば

「さあ、今日は、出來るだけ、ひろい川をとんでみましよう。

初めのうちは、狹いところから跳んでごらんなさい」。

この時には跳んだものは必ず砂場の外に一度眞すぐに出てから、右又は左まわりでもとの位置にかえることをよく躾ける必要がある。

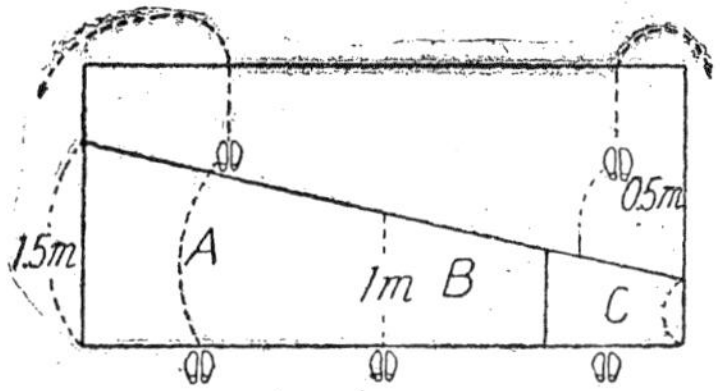

○横ばいリレー

次には肋木で、肋木横行を行わせてみる。

「此の前は木に登りましたが、今度はこの木を横につたわつていつてみましよう。どこ迄横にいける

でしようか」。

出來るだけ元氣の良い強そうな者から始めないと、次の者がつかえてしまうから、この點に注意すること。

「くたびれたらば、下におりてしやがんでお休みなさい」。

こうして、肋木横行リレーが行われる、この場合は肋間は三—五位が良く、最後に眼じるしをつけておき、こゝにふれてからもどるようにしておく。

○注意

以上いくつかのリレーを教えてきたが、常に吾々がこゝで教え導かねばならないのは規律である。個人生活から、社會生活に移りつゝある兒童にとつては、1+1=2をおぼえさせるのも大切だが、社會人となるための、基礎訓練を忘れてはならない。

そこで

1　リレーの前には必ず一度整列すること。

2　リレーの始まる時には第一走者のみが立つて、他の者はしやがんでいるようにすること。

3　リレーが終つたら、後の並びをしつかりしてから、勝負の決をきめるようにすること。

等が良く教えられなければならない。

いかにも訓練というと戰時中の訓練を思い出すが、頭から「ねばならぬ」の訓練をするのが訓練のすべてではない。

最初のうちは勝てば手をたゝいて飛び廻るのが兒童だが、うれしい時にはうれしい表情もよいが、きちんとするところは、すぐきちんと出來るように此の頃から躾けておくことは大切である。

以上の運動をまとめると、

	單元	練習	ねらい	備考
一年生四月の運動	リレー	並びっこ とびっこ 肋木のぼり 肋木横行	自己中心から、チーム中心への第一歩を會得させる。 思う存分全身をうごかして運動させる。 運動の前後のけじめをしっかりさせる。	走る距離は一回三十メートル内外とする。

第三學年

第一週　第一時

紅チームと白チームに分れてリレーの練習をさせる前に、「三年生になつて紅組が早いか、白組が早いか、先ず最初にリレーをやつてみてはどうだろう」と話しかけてみるがよい。

その答は異口同音に「やりましよう」というにきまつている。三年児童であつたならば百メートル程度のトラックは走破出來るから、なるべくトラックを利用して何を教えることなく、教師は出發合圖をして走らせてみる。

そこで教師はどこに氣をつけて注意していたならばよいであろうか。

1　走り方

2　バトンの渡し方

3　バトンの受取り方

4　追い越し方

5　走者以外の者の態度

これらについて觀察しておいた後、一通り、リレーを終り、勝敗がきまつたならば、なるべくその場で圓陣を作り、以上のことについて話し合つてみる必要がある。

「それでは樂しい、面白い、好きなリレーをするのもよいが、もつと上手にリレーが出來たならば、それはもつと樂しいものになるだろうか、どうだろうか」常に出問形式の問答法が良いと思う。

休み時間にリレーをして遊ぶ時には、これらのことがどうしたら上手に出來るか、考えながら、工夫しながらやつてごらんなさい」。「先生はこれから運動の時間には、その方法をいろ〳〵と教えてあげましよう」。

第一週　第二時

○バトンタツチ法

最初には丸く集めておき、發問法によつて、上級生がどのようにしてバトンタツチをしているか、

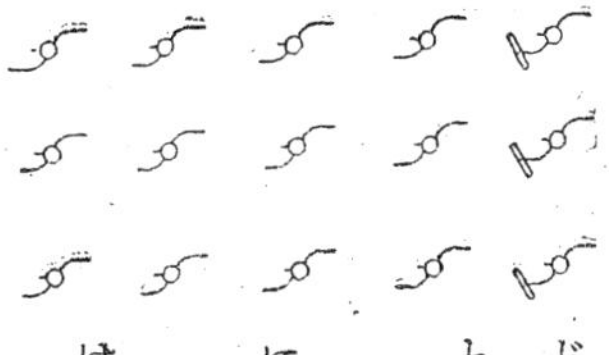

どちらの手からどちらの手に渡すのがよいか、等々を話し合つた後、皆にその模範となるものを指示してみせる必要がある。

續いて、上圖のような體形をとらせ、走ることなく、左手から右手へ渡し、すぐにもちかえて左手から次の者の右手に渡す練習をさせる。

練習中に、良い者、下手な者を出來るだけ見つけて、惡い個所は矯正し、良い者は、ほめておくことが大切である。

練習が二・三回すんだならば、上手な者の模範を示させてやることも大切である

が、逆の場合も、その兒童が劣等感をいだかない程度に、樂しみながらその缺點の矯正が出來るように導くことを忘れてはならない。

次には少し走力をつけて、バトンタッチの練習を行わせる。兒童はリレーをすることが樂しいのであるから、基礎練習だけで時間一杯費やす指導よりも、一つの基礎を教えたら、すぐに、それを利用して、現實の興味ある運動の場で、應用させてみることを忘れてはならない。

「大體皆上手に出來るようだから、早速リレーをやつてみよう」こうして實施した後はすぐに反省させてみなければならない。「この前の時間からみれば大分上手になつたが、まだ〳〵上手になれると思うね」「例えば……」と次から次へ一つずつ課題を提出していつて、急ぐことなくねらいが達成出來るようにしたい。

第三時以後も同樣にして

○バトンタッチ

○走法

○ルール

○前後の動作

等について指導する。

第二週　第一時

跳箱跳越

先週はリレーを勉强してきたが、リレーばかりやつていると胸廓とか、腕の力が出來てこない。又脊を大きくするのにはかけつこもよいが、腕の力とか、胸の發育のことを考えると、跳箱を跳ぶのも良い運動になつてくる。

此の運動は三年以下では腕力の發達が不充分な爲、不適當である故、こゝにはじめて、運動としてとり上げられてくるわけである。運動によらず、何事も、最初に面白かつたもの、出來たものへの關心は强いが、その逆の場合は嫌いになることが多い。その點、初めて行わせるものについての指導はゆるがせに出來ない。

跳箱は低いものから順次高いもの、短かいものから長いものゝ順に配置しておき、勝手にとばせてみる。勿論、跳箱の上に兩手をつかなくてはいけないことだけはあらかじめ話しておく。この間に敎師の觀察しておかなければならないことは、

(1)　踏切一歩前の姿勢

(2)　踏切の仕方

(3)　踏切の力

(4)　手のつき場所

(5)　手の力の使用法

(6)　着地の姿勢

これによつて四月の跳箱運動の指導を具體的に毎時目標を作成し、班別に分けて指導していくのである。

さて、それでは、この指導は、どのようなカリキュラムによつて行われているのであろうか。

次にこれについてのべていくことにしよう。

第四節　カリキュラム案（一例）

こゝにいうカリキュラムは今述のべてきたような兒童生活を「よく遊び　よく學ぶ」という觀點から考えていづたもので、それを圖に示すと次のようなものになり、その下半分の私案である。

室内を主とした場			屋外を主とした場	
基礎學習	コア・カリキュラム單元	兒童日常生活	運動單元	基礎練習

四月

運動單元 リレー・跳箱 十二時間

第六學年

主な運動	基礎練習	ガイダンス	到達目標	環境
○リレー 紅白トラックリレー（百メートル） コーナートップ バトンゾーン 二人三脚リレー ○跳箱跳越 水平跳 斜跳	○バトンタッチ法 正確に速力をおとさないようにする。 ○バトンを渡してから後の動作に注意する。 ○馬跳び競争 ○倒立 ○鐵棒飛上り ○兎跳び	走者以外の應援態度 んだ後の歸り方跳	上 十五秒以下 中 十五—十八秒 下 十八秒以上 上 高さ 一メートル 長さ 一メートル 中 高さ 九〇センチメードル 長さ 一メートル 下 高さ 一メートル 長さ 八〇センチメートル	トラックを鮮明に毎日書いておくこと。 バトンは出來るだけ學級で二・三本備えつけておくこと。 砂場は常に堀りおこしておくこと。

第五學年

主な運動	基礎練習	ガイダンス	到達目標	環境
○リレー 紅白トラックリレー コーナートップ 鐵棒逆上りリレー 臂あるきリレー ○跳箱跳越	○バトンタッチ ○逆上り ○臂立伏臥 ○馬飛び競爭 ○マット運動	リレー前後の動作 勝つた組の態度 負けた組の態度 出來ない者には皆が協力して補助する。 跳箱を跳ぶ時の順序は整然とすること。	上　十六秒以下 中　十六—十九秒 下　十九秒以上 上 高さ　九〇センチメートル 長さ　一メートル 中 高さ　八〇センチメートル 長さ　一メートル 下 高さ　九〇センチメートル 長さ　八〇センチメートル	六に年同じ

第四學年

主な運動	基礎練習	ガイダンス	到達目標	環境
○リレー				

主な運動	基礎練習	ガイダンス	到達目標	環境
紅白トラックリレー コーナートップ 直線リレー 蛇行リレー	○バトンタッチ ○直線走 上をむかない。 目をつぶらない。	リレー終了後は整頓して勝敗の決を待つこと。 最後の走者は拍手でむかえること。	上 十六秒以下 中 二十—十六秒 下 二十秒以上	六年に同じ
○跳箱跳越	○兎跳 ○踏切一歩前の練習 ○マット運動	出來ない者を輕べつしないこと。	上 高さ 八〇センチメートル 長さ 一メートル 中 高さ 一メートル 長さ 八センテメートル 下 高さ 九〇センチメートル 長さ 八〇センチメートル	

第三學年

主な運動	基礎練習	ガイダンス	到達目標	環境
○リレー 紅白トラックリレー 順送球 二つ球リレー 置換リレー	○相手にかまわずまっすぐに走ること。 ○バトンを渡す時は速力をゆるめること。	遅い者をいぢめないこと。 はだしになつた時は靴をそろえておくこと。	上 十七秒以下 中 二十二—十七秒 下 二十三秒以上	五〇メートル直線コース六コース程度を毎日はつきり書いておくこと。

肋木登りリレー ランニングアンドスロー ○跳箱跳越	○バトンを渡す人をよくおぼえていること。 ○低鐵棒跳び上り ○踏切一歩前から跳箱上に乘る練習	跳ぶ時の間隔をつめないこと。 順序をみださないこと	上 高さ 七〇センチメートル 長さ 一メートル 中 高さ 八〇センチメートル 長さ 八センチメートル 下 高さ 七〇センチメートル 長さ 八〇センテメートル	

第二學年

主な運動	基礎練習	ガイダンス	到達目標	環境
○リレー 折返しリレー 片足リレー 蛇行リレー 肋木登りリレー 廻旋リレー 順送球 ○跳箱 跳び上り下り 跳箱乘り	基礎練習と主な運動との區別はない。	順番をまちがえないこと。 リレー形式をまちがえたらやりなほすこと。 終つたらきちんと列ぶこと。 とび終つたらすぐに順序よく列んで次の番をまつこと。	特別に定めない。	三年に同じ。

第一學年

主な運動	基礎練習	ガイダンス	到達目標	環境
ならびつこ 折返しリレー 置換リレー 汽車ごつこ 朝禮體操其の他の模倣遊び	なし	順序をまちがえた者をいぢめないこと。 其の他「コア・カリキュラムの研究」高等師範學校附屬小學校研究紀要參照以下これを略す。	なし	その都度敎師がつくる。

六月

運動單元 ドッヂボール

第六學年

主な運動	基礎練習	ガイダンス	到達目標	環境
方形ドッヂボール	パスの練習 正確投 鐵棒逆上り、倒立	チームワークのとり方	投力（直球投） 上 十五メートル以上 中 十五―十メートル	ドッヂボールコートを鮮明に畫いておくこと

主な運動	
基礎練習	
ガイダンス	自分の失敗を他人に轉嫁しないこと。
到達目標	下　十メートル以下
環境	皮ボールを常に用意しておくこと

第五學年

主な運動	方形ドッヂボール
基礎練習	ボールの取り方 パスの練習 ぶつけ方 鐵棒逆上り
ガイダンス	下手な者をいじめないこと。 キャプテンに協力すること。 作戰のねり方
到達目標	投力 上—十三メートル以上 中—十三—八メートル 下—八メートル以下
環境	六年に同じ。

第四學年

主な運動	○ドッヂボール 方形ドッヂボール 圓形ドッヂボール
基礎練習	ボール投げ ボール取り 鐵棒前廻り 逆上り
ガイダンス	勝負にこだわらないこと。 キャプテンのえらび方。
到達目標	投力 上—十一メートル以上 中—十一—七メートル 下—七メートル以下
環境	方形及び圓形ドッヂボールコートを畫いておくこと。皮ボールを用意しておくこと。

第三學年

主な運動	基礎練習	ガインダス	到達目標	環境
○ドッヂボール 方形ドッチボール 圓形ドッヂボール	ぶつけ方 投げ方 取り方 鐵棒前廻り 中跳び	ボールを獨占しないこと。 ゲームはなかよく行うこと。 ルールをよく守ること。	投力 上—十メートル以上 中—十—五メートル 下—五メートル以下	四年に同じ。

第一・第二學年については、研究紀要コア・カリキュラム參照のこと。以下略

第五節　運動の指導

㈠　一般的注意

呼笛の活用

呼笛の種類は大別して三つがある。即ち

(1)　太鼓笛

(2)　三管笛

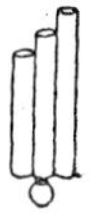

(3)　一管笛

であるが普通は(1)の呼笛を用いるのが一番良い。これも口にくわえる部分の長いものと短いものの二通りがあり、短かい方が音の響は良いし危険性も少い。(2)及(3)は普通の授業に使用するのには具合が悪い。これらは大體競技用に使用するように出來ているのである。

さて授業に用いる呼笛は(1)のが良い事は解つたが、これもその用い方によつて授業を支障無くスムースに進行させることも出來るし、却つて喧噪にしてしまう事もある。そこで先づ呼笛を吹く時には力強く吹く事が大切である。熱の有る授業を行う者は必ず呼笛の吹き方にも力が入つて魄力があるものである。

(1)　徒手體操を指導する時の呼笛の吹き方

戰時中は徒手體操と云えば何かしら畫一的に實施させねば氣がすまなかつたり蠻聲をはり上げて統率して行くように指導して行くのが良いと思われていたが、そのようなものと考へられてしまつた徒手體操もあわれであり指導法も良くなかつた。魄力のある聲と大聲では感じが全然異る。その點では軍隊體操は陸軍と海軍では相當差があつたように聞いている。

やはり徒手體操はそのねらいにかなつた樣にリズミカルに指導するのが一番良いのであるから、呼稱で調子をとるのも良いが呼笛を活用するのも良い。上下肢の運動では吹き方は短かく小きざみに吹くか一番大切な時機に吹くのが良い。勿論これは一つのテンポを示すもので、ピツタリその時に腕が擧つていなかつたからと云つて、餘り拍子ぬけしている者以外はなじる必要は毛頭ない。これに反して體の運動は長くゆるやかに吹くのが良い。

(2) 球技を指導する時の呼笛の吹き方

小學生の球技は大別すると野球型、籠球型、ドツチボール型の三つに分けられる。野球型の球技では上學年は呼笛は餘り使用しないのが普通で、低學年には使用してやるのが指導上便宜である。低學年の此の球技の代表的なものは、フツトベースボールであつて、此のゲームにあつては

試合開始の時

チエンヂの時

打者が打つ前

に合圖として吹くのが解りやすく、ゲーム中に吹く場合にはゲームに夢中になつているのが普通であるから、反則したり、アウトになつていても知らないで、ゲームを進行するような場合には、短かく區切つてピツピツピツピツピツと注意を喚起するように吹くのが良い。

籠球型のゲームは述べる迄もなくラインアウトの時、反則の時、得點の時等通常の吹き方で良いと思う。

ドッチボール型のゲームは一般的な事は前二つの場合と同様であるが、球が體にぶつかつた時にはつきりそれを知らせる爲に指名すると共に會圖に吹くのが良い。

無駄な時間を使わない事

經驗をつんだ指導者ならばこんな事は云わなくとも解り切つた事であると共に、誰でも授業を常にしていれば自然その骨《コツ》は解つては來るものではあるけれども、そうなると經驗をつまない者に敎へられる兒童は經驗を積んだ先生に敎へられるよりも割が惡くなると考へられない事もない。それでは世の中の進歩は遲々として牛歩の如くなつてしまう。教育の必要性の生じた根本はこゝにあつたのではなかろうか、しからば兒童を良く理解して（實態調査の項參照）すきの無い授業をするには、どうしたらよいであろうか。先づ何と云つても必要な事は指導案（敎案）をたてる事である。指導案なしで授業を立派に充實して實施する事は仲々六ケ敷い事である。叉指導案をたてる場合には輕々に考えては良いものは出來ないし、これを充分自分でのみ込んでかゝらなくてはその通りには出來ないものである。而して指導案をたてる時には常に運動場或は體育室を頭の中に畫いて無理のないようにしなくてはならない。大抵指導案を作成してみても實際の運營をしてみると、同じ指導案でもそれを行う人に依つて隨分差を生ずるものである。それは時間を無駄に使うか、無駄に使はないかと云う事が大きな原因になるのである。これを具體的に説明するならば、第一に隊形を變える場合には次の運動種目がすぐ行なえるやうにする事である。普通の授業形式について云うならば、最初の整列場所は環境の整理の項でも述べておいたが、すぐその場所で準備運動が出來得るような處が良いわけである。次に準備運動が終つて、いよ〳〵主運動に移行する場合も、その場所ですぐ主運動の種目が出來る場合は問題はないわけであるが、そうでない場合には樣々な方法があるが、一度元の整列隊形に戻して、きちんと整列させそれからおもむろに引卒して行くのは一番愚な方法である。特別にその樣な事を目的としている時は別として、普通の場合は如何に速やかに時間を經濟的に使つて行動するのを不知不識のうちに教へる樣導くのが良いわけである。

(イ) それには今の場所から目的の場所へ各個に走つて行かせ、そこで目的にかなう整列隊形を早くとらせる方法。

（ロ）開列のまゝから各列毎に責任者（引卒者）をきめて引卒させる方法

（ハ）その目的地迄或る運動例えば馬跳び競走とかトンネル競争とかをしながら、いつの間にか目的地に誘導して行く方法

等があげられる。

次に主運動が終り、整理運動（終末運動）に移行する場合にも特別に他の目的がそれ以前にない場合には、其場に適當に開かせる程度で良いと思う。上學年では準備運動、整理運動を問わず各クラスの中からその都度リーダーを出させて實施すれば、自然リーダーシップも養なわれ、自主的に運動する方法をも會得して行く事が出來るのである。四年生の兒童を約半年の間此の方法で實施してみた結果、全然教師が運動場に姿を見せなくても立派にお互同志で次々とリーダーを出して、樂しく自主的に運動の時間を運營して行くようになつた事實をみても効果のある事がわかるのである。

賞讃の言葉を使うこと

兎角吾々は人の缺點を見つけて云々したがるのは得意であるが、他人の長所を見つけ出し、これを助長させる様に努力は餘りしないものである。特に成績のかんばしくない兒童や、行儀の惡い者、或

は自分の氣に入らない子供達に對してはその様な傾向が强いようである。又逆に成績の良い兒童や、行儀の良い者、或は自分の氣に入る子供達に對してはその缺點は餘り目につかずにいる事が多い様である。

然し乍ら如何なる兒童もその子供の親にとつてみれば、何物にもかえがたい大事な寶なのである事を考えたならば、何事につけても餘り輕々しく小言は言えないものである。心理學の本を讀んだ者ならば、誰でも賞讃型、叱噴型、不關渉型の三通りの教育方法の內賞讃型が一番その効果の大きな事を記憶しているであろう。

そこで吾々は體育の指導にあたつても何事によらず、一寸した事にも氣をくばり、先ずほめてやる事が大切である。そしてほめる場合には必ず大勢の前でするのである。賞讃は大勢の前で叱噴は誰も居ない所でする事が肝要である。どれ程能力のない兒童にでも、何處かとりえがあるものである。私の經驗した兒童の中には能力は全然レベル以下の兒童でも、何事をするにもにこ〱と樂しそうにやつている子供、能力はなくとも徒手體操を一生懸命行う子供、能力はなくとも一つのスポーツを本當に面白そうにやつている子供があり、又技術の一向上達しない兒童でも僕は體操は一寸も上手にならないし、立派な體操もしていないが一生涯ラジオ體操を毎朝かゝさず行い、乾布摩擦をやりとおすのだと云つた樣な兒童が居るのである。これらの子供は決して體育の評點を惡くしてはならないのである。尙これらの事柄は低學年に特に效果が多い樣である。二年の兒童で全く精神薄弱兒と斷定し得る樣な者が、ある時フツトベースボールの實施中二壘打をはなち、續いて次の蹴者のヒツトによつて本壘に走り込み得點し、味方に大いに貢獻した。此の時は私よりも兒童の仲間同志でその兒童を大變賞讃したので運動が好きになり、好きになれば結局數多く運動をする故技術的にも向上するし、能力もついてくるので、今では每日他の兒童と共に樂しく運動場で遊ぶ事が出來る樣になつて來ている。他の一つの賞讃の仕方として下手な兒童に、例へば徒手體操であつたならば、いつも示範をさせてみるのである。始めは皆に笑はれるが、指導者は誠心誠意その子供の惡い處を矯正し、少しでも良くなつた時に讃めてやるのである。私の學校で此の樣にして側屈の運動が一番下手であつた子供が一學期間の經過後クラスで一番その運動が上手になり、今では側屈の運動の模範は大抵その兒童が行う樣になつて來ている事實もある。

以上の事は個人の事に關して述べたのであるが、これを團體についてみても結果は同樣である。尙特に注意を與えた兒童に對しては、その次の機會にきつとほめてやる樣に心掛ける事が大切である事は勿論である。

教材と時間との關係

小學校の兒童と云つても一年生と六年生では身體の形體的な面でも大いに差異があるが、それと共に精神の發達段階にも非常な差のある事を見のがしてはならない。體育指導要綱にもその程度が列記してあるが、それによつて同じ教材でも學年に應じて時間は異らねばならない。殊に低學年は興味が長時間持續する事は殆んどない故次から次えと教材を變化させなければならない。一年生でも入學當初はティームゲームを行う事は困難である故「かけつこ」「リレー」等を實施しながら整列整頓等の初歩のティームウワークを訓練し二學期（九月）頃からフツトベースボール程度の極く簡單なスポーツを行はせる樣にずるとこの程度のゲームになると二十分乃至三十分間興味は持續する樣になつてくる。故に一年生では最初五・六分程度の遊戯を準備運動になるような教材を選び（跡追いとか、かけつこ、模倣運動等）主教材としてフツトベースボール程度のものを行い、その後に短時間でまとまる遊戯（猫と鼠・巴鬼・鐵棒遊び等）を十分程度實施して、全部で四十分程度の運動時間を毎日一回位行い、これによつて兒童に必要な數の計算、友達の名前を覺える必要から文字のけいこ、等を導き出し、遊び乍らその遊びに必要なものから取材して知的な教育を習得させたり、社會性のある公民を育てあげる樣に指導するのも面白い著眼である。

三・四年生程度にもなれば興味のあるものに對しては相當一つの物事に長時間興味を感ずる様になり、「リレー」の様に相等單純な遊びでも、條件が異つて來ると四十分程度一つの事に關心をもつようになつて來る。紅白リレーに例を取つて述べるならば、先ず最初に走力をほゞ平等に分けておき第一回戰を行い、次に第二回戰を實施してみて、結果が一對一になれば必ず兒童は第三回戰を要求する様になるものである。もし第二回戰に於て一方が二回連續して勝つたならば負けた方の缺點を指摘して勝者の長所を賞讃したならば前の場合と同様第三回戰を實施する様に要求して來るのが普通の様である。然し乍らリレーを一時間中行わせる様な授業は決して最上の授業方法ではないと云う事は周知の通りである。

五・六年生になつて來ると唯我無沙羅活動をするのではなくして相當批判力もついて來る故、興味の持續の仕方も變つて來る様である。戰後大人の社會も子供の社會も野球の行はれていない社會はないと云つても良い位である。そして此の野球は良く云われる様にラツキーセブンあたりが一番熱戰の行われる時機である故、一時間位の授業で然も準備運動を行つてからの實施ではせいぜい三回戰迄出來れば良い方で大抵次の時間迄食い込んでしまうものである。それでも尚兒童は後髪を引かれる思いで教室に入つて行くといつた事を經驗された方々が多いのではないかと思う。であるからこの位の兒童の體操の時間は二時間續きのものを二週間に一度位作るとか、最後の時間に體操をしてそのまゝ課外運動の時間も有効に使用するのも良い方法であると考える。

次に教材と時間の關係で以上述べて來た事とは全然逆の場合も吾々は考えなくてはならない。即ち餘り一教材を長々しく行つて最後の方が蛇尾に終る樣な授業は感心出來ないものである。

説明について

如何なる運動をするにしても言葉をもつて説明しなくては唯單に行なわせてゐたのでは進歩が遲いわけである。而して説明の仕方には二通りの方法がある。その一つは話そうとする結論を最初に言つてしまうのであり、他の一つはその結論の依つて來たる原因から話して行く方法である。この二つの方法はその説明する時機と內容によつて各々使い道があるので、その時に依つて臨機に頭を働かさなければならない。即ち結論を先に云う場合は兒童が一般的にその結論のよつて來たる以所を知つている場合である。それは兒童の知能の發達程度に依つて異なる事は勿論であるが、例えば四年生位の兒童について云うならば鐵棒の逆上りの説明の時に「腕はまげてやること」と言えば成程腕はのばして行うのと曲げて行うのではどちらが廻りやすいかをすぐ判斷することが出來るわけである。そうしてみると大體この説明方法は上學年に適する説明方法であると云う事が出來るわけである。次に後者の場合卽ち原因から說き出してしからばこうしなくてはならないと言つたような方法は、二年生程度で前轉の運動で頭をマットにぶつける兒童或は脊中をドシンとマットにぶつける兒童に對して「どうしてそうなるのでしようか。」「車はどうしてクル〳〵廻るのでしようか。」と云つた問に對して「車にはデコボコがないからです」とか「頭を中に入れれば良い。」或は體を小さくまるめれば良いのです。」等と解答する。そこでそれでは「頭を中に入れるのにはどうしたら良いでしようか。」と次の問を試みてみる。兒童は「自分のお腹《ナカ》を見ながら廻はれば良い。」「あごを胸につけて廻れば良い」等の答をする。そこで「それでは前廻りは車のように體をまるくしてデコボコのないようにしてやれば良いですね。」と云う結論が導き出され、これによつて次の段階えと指導は進んで行くのである。又五・六年の兒童について、例をポートボールにとつてみるならば、一方のテイームのパスが上手に行はれ、それに對して守備側は一所にかたまりすぎていて得點された樣な場合、一時ゲームを停止させて各々のポヂションを再認識させ「何故に攻擊側のパスが良く行われたか、」「何故に守備側が行動の自由を奪われたか」を知らしめ、最後にマンツーマン(Man to Man)の法則を理解させるように指導して行くのである。故にこの方法は一般に行われている方法であるが、問の出し方によつては答える兒童の數が多くて授業の進行に差つかえの出來る場合も生じてくる故、この點は注意しなければならない點である。

次に説明をする場合にはそれが全兒童に徹底させなければならないと言う事が大切である。説明する隊形には

(イ)　自由隊形

(ロ)　二列横隊

(ハ)　二列の鍵形隊形

の三つに大別する事が出來る。(イ)の自由隊形について言うとこの隊形をとらせると教師に一番近くに寄つて來る者は問題ないが、概して能力の無い者とか興味の少い者は隊形の後の方できくともなくぶら〳〵している者とか、所謂いたずらつ兒に屬する者は人のいたずらをしたり、話をしたり或は他所に皆とはなれてさわぎ出す者に對しては充分眼をくばらなくてはならない。たとえその説明の内容を知つていたとしても皆がきいている時には靜かにしていなければならないと云う事を訓練しなければならない。又自由隊形に屬するもののうちで現在のまゝの隊形で説明する場合もある。例えばフットベースボールのゲーム中にある規則を敎えるような場合には出來得る限りゲームの興味をそがない事に留意すると共に、それに關係していない者にも解るよう、或る時にはその説明の理解の程度を問い

正して見る事も肝要である。

(ロ) の場合は教師は列の中央前に位置して説明するのであるけれども、兎角接近し勝ちである故、両側の者に徹底しない場合がある。兒童數が五十人以上もいる場合には殊にそうである故、(ハ)の隊形の必要が出て來るわけである。(ハ)の隊形は晝然と鍵形にする必要もなく、弓形にしても一向かまわないが、教師の後側に兒童を廻わさないようにしなければならない。これは(イ)の場合も同樣である。

季節による教材の取扱法

吾が國に於ける四季の變化の差は他の國に比べて少なく、北方地方を除いては特別に冬の教材、夏の教材と區別する程の事は餘りない。勿論、夏の水泳程度の教材はこの季節にかぎられるものであるけれども。

然し夏は暑く春秋は溫暖で冬は空氣の乾燥と共に氣溫も低くなるので、同じ教材を取扱う爲にはその取扱法に季節による變化を考える事は大切な事であるといはなければならない。運動は太陽の光をあびて行はないと健康上良くないからといつて、ドッヂボールを七月の炎天下で一時間も續けて實施しては、むしろ身體には害を及ぼす事は間違いない。又冬の北風の吹きすさぶ所で「一二」「一二」と徒手體操を行つたのではいつまでやつても鳥肌の出來た皮膚は汗一つ出てこない。このような特殊の例をあげればこの位の事は體育を指導する者は皆知つているというかも知れないが、然し案外良く有る事なので案を立て指導する前に、一應考えの中に入れておく事は無駄な事ではない。

㈡ 徒手體操の指導

最近スポーツの隆盛に反比例して徒手の運動は一般に輕視されている傾向にあるのではなかろうか。又戰時中の畫一的な無味な指導法の結果として徒手體操はつまらないものになつて來ているのではなかろうか。然し乍らその實施の方法如何によつては相當の興味とそれに伴う身體的な効果が隨伴するものである事は確かである。それば北歐ヨーロッパに於けるデンマーク及びスウェーデンの體操をみても充分うなづく事が出來るであろう。

現在の吾が國の現狀ではボール一個を買うにも千圓近くもする時、野球ボール一個百圓もする時スポーツは決して安價に求められるものではない。これが爲種々の社會問題迄もかもし出しているような現狀では、その指導に當る者はこゝの處を考えないと大變な事になる事がある。それに場所も狹隘で特に都會の小學校の運動場では野球を一カ所で行つたならば、他の者はあぶなくて心から遊ぶ事は出來なくなる。そこで今後吾々は資材の餘りかゝらないもので、しかも興味もあり効果の擧がる運動を考えなくてはならなくなつて來る。この點徒手體操のあるべき姿について再考を要しはしないであろうか。確かに徒手の體操は文字の示す通り自分の身體以外に他の資材を必要としないし、効果の點から云えば部分的に短時日の內に多くの成果は擧げ得ないが、長い期間の連續的な實施は決して他におとる事はない。そこで如何に興味深く行うかゞ問題になる。然し興味一點ばりに體育の指導を考える考え方は決して良いとは言い切れぬものである。身體に關する限り健康の維持は缺くべからざるものである。何故に食物の偏食を大人はいましめて體育を興味方位に行なわせるのであろうか、それでは興味ある運動に順應した身體は出來るが、それは健全な身體とは必ずしも言い得ない。この邊で大體徒手體操の必要な理由はおぼろげながら解つて來たわけである。

學習指導要領體育篇には學年別の教材例として次のようなものがあげてある。

1　低學年の指導

	一年	二年	三年
摸倣遊び	うさぎ	すもう	體操
	はとぽつぽ	ふねこぎ	かゝし
	ひこうき	ポンプ	こま
	やきう	うま	運動選手

水泳　　　　運動會

物語遊び　汽車ぽつぽ　野遊び

金太郎　　お祭り　　汽車のたび

うさぎとかめ

これで解るように、今迄は一年に入學すると「腕を上に擧げた形は」と言つてやれ掌を向け合はせなくてはいけないとか、手と手の廣さは肩の巾でなければならないとか、一つの形の中におし込んでしまうような指導であつたが、この例の三年で體操とあり、しかもそれは摸倣遊びの中に含まれている事に注意しなくてはならない。徒手體操の形は上學年になつてくれば普通の者は大體其の要領はのみ込めるものであるから、それ迄は形を制限するよりも、元氣に可動範圍を廣くするように指導した方が効果的であり、兒童の氣持にも合致している。

此處に於て低學年の徒手の體操は大人の立場からすればそれを遊戲化しなければならなくなつてくる。遊戲化すると言うことは、子供の生活それ自體なのであるから、體操を生活化するとか、生命化するとか言つた方が子供にとつてはあてはまるわけである。

前述の通り、子供の生活はそれ自身遊戲であり、遊戲がそのまゝ生活であり生命であると言うのであるから、その遊びの原理を探究してゆけば、徒手體操も自らその實施方法も解つてくるわけである。故に遊戯とか遊びと言うものは、自發的であり、リズミカルであり、綜合的であつて、これらが發生的に取扱かわれなければならない事になつてくる。

このようにして考えて來ると徒手の體操の必要性がだん〳〵解つて來るが、未だその特異性は外にもあげる事が出來る。

1　矯正的な効果が大であること

戰時中姿勢教育については、隨分やかましく實施して來たようであるけれども、最近の體育の實施面に於て正しい姿勢を注意して兒童に要求する事は餘り見かけない。然し乍ら正しい姿勢は人體を健全に保持して行く爲にかくべからざる必要性をもつている。これは何もかたくるしい緊張した從來の「氣を付け」の姿勢を取らせねばならないと言う事を意味するものではない事は明らかにうなづけるであろう。歩行時に於ても正しい姿勢はある。又他の運動（例えばサッカーばかりやると兎角手を伸ばし、首を前の方につきだして丁度張子の虎のような恰好になりやすいものであるが）のように運動に體が順應してしまうになる事を防ぐのはやはり徒手體操によらねばならないであろう。

2　適當な全身運動である。

矯正に適すると言う事は一面これが全身的な運動である事を意味している。他の如何なる運動といえども全身運動でないものはないであろう。然し乍ら適度に身體の各部位を動かす事は不可能である。それらは相等多量のエネルギーを一時に且部分的に必要とする故、まんべんなく運動させるには最も適していると言われる。

3 筋肉を柔軟にする。

他の運動は大體に於て瞬間的に筋肉を運動させるので、筋纖維を强靱にするけれども柔軟にするには餘り役立たない。强靱になる爲にはやはり、その前提として柔軟性を筋肉が持つている事が必要である。然し乍ら柔軟にはするけれども徒手體操はあくまで徒手體操であつて、それ以上のものではない故、ある程度の强靱性は柔軟性を養いつゝも養なわれないではないが、それには限度がある故、その效果を過大評價してはならない。

4 關節の可動性を大にする。

筋肉を柔軟にする事は卽ち筋纖維の一本一本を柔軟にする事を意味しているが、それに相關しつゝ必ず關節の可動範圍が擴張して行くものである。其の場跳の如きものに例を取つてみるならば

Ⓐ

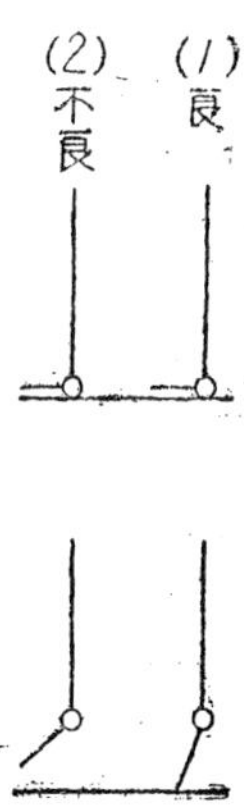

(1)の場合は筋肉の柔軟性を用いて出來る丈足首關節の可動範圍を大きくして行つた運動で

(2)の場合は筋肉の强靱性を利用して床上にポンポンと音をたてながら跳んだ運動である。

勿論普通の徒手の運動では(1)の場合の指導が良いわけで、このようにして關節の可動性を養つて行くのである。

5　狹い場所でもたやすく實施出來る。

徒手の體操の他の運動に對して特異とする所は何と言つても限定された小さな部分で出來ると言う事である。特に吾が國の學校のように狹い運動場で多くの學級が一時に運動するような處では、確かに有利な點である。

徒手體操指導の注意事項

1　立案を綿密にする事

物事は何事をなすにも綿密な計畫を建てなければ其の實行は種々の障がいに邪魔されて思うように

はいかないものである。徒手體操とて、これを準備運動として行う場合（以下準備運動として實施する場合についてのみ考えて行く事にする）でも、充分その立案は考慮した上で實施せねばならない。主運動を行う場合に障がいを招いたりするものであつてはならないし、學年の兒童に不適當なものであつては具合が惡い。徒手體操の自校に於ける教科課程表の綿密な立案に從つて、其の時間の體操の數、方式、體形等をあらゆる角度から檢討してみるべきである。

2　體形は間隔を開かせすぎないこと。

徒手體操を實施する場合は何らかの形に兒童を開列させねばならないが、此の場合、前後左右に手を擧げてぶつからない程度ならばそれで良い、運動場が廣いからと言つて間隔を二メートル以上もあける事は指導上、注意が充分行き渡らない點、必要以上に大きな聲を出さなければならない點があげられる。

3　體形は間口の方を廣くする事

解列して體操を行う場合、普通はそれが自由體形であると方形であるとを問はず、間口の方を廣くして奥行の方を短かくするのが良い。

何故ならば(1)と(2)の圖を見た時に良く解る通り、(1)の方は呼稱を讀んだ時に良く聞えるのに對して

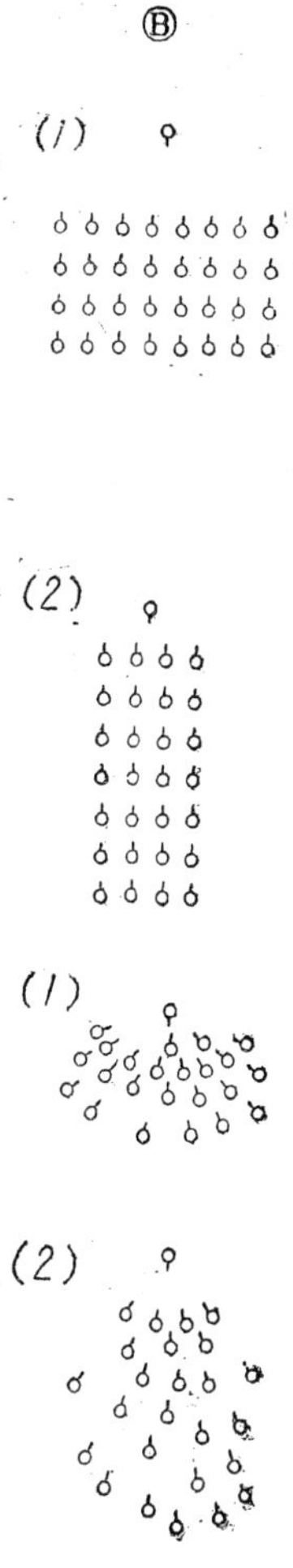

⑵は聞えにくい。⑴は前の者にかくれて後の者が指導者の視野の中に入らないということは殆んどないが、⑵の場合は眼のとどかない者が多くなり、指導の徹底性を缺くおそれが多い。これは自由體形にした場合も同様である。特に自由體形の場合では（今後はこの體形が多くとられると思う。）指導者の側方より後の側に廻る者に對しては注意を促して前の方に出す事が必要である。

4　示範は兒童と同方向にする事

教官又はリーダーが一つの運動を示す場合、或いは兒童と一緒に行う場合には、普通はすべての運動が左側から開始せられる故、示範者は右から實施するのがよい。さうでないと常に動作が兒童と逆になり、右からやる者、左からやる者の兩者が入り亂れて指導の徹底性を缺くおそれが多分にある。然しながら圓形を造つてその圓の一員として示範をする場合はその限りではないが、この場合には相對する部分に居る者に對しては、豫め動作が左右異る事を知らせておく必要がある。

5　示範は正確にする事

兒童は或意味で教官の鏡とも言える。兒童が純心であればあるだけ、熱心であればあるだけ先生の行う通りに何事も實施するのが一番正しいと思つているのであるから、腕を上に振り擧げる場合も立派な姿勢で腕を眞上に振りあげ、肱が曲つていたり斜上に擧つている場合には兒童はその通りの運動を行い、例えその缺點を指摘した處で權威のない指導になつてしまう。故に少くとも最初の示範だけは正確に實施する事が望ましい。

6　常に運動の速さを考える事。

兒童の身體は大人の身體をそのまゝ小さくしたものではない。小さな體の兒童についている短かい腕と、大きな大人の體についている長い腕とを振る場合には自らそのテンポは異つてくる。故に大人である教官が、自分のテンポに合して實施しつゝ兒童に呼稱をよんだり、調子をとる事は間違いである、この場合、兒童と一緒に行う教官の體操は、完全にその極限迄運動していないにしても兒童が極限まで動かして運動するテンポに合して運動する事が望ましいのである。又同じ兒童の運動にしても、大きな兒童と小さな兒童とでは自らテンポが異る故に、教官又はリーダーが讀む呼稱に必ずしも完全に一致するように指導する必要はない。否、むしろあわないのが自然である。

次に同一人間の運動といえども、上下肢の運動と、胴體の運動とではそのテンポは異るのが自然であり、上下肢の運動は驅幹の運動に較べて速く、逆に驅幹の運動は上下肢の運動に較べて遲いのである。猶又、前屈と後屈とでは前屈の方が後屈よりも速く、逆に後屈は前屈に較べて相當ゆつくり行はないと充分な運動の實施は不可能になる。

7　前後平面の運動は側方から指導する事。

3に於いて運動體形は間口を廣くして指導者がその前方に位置する圖を示したが、體を前後に曲げ倒す運動とか、肢を前後に振る運動についてはこれらを指導する場合に、指導者が前方に位置する事は指導上適當でない。この場合には指導者は位置をかえて、兒童の實施している側方より指導するのが適當である。又このような運動は、二人づつ向かい合せて相互におたがいの長所、缺點をみながら實施させるのもよい。他の方法として正面をむいていた兒童を、右又は左に方向を變えさせて側方から指導する仕方もあるが、これは指導者の行動範圍が多くなるので前者に較べれば指導の完全性を缺いたものである。

8　指導者の位置は一定していない事。

指導者が常に兒童の體形の中央前適當な處に常に固定しているという事は、兒童を常に或一定の角度からのみ見る事になる。又距離的にみても近い者がよく見え、遠くの者がみにくい事が當然である故に、指導者は出來得る限り自分の位置を移動させて兒童の個々の動きを觀察するがよい。然しながら體形の中に入りすぎて兒童の運動の可動性を制限したり、一人の兒童に長く注意を集中しているのは適當ではない。

Ⓒ

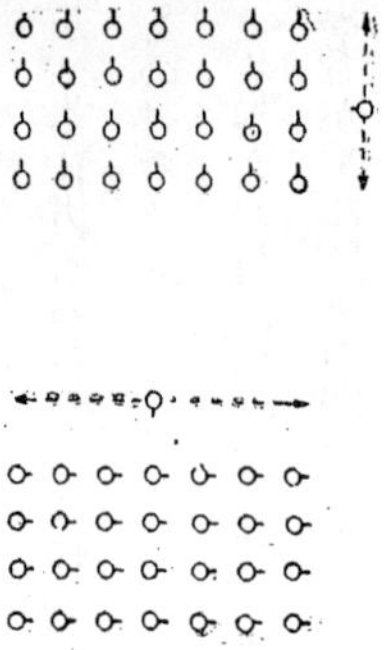

9 常に光線の具合を考へる事。

徒手の運動をする場合に、開列した體形が日光に面している事は兒童達にとつて大變にまばゆい事である。故に普通は指導者が光線に直面して兒童は太陽に背を向けているのである。

10 體形は小さい者が前に並ぶ事。

いうまでもなく體形をとつた場合、大きな者が前列、又は前方に位置して、小さい者が後方に位置する事はまことに指導しにくい事である。故に自由體形をとらせる場合にも、大きな者が前に位置して小さな者がその後に位置している場合には、その都度これらの兒童の位置をかえなくてはならない。又前述の前後平面の運動の場合には、右（左）の方が小さい者が位置している場合には指導者は右横に位置するのがよいのである。

11　注意を與えた後にすぐ實施させる事。

運動を指導している間に兒童の缺點を指適した場合にはその直後にたゞちに同じ運動を實施させてみてその注意事項が徹底したかどうか。又言葉で表現した事柄が實行されてきたかどうかを確かめてみる事が肝要である。體育が他の教科以上に實行を重んずる故に、この指導法は決しておろそかにされてはならない大切な事である。

12　一時に一事を教える事。

兒童の頭腦は大人の頭腦の如く發達していない故に一時に多くの注意事項を徹底させる事は不可能である。確かに兒童の行つている運動を見た指導者はその中に多くの短所を見出すであろう。そして慣れない者はその數多い缺點を一時に指摘して飛躍的な進歩の段階へ兒童を導びこうとしがちであるけれども、結局二つの兎を一時に追つても二羽とも逃がす例えの通り、その全部を徹底させるどころか、毎時間同じ注意を與えなければならない結果になるものである。故に一つの運動を實施している最中に注意すべき事柄がいくつあつたとしても、必らず急ぐ事なく一つづつを要求して一つの事柄が充分實行出來るようになつた時に始めて次の段階へと指導をして行くべきである。

13　無理な姿勢をとりつゝ説明しない事。

一つの運動最中に注意すべき事柄が生じた時に、その悪い箇所の處で運動を中止して説明をすることはかえつてその運動をくずす事になりやすい。このような時には注意事項がよく徹底するように楽な姿勢に戻し、説明しながら各人に行わせお互い同志がみたりみられたりして無理がなく矯正出來るようにするのがよい。ましてや數人の要注意者の爲に全體の者を運動の途中で中止させてゆく事は、苦痛を加へるだけで益のない事である。

㈢ 遊戯の指導

現在云われている遊戯の意味は大別して二つに分けて考えられる。低學年の體育は遊戯であるといわれた時の遊戯は廣い意味であり、高學年になつて遊戯をしようといつた場合には特定の遊びの名稱を指して云つている事になる。こゝではこの二つを嚴密に區分して用いる事は避けて、その文字が出てくる時々その二つのどちらかに解釋していたゞきたい。

此の點指導要領體育篇の表現法は遊戯の中に遊戯、球技、水泳、ダンスと分類しているのと同じで、前者は廣義の意であり、後者は狹義の意である事がうなづかれるわけである。

遊戯指導の一般的な注意事項をあげるならば

汽車ごつこ。

この遊びは乗物ごつこの中の一つで、最近の兒童は、汽車、電車、自動車等スピードの出る乗物に寄せる關心は非常に大きい故、それを運動場内で遊戯としてどのようにあつかつていつたらよいかという問題にぶつかつてくる。家庭でもいろ〳〵此の種の遊びは行われているが、その内容を豊富にして教育的に、然も體育の種々の要素をも取り入れて指導するのにはどうしたらよいか、これはその一例にすぎない。

第一時限

人數四十名内外

準備　呼笛　四管

　　　バトン　四本

體形は四列の縱體に並ばせ、先頭を小さい者、逐次大きな者を並べておく。先頭はバトンを煙突としてもたせておく。最後尾の者には呼笛を頸にかけさせておく。云う迄もなく先頭が機關車で、最後尾が車掌、中間の者が客車又は貨物車である。結局これで四列車がこゝに待機している事になる。

「さあ、これから汽車ごつこをします、今から一番右の列車を第一列車という事にします。又一番左の列車を第四列車という事にします。そうすると右から二番目、三番目の列車はそれぞれ第何列車といつたらよいでしょう。」

数の問題が出て來た。又各列十人ずついれば機關車、車掌をぬくと客車はいくつありますかという問題も出てくる。

「第一列車はこれからトンネル（ジャングルジムの下をくゞること）を通つてから林（立木の間をぬつていくこと）の中を通つて、この驛に歸つていらつしやい。第二列車は第一列車のあとから少し間をはなしてから發車します。第三列車は林の中をぬけてからトンネルをくぐつて歸つてきます。第四列車は第三列車の後から發車します。發車する時には呼笛をふいて下さい。又前の方から汽車がくる時や、トンネルに入る時には汽笛をならす事を忘れないように。さあ出發です。」

こうして第一・第三列車を發車させ、しばらくしてから第二・第四列車を發車させておく。歸つてきたならば深呼吸をさせしやがませて休ませるとよい。皆が休んでいる時には無駄に時間をすごさせる事なく、又さわがしくならないように、次の課題にうつるのが賢明である。それには今の機關車、車掌、客車のやり方に對する反省、及、次のコースである。

卽ち

「機關車は發車からすぐスピードを出したか。」

「カーブの處では速力をゆるめたか。」

「汽笛をならす處では鳴らしたか。」

「すれ違う時に左側通行をしたか。」

「止る時に序々にスピードを落したか。」

「車掌は客車をよく監督したか。」

「客車がわきに出たりしなかつたか。」

「客車は列をくづさなかつたか。」

「客車はさわがしくなかつたか。」

「列車がすれ違う時に相手の客車に邪魔しなかつたか。」

「車掌の言う事を良く守つたか。」


等々反省させ、第二回目はそれぐ\の兒童の位置出發順序コースを更えて出發させる。

距離は最初五十メートル、次が七十メートル、三回目は百メートル、四回目は七十メートル程度が適當で第二、三回目の時にはスピードを相當出させて良い。

このあそびをする前に、紙細工で機關車は煙突のついた八卷、客車は窓のついた八卷、車掌は紙の腕章を作らせておき、これを用いて實施すると興味はもつと深いものがある。

第二時限

第一時限には汽車ごつこの概括的な事柄を實施したわけである。第二時限以後は逐次條件を複雜にして行なわせ、その複雜さの中の條件に日常學ばしめねばならない教材を折り込んでいく。此處では第一時には軌道のない汽車ごつこが行われた故、今度は軌道をこしらえ、此の上を汽車がどうして走つていくか。という問題を取り上げる事にする。

線路は格別運動場に書く必要はない。何處の學校でもトラツク、ダイヤモンド、ドツヂボールコーが石灰で書かれている事であろう。それ故、何でもそこに書かれているものを利用すれば良いと思う。

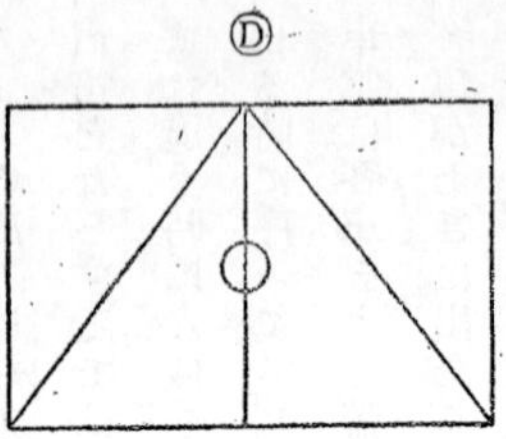

四十名のクラス員の分け方も十名單位と二十名單位の二つに分けて實施法を考えていくのも良い。こゝでは方形ドツヂボールコートの圖形を用いた例を引用しよう。圖形は上圖のように一・二本補助線をひいておくとよい。整列體形はハーフライン線上に二列縱隊とする。

「此の前の汽車ごつこには線路がありませんでしたね。今日はこゝにある線の上を走る汽車ごつこをしましよう。線路からはなれたら脱線ですから車掌さんになる人は良く注意して下さい。この間守つた事を今日もよく守つて下さい。」

そこ迄話したら發車させる。やり方を教えてしまつては、上手に出來るかも知れないが間違いの經驗をしない事になる。兒童は何事も經驗によつて覺えるものであるから、失敗をさせないようにと思つて、一から十迄教えてしまう事は考へ物である。

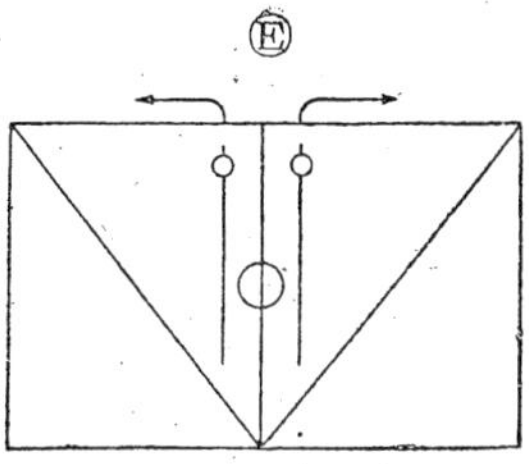

最初の列車は二十名一列車で實施する。勿論この線は單線であるが、一回目はだまつて前時間の復習程度にしておく。適當な時に再びもとの場所に整列させる。

「この線路は實は單線といつて見た通り線路は一本しかありません。二本線路があつてすれ違う事の出來るのは複線といゝます。それですから今度は今迄のようにすれ違う事は出來ません。一本の線路を兩方から汽車が走つてくればどうなりますか、それは衝突するにきまつています。さあぶつからないように汽車は走つてごらんなさい。」

このようにして二度目には運動神經俗にいう感を働かさないと出來ないような問題に發展させてみる。これは前回同樣二十名一組で實施するのも良いがコートの長さが短かい時は二十名が一列になつてぶつからぬように走る事はむづかしい故、十名ずつの二組の汽車を走らせ、他の十名ずつ二組は適當な所にトンネルやら鐵橋を作らせておくのも良い。

トンネルは十人が二組に分れ二列横隊で向い會いになり、相對している者と手をつないで上擧したもののつながりで良い。

鐵橋は同じく十人が二組に分れ、二列横隊で線路をはさんで向い會い、開脚の姿勢で手をつなげば出來るのである。

後者の場合を採用した時は適時汽車の列とトンネル、鐵橋の列と交替させなければならない事は自明の理である。

以上のような方法で第二回目の汽車ごつこを行つていくのであるけれども、こゝでも第一回と同樣、機關車・車掌・客車は皆が同じ經驗をする爲には一回各に交替していかなければならない。且又、機關車の運轉の仕方、車掌の仕事、客車の態度についても前と同じような問答がくりかえされなければならないし、指導する者は、その時々に異つた間違いを起す兒童に對して、一つ一つ異つた解答を與えなければならない。

第三時限

第一時限、第二時限は必ずしも時間通りに實施する必要はない。只區分しやすい爲に分けたにすぎない故、第一時限の指導が二時間かゝつてもさしつかえない事はいう迄もない。それ故第三時限の指導段階という事は、指導の第三段階という意味の事である。それは、第二段階よりも條件が又一つふえた事に他ならない。

「今迄は線路の上を二つの列車が走つていましたが、今日は三つの列車が線路の上を走ります。線路はやはり單線ですからすれ違う事は出來ません。といつて一つの列車の後ばかりついていたのでは面白くありませんから、出來るだけいろ〳〵のコースをとおつてぶつからないように工夫してやつてごらんなさい。」

こゝで數回汽車は發着する。

「三つの列車が走ると隨分衝突する機會が多くなりました。今度から衝突したならばその二つの列車は脫線する事にします。脫線した時には機關車も客車も線路から離れて横にころがつてしまいます。

その時車掌さんは客車と機關車をもとの様に線路の上にたゝせなさい。そうして列車全部が直つたならば他の線路に曲れるところまで逆になつて、機關車が一番後から客車をおしていきなさい。」

こゝまでくれば汽車ごつこも相當複雜になつてくる。

三つの列車は級員を三分してもよいし、四分して一つの組を前回同樣トンネル、又は鐵橋にしてもよい。その他の事は前と同じ要領でよい。この段階がすんだならば、次の段階は四つの列車を今と同じ方法で運轉させればよい。

(四) 球技の指導

一般に球技といえば、それは低學年の遊戯は含まずそれ自身の中に獨得の技術を必要條件として含んでいるものを指し示す故、單にボール遊びのようなものはこの中に含まれない。小學校でいう球技とは、ドッヂボール、フットボール、ソフトボール、バレーボール、バスケットボール、を指していつているとみて差支えない。それ故これらの球技に共通な一般的な指導上の諸注意から說明をしていこう。

1 實施場所をえらぶ事。

一般の指導上の注意の中にも一寸ふれておいた事ではあるが、球技をおこなつていくためには、廣い意味での地理的な條件を斟酌して實施しなければならない。即ちフットベースボールのようたものは、ダイヤモンドにばかり意を用いて、ホームベース後方の事を考えにいれないとゲームが後方にとんでいつたボールのために興味をそがれたり、低鐵棒等がすぐ後にある時には、後にころがつたボールを夢中でひろいにいつて頭をぶつけたりする事がしば〳〵みうけられる。從つて常に安全にしかも興味深くゲームが運べるよう、ゲームを行なう場所以外のところにも注意を拂うべきである。

又ドッヂボール、バレーボール等は前のゲームと同樣の注意は必要であるがその他特に風向、日光、地表面の障がい物及び教室の關係に留意しなくてはならない。

2　試合時間を適當にする事。

例えばドッヂボールのゲーム時間を三十分つゞけておこなつている事は、特定の者がボールにふれる回數が多くなるという不公平な事實を招來するなど決して、適當なゲーム時間であるとはいえない。教育としての場においておこなうゲームは、教育的に運營されなければならない。又體育の時間に行はれるゲームは體育的でもなくてはならない事はいうまでもない事である。

フットベースボールの實施に於いても、交替時間や、蹴者と蹴者の間の時間を多くとりすぎる事は一時間の授業中二・三回戰しかゲームが出來ず從つて、一人の兒童が一度ボールを蹴れるか、否か、という程度になつてしまう。あきらかにこれでは體育的或は運動的とは言えないのではなかろうか。

3　審判ははつきりする事。

球技は試合をする事によつて、興味は頂點に達するといえよう。それは彼等相互の實力のぶつかり合いであるからで、如何に勝負にとらわれるなといつてみた處で、實際には負けるより勝つた方が喜びは大きいし愉快である。まして兒童期の闘爭本能の盛んな時期にあつては然りである。然し此の態度に拍車をかける事は良くない。又勝ちたい爲に種々の非道徳的に行爲がある場合には充分いましめねばならない。そこで審判の嚴正という事が大きな問題になつてくる。A組とB組が何かの試合をして、A組の擔任教師が審判官になり、A組が勝つた時には、大人の世界でさえ陰で種々の惡口は言うものである。この點子供の時から正しい法に對しては良く從う習慣をつけさせると同時に、その法を用いる教師は充分その法が信頼出來るように心掛けねばならない。

4　常に兒童の身體狀況に留意する事。

球技のように兎角興味本位に流れ易い運動は相當疲勞していてもその時は餘りつかれたと感じないから、遂くたくたになる迄やり勝ちなものである。兒童とても體力の差、其の日のコンディション等種々の差異がある故、少しの運動で疲れてくる者もいるわけである。それ故これを指導している教師は常に兒童の顏色、動作等から疲勞の度合いを考えて無理のないように指導しなければならない。

メディシンボール

この遊戯は和譯では順送球といわれている遊びで、入學當初の個々の世界にいる兒童をチームの世界の兒童に躍進させるには大變よい教材である。文字の上からいつてメディシンボールといつた場合と順送球といつた場合では、その根本に違いがあるように思われる。卽ち前者は藥用ボールとでも直譯すべきもので、ボールを次の者に渡す時の形、乃至は姿勢が問題なのである。というのは頭上からボールを後者に渡す時、充分體の後屈が出來得るように仕組まなければこのボール遊びのねらいがはづれた事になるという事を意味している。後者の意味はたゞボールを順々に後又は横に渡していく運動形式の表現をいつたに過ぎない。それ故、こゝでは充分メディシンボールという言葉にかなつた運動として行つていく方がよいであろう。

個人の世界にいる兒童は團體の中に入れたところで團體の一員とはならない。それは、何等の團體意識が働かないからであつて、こういうものを何人集めてチームを作ろうとしてもチームは出來ない。チームを作る爲には彼等個々人の意識が人間同志の意識的なつながりを理解するようになるまで、彼等の心理活動を助長しなければならない。メディシンボールはその意味で心理的な發達段階に適していると同時に指導上彼等の活動範圍が廣範にわたらないのでこゝに教材として取扱う價値がある。

第一時限

人數　四十名內外

準備　メディシンボール又はバスケットボール、三・四個

最初に行うのは四月入學後間もなく「整列遊び」がすんだ頃に、始めるのが適當あでろう。一組の人數は十名以上十五・六名迄が限度である。それ故四十人を三乃至四組に組分けし、自分の前の者、後の者の顏、及び名前をよく覺えさせる。この組分けが始めての時には數回整列遊びをしてよく並ぶ順序を覺えさせておく事が肝腎である。こうして組が一列縱隊によく並べるようになつてはじめてこの遊びは實施の運びに至る。

「今日はボール遊びをしましよう。その前に今立つているところに兩手で輪を作つた時の大きさ位の丸を書いてごらんなさい。書いた人はその丸の中に入つて立つてごらんなさい。丸の外に出る人はお行儀の良くない人ですよ。さあ誰が一番お上手に早く出來るでしようか。」

こゝで未だ幼兒臭い我儘な個人行動を制するわけである。確かに一列を形作つている中の一人が横にとび出す事は良くない事であるから、最初に當つて、皆の行動の邪魔になる者は良い人でない事を

理解させておく必要がある。

「皆んなの組の先頭の人はボールを自分の丸の前においてごらんなさい。皆んなの組にあるボールをこれから一人づゝ前から順々に頭の上から後の人にわたしていく競争をします。今から一番右の列の上を先生がボールをもつて通りますからボールが自分の前にきた時に、そのボールをもつたつもりでボールを後の人に渡す眞似をしてごらんなさい。丸の中から外に出てはいけませんよ。ですから後の人がボールをうまくとれるように渡してあげるのには、お腹をたくさんそらして手を後の方に出來るだけのばさなくてはいけません。さあ、やつてみましよう。」

一列がその要領をのみこんだならば、二列三列も同様の事を實施していく。このような時には他の列をいたづらに放任しておくのはよくない。こゝでは他の列は丸の中にしやがませておいて實施している列の中でどのお友達が一番上手にボールを渡しているかをみさせておくというやり方などがよい。一回通りこの方法で練習をすましたならば

「練習が出來ましたから今度はみんな一しよに先生が合圖をしたならば一番前の人からボールをもつて今のように一番後の人まで渡していきなさい。一番最後の人がボールをもつたならばそのボールを一番前の人のところまでもつてきてボールをおきなさい。と同時にみんなは默つて早くしやがみなさ

い。ずるい事をしないで一番早くおとなしくしやがんだ組が一等です。」

そこで競爭のはじめの合圖をする。審判官たる教師は、次の事を一人〳〵についてよく觀察していなければならない。

1　めい〳〵が自分のかいた丸の中から出たか出ないか。

2　ボールをなげたかなげないか。

3　しやがんで整列する時に一番早かつたのは誰だつたか。

これらの事をすべて判斷の中にいれて競爭の勝負の決をきめなければならない。競爭は早さをきそうには違いないが、不正な事をしてまで勝たねばならないという考えは絶對にもたせないように教育したいものである。

一回目がすんだならば、一番後のボールをもつてきた兒童を、一番前の丸の中にいれさせるために全體の兒童を一つづつ後の丸にさげなければならない。このようにして二回目以後も實施していく。

第二時限

第一時限の方法は一回づゝ勝負を決め、この勝ち負けの等數を數の計算させてその遊びの最後の決を判定したのであるがこの遊びが出來るようになれば、次には一通り先頭の兒童が一番後になり、そのボールをもつて再び先頭になる迄續けて實施する方法に進んでいく。この方法に進む時にはその時間の始めに前の方法で一・二回復習をさせておけば簡單に說明出來る。

「今の樣に一回づつやつていた競爭を、今度は續けて、一番前の人が一番後になつて、それから、その人がボールをもつて一番前に來た時に皆はしやがんでごらんなさい。それで勝負を決める事にしましよう。ですからボールを後に送つたならば自分の入つていた丸から出てすぐ後の丸に入るのを忘れていると大變ですよ。」

大人といえども競技に夢中になつてくれば、寸前に云はれた事でも忘れる事は良くある事である故まして兒童期のそろ〳〵競爭意識が出て來た頃の此の時期の者にとつては同じ事を何度云つても云いすぎる事はないであろう。

此の時間は頭上ばかりの運動をくりかえし行いその勝敗の數を加えて數の少なかつた組から一等、二等、三等の判定を下していけばよい。

第三時限

以上の要領がのみ込めたならば次には開脚をして股下からボールを次の者に渡していく遊びにうつると良い。

これはとかく轉がしたがるけれども始めはメディシンボールの意味からいつて、一人一人が前の兒童の股の間からボールを受取り、それを自分が前屈した姿勢で後の者に渡していく遊びとして教えた方が効果的である。そうでないとぼんやりしている兒童は立つている間に前から轉がつて來たボールはその兒童が注意をむけた頃には數人後の者の手にふれている事がしばしばあるからで、皆の者の注意力を集中させるためである。

第一時限、第二時限の指導がすみ兒童はその方法について納得していたとしても、今迄と異つた前屈の運動では又第一時限の時と同様一回づつ數回遊戯を行つた後、連續した競争は實施すべきであると思う。

これ以後は上下の動作を交互に實施させ、普通のメディシンボールの實施となるわけである。

フットベースボールの指導

學習指導要領體育篇における教材例の中ではこのゲームは三・四年生以上の運動としてあげられているが、現在のような野球全盛の時代にあつては、農村、都市をとわず、小學校低學年の兒童ですら野球を行なう事を好むような狀態である。然るに野球そのものものは小學校で實施してはいけないということはないが、實際問題として兒童の心身の發達及び發育段階を考えてみる時、そこには幾多の無理な點が存している事をみとめるのである。このような意味から前記要領には野球というゲームが入つていないのであろうが、こゝで野球型の運動に屬する、しかもその中で最も簡單なフツトベースボールは、必ずしも三年に進んでから實施しなければならないというものではない。それ故こゝでは第一學年の二學期中頃から實施し得る程度の簡單なゲームの指導法より逐次程度を高めて行つていく段階的な指導法を記述していくことにしよう。

一　低學年のフツトベースボール

第一時限

人數　四十名內外（男女共學にても可）

入學時の兒童は身體の發育段階からみて未だ幼兒期の傾向を充分含んでいる。それ故この時期の特徴の一つには自己中心的な行動をとりあげる事が出來る。從つて一チームの、中の或いは一集團の中の一人として人的な活動を營むように指導したところでそれは心身の發育段階に適合しているとはいゝ得ない。そのような狀態にあつては自然個人を中心とし、或いは個人を基礎として出來上つている遊戯が必要になつてくるわけであるが、それも數ケ月學校生活を經過してきた曉においては紅白の二チームに分れて實施する最も簡單な團體ゲームに興味を感じてくるように進んでくる。ところが折角進んできた個人から團體えの興味の移行は夏休みという長い家庭生活によつて或程度再びもとに戻る傾向がなきにしもあらずである。それが二學期の始まりと共に、一度弛んだ糸が二度目にはたやすく「より」がかゝるようにごく短時日の間に一學期の終末程度に戻つてくる故、その後の運動による技術も急速度に發展をしつゞけていくものである。であるからこのフツトベースボールはその時期をみのがす事なく大體十月頃の最も氣候のよい時期にゆつくり基礎から教えていくのもよい試みである。

準備としてドツヂボール一箇及び野球の時に用いるダイヤモンドの小型のものを用意しておく、その大きさ、整列體形を示すならば次の如くである。

左の圖のような體形に集合させるにも紅白各組に一名のリーダー（リーダーは固定しておかないでその都度かえるのがよい）を配してこれを責任者と定め整頓線に行儀よく並ばせる。これでゲームを行なう體形はとゝのえられたわけである。而うしてこの頃より一つの運動を行なう前には必らず準備運動を行なつた後にゲームに移るという習慣をつけておかなければならない故、この整列體形で準備運動を開始する。この時期における準備運動は決して大人のそれのように徒手體操を一つ〳〵決つた

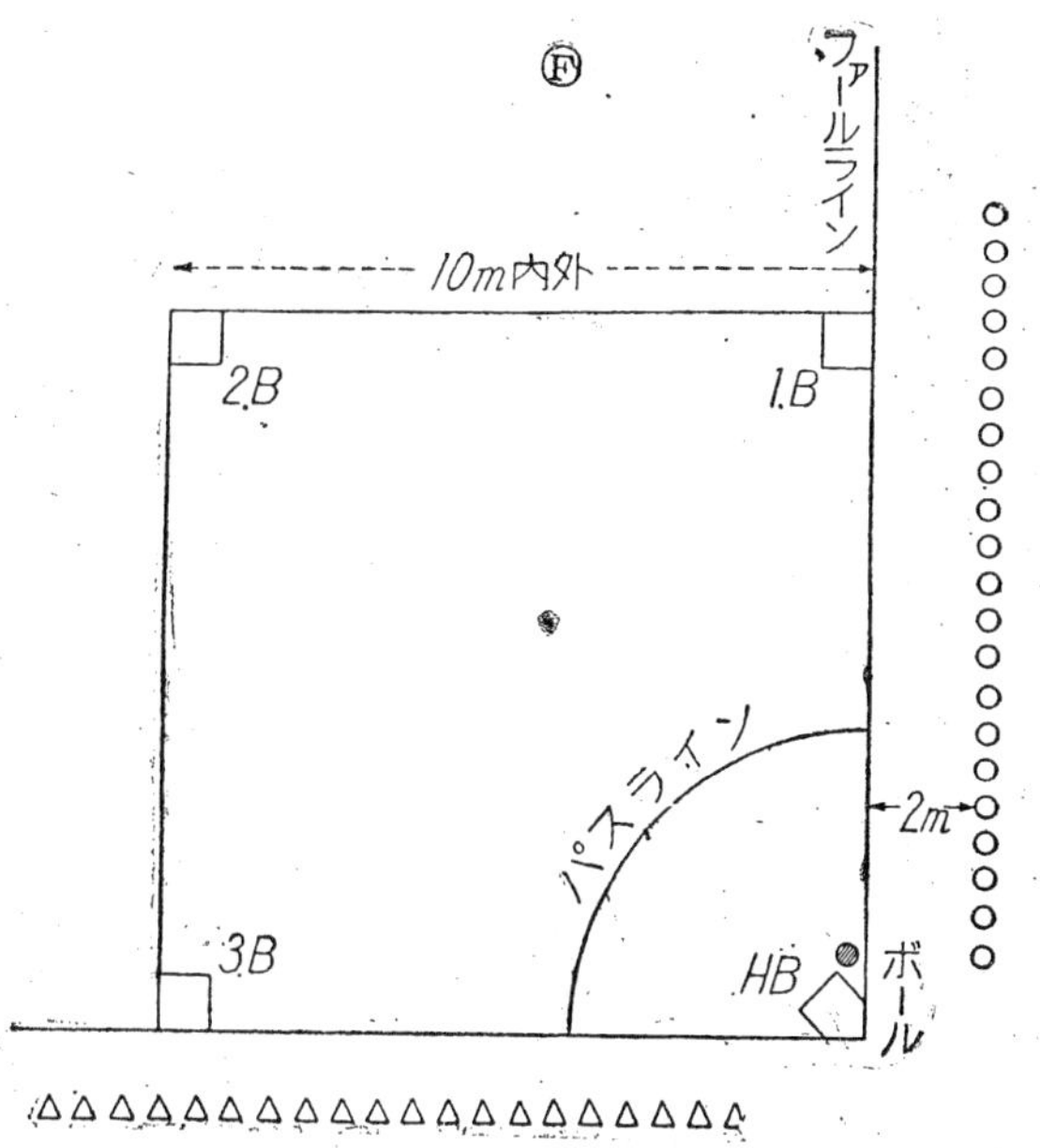

動きにのつとつて運動させる必要はない。そこでこゝではフツトベースボールのゲーム中に出て來る一つ〳〵の動作を練習させるだけでよい。卽ち守る練習、攻める練習、交替の練習がそれである。その時の指導者の位置はダイヤモンドの中央あたりが兒童全部をみわたせる關係上適した位置という事が出來よう。兒童達はその位置で內野側をむきぶつからない程度に兩手をあげて距離間隔をひらかせる。この時も兩手をあげて蝶々のはねのように腕を上下に振動させながらぶつからないように數步自分の附近を步かせてみるのもよい。體形がとれたならばいよ〳〵準備運動をはじめる段階に移るのであるけれども準備運動は前述の通り、兒童が興味のうちに主運動に對する準備が出來るようにしくまなければ

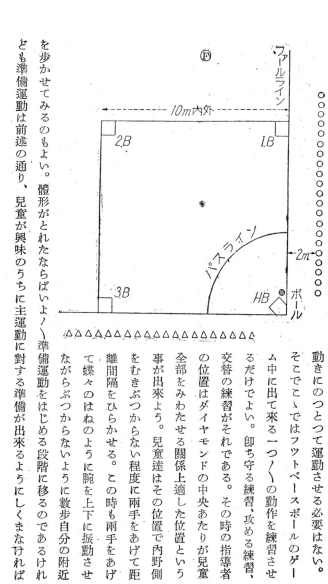

ならない。こゝでは問答形式な方法をとるのも面白い。即ち、「今からみんなで守る時のいろ〳〵な恰好をしてみましよう。もしもボールがコロコロところがつてきた時にはどういうふうにしてそのボールをとつたらいゝでしようか。その形をとつてごらんなさい。」そうすれば兒童達は或る者は體前屈の形をとるであろうし、他の者はしやがんでボールをとる形をするであろう。こゝで二つの運動が出てきたわけである。

「〇〇さんのように足をまげないで體を前にまげた恰好をしてごらんなさい。このようにしたらばころがつてきたボールを逃がさないでうまくとれるでしようか。」

兒童達の或る者は

「ボールがとれます。」

というであろうし、他の者、特に野球をみている者は

「こんな恰好ではボールをトンネルしてしまいます。もつと腰を落してしやがんだ恰好をしなくては駄目です。」

という者も出てくるであろう。もしこの時このような發言がない場合には前に行つた前屈の姿勢ではボールをつかむ事が不充分である事を納得させなければならない。そして「それではボールをにが

さないようにとるためにはどうしたらよいでしようか。」

といつて正しい姿勢を皆で協議させなければならない。これでころがつてきたボールに對するキヤツチの方法がのみこめたわけである。

「それではボールが高い所をとんできた時にはどうしたらいゝでしようか。めい〳〵その恰好をしてごらんなさい。」

兒童のある者は兩手を上にあげて上の方をむくであろう。又他の者はその形をとつてしかもジャンプするであろう。以上の二つの守備方法を連續しておこなわせるとそれは一つ一つ動作を分析しておこなうのよりも兒童には興味が一層ふかい。卽ち

「今からボールがみんなの前にころがつていくか、或いは頭の上をとんでいくかどちらかの事を先生がいゝますからそれをきいたならばすぐそのボールをとる形をしてごらんなさい。さあボールがころがつてきました。皆うまくとれましたか。とつたと思つて油斷をしているとすぐ次のボールがとんでいきますよ、今度は上にとんできました。又下にころがつてきました。又上にとんできました。」

これで體を上下に動かし膝を屈伸させ、腕を上下にふりうごかす運動は畫一的な徒手體操を實施しなくても充分になし得たわけである。

Ⓖ

前後の運動が終つたならば次は左右の運動に移つていく。

「今度はボールが横にきた時はどうやつてとりますか、その形をしてごらんなさい。」

この時にはまだ右に來たボールとか、左に來たボールとかいう表現の仕方はむづかしい。ボールは「こつち」に來たボールとか、「あつち」にいつたボールとかいう表現の仕方で指導者は自分のもつているボールを左右に動かしてみせればよい。兒童のその都度おこなう動作をみて右にボールが來た時には右足を充分右に出させ、體は側倒の姿勢で腕は上擧の形がとれるように注意する事が必要である。

Ⓗ

左右の防禦體勢が出來たならば前の動作と一緒にして

「さあ今度はボールがどこからとんでくるかわかりませんからしつかり守つて下さいよ。ボールがこつち（右）に來ました。すぐあつち（左）にきました。ほら上にもとんできました。今度はごろです。」

というように上下左右の動作を反覆させる。

「これでボールをとる練習が出來ました。ボールをとつたならばそのボールはどうしたらよいでしようか。」

「すぐに一壘になげればよい。」

と答えるであろう。

「そうです。ボールをとつたならばすぐに一壘に投げます。ボールを一壘になげてもそこに誰かたつていないとボールをつかむ事が出來ません。それではだれか一壘に立つていなさい。」

こゝで一壘手を定めて彼が「一壘手」というものである事を覺えさせる。

「ボールを一壘になげた時に一壘手はうまくボールをつかまなければいけません。ボールをつかんだ時に蹴つた人がまだ一壘にとゞかなかつたならばボールを蹴つた人はアウトになります。それですからボールは出來る丈早く一壘になげるようにしましよう。めい〳〵ボールをとつたつもりで一壘にそれを投げる恰好をしてごらんなさい。

①

「ボールは一壘になげないで走つている人にぶつけてもよいのです。」

以上で守る動作は練習出來た故、今度は攻める動作をしてみましよう。

攻める動作はボールを蹴る動作から始まり、一壘までの疾走、本壘打を蹴つた時を假想したダイヤモンド線上一周走等があげられる。體形をといて走る時にはとかくこの時期の兒童は前のものをおいこすことによつて優越感をかんじるため、前のものがおそいとおいこしたり、つきとばしたりしてもとの體形にかえる時には順序が最初と異なる可能性が多いからこの點を注意しつつ練習させればよい。出來れば一人〱がボールをける前に合圖をしてやるのも親切な指導法である。

防禦と攻擊の準備運動が終つたならば、交替動作（チエンヂ）の練習をする事は今後のゲーム進行上大變有益である。

それは始めにどちらかの組を防禦の體形に位置づけておいてからチエンヂの合圖（短・長各一聲）と共に今迄防禦していたものは最初の整列線に速やかに整頓し、攻擊していたものは駈足で防禦陣につく動作の競爭をおこなわせて出來る丈むだな時間の消費をはぶくように練習をさせるのである。これだけをフツトベースボールを實施する前に準備運動として行なえばよいであろう。最初の時間には、以上の種々の動作が完全に出來なくとも一通りの型をふませておく程度でよい。この時間はフツトベースボールの最初の時間であり、ゲームが目的ではない故これだけで時間がきたならば終つてもよい。或いは又ゲームを少し實施してみるのもよい。

第二時限

準備　前に同じ

第一時限においてフツトベースボールの準備運動を、主として遊戯化した狀態で實施してきたわれ〳〵は、第二時限目からはこれらの準備過程に多くの時間をついやす事はさけなければならない。出來得る限り短い時間に効果をあげて主運動に誘導してこなければならない。さりとて短時間に多くの内容を急激に課する事は準備運動としての本質をあやまる恐れがしば〳〵ある故、その點は注意しなければならない。四十分乃至六十分の授業時間に於いてはその時間の二十パーセント内外の間、即ち八分から十五・六分の間を準備運動の時間とすればよい。又休み時間に組全員のものが非常に多くのエネルギーを消耗するような遊びをしていたような時には前述の時間にとらわれる事なくむしろその時間は、體を休ませておくようにする場合も生じてくる。何も形式にとらわれていつでも形通りの授業をする事がもつともよい事ではない。二時限目以後といつても準備運動を輕視してよいというのではない。これも逐次要求度をたかめていく事は必要であると同時にこの種の運動にはこの程度の準備運動をおこなえばよいという自覺を與える事も必要である。

主運動のゲームを實施する時には常に運動自身の中に含まれている道德性を涵養する事は瞬時も忘れてはならない事柄である。即ち指導要領體育篇の目的の中には「社會的性格の育成」というみだしで十一項目がかゝげられているが、この項目の一つ一つが實際のゲーム中にいろ〳〵な現實の問題としてとりあげなければならない。そこにこれからの社會人を教育していく生きた躾教育があり、道德教育がある。

準備運動としてチェンヂの動作がすんだならば再び整列位置に各組を整頓させる。ゲームを始める時には必らず相手に對してその相手に敬意を拂う意味でお互い同志挨拶をさせる事を忘れてはならない。出來れば紅白兩組のリーダーに

「氣をつけ、禮」

程度の合圖をさせるように決めておくのもよいしつけ方である。

次に攻擊守備を決めた後攻擊側は自分の整列位置に目じるしの圓形をえがかしめその中に腰をおろして行儀よく待機せしめておく。守備側の者はキッヤチャー一人（チーム中で或程度ゲームの方法をしつている者がよい。出來ればリーダーがこの位置につくと最初の中はチームのまとめ方が容易である）及び各壘の責任者を定めその他の者は各々自分の好きなポヂションにつかしめておく。キヤッチ

ヤーに防禦體勢がとれた時に數回ボールを蹴らせて練習をさせる。その後
呼笛「長一聲」
の合圖で試合を始めるようにする。ゲームの進行については兒童はその間夢中になつている故、言葉による合圖では徹底しにくいから合圖には呼笛を使用するのがよい。ゲーム中における合圖の一例を示すならば次の通りである。

試合開始　　　「長一聲。」
蹴る時の合圖　「短一聲。」
ファウルボール「短數聲。」
アウト　　　　「短一聲。」
チェンヂ　　　「短と長各一聲。」
ゲームセット　「短一・長二聲。」

その他アウトとセーフの場合は野球の審判と同じでよい。
攻擊側の者は蹴者が一人出たならば自分のえがいた圓から次の圓に移つてしやがんでゲームをみるようにしておく。

蹴者がホームベースの數步後に待機したならば守備側の體勢をみて問題がなければ
「短一聲」
の合圖をして蹴者に行動を開始せしめる。以下同樣にしてゲームは進行されていくのである。
整理運動は五分程度でよい。即ち試合了終の挨拶をおこない、勝負の判定もすんだならば最後に終りの體操を行なう事も準備運動を習慣づけると同樣に習慣づけるがよい。
體操は何時も先生が指導しなければ出來ないという他人に賴らせる態度を習慣づける事は禁物で、小さな時から「自分達同志の事は自分達で」という自律的な態度を養つていかねばならない故、この時も兒童を順次體操の指揮者として敎師の立場にたゝせその兒童に敎師は種々の運動の要領をいわせて運動を實施していく。例えば
「〇〇君は先生のところにきて今から終りの體操をみんなに敎えて下さい。」
「手を腰にとつて膝を曲げる運動をやらせてごらんなさい。」
こうしてその言葉を〇〇君に皆に聞こえるようにいわせた後
「始め。」
の號令をかけさせて實施していく、これを敎師はよくみてリーダーの長所、短所、或いは他の全兒

童の長所、短所をみのがす事なく指導していく。一つの體操が終つたならば、今の體操が上手に出來たものゝ中から次のリーダーをえらび出す事は運動をまじめに行なつていくよい環境を作つていく。

「今度は今日の運動であまり動かさなかつたところを動かしてごらんなさい。今日は體をひねる運動はしませんでしたね。それでは體をひねる運動をして下さい。」

このようにして最後には必らず大きな深呼吸をさせ、授業を終る。

フットベースボールの諸規則は多くの出版物に掲載されているから省略するが、低學年の指導ではその中かえた方がよいと思われる二・三の點をあげるならば次の通りである。

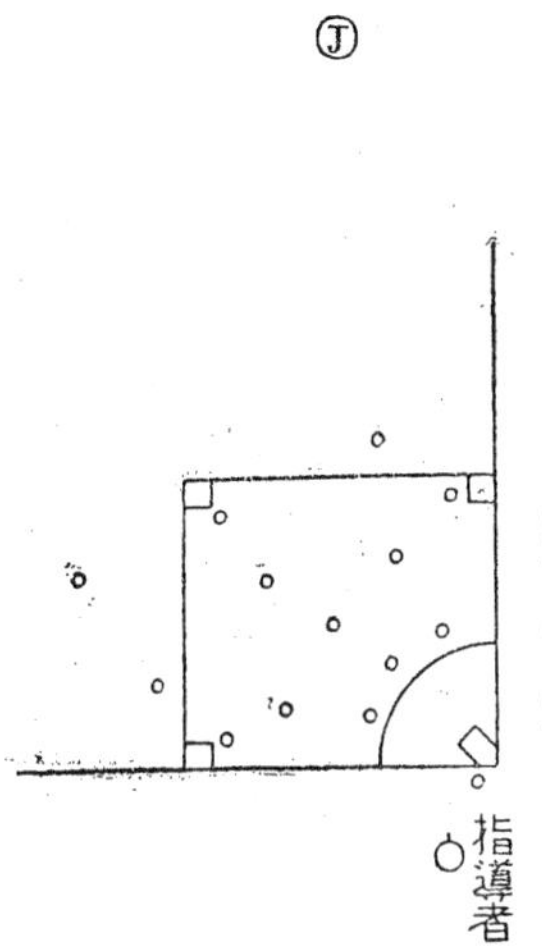

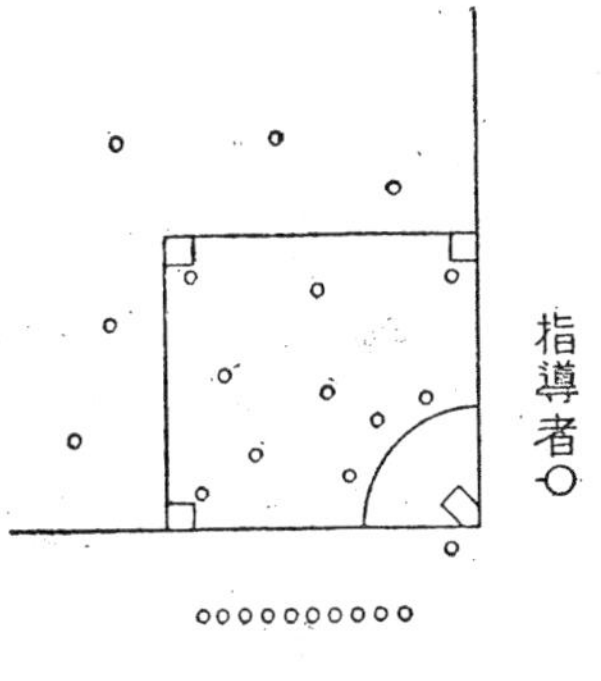

1　パスラインをフライで越さなくともゴロでころがつてもそれはフェアーである。

2　「短一聲」の合圖をする前にボールを蹴つた時はストライクにする。

3　故意に走者の邪魔をした者はそれ以後攻撃の時に一回だけ蹴る事は出來ない。

4　走者に對して攻撃側のものがコーチをする場合その他如何なる場合でもファール線内に入つてはいけない。

ゲーム中指導者の位置は右圖のところがよい。

第三時限以後

準備其の他前に同じ。

第一時、第二時に於いて兒童はほゞフットベースボールの概括的な事柄はのみこめたわけであるが、勿論その理解の程度には千差萬別のひらきのある事は當然である。それ故第一時限に教えた事柄は、第二時限に繰返して教える必要はなく又第二時限に教えた事は第三時限には教える必要がないというような事は少しもないのである。かつて私が專門學校から附屬小學校に轉勤した當時は兒童を大人と同樣に取扱い、一度教えた事がその次の時には隨分はがゆかつたし、子供は物覺えがわるいと思つた事があつたけれども、それは私の兒童に對する理解の程度が低かつた事を物語ること以外の何物でもない事がわかつてきた。兒童が一回教えた事をすべて覺えてしまつたならば、義務教育に九年間は必要ないであろう。それ故こゝにあげた第一時、第二時にのべた事は必らずしも第一時限、第二時限に教えてしまうべきものでもないし、又教えてしまつたところで第三時限以後にこれといつてむづかしいことを教える必要もない。たゞこのゲームになれてくると十二月頃には四十分授業で四回戰程度、三學期の終りの頃には五回戰程度の試合を進行する事が出來るようになり、二年生ともなれば六・七回戰のゲームは樂に出來るようになつてくる。このようにしてゲームをする回數がふえればふえる程、ゲームの内容は種々異つた場面が展開されてへるわけである。本當の教育、社會性を充分に含んだ教育、チームの中に自分を認識し、自我の特性を發揮させる教育の場も自然多くなつてくる。それ故一・二時限の基礎的な事項を土臺として廣い間口をもつた教育方法で第三時以後の授業を進行すればよい。

二　中學年のフットベースボール

一・二年生よりフットベースボールを實施してきた兒童にとつてはあらためて三年生になつたからといつて新規にとりたてゝ指導する事があるわけではない。たゞ低學年においては必要以上の規約をもうけたり、又或點ではルールを簡易にして實施したが、もはや三年以上の者にはその必要は感じないと思う故、前記の特別の規約の內、2及び4項はけづつてもよい。1項は三・四年といえどもフライのみをフェアーボールとしていたのでは、ゲームの進行と、一定時間內における蹴擊回數を僅少ならしめる故、削除しない方がよい。且又身體の發育が進むにつれてダイヤモンドの大きさは自ら變化させなければならない。勿論それは進步の程度によつてその差はあるが大體一邊十四メートルでパスラインはその半分の七メートル程度が普通であろう。

但し、準備運動には低學年に行つた時の問答式程度のものよりも程度は高くなつて、或程度徒手體操化されたものが含まれ、或いは又身體全部の箇所に及ぶ運動も含まれてよい。

次に三・四年兒童に對して始めてこのゲームを敎える場合について簡單にのべてみよう。

三・四年生ともなれば野球に對する理解は男子は殆んどもつているし、男女の差はこの頃よりはつきり能力の點にも現われてくるので、男女共に實施するのは困難になつてくる。それ故男子は男子だけ、女子は女子だけのチームを集めてゲームを行うのが好ましい。

男子チームの場合には、最初からお互いの能力について了解しあつている故に、各々の能力に應じてポヂションを指定し、又は蹴る順序を作戰としてねらせ、チームワークのとり方についての指示を與えていくのが望ましい。ゲームのルールに關しては、殆んど説明をする必要もない。たゞ野球と違う點、即ち走者にボールをぶつければアウトになるとか、盗壘はしてはいけないとかいう程度の注意を行つただけでゲームに入つて差支えない。

女子の場合には程度をさげて一・二年生を指導した要領でおこなえばよいと思う。

三　高學年のフットベースボール

度々のべたように同じ種目を指導するのに低學年と高學年では根本的に差異があるわけではない。民主教育の一つのあらわれとして自發活動を重んじ、すべての問題を兒童中心に考え、物事を自治的に解決させていくよい指導者として、よい相談相手として兒童達に接していけば、教師としてひどく間違つた指導はない筈である。たゞ學年が進むにつれて兒童の心身の發育は成長への過程を短縮していく故、低學年においては一つ〳〵の行動についても或程度の注文を發し、我儘な行動や考え方に對して社會的な規範にてらして正しくない事は正しい方向に導びいていつたのであるが、高學年になればこの點を彼等自身の頭腦の働く範圍内において事件の解決は處理されるように教師は多くの干渉をはゞからなければならない。この事は教育全般について妥當する事であるが、それをゲーム中には如何に指導していつたらよいであろうか。

いづれの學校にも自治會の組織がある故、又この中には必らず運動部、或いは體育部と名づけて體育の自治活動を運營していく部があるからこの組織を活動させて上學年の體育の授業は運營させていきたい。これは調査及び計畫篇でもふれておいた事で體育が生活に足場をもつた體育となるためにはどうしても自治會と授業を二分する方法は好ましくない。上級生は一週間前に殆んどその內容を體育部の委員のものに通知してゆけば當日のゲームに關しては彼等委員がその時の面倒をみるように訓練する事がよいと思うが、これが爲には他の敎育とも相俟つて短日月の中に成果をあげる事は至難の事である。

準備運動はチーム別にわけ、運動部の委員又は當日の當番の者、或いはキャプテンを決めさせてその者に指導させる。時間は大體五分程度がよいであろう。指導者はそのやり方に注意しておく、この期の兒童ともなれば、準備運動というものは主運動を行つていく上に支障のない身體的な準備をとゝのえるように行つていけるから最初から過激な運動を課する事は先づないとみて差支えない。しかしながらそれで完全だとはいえない場合が多いからその後數分間彼等の行つた準備運動でたりなかつた點、或いは運動に正確度を缺いたような點をおぎなわなければならない。ゲームが始まつたならば先づ最初に無駄な時間を最小限度にする事に注意を拂わせる。これは一寸考えると畫一的な全體主義的な指導法のように思われるが、その實、社會人としての立派な公民を作る第一條件として必要缺くべからざるものである。次にこの時期の兒童はとかく强者が弱者を支配しがちである故、弱い者も强い者も協力してそこに立派なチームワークがとられる事を覺えさせる。第三には同じ程度の力の者がゲームをする時には上手な作戰が勝を占めるという事を會得させなければならない。猪突猛進的な人生觀は熟慮斷行のそれに劣る事をかゝるゲームを通じて學ばさなければならない。よく考えて實行するという事は自己の實力をよく知つて次に起るべき事態に對して充分その實力を發揮する事を必要とする。そこに技術と能力の練磨が必要になつてくる。こゝに於て自分の體力と、その體力を意志のおもむくまゝに活動出來るように運動技術を如何にして身につけていくかが大きな課題になつてくる。この課題を解決するために個々の技術及び運動の基礎的な種目の練習が缺くべからざる必須條件としてあげられてくるが、この必要性を感じる程度にまでゲームが指導出來ればスポーツの或程度までの目的が達せられたという事が出來よう。

上級學年のこのゲームに必要なダイヤモンドの廣さは、一邊が大體十八メートル程度、パスラインは九メートル内外がよいと思う。然うして今迄はこれらの準備を教師側でしたが、この程度の事はこの時期の兒童に作らせた方がよい。卽ちホームベースの位置をきめる事からこゝを規準にして九十度の角度をどう設定するか、九メートルのパスラインを如何にしてえがくかなど算數を實際に應用しながら準備させる所に具體化された教育の効果はあげられていくのである。

又審判にしても各チームの代表者にそのポストにつかしめ、公平な物事の判斷の仕方を實施について行はせ、これが低學年の面倒を見る時に役立たせるように練習させておくのも良い。

第三章　生活カリキュラムにおける健康教育

第一節　健康教育

健康教育といふ語が我が國の教育界において用いられるようになつたのは最近であるが、しかし、戰前でも、ターナーの「健康教育原論」という飜譯本が出版され、衞生教育として取りあげられていたわけである。然しこれも主知主義の教育から、生活中心教育へと教育が移行するに從つて、身體の健康、精神衞生という言葉が非常に教育面にうき上つてきたわけである。このようにして浮び上つてきた教育內容は、今迄の教育のどこの分野に屬するものでもなく、或はどこの分野にも屬するとも見られるので種々樣々な場所で行われてきているが、元來、體育がはつきりした概念規定がなかつたが故に、且又體育と同じ目的をもつているが故に、體育即健康教育と見られるむきもあるようでこの點はつきりしないものがある。然し私は前述した通りに、明らかに、身體運動と健康教育を取扱上は分けてのべてきた。その理由は、一般社會の必要性から構成された學習（現行の生活教育の主流をなすもの）は主として知識である。この知識といふ語を用いるとたゞちに主知主義の教育における知識を想起するであらうが、そうではない。こゝにいう知識は身についた、具體性を帶びた知識が主なのである。それが遊びながら學ばれるにしろ、學びながら學ばれるにしろ、知識は知識なのである。と同時に、身體運動を通して知識も養われ性格の改造も行われていくであらうが、運動は運動であつて、これ自身一つの目的をもち、一つの場を構成している。

ところが健康教育というものは、生活に密接に附着しているが故に、一つの特定の場をもたない。それは生活している處、どこにも必要なものなのである。少くとも、人間が文化生活を科學的な生活を營もうとすれば、どこにも附いているものなのである。此の點から考えて、私はあえて體育の中でも運動の面では取扱わなかつたのである。

健康教育は、これを二つに分けることが可能である。

その一つは、健康は如何なる理由で必要か、又、これを求めるためには如何にしなければならないかということ。

第二には生活はどうすれば身體の健康を保てるか、ということ。

前者は知識であり、理論であるといつてよいだらう。然し健康は、いくら知識を學び得たからといつて、健康な身體を保持することが出來るだらうか。

後者は健康の理論、知識を生活面に具體的に生かした形である。良い健康的な生活習慣が生活の中に取り込まれていることを意味している。

健康教育は、あきらかに、この二者が行われることによつて、その内容を滿足させることが出來るわけである。

こう考えてくると、たしかに現行の生活カリキュラムの中で、生命を保全するということの理論は、どこでも教えられ、兒童は學んでいるといつてさしつかえないであらう。

現在の生活カリキュラムは、第一にその教育の目標の一つにこれをかゝげ、いろいろの面で指導している。けれども、兒童の生活は、それらを今程取り上げなかつた頃にくらべて、健康的な生活が營まれているであらうか、どれだけ良い生活習慣が生活の中に織り込まれているであらうか。この點未だ主知主義の教育が、その名はなくなつても、教育の現場に以前の惰性が流れているのではなからうか、筆者一人の心配であれば幸であるが。

こゝで特に述べたいのは此の點である。生活カリキュラムを構成することそれ自身に教育が日日の貴重な時間を費やし、現場において、大切な教育の實際がおろそかにされていたら、そんな處には、デスクプランの生活カリキュラムしか出來上らないであらう。生活カリキュラムの眞價は、如何にこれらのことが實際に行われているかに存在している。又、私はこれをどのように實際行つていつたらよいかというところに、筆を進めていかなければならないわけである。

健康教育の實際面は又、これが二つに分けられる。

身體檢査、傳染病豫防注射、等の健康管理の面が一つと、他の一つは習慣形成がすなはちそれである。

第二節　健康管理

健康管理によらず管理とは、敎師乃至學校の立場から、生徒・兒童、或る時は敎師も含めて、そのことについて、當局者が一つの目的をもつた行動を行わせることであつて、小學校に於いては兒童が直接自由的に活動するものではない。

廣い意味でいわれた場合、保健管理と健康管理とは同一の內容をもつものといつてさしつかえないであらう。ところが、この內容は又、方法的に二つに區分することが出來るし、實際二つに分けて考え、立案し實施していく方が、行い易いが故に、當然二つに分れてくるものなのである。

その一つは直接兒童の身體の健康に關係ある管理面である。その主なものの一例を東京高師附小に例をとつてみると、

四　月　身體測定、統計處理
　　　　小兒科、齒科、眼科等診斷
　　　　驅蟲劑服用、結果處理
五　月　ツベルクリン皮內反應檢查
　　　　レントゲン撮影
　　　　衞生展覽會
　　　　衞生講話
　　　　驅蟲劑服用、結果處理
六　月　檢便、結果處理
七　月　驅蟲劑服用、結果處理
九　月　驅蟲劑服用、結果處理

十　月　驅蟲劑服用、結果處理
十一月　身體測定、結果處理
　　　　小兒科、齒科、眼科等診斷
　　　　衛生展覽會
　　　　衛生講話
　　　　檢便、結果處理
十二月　驅蟲劑服用、結果處理
一　月　驅蟲劑服用、結果處理
二　月　〃
三　月

の他、毎月一定時に體重測定及び保健月報（家庭通信）の發行、其の他日日の急患治療診察、傳染病豫防注射、帳簿の保管

これらが、その主なものである。其の中で學期始めの身體檢查法は法的にも規定してある故、是非共實施しなければならないものであるが、これだけで、學校の保健管理は滿點ではなく、又それがそ

の大半でもない、未だまだ、右に列記した以外にも數多くの實施事項をあげることも可能である。

これらのことは學校看護婦又は養護教諭の責任のもとに計畫され、運營されるものであることは當然ではあるが、健康教育ということはそれ自身、どの教師も、およそ教育者と名のつくものはすべてがその責任をおわねばならないものである。その計畫と最後の總括的なしめくゝりは、直接その責任者なり擔當者が事務的に處理はするけれども、これの具體的な說明は、その必要も認めないから、こゝでは省略するが、只、保健月報という家庭通信の一例を本書の最後に紹介しておくことにする。

第二には保健管理の中でも環境衛生に屬することがとり上げられなければならない事柄である。

此の中で特に取り上げるのは清掃の仕事である。アメリカの學校においては、清掃を兒童が擔當することは殆んどないときいているが、日本の現狀ではそれは無理といわなければならない。さりとて、これに多くの時間を費やすこともどうかと思はれる故、最も能率的な清掃法、清掃用具が最小限備えられなければならないと同時に、兒童も最少限の人數で、清潔な學校環境が每日保てるようにされていかなければならない。

又清掃時間は一日の學校生活の中で何時にするのが一番よいか、その時間は何分程度迄とするかも問題である。

清掃時間は普通は放課後が一番適當であらう。そして又それに要する時間は二十分程度迄で、それ以上續く毎日の掃除時間は少し長すぎるといわなければならない。

日日の掃除の外に定例の大掃除日は定めておくことが良い、それは月末定例大掃除というような形において、十分一ヵ月に一度程度すみ〴〵迄徹底的に環境を淨化することは大切と思ふが便所、下水等不潔になりやすい場所は兒童にさせることは決してこのぞましい事ではない。

これらのことが保健管理の大部分であるが、この外に、窓の開閉による室內の換氣などの日日の生活に必要な事項もみのがしてはならないことである。

おそうじの　しおり

みんなですること、

授業がすんだらめいめいの腰掛を机の上にあげて、後の方にかたずけること、(左圖の如く)

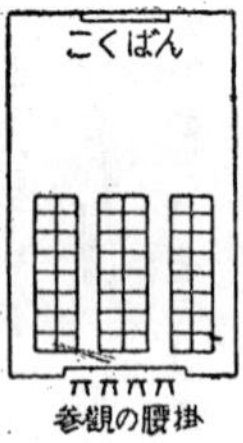

ふつうそうじ

とうばんのすること。

(イ) まどをあけること。

(ロ) はたきをかけること。……………一八

(ハ)ブラシでゆかをこすること。……………………先生又は児童一人

(ニ)ブラシと一しよにホーキをつかうこと。……………………二人

(おもにすみずみをはき、ごみののこらないようにする)

(ホ)ブラシやホーキであつめたごみを机のある方にはきながさないで必ず一度とること。

(ヘ)机をはいたところにはこんで、きちんとならべること。…………二人

(ト)机の上、腰板、窓のしきいやさんをふくこと。

……………………(ロ)の人は、バケツの水くみ、(ニ)の二人はぞうきん

(チ)廊下をはくこと。…………(ハ)と(ヘ)の中の一人

(リ)おそうじ道具をかたずけて、先生にみていただくこと。

大そうじ

(イ)すすはらいをすること。

(ロ)書棚などふだん動かさないものを動かしきれいにすること。

(ハ)油モップでゆかをみがくこと。

(ニ)机や、腰掛の脚をふくこと。

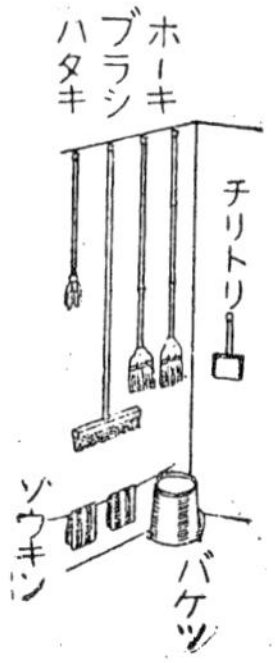

（ホ）ガラスをみがくこと。

第三節　習慣形成

かつてターナー博士は習慣形成に最も良い時期は兒童期であると彼の著書、健康教育原論の中で述べていたが、けだしこの期間は義務教育なるが故に國民全部が一度は必ず通はねばならぬ小學校を意味していたがためである。アメリカの眞似は現在の吾々には到底出來得べくもないと一笑に伏する人も居るけれども、私は、このような考えこそ警むべきことではないかと思う。成程現在の日本の社會狀態は決してアメリカのそれと比べれば、雲泥のひらきのあることは認められるけれども、それだからといつて、これからの社會人になる兒童に理想に近い生活習慣、生活方法を習得させることは決して無駄ではない。現在の吾々敗戰日本人にとつては、それ以前には明らかに非衞生的であると思はれた諸事象が、日常生活の中にはいくらも見受けられる、經濟力の充實と、物資の裏附けがなくては、到底これらのことは完全に衞生的に出來ないとは考えられるが、良い習慣は、これらが完備しなくても、むしろ、完備していないが故に大切になるのではなからうか、又少しの物資、わずかの經費をおしむことは、むしろ最悪の疾病をひき起す原因になることも併せ考えるべきである。

このような考えから、最底限度の文化生活に必要な、幾つかの習慣形成項目を掲げ、これを數年間繼續的に實施することによつて、兒童全部に習慣化された場合、必ずや將來の日本人の生活に好結果をもたらすであらうことは疑いないことである。

その項目については季節の影響と、一年から六年迄どの學年においても必要なことであり、しかも成人社會に出た際にも必要な、これを要するに、人間生活を營む以上、最低の要求レベルの線上の數項目がとりあげられなければならないことになる。それらの條件を滿足させる習慣形成項目とは果してどんなものがあげられようか、こゝで取あげられることは、狹義の健康教育と、もつと廣い集團生活に必要なその他の項目もふくめて習慣形成項目としたい。すなはち、これを季節を追つて列記すると第一章、第四節後半に述べた數項目があげられるのである。

このような習慣形成は、一體何時、如何なる方法で實施されるのが良いであらうか。

習慣形成に一定の時間を定めておくことは必要ないであらう。それは生活教育という教育の指導においては特にそう云つて差つかえない。アメリカのある所では、朝禮檢査ということを實施している。然し、現今の吾々の教育には、特別に毎朝檢査をすることは習慣形成の點からは必要でない。勿論、他の意味から、その日の兒童の身體狀況、心理狀態を一應檢査してみるということであれば別問題であるけれども。

例えば四月の記名檢査のようなものは、朝でもよければ、放課後でも良い。又毎時或はその時々に應じて、ノートを出せばそれに記名してあるかどうか、運動靴をはけば、この時にそれに名前が書いてあるかどうかをみればよいわけである。只、こゝで問題になるのは、記名をしてないからといつて、これでもつてすぐにしかつたり、なじつたりする事は考えものであるということである。教師も愛情をもつて兒童に接するならば、毛筆でその子供の姓名ぐらい記入してやることも、それ程困難な仕事ではないはずである。こうすることによつて、家庭でも、本人でも、今後教師がそうしなかつた時以上に、このことに對して注意を拂うことにもなるであらう。

五月の食事前の手洗については、學校では晝食時に限られているからこれはこの時以外にはない。であるから、五月の習慣形成の時間は晝食時間ということにもなるが、再び六月の手拭又はハンカチーフの持參という項目になれば、隨時ということになる。又四月に持物に記名するということであるから、當然六月のハンカチーフには記名してあるわけで記名のないものに對しては未だ四月の項が習慣化されていないという結論になる。

これらの習慣形成は記録カード等によつて、常に全員の眼につく處に貼布しておくことが良い。吾々は次の如き習慣形成記錄用紙一カ月一枚（一項目各に一枚）の割で學級の後黑板に貼布し、これによつて、日日の記錄をとり、毎月個人の集計と、學級比較とを計算している。

習慣形成記錄用紙（一例）

次に、このようにして全兒童を對象とする習慣形成項目を實施していくかたはら、一年生からは彼等に適した習慣形成項目を定め、學校において二通りの項目を實施させることは事務上の複雜を招くばかりであるので、後者の方は家庭と連絡の上保護者にその監督を依頼し、家庭において良習慣を形成してもらうようにすることも良い。これは、親が無邪氣な子供に、しらずしらずに良い習慣を敎えられることにもなり、一石二鳥の利點もあるので、どこの學校でも實施されて結構なことであらう。ただこゝで問題となることは、その地方の家庭生活と、兒童の習慣形成項目との間に、大きな隔りがあつてはならないということである。

例えば農村の家庭では井戸が家屋外にある場合が多いので、就寢前に齒をみがくことは良いことではあるが、この項目を實際に家庭で行わせることは、兒童自身にとつても都會の生活よりも、一層苦痛を伴うものであり、親にしてみたところで、そこ迄一緒にやらうと努力する家庭は少いのではない

習慣記録表

氏名	日	日	日	日	日	日	日	日	日	日	日	日	日	日	日	計

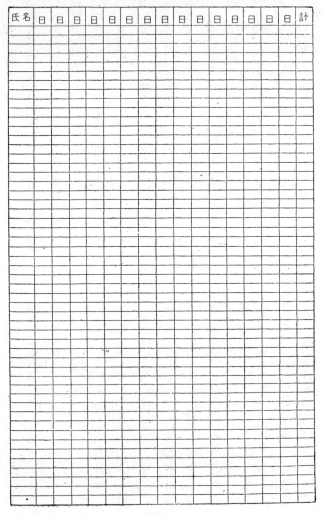

かと思はれる。それ故この項目については地方の實態を良く察知した上で、實施出來得る可能性の多いものの中から、學年相應の項目を選定しなければならないことになる。

又學校自治會は恐らく、兒童らしい考えのものと、種々兒童の社會における、その社會の健全な歩み方について討論されるであらうが、此れと彼と相關連のあるものは關連して、師弟一如となつて良習慣の形成に、健康の保持增進に邁進することは、効果を擧げる上からいつても大いに望ましいことである。

第一學年習慣形成記錄用紙（一例）

習慣形成記錄用紙（一）

なまえ

目的　新入學の時から良い生活習慣をお子樣につけていたゞきたいと思います。その最初として「顏をきれいに洗うこと」を毎朝お子樣自身に行わせて下さい。

方法　毎朝お子樣が自分で洗面したならば、その結果について御家庭の方が「よい」又は「よくない」の何れかをお子樣に言つていたゞきます。それによつて下の表の點線を赤色（よいとき）又は黑色（よくないとき）にぬらして下さい。

（注意）

(1) 成績には關係しませんから、あるがまゝを記入させていただきたいと思います。

② 月日はお子様に記入させて下さい。

(3) 五月の初めに一應あつめますから—統計をとるため—ていねいに使わせて下さい。統計が終つたらすぐお返しゝます。

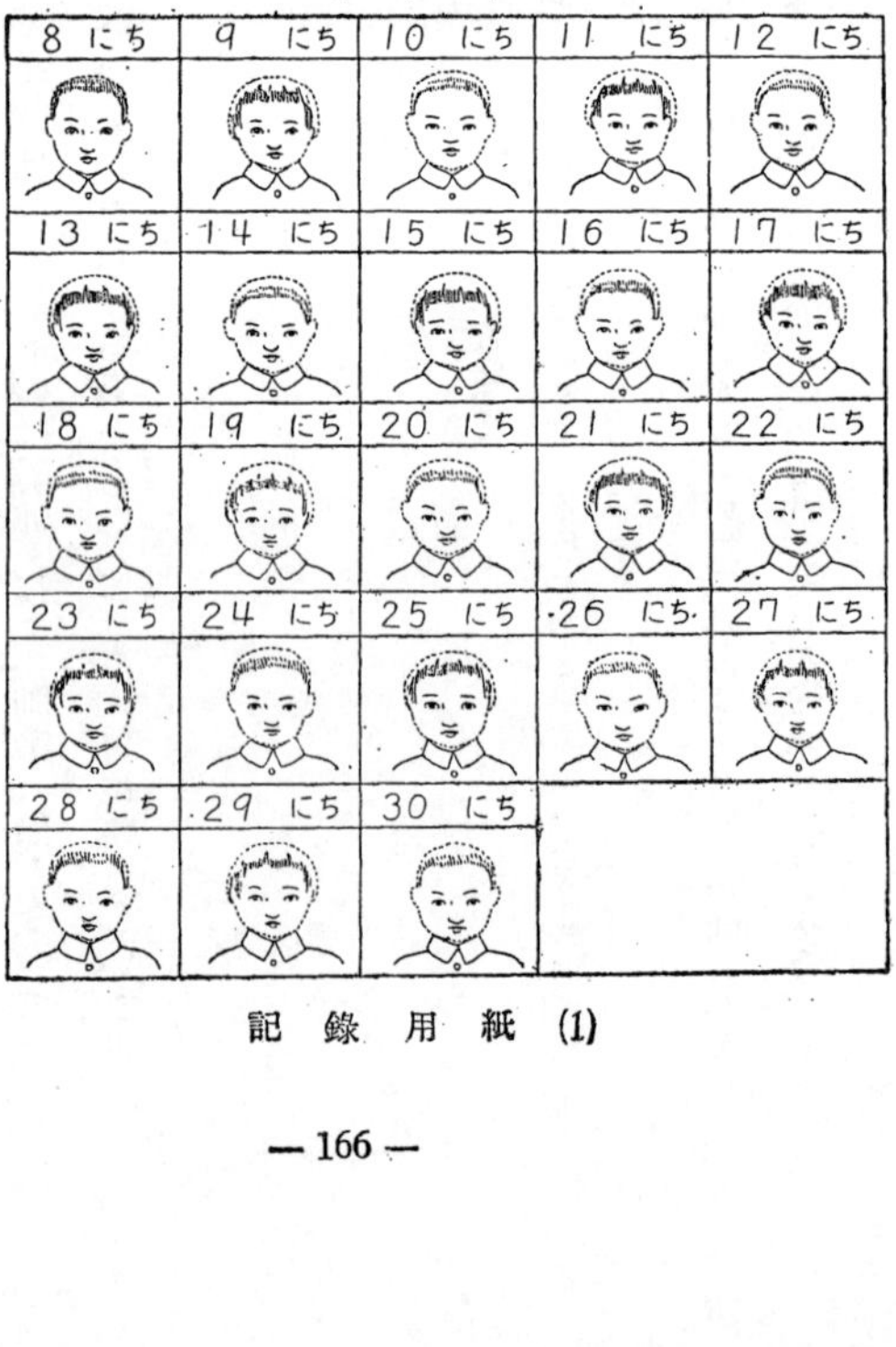

記録用紙 (1)

習慣形成記録用紙（二）

なまえ

目的　齒を磨くこと・方法、は（一）に準じます

注意　1　成績には、關係しませんから、あるがまゝを記入させていただきたいと思います。

2　月日は、お子様に記入させてください。（點線の上をぬる）

3　六月の初めに一應あつめますから、（統計をとるために）ていねいに使わせて下さい。統計が終つたらすぐお返しします。

習慣形成記錄用紙（三）

なまえ

目的　陰氣くさい入梅の季節が近付いて參りました。とかく、この節は不衞生になりがちですから、お子様方に〃朝・晩の食事前の手洗い〃の良い習慣をつけさせるようにさせて下さい。

方法　お子様が朝晩の食事前に手を洗つたならば、御家庭の方は、その結果について〃よい〃　よくない〃のいずれかをいつて下の表にかき入れさせて下さい。

(1) 月日は自分で書入れるようにして下さい。

(2) 〃よい　時は、あか〃よくない〃ときは黑色で點線上をぬらせて下さい。

習慣形成記錄表用紙（四）

記　錄　用　紙　(2)

ぶねん

目的 お子様方が御入學
以來、良き習慣形
成のためにいろい
ろ努力してきまし
たが、特に七月は
樂しい夏休みに入
りますので、とか
く生活がだれがち
です。それ故過去
三カ月間のおさら
いをなし、よりよ
き健康生活が出來
ますよう、よろし

1にち		にち		3にち		にち		5にち	
あさ	ばん	あさ	ばん	あさ	ばん	あさ	ばん	あさ	ばん
にち		7にち		にち		9にち		にち	
あさ	ばん	あさ	ばん	あさ	ばん	あさ	ばん	あさ	ばん
11にち		にち		13にち		にち		15にち	
あさ	ばん	あさ	ばん	あさ	ばん	あさ	ばん	あさ	ばん
にち		17にち		にち		19にち		にち	
あさ	ばん	あさ	ばん	あさ	ばん	あさ	ばん	あさ	ばん
21にち		にち		23にち		にち		25にち	
あさ	ばん	あさ	ばん	あさ	ばん	あさ	ばん	あさ	ばん
にち		27にち		にち		29にち		にち	
あさ	ばん	あさ	ばん	あさ	ばん	あさ	ばん	あさ	ばん

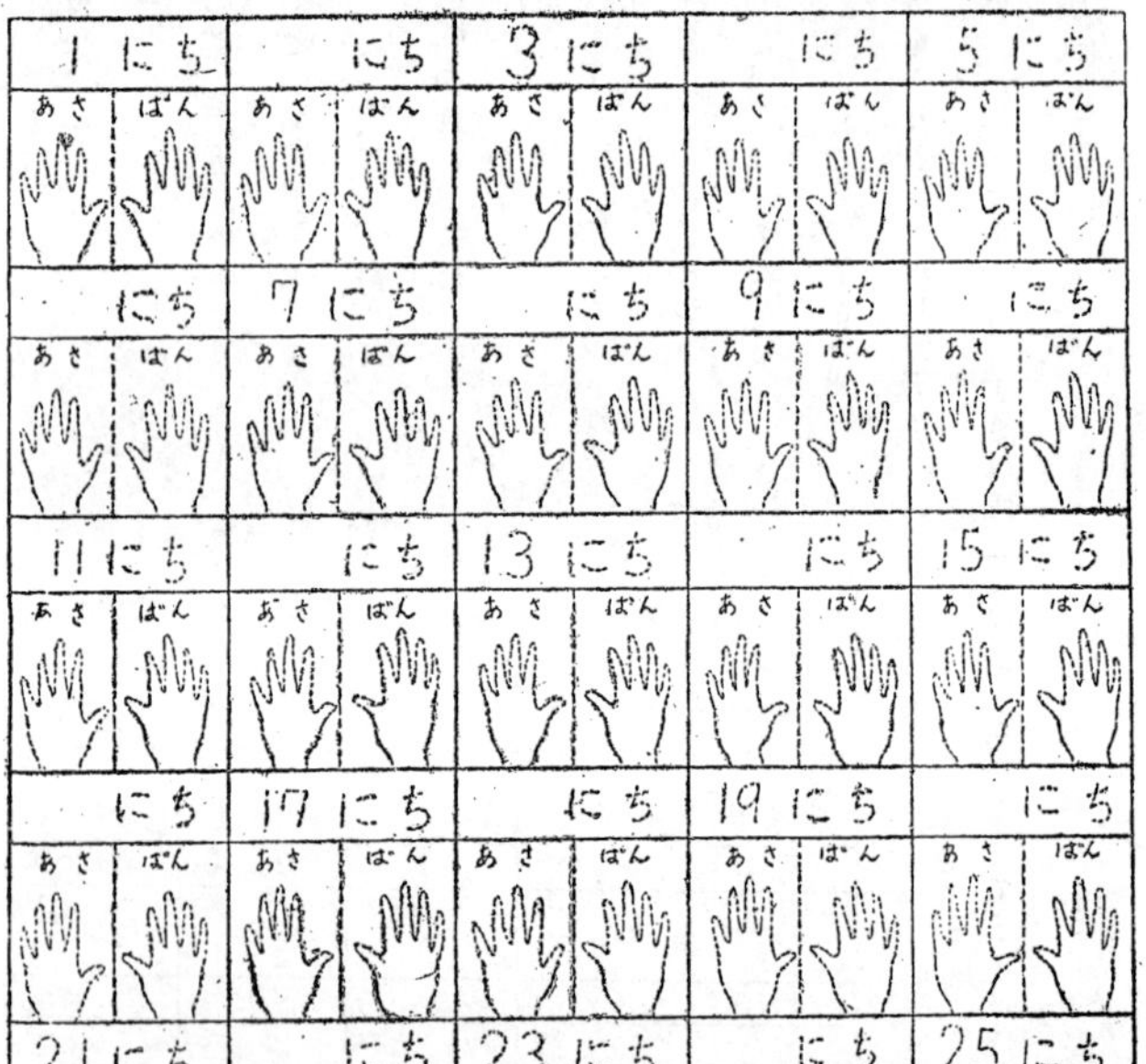

記録用紙 (3)

く御協力下さい。

實施上の注意

1 朝の洗面、歯磨き、食事前の手洗をそれぞれ日を追つてやらせるようにさせて下さい。

2 點線で書いてありますから、よく出來たときあかよく出來なかつた時あおの點線で記入させて下さい。

3 上の段は朝の歯磨き、朝の食事前の手洗い、下の段は夜の歯磨き、夜の食事前の手洗いを示しています。

これらの具體的な項目を現行の生活カリキュラムの中で如何に計畫していくかの例を示すと、次のような一例をあげることが出來る。

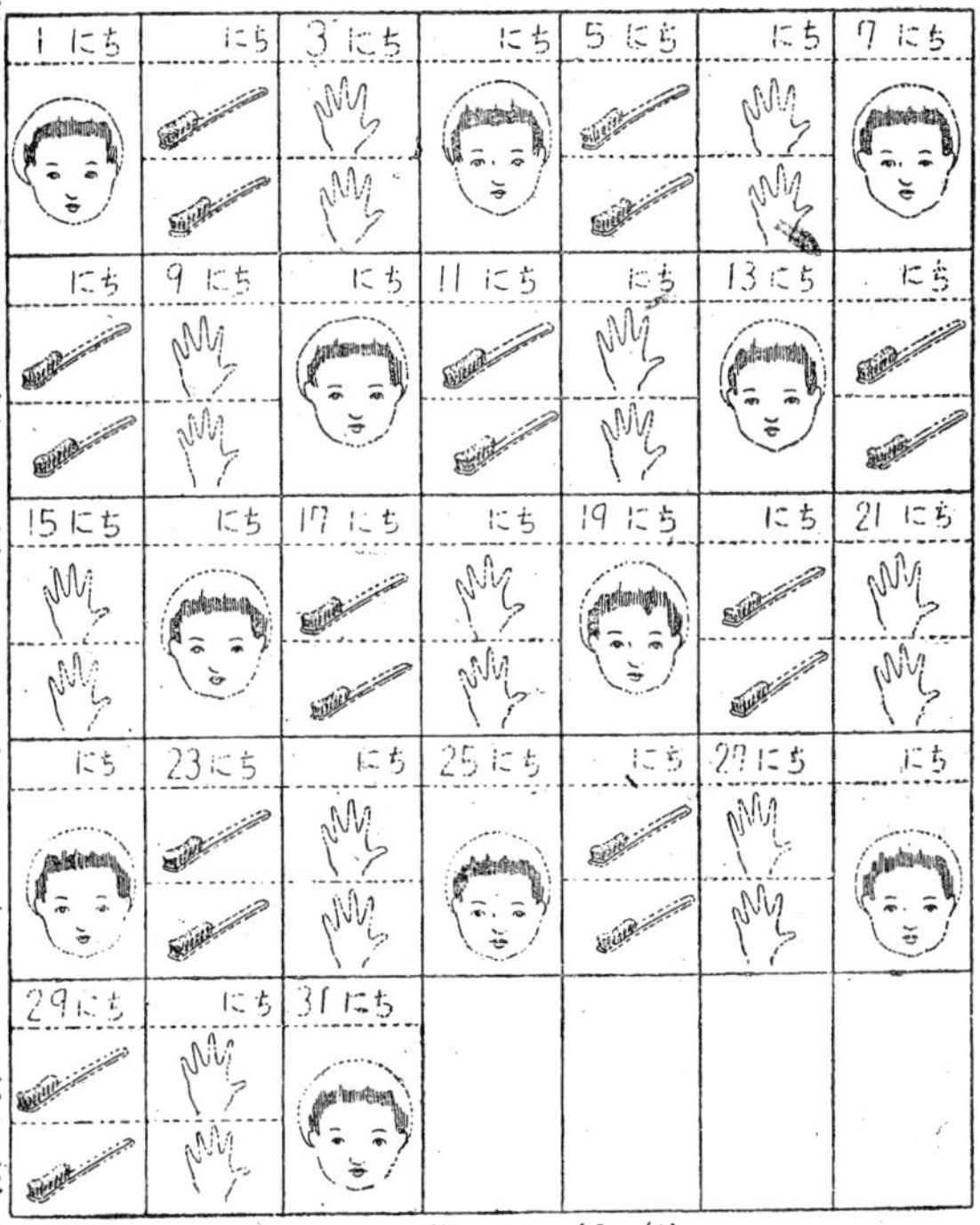

記録用紙 (4)

指　　導　　内　　容
きたない顔ときれいな顔の比較
朝食をゆつくり，よくかんで食べること。
學校内の危険な場所，マンホール，ごみ捨て場，物置きなどに行かないこと。
唱歌遊戯………かごめ
腰掛けに深くかけること，胸をはること，悪い姿勢との對象
通學時の歩き方，友達との歩き方
より道したり，又車道を歩いたりしないこと。
遠足に於けるお辨當の食べ方，落さぬように食べる。落した物の取り扱い方，食後の後始末
笛がなつたら止めること。整列の仕方，勝負について，
ころんでも最後まで走ること。人をおしのけないこと。
お風呂に入つてあたたまつてから寝ること。一週間に一回は入ること。
食物にさわる前には手を洗つて食事のお手傳いをすること。
お母さんや目上の人の言いつけどおりに用いること。
歯の磨き方，理由，朝と晩
蟲ぼしのお手傳い。
水に入るときの注意と，水を恐れないように，水に樂しませること。
家畜と早起きの比較
一學期間の反省をする。
夏休みの思い出，病氣をした子と元氣に遊んだ子との比較
圖解
犬の生活狀態を見ながら十分な休養と睡眠とをとること，早寝
皮膚の抵抗力を増加して保溫に努めること。
爪を短く切つておくこと，爪の間のごみをきれいにとること。
皆が力を合わせて一緒にひくこと。
追い越すときの注意
街路の横斷
二學期の反省
用便後の手の洗い方と拭き方について，手に水氣を殘さないこと。
一年間の總ざらい。

健康教育プログラム（案）

1年

生活單元	月	健康教育上の分類	その内容
たのしい學校	4	身體の清潔	洗面
		食事の衞生	ゆつくり食べること
		傷害の防止	危險な所に行かぬこと
		遊戲	かごめ
	5	姿勢	腰掛のかけ方 歩き方
		傷害の防止	左側通行
		食事の衞生	お辨當の食べ方
		運動會	玉入れ かけつこ
		身體の清潔	お風呂
お家		食事の衞生	朝のお手傳い
		傷害の防止	刄物の使い方
	6	△病氣の豫防	むし齒 蟲ぼし
たのしい夏	7	水泳	水かけ遊び 石ひろい
		身體の衞生	早起き
		おさらい	問題
秋のたのしみ	9	疾病の豫防	丈夫な體
		運動	順送球
		休養	睡眠時間と休養
		皮膚の摩擦	徒手摩擦
	10	唱歌遊戲	たのしい遠足
		△身體の清潔	手足の爪
のりもの		運動	綱引き リレー
	11		
	12	交通道德	買い物
お友だち		おさらい	問題
	1	△運動	雪あそび
	2	△身體の清潔	手の洗い方，拭き方
	3	△おさらい	問題

内　　　　　　　　容
圓型ドッヂボールの實施方法
ごみばこの中に，きちんとごみを捨てること。
食器をきれいに洗うこと，流しに汚物を捨てぬこと。
大掃除のお手傳い，整理・整頓
犬かき泳ぎの實施方法
一學期の反省
偏食による身體の弊害　例
埃のたつ所，人ごみの中では，マスクをかけること，歸宅のときにうがいをすること。
とび乗り降り，ステップ乗車の禁止
フットベースボールの實施方法
なわとび遊びの種類と實施方法
二學期の反省
風邪をひく理由とその豫防法
おなかをこわす理由とその豫防法
時々虫くだしをのむこと。
二年生の總ざらい

2年 生活單元	月	健康教育上の分類	教材
	4	△運動	圓型ドッヂボール
學校のまわり	5	社會生活の衞生	ごみ捨て場 給食器の洗い方
お醫者さん	6	住所の衞生	大掃除
夏休み	7	水遊び おさらい	犬かき 問題
たべもの	9	身體の健康	偏食の矯正
乘り物と道	10	乘り物の衞生	マスクをかけること
		傷害の防止	安全な乘り降り
ゆうびん	11	△運動	フットベースボール
お店 はつぴようかい	12	△遊戯 おさらい	なわとび遊び 問題
	1	疾病の豫防	醫者との問答
	2		
	3	おさらい	問題

內容
掃除道具の使い方，掃除の仕方掃除道具の後片つけ
體重の正しい計り方，平均との比較
方形ドッヂボールの實施方法
片手鬼の實施方法
水ののみ方　　水中の汚物
水と傳染病　　豫防注射
水遊びを通じて水泳の泳法，及び諸注意と夏休みの過ごし方
夏休み生活の中に午睡を規則的に行わせる。
一學期の反省
對列フットボールの實施方法
民踊「盆踊り」の實施方法
體重の増減と健康の度合い
厚着の身體に及ぼす影響，薄着の効果
皮膚の强さ
部屋の保溫
二學期の反省
押合い相撲
勉學中の正しい姿勢
姿勢と視力
三年生の總ざらい

3年	生活單元	月	健康教育上の分類	教材
	自治會	4	公共衞生	教室のお掃除
			△身體の測定	體重の測定
	大塚仲町	5	△運動	方形ドッヂボール 片手鬼
	水と私たち	6	公共衞生	のみ水 傳染病
		7	水泳	水鐵砲 沈み方 平泳ぎ 午睡
			おさらい	問題
	私たちと植物	10	△運動	對列フットボール 民踊
			△身體の測定	體重と健康
	冬支度	11	衣服の衞生	厚着をしないこと 乾布摩擦
	大昔の生活	12	住居の衞生	部屋の煖房と身體
			おさらい	問題
	大塚驛	1	△運動	押し合い
		2	△身體の衞生	腰掛けと机の姿勢
		3	△身體の衞生	近視の豫防
			おさらい	問題

第四章　要項から要領への過程

第一節　體育指導要項

戰時中の體錬科は、終戰と共に、その形を變えざるを得なくなつた。そこで體育については、新憲法の線に則つて全然眼新しいものが出來た。然し戰後の要項は戰時中の行き過ぎを極度に指摘したが故に、むしろ放任された形の中でまとめ上げたものになつたことは事實である。それは民主的訓練、自主的訓練の出來ていない國民に突然あたえられたデモクラティックな方法であつたので、一體何をどうして教えてよいのかすら皆目わからなかつたといつてよい位であつた。

昭和二十二年五月に「學習指導要領」「體育篇」の一應のまとまりが出來上つたのは此の時であつたが、これは要領とまではいかず、明らかに「要項」であつたわけである。それは次のようなものである。

學習指導要領「體育篇」文部省

目次

(四)
(五)　省略

四　指導方針

五　體育の考査と測定

はしがき

わが國が、民主國家として新しく出發するにあたつて、最も重要なことは國民の一人一人が、健全で有能な身體と、善良な公民としての社會的、道德的性格を育成することである。

體育はこの目的を達するために必要な技能や知識を修め、これを實踐するのに最も具體的で實際的な機會を與えるものである。

この點からみて、新時代の使命を擔うべき青少年學徒を對象とする學校體育は、最も有効で基礎的な教科ということができる。從つて學校體育指導者の責務は重大であるといわなければならない。

本「學習指導要領」は、この目的を果たすために指導者のよるべき基本的指針として多數の權威者や、指導者により愼重審議の結果でき上つたものである。各學校體育指導者は、本書に基ずいてその地方、その學校の實情に應じた適切な指導計畫の作成と運營にあたられるとともに、更に研究と經驗とによつてこの指導書の改善、進歩に協力されるよう希望する。

なお運用上の細部については、それぞれ權威者に依賴して近くくわしい解說書を發行する豫定である。

一　體育の目的

體育は運動と衞生の實踐を通して人間性の發展を企圖する教育である。それは健全で有能な身體を育成し、人生における身體活動の價値を認識させ、社會生活における各自の責任を自覺させることを目的とする。

二　體育の目標

體育の目的から導き出される主なる目標を示せば次のようである。

(一)　身體の健全な發達

次の事項に關する理解と熟練と態度を養う。

1　正常な發育と發達

2　循環、呼吸、消化、排泄、榮養等の諸機能の向上

3　機敏、器用、速度、正確、リズム
4　力及び持久性
5　神經系の活力と支配力
6　仕事にも健康にもよい姿勢と動作
7　自己の健康生活に必要な知識
8　疾病その他の身體的缺陥の除去

(二)　精神の健全な發達

次の事項に關する理解と熟練と態度を養う。

1　體育運動に對する廣い健全な興味と熟練
2　勝敗に對する正しい態度、レクリエーションとしてのスポーツの正しい認識
3　健康活動の廣い知識
4　身體動作を支配する意志力
5　狀況を分析して要點を發見する力
6　適切な判斷と敢行力

7　指導力

8　油斷のない活ぱつな心のはたらき

(三)　社會的性格の育成

次の事項に關する理解と態度と實踐力を養う。

1　明　朗

2　同情――他人の權利の尊重

3　禮　儀

4　誠　實

5　正義感――フエアプレー

6　團體の福祉及び公衆衛生に對する協力

7　性に對する正しい理解

8　克己と自制

9　法及び正しい權威に對する服從

10　社會的責任を果す能力

11　情況に應じてよい指導者となり、よい協力者となる能力

三　發育發達の特質と教材

身心の發育や發達に應ずる教材を選んで實施させることは體育の効果を高める上に缺くことのできない要件である。

今各時期における發育や發達の樣相とこれに適する運動ならびに教材について觀察すればおおむね次のとおりである。

(一)　小學校（假稱）低學年「約七年―九年」

この時期においては神經系統、筋肉系統の發達はまだ幼稚である上に循環系統、呼吸系統も十分發達していないから力と持久性を必要とする強い運動を行わせることは避けなければならない。

また程度の高い技術的運動も適當でない。

精神方面の發達も一般に幼稚であつて、複雜な運動を學習することは困難である。しかして自己中心的なこと、想像作用が極めて盛んで擬人化が廣く行われること及び模倣傾向の強いこと等の特徴は前時期から引き續き殘されている。

そこでこの時期の兒童の體育では彼等の自然遊戲を基調とした全身的運動及び快活な音樂や唱歌

を伴なう說話遊戲、模倣遊戲等を中心とするがよい。

年齢	6年——7年
身體的特徴	1 齒の交換が始まる 2 骨格が强固になる 脊柱の生理的わん曲の成生が始まる 3 筋力及び運動の器用性の發達は著しくない 4 肺臟は小さい 5 心臟は小さい 6 全體としてなお著しく幼兒的特性が續いている
精神的特徴	1 知覺が發達する 2 筋力の基礎的支配ができるようになる 3 發音機關の支配が完成する 4 持久は困難である 5 有意注意は弱い 6 好奇心は强い 7 想像は極めて生き生きとしている 8 記憶表象は弱くて不正確である 9 自己中心的である 10 道德的標準は反射的に形成される 11 鬪爭、狩獵、競爭、追跡、登はん、模倣等の欲求が現われ始める
適當な運動	1 豊富な戸外運動 2 良好な姿勢を漸次養成する運動 3 知覺生活を豊富にする運動 4 全身的な運動、大筋群の運動 5 音樂唱歌を伴なう運動 6 簡單な集團的遊戲 7 現在出現している欲求に立脚した運動 （一日　一四　五時間の運動） （一〇—一一時間の睡眠）

7年―8年	8年―9年
1 身體の發達はまだ著しくない	1 運動調整能力が發達する
1 想像が弱化する 2 現實に對する欲求が生ずる 3 自己中心的傾向が減少する	1 有意注意が容易となる 2 記憶が發達する 3 自己中心性は減少して社會的存在となる 4 失望に陷りやすい 5 冒險を愛好する 6 自己の現實を知らうとする
1 運動調整能力を助成する運動 2 團體的精神を助成する簡單な運動 （一日 四―五時間の運動） （一〇―一一時間の睡眠）	1 規則のやや複雜な運動 2 自己統制を發達させる運動 3 競爭的運動及び自己の力を試す運動 （一日 四―五時間の運動） （一〇―一一時間の睡眠）

從つて教材としては次に掲げるようなものが適當と思われる。

運動

類別			形式	内容 一・二年	内容 三年
體操	徒手	上下肢	屈伸	遊戯として行う	腕の屈伸・脚の屈伸
			擧振		腕の擧振・脚の擧振
			回旋		腕の回旋
			跳躍		片脚跳び・兩脚跳び
		くび	屈・轉・回旋		くびの屈・くびの轉・くびの回旋
		胸	伸		胸の伸展
		背腹	屈・倒		體の前後屈・體の前後倒
		體測	屈・倒		體の側屈・體の側倒
		胴體	轉・回旋		體の側轉・體の回旋
	器械		跳躍・轉回（跳び箱・マット）		跳び上がり下り・跳び越し 前轉
			懸垂（登棒・鐵棒）		棒登り 脚懸け上がり・脚懸け回轉 逆上がり
遊戯			遊戯	かけつこ・リレー 鬼遊び・けん遊び	かけつこ・リレー 幅跳び・高跳び・なわ跳び 球投げ 鬼遊び・押し出し遊び
			球技	球送り・球入れ	フットベースボール ドッジボール 對列フットボール
			水泳	水遊び	沈み方・浮き方・立ち方・呼吸のし方 犬かき・平泳
			ダンス	表現遊び 生活環境から取材して表現させる （例）まりつき・鬼ごつこ・たこあげ・ちょうちょう・小馬	

徒手體操では學徒の要求と能力に應じ教材を分解・複合して行うとともに循環及び呼吸系統を刺げきし身體諸機能の能率を十分上げるように行う。

ダンスでは民踊その他適當なものを參考作品として用いてもよい。

衞生

類別	内容
	一・二・三年
身體の清潔	手・足
	口・歯・顔
	髪
	からだ
衣食住の衞生	衣服
	食事
	清掃
休養・睡眠	休養
	睡眠
皮膚の摩擦	摩擦

類別	内容
	一・二・三年
姿勢	靜止時
	運動時
身體の測定	體重
病氣の豫防	トラホーム
	近視
	むしば
	寄生蟲病
傷害の防止	けが
	やけど

衞生では理論と實際を行う。

(二)　小學校　高學年「約一〇年―一二年」

身體はその發達を繼續しているが滿一〇年からすでに男女身體的特徴の分化が始まり、興味の相異により、異性から離れようとする傾向が生じ、女兒はしだいに女性的になる。

筋肉はかなり發達して、やや强い運動に耐え、運動の神經支配及び循環、呼吸系統等も次第に發達する。

精神方面では今や想像の世界から離れて、いつそう多く現實を理解するとともにいわゆる記憶の黄金時代を現出し、運動調整能力の發達とあいまつて複雜な動作の學習ができるようになる。

そのほかこの時期の著しい特徴として見逃すことのできないのは、團體意識が發達することと競爭心が强烈になることである。

そこでこの時期の體育では活ぱつな團體的競爭的運動がその中心となるべきであり、他面廣い範圍にわたつて熟練を習得せしめなければならない。特に女兒には律動的運動をも與えることが適當である。

年齢	身體的特徴	精神的特徴	適當な運動
9年—10年	1全體として幼兒的特性はうすらぐ 2女子の身體は著しい發達を始める	1あらゆる種類の熟練が容易に獲得される 2團體に屬しようとする欲求が強くなる 3男女はいつしよにいることをきらいはじめる	1社會性の發達を促す運動 2熟練度の發達を促す運動 3競爭的運動及び自己の力を試す運動 （一日　四時間の運動） （九—一〇時間の睡眠）
10年—12年	1脊柱は生理的わん曲を完成して固定的となる 2永久齒の大部分がそろう 3身體の急速な成長の時期に入る 4男子は特に肩及び胸が廣くなる 5女子は骨盤の形が女性的となる 6女兒の一部は月經が始まる	1高等精神作用が發達しはじめる 2記憶は最も盛んになる 3感情が强い 4意志しよう動が強くなる 5女兒は特に律動感情が强い 6女兒には恐怖心が起りやすい 7群居本能は男兒に特に强い 8協同精神、忠誠心が發達する 9競爭心が極めて盛んである	1背筋及び腹筋を特に强める運動 2胸かくの發達を促進する運動 3精神的内容の豊富な運動 4自己統制の訓練を含む運動 5同情從順、名譽心、正義感を養う運動 6女兒には律動に對する欲求を滿足させる運動 （一日　四時間の運動） （九—一〇時間の睡眠）

従つて教材としては次に掲げるようなものが適當と思われる。

運動

△印　男児のみ　◎印　女児のみ

類別		形式		内容 四年	内容 五・六年
體操	徒手	上下肢	屈伸	腕の屈伸・脚の屈伸擧	
			擧振	腕の擧振・脚の擧振	
			回旋	腕の回旋	
			跳躍	片脚跳び・兩脚跳び	
		くび	屈・轉・回旋	くびの屈・くびの轉・くびの回旋	
		胸	伸	胸の伸展、	
		背腹	屈・倒	體の前後屈・體の前後倒	
		體側	屈・倒	體の側屈・體の側倒	
		胴體	轉・回旋	體の側轉・體の回旋	
	器械	跳躍・轉回（跳び箱・マット）		跳び上り下り、跳び越し前轉	跳び上がり下り、跳び越し前轉・腕立て轉回
		懸垂（登棒・鐵棒）		棒登り脚懸け上がり・脚懸け回轉逆上がり	棒登り△脚懸け上がり・△脚懸け回轉逆上がり・△け上がり

遊戯		
遊戯	かけつこ・リレー 幅跳び・なわ跳び 球投げ 鬼遊び・押し出し遊び	かけつこ・リレー 幅跳び・高跳び・なわ跳び 球投げ 鬼遊び　△馬乗り遊び △すもう
球技	フットベースボール ドッジボール 對列フットボール	ボートボール ソフトボール ワンアウトボール フットボール
水泳	沈み方・浮き方・立ち方・ 呼吸のしかた 犬かき・平泳ぎ	平泳ぎ・横泳ぎ・速泳ぎ 潜水 飛びこみ
ダンス	◎表現 一 自然運動によつて基礎的身體をつくる 二 生活環境や生活感情から取材して創作的表現に導く (例)(イ) 生活環境―はねつき・ぶらんこ・泳ぎ・麥かり (ロ) 生活感情喜び・希望	

徒手體操では學徒の要求と能力に應じ、教材を分解、複合して行うとともに循環及び呼吸系統を刺げきし身體諸機能の能率を十分に上げるように行う。

ダンスでは民踊その他適當なものを參考作品として用いてもよい。

衛生

類別	内容 四・五・六年
身體の清潔	手・足
	口・歯・顔
	目・耳・鼻
	髪
	からだ
衣食住の衛生	衣服
	食事
	清掃
	採光・換氣
休養・睡眠	休養
	睡眠
皮膚の摩擦	摩擦
姿勢	静止時
	運動時
身體の測定	體重
	身長
	胸圍
病氣の豫防	トラホーム
	近視
	むしば
	結核
	急性・傳染病
	寄生蟲病
傷害の防止	けが
	やけど
看護法（消毒法を含む）及び救急處置	看護法
	救急處置

四、指導方針

衛生では理論と實際を行う。

(一) 計畫と指導

1 組織的・發展的に指導し特に正課では廣く基礎的なものについて指導する。

2 正課では課外體育ならびに他教科との連絡を密にする。

3 スポーツのコーチは原則として教職員がこれにあたる。

4 遊戯及びスポーツを中心とする指導を行いスポーツマンシップを養う。

5 各個人に機會を均等に與え、體力に應じた運動に親しませ、運動を自主的に實踐させるよう創意工夫する。

6 能力に應じた組分けをして班別指導を行う。

7 運動は季節に應じて指導し、各種目を廣く經驗する機會を與える。

8 身體に關する計測、診斷、統計等の科學的觀察にもとずき目標を定めて指導する。

9 業間、放課後その他自由時間を活用し體育の生活化をはかる。

10 團體競技の指導では特に社會生活に必要な德性を養う。

11 中學校以上の女子の指導にはなるべく女子があたるようにする。

12 初潮期の身心の變化に留意して指導する。

13　號令、指示、合圖、呼稱等を必要とする場合はなごやかな氣持を與えるような態度、用語、口調で行う。

14　集合、番號、整とん、その他秩序を保つに必要な動作、開列及び隊列行進はそれ自體の訓練を目的とせず必要な場合にのみ行う。

15　準備運動としての徒手體操は度を過ごして次の運動の興味をそぐような結果にならないようにする。

16　課外運動はその重要性に鑑み全學徒に自治的に行わせる。

17　教職員はつとめて課外運動に參加し管理と指導に當る。

(二)　衛生

18　自己の健康について關心をもたせ健康生活に關する理解を與えこれを生活化させる。

19　採光、換氣、校具、携帯品、運動場、調理場、水のみ場、便所等について特に衛生的考慮をはらう。

20　服裝は簡易、輕快、淸潔にして品位をたもたせる。

21　姿勢に關しては常に具體的に指導する。

22　虚弱者、形態異常者、要注意者の指導の適正をはかり必要な場合には醫師の指導のもとに醫療體操を行う。

23　傳染病の豫防及び取扱いについては衛生當局と協力してあらゆる必要な手段を講ずる。

(三)　體育思想

24　體育の價値を理解させ、家庭生活はもとより社會生活に役立たせる。

25　身體に關する諸記錄を活用し、體育の目的と効果について、本人並びに父兄の自覺と關心を高める。

26　父兄と教職員の懇談會、映畫、講話、新聞、ラジオ、運動會等により學徒並びに一般社會の體育思想を深め協力を促す。

(四)　組織と管理

27　體育の企畫運營の全校的組織を設けて指導の徹底をはかる。特に高等教育諸學校では權威ある企畫運營の中心的指導機關を設ける。

右機關は校友會體育部と密接な人的連絡を保ち終始共同の目標のもとに運營する。

28　運動の施設と時間を男女平等に與え、特に中學校以上では男女別に運動場を使用させる。

29　管理を十分にして危險の防止につとめる。

(五)　施設と用具

30　施設の充實、維持、改善及び修理に格別の努力をはらうとともに校外のレクリエーション施設を利用し、全學徒が十分運動できるようにする。

31　校舍、運動場その他の施設用具は常に清潔に保ち衛生的であり且つ安全に使用し得るよう常に整備しておく。

(六)　試合

32　體育の重要行事として不斷に校內競技會を催し、健全な競技を普及し學友間の親和とスポーツマンシップの向上をはかる。

33　小學校では原則として對外試合を行わない。

34　校外の競技會に參加する場合は學業に支障のないようにするとともに主催者、出場者資格、參加回數、練習期間、時期、經費、應援その他につき關係運動團體または相手校と協定する。

35　選手は固定することなく本人の意志、健康、年齡、操行、學業その他を考慮してそのつどきめる。

36　女子の校外體育行事參加については特に敎育的考慮をはらう。

37　女子スポーツでは原則として女子規則を採用する。

38　應援は學徒としての品位を保ち應援の範圍を超えて相手に妨害を與えないようにする。

五　體育の考査と測定

考査や測定は科學的に計畫し、運營してゆくためにも學徒の身心の現狀や個人的缺陷や、進歩の情況を知るためにもきわめて重要なことである。

また、すぐれた計畫に基ずいた考査測定の結果は體育の目的や、その效果を父兄や一般の人々に知らせ、その理解と協力を得るために有效な資料ともなるものである。

考査測定に當つて重要なことは先ずその目的を明確にすることである。またそれは有效で信頼のできるものでなければならないから、しらべようとする特性や成績が正確に、しかも信ずべき方法で測定評價されることが必要である。

そこで適切な考査測定の計畫を進める手順として重要なことは先づ第一に考査測定の目標を定めることであり、第二にこの目標の達成に有效で信頼のできる適切な方法を選ぶことである。

これらの目標は體育の目標の一切を包含するように選ばなければならない。

このような考査測定の計畫は細心の注意をもつて、しかも科學的に立證された研究の結果に基ずいで作成されなければならない。

したがつて考査測定の基準は學徒及び一般人についての科學的研究から導き出された資料によつて作り上げられるべきものである。

このために諸外國で發表された、この種の科學的研究や考査測定によつて得た知識や經驗を活用することは有効なことではあるが、實施案はあくまで考査測定の對象である學徒自身の要求、能力、特質に應じて決定されなければならない。

このような計畫をたて適切に實施することは體育の科學的研究を促進するとともに體育の目的や價値に對してより深い興味と理解を與えるに役立つであらう。

次に考査測定の計畫をたて、これを進める上に參考になると思われる若干の目標を擧げる。

(一) 學徒の現狀を判斷すること。
(二) 學徒を體力、才能に應じて組分けすること。
(三) 學徒の知識を檢査すること。
(四) 學徒の進歩を測定すること。

(五) 計畫の改善に役立つ科學的資料を得ること。
(六) 體育の目的やその結果について父兄及び、一般の人々に知らせるための資料を得ること。

右の目標を達成するための具體的な考査測定の方法としては身體檢査健康診斷、態度の檢査等の一般的方法のほかに次のような特殊の方法が考えられるが、考査測定の目的に應じて必要な幾つかの方法を適時に選んで行うがよい。

(一) 筋力の檢査
(二) 運動に對する適性の檢査
(三) 運動の力學的檢査
(四) 走、跳、投力の檢査
(五) 體力指數による檢査
(六) 特殊のスポーツ技術の檢査
(七) 性格順位決定の檢査
(八) 知識の筆記檢査
(九) 循環機能檢査

(十) 人體測定
(十一) 榮養の檢査
(十二) 清潔の檢査
(十三) 習慣形成の檢査
これはその後全般的に體育指導要項と名づけられた。

第二節　要項より要領への過程

續いて、これから要領を作成する運びにはなつたものの、世の中は一應、生活教育を肯定し初めてきた、それは今迄の體育科から生活カリキュラムの中における體育の問題が解決される迄は到底、これからの體育の要領は完成されないであらう。然し今迄の線に沿つた要領は近く文部省から發せられることになつている。それについては、こゝではふれたくないが、その途中において如何に體育が前の要項から變つてきつゝあるかをながめることは、興味ある問題であると同時に、大いに參考になると思う。以下それを抜粋し參考資料としてのせることにしよう。

第二編　總　說

(一)　體育科の學習指導法

其の一　學習意欲の喚起

指導計畫を立てることは必要であるが、實施に當つてはつとめて自發活動を重んじなければ學習効果をあげることはできぬ。目標をもち、自發活動を重んずる指導では先ず兒童生徒の學習意欲を喚起することが必要である。以上これに關する二・三の點について略述する。

(1)　興　味

自發活動は興味に基ずく活動であり、學習にとつて興味はきわめて必要な條件である。形式的・劃一的指導は興味を無視し、强制的になるから、欲求に基ずく活動となるよう興味のある事柄で學習させる工夫が大切である。しかし單に興味のあることだけを學習させるだけでなく必要なことを學習することに興味をもつ樣指導することが必要である。

(2)　必要感

兒童生徒がそれぞれ活動に參加し、彼等なりの生活を營むについていろいろな必要を感ずる。例えば人なみに泳げるようになりたいとか、友達と野球するために規則を知り、技術に上達したいとかいうようなことである。これらの要求は學年の進むにつれ複雜となり多樣となる。子供達の生活に參加し觀察してこれらの要求を知りそれを指導に生かす工夫が必要である。

(3) 成功の喜び

活動はそれに成功し、滿足の喜びがある時、一層促進され、さうでなければ活動意欲は減退するか、消滅しがちである。又この成功の喜びは活動の種類に依つて異り、簡單なことより困難なことに成功したときの喜びは大きく、いくら努力しても成功の見込みがなければ活動意欲は減じ、ついにはきらうようになる。そこで教材を彼らの興味・能力・經驗の範圍內からえらび個人差に應じて指導することが大切である。

(4) 目標の自覺

各自の健康や能力についての自覺に基く興味や發奮は又自發活動の源である。科學的理解の進むにつれて、自己の健康について自覺的に對處させ、運動能力のテストなどの結果を記錄して、過去の能力と比較して進步を知り、又級友や他校の記錄と比較して、自己の長所や短所を知らせることは効果的であり、このため體育簿をもたせたり、圖表を作らせたりすることは豫備調査や結果の考査も生かされることになつて有意義である。又ラジオ、新聞、講話、映畫などの活用もこれと關連して必要である。

其の二　練習の必要

學習の効果を上げるためには、練習に依り練られることが必要である。

(1) 練習時間

學習効果を上げるための適當な練習時間は教材の種類學習者の經驗や能力、年齢や性や體力などの異なるにしたがつて一樣には言えないが、興味のある教材は、それに乏しい教材よりも長時間の練習に適し、熟練者は未熟者よりも長い時間安全に且つ愉快に練習でき疲勞も少ない、又運動の種類や學習者の經驗に依り練習の長さや間隔を適當に加減する。

低學年では變化を與えることはよいが過勞にならぬよう注意が必要である。虚弱者その他の練習時間については後にのべることにする。衞生では習慣形成を重視する關係上時間の長短よりも回數を多くすることが必要である。

(2) 全習法と分習法

教材をいくつかの要素に分割して練習する分習法と綜合的に行う全習法とがあるが概して簡易なもの及び低學年については全習法が望ましく、複雜困難なものには適宜分習法を加味する。

其の三　個別指導・一齊指導と班別指導

個人差に應じ、或は教材に應じて指導の効果をあげるために適したいくつかの方法が考えられる。設備、用具、教材、學年、教師や兒童生徒の數などに應じて各指導法の長所を活かすべきであろう。

(1)　個別指導

個別指導は如何なる場合でも必要であるが水泳など教材の種類に依り又虚弱者、身體的缺陷のある者、熟練度の非常に低い者などに對しては是非とも必要である。

(2)　一齊指導

一齊指導は基礎的教材を能率的に指導するのには好都合である。又低學年の指導や一人の教師が多數の生徒を指導したり、設備、用具に乏しい場合など短時間に効果をあげることができるが、とかく劃一的になつて個人差を無視し、自發性を伸ばしにくい短所がある。そこで一般的に次の班別指導が色々な點からみて適當な場合が多い。

(3)　班別指導

個人差にも應じ、多くの生徒に對して効果もあげようとすると一齊指導と個別指導の中間にある班別指導が考えられるのは自然であろう。事實個人差はあつても多くの生徒についてみれば接近した者が多く、適當に班別して行えば、團體的活動の多い體育科では好都合でもあり、合理的でもある。組分けの方法としては性別、素質、能力、生徒の希望、教材の種類などによつていろ〳〵の方法がある。又器具、器械の數に應じて機械的に班別する方法もあるが、合理的でない。正課と課外によつても、班別の仕方は異る場合があるが要は目標に應じて組わけを適切にすることが必要である。

例えば走では能力の接近した者を一組として練習又は競走させるがリレーでは各組の走力が平均するようにという工夫は必要である。班別指導では多くの設備、用具を要し、又教師の力が分散され、かえつて非能率的になることもあるのが短所であろう。班別は一學校についてもできるが、同一學年について行えば、女子と男子、虚弱者等數人の教師に依つて一層合理的に行うことができる。班別は種目に依つて時々改編すること必要であるが、一定期間繼續することも必要である。班別の指導者を生徒の中から出し、適宜交代させることは指導力と協力の態度を育成する上に効果がある。

其ノ四　虚弱者その他異常者の指導

各學校には必ず幾人かの要養護兒童生徒が見出されるだらうし、又その外一定期間見學を必要とするものもあらう。しかしこれら異常や缺陷をもつた兒童生徒は特殊な體育的要求をもつと共に又健康生活や活動に對する熱心な欲求をもつてゐるものであるから指導ではこのことを考慮しなければならぬ。これらの兒童生徒に對しては缺陷を發見すること、發見された缺陷を除去すること、健康度を高めること、できるだけ異常感を持たせぬことなどが處置上必要であり、校醫、家庭敎師などの連絡が必要である。これらの兒童生徒のために養護學級が組織されることが望ましい。養護學級を組織できぬ場合は、その異常の程度に依つて、運動回數を少くするとか過激な運動に參加させぬようにしたり又競技の役員や記錄に當らせるがよからう。更に休養を要するものは休養室で休ませたり、日光浴などを適宜に行はせる。適當に行はせる運動としては、矯正體操、ピンポン、テニス、輪投げ、球入れ、デッキゴルフなどが考えられようし、或は農園の花造り、體育に關する研究や圖表の作製などの活動に參加させることが望ましく、寒い季節などに單に他の健康な者の活動を見學するだけと言うような處置は望ましくない。要するに彼らに健康の意義を自覺させ、積極的に健康恢復や缺陷の除去に對する努力と希望を持たせるように適當な活動や休養を通して指導することが大切であつて、このため年齡、性、身體狀況などに應じて醫師、家庭その他と連絡をとつて適宜プログラムをつくることが必要である。なお陽轉者については醫師と連絡して適切に指導する。

其ノ五　試合

學習に目標を與えること、學友間の親和、體力の向上、スポーツマンシップ育成などの機會として試合は大きな意味を持つてゐる。しかし機會均等身心の調和的發、達その他教育上の立場に立つて考へる時、考慮すべき幾多の問題が存在してゐる。即ち小學校、中學校の時代は身心發達の最も大切な時代であり、又過度の練習からくる疲勞を自主的に處理できない時代でもある。これが試合のために過度の練習をしたり、强度の緊張をするため、その調和的發達をさまたげることが豫想される。又試合のために多額の經費を必要としたり學徒や學校の自主性がそこなわれたり、少數の選手のために他の生徒に不利益になることも豫想される。これらは教養としてのスポーツの基礎を廣く經驗されねばならぬ、この時期の兒童生徒たちに機會を均等に與えることを困難にする。

そこでこの時期の兒童生徒の試合は專ら校内試合に主力をそゝぎ學級對抗、學年對抗、通學區域對抗など各種の形式でそれぞれその能力に應じて適當な試合の機會をもつ樣に工夫することが大切である。

對外試合については小學校では原則としてこれを行わないが、よく中學校でもいわゆる選手制度のような弊に落ちることをさけてせいぜい宿泊を要しない程度の近距離で、しかも教育的條件が相似た學校間で行ふことが望ましい。この場合でも他教科と連けいは勿論のこと練習時間、時期經費應援などについて關係團體及び相手校と協定し出場選手については本人の意志、健康、年齡、學業などを考慮し、固定しない注意が大切である。又すべての對抗試合は教育的に企劃、運營されることが要件であつて、教育關係團體が主催することが好ましく參加の可否についての決定は學校の自主性が尊重されねばならぬ。こうしてこそ與へられた機會が十分活用されるのである。

なお對抗試合の一つの方法として近接の學校間でなるべく多數の生徒が參加する通信競技も一考の餘地があらう。

其の六　指導法と教材研究の必要

以上學習指導についてのべたわけであるが、體育指導を適切に行ふためにこれまでのべたことゝ關連して、教材や指導法について研究することが特に必要である。教師にとつては學習課程やこれに應ずる色々な指導法と共に教材を研究して兒童生徒の正しい發達に資することが、結極學習指導に關して最も重要なことであるといふことができる。

(二)　體育科の設備と用具

整つた環境において教育の効果はもつともよくあがる。環境的要素の重要な一つに設備と用具がある。戸外活動の場は家庭や教室に劣らぬ價値をもつものであるから事情の許す限りこれが充實に努められたい。

子供達は設備や用具が整つてゐるだけでよい活動を營むものであるから、運動場や體育館を運動の爲に整備し、衛生室を兒童生徒の幸福のために活用できるようにしておくことが必要で、設備用具を安全にいつでも活用できる樣組織化し、整備することが體育科の立場からだけでなく子供たちの正しい發達のため、きわめて必要なことであらう。

我國の現狀では設備や用具の充實を急速に望むことは非常に困難であるが、今後新しく作られる學校や又擴充を圖る際の參考のために標準と思はれる設備と用具の概要を掲げる。なおこれらに關しては中（小）學校設置基準法に準據されることは當然であるが、次に示した標準を參考として一層の整備擴充を圖られることができれば兒童生徒の爲幸福であり、又社會體育及び社會人のレクリエーションや入學前の子供達のため解放されゝば好ましいことであると考える。これらは兒童生徒數、十學級五〇〇人を基準として考へた。

一 設備

（一） 大運動場

小學校　約一萬二千平方米

中學校　右同

1 一周二百米のトラック 2 野球場 3 蹴球場

4 跳躍用砂場 5 すもう場 6 照明設備 7 その他

(二) 小運動場

小學校 約二千四百平方米

中學校 約四千五百平方米

1 排球場 2 庭球場 3 籠球場

4 ドッジボールコート

5 高鐵棒 6 低鐵棒

7 砂場

8 その他

(三) 遊戲場

小學校 約一千平方米

1 ブランコ

2 シーソー

3 すべり臺
4 移動式鐵棒
5 ジャングルジム
6 登り棒
7 誘導圓木
8 回旋塔
9 砂あそび場
10 水あそび場
11 その他

(四) 體育館　約七百平方米

高さ約七米の空間

1 籠球場
2 排球場
3 移動式鐵棒

4 ピアノ・オルガン
5 照明設備
6 三面鏡
7 吊棒吊環
8 足洗場
9 洗面場
10 シャワー室
11 更衣室
12 器具室
13 水洗便所
14 その他

（五） 水泳場　約八百七十五平方米

1 短水路プール
2 飛び込み臺

3　更衣室
4　水洗便所
5　シャワー室
6　照明設備

(六)　**衛生室**　(概ね普通教室の廣さ)

A　醫務室

1　机(診断用及び事務用)
2　椅子(診断用廻轉椅子及び事務用)
3　寝臺　4　枕　5　毛布　6　脱衣籠　7　長椅子　8　器械戸棚
9　器械卓子　10　診斷用具入れ　11　衡立　12　手洗装置　13　手拭掛
14　手洗鉢及び臺　15　石けん容器　16　薬品戸棚　17　書類戸棚
18　寒暖計及び乾濕球度計　19　屑籠　20　汚物入れ
21　痰壺　22　便所　23　その他

B　休養室　(概ね普通教室の二分の一の廣さ)

1　寝臺、椅子、小戸棚、小卓子　枕　3　毛布　4　吸入器
2　5　水枕及び防水布　氷嚢及び防水布　7　湯タンポとカイロ
6　8　吸香　9　毛洗、手拭掛、石ケン容器
10　洗面器　11　寒暖計及び乾濕、球濕計
12　屑籠　13　汚物入れ　14　便器及び尿器

○設備運營上の注意

1　設備は總て日當り及び通風のよき所を選ぶのがよい。
2　運動場はトラック、コート、助走路を除いて芝生にするがよい。
3　コート面はシーズンに應じ他のスポーツに轉用することができる様工夫し、小學校ではドッヂボール、ボートボール等に使用する様考慮する。
4　中學校では運動場に小學校ではユーギ場に擴充の重點がおかれることが望しい。
5　運動場には適當なしめりを持たせると共に排水については特に考慮する。
6　更衣室その他必要な場所は男女別の取扱いのできる様にする。
7　大運動場の一者著しくは別個に約三百平方米以上のコンクリート場を設け雨上り直後の體育に

支障のないよう様にする。

8 體育館は講堂と兼用にすることが現在の資材面より見て適當と考へられる。

9 學校長は運動施設管理責任者を男女各一名以上任命して一切の施設經營の任に當らせるのがよい。

10 學校歯科施設を行ふ場合には歯科醫務室を別途に設ける。

11 衛生室はなるべく喧操を避け通風、採光の良い位置を選び暖房設備をする。

12 醫務室には必要に應じ暗室裝置をするのがよい。

(三) 體育科に於ける考査

體育科に於ける考査は檢査と測定に依つて行れる。それは學習指導を科學的事實に基いて進めるために行れるものであるが、その目的を次の様に分けて考へることができる。

(1) 個々の兒童生徒と最も適切な指導計畫を立てる爲に身心の現狀を知る。

(2) 試みに指導方法の價値を判定し、その改善を計ると共に、兒童生徒の學習意欲を高めるために健康、技術、知識、態度、習慣における進歩の程度を知る。

この目的を達成するにはよい檢査をえらんで測定を行はねばならぬ。よい檢査とは有効性信頼性、客

除く必要がある。

(3) 運動學習能力の檢査

これは運動の技術を容易に學習することができるか、どうか又程度の高い技術に到達できる素質があるかどうかをしらべる檢査で、指導計畫を立てたり學習後の能力と比較して成就率をみたりするのに重要な資料を提供する。我が國では推奬できるよい方法がまだできてゐないので今後特に研究を必要とする檢査の一つである。

(4) 性格の檢査

性格の檢査としては主として指導計畫の立案に役立つ性格の素質的傾向をしるためのものと、體育の學習で育成せられた行動の特徴をみるための特殊な態度の檢査との二つが必要である。

性格の素質的傾向を測定する方法は、從來色々工夫せられているがよい檢査は少い。中でも可否法による內向性、外向性檢査は簡單で比較的信頼ができるであらう。

各敎材で目標とする態度がどの程度養れたかは、記述尺度法でいろ〳〵な場面における行動を評價する形をとるがよい。

態度の評價に使ふ記述尺度は「決して」「まれに」「時々」「しば〳〵」「いつも」の樣なその行動の

起る頻度で示すのが便利である。そうすると多くの行動も同じ尺度で評價することができ、又多くの行動について評價を一つにまとめることもできる。しかし態度は相手によつて異る場合もあるから、一人だけの標準では十分でない。幾人かの教師が評價したり、中學校の程度になれば生徒相互の評價を加へるよう工夫が望しい。

(5) 熟練の檢査

既習の教材について技術がどの程度熟達したかを檢査する。走・跳・投のような運動では時間や距離を測定して進歩の程度をみることができる。ユーギやスポーツでは實際に行う綜合的活動の中からいくつかの重要な部分的運動をとり出して檢査種目とする。

例へばソフトボールでは打撃、投球、速度、すくい投げの正確さ、上手投げの正確さなどについて檢査する。徒手體操や器械技では今まで行つたことのない新しい運動や、既習の基本運動の新しい結合をもつて檢査し、ダンスでは基本運動の新しい結合や課題に對する表現をもつて檢査し、看護法、救急處置についてはその正確さと速さを檢査する。

要するにどの教材においても、熟練度の檢査をするための運動としては、そのまゝの形で行れないもので、しかもこの技術の學習の目標する所と、高い相關々係を示すものが最もすぐれたものとされ觀性をもち、經濟的でしかも標準のあるもののことである。同一集團を同じ方法でくり返し檢査した場合に同じ結果が得られる樣な檢査は信賴性があるとせられその檢査で測定しようとしてゐるものを確實に測定することができ、又違つた人が實施しても同じ結果がえられる場合には、その檢査の有効性、客觀性が高いといはれる。經濟的立場からすれば、よい檢査は短い時間に安い經費でできるものでなくてはならぬ。

わが國の現狀では體育の分野でこのような條件をそなへたよい檢査を見出すことはむづかしいが、各方面でこれに關する研究が進められているので近い將來において多くのよい檢査が作られることが期待せられる。

(一) 檢査の種類

(1) 身體檢査

これはどの程度運動を行ふがよいか、强い運動を行つた時健康に障害を起すことはないか身體のどこかに、健康生活に妨げとなる缺陷はひそんでないか、又他の豫備檢査で發見された異常の原因がどこかに發見されないかということなどと重點をおいて行ふ。したがつてこの中には、身體測定、齒の檢査、榮養の檢査、姿勢の檢査、循環機能の檢査なども含まれる。この檢査は必要な項について就學の時からなるべく度々行うがよいが半年に一回の檢査が望しい。特に體重は每月一回行うがよい。

(2) 筋肉の檢査

身體の各部にある大きな筋肉の力は、全身の活動能の狀態をよく示すものであるとされている。そうであるならば身體がよく活動できる狀態にあるかどうかをこれらの大筋の力に依つて推測できるわけである。筋力としては背筋力、足の上擧力・握力・腕の力などを測定することが望ましい。背筋力、脚の上擧力・握力は特別の器具がなければ測定できぬが腕の力は懸垂腕まげの最大回數と腕立、伏腕屈伸の最大回數などで測ることができる。そこで背筋力計や握力計がない時は、例へば持ち上げることのできる最大の重量や、跳び上ることのできる高さ等を測ることで背筋力や、脚の上擧力に代えることができないことを研究し、どこでも實施される適當な方法を見つけて、腕の力の測定と共に行ひ筋力を示す工夫が必要であらう。腕の力の測定では引き上げたり、押し上げたりする重量、即ち體重及びその距離の差異を考慮に入れる方法の研究が必要であり、又これらいくつかの筋力の測定値を綜合して筋力指數を出したり、個人の筋力指數を同年齡、同性、同程度の體重のものの標準指數の比で示して身體的活動能の指數を算出したりすることも必要である。この種の檢査は小學校の高學年から始め每年一回程度行うとよい、但しその前には必ず健康診斷を行ひ、この種の檢査に不適當なものを力がどの程度養われたかを検査する。身心發達の程度に應じて適當な作品や技術をえらび、又その價値を適當に按排して並立比較法や順位評價法によつて檢査する。又作品や技術からうける感じをしらべることも參考にならう。しかし中學校に進んでからでないとほんとうの檢査はむづかしい。

(8) 習慣の檢査

體育科では健康生活についての色々な習慣をつけることが求められる。例へば清潔の習慣は小學校の間に完全に養わねばならぬ。手・爪・顏・首・耳・齒・足・衣服、などの清潔であるかを調べたりする。この様な檢査はなるべく兒童の手で行はせるがよい。たゞその際注意を要することは貧しい家庭の子供に肩身の狹い思ひをさせることのない様にすることである。

清潔の檢査は就學後間もなくはじめ、なるべく度々、できれば毎日行ふがよい。なおこの種の檢査ではこれまで記錄をとることがあまり行はれていなかつたが、指導結果の考査として行ふなら結果をはつきり記錄しておくがよい。

(9) その他

以上の外に生活環境や衞生上のしつけをはじめとして好んで行ふ遊びの種類、遊びの時間はなどを調べ居住の地域、家庭の狀況、交友關係通學距離などについて調べる。

ることの様にして選ばれた檢査運動の中には時間や距離を測つたり成功の割合を求めたりして成績が示される場合もあるが、又記述尺度法によつて成績を評價せねばならぬ場合もある。小學校低學年ではまだ熟練の檢査を行うまでに技術は發達していないが、中學年からはいくつかの技術について檢査を行ふことができよう。

(6) 知識の檢査

運動や衛生に關する知的理解も體育科の大きな目標の一つである。そこで既習の教材に關する理解の程度、知識の量や正確度を調べる必要がある。

知識を調べる方法としては他教科の場合と同じように再生法、選擇法、眞僞法、組み合せ法、記錄法、圖解法が用ひられ、考へ方の理解を調べる方法としては完成法、訂正法、作文法、排列法、判定法が用ひられる。

以上あげたものは皆分析的な方法であるが、これに對して適當な問題を出して報告や論文を書かせて知識や考へ方の理解を綜合的に調べようとする方法もある。

(7) 鑑賞力の檢査

ダンスに於ける表現やその他の運動における技術の巧拙を正しく評價したり、それを理解し味はふ

望ましいがそうでない時は身體測定の結果で分けてもよい。

(2) 學習結果の檢査の活用

學習結果の檢査は先にのべたように兒童生徒の學習に關する進歩の程度をしらべるためのものであるが、これで兒童の價値をきめようとするものではない。したがつて學習結果の檢査では兒童によくその意味を理解させこれに依つて氣持を押えつけたり、いじけさせたり、しない樣に注意すると共に進んで兒童達が檢査を喜びたのしんでやる樣に方法を工夫することが必要である。

學習結果の檢査は又兒童生徒に自己の能力を認識させ學習意欲を喚起するためのものでもあるが、むしろ教師のためのものと言つてよかろう。即ちこれに依つて教師は教材が果して適當であるが教材の目標はまちがつてゐなかつたか、又指導の方法は適切であつたかどうかをも知ることができ將來の指導を改善する際の參考とすることができる。

又學習結果の檢査は豫備調査の結果と共にわかり易く圖表化して適切な機會に公表すれば、兒童達自身の自覺を高めるばかりでなく、體育の目的や効果について父兄及び一般の人々に知らせ、體育に關する理解と關心を深めるためにも役立つことになる。

第二編　小學校体育科の學習指導

前述の各檢査の結果が豫備調査として又結果の考査として、如何に活用せられるかについてのべる。

(1) 豫備調査の活用

豫備調査の目的で行われる檢査は學習指導をできるだけ適切なものにするためのものであるから、行われた檢査の結果は體育の計畫に役立てるようにつとめなければならぬ。この調査の役割は異狀者の發見と組分けや班別の基準を與へることにある。

例ば身體測定や筋力の檢査で異常な成績を示すものが發見された場合には更に個別的に詳しい調査をしてその原因を探究し、適當な指導をしなければならぬ。そしてその原因が身體的缺陷にあることがわかればそれ〲專門の醫師のもとに送つてその適切な取扱ひについて相談するし、又生活習性の不適當なことが原因であることがわかれば家庭と連絡してその改善につとめなければならぬ。又性格檢査で異常者が發見された場合には更に精密な方法でその原因をつきとめ適當に處置することが必要である。

豫備調査としては、このように異常者の發見と指導に役立つと共に正常者の間にも著しい個人差のあることを示すに役立つ。これらの兒童生徒の個々の要求に應ずる計畫をするためにはその要求に應じて組や班を分けることがよいことになる。運動學習能力や、筋力の檢査によつて組分けすることが

(一) 特性と指導法

小學校は幼兒期を脱しきれない低學年の兒童から、既に青年前期に入る樣な高學年の兒童までを含んでゐるが、乳兒期や青年前期に見られる急激な身體的變化に伴う不安定、動搖は少く、發達は急速である。

身體的發達は、低學年では大筋群の運動が主で、目と手の協應も乏しく、正確で器用な動作はむづかしいけれども、三學年頃を機會に簡易な組織の團體遊戲も可能となり、高學年になると相當複雜な運動が行へる樣になる。

精神的には未分化で想像や模倣性の強い時代から、進んで四年生頃になると團體意識も急速に發達し、高學年では責任感も強く、自主的に行動出來る樣になる。

小學校時代はこの樣な發達の時期であり、又正常な發達のためには、遊戲活動が必要な時期であるから、豊富に健全な遊戲活動を行わせて、身體の發達をはかると共によい生活習慣の育成につとめ、社會的、情緒的など、精神的方面の發達を刺戟しなければならない。運動では、レクリエーションとしてのスポーツの基礎が作られる時期であるから運動を愛好する樣に導き、競爭心を教育的に活用することが望ましい。兒童の世界は力の原理が支配し指導を誤れば、優越感は非社會的性格にみちびき劣等感は、後退的性格にみちびくことにもなるから、機會均等の原則を重んじて指導し、先ず子供ながらの社會生活を自信をもつて、過させるよう發達に必要な活動と自己表現の機會を與へることが大切であろう。

性的意識はけん著に現れないが、四年生頃から、指導上注意が必要であり、五年生以上では教材の選擇や組分け等に一層考慮を拂うことが必要であろう。

本書では、發達の段階區分を小學校では一二學年、三四學年、五六學年の三區分に分けた。

第二節　小學校體育科の教材

小學材の教校は運動と衛生を別表に示す教材群に分けた、教材の考え方については既に第一章第四節にのべた。したがつてここに示す教材群についても各地方の實情によつて更に追加しなければならないものもあらう。

運動の教材群

一・二年		三・四年		五・六年	
教材群	%	教材群	%	教材群	%
鬼遊び リレー	40	鬼遊び リレー	30	ボール運動	男 40 女 35

リズム遊び	25
模倣遊び物語り遊び	25
器械遊び	10
ボール遊び	10
水遊び	
雪遊び	

ボール遊び	25
リズム遊び	20
器械遊び	15
模倣遊び物語り遊び	10
水遊び	
雪遊び	

陸上運動	35	25
徒手體操器械運動	25	20
リズム運動		20
水泳		
スキー		

備考

教材群に付した%は衛生の教材及び水遊び雪遊びに當てられる期間を除いて適當と思われる時間割當の標準を示したものであるが、これは土地や學校の實情によつて異るので適宜定められたい。

衛生の教材群

一・二年	三・四年	五・六年
身體の清潔	身體の清潔	身體の清潔
衣食住の衞生	衣食住の衞生	衣食住の衞生
休養睡眠	休養睡眠	休養睡眠

皮膚の摩擦	皮膚の摩擦	皮膚の摩擦
姿勢	身體の測定	身體の測定
病氣の豫防	姿勢	姿勢
傷害の防止	病氣の豫防	病氣の豫防
	傷害の防止	傷害の防止
		看護法及び救急處置

一 各教材群の目標と指導上の留意點

(一) 運動

(1) 模倣遊び

低學年の兒童にふさわしい活ぱつな動作を選び、大筋を發達させ、リズム感覺を練り、觀察を正確にして、社會的・情緒的發達をはかると共に身體的動作の熟練度を高める。

家事・人や動物など取材の仕方は色々あるが、かけつこやなわとびなどもこの中に入れることか出來る。能力が高まり、經驗が豊富になるに連れて模倣も複雑になり、やがてダンスや球技などに發展する、物語り遊びやリズム遊びと結合して指導する事が適當である。教師は子供に親しい物語りや經驗の中から適當な題材を選んだり、兒童と相談してよいものをつくつたり、或ひは兒童のつくり出したものをよい方向に導いたりするのがよい。兒童の動作は活ぱつで大きく、運動の喜こびに沒入できるように工夫する。

(2) 物語り遊び

目標は大體模倣遊びと同じである。

子供たちには想像の世界のでき事も現實のでき事も同等の現實性をもつと云われるが、子供達に親しい物語りや經驗を一連の活動として演出させる。

教師は既成の物語りや子供達の經驗の中から題材を選び又は創作する。子供達に計劃させたり、話し合いによつて、創作することも大切である。

自由で活ぱつな動作が望ましく、走・跳・投・ねじるまげる等の動作が反覆されるよう計畫する。題材は他教科で學習したものからえらぶことも効果的である。四年頃からはリズム運動やスポーツ活動へ發展して行くから、取材や時間配當について考慮しこれを減ずる。この點模倣遊びも同樣である。

(3) リズム遊び、リズム運動

音樂や手拍子などのリズムによつて導かれる樂しい活動で大筋を發達させ、リズム感覺を育て、團體活動に參加する機會を與えて社會性の發達をはかると共に、好ましい行動の仕方を會得させる。又これによつて情操を養い表現の技法に對する興味を發達させ、併せて自國や外國の民踊を理解させる。

低學年では模倣遊びや物語り遊びと結合して指導することが主となる。模倣や物語り遊びを構成したり、或いは既成の曲や歌にのつた樂しい自由な活動で身體を發達させると共に、リズム感覺をねり、表現の練習も行わせるよう指導する。動作は大きくかつ自由であることが大切で、リズミカルな動きの樂しさを味わわせるようにする。

新しい動作は敎師の示範によることもあり。兒童の演技を發展させることもある。歌や曲など題材はすべて兒童に親しいものゝ中から選び、伴奏はピアノや打樂器によることがよいが、その際リズムは明確に與えるように注意する。一時限をリズム遊びのみに終始することは望ましくない。

中學年に進んでもやはり模倣遊びや物語り遊びと結合して行わせるがよい。しかし低學年よりは兒童の工夫し、創造する活動を重んじて指導する。したがつて、この頃から部分的練習を取り出して行わせることも必要であり、實際の經驗や觀察を活かして正しい表現にみちびくことが大切である。又團體的にお互ひが協力して活動する機會を與えるようにする。

高學年では、更に個性的表現を重んずる活動を指導する。このために基本的な運動を分解的又は綜合的に練習させたり經驗や觀察による題材の特徴を個人的に或は、團體的に表現させるなど、身體の發達や表現力の發展に役立つような機會を豐富に與えるように指導する。又既成作品による練習ではこれによつて技法の練習や動きの流れを理解させるようにする。民踊は自國の民踊の外、外國のものからも取材して團體活動の樂しさよろこびを味わせる。特にこの時期からは兒童にお互ひの表現を鑑賞させて、鑑賞力を養うことにも留意する。

(4) ボール遊び、ボール運動

種々なボールによる活動で、大筋を發達させ、調整力、正確度、判斷力を練り、內臓の機能を高めると共に特に社會的性格の育成をはかる。

低學年では小筋の發達が未熟で目と手の協應も不十分であるから、簡易な運動をえらび、秩序ある活動と學習を指導し、特に社會性の發達に留意する。

五・六學年になると相當複雜なものが可能となり協力の態度や責任ある行動が發達するからこれを、助長して秩序ある行動を學習させ、色々な型のボール運動を經驗させる。

發達に從つて、班別指導を工夫し、設備・用具・機會均等を考えて種目をえらぶ。

(5) 鬼遊び

鬼ごつこや拳遊びなどの簡易でゆかいな活動で運動の効果をあげる。指導者のない時の遊びを指導する。種類も多いし、又地方特有の遊びもあるので學年に應じて漸次その程度を高めながら適當な遊びを工夫するのがよい。

(6) リレー、陸上運動

かけつこ、リレーなどで、走・跳・その他の基礎的身體能力を高め、內臟を强化し、最後まで敢行する態度を養い、協力することを學ばせる。

教師はかけつこの如く個人的競走として行わせるときは、あらかじめ走力をはかつて同程度の能力の兒童間で競走させ、リレーとして行わせる時は組の力が平均するよう班別する。特にすもう、跳躍では危險のないよう指導する。

走る時間や跳ぶ距離を時々計測し、又一定の目標を與えて學習させるとよい。リレーは色々な型のリレーを行わせるようにする。

(7) 器械遊び、器械運動

マット、鐵棒、滑り臺、ブランコ、などの運動で、身體の發達を助長し、器用さ、力、身體の安全に對する能力を高め、器具、器械の運動に對する興味を發達させる。

教師には傷害防止のため器具、器械の故障や置き場に注意する。固定した運動の形式を強いないで、兒童の能力の範圍内で行わせ、漸次運動の技術的要點の發見についても指導し、特に器用さや力の乏しい兒童の指導につとめる。順番を待つこと、適當な間隔をおいて行動することも學ばせ、休み時間や課外の時間を利用して子供達が活動するよう、施設を充實し、器具・器械を配置することも大切である。

(8) 徒手體操

正しい姿勢を發達させ、身體の均齊な發達を促し、筋の柔軟性と關節の可動性を高めると共に矯正運動にも役立つようにする。

準備運動、整理運動として役立つことも多く、設備や用具を要せずに狹い場所でも簡易に實施できるから日常行うように指導すると共に二人以上の人數で組んで行う組體操なども工夫して興味をもって行えるようにするがよい。

(9) 水遊び、水泳

全身を調和的に發達させ、內臟の機能を高め、皮膚をたんれんし自己並びに他人の安全に對する心得と技能を習得すると共に、水に對する興味を發達させる。

設備や用具がなくても行え、又年齢、性、體力に應じて簡易に實施できるが、危險を伴い易いから危險防止には特に注意を拂わなければならない。

教師は實施の前に身體檢査を行い、耳疾・眼疾・心臟及び呼吸器の疾患・腎臟病やてんかん・けいれんをおこし易い生徒の參加を禁じ、空腹時食事後、はげしい發汗の後、疲勞してゐる時には行わせないようにする。

指導者のない場合の水遊びについても指導し、水泳場は水底に危險のない砂濱を選び、河口はさける。プールでは清潔について指導し、公衆道德についても教えることが大切である。

泳力や體力に應ずる班別指導を行うことは必要で基礎技術の完全な習得に努め、初心者は水中遊戲等を活用して水に對する恐怖心を去る樣導かねばならない。

準備運動を確實に實施することや、水に入る前後に人員點檢すること、水中では特に指導者の命に從うことなど危險防止の上から忘れてならないことである。

(10) 雪遊び、スキー

身體的發達と動作の熟練をはかり、耐寒力や持久力を高め、冬季戶外運動にしたしませ、生活上の必要に備える。

教師は冬季戸外運動に對する興味を發達させ、雪中の安全について指導する。基礎技術の指導に留意し、用具の取扱いについて教え特に冬季の衛生と關連して指導する。

(二) 衛生

(1) 身體の清潔

身體の清潔が健康生活上必要なことを理解させ、身體の清潔に關するよい習慣、態度を養う。指導にあたつては身體各部の清潔、運動や作業前後の清潔入浴等、具體的な日常生活を捉えて指導すると共に自分だけでなく社會全般の清潔を考えるようにする。

(2) 衣食住の衛生

衣食住と健康生活との關係を理解させ、衣服・住居を清潔に保つことや、厚着をしない習慣を養い正しい食事の仕方、榮養についての基礎的理解を與える。

衣食住の衛生については家庭ともよく連絡して清潔と華美を混同せぬよう環境の改善を工夫する態度を養うことが大切である。衣服については、下着を時々かえること、氣溫に合せて身體的條件をつくるため、衣服の着用を考えると共にうす着の習慣をつけるなど正しい着衣法を指導し、食事については、學校給食などを利用して食事の心得を知らせ、住居については清潔を中心として指導するのがよい。

(3)　休養・睡眠

休養・睡眠と健康生活との關係を理解させ、休養・睡眠についてよい習慣と態度を養う。

休養や睡眠は個人差に應じて指導することが大切で、就寢前の食べものや用便、寢る姿勢等について教え、寢室や寢具は換氣・採光・乾濕・保溫に注意し、ねまきを着かえること、寢具の準備や始末を自分ですることについても指導する。

(4)　皮膚の摩擦

皮膚を摩擦する習慣を養い、摩擦の方法及び効果について理解させる。

指導に當つては開始の時期、皮膚摩擦をしてはいけない場合などに留意して、段階的に取扱い使用する手拭は自分のもので清潔なものを使用するよう指導する。氣溫や健康狀態に應じて實施させ、摩擦に當つては發赤するまで行わないと効果が少いことをしらせる。

高學年の女兒については實施の場所を考慮する。

(5)　姿勢

姿勢と健康生活との關係を理解させ、正しい姿勢を保つ習慣と態度を養う。

緊張した姿勢を長く續けないこと、正しい姿勢の保持と矯正について學年に應じ具體的に指導し矯正する。兒童相互の觀察を活用することは効果的で携行品の持ち方、机と腰掛の關係、採光等が姿勢に及ぼす影響などについても指導することが大切であらう。

(6) 身體の測定

身長・體重・胸圍の測定法を會得すると共に、身體發育と健康の關係に關心を深め、發育統計の見方や作り方を知らせる。

測定は實地に指導し測定器具の取扱い、測定の時刻と正確さなどに注意しながら、自分の測定値を記錄し、友達の測定値や標準値との差を比較して自分の發育度を知り、それを活用するよう導く。又繼續的な觀察によつて、學校身體檢査や社會全般の健康狀態にも關心を持たせるよう指導する。特に體重は健康と關係が深いので每月測定することが望ましい。

(7) 病氣の豫防

病氣の豫防について意味を理解させ、豫防生活實踐の習慣を養い公衆衛生に對する協力と衛生法規を守る態度を養う。

指導は日常生活に關連して具體的に取扱うことが大切である。病氣の發生した場合の措置や衛生法規について知らせ、個人衛生、家庭の衛生、公衆衛生と關連して指導し、早期診斷の重要性や保菌者についても理解させる。

(8) 傷害の防止

傷害の原因と豫防、身體を安全に保つ態度や習慣を養う。そのためには運動場を安全に使用し得るよう常に整備しておくことは勿論、道路やその他危險な場所の遊びをさけ、道路交通取締法を遵守して交通道德を高めるよう指導する。

火あそびや電氣器具、刄物の取扱いに注意し、廊下、昇降口・階段の通行等、非常の場合にそなえて避難訓練などを實施しておくことも大切である。

(9) 看護法及び救急處置

看護法、救急處置及び簡單な清潔法について理解を與えその方法を會得させる。

看護法は親切、丁寧、迅速であることが要件で、救急處置は確實で迅速に應急の場合に活用できるよう指導する。そのためには指導に必要な器具を整備し、兒童に身體の重要部分の機構の概略を理解せしめておかねばならないことは當然であろう。

(三) 教材例

次に各教材群について適當と思われる例をいくつかえらんでこれを學年に配當した。これは兒童の發達や地域や學校の實情によつて異るものであるから、各學校で個々の教材を決定される際の參考にされたい。なほ、衛生についてはなるべく實施されたい最少限の希望をあげたものであるから、これらに土地の事情による適當なものを附加されることが望ましい。

小學校一・二年教材例（運動）

教材群	教材例
鬼遊び	一人鬼・子殖し鬼・場所取り鬼・ねことねずみ
リレー	かけつこ・折返しリレー・置換リレー
リズム遊び	おうま・えんそく・結んで開いて・すゞめのおやど・スキップ
模倣遊び	動物のまね・やきゆう・汽車ぽつぽ・お家つくり・大掃除・せんどうさん
物語り遊び	金太郎・うさぎとかめ・野遊び・お祭り
器械遊び	鐵棒遊び・棒登り・跳び箱遊び・ころころまわし
ボール遊び	球入れ・球ころがし・球送り・球けり
水遊び	水かけごつこ・鬼ごつこ・伏面競爭
雪遊び	雪だるまつくり・雪なげ遊び・スキー遊び

小學校三・四年教材例（運動）

教材群	教材例
鬼遊び	手つなぎ鬼・拳鬼・子取り鬼
リレー	回旋リレー・置換リレー・障害リレー・なわとびリレー
ボール遊び	圓形ドッジボール・對列フットボール・ドッヂボール・フットベースボール・送球競爭
リズム遊び	ギャロップ遊び・音遊び・らかんさん・まりつき・マウンテインマーチ
器械遊び	棒登り・脚かけ上り・跳び上り下り・跳越し前まわり
模倣遊び	消防夫・なわとび・機械
物語り遊び	運動會・汽車のたび
水遊び	石ひろい・犬かき・鬼ごっこ・平泳ぎ・仰向け泳ぎ
スキー遊び	直滑降・全制動回轉・リレー

小學校五・六年教材例（運動）

教材群	教材例
ボール運動	ワンアウト（ベース）ボール・ドッジボール・ポートボール・フットボール・フットベースボール・ソフトボール・バスケットボール・バレーボール

陸上運動	片手鬼・重なり鬼・圓陣鬼競走・圓形リレー・ボール投げリレー・巾跳び 高跳び・なわとび・すもう・綱引
徒手體操	上下肢の運動・くびの運動・胸の運動・背腹の運動・體側の運動・胴體の運動 以上の胸動を一人又は二人以上組んで行う。
器械運動	綱のぼり・足かけまわり・け上り・腕立て跳越し・前まわり横まわり
リズム運動	ぶらんこ・波・仲よし・ヴアジニアリール・郷土民踊
水泳	平泳ぎ・横泳ぎ・クロール・背泳ぎ・潜水・飛込み・立泳ぎ・リレー・水中野球
スキー	滑走とリレー・山巡り

(二) 年間計畫例

年間計畫の立案については既に述べたのであるが、その趣旨にしたがつて次に年間計畫の一例を考えた。年間計畫は各學校や土地の事情によつて異るものであるから、それぞれの實情に應じて立案されることが望ましい。

この案は農村で體育館と普通の設備・用具を有し、かつスキーと水泳の實施し得る學校を想定して考えたものである。行事やその他の計畫は體育科に關係の深いものだけをあげ、教材の配當は季節的考慮を重んじて教材群のみをあげることに止めた。

體育科年間計畫

季		春		夏	
季節のねらい		1. 基礎的施設の整備 2. 學習態度の育成 3. 清潔の習慣の育成		1. スポーツマンシップの正しい理解 2. 暑さに負けない强い子供の育成 3. 病氣の豫防	
月		4	5	6	7
體育行事其の他の計劃		特別大掃除 衞生日（大掃除を含む） 月例豫備調査 （身體檢査を含む）	體重測定(月例) 清潔月間 ツベルクリン反應調査，B.C.G接種陽轉者處置，檢便かい虫驅除，種痘，春の遠足，安全週間	體育デー （小運運會） はいとり運動 豫防注射 特別衞生講話	DDT撒布 校内水泳大會 學習結果の考査 夏休中の體育指導
中心教材群	一・二年	リレー 模倣遊び 物語り遊び ボール遊び きれいな身體 姿勢	鬼遊びリレー リズム遊び 模倣あそび 物語りあそび ボール遊び 休養，姿勢	鬼遊びリレー リズム遊び 模倣遊び 物語りあそび 器械あそび 病氣の豫防 衣食住の衞生 摩擦	水遊び 鬼あそび リズム遊び 傷害の防止
	三・四年	鬼あそび リレー ボール遊び リズム遊び きれいな身體 姿勢	鬼遊びリレー ボール遊び リズム遊び 器械遊び 衣食住の衞生（住）	リレー，ボール遊び，リズム遊び，器械遊び，病氣の豫防，衣食住の衞生（食）	水遊び リズム遊び 夏の衞生看護法（4年）
	五・六年 男	ボール運動（野球型） 陸上運動（鬼遊び） 春の衞生	ボール運動（野球型） 陸上運動（走跳リレー） 衣食住の衞生	ボール運動（野球型） 器械運動 摩擦 梅雨期の衞生	陸上運動（すもう）水泳ぎ 夏の衞生 看護法及び救急處置
	五・六年 女	ボール運動（野球型） 陸上運動（鬼遊び） リズム運動 春の衞生	ボール運動（野球型） 陸上運動（リレー） リズム運動 衣食住の衞生	ボール運動（庭球型） 器械運動 摩擦 梅雨期の衞生	水泳ぎ 夏の衞生
備考		座席及組分け 學校自治會 父母と教師の會	家庭訪問	體育デーの中心教材 上學年野球型ボール運動 低學年かけっこ，リレー	夏休開始 夏休課題は遊びと生活の日誌ポスター標語の作成とする。體育簿の整理。父母と教師の會

秋			
1. よい生活習慣の育成 2. 運動意欲の向上と體力の充實			
8	6	10	11
水泳ぎ練習會 特別大掃除 健康診斷 學習結果の考査（生活習慣の検査）	清潔週間 兒童體育ポスター標語展 大運動會準備委員會 バレーボール大會	大運動會 秋の遠足 検便（かい虫驅除）	校内しゆう球型 大會
水遊び 模倣遊び 睡眠 きれいな身體	鬼遊び，リレー リズム遊び 物語り遊び 器械遊び ボール遊び 姿勢	鬼遊び，リレー リズム遊び 物語り遊び ボール遊び 衣食住の衞生	鬼遊び，リレー リズム遊び 模倣あそび 器械遊び(跳轉) 傷害の防止
水遊び 休養・睡眠 身體の測定	リレー リズム遊び 器械遊び 物語り遊び 姿勢	リレー ボール遊び リズム遊び 衣食住の衞生（衣） 傷害の防止	鬼遊び，リレー ボール遊び 器械遊び（轉） 模倣遊び 傷害の防止 看護法（四年）
水泳ぎ 夏の衞生 身體の測定	ボール運動（庭球型） 陸上運動 リズム運動 秋の衞生	陸上運動 リズム運動 ボール運動（しゆう球型） 秋の衞生 傷害の防止	ボール運動（ろう球型） 陸上運動 傷害の防止 看護法及び救急處置
要養護者の特別留意 下旬二學期開始	父母と敎師の會	父兄の體育思想啓蒙要養護者の特別留意	校内大會は部落對抗とする

冬			
1. 寒さに耐える元氣な子供の育成 2. 冬季生活の改善			
12	1	2	3
學習結果の考査 冬休みの體育指導	健康調査 校内ろう球型大會 淸掃週間 追羽根大會	校内スキー大會 安全週間 身體檢査 （就學兒童）	學習結果の考査 年末掃除
鬼遊び，リレー リズム遊び 模倣遊び 冬の衞生	鬼遊び リズム遊び 雪遊び 姿勢 きれいな身體 衣食住の衞生	鬼遊び リズムあそび 模倣遊び 物語り遊び 雪遊び 病氣の豫防	鬼遊び，リレー リズム遊び 物語り遊び 模倣遊び ボール遊び 衣食住の衞生 （衣・食・住） 休養・睡眠
鬼遊び ボール遊び 冬の衞生	雪遊び 鬼遊び 物語り遊び 姿勢 きれいな身體 衣食住の衞生 （住）	雪遊び 鬼遊び 冬の病氣 休養・睡眠	鬼遊び ボール遊び リズム遊び 衣食住の衞生 身體の測定 看護法（四年）
ボール運動（ろう球型） 陸上運動（持久性） 冬の衞生	雪滑り （ボール運動ろう球型） 冬の衞生	雪滑り 陸上運動（なわとび） 衣食住の衞生	リズム運動 器械運動（跳び上り下り） 身體の測定 看護法及び救急處置
冬休み課題は運動と衞生の日誌をする父母と敎師の會 體育簿の整理	座席變更 班別再考		父母と敎師の會 學校自治會總會

第一學年五月體育科學習指導計畫案

月のねらい　鬼遊び・リレーを中心としてのび〳〵と元氣よく運動する氣持を養うと共に清潔の習慣を養う。

	教材群	第一週 教材	第二週	第三週	第四週
月	鬼遊び	ねことねずみ	同上	同上	同上
	模倣遊び	ちょうちょう			
	リレー	はたとり			
	きれいな身體	きれいな手足			
火	鬼遊び	手つなぎ鬼	同上	同上	同上
	リズム遊び	むすんで開いて			
	器械遊び	いもむしころ〳〵			
	姿勢	よい姿勢			
水	ボール遊び	球ころがし	同上	同上	同上
	模倣あそび	やきゅう			

木	リレー	はたとりリレー			
	衣食住の衞生	きちんとしたみなり			
		（遠足）	鬼遊び　けんとび リレー　置換リレー リズム遊び　おうま 休養　よく遊び　よく眠る	同上	同上
	休養と睡眠	よく休みよく眠る			
金	物語り遊び	えんそく			
	リレー	川とび競走			
	機械遊び	棒登り			
	傷害の防止	けが	同上	同上	同上
土	鬼遊び	かごめかごめ			
	リズム遊び	むすんでひらいて			
	ボール遊び	球入れ	同上	同上	同上
	きれいな身體	きれいな手足			

衛生の教材

	1・2 年	3・4 年	5・6 年
身體の清潔	手・足 顏・口・齒・目 耳鼻 用便	髮 からだ・入浴 運動と身體の清潔 衣服と身體の清潔	身體の清潔 住居と身體の清潔
衣　服	着衣　うすぎ	衣服及び携帶品 運動と衣服	衣服の清潔と消毒 健康と衣服
食　事	正しい食事法	食器の衞生 學校給食	健康と食物
住　居		掃除，道路の清潔 採光・換氣	健康と空氣，日光 下水溝の清潔 塵埃の處理 住居の衞生的條件 暖房
休　養 睡　眠	休憩時間 食後の休養 夜の睡眠 午睡	運動(作業)と休養 健康と睡眠，休養 睡眠時間	疲勞と休養 學習と睡眠 睡眠不足と病氣
皮膚の摩擦	徒手摩擦	乾布摩擦 感冒 凍傷	冷水摩擦 皮膚と病氣
姿　勢	正しい姿勢	机・腰掛と姿勢 運動時の姿勢 採光と姿勢	不良姿勢の矯正 健康と姿勢 職業と姿勢
身體の測定		體重の測定 身長の測定 健康と身長・體重	胸圍の測定 健康と身長・體重・胸圍 發育統計
病氣の豫防	トラホーム むしば	近　視 種　痘 寄生蟲病	結　核 急性傳染病
傷害の防止	あそびと傷害 交通とけが やけど 犬・毒蟲・毒蛇等	運動(作業)と傷害	毒藥物と傷害 電氣器具と傷害
看護法及び救急處置			看護法，救急處置 消毒法

昭和二十四年十月一日印刷
昭和二十四年十月五日發行

生活カリキュラムと兒童體育
定價　二〇〇圓
地方賣價　二一〇圓

著作者　古屋三郎
東京都千代田區神田猿樂町二ノ八
發行者　高田兵城
東京都千代田區神田三崎町
印刷者　鈴木二郎

東京都千代田區神田猿樂町二丁目八
發行所　教育文化出版社
電話神田三〇八六番　振替東京四一八四七番

保　健　月　報

第八號　昭和二十四年　五月

清潔教育實踐強調運動

文部省から、自五月十六日至五月末日迄表記の運動を展開するように、通知がありましたので、學校では毎日、保健に關しては出來るだけのことはするように努力していますが、とくにつぎの行事を豫定し、實行していくことにしました。

○特別大掃除　五月十六日（月）
○衞生のお話　未　定
○ポスター標語作文募集　期間中
○寄生蟲展覽會　期間中
○食事前手の清潔檢査　期間中

五月の習慣形成

學校では四月中、持物には出來るだけ記名しておくことについて注意し、調査致しましてその結果が集っておりますが、まだまだ十分に徹底しておりません。落し物の中には「名無し」が隨分あります。持物はノート、靴等はつぎつぎに新しいものを用いますます故、その都度御家庭でも御注意の上學年部氏名を記入して下さい。五月は食事前の手の清潔を習慣づけることになっており、毎日のようにクラスで檢査して良い習慣の出來るように努力しておりますが、小兒の病氣の多くは、とくにこれからの季節に多い傳染病は、ほとんど手からうつりますから十分に氣をつけていただきたいと思います。

ニ　ュ　ー　ス

二十二日（日）八時半から、春のたのしい運動會です。御家庭の皆樣の運動種目もございますから、五月のオゾンの多い空氣をすいながら、一日をたのしくおすごしになりますよう……

保健部行事豫定（六・七月）

○六月七日（火）一・二・三年月例体重測定
○六月八日（水）四・五・六年月例体重測定
○六月下旬　　全兒童檢便
○六月末日　　定例大掃除
○七月十五日　　第三回サントニン服用
○九月上旬　　第四回サントニン服用

サントニン服用結果について

去る四月八日にお渡しして、翌九日に服用されましたサントニンのその後の結果がまとまりましたので、お知らせ致します。御返事のない處は蟲がでないものと判斷しましたが、出來れば蛔蟲が出なくても學級擔任まで御知らせ下さい。次の表はクラス別の統計表ですが「出ない」という中には「不明」の方も含んでおります。

年部	服用者	件數	蟲數	%	年部	服用者	件數	蟲數	%
1／1	38	9	10	23.7	2／4	41	4	8	9.8
2／1	49	10	14	24.4	3／4	40	4	4	10.0
3／1	49	8	16	16.3	1／5	43	5	5	11.6
1／2	44	3	5	6.8	2／5	41	4	5	10.0
2／2	44	6	10	13.6	3／5	43	5	9	11.6
3／2	43	7	10	16.3	1／6	43	4	7	9.5
1／3	43	7	11	16.3	2／6	43	2	2	4.7
2／3	40	6	8	15,0	3／6	42	2	3	4.8
3／3	42	5	7	11.9			92		
1／4	42	1	1	2.4	計	770	92	135	11.9

一年生は始めてなので、二年以上にくらべて多いようですが、これを現在の他の小學校にくらべると、非常に成績は良いようです。御家庭の清潔な日常生活のたまものかと思います。今後共よろしく御子樣方の家庭での御教導をお願いします。尚蛔蟲の事については最近各方面で、とてもやかましくいわれていますが、御料理をして下さる御家庭の方々の認識も、大變大切なことと思いますので、六月五日のP・T・Aの總會の時に、御希望の方には、看護室で大人用（〇・〇五五四十圓）小兒用（〇・〇三五三十七圓）をおわかちすることに用意してありますから、衞生室まで御足勞願います。

おことわり　次回は五月二十七日とお知らせしておきましたが、二十七日が遠足（一年）潮干狩（二年以上）の豫定ですので二十六日に家庭にもって歸らせますから二十八日の土曜日の朝に服用させて下さい。

身體檢査の結果（その一）

身体檢査がいろいろの都合でおそくなりまして、十三日から測定を開始いたしました。五月下旬までには診斷の方も終了する豫定ですので、一・二年生のみの測定結果について御知らせ致します。尚その他については來月號に發表することにいたします。あしからず御了承下さい。

	一年 男	一年 女	一年 計	二年 男	二年 女	二年 計
平均身長	111.4	111.1	111.3	116.7	116.1	116.5
平均体重	19.3	18.9	19.1	22.4	22.5	22.4
平均胸圍	55.3	53.9	54.7	57.3	55.8	56.8

運動會の注意

●もたせるもの　赤白帽（男子）鉢卷（女子）
てぬぐい　ふろしき　べんとう
間食少々（晝食時にたべさせます）
貴重品はなるべく持たせないで下さい。

潮干狩の注意

●もたせるもの　たび（海の中に入る時に足にけがをしないように）
てぬぐい　ふろしき　しんぶん紙（電車の中で腰をおろします）
べんとう　間食　上野までの電車賃
なるべく、リックカランドセルがよいでしょう。

保健月報

第七號　昭和二十四年四月

定期身體檢査の御注意

例年、四月と十一月には、定期的な身体檢査が行われますことは、ご存じのことと思います。

今年も四月下旬に御子樣全部に實施する豫定になつておりますが、はつきりした日時はまだ定つておりません。しかし、實施の前に必ず御子樣を通じてはつきりお知らせすることになつていますから、その時の御注意を申上げておきたいと思います。

①体をきれいにしておくこと

体を清潔にしておくことは、いつでも必要であることは勿論ですが、とくに裸になつて診斷をいたします時には、不潔にしておくとお互にぐあいの惡いことと思いますので念のため……

②衣類はぬぎやすいものを

これもいつでもよごれていないものであることは云うまでもありませんが、とくにこの時にはぬぎにくいもの、着にくいものはできるだけさけてくださるようにお願いします。

ニュース

この休み中に運動場の改裝をおこないました。附屬の運動場は、普通のテニスコートと同樣に凸凹のないことと、水はけが最もよいように作らせています。勿論、土の彈力性も道路のようにかたくなくて、頭にもひびかないように出來ています。ですから、かかとのついている靴を使用しますと、土がほれて凸凹が出來たり、中の小石が表面に露出して危險になりますので、ゴム底の運動靴（テニス靴）をはかせるようにして下さい。

尚今年から晴天つづきではこりの立つことを防ぐために多量の「ニガリ」を用意することが出來ましたので、ほこりの立つこともないと思われます。

冬季の霜に對してもある程度豫防が出來ることと確信しています。これと同時に今迄あれはてていた「歩廊」もコンクリートで美しく補裝される豫定でございますから、御家庭の方々も學校においでの節は運動場を横切ることなく、コンクリートの歩廊を通行していただくようにお願いしておきます。

記名について

新學期になつて、御家庭では、身のまわりのものも、氣分も總てを新らたにして御出發なさつたことと存じます。この四月におきまして御子樣方の持物一切に必ず記名をなさつていただきたいと存じます。新入學の方は勿論進級なさつた方も學年を改めて、落しても必ず自分の所へ戻つて來るようにして戴きたいと思います。新學期になつて、持物が變つたり新らしくなつたりいたしますと、持ちなれないので、うつかり忘れたり、落したりすることが多く、落し物も多いのではないかと豫想されます。

この物資の高價な折お子樣方の所持品を少しでも、長く有効に使うことが、經濟上、また敎育上からも必要なことであると存じます。この樣な考えから、全校一齊に、四月には、度々記名檢査を行うことに致しました。どんな小さなものでも、大切な品物です。必ず記名なさるように心がけていただきたいと思います。學用品ばかりではなく、これから運動などをして暑くなりますと、上衣をぬいだり、チョッキをぬいだり、衣類を大分身体から離しますので、衣類にも是非記名を忘れずに行つて下さい。

また記名なさる場所については、落してもすぐ名前のわかる樣な所に、しかも、學年、學級、氏名を明記しておいて下さい。最後に、記名をすることは、紛失物を防ぐ爲であることは云うまでもありませんが、すべてに記名して有つても、物を落さないよう失わないように注意する心がけが大切であると思います。物を落してもすぐ戻つて來る學校であると同時に、落し物がない學校になるように、皆樣の御協力をお願い致したいと存じます。

給食部より

給食部も、この四月で三週年をむかえ、ますます多彩な内容をととのえてまいりました。父兄、母姉の皆樣の各方面よりの御協力を感謝しております。

昨年度第三學期の給食實績を御報告しましよう。

	攝取カロリー量 最高	攝取カロリー量 最低	攝取カロリー量 平均	攝取蛋白質量 最高	攝取蛋白質量 最低	攝取蛋白質量 平均
一月	144.5	54.3	86.2	12.5	4	6.3
二月	220.0	54.0	97.9	13.5	2.6	2.7
三月	246.0	62.32	137.1	15.1	2.2	5.2

この成績は、私どもの理想目標（一八〇カロリー一二五）をかなり下廻つています。經費その他の面から止むを得ないとは申しながら大層殘念で、今後とも、その向上に努力したいと思つています。

二月・三月と攝取カロリー量が多くなつているのは保谷農園の甘藷を放出していただいた結果です。カロリーの少いのは、獻立が味噌汁だけの日です。設備、勞力、經費等の都合で、二品以上の獻立を實施することが、出來ないのです。けれども、冬の寒い期間中の熱い味噌汁は大そう喜ばれました。

元來給食は、終戰後の食糧事情逼迫にさいして、兒童の持參する辨當の營養補給をするのを主目的として發足したのです。最近は一般に食糧事情も好轉し、各方面にもかなり餘裕が出來て來ましたから、今後は偏食矯正、食事作法、食物感謝、その他の敎育や躾の面にも重點がおかれて參ります。御家庭の皆樣今後とも御協力下さい。

保健部行事豫定（四・五月）

四月　八日	サントニン服用
四月十一日	大掃除
四月二十八日	定例月末大掃除
下旬	身体檢査、集團檢診
五月　九日	三年以下月例体重測定
五月　十日	遠足
五月十一日	四年以上月例体重測定
五月十七日	運動會豫行
五月二十二日	運動會
五月二十六日	潮干狩（一年は遠足）
五月二十七日	サントニン服用
五月三十日	定例大掃除

しらみに御注意

しらみが發疹チフスの媒介をする、人類にとつて困つた動物であることは申上げるまでもありませんが、この厄介な動物が、最も繁殖しやすい時期は、二・三・四月となつています。發疹チフスにかからないまでも、しらみにたかられることは、決してうれしいことではありません。ところが戰後の日本には、大變これが多くなり、それまではしらみといえば、特殊な場所にしかいないとばかり思つていましたものが、今ではいたるところに彼等は住んでいるのです。

とくに、ここに申上げたいのは、電車通學をなさる方に對してですが、朝夕の混雜時には、大人でも自由をうばわれるのですから、ましてやお子樣は大人の腋の下あたりにおしこめられて悲鳴をあげておられるようすです。こんな時にうつかり、この有難くない珍客にとりつかれる可能性が多分にあるといえましよう。實際に先日、學校の兒童で頭の髮の中に、すつかり卵まで生みつけられていた事實があるのですから、常に身体を清潔にしておくことと、衣類はさつぱりしたものを着せていただくのは勿論、歸宅後に体がむずむずするとかかゆい等とうつたえた時には、一應おしらべをお願いしたいと思います。病氣の豫防の點からも又團体生活の爲にお互が注意したいと存じます。

校内塗油完了

マスクの使用について一月號でお知らせをしました時に學校の掃除をする時はほこりが多い故…とかいてありましたが、これも校舍の木部―(ことに廊下教室の床)―に油がぬられていなかつた爲でした。もともと西洋建築なのですから油をぬつておくことが當然なわけであつたのですが、種々の原因でなかなか實行できませんでしたが、二月十六日に保健衛生室に試驗的に床油をぬつてみましたところ、費用の點から申しましても、健康上から申しましても大變結構なことだという結論に達しましたので、早速學友會P・T・Aの援助のもとに塗油に着手、二月下旬普通教室、三月上旬特別教室、十七日に講堂の順で全部校内の塗油を完了致しました。掃除の時間の節約と仕事の量の輕減に一同喜んでいます。

マラソン大會の結果

二月七日から二月末日迄十余日間、御通知致しておきました通り、五・六年兒童は一千二百米余りを、三・四年兒童は、五百米余りを毎朝職員先頭で實施して參りましたが、その納め會を三月八日（火）午後實施致しました。兒童は折からの砂塵をものともせず、一人の落伍者もなく走破しました。怪俄人は數人ころんでかすり傷を負つた程度でした。その時のクラスの一位と所要時間は次の通りでした。

クラス	一位	レコード
一ノ六	今村	五分二十一秒
二、三ノ六(男)	岡	五分　三秒
二、三ノ六(女)	氏家	五分四十三秒
一ノ五	秋山	五分三十五秒
二、三ノ五(男)	山崎	五分三十三秒
二、三ノ五(女)	森本	六分　二　秒
一ノ四	村上	三分十三秒
二、三ノ四(男)	照井	三分　十　秒
二、三ノ四(女)	大島	三分三十三秒
一ノ三	藤山	三分二十六秒
二、三ノ三(男)	鵜澤	三分二十秒
二、三ノ三(女)	吉田、江尻	三分四十三秒

尙このマラソンの練習は、冬期の体育行事として毎年實施していきたいと思つております。

サントニン服用についての調査の結果

二月號保健月報でサントニン服用について御家庭の御意見をうかがいましたところ、早速御返事がいただけましたので、その結果について發表致します。中にはその理由までくわしくお書きになり、大變參考になりました。學校で晝食前にのませるよりも、家庭で朝食前にのませたいと申された方の御意見も尤もだと思いますので、今後尙それらのことについては研究していきたいと思います。

次に集りました御返事を各クラス毎に示してみます。

定期的に學校でのませてほしい……①で表わす。

家でのませるからよい……②で表わす。

學年	①	②
1／5	43	3
2／5	13	2
3／5	16	3
1／4	20	4
2／4	35	5
3／4	35	6
1／3	34	1
2／3	18	3
3／3	22	1
1／2	23	3
2／2	19	1
3／2	31	0
1／1	33	5
2／1	31	4
3／1	22	2

この表でおわかりのように①の方が大部分ですので四月から學校で服用さサてみることに致しました。尙是非御家庭でのませたい方は、學級擔任にお面倒でも御申出で下さるようにお願い致します。そこで二十四年度第一學期は

四月中旬、六月中旬、七月中旬

の三回に亘つて服用させる計畫でございます。

集團檢診について

本校で昨年よりレントゲン撮影機械を購入して、學生のレントゲン集團檢診を行つていますが、ちようどこの機械が附屬小學校に設置してありますので、四月早々御子樣方の胸部のレントゲン寫眞をとり、呼吸器疾病の豫防に萬全を期したいと計畫しております故、あらかじめ御承知おき下さい。

氣溫と衣服

昨年十月末ころであつたか、この冬は寒さがきびしく雪が多いという中央氣象臺の嚴寒豫報にいささか驚威を感じていましたが、その豫報は見事にはずれ、例年より平均二・三度高い一月を過しました。勿論二月になつてからもその暖さは續いています。そしてこのまま春が來るといわれていますが、私達は氣候と食物に支配されている動物でありますし、しかし敗戰後には食物に困窮いたしましたので、果してこのまゝの氣候で今年の作物などは大丈夫でしようかなどと心配しています。

さてこのような氣候は、夏季における下痢、腸炎等の消化器疾患や、冬季における肺炎、氣管支炎等の呼吸器的疾患等と深い關係があると思われます。それはとりもなおさず私達の日常生活の樣式との關係から考えられることであるが、ここでは、衣服の面からしかも限定された一部分について考えてみたいと思います。そこで氣象要素としての氣溫、溫氣、氣流及び輻射熱等の理學的性狀と私達の體溫調節作用との結びつきが、保健的な衣服と密接になるのです。就中氣溫は從來からも言われていた如く、人體に及ぼす冷却効果は大きいですからその役割も重いと思います。

私達が通常攝氏三十六・七度の體溫が恒體溫として、の裏付けに一定量の食物の攝取により體内に熱量が產出されるのと、同時に又、この產出された熱量は主として體表面から外界に放出されるのと二つが、常に等しい關係にあるためであると考えます。それ故に冬季においては、とくに體溫と氣溫とに著しい溫差が生じますので放熱量が增大することは自明の理でありますす。この放熱を防止するのが衣服ですから寒暖によつて適宜變化はあると思いますが、人體の八十%をおおう衣服はどの位が適當なものでしようか。

現在本校のお子樣の枚數をしらべてみますと最高が七枚、最低が四枚、平均が五枚です。もつともこれでも例年に比較し、一枚程度少いのでないかと思いますが、衣服そのものは、皮ふよりの分泌物や外界の塵埃細菌などで常によごれますから保健的に是非とも清潔でありたいと思います。それから毛織物の中には必ず綿織物を着ることや、入浴によつて皮ふを清潔にすることや、洗濯、日光消毒などや、餘り厚着をさせないことなどを日常生活の中に生かし、より健康な丈夫なお子樣にさせたいと考えています。

醫務室日誌より

お寒くなりました。毎日お子樣方の登校に何かと御多忙なる事と存じます。今年は例年よりも、寒さがやわらかでございますので、傷病兒童が少くて醫務室日誌便りも別段に御注意申上げる事もございませんですが、一事御連絡かたがた御報告申上げます。一ケ月置きに學校で「サントニン」を服用致させたく思つて居りますが、皆樣の御希望は如何でございましようか。

傷病兒童を表にしてみましよう。

學年	調査日	切り傷	はなじ	腹痛
1／1	1月26日	2		1
2／1	12.10			1
3／1	12.10			
1／2	12.10	1		1
2／2	12.26		2	
3／2	12.26	1		
1／3	12月末	2	2	
2／3	12.26			
3／3	1月末			1
1／4	1〃	2		
2／4	1〃	1		
3／4	1〃	2		
1／5	11〃	2		
2／5	11〃	15		
3／5	11〃	2		1
1／6	12.10	3		
2／6	11月末		1	
3／6	1.26	4		1
總計	11月末 2月末	23	5	6

はなじは内科的な出血でなく、體操中、又は、遊ぎ中（遊び時間等）お友達としよう突したり、ころんだりした、外科的の出血です。

マラソン練習

寒い冬の間、お子樣方の體力の低下するのを防止するかたわら、出來ればむしろそれを增進させようと思い、且又燃料不足の今日、外からあたためるのではなく、體の中の燃料をもやして體をあたためさせたいと考えまして二月八日より（月）から毎日三年以上にマラソンを實施しました。五・六年兒童は始業前に三・四年兒童は第一時限終了後に走つています。五・六年兒童に最初は九分で全コースを走つて參りましたが、十日あまりの練習で七分前後で走るようになりました。三・四年兒童は最初は五分三十秒程度でしたが、最近は四分半位になり、近頃は三月上旬にあるマラソン大會目ざして個人の記錄をとつていますが、早い者は三年生でも二分五十秒位です。一二・年兒童には少し無理と思い、今回は實施しておりませんが、そのかわり十分運動場で遊べるように努めております。

「虫下もの服用」（二月十五日間）及十六日の間に全兒童に虫下しを服用させました。御家庭に連絡をとらずに實施致しました故、今月は二回服用したお子樣もあるかと存じますが……

學校で服用させましたものは、晝食一時間前にサントニン粉末で、〇〇三グラムになつております。これと同時に緩下濟と併用致しましたから歸宅後便通があつたものと思います。

虫が出たか出なかつたかは不明の方もありましようが毎月或は隔月に定期的に服用させていただきたく、今回は全兒童に使用したわけです。値段はサントニンが〇、〇三グラムで二十七圓です。緩下濟は學校のものですこのような事は毎月或は隔月に學校で實施した方がよいか、各家庭でおやりになつた方がよいか次に記入し（〇をつけ）御返答下さい。

一、學校で定期的にのませてほしい。
一、家でのませるからよい。

（どちらかに〇をつけきりとつて下さい。）

水泳の時の注意

おうちの方々にもよく見せて下さい。

Ⅰ 水に入る前には

次のことをしないと思わぬ事件をおこすことがあります。

(1) 必ず大便と小便をすませておきましょう。

(2) 鼻をよくかんでおきましょう。

(3) かるい準備体操をして、筋肉のけいれんなどをおこさないようにしておきましょう。いつも學校でしている朝禮体操でよいでしょう。

(4) 耳については次のことを守りましょう。

いつも耳あかをよくとつておくこと、水に入る時はツバをつける程度の習慣をつけること。ワセリンの類を綿に塗つてつめると水は入らなくてよいですが音を聞くのは不便です。

Ⅱ 水に入つてから

(1) 水にはじめて入るときはだんだんに入るようにして、決してはじめから飛び込んではいけません。先ず足・手・頭・胸と心臓に遠い方から水にひたして、全身を肩まで入れることがよいのです。頭からぬらすことを忘れないように、これはなぜでしょうか？

(2) 眼は開いて泳ぎなさい。又顔にかかつた水を手でふかない習慣をつけることは大切です。

(3) 呼吸は口からすつて鼻から出しなさい。

(4) たびたび頭をぬらして日射病や頭痛、めまいをさけましよう。

(5) きめられたところで泳ぐこと、人のいないところにいつてはいけません。

(6) 團体で泳ぐ時には勝手に水に入つたり、勝手に出てはいけません。かならず先生かほかの人々にことずけてから行動しましよう。

(7) 水泳中はふざけたり、おぼれるまねをしたり、人をつき落すようなことは決してしてはいけません。なぜでしようか？

(8) 寒くなつてきたら、すぐ監督の人に届けて外に出なさい。出たならばかわいた手ぬぐいで全身をよくふいてあたためましよう。

(9) 長い間水の中に入つていることはいけません。

Ⅲ 水から出たら

(1) きれいな水で身体をよく洗いなさい。特に眼だけはかならず清水（きれいな水）で洗つてうがいをしましよう。

(2) 水着はなるべく自分で洗つて直ぐほしましよう。

(3) 水泳をした日は夜ふかしをしてはいけません。十分に眠りなさい。

Ⅳ、其の他

(1) 水泳をしてはいけない人

(イ) てんかん、脳貧血、脳充血を起しやすい人、心臓病、じん臓病、糖尿病、かつけ、脱腸、ぼうこうカタル、痔などの病氣の人

(ロ) その他の疾病で發熱している人

(ハ) 筋肉のけいれんを起し易い人

(ニ) トラホーム、その他の眼病、中耳炎など耳の病氣のある人

(ホ) 食事の前後、又は汗をかいてはげしい運動をしたあと

(2) ぬいだ着物はいつもきちんと、せいとんしておきましよう。

(3) 自分たちの水泳場はいつもきれいにしておきましよう。水の中でつばをはいたり、鼻をかんだりしてはいけません。

日本の兒童水泳最高レコード

男子

	種目	氏名	所屬	時間
自由型	50	讃岐　寛	東京	32.6
	100	古橋廣之進	靜岡	1:12.6
	200	古橋廣之進	靜岡	2:27.3
平泳	100	岡野　信三	和歌山	1:33.2
	200	岡野　信三	和歌山	3:27.2
背泳	50	榎谷　周二	和歌山	40.3
	100	木部　俊之	靜浦	1:32.4
繼泳	200		廠甲布（廣島）	2:22,8

女子

	種目	氏名	所屬	時間
自由型	50	奥野　峰子	濱名	36.8
	100	百田　里子	和歌山	1:27.4
	200			
平泳	100	馬田　貞	臺灣	1:37.6
	200	岡村千惠子	和歌山	3:42.3
背泳	50	笠松　敬子	和歌山	44.8
	100	笠松　敬子	和歌山	1:41.0
繼泳	200		品川原（東京）	2:43.2

◉第三回のサントニンを服用させていただきたいと存じます。

のませていただく日時は七月十六日(土)起床後、朝食は一時間程おくらせて下さい。

結果は九月始業式の日に忘れずおもたせ下さい。

蟲が出なくとも御提出下さい。

サントニン服用結果報告カード　四

△蟲が出た

△わからなかつた

△出なかつた

部　年　氏名

1　**身體検査の結果**

小兒科診斷のことについては、校醫の向後先生からのお話を、次號でお知らせすることに致しますが、さしあたつて、身体測定の結果について御報告しておきましよう。体位は年々才々向上の一途をたどつていることは、下の表で明らかのことと思われますが、この原因として

1　生活様式　2　榮養　3　寄生蟲に對する對策　4　運動　5．生活環境

等をあげることが出來ます。しかし私どもは、現在で滿足すべきではございません。生命保險會社の調査によりますと、身体は小さいよりも大きい方が長生きするとのことです。學校でもこの面に關しては今後出來るだけの方法を講じて、お子様方の發育に万全を期したいと思つています。今後とも御協力をお願いいたします。

2　**ニュース**

◉先月十六日から月末まで、清潔教育强調運動が展開され、その期間に種々衛生に關する諸行事が行われましたが、二十七日（金）午後、校醫の向後先生から約三十分三年以上の兒童は結核、寄生蟲、傳染病豫防について有意義なお話をうかがいました。

◉衛生展覽會　五月二十三日より文化室で衛生展覽會を催し、全兒童自由に參觀させましたが、その中の二、三を御紹介致しましよう。

▲ふつうの人の指には、十本の中一、五本位に寄生蟲の卵がついているとのことです。

▲つけものの野菜には三十五％程度、寄生蟲の卵がついています。

▲生野菜には六十％位寄生蟲の卵がついています

▲これから暑くなつて、不潔な店から、アイスキヤンデーなどを買つて食べると、それは病氣のもとになります。

▲暴飲暴食は病氣のもとになります。

◉レントゲン撮影終了、まだくわしいことは解りませんが、判明次第御通知申上げます。

◉ツベルクリン反應唯今實施中

◉検便　別紙の通り検便を行いますから御協力下さい。蛔蟲がでなくても、虫卵のでることはありますので、これから毎學期一回ずつ、この検査を實施していきたいと思います。

3　**サントニン服用結果について**

四月について第二回服用（五月二十六日配布）の結果がまとまりましたので御通知申上げます。前回同様、御返事のないところ、及び不明の方は「出ない」という中に含めてあります。前回に比較いたしますと、件數及び蟲數が減少して居りますが、これはサントニン服用の結果であると思われますが、回答者數の少いこと、及び不明の多いことによつて、これが正確な記録であるかどうかという點は、まだ疑問です。今後服用後の結果は、必ず用紙に御記入の上學校へ御提出下さい。

學級	服用者	回答者	件數	蟲數	％	學級	服用者	回答者
1／1	38	24	1	1	2.6	1／4	42	30
2／1	49	35	9	11	18.4	2／4	41	
3／1	49	34	6	8	12.2	3／4	40	
1／2	44	28	1	1	2.3	1／5	43	
2／2	44	41	8	8	18.2	2／5	41	44
3／2	43	24	3	4	7.0	3／5	43	39
1／3	43	35	1	1	2.3	1／6	43	37
2／3	40	36	1	1	2.5	2／6	43	
3／3	42	33	2	5	4.8	3／6	42	24

件数	蟲數	％
1	2	2.4
3	5	7.3
1	1	2.5
4	9	9.5
1	2	2.4
3	3	7.0
2	2	4.7
4	5	9.3
0	0	0

		七		八		九		一〇		一一		一二	
		男	女	男	女	男	女	男	女	男	女	男	女
身長（糎）	24年度本校	111.5	111.2	116.8	116.4	123.9	120.9	125.7	125.4	131.1	130.1	135.6	135.9
	23年度本校	110.1	110.0	115.4	113.7	111.3	116.5	125.2	123.2	128.2	129.0	137.3	134.3
	21年度全國	107.5	106.6	112.4	111.6	117.3	116.3	121.6	120.8	126.2	125.9	130.4	130.3
体重（瓩）	24年度本校	19.4	18.9	21.3	21.2	23.7	23.3	25.3	24.8	27.1	26.8	29.8	30.4
	23年度本校	19.0	18.6	20.5	19.8	22.4	21.4	24.7	24.0	26.1	27.0	29.7	29.9
	21年度全國	17.9	17.3	19.7	18.9	21.5	21.1	23.7	22.9	25.6	25.2	27.8	27.5
胸圍（糎）	24年度本校	55.3	53.9	57.2	55.7	59.4	57.9	60.7	58.9	62.3	60.2	65.0	63.3
	23年度本校	54.9	53.5	54.2	56.5	58.2	56.3	60.4	58.4	62.0	61.0	65.7	63.4
	21年度全國	55.7	54.2	57.2	55.8	59.0	56.9	60.7	58.5	62.6	60.5	64.1	62.5

私たちの教育課程研究　保健・体育

私たちの教育課程研究

保健・体育

日本教職員組合編/一ツ橋書房刊

刊行のことば

一九七一年から改訂実施されてきている『学習指導要領』では、「体育」は教科の枠を越えて、道徳教育とならんで学校教育全体として重視すべきであるとし、なかでも体力の向上を重点目標として強調しております。

第一次田中内閣の稲葉文相も「一にも健康、二にも健康」をうたい、「国民総体育」を強調してきました。今日の政府および大企業は、一方では「高度経済成長」をさらにすすめるために「労働力」としての体力を、また、他方では軍国主義復活のために「防衛力」としての体力を、教育要求として強調してきているのです。

ところが、国民の側においても、まきちらされた公害によって、また、慢性化された過労状態によって、さらには、いのちとくらしをおびやかすさまざまなできごとによって、健康や体力にたいする強い関心とねがいがおきてきています。国民のスポーツにたいする要求が、いままでになく高まってきています。さらに、このような国民のスポーツにたいする関心の高まりを逆手にとって、〝社会的緊張〟を増大させるおそれに対処するためにも「余暇利用」を重視して、レクリエーションの施設などの整備政策がすすめられようとしています。

このような状況のなかで、学校では、どのように保健体育を実践し、子どもたちにどんな力をつけなくてはならないのかが、きびしく問われています。

日教組では、一九五五年の第四次教育研究全国集会から保健体育の分科会を設け、民主教育の一環としての保健体育のあり方を追究してきております。また、民間教育研究団体でもユニークな研究がそれぞれつみ重ねられてきております。これらの日本の教師・研究者の研究成果を、私たちの共有財産として、国民の教育要求にこたえる私たちの教育課程をつくり上げることが、強く要望されていました。この本は、このような要望にこたえるものとしてまとめられました。

どうか、日教組組合員は、この共有財産を強力な手がかりとして、保健体育の複雑な状況に、創造的に立ち向かって実践と研究とをすすめていただきたいと思います。また、組合員にとどまらず、日本の教育と子どもたちの未来を真剣に考える教師たち、さらに多くの国民のみなさんにも読んでいただき、教育の土台である「身体」にとりくむ保健体育の実践をより確かなものにするために、力と知恵を出していただきたいものです。

この「保健体育」の刊行で、全一一冊におよぶ「私たちの教育課程研究・各教科編」のシリーズが完結いたします。全教科にわたって、日教組教研や民間の教育研究の成果が集約されたこの偉大な作業は、国民の立場に立つ教育学の建設にとって画期的な意味をもっていると思います。

本書と本シリーズをまとめるために日夜お骨折りいただいた執筆者・関係者のかたがた、全一一冊をとおして終始献身的なお骨折りをいただいた、福本司郎氏をはじめとする一ッ橋書房のみなさんに、心からのお礼を申し上げます。

一九七三年一月一日

日本教職員組合中央執行委員長　槙枝元文

目次

第一部　体育教育

一、体育のねらい

1、体育科の歴史をふりかえって

ねらいのとらえ方

「体育のねらいは何か。それは何によってきまるのか。」私たちの教育課程研究は、ここからとりくまねばならない。〃ねらい〃というのは、〃めざすもの〃であり、教育の結果として期待されるものである。

今日の教育状況は、政府が〃国家の教育権〃を強く打ち出し、一方、国民は〃国民の教育権〃を主張してするどく対立しており、教育のねらいにも、大きな相違が露呈されてきているとみることができる。

したがって、体育のねらいも、だれが、どのような理由から体育にかけている期待なのかを明確にさせることが、私たちの研究にもきびしく求められているということができる。ここでは学校における体育のねらいを問題にするので、〃学校の機能〃を手がかりとして、わが国の学校における体育科の歴史をふりかえるという方法をとってみよう。

近代学校の機能

近代になり、産業革命の進行にともなって、ブルジョアジーには大量の労働者が必要になった。そしてその育成を公の機関としての学校に期待した。

一方、市民大衆は、変動する世の中を生き抜くことができるように、知的要求を満たしてくれるものとして学校に大きな期待をかけた。これらの期待をになって登場した近代の学校には、勝田守一氏によるとつぎのような機能があると考えられている。

㈠社会的統制の機能、㈡職業的訓練の機能、㈢文化価値の内在化（教養）の機能（勝田守一「学校の機能と役割」岩波講座・現代教育学2・『教育学概論Ⅰ』）。

もしそうであるなら、学校のなかにおかれている各教科には、これらの機能を果たすことが期待されているはずであり、「体育科」への期待にも、これが貫かれていると考えることができよう。

(1)　戦前・戦中の体育科のねらい

学制では　〝国民〟を形成する役割を担って出発した「学制」（一八七二年・明治5）で、小学教科に「養生口授」と「体術」とがおかれた。これらは健康の保持が目的とされたが、それは富国強兵の基は知識の獲得にありとし、その知識の獲得を十分におこなわせるために気晴らしと健康とが期待されていた。

藪内勝繁『小学校教授校本』（一八七七年・明治10）には体操の目的・ねらいがつぎのように記されている。

「学校に於て体操を行ふは運動の為にして身体を健康にし血液を調和するの道なれば一日も欠くべからざる者と雖過度の運動は却て害あり故に児童適当の体操法を設け之が教授を為し以て筋力を固し鬱気を散じ病疾を駆除するを以て体操の真意と為す」（傍点筆者、木下秀明『日本体育史研究序説』不昧堂）

これは、社会的統制としての国民形成の手段として体操が期待されていたとみることもできるが、しかしむしろ、〃教養としての機能〃が実用的な意味をこめて期待されていたとみることができるだろう。

ところが、「学制」がはじまったものの、寄生地主制下における農民の貧困とそれにともなう児童労働によって、就学率は停滞し、学校設立と就学義務を緩和した「教育令」（一八七九年・明治12）を制定する。しかし、就学率がいっそう低下し、そのうえ自由民権運動が激化するという政治情勢の変化に直面して、明治政府は政策を転換した。すなわち、教育令を改正して（一八八〇年・明治13）再び学校設立や就学の義務を強化するとともに、修身科を教科のなかの第一位に位置づけ、道徳教育を重視するという国家主義の路線を歩みはじめたのである。

森有礼のねらい

そして、一八八六年（明治19）に「近代教育制度の基本」が確立されたといわれる小学校令・中学校令・師範学校令・帝国大学令が公布される。これにより小学の男児には〃隊列運動〃が加えられる（これは、一八九〇年・明治23年の小学校令改正にともない〃兵式体操〃という表現になり、一九一一年・明治44年に〃教練〃となる）。

この教育制度を確立させるのに中心的な役割を果たした初代文相森有礼は、「兵式体操」に大きな期待をかけた。私たちは、ここに社会的統制としての体育の典型をみることができるので、森の考えをくわしくみておこう。

「兵式体操は決して軍人を養成して万一国家事ある日に当り、武官となし兵隊として国を護らしめんとするが如き目的をもって之を教科の中に加えたるものにあらず」と、実用主義的なねらいのないことを示しつつ、「兵式体操をもって養成せんとするものは、第一に軍人の至急として講ずる所の従順の習慣を養い、第二に軍人の各々伍を組み、其の一伍には伍長をおき、伍長は一伍のためを思いて心を労し情を厚くし、第三に隊を結びては其の一隊の中に司令官ありて之を統督し、其の威儀を保つが如し、……各此三気質を具備せしむるの地を做さしめんとするものにして、斯くすれば必ず利益ありと信じ、之を施行することを始めたるなり」（傍点筆者、木下・前掲書）と、当時の国家として必要な人格を〝従順〟〝友情〟〝威儀〟として、その育成を「兵式体操」に期待したのであった。そして、師範学校の目的に「順良」「信愛」「威重」がかかげられるが、この三つの気質の育成に森がいかに期待をかけたかがうかがえるのである。

教育勅語体制下では

「一旦緩急あれば義勇公に奉じ以て天壌無窮の皇運を扶翼すべし」と、いっさいの徳目を天皇制軍国主義への奉仕に帰結するように体系づけた〝教育ニ関スル勅語〟発布（一八九〇年・明治23）の翌年に出された「小学校教則大綱」で、はじめて「体操科」の目的が明示された。すなわち「体操は身体の成長を均斉にして健康ならしめ、精神を快活にして剛毅ならしめ、兼ねて規律を守るの習慣を養うを以て要旨とす」（傍点筆者）。

日清戦争後は

これが、日清戦争の勝利を重要な跳躍台として産業革命が早熟に進行し、産業資本が確立したとみられる一九〇〇年（明治33）の小学校令改正で、体操科は必須科目となる。ここでの体操科の目的は、「体操は身体の各部を均斉に発達せしめ、四肢の動作を機敏ならしめ、以て全身の健康を保護増進し精神を快活にして剛毅ならしめ、兼ねて規律を守り、協同を尚ぶの習慣を養うを以て要旨とす」（傍点筆者、前の目的に追加された部分を示す）となるのである。

ここには、機械工業のための職業的訓練としての期待が、体育のねらいに加えられていることをみることができるだろう。

日露戦争後は　日露戦争をつうじて、日本資本主義が飛躍的に発展し、軍国主義・帝国主義への道がおしすすめられていったが、一九一一年（明治44）に改正された中学校令施行規則中の体操科では、それまでの兵式体操を〝教練〟とし、〝撃剣及び柔術〟をはじめて体操科の内容としてとりあげることになった。ここでの体操科の目的はつぎのようなものである。

「身体の各部を均斉に発育せしめ身体を強健ならしめ、動作を機敏ならしめ快活剛毅堅忍持久の精神と規律を守り協同を尚ぶの習慣とを養うを以て要旨とす」（傍点筆者）。

つまり、いままでのねらいに、〝強健〟であり〝堅忍持久〟できる特性が追加され、それが体育で育成できるという期待がかけられたのである。これらは社会的統制と職業的準備の機能への期待であったとみることができよう。

取調報告では　近代スポーツの発展が、学校体育制度にかかわるのは、一九〇五年（明治38）にまとめられた「体操遊戯取調報告」（文部省）がはじめてである。

そこでは、運動遊戯の目的は「児童の活動的衝動を満足せしめ運動の自由と快感とに由りて体操科の目的を達し特に個性及自治心の発達に資するにあり」（傍点筆者）とされた（木下秀明『スポーツの近代日本史』杏林書院）。ここには、まだ、文化価値を内在化する機能についての認識はみられない。しかし、いままでにみられた社会的統制とはべつの社会的統制へのあり方を示したものとして、きわめて重要な内容をもっているとみることができるだろう。

なお、この取調報告では、体操科の目的としてつぎの八項目をあげている。

一、身体ノ動静ヲ問ハス常ニ自然ノ優美ナル姿勢ヲ保タシムルコト

二、身体ノ各部ヲ均斉ニ発育セシムルコト

三、全身ノ健康ヲ保護増進スルコト

四、四肢ノ使用ニ際シテ強壮、耐久、機敏ヲ期スルコト

五、生涯中最モ多ク遭遇スヘキ運動特ニ職業及兵役ノ義務ニ服スルニ適スヘキ練習ヲ与フルコト

六、精神ノ快活、従順、果断、沈着、勇気ヲ増進セシムルコト

七、意志ヲ敏速且ツ精密ニ実行シ得ヘカラシムルコト

八、規律ヲ守リ協同ヲ尚フノ習慣ヲ養フコト（井上一男『学校体育制度史』大修館）

このうちの二、三、四、および六、八はいままでの体操科の目的にみられたものであるが、一の姿勢、五の職業・兵役への準備、七の実行力は、新しい目的である。これらは独占資本主義の確立期における社会的統制と職業的準備の機能への期待として注目しておきたい。

第一次大戦後は

第一次世界大戦（一九一四年〜一八年・大正3〜7）、そして、軍縮のなかでの軍備拡大のための教育がすすめられていくという状況のもとで、体育への期待がさらに強まる。

寺内内閣の諮問機関として設けられた「臨時教育会議」（一九一七年・大正6）は、小学校教育改善について答申し、「小学校教育においては、国民道徳教育の徹底を期し、児童の道徳的信念を鞏固にし、殊に帝国臣民たるの根基を養うに一層の力を用うる必要ありと認む。児童身体の健全なる発達をはかるために一層の適切なる方法を講ずる必要ありと認む……」（傍点筆者）と、〃帝国臣民〃にさせる道徳教育と身体の健全な発達とを大眼目にした。とくに後者の理由としてつぎのようにのべられている。

「国民の身体健全にして体力の強盛なることは国家を維持発展する上に大関係あるは今回欧州大戦の教訓として一層深く感知するところなり、近時我国において少年死亡率の逐年増加する事実に徴するも児童の体育に一層の留意を必要とするものなくんばあらず、故に発育旺盛なる児童を収拾する小学校にありては、児童身体の健全なる発達を図るに積極消極の二方面にわたり一層適切なる方法を講ずるの要ありとす」(傍点筆者、井上・前掲書)。

ここには、〝臣民〟の属性としての身体の健全な発達、体力の強盛が、国家を維持発展させるものとしてねらわれているが、これは社会的統制の機能への期待とみることができるであろう。

兵式体操振興に関する建議　臨時教育会議は、さらに「兵式体操振興に関する建議」をおこなう。すなわち「学校における兵式体操を振作し以て大に其の徳育を裨補し併せて体育に資するは帝国教育の現状に鑑み誠に緊急の要務なりと信ず、速に適当の措置を取られんことを望む」としている。またその理由として、「徳育上に於て諸徳目の躬行実践を必せしむるは、一に誠心に頼らざるを得ずして其の誠心なるものは勇敢の気に因て長じ勇敢の気は教練によって長ずること少小なりとせず而して兵式教練に因て勇敢の気を長じ勇敢の気によって諸徳目実行の原動力たる誠心を長ずるが如きは我国教育の現状に照して不可措の要務なりと謂はざるを得ず是兵式教練を振作して此の目的を達する上に裨補する所あらしめんとする所以なり。兵式教練は紀律服従等に関する良習に馴致する上に於て大なる効果あること多言を要せざるところなり是れ亦兵式教練を振作して徳育に裨補する所あらしめんとする一理由なり。体育上において能く身体の発達を完うして強健なる国民たるの地を倣さしめ併せて軍事上の知識技能の一端を啓発して彼の徳育により涵養する忠愛心(国民精神即ち軍人精神)と相俟て他日軍務に服するの素地と素養を得しむることは亦我国教育の現状に照して不可措の要務なりと為さざるを得ず、是兵式教練を振作して此の目的を達する上に資益する所あらしめんとする所以なり」（傍点筆者、井上・前掲書）としている。これは、兵式体操についての森の考えの延長線上にあるとみることができ、これも、〝社会的統制の機能〟への期待ということができる。

教練による国防能力の増進　これが、一九二五年（大正14）「陸軍現役将校学校配属令」公布となるにともない文部省が教練実施について出した訓令では、教練の目的がつぎのようになる。

「抑々学校に於て教練を課するの目的は学生生徒の心身を鍛練して其の資質を向上せしむるにあり。換言すれば国家的観念を明徴にして献身奉公の精神を振起し自主自立の習慣を馴致して責任を尽し規律を重んじ節制を守り協同を尚び且命令に服従するの気風を作興し身体を強壮にし志気を鼓舞し更に堅忍敢為の精神を涵養するに在り、而して之が励行により国防能力を増進せしむるの結果を生ずるは論を須たず……」（傍点筆者、井上・前掲書）。

これも〝社会的統制の機能〟への期待であるが、かなり詳細にねらいが出されているので引用しておいた。ここには〝自主自立〟までねらわれるが、しかし、全体としては〝命令への服従〟が中心目標といえよう。これは、第一次世界大戦にみられた自動火器と重火器の集中使用とが、一九世紀的密集散兵団隊による戦闘法を二〇世紀的疎開集中戦闘法に転換させた結果、号令によって斉一的に行動する訓練だけでなく、疎開戦闘の一員として、号令が届かなくても全体の目的にむかって自発的にすみやかに判断し機敏に行動する訓練の必要が生じた（木下・前掲書）という社会的要請の変化を反映したものとみることができよう。

体育による思想善導

また、この戦争状況の変化は、軍隊に、機敏なチームプレーであるスポーツを導入する一つの大きな原因となっている。

したがって、一九二六年（大正15）の「学校体操教授要目」の改正によって、体操科の内容の「遊戯」が「遊戯及び競技」となるのであるが、これは、たしかにスポーツ競技の一般化を、そして国民の要求を反映したものにはちがいはないが、これを単純に〝文化価値内在化の機能〟への期待とみることはできないであろう。

一方、第一次世界大戦の経験として、戦争はただに武力戦であるにとどまらず、政治・経済・文化など、国家の総力をあげて長期にわたって戦われる形態になり、そこでは国民の政治的団結のいかんと国家の経済力とが勝敗を決定する要因となるという〝国家総力戦〟の認識を得る（木村吉次「学校体育の改革」『戦後日本の教育改革7・教育課程各論』東京大学出版会）が、軍部による社会的統制への介入がいっそう強められ、総力戦体制整備のために体育への期待は強められる。

一九二八年（昭和3）の文部省訓令などにみられるように、体育運動は、当時関心が高まってきていた自由主義・民主主義・社会主義に対し、〝思想の悪化を防ぐ〟目的で大いに奨励される。そして、一九三一年（昭和6）には、中学校令施行規則中の改正などによって「柔道・剣道」を必修としたが、この改正の旨趣には、「……是れ剣道及び柔道がわが国固有の武道にして質実剛健なる国民精神を涵養し心身を鍛錬するに適切なるを認めたるが為にして両者又はその一を必修せしめんとす」（傍点筆者、井上・前掲書）とあり、ここでも〝社会的統制の機能〟への期待がみられるのである。

準戦時体制下では

一九三六年（昭和11）の二・二六事件後、ファシズム運動は完成期にはいり、「準戦時体制」が推進されるが、この年に定められた「新学校体操教授要目」

では、その改正の趣旨としてつぎのようにのべられている。「運動技術の修練だけでなく、それに依って得られる合理的身体修練と精神練磨を重視して、全人格の完成と団体的生活訓練に役立たせること」（傍点筆者、井上・前掲書）。

ここでは、合理性や全人格の完成がねらわれているが、それらは戦争体制に挙国的に協力できる人格という方向性をもったものであり、これも、〝社会的統制の機能〟への期待といえよう。

この場合、とくに付加されたのは武道の要目であった。ところが、ここで注目しておきたいのは、剣道・柔道ともに「講話」がおかれたことである。その内容は、意義・目的、修業の心得、道場心得、試合などの心得、養われる諸得・術理、刀剣に関する概念、武道発達の概要などであり、講話をとおして〝人格の陶冶〟がねらわれてはいるものの、このなかに文化価値を内在化させようとする〝教養の機能〟への着目を、私たちはみることができよう。

国民学校では　一九三七年（昭和12）に設置された教育審議会の答申にもとづいて、一九四一年（昭和16）に国民学校令が公布され、戦時教育体制の確立をめざし、「皇国ノ道ニ則リ」国民の基礎的錬成を目標とする「国民学校」が誕生する。そして五教科の一つとして〝体錬科〟がおかれる。

体錬科のねらいを「国民学校体錬科教授要項」の教授方針からみるとつぎのようである。

1、体錬科ニ於テハ身体ヲ鍛錬シ精神ヲ錬磨シテ濶達剛健ナル心身ヲ育成シ献身奉公ノ実践力ニ培ヒ皇国民トシテ必要ナル基礎的能力ノ錬磨育成ニ力ムベシ

5、快活ナル心情、公明ナル態度ヲ養ヒ礼節ヲ尚ビ廉恥ヲ重ンズルノ気風ヲ振作スルト共ニ規律節制、堅忍持久、質実剛健、協同団結等ノ諸徳ヲ涵養スルニ力ムベシ

6、団体的行動ニ慣熟セシメ規律協同ヲ尚ビ服従ノ精神ヲ養ヒ責任ヲ重ンジ卒先躬行スル気象ヲ振励スルニ力ムベシ

7、強靱ナル体力ト旺盛ナル精神力トハ国力発展ノ根基ニシテ特ニ国防ニ必要ナル所以ヲ体認セシメ健全ナル心身ヲ鍛錬シ以テ尽忠報国ノ信念ニ培フベシ（傍点筆者、井上・前掲書）

これらは、とくに教練・団体的行動と武道とによって育成されることがねらわれたが、これも〝社会的統制の機能〟への期待であった。この場合には強靱な体力の育成もさることながら、むしろ精神の育成が強調されたのであった。

敗戦直前には　中等学校についても基本的には同様のねらいである。ただその教授要目の公布が一九四四年（昭和19）三月という時点の状況を反映して、国防能力の向上がとくにねらわれ、男子では教練が中心科目となる。しかし、実際には、これにもとづく正常な授業ができない〝決戦態勢〟状況下であった（木村・前掲書）。

ところが、この時点ではじめて、〝職業的準備の機能〟への期待が、「教授上ノ注意」としてではあるがつぎのように明記されたことに注目しておきたい。

体錬科体操・教授上の注意（男子・女子とも）

「職業的環境ノ身体ニ及ボス影響ヲ顧慮シテ之ニ応ズル体練ノ要領ヲ体得セシムベシ」（井上・前掲書）

さらにまた〝教養の機能〟への期待が、武道の場合に加えて、つぎのようなかたちで示されたことに注目したい。「体錬科体操・教授上ノ注意」として、さきの項目につづいて、「適宜実地ニ即シテ体育ニ関スル理論及衛生ノ知識等ヲ適切簡明ニ授ケ身体ニ関スル関心ヲ深カラシムベシ」が出る。

戦前・戦中のねらいの総括　以上、戦前・戦中の体操（体錬）科のねらいを、学校の機能との関連でみてきた。

学制にみられた〃教養の機能〃への期待も、絶対主義天皇制の確立にむけて消え、そしてそれ以後は、それを維持・発展させる（皇）国（臣）民として、命令に対する服従を中心とした諸特性をもつ人格、さらには実践力を形成するという〃社会的統制の機能〃への期待が最も重視されてきた。ところが戦争のための人的資源を育成するという段階で、ようやく〃教養の機能〃〃職業的準備の機能〃への期待がわずかではあるがあらわれたのであった。しかし、いずれも、それらの期待は国家によってなされたものであった。

(2)　戦後の体育科のねらい

教育使節団報告書では　ところで、敗戦は、体育科のねらいをどのように変えたであろうか。

一九四六年（昭和21）、第一次米国教育使節団の報告書「平和国家への道」では、「スポーツマンは、スポーツを愛するが故に競技を行うが、一定の規則に従って競技する。これは民主主義的な生き方の一例である」とのべ、さらに、体育は「身体を強化し調整し身体にスキルを授けることに加えて、学校はスポーツマンシップと協同とに固有の価値を認識すべきである」（木村「学校体育の理論と実践」、前掲書）としている。

ここでは、スポーツ教材を中心にした体育では、スポーツ固有の価値を理解させるという〃文化価値内在化（教養）の機能〃への期待が民主主義的な人格を育てることになるという、戦前・戦中とはちがった〃社会的統制の機能〃への期待に発展するであろうと、とらえられているのである。

「新体育では」

戦後の「新体育」は、この報告書を一つの大きな手がかりとして発展させられる。一九四七年（昭和22）の「学校体育指導要綱」は、教育勅語体制から教育基本法体制への転換にともなう最初のものであった。また、これは従来の「要目」のもつ拘束性に対して、「指導者のよるべき基本的指針」として参考に示されたものであった。

ここでは、「わが国が、民主国家として新しく出発するにあたって、最も重要なことは国民の一人一人が、健全で有能な身体と、善良な公民としての社会的、道徳的性格を育成することである」とし、「体育はこの目的を達するために……最も具体的で実際的な機会を与えるものである」（傍点筆者、同要綱「はしがき」）と位置づけられている。さらに、より具体的に「体育の目的」として、「体育は運動と衛生の実践を通して人間性の発展を企図する教育である。それは健全で有能な身体を育成し、人生における身体活動の価値を認識させ、社会生活における各自の責任を自覚させることを目的とする」（傍点筆者、井上・前掲書）とされている。

ここには、民主国家の公民にふさわしい性格を育成するという〝社会的統制の機能〟への期待と、身体活動の価値の認識という〝教養の機能〟への期待とが示されている。

「はじめての『学習指導要領』」

これが、つぎの一九四九年（昭和24）の『学習指導要領小学校体育編』では、体育科の目標を決定する立場を、(1)教育の一般目標を目指しながら、体育科の性格に応じてさらに具体化すること、(2)社会生活の体育的要求を考えること、(3)児童の要求を考えることという三つの要素として示しつつ、つぎの二つの目標をあげている。

一、健康で有能な身体を育成する。

二、よい性格を育成し、教養を高める。（傍点筆者）

ここではじめて、〃社会的統制の機能〃への期待に加えて〃「教養」の機能〃への期待が体育科のねらいとして明記されるにいたった点に注目しておきたい。ところが、それを具体的目標のなかからあえて取り出すと、つぎのようなものがあげられるのである。

(2)他人の権利を尊重し、社会生活における同情の価値を理解実践させる。

(3)礼儀について認識を高める。

⒀体育運動に対する広く健全な興味と熟練を得させ、よい社会生活の基礎をつくる。(傍点筆者、井上・前掲書)

つまり、ここでは〃教養の機能〃への期待が、運動の文化的な価値を学びとらせるというよりは、むしろ、〃社会的統制の機能〃への期待に傾斜しているのである。

安保体制の出発と『指導要領』改訂

一九五〇年(昭和25)、第二次アメリカ教育使節団が日本の「教育を反共の道具」にするよう強調、一九五一年(昭和26)、「日米安保条約」調印、一九五三年(昭和28)、池田・ロバートソン会談で、武器をとる日本青少年の育成が強調され、「日本政府は教育および広報によって日本に愛国心と自衛のための自発的精神が成長することに第一の責任をもつこと」が確認されるという時点で、『学習指導要領・小学校体育科編』が改訂された。これは占領軍とかかわりなく、日本が自主的に作成したものとされているが、「教科としての体育の根本方針は従来と少しも変わっていない」ことが強調されており、さらに、「教師に対して……命令するものではない」という性格も従来と変わらないものであった。

ここでは、体育科は「身体活動およびそれに関連する経験の組織」であるとし、体育科は教育の全体としてのある部分を担当することだけに終わるのでなく、体育の独自の機能を通じて、全体として教育のさまざまな領域にわたって貢献しようとするものである、とした。

具体的には、

(1)児童の身体活動についての生理的必要を社会的に望ましい形で満たす。
(2)身体活動を通じて、現在および将来の社会の構成員として必要な民主的生活態度を育てる。
(3)レクリエーションとして、身体活動を正しく活用できるようにする。

という領域に貢献できるとした。

このような体育科の役割に応じ、児童の必要や社会的必要から、従来の目標の示し方の表現形式を改めて、

(1)身体の正常な発達を助け、活動力を高める。
(2)身体活動を通して民主的生活態度を育てる。
(3)各種の身体活動をレクリエーションとして正しく活用できるようにする。（傍点筆者、井上・前掲書）

この第二項は〝社会的統制の機能〟への期待であり、第三項は〝教養の機能〟への期待とみることができるであろう。

ここでとくに、民主的態度の目標の具体的目標をみておこう。

(1)自主的態度をもち、他人の権利を尊重する。
(2)身体的欲求を正しく満足する。
(3)建設的態度をもって、グループの計画や実施に協力する。
(4)グループにおいて自己の責任を果す。

(5)リーダーを選び、これに協力する。
(6)勝敗に対して正しい態度をとる。
(7)他人の意見や批判をよく受け入れる。
(8)礼儀正しく行動する。
(9)規則をつくり、改善することができる。
(10)規則やきまりを守って、正しく行動する。（以下(14)まであるが省略する。傍点筆者）

また、レクリエーションの目標のなかにも、

(4)各種の運動や催しを計画し、運営できる。
(5)活動に必要な規則をつくり、運用できる（審判なども）。

など、〃社会的統制の機能〃への期待がふくめられている。これらはこの限りにおいては、一九四九年（昭和24）のねらいと同様であるが、〃活動に必要な規則をつくる〃など〃教養の機能〃への期待がさらにいっそう豊かになっているのである。

五六年版『高校指導要領』では　一九五五年（昭和30）、任命制教育委員会法を、国会に警官隊を導入させて成立させ、教育行政の中央集権化がはじまり、翌五六年、愛媛県教委が勤評実施を決定するという時点で、『高等学校学習指導要領・保健体育科編』が改訂される。この時から、『学習指導要領』は教師の「手引書」であるという性格を変えて、基準性をもったものとなり、〃国家による教育権〃が強調されはじめるのである。

ところで、ここでの体育科のねらいはどうなるであろうか。

「高等学校の保健体育科は、保健と体育の正しい理解と実践に基き、心身の健全な発達を図り、個

人ならびに集団生活における保健・体育やこれらに関するレクリエーション等の問題を科学的に解決する能力や態度を養うことを目ざすものである」と、合理性が強調される。なかでも体育の目標はつぎのようである。

1、運動によって身体的発達の完成を助ける。

2、運動によって社会的態度を発達させる。

3、運動によって生活を豊かにするようにくふうさせる。

つまり、第二項は〝社会的統制の機能〟、第三項は〝教養の機能〟への期待であるとみることができる。ところが、第二項の目標からは、〝民主的〟という表現が消されてしまい、具体的目標は、たとえばつぎのようになるのである。

(2)組織的集団の一員としてよく協力し、役割に伴う責任を果すようにさせる。

(3)正当な権威に従い、勝敗に対して正しい態度をとり、礼儀を重んずるようにさせる。

五八年版『指導要領』では

新安保条約下の教育をめざして、一九五八年（昭和33）に改訂された『小学校学習指導要領』では、「国民としての正しい自覚をもち、個性豊かな文化の創造と民主的な国家社会の建設に努め、国際社会において真に信頼され尊敬されるような日本人の育成」をめざし、学校教育法施行規則の一部を改正して『学習指導要領』の「基準的性格」をよりいっそう強めるのである。ここでの体育科の目標はつぎのようになる。

1、各種の運動を適切に行わせることによって、基礎的な運動能力を養い、心身の健全な発達を促し、活動力を高める。

2、各種の運動に親しませ、運動のしかたや技能を身につけ、生活を豊かにする態度を育てる。

3、運動やゲームを通して、公正な態度を育て、進んで約束やきまりを守り、互いに協力して自己の責任を果すなどの社会生活に必要な態度を養う。

4、健康・安全に留意して運動を行う態度や能力を養い、さらに保健の初歩的知識を理解させ、健康な生活を営む態度や能力を育てる。（傍点筆者）

この第二項・第四項は、〃教養の機能〃、第三項は〃社会的統制の機能〃への期待ととることができるであろう。そして、これらの三つの目標をめざして計画的・継続的に実践することによって、第一の目標が達成できるという関係としてとらえられているのである（井上・前掲書）。

六八年版『指導要領』と中教審路線　七〇年代の中教審改革路線にむけて一九六八年（昭和43）に改訂された『小学校学習指導要領』では、どうなるであろうか。

体育は、道徳教育とならんで、学校教育全体でとりくむものとして位置づけられ、とくに体力の向上がめざされるが、体育科の総括目標はつぎのようになる。

「適切な運動の経験や心身の健康についての理解を通して、健康の増進と体力の向上を図るとともに、健康で安全な生活を営む態度を育てる」。

さらに具体的目標としては、

1、運動を適切に行なわせることによって、強健な身体を育成し、体力の向上を図る。

2、運動のしかたや技能を習得させ、運動に親しむ習慣を育て、生活を健全にし、明るくする態度を養う。

3、運動やゲームを通して、情緒を安定させ、公正な態度を育成し、進んできまりを守り、互いに協力して自己の責任を果たすなどの社会生活に必要な能力と態度を養う。

4、健康・安全に留意して運動を行なう能力と態度を養い、さらに、健康の保持増進についての初歩的知識を習得させ、健康で安全な生活を営むために必要な能力と態度を養う。（傍点筆者）

となるのである。

これらのねらいは、前のものと同様である。しかし、第二項・第四項は〝教養の機能〟への期待とみることができるが、より〝社会的統制の機能〟への期待に傾斜してきており、第三項〟の〝社会的統制の機能〟への期待とあわせて、それへの期待が大きくなっていることがうかがえるのである。

そして、もし、この目標が、教育基本法体制下のものであるということをぬきにするならば、若干、〝教養の機能〟への期待を加えているという点をのぞけば、戦前・戦中のものとほとんど類似してきていることをみることができるであろう。

戦後体育のねらいの総括　ここで、戦後の体育科の目的・目標をふりかえってみよう。

民主的・平和的な国家をつくりあげるという国民に必要な諸特性を育成することができる教科として、体育科への期待がかけられ、なかでも、スポーツのもつ価値に大いに期待がかけられてきた。

体育のねらいとしては、そのスポーツのもっている〝文化的価値を内在化する機能〟への期待がかなりかけられてはいたものの、教育の反動化にともない、それがしだいに、〝社会的統制の機能〟への期待に傾斜してくるとともに、〝社会的統制の機能〟への期待も、民主国家を建設するのに必要な人格の特性というよりは、むしろ、国家の利益に協力し、約束やきまりを守って責任を果たすという面が強調されるようになってきたことをみたのである。

さらにそれが、最後に強調されることになった「体力の向上」のねらいによって、〝文化価値を内在化する機能〃への期待は、ほとんど消えてしまうこととなったのである。これは、ねらいを学校の機能と対応させるという点でみると、まさに、一九三〇年代前半のねらいのパターンと類似していることに気づくのである。

体力向上のねらい　戦後の体育科のねらいについて、最近の体力の向上にいたる身体的目標を、学校の機能のどれと対応させるべきものであろうか。この点にはとくにふれずに、最後まで一覧してきたのであるが、いまやそれを位置づけなくてはならないところにきた。『学習指導要領』では、その点は明確にしていないが、体力づくり運動が資本の要求としてすすめられてきている状況から、一応それを、〃職業的準備の機能〃への期待ととることができるであろう。とするなら、最近の体育科のねらいには、国家・企業の要求ないしは期待が、かなり明瞭にあらわれてきている、ととらえることができるだろう。

2、私たちのめざす体育のねらい

私たちは、国家に教育権があることを否定し、国民にこそ教育権があり、それを保障していく国民教育を創造していこうとしている。そこで私たちが、主権在民の国家を真につくり上げていくための私たちの体育科のねらいを、日本の体育科の歴史、の教訓に学びつつ設定するとすれば、どうなるであろうか。

社会的統制へのねらい　まず、〃社会的統制〃の機能への期待としてはどうなるであろうか。おそらくこの〃社会的統制〃という表現は、あまり好感をおこさないものであったのではないかと思われる。しかし、私たちが主権在民の国家をつくり上げるという課題に当面するなら、ほかでもない、私たち国民が主体となって社会を統制することのできる、そういう人格の形成を考えざるをえないわけであるし、それを体育科として、どうねらうのかという問題にぶつからざるをえないのである。戦後たしかに民主的な態度がねらいとされた時期があったが、国の主人公に必要な人格特性のとらえ方は必ずしも十分でなかったのではあるまいかという反省がおこるのである。つまり、社会から統制されつつ、また、社会を統制していくことのできる人格の形成をねらうということを明確に設定できないできた弱さが私たちにあったのではないかと反省させられるのである。

国の、社会の主人公は、身のまわりの環境をも変えていくことができる主人公でなくてはならないし、さらには、自分自身の身体・精神を含む全人格を変えていくことのできる主人公でなくてはならないであろう。そしてそのことをねらうことが、国民の教育要求、体育への期待であるととらえることができるのではないだろうか。そのためにも、〝主人公〟にふさわしい特性の分析研究が必要となるが、教研活動のなかでこの点について明らかにされてきているのは、〝権利意識をもった〟子どもにしていくということであった。国民は健康を守る権利、豊かに生活する権利、文化価値を享受する権利、真実を知る権利などをもっているのだという意識をどう育てていくのかということである。

職業的準備へのねらい　つぎに〝職業的準備の機能〟への期待についてである。これは、日本の体育科の歴史を通じて、表面上は、もっともわずかしかあらわれなかった期待であった。しかし、学校の機能としてそれがある以上、それは、教科としての体育科への期待へも貫徹しているはずであるというのが、はじめの仮説であった。

しかし、戦前・戦中の反省をする時、職業的準備ということを考えると、体育は資本家に利用されるのではないかという善意の反省をするあまり、私たちのなかには〝職業的準備の機能〟を考えたがらないか、無視する傾向がある。一方、資本の側は、これらの期待を露骨に出したくないから、ことさらそれにふれないという状況が一般的であった。そのことを私たちが歴史の教訓としてつかみとるなら、その期待を拒否するのではなく、積極的に国の主人公にふさわしいかたちで、職業的準備を体育科においても考えなくてはならないということは、明瞭なことといわなければならない。

ここでは、今後の技術革新の進行のなかで、逆説的ではあるが、ますます全面発達が期待されてくるし、創造的な人格が期待されてくるであろうということと、運動の文化をかなり深く身につけておかないと未知の職業病を早期に発見することができないという事態になりつつあるということの指摘だけにとどめたい。

そして、このような点での体育への期待は、第三の機能への期待を不可避とする。

文化価値を内在化させるねらい

〝文化を内在する教養の機能〟への期待も、日本の体育科の歴史をふりかえる時、せいぜい「知識」ないしは「やり方・技能」の獲得というところにとどまるか、余暇においてレクリエーションとして活用するという、教養というよりはむしろ、実用主義的なものにとどまっており、運動の文化価値を真に内在化させるという伝統が、きわめて少ないことに気づくのである。

しかしながら、第二の機能への期待でみたように、職業的準備という実用主義的な観点からであっても、そこでは、運動の文化的価値を真に内在化されていないと職業的準備にすらならないという事態になりつつあることを考えると、私たちは、この〝教養の機能〟への期待をもっと深くとらえなおしてみる必要に迫られるのである。

人類がきずきあげてきた、そして民族が継承・発展させてきた運動の諸文化を、一部のものの独占物にさせるのではなく、だれもが等しく享受できるようにしていくことは、それらの文化を継承し、いっそう豊かに発展させていくことになるだけにとどまらず、それによって人格をさらに豊かに発展させていくことができるなら、そしてそういう豊かな人格をもった国民をたくさんつくりあげることができるほど、私たちのきずく社会が文化的に豊かなものとなることは確かである。

また、国民には、そういう豊かな文化を獲得していく権利があるのだ、というところまで意識を発達させることができるなら、それはまさに、はじめにみた第一の機能への期待にほかならないのである。

私たちは、いままでかなり便宜的に、学校の機能によって、体育のねらいを区別して考察をすすめてきたが、私たちがめざす体育のねらいにおいては、学校の三つの機能が正しく貫徹されているばかりではなく、三つの機能が相互に浸透しあっていることに気づくのである。

近いねらいと遠いねらい　最後に、体育のねらいについての歴史の教訓を一つ提出しておこう。それは、新安保体制下の教育をめざす『学習指導要領』が到達したねらいの構造化に私たちは注目しなくてはならないと思うからである。

私たちの教育研究は、体育科のねらいのところまで向けなくてはならないわけであるが、この研究をより科学的にすすめるためには、たとえば、授業において直接到達させようとするねらいと、そこでの教育活動をとおして、やがては育てたいとするねらいとをはっきりと区別することが、どうしても必要になってくる。到達するねらいがはっきりときめられなくては、それにむけた努力が有効性をもっていたのかどうかを点検することができないであろう。あるいは、逆にねらい自身がその場合には不適当という結論に到達することもありうるはずである。そういうことを今後は克明に実践・研究していかなければ、自主編成も確実なものとすることができないのである。

このような区別でいうなら、体育科における体力づくりのねらいというものも、授業のなかで教えそして到達できる〝近い〟ねらいと、その結果としてやがて育成されるであろう〝遠い〟ねらいとに区別され、それぞれについての配慮と研究とが必要となってくるだろう。

二、体育科の内容と授業

1、教材の指導

(1) 体操の指導

体操の変遷　戦前の学校体育においては、「体操科」という教科名にも示されるように、体操が体育教材の主要な位置をしめていた。その内容においては、普通体操からスウェーデン体操へという、時代による変遷はあったけれども、主教材としての地位はゆるがなかった。それには、それなりの理由がある。それは、体操が、生理学や解剖学等の科学的根拠に立ってつくられたシステムをもつ身体形成法であり、しかも、金がかからず、一人の教師の号令のもとで多数の児童・生徒にいっせいにやらせることができるものであったからだ。そればかりではない。教師の号令のもとで行なう体操は、肉体の訓練であると同時に精神の訓練であり、その反復の過程において、服従の規律を養うことが支配階級によって期待されていたわけである。その点からして、それは、富国強兵という国家主義的政策にうってつけの教材であった。

ところが、敗戦後、教育の非軍事化・民主化が図られるなかで、学校体育の内容においても、体操中心からスポーツ中心へという転換が行なわれる。一九四五年（昭和20）一一月の通達によると、

「徒手体操ハ要項ニ拘ラズ授業中主トシテ実施スル教材ノ準備・調整・矯正並ニ補助トシテ之ヲ実施セシムルコトトシ画一的指導ハ努メテ之ヲ避クルコト」と示されており、明らかに、体操は主役の位置から、従属的ないしは補助的位置に転落したのである。当時、「民主体育」や「新体育」を標榜した体育学者たちのなかでも、「体操は科学的思考の産物である。それは合理性を主張するのであるが、しかし、そのなかには子供や青年の欲求にこたえるものをもっていない」と、学校体育から体操を排除しようとする意見がみられた。

体育的価値の見なおし

戦後、改めて体操の価値に着目し、それを教材として積極的に取り上げ、体育の実践を展開したのが、和歌山の佐々木賢太郎氏である。氏の実践記録をまとめた『体育の子』（新評論）をひもとくと、第二話「佐市の日記から」のなかの「マッサージ」、第四話の「徒手体操の学習」の全体、第六話の「仲間と仲間で学びあう陸上競技」の「陸上競技の準備体操の矛盾」、第一六話の「喜美子の柔軟体操」、第一九話の「肩をくみあう子どもたち」など、体操を学ばせたいくつもの授業の記録に出会う。これらの実践に共通していることは、徒手体操の形式をたんなる形式として教えるというのではなく、「形式から内容へ」と迫らせ、また「内容から形式へ」と追求させるというやり方をとっていることである。そこでは、それぞれの体操が何のためのものか、なぜからだのためになるのか、もっとよい形式はないのかと、からだを動かしながら、からだをみつめ、からだのしくみやはたらきの法則性を認識させ、体操を、生命を守りからだをつくるための技術として、獲得させようとしている。さらにまた、からだをみつめさせるなかで、そのからだを生活しているからだとしてとらえさせ、からだに反映している社会の矛盾にも目を開かせている。からだについての科学的認識をあたえる仕事は、理科や家庭科でもやっているが、ここでは、からだづくりという体操の実践のなかで、その実践と結合させながら行なわれており、それはからだづくりの技術の認識へと発展させられているわけである。

このような徒手体操への取り組みは、ほかにも、数少ないながらも、教育研究全国集会で報告されたことがある。たとえば、第一九次教研では、ラジオ体操などの既成の体操を教えるなかで、観念くだきとでもいえる「体操くだき」を行ない、そのうえで、さらに「体操づくり」へと発展させた実践の報告がなされている。

身体形成の技術

徒手体操は、英語では、free gymnastics であるが、gymnastics はギリシャ語に由来し、それは、ギムノス（裸の）という語とテクネ（技術）という語からなっている。つまり、鍛えぬかれた、役に立つ、美しいからだをつくる技術という意味が含まれている。人間の裸体は体育においてばかりではなく、芸術の世界においてもしばしば主題として追求されてきた。イギリスの美術史家ケネス・クラークは、『ザ・ヌード』（美術出版社）という著書のなかで、つぎのような、興味深いことを書いている。英語では、はだか（naked）と裸体像（nude）とを区別しており、前者は、着物が剝ぎ取られた状態、そこには当惑の意がいくぶんか含まれているが、後者は「均整のとれた、すこやかな、自信に満ちた肉体、再構成された肉体のイメージである」と。すなわち、naked はあるがままの裸体であり、nude は、あるべきものとして再構成された裸体である。後者には、肉体への願いや理念がこめられている。

少し横道にそれたが、体操もまた、現在あるからだをあるべきからだへと再形成していく技術体系であり、実践であるといえよう。人間は、自然や社会を対象としてとらえ、それに目的意識的にはたらきかけてつくり変える。そればかりではなく、みずからのからだをも対象化し、つくり変えようとする。体育とは本来そうした実践であるが、そのなかでもとりわけ、徒手体操はそのことを直接の目的として、意図的につくられた文化である。前述の佐々木氏の教育実践は、徒手体操のこの本質に根ざしたものであり、子どもたちを、みずからのからだの変革に立ち向かう実践主体へと方向づけている点に、とくに注目したい。

多様な理念と内容

ところで、徒手体操とひと口に言っても、今日ではその対象者（行なう人）や目的に応じ、実に多様であり、○○体操という名称をあげていけば、その多様さにあらためて驚く。しかし、その多様さは体操の特質を示しており、目的に応じてつくられた体操は、目的に応じて選択され、意識的に行なわれるべきものである。したがって、徒手体操の指導においては、子どもたちが、現在の生活や将来の生活において、その必要に応じ、適切な体操を選びとり、あるいは考え出して行なえる能力を育てることが大切であろう。

　徒手体操は、その種類において多様であるばかりか、その原理ないし理念、その主張においても、一様ではない。佐々木氏の実践で取り上げている体操は、伝統的な流れのものであり、わが国の学校体育での徒手体操の大勢も、長年、その流れに沿うものであった。伝統的というのは、徒手体操の創始者、スウェーデンのリング（一七七六年〜一八三九年）がうみ出した体操のシステムを継承・発展させたものという意味である。その特長は、解剖学や生理学の知識にもとづいて構成されたところから、人間のからだや動きを分析的にとらえ、からだの各部分——たとえば、上肢・下肢・背・腹・体側・頭というように——を、屈《ま》げたり、伸ばしたり、回したり、振ったり、挙げたり、倒したりというように、しかも一定の順序にしたがって、動かしていくというところにある。もちろん、それらを複合した動きをも含ませていくのではあるが。この徒手体操では、からだの各部の筋肉群・関節を、順次選択的に運動させることによって、全身の筋肉群をかたよりなく強化したり、関節の可動性を大きくしたり、あるいは循環器官や呼吸器官によい影響をあたえることをねらっている。かつては、号令を中心とし、ひとつひとつの動作が区切られるような仕方であったが、最近では、連続する動作として、リズムを重視し、音楽の伴奏をつけるなど、改良が加えられてきている。

近代舞踊と新体操　ところが、このような分析的な、あるいは分析にもとづく複合的な徒手体操に対して、一九世紀末から今世紀にかけ、新しい体操が、舞踊の革新運動と表裏一体をなして台頭してくる。近代舞踊革命は、伝統的なバレーの型や衣服の束縛から解放され、思いのままに自由に動き、踊ることをめざして展開されたが、体操の革新運動もまた、これまでの体操の人為的形式からの解放をめざし、自然運動の方向にすすんだ。そこには、自然運動こそが生理学的にも健康という目的に合致し、また心身の一致したあらわれであり、したがって、そこに運動美を求められるという考え方があった。このようにして展開されていった新体操は、歩く・走る・跳ぶ・押す・引く・打つ・投げるといった、全身的な自然の運動を中心とし、生命の躍動としてのリズムを重視するものであり、なかには、ボーデの「表現体操」のように、舞踊と見分けのつかないほどの表現的体操もうまれた。リングを生んだスウェーデンにおいても、人間の生命の力強い再生をのぞんだリングの精神に帰れと、形式主義化した体操の批判のうえに、「体操に喜びを、体操にリズムを」と、新スウェーデン体操が展開されている。

今日の徒手体操とその問題　そして、今日では、徒手体操は、人間のあらゆる運動の基礎を養うという、動きの教育としての性格を強く持ちはじめている。人間の身体運動は目的志向的であり、その目的に合致して、全身の各部の機能が有機的・統一的に作用する。その動作が合理的であるほど、リズミカルであり、美的である。

それでは、従来の徒手体操は、いっさい無価値なものとして捨て去られるべきものなのであろうか。たしかに、これまでの徒手体操は、国家主義的教育の手段とされることによって形式主義化し、子どもたちにとっては、無味乾燥であり、精神的苦痛をともなうものにほかならなかった。そして、現在でも、ラジオ体操以外には、ほとんど何も徒手体操ができないという青少年がつくられている。しかし、このようなことは、指導の仕方に問題があったとも考えられる。また、内容においても、これまでの体操はあまりにも、形式が固定的であり、静止的であり、律動性に欠けていた点を再検討する必要があろう。

『学習指導要領』では、従来の「徒手体操」が「体操」と改められ、内容的にも、自然運動的なものが加えられてきている。そしてこの教材は、体力向上という目標に直接かかわるものとして、再びその地位を回復してきたようである。いずれにしても、体操を、再び人間支配の道具とさせてはならず、人間解放をめざすものとしなければならない。そのためにも、体操とはいったい何であるのか、その本質を問い、その文化としての、また教材としての価値をさらに究明していかねばならない。『学習指導要領』の改訂にともない、体操とは何かをめぐって、一種の混乱が生じている。私たちのなかでも、明確な結論が出ているわけではなく、今後の課題とされている。徒手体操を動きの教育という面からのみ割り切ることにはなお疑問があり、身体形成的側面と運動形成的側面の統一を図るとともに、その指導においては、やはり、なんのために、なぜと問いつつ、同時に体操の喜びを体験させることを考えていくべきであろう。

健康法として改良され、多くの人々に愛されている中国の太極拳なども、民族的形式を継承した一種の徒手体操と考えられる。わが国でも、日本の民踊の基本動作の身体形成的・運動形成的価値に注目し、舞踊の基礎の養成をかねて、体操として取り上げる試みも行なわれていることを付け加えておきたい。

(2)　器械運動の指導

器械運動の領域

器械運動は、いうまでもなく、鉄棒や跳箱や平均台などの器具を使って行なう体操であり、それぞれの器具の特性をいかして、自己のからだの動きで多様に空間を構成していくという特性がある。したがって、器具に応じた特殊の技術と体力が必要とされ、身体支配能力の発達、集中力や決断力などの精神的資質の育成、また、美的表現力の育成などに有効な教材である。

ところで、『学習指導要領』では、マット運動は器械運動に含まれているが、これはむしろマットを補助的用具とする床上の運動、さきの体操の一種と考えられる。また、そう考えた方がすっきりする。それは、転回運動、支持運動、跳躍運動、平均運動などに分類される多様な内容からなるが、それらの個々の動作の連続によって、空間を構成し、美的に表現していくところは、器械運動にも通じる。

斎藤喜博氏の実践が示すもの

もちろん技術の難易度からみれば、やさしい初歩的なものから、きわめて高度なものまでさまざまである。しかし、いかに初歩的なものといっても、それぞれが一つの独立した文化財であり、その質の高さを求めるということになると、決して容易ではない。それを教材として教えるという以上、ただできるというにとどまらず、それぞれの子どもの実力に応じて、その文化としての質の高さをぎりぎりまで追求させていくところに意味がある。斎藤喜博氏は『教育学のすすめ』(筑摩書房)のなかで、境小学校の一年生に「横まわり」を教えた時のことを紹介している。それによると、はじめのころは、ひじや肩や足のかかとやひざをつけてもよいから、ただ横にまっすぐまわることを要求し、それができるようになると、「手や足や肩の力を使わないで腰でまわりなさい」という指示を出した。そして、腰を回転の軸にして、ゆっくりまわれるようになったところで、「腰だけを使わないで、足の先から手の先までの全身を一本の線にして、身体全体でまわりなさい」との要求を出している。そして、その結果、子どもたちの「横まわり」はいっそう美しくなり、内面的なものになり、手の指先から足の指先までいのちがあるようなものになっていったとのことである。このことについて、斎藤氏は、「このように『横まわり』が三回変わっていったのだが、これは、子どもの質が高まるにしたがって、教材に対する要求を高めていったからである。だから同じ教材でも教材の価値が変わっていき、子どもの質も変わっていったのである」と書いておられる。

「前まわり」などの指導においても、「できるだけゆっくりまわりなさい」という要求を出すだけで、子どもたちの粗雑なまわり方が心をこめた内面的なものに変わり、「前まわり」の本当のリズムがうまれてくるものである。ただ力にまかせた、せっかちなまわり方にはごまかしがあり、ゆっくりまわることは、それだけむずかしいことである。

『教育学のすすめ』のなかには、また、境小学校の秋の体育祭の情景が書かれている。それは、四年生、五年生、六年生の全員が、ピアノ曲に合わせて、順に側転をしながら出場し、校庭の中央までくると、倒立をし、そのあとまた側転で退場していく、しかも、子どもたちのしなやかな足が空に向かっていっせいに伸び、それがリズムを持っていっせいに動いていく、さながら校庭いっぱいに花が咲いた情景なのである。しかし、このような側転や倒立は、一朝一夕になるものではなく、長い期間にわたって、教師と子どもが、ともにその質の高さを限りなく追求し続けた努力の結果なのである。

マット運動（床運動）では、このように、ひとつひとつの種目を追求するばかりではなく、学年が高まれば、各種の運動をつなげて、一連の作品を構成するということもめざしたい。その場合、教師が一連の運動を構成してそれを行なわせ、さらに、子どもたち自身にグループごとで構成させるということがよいのではなかろうか。

跳箱運動

つぎに跳箱運動に移ろう。器械運動は総じて、できる、できないがはっきりしており、できないためにきらいになる、恐怖感と劣等感に苦しめられるということが多い。逆に、努力の結果、できるようになった時の喜びも大きい。したがって、初歩的な、基礎的な技術を低学年から確実に獲得させることが必要となる。また、既成の使用法に縛られることなく、多様な使用法によって、跳箱に馴れ親しませることも大切なことである。

跳箱運動は、一般に、スタート・助走・踏切り（跳躍）・空間動作・手の着き・空間動作・着地という一連の動作からなる。これらの一連の動作は、いうまでもなく、スタートによって起こされる。ところが、このスタートを教えるということは、ほとんど行なわれていない。スタートは、これから展開されようとする一連の動作を内にこめたものでなければ、スタートとはいえない。スタートが変われば、助走も踏切りも変わってくる。筆者がある小学校で、二年生に「腕立てとびあがり・おり」を教えた時のことである。スタート位置にずらっと並ぶことをやめさせ、自分の番がくると一人ずつスタート位置に行き、いまから跳ぼうとする跳箱に正対させ、自分でスタートする位置を決めさせた。そして、ゆっくり間をとって呼吸を整え、気持の集中したところでスタートにはいるように指示した。はじめは、何か後ろから追い立てられるように、いい加減に走り始める子どもが多かったが、何度もやり直しをさせていくにつれて、子どものスタートがまったく見違えるように変わってしまった。これは、斎藤氏の「リズムの開始の必然性」のあるスタートということばに示唆を得て試みた指導であった。ゆっくりと間をとり、呼吸をととのえ、きちっと跳箱に向かいあった姿勢から、おもむろにスタートにはいる時の子どもの眼差しや表情、からだを前に傾けながら踏み出す一歩目の足の運び、それは、見る人を魅きつける美しさを持っている。名選手か名優の演技を見るのとなんら変わることのない感じなのである。

　つぎに助走であるが、助走を見れば、すでに踏切るまえに、その子どもの跳躍の程度がわかるといわれるほどである。足首を硬直し、リズム感がなく、どたどたと重い助走では、よい踏切りのできるはずもない。高橋文彦氏の跳箱指導の実践記録「子どもの現実を見ぬき対応する」（教育科学研究会教授学部会編『教授学研究2』）は、助走の指導に重点をおき、子どもの助走に見られるいくつかの悪い型をひとつひとつ突き崩し、より合理的な助走へと変えていった貴重な実践である。しかし、このような助走の指導は、必ずしもすべて跳箱運動の指導のなかで行なうというものではなく、本来は、体操の歩・走・跳などの指導のなかで、子どものからだを耕しておくべきものであろう。

踏切りの指導

　跳箱運動の一連の動作のなかで、中核的位置をしめるのは踏切りである。この運動が跳馬運動に由来する跳躍運動であることからすれば、それは当然のことであろう。空間姿勢や手の着きや着地のまずさの多くは、踏切りに原因がある。ところが、一般に、結果として現われた現象に目をうばわれた指導が多いように思われる。助走から踏切りにはいるリズムのうまくつかめない子ども、両足が左右・前後に開いて力の分散している子ども、踏切りにはいる最後の一歩を力みすぎて踏切りにはいった時に力を失ってしまう子ども、つま先もひざもが外向きに開いて力が外に逃げてしまっている子ども、足の裏がベタッと踏切板にくっついて力を板に吸い取られてしまう子ども、肩や腕にむだな力を入れすぎて下半身に力が凝縮しない子ども等々、子どもたちの練習を見ていると、こうした事実を見ることができる。またそれを見抜かなくては、その事実に応じた的確な指導はできないわけである。筆者が小学校六年生に「台上前まわり」を指導した時のことである。筆者は、この踏切りに指導を集中した。その結果、はじめに比べればはるかによい踏切りに変わった。そこで、台を四段から五段に上げた。男女とも全員ができた。二回くらいやってから、男子だけ六段に挑戦させてみた。これも、一、二回やりなおした者もいたが、全員がやってのけた。そこで、さらに七段に挑戦する冒険をあえて試みた。踏切りがすばらしくなったのだから大丈夫だと励ましてからやらせたのであるが、これまた全員が腰を軽く浮きあがらせてやってのけた。そこで今度は、女子にも六段へ挑戦させ、ついには七段へとすすんだ。はじめ身長の高いほうから順に数名に跳ばせたあと、今度は一番低い子どもを指名した。その子どもは、しばらくスタート位置に立って跳箱を凝視したあと、スタートを切った。全員が見守るなかを、自分の背丈もある高さの台の上を軽々と前まわりをして着地した。思わず拍手が起こった。着地をした時のその子どもの目には、大変なことをやりとげたあとの満足感がうかがえた。そして、背の低いほうから、二番目三番目と跳んでいったのである。このことは、踏切りの大切さを改めて教えてくれた。

『学習指導要領』では、学年を追って台の高さを一〇センチメートルずつ高くしているが、そんなものではない。

鉄棒運動

鉄棒運動の指導は、これまで「さかあがり」「足かけまわり」の域をほとんど出るものではなかった。それは、たんに懸垂力や支持力や腹筋を強める手段というとらえ方が根強かったことと無関係ではなかろう。幼児や低学年の子どもたちは好んで鉄棒遊びをするのに、学年がすすむにつれて、また授業ということになると、鉄棒運動は子どもたちに好かれなくなる。なぜなのか。この疑問から出発して、子どもたち自身に鉄棒を使っての遊びを見つけ出させたところ、二八種もの種目が見つかり、そのなかの四種目を選んで指導したら、どの子どももが生き生きと練習し、全員ができるようになったという実践が、第二一次教研全国集会で報告されている。たしかに、子どもは遊びの発明家であり、授業で教える以外の技を楽しんでいる。しかも、それらのなかに、むしろ鉄棒運動の本質をとらえたものが多いのである。

ところで、鉄棒運動の本質はどこにあるのだろうか。それは一本の鉄のバーを軸にし、そのバネを利用しながら、「振り」や「回旋」の運動の連続によって、変化に富んだ空間（軌跡）をリズミカルに描き出していくところにある。この運動の基礎をなすのは「振り」であるのに、「振り」が教材としてきちんと教えられることは少ないようである。「振り」を教えるのには高鉄棒が必要であるが、最近では、高鉄棒は少なくなってきている。また、ほとんどしなうことのない、太い、ざらざらの鉄棒ではどうしようもない。子どもたちにこそ、上質の鉄棒を準備してやるべきだろう。鉄棒運動が好まれなくなるのは、教材に発展性が欠けているためではなかろうか。発展性をもたせるには、できるだけ早い時期（小学校高学年か中学校一年生の時期）に「けあがり」をマスターさせることである。「けあがり」は力に頼るのではなく、運動の法則にそったタイミングをつかむことによってあがる技である。「けあがり」を身につければ、必然的に連続技がほしくなり、さまざまな連続技を修得するきっかけとなるはずである。この「けあがり」は、蹴ってあがるという日本語の名称にだまされて、その指導を誤ってきた疑いがある。「けあがり」は、ドイツ語やロシヤ語では、屈げていたからだを伸ばすことによってあがるという意味なのである。

　順序が前後するが、さきの「振り」について、ある中学校で教育実習生が、「けあがり」を教える前段階として、「振り」からの「ひざかけあがり」を指導したことがある。ところが、その授業はみじめな失敗に終わった。それは、多くの子どもが、鉄棒にぶらさがったきり、「振り」もまともにできなかったからである。そこでつぎの時間は、「振り」の指導に集中し、「あおり」を教えるなかで、リズミカルで伸びやかな「振り」が続々と生まれてきた。ところが、数日後の授業でやらせてみると、元の木阿弥で、前時の「振り」はからだからすっかり抜け落ちていた。このことは、かなり「振り」こまないと、「振り」が身につかないことを示している。

演じるということ

　以上、マット運動・跳箱運動・鉄棒運動を中心に書いてきた。これらの教材に共通することとして、「演じる」ということの大切さを最後に強調しておきたい。さきにのべた「腕立てとびあがり・おり」ひとつにしても、子どもにすれば、その一回一回が「演じる」ことなのであり、またそうさせなければならない。言い方を変えれば、子どもは精いっぱい「とびあがり・おり」を表現しているのであり、「とびあがり・おり」をとおして自己を表現しているのである。それはA男の「とびあがり・おり」であり、あるいはB子の「とびあがり・おり」なのである。「演じる」とはそういう意味を持つ。「演じる」には、演じるものについてのイメージを持たなければならない。したがって、これらの運動の指導では、その教材について、どのようにして、どのようなイメージを子どもに持たせるかが、とりわけ重要なこととなる。そのためには、まず教師自身がその教材についてのイメージを明確に持ち、たえずそれを豊かにしていかなければならない。それが教材解釈の基本である。子どもに、その教材についてのイメージを持たせるためには、いろいろの方法がある。みずからの動作による場合もあれば、ことばによる場合もある。そのことばを探りあてるのに教師は苦労をするのである。それぞれの教材の解釈を深めながら、それを精いっぱい表現していくなかで、子どもはそれをみずからのからだに息づかせ、心とからだをいっそう豊かなものにしていくのである。

(3) 陸上競技の指導

陸上競技は、走る・跳ぶ・投げるといった人間の運動の基本をなすものを中心として、スピードと距離と高さを競い合い、その能力の可能性をためそうとする文化である。それは、子どもの遊びの生活のなかに、すでに「かけっこ」「とびっくら」「投げっこ」というかたちで存在する。

「走る」

「走る」ということをまず取り上げてみると、これまでのわが国の体育では、もっぱら短距離走・長距離走・障害走という競走としてのみ教えてきたように思う。その点、競走としてのみ「走る」ことを教えるのではなく、「走る」ことの基本から、系統的に指導していく必要があるのではなかろうか。リズミカルな美しい走り方、小刻み走りや大股走り、まっすぐ走ることや蛇行する曲線走り等々。これらを、体操の内容として位置づけるかどうかが問題ではなく、「走る」という能力の多面的な発達を図るために、その基礎をいかに養っていくかが問題である。

スピードを競う競走は、その「走る」ことの分化した一つなのであるから。このことは、「歩く」「跳ぶ」「投げる」などにしても、同じことがいえよう。たとえば、「歩く」ということが、集団行進はべつとして、体育のなかの教材としてきちんと教えられたことがあったのだろうか。

短距離走

さて、ここで競走としての「走」にもどろう。短距離走は、短い距離を一気に走りぬくという競走であり、鋭いスタートダッシュにより、できるだけ早く最高のスピードに達し、そのスピードを落とすことなくゴールまで維持し続けることが必要である。このように考えると、子どもたちにとって、一〇〇メートルは短距離なのかという疑問が湧いてくる。第一九次教研全国集会でも、ひとりひとりの子どもが持てる力を十分にだしきれる短距離走教材を作ろうとした実践が報告されている。それは、一〇〇メートル走の一〇メートルごとのタイムを計ってひとりひとりのスピード曲線をだしたところ、三〇から四〇メートルでスピードが最高に達し、そのスピードが一度落ちて、ゴール前で再び少しあがることがわかったというものである。このことから、子どもたちにとって「一〇〇メートル走は短距離走」という概念に合わないとしている。このことは、子どもの年齢と発達に応じて、短距離走の距離を定めるべきだという考え方につながる。ただその場合、子どもの実態に合わせるというだけでは問題が残る。たとえば、いま、ほぼ四〇メートルで最高スピードが落ちはじめる子どもたちがいるとして、その場合、四〇メートル走を行なわせるということでよいのだろうか。教育的に考えれば、五〇メートル、六〇メートルまでスピードを持続して走りぬける子どもにしたいし、それには、五〇メートル走、六〇メートル走を課して、それに挑戦させるべきであろう。

徒競走　徒競走は、ただたんに時間への挑戦ではなく、競い合うところに意味がある。そのため、足の遅い子どもには、とかくきらわれがちである。しかし、競技は、勝負においては否定し合う関係にありながら、実は競技をとおして相互に認め合うというものである。またそのような学習集団を組織すべきであろう。将棋などでは、実力の差に応じて駒を落としてたたかう。そのことによって、互いに力を出し切って勝負を競う条件が生まれ、最後の最後まで勝負の見通しの立たない接戦を可能にする。競走のクライマックスは、ゴールのテープを競い合って切るところである。だれしもが、テープを切る時の感じを体験したいと願うのは当然のことであろう。駒落としに似て、競走の世界でも、昔からハンディキャップ・レースというものがある。おとなが幼児とかけっこをする場合にも見られる光景である。はじめから勝つ見込みのない、競い合いにもならない競走では、だれもやる気の出るわけはない。このハンディキャップ・レースを取り入れることによって、どの子どもも喜んで参加する競走にしたという実践は、これまでにも何度か報告されてきている。

リレー　短距離走でとくに重視したいのはリレーである。単発の短距離走をいやがる子どもでも、リレーは好きな場合が多い。これは、チームを組んだメンバーが、心を合わせて生み出すところに教材としての価値がある。ところがこれまでは、とかく運動会種目として取り上げられ、選ばれた子どもたちだけのものにとどまりがちであった。これまでのリレーの指導は、バトンタッチ（受け渡し）の仕方を教えることに中心があったように思われる。しかし、よく考えてみると、リレーの妙味は、四人なり六人なりが、できるだけ最高のスピードを持続しながら走り継いでいくところにある。そのためには、走り継ぎ・継がれる二人のあいだで呼吸の合った走り継ぎが求められる。走り継ぎ手のスタートのタイミングにすべてがかかっているともいえる。スタートが一瞬早すぎても、一瞬遅すぎても、流れるような美しい走り継ぎは生まれない。そして、このスタートのタイミングは、反復練習の過程で探りあてるべきものなのである。このようなリレーの本質のとらえ方から、肩タッチ・リレーの試みが展開されている。バトンを使うと、その受け渡しの仕方に心がうばわれやすいが、肩タッチでは伸び伸びとした走り継ぎに集中することができる。バトンを使ってのタッチはそのつぎのこととされている。リレーの本質を改めて問うものとして注目すべき実践である。

障害走

障害走においても、既成のハードルを、定められた間隔に並べ、ハードリングの技術を教えるというのが、一般にみられる指導であった。けれども、考えてみれば、陸上競技の障害走種目にもいろいろあり、短距離のもの、中距離のもの、三千障害のように障害物にバラエティのあるもの、さらにクロスカントリー（断郊競走）などがあげられる。そして、ハードルは、障害物のもっとも特殊化したものである（考え方によっては、多様な障害に共通する要素を抽き出し、形式化したという意味では一般化であるとも考えられるが）。したがって、ハードルのみを与えることは、子どもたちを、ハードルをまたいで走るという一つのパターンにのみ縛りつけることになりはしないだろうか。多様な条件の障害物を用意することによって、多様な対応能力・克服能力を育てることを考えなくてもよいのであろうか。障害走も、原点にもどってその本質を問い、また教材的価値を再検討すべきときがきているように思う。

「投げる」

つぎに「投げる」種目について考えてみよう。投げる技術は、投げる物に条件づけられる。陸上競技種目としては、砲丸投げ・槍投げ・円盤投げ・ハンマー投げがあるが、施設や用具や危険性などのため、授業では、せいぜい砲丸投げにとどまっている場合が多い。突き出し投げやほうり投げなど、さまざまな投げ方を体験させるには、ただ規定の用具にこだわらず、メディシンボールを使ったり、ボールに改良を加えるなどのことも考えていくべきだろう。

砲丸投げの実践で注目すべきものに、佐々木賢太郎氏の高校での実践「砲丸投げでの身体解放教育」（明治図書『解放教育の実践４』「解放教育の内容と課題」）がある。この授業の一時間目は、何のために砲丸投げを学ぶのかという問いからはじめられるのであるが、そこでまず問題になっているのは、砲丸の重さである。陸上競技の正式種目としての砲丸の重さは、男・女別、一般・高校別に定められているが、そのことへの疑問である。このようなきまりは、だれが何のために何を基準としてつくったのかという問題であり、からだのため、競技のためということであるならば、それを行なう人たちのからだに応じて選びきめるべきものではないかということである。このような問いは、子どもたちが砲丸投げを本当に自分たちのものとして行なうためには、一度はくぐりぬけなければならない問いであるし、教師自身もまたくぐりぬけるべきものであろう。

「何のために」と、体育的価値についての認識を深めるとともに、その指導過程では、砲丸投げの技術への客観的認識をうながしている。そこでは、どうすればより遠くへ投げられるのかという子どもたちの願いに立脚し、ひとりひとりの投げ方をつき合わせ学び合わせるなかで、砲丸のように重いものを投げる投げ方は「野球式投げ」ではなく、全身を使っての「突き出し」であるという認識をみんなのものにしていっている。それを頭のなかだけではなく、自分の技術を改め、記録を伸ばしていく実践のなかで、実証していっている。そして、そこでは、投げる（突き出す）技術とからだづくりの技術とを矛盾することのないものとしてとらえさせようとしている。

陸上競技の技術は、記録の無限の向上をめざして不断に開発されていく。それは、用具の開発をともない、それによって支えられてもいる。走高跳にしても、正面跳からベリーロールへ、そして背面跳へと目まぐるしく変転してきた。それだけに、その技術はきわめて特殊で不自然な動作である場合がある。記録をのばすための技術は、体育的視点からみれば、問題がないわけではない。その点、佐々木氏の実践はつねに、「何のために」「なぜ」と体育の本質を問いながら展開している。身体形成的価値の大きい陸上競技教材においては、ただ記録や技術の向上にとどまらず、その学習過程において、自分や友だちのからだをみつめ、からだづくりへの意識を育てることが重要であろう。

跳　躍

跳躍競技については深く触れるだけの余裕がもはやない。走幅跳にしろ走高跳にしろ、跳箱運動と同様、スタート・助走・踏切り・空間動作・着地という一連の動作からなり、その核をなすのが踏切りである。もちろん、スタートも助走も、この踏切りのためには大切に指導されなければならない。ところで、走幅跳には踏切板なり踏切線が欠かせないものであるが、この一枚の板、一本の線にどのような意味、どのような価値があるのであろうか。どこで踏切ってもよいという跳び方もあるにはある。しかし、一本の線を引くことによって、走幅跳という文化が成立したともいえる。スタート位置に立ち、助走路をずっと目で追っていく、踏切線を凝視する、呼吸を整えて一歩を踏み出す、すべては踏切にかけられる、一本の踏切線に集中される。これが競技者の姿である。私たちは、もっともっと、この一本の踏切線に内在する価値を追求してみたいものである。子どもたちにも、からだをとおして追求させてみたいものである。

(4)　球技の指導

球技の指導で基本的に考えなければならないことは、球技の技術指導・内容をどのようにとらえるかということであろう。

球技という名称で総称されているものも、タイプの異なった内容でいくつかに分類されるのが普通である。一般的な分類として、それは、庭球型（バレーボール、テニス等）、サッカー型（サッカー、ラグビー等）、バスケットボール型（バスケットボール、ハンドボール等）、野球型（野球、ソフトボール、クリケット等）に分けて考えられている。

これらの分類のなかで、文部省『学習指導要領』であげられている球技のなかから、サッカー型の代表として、小・中・高校で取り上げられているサッカー教材の指導と、庭球型のなかから、中学・高校でもっとも広く採用されているバレーボール教材の指導について述べる。

しかし、教材の取りあげ方や指導内容については、『学習指導要領』の考え方に立つものではない。私たちの教育研究は、あくまでも国民の要求の本質に依拠し、国民の教育権に立脚した自主的な教育研究であるから、たとえばサッカー型として指導する場合でも、内容として、ラインサッカーを教材と考えたり、ラインサッカーを教材として指導する立場でないことは明らかである。サッカーならサッカー、バレーボールならばバレーボールとしての、それぞれのもつ文化特性や技術特質をふまえて、教材としてどのように系統的に指導していくか。そのために、それぞれの運動文化のもつ文化特性や技術特質を、どのように明確にし、子どもたちの認識・発達と照応した形で、どのように教材化して指導していくかが、私たちの内容を考える基本的視点なのである。

A　サッカーの指導

サッカーを教材として指導する場合、まず、サッカーの教材観を明らかにし、教材のもつ技術特質を中心概念としてとらえ、それぞれの学年に応じた指導内容を、系統的に、ねらいや時間数とのかかわりで指導することになる。まず、サッカーのもつ文化・技術的特質を、「コンビネーションを含むシュート」ととらえ、その基礎技術を、「二人のコンビネーションによるパスーシュート」（トラッピング、ドリブルを含む）として指導する。

従来、基礎技術は、技術的内容を分析し、分析・細分化した内容をそのままのかたちで基礎技術としてとらえ、それを個別的に指導するのが基礎技術の指導と考えられてきた。基礎技術は、本来、文化または教材の技術的特性とのかかわりで指導されるもので、細分化された技術要素それ自体を、即教育内容として、しかも基礎技術として指導することには問題が多すぎる。

広岡亮蔵氏らが主張しているように、教材の中心概念（運動文化では、文化の技術的特質と考えられる）を明確にし、それを貫いた内容を単純化したもの（必ずしも要素への細分化のみを意味しない）を基礎技術と考えるのが妥当である。

サッカーでいう基礎技術とは、たんに、球つき、すなわち、頭や脚（足）などで連続的に球つきをしたり、ゴールのほうからキーパーがころがしてくれたボールを、ゴールに蹴り込むというような、細分化され分析された技術内容をいうのではなく、さきに述べたように、「二人のパスをともなうシュート」を基礎として、最終的に具体的な目的であるシュートを中心におきながら、シュートするためのキック（パス）技術を含めて種々のボールコントロール技術を、二人のコンビネーシヨンの質を高めながら練習することを意味する。

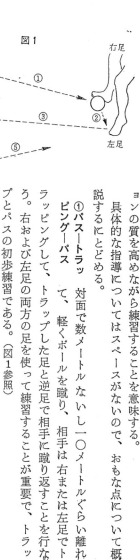

具体的な指導についてはスペースがないので、おもな点について概説するにとどめる。

①パス―トラッピング―パス　対面で数メートルないし一〇メートルぐらい離れて、軽くボールを蹴り、相手は右または左足でトラッピングして、トラップした足と逆足で相手に蹴り返すことを行なう。右および左足の両方の足を使って練習することが重要で、トラップとパスの初歩練習である。(図1参照)

図1

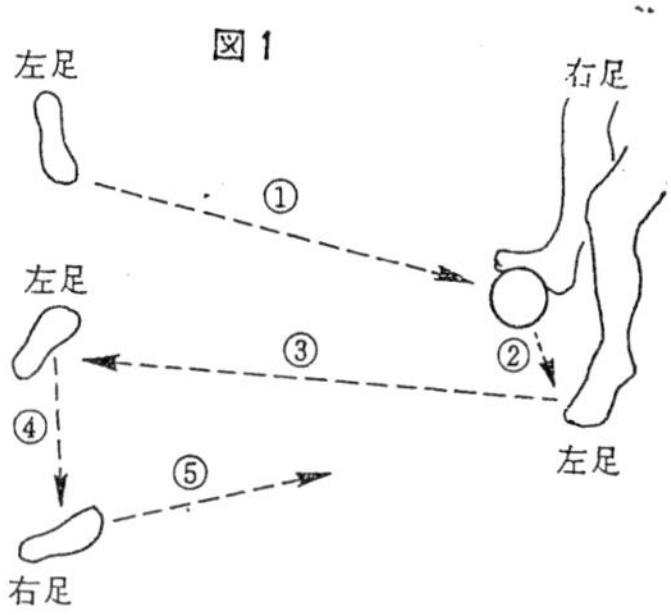

②パス―リターンパス―シュート　ゴールに向かってほぼ縦の関係に、A、Bの二人が立ち、最初はゴールに近いほうに位置したAがボールを保持し、AからBへバックパスを行なう(最初の距離は数メートル)、BはAからきたボールを①で練習したように、軽く右(左)足でトラップして、トラップした足と逆側の足でAにリターンパスを返す。AはBにパスした後、最初に立っていたところから少し位置を変えているが、Bからきたパスをストップするか、または、ごく軽くBが走ってくるほうへバックパスぎみに返して、Bからのパスをもらえるように前(ゴール)のほうへダッシュする。

BはAからストップまたはバックパスぎみにもどされたボールを、原則としてはゴールめがけてシュートする。しかし、ゴールまでの距離が遠い場合や、練習の過程では、再びAへボールを返球して、Aがシュートすることも考慮にいれて練習する。

この練習が、基本的な二人のパス―シュートであって、この練習形態を基本原則にして、後の練

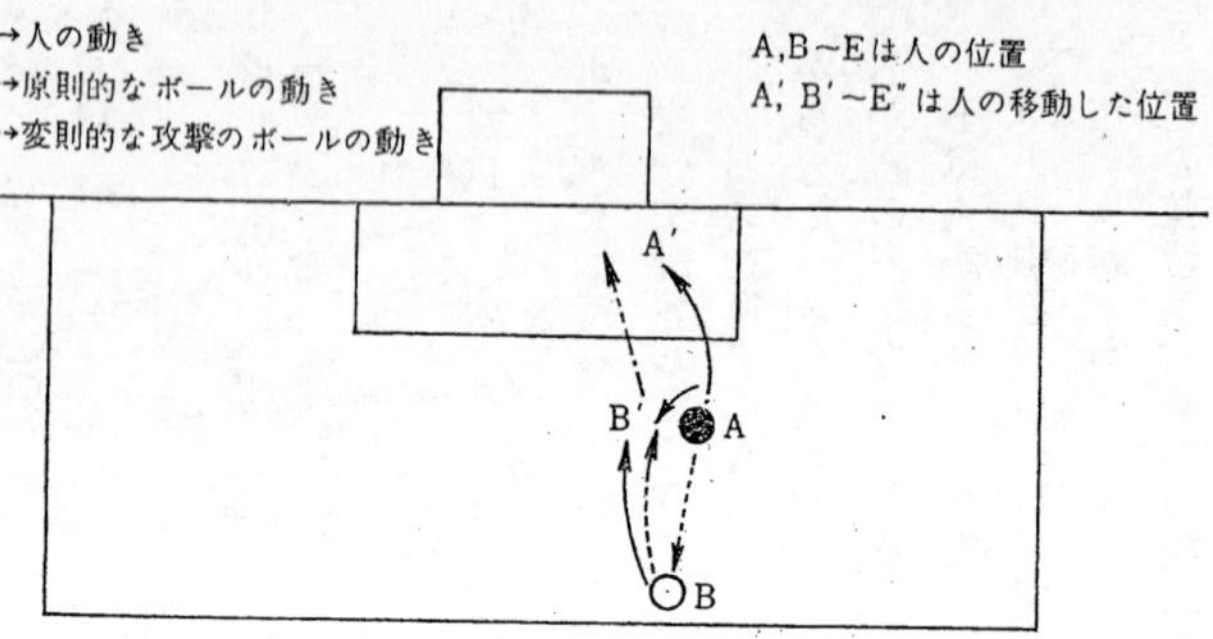

図2

習にいかしていくのである。つまり、ゴール寄りの人がボールをもっていてシュートが打てない場合は、後ろからフォローしている人にバックパスをして、前へダッシュしてシュートできる位置を選びながら、二人で攻撃を連続的に行なうように練習するのである。（図2参照）

③三人によるパス―シュート練習　（三人のコンビネーションづくり）

三人での攻撃コンビネーションの練習は、原則として、中央から右または左側かの、いずれかのサイドを中心に行なう。つまり、グランド内の全面を使って、攻撃というよりはむしろ、片サイド（右または左）を中心にして、横から縦、または、縦から横へというような展開の方法を軸にした練習で、シュート練習に結合しながらも、ボールの動いたコースにたいして、必ず一人がフォローして、前パスが通りにくければバックパスをもちい、さらにポジション交代（入れかわりによるスクリーンプレイなど）を含めた練習である。

三人の攻撃練習は、実戦的にも有効性をもち、多様な攻め方の型があるが、図3に示したような攻撃を典型として練習する。もちろん、この三人の攻撃練習においても、基礎として練習した、二人のコンビネーションプレイが根幹になって成立していることはいうまでもない。

したがって、二人で練習したコンビネーションづくりの練習を、三人の練習のなかでも、必ずいかしていくこと。図でわかるように、A

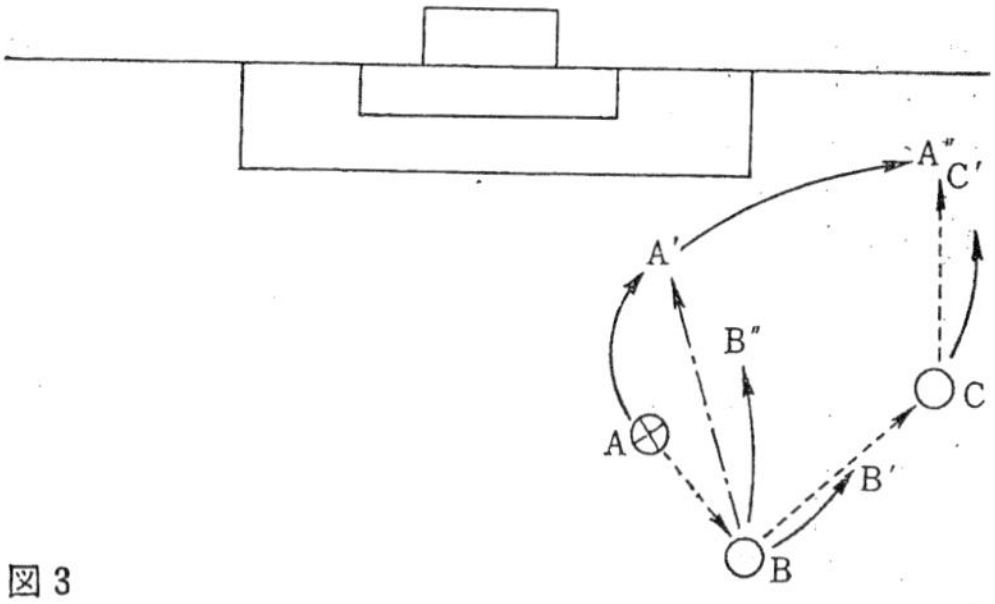

図3

からBへ送るバックパスの原理をいかしながら、BはAへのリターンパスかCへのオープン展開かを判断して、CかA′へのパスを行なうのであるが、練習の原則的な方法としては、Cへのオープン展開を軸(中心)にして、A′へのリターンパス(縦への展開)を従に考えた比率で行なうように練習する。

Aからバックパスされたボールを受けたBが、Cのほうへオープンのパス展開をした場合はCの側へ、A′のほうへリターンパスをした場合はA′の後ろへ動き、つぎのバックパスがきてもよいように準備すると同時に、A′またはCからバックパスされたボールをシュートできるような体制でいることも重要である。

Bにバックパスをした A は、一応ゆっくりA′の位置へダッシュする型をとり、Bからのパスがこなければ、そのままゴール前へ迫ってCからのパスを受けてシュートできる位置へ動くか、Cからのパスを縦につながないでセンターリングできるようなA″の位置か、いずれかの方向へ動くのであるが、練習の中心はA″の位置へ動いてシュートを打つ体制(センターリングも含む)か、リターンパスをして、フォローしてきたC′かB′にシュートを打ってもらうように考えたプレイを練習する。

三人の練習は、ここにあげた図のような型を基本にした練習を行なうが、攻める(パス)順序や、展開の方向を変えることにより、いろいろな組み合わせの攻撃方法があることを理解(頭に入れる)

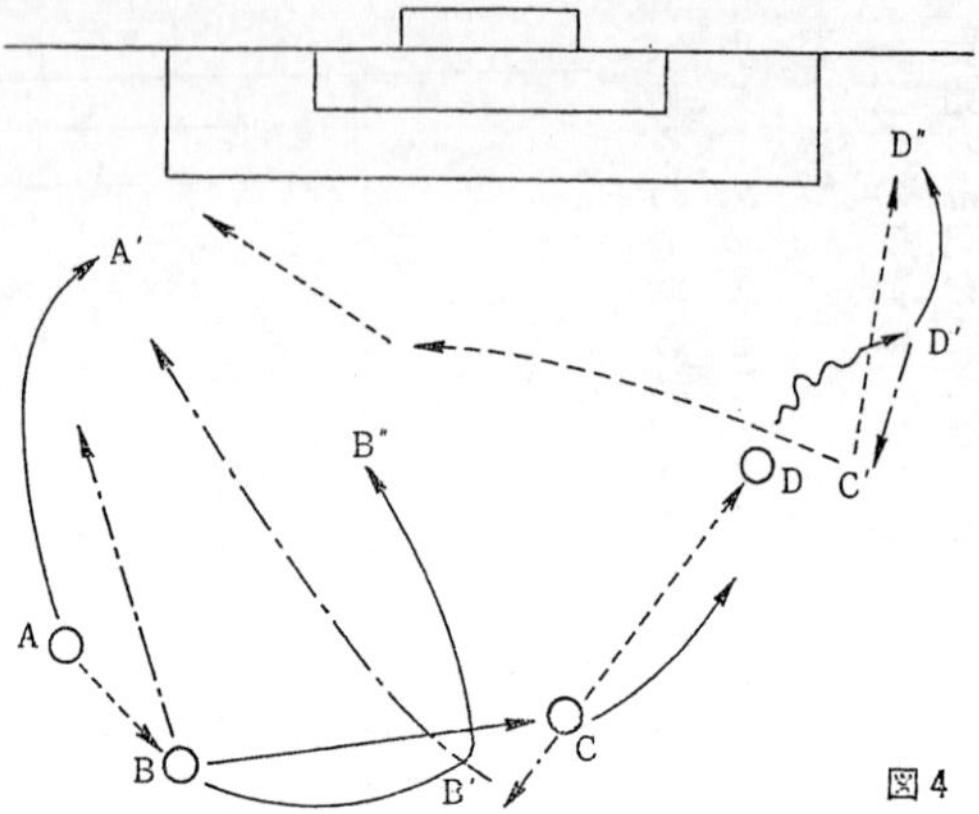

図4

しておく。このようなさまざまな練習の方法を、私たちは練習の多様性と呼んでいて、基本練習では、それらのすべてのタイプに習熟する必要はないと考えているし、それは現実問題として不可能に近いことでもある。

④四人の攻撃練習

（四人のコンビネーションづくり）

四人のコンビネーションによる攻撃練習は、二人および三人の練習で練習し習得した内容をもちいながら、左から右へ、または、右から左へというように、途中で縦攻撃を含めながらも、両サイド（オープン）への展開を特徴とした攻撃法である。したがって、実際の攻撃は三人の攻撃を主体にしながらも、逆サイドへの展開が特徴であると同時に、両オープン（サイド）への攻撃がやりやすくなり、センターリングなども三人よりはより効果的になってくる。

原則的な攻撃の基本型は、図4において点線で示したように、オープンへの攻撃展開を主とするが、破線で示したように、いつでも攻撃の方向を変え、攻め方を変え得るように、必ず一人がフォーローしていることになる。つまり、縦・横の攻撃の組み合わせによって、両サイドへの展開が容易にできる練習である。

五人の攻撃は、この四人の攻撃の中心的な型である三人での攻撃が、右、左の両サイドに可能なことになり、練習内容としては、三人・四人の攻撃形態のなかに含まれるので、特別に取り上げて行なわなくても、三人および四人の攻撃に習熟しておれば十分であると考えるし、攻撃の基本的な練習としては、二人～四人までの攻撃練習で十分であろう。四人の攻撃練習では、二人および三人で練習した内容がいかされることを忘れてはならない。つまり、さきに練習した内容をもちいながら攻撃するのである。

つぎに防御の練習であるが、防御練習は攻撃練習を一通り終えてから練習するのが、認識の発達に沿った練習の系統だと考えるので、四人までの攻撃練習を一応終えてから、つぎのような順序で指導する。

⑤二対二の攻防（攻撃二人防御二人の練習）　二対〇の場合と同様に、ゴールにたいして縦の形で開始する。以下、攻防の形態としては、防御なしの場合と同じような形態からはじめる。

⑥三対三の攻防（三人の攻撃に対し、三人の防御の練習）

⑦四対四の攻防練習

という順序で行なう。

以上、サッカーの技術指導の概略について述べたのであるが、最初のほうでもふれたように、この指導系統は、攻撃練習を主体に、その後で攻撃に対応した形で防御練習を習得していくことになるので、小学校の低・中学年では、防御練習を特別に抽出して行なわなくても、攻撃練習での練習人数に、プラス一名のフィールドプレーヤーをおいた人数によるゲームで、攻防の関係を指導するほうが効果的だと考えるし、この方法で相当の成果をあげている。つまり、二人の練習の後には、三人のフィールドプレーヤーによるゲームを、三人の攻撃練習の後では、四人のフィールドプレーヤーによるゲームを、グラウンドの広さと時間を制限して行なうほうが効果的だと考える。

B バレーボールの指導

バレーボール教材は、中学・高校における球技教材としては、もっともポピュラーであり、男女ともにひろく好まれる傾向にある。しかし、その指導はかなり困難で、実際の授業ではほとんどその成果をあげ得ない現状にある。たとえば、パスの指導で一般的に広く行なわれている円陣パスでは、数人で行なっているような場合、中学・高校生ともにパスの平均値が三回をこえることはまれなくらいである。

何が問題か　私たちのかつての調査から、高校女子のパス技術で、九メートルの距離のパスが自由にコントロールできるには、ほぼ一〇〇時間くらいの練習が必要なことが明らかになっている。

このように、パス一つとってみても、なかなか技能が向上しない理由を考えてみると、まず第一には、系統性の問題、パス―トス―スパイク、という系統性が正しいかどうかという問題がある。つまり、どのような順序で指導するのが効果的であるかという検討がなされていないことではなかろうか。

第二には、パスが基礎と考えられ、学習の中心がパス練習に傾斜しすぎて指導され、しかもその方法にも大きな問題があり、系統性の問題とかかわってパス技術を再検討する必要があろう。

第三には、ルールに関する考え方で、公認ルール（国際ルール）を授業にまで普遍化して適用する傾向がある。このことは、運動文化をどのように教材化していくかという、教師の基本的な教材観とかかわる問題である。というような諸点について問題を指摘することができる。

私たちの系統的指導

私たちは、バレーボール技術の本質（特質）を「ラリーを含む攻撃（スパイク）」ととらえ、その基礎技術を、「二人のコンビネーションによるスパイク」ととらえている。

バレーボールに限らず、系統的な技術指導を考えていく場合に、それぞれの運動文化の技術的特質をどうとらえ、その特質を貫いた基礎技術をどのように把握して指導するかという課題は、きわめて重要な意味をもつのである。

一般的な傾向として、基礎技術については、その文化特質と無関係に細分化された一つ一つの技術を基礎技術と考える傾向が強い。つまり、バレーボールの基礎技術としては、パス、トス、スパイク、サービスというように、個々の技術がパラレルに配列されていて、構造的な技術把握がなされていないために、そこで分節的にとらえられた個別の技術を、そのままの形で習得するのが基礎技術の練習とされている。このような技術観や教材観が、学校教育のなかにもそのままの形でもちこまれていることはいうまでもない。

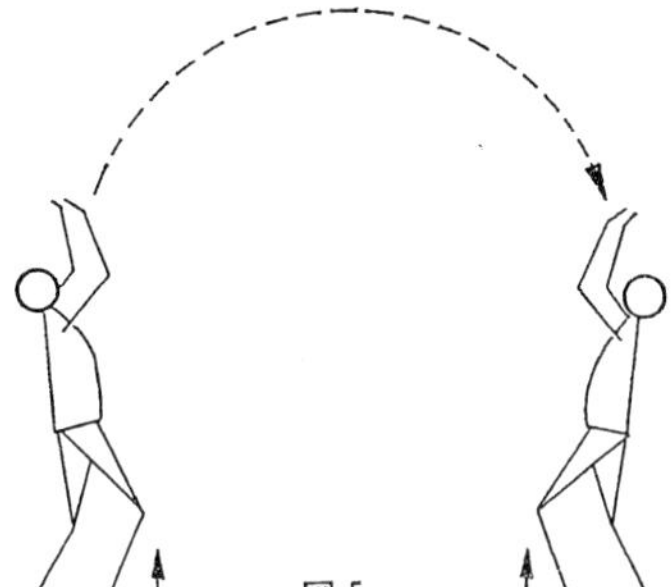
図5

さきほどあげたように、パスをはじめとする基礎技術の習得がきわめて困難となっている理由は、このような技術観・教材観によって作成された系統指導の結果である。私たちは、バレーボールの基礎技術をとらえなおし、その基礎技術にもとづいた系統的指導で、多くの問題が解決できるものと考えてつぎのような技術系統で指導している。

①二人でのジャンプキャッチ

この練習は、空中感覚と空中でのボディコントロールなどの感覚練習を中心とした練習であり、バレーボールの基礎技術そのものではないが、空中でのボール操作や、日常

図6

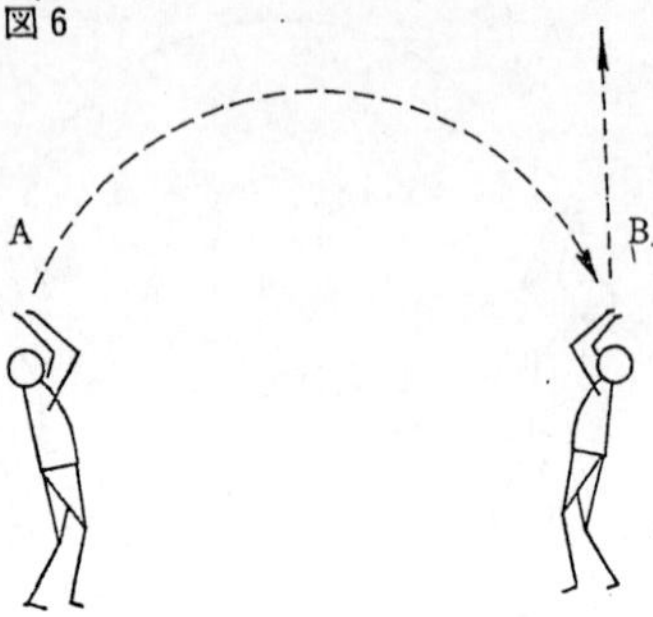

図7

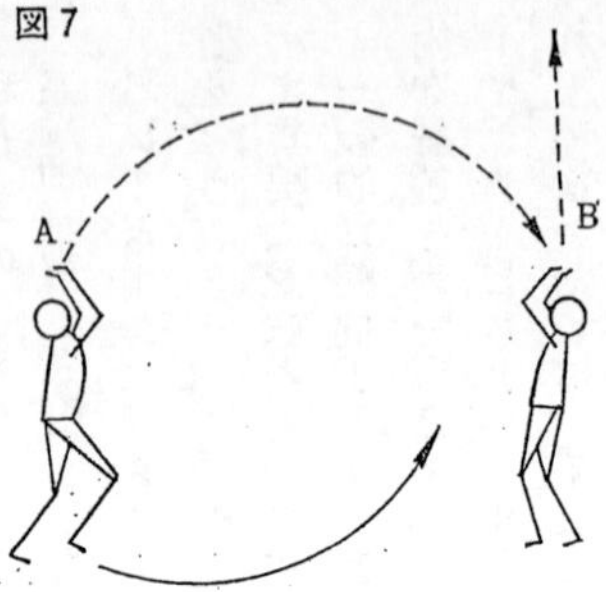

生活では経験の少ない、目の高さよりも高い位置における感覚運動の拡大のためには不可欠な練習内容と考えるので、補助運動ないし準備運動的に実施する。

練習方法は、図5（前ページ）のように二人が相対して立ち（うまくいかない時は接近して行なうほうがよい）、相手が投げたゆるい山なりのボールを、ジャンプして額の近くでキャッチし、つぎに着地してからゆるく相手に投げる。指の力をぬいて楽にかまえ、ボールをよくみてキャッチすることが重要である。一人二〇回くらい行なえばよい。タイミングが合うようになれば一応できたことになる。

②二人での投げパス―トスアップ練習　ジャンプキャッチの場合と同じように、Aから投げられたゆるい山なりのボールを、Bのほうは額の上で手掌に入れ、最初は軽く直上にトスをあげ、だんだんなれてきたら一メートル五〇センチくらいの高さまで、直上のトスコントロールができるように練習する。AとBは交互に行なう。上手になったらジャンプトスも練習する。

③二人の投げパス―直上トス―スパイク練習　最初に練習したジャンプキャッチと同じように、一方（A）がゆるい山なりのボールを投げ、Bが直上にトスをあげる。Aは投げパスの後ゆっくりスタートして、Bが直上にあげたトスをスパイクする。

一人の練習は、五〜一〇本くらいずつまとめて練習して交代する。トッサーの側は、トスを直上にあげるために、トスを上にあげたら一歩後ろへさがって二人がぶつからないように動く。スパイカーの側は、右ききの人はやや左まわりに、左ききの人はやや右まわりに接近してスパイクするほうがやさしい。この練習のなかにバレーボールの特徴である三段のリズム練習がはいっている。

A・B二人のあいだの距離は三メートルくらいが適当で、あまり離れすぎないほうが、タイミングが合いやすい。また、トスは横へ流すほどむずかしくタイミングが合いにくいので、最初は直上にあげるようにし、上手になってきたら少しずつ流すように練習する。トスの高さも高すぎるとタイミングが合いにくいので、最初のうちは二メートルくらいの高さがよい。

図8

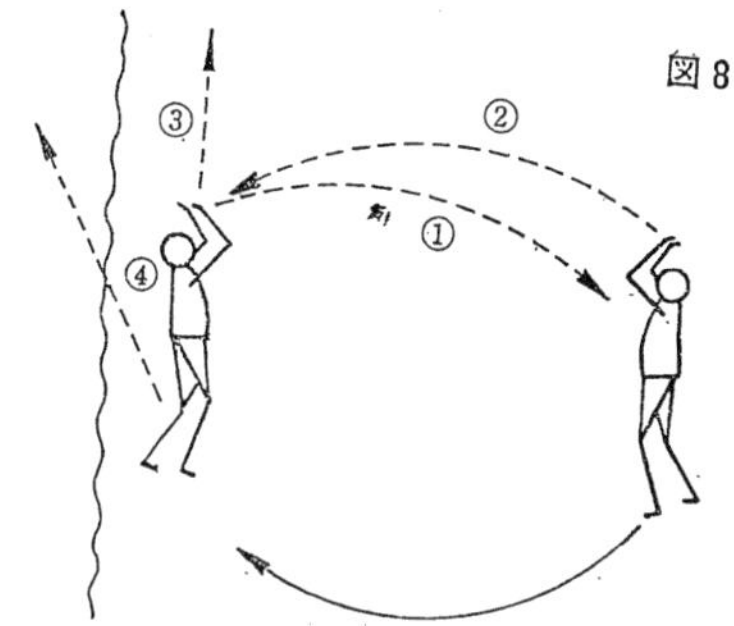

スパイク練習のネットの高さは、ネットの側に立って、手首くらいの高さか親指のつけ根くらいの高さが適当で、それはジャンプした時の目の高さ、または頭の高さくらいを意味する。ネット使用の時は、ブロッカーまたは球拾いをつける必要がある。

④パス—トス—スパイクの練習　バレーボールのコンビネーション技術としては、このパス—トス—スパイク練習以後が本来的な意味・内容の練習であるが、最初からはこのコンビネーション練習にはいれないので、空間感覚的な練習を含めて、いままでの練習は、この分解的ないしは段階的な指導と考えてもよい。

練習方法は、これまでと同じように二人で練習するのであるが、二人のうちのセッターになる側

図9

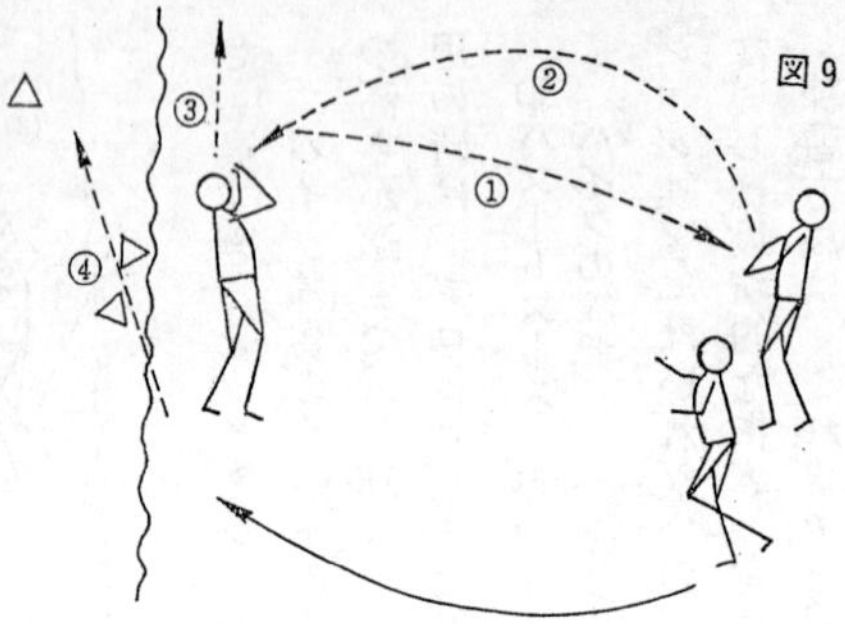

がボールをもち、スパイクする側にゆるいボールを投げ、スパイカーは、まず最初に投げられたボールをパス（レシーブ）してからセッターにトスしてもらい、直上にあげられたトスをスパイクする。一人が五〜一〇本単位で打った後、交代して打つが、ネット使用の場合は、球拾いが必要になってくるので、反対側コートに一名のブロックと一名の球拾い（レシーブ）を配置して練習する。レシーブ側も交代する。ネットを使用して行なう練習では、原則として相手コートにブロックをつけ、レシーブする人は、ブロッカーのジャンプと相手のトスまたはスパイカーのコースによって、レシーブの方向や位置が変わることを理解する。

二人のあいだのコンビネーションがよくなってきたら、クイックぎみのスパイクや、流しトスを含めたスパイクも練習していく。また、セッター側から投げるボールも、パスが返る範囲でゆるいボールからだんだん強いボールへと変えていくし、アンダートスやパッサーのアンダーレシーブもその練習内容に含めて練習するのである。

⑤三人によるレシーブ（パス）**ートスースパイク**練習

三人によるコンビネーションづくりであるが、人数がふえたためにそれぞれのタイミングを合わせるのが困難になってくる。

練習方法は、二人の場合の練習と大差ないが、レシーブ側に二人並んで立ち、セッターから投げられたボールをレシーブし、原則的には二人とも攻撃（スパイク）コースにはいり、どちらかがスパイクすることになり、相手側がブロックまたはレシーブして返球してきたら、そのままアウトになるまでラリー（スパイクを中心とした）を続けることになる。

しかし、三人のなかで、レシーバーはレシーバー、セッターはセッター、スパイカーはスパイカーというように、一人一人が専業化するのではなく、ボールの位置や動きによって、三人の関係をつくり変えながら攻撃していくことが主要な練習内容であるから、特定個人の責任や分業化してしまわないように、三人のコンビネーションづくりに努力することが重要である。

じょうずになってくると、図10の↓印の順序で攻撃側の配置を変えていくので、反対コートの側もそれに応じて位置を変えていくことになる。

ブロックにまわる側は、原則として二名がブロックに出てジャンプし、一人がレシーブする形態をとる。そして、できるだけ両チーム（各三人）で、攻撃を含めながらラリーを続けるように努力する。また、攻撃側は、トスの速さやコースを変えた攻撃を意識的に練習し、ブロックのタイミングをはずすようにバックトスの練習も行なう。なお、反対コート側は、攻撃の変化に対応して守備隊型が変わることになり、とくに、ブロックのタイミングを合わせること、フェイントへの備えも考えていく練習が含まれる。ポジションは、ローテイションすること。

図10

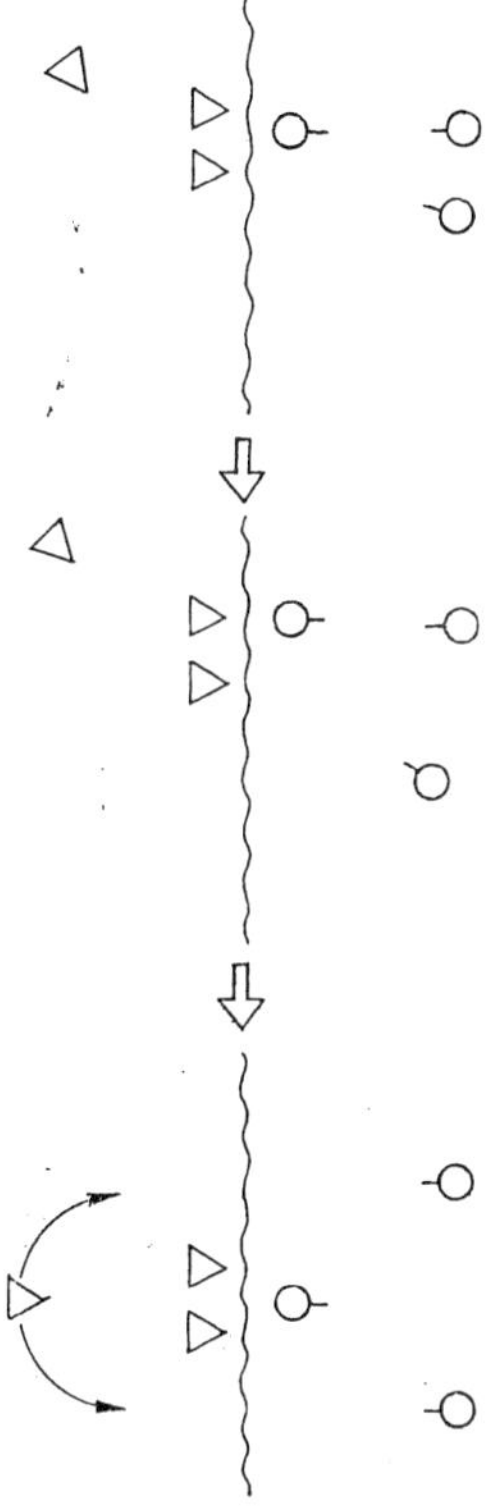

⑥四人の攻防練習

四人の攻防練習は、いわゆる乱打形式が中心になるが、三人で練習したことの総合練習でもある。

練習の人数にもよるが、コートを縦に分けて、四チームで一コートを使う場合が多いであろう。一面を四チームで使う場合は、図11のようになることが多い。しかし、人数に比較しコート数が多い場合は、コートを少し狭くして一面ずつ使うほうが望ましい。

最初なれるまでは、三人の場合の練習と同じように、セッターから味方のレシーバー（アタッカー）にゆるいボールを投げるか打つかしてレシーブさせることからはじめるが、なれてきたら、相手コートにボールを打ち（コート内からサーブする型）、相手コートからのレシーブから練習することになる。

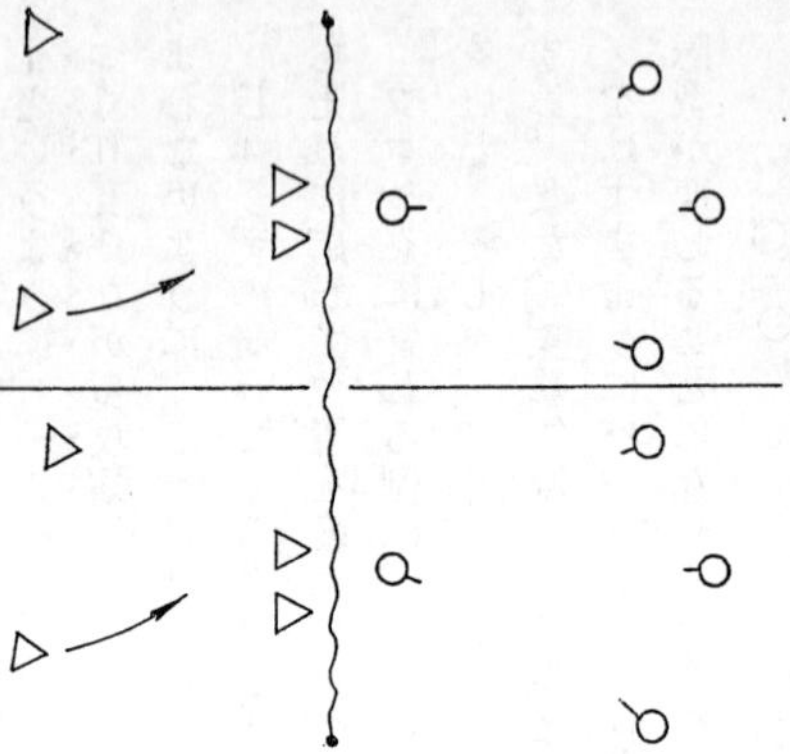
図11

攻撃側は、相手のブロックをはずすために、三人の場合の攻撃よりもバックトスおよび左右へのゆさぶりをかけ、サイドへの長いトスを多用するように練習し、さらには、二段トスの練習も重視する。少しなれてくるとかなりラリーが連続するようになるので、一つのプレーが終了するたびにぼんやり突っ立つのではなく、つぎの攻撃または守備を予測して、たえずつぎのプレイ位置を占めることを忘れないようにする。そして、四人はつねに有機的な関係にあることを指導し、レシーブの仕方や、攻撃直後のポジションのチェンジなどについても、ある程度具体的に指導することが重要である。

以上が、バレーボールのおもな練習系統であるが、最後にサーブの打ち方について簡単に説明することにする。

一般に、初心者のサービス指導としては、いわゆるアンダーハンドサーブを指導する場合が多いが、初心者では、アンダーサーブを打てるようになるのにかなりの時間を要するので、むしろ、サイドハンドかフォローターサーブを指導するほうが容易に習得できる。

しかし、サーブ力は、最初から得点（サービスエースや勝負）のためと考えるよりは、初心者ではいわゆるゲーム開始のサービスと考えてコントロールを中心に指導するほうが妥当だと思えるので、いままで述べてきた系統指導のなかでも少しずつ含めて指導するが、三対三ないし四対四の攻防練習あたりから入れていくように指導する。

サイドハンドサーブは、コート（ネット）に向かって横向きに立ち、適当に両足を開いて立ち、右打ちの場合、左手で、体の前方で腰の高さか腰よりやや高いくらいの位置にボールを構えて、スイングする腕（肩）の力を抜いてバックスイングし、ボールをよくみて、ボールの真横（中心）に手掌を当てるようにする。

打つほうの腕のバックスイングを楽に大きくすることと、ボールの中心にあてることがポイントである。最初に六メートルくらいの距離からコースをねらって打ち、はいるようになったらだんだんエンドラインのほうから打つように練習する。

フォローターサーブは、サイドハンドサーブとほとんど同じ打ち方と考えてよいが、腕のスイングの方向が変わるので、トス（ボールを構える）の位置が変わることになる。

サイドハンドサーブと同じように、ネットにたいし横向きに構えるが、ボールを自分の顔の上方に置くように構える。右打ちの場合、左手で顔の前上方にあげて構え、右手（肩）を楽にしてバックスイングし、左手で持ったボールの中心に当てるようにして打つ。左手で少し上方にトスしてもよいが、高く上げすぎないほうがよい。左手からあまり高く離さないようにして、ボールをよく見てボールの中心に当てることができれば、ナチュラルな変化サーブがはいることになる。強打することを考えるより、楽に構えて正確に入れることが重要である。

じょうずになってきたら、スピードのあるフォローターサーブに発展させたり、ドライブサーブやプッシュサーブの練習も行なうようにする。

最後に、近年この指導系統で実践して多大の成果をあげた実践報告が、教研全国集会や県・支部教研で数多くみられるようになり、かなり注目されていることを付記しておきたい。

(5)　水泳の指導

『指導要領』の矛盾　水泳の指導には、文部省『学習指導要領』『指導書』の影響があって、一般的には、バタ足―面かぶり―クロール型、という指導系統が普及している。また、アメリカのキッパス氏が主張した、背泳ぎ型の導入も、女子を中心としてかなり広く指導されているようである。

しかし、これらの水泳指導には、それぞれ一長一短があり、必ずしも、水泳技術における特質をふまえた指導とはいえない側面がある。

たとえば、水の中という特殊な条件における「呼吸法」の問題や、水中における姿勢の保持・変化の問題などを、本人の意識との関係で、自覚的に習得できる方法や順序をとっていないために、特定の指導者の指導によらなかったり、十分水になじんでいないような場合は、必ずしもその指導成果があがっているとはいえない。

これらの水泳指導の矛盾を克服するために、ある民間研究団体で研究し開発した、いわゆる「ドル平泳法」は、初心者指導としてはもっとも威力を発揮し、年々その成果が各県の教育研究集会や全国集会で検証されつつ報告されていることは、現場教師の自主的な指導・研究として注目に値しよう。

ドル平泳法

ここでは紙数の関係もあって、近年その成果が報告されている初歩泳法としての「ドル平泳法の指導」を中心に説明していくことにする。

初心者泳法としての「ドル平泳法」は、一九六三年ごろ開発されたといわれる。この指導の特徴は、「呼吸法」の指導を水泳指導のベースにおいていることである。つまり、旧来の初心者指導が、推進力の指導を基本（重点）において指導していたのにたいし、推進力よりは「呼吸法」を基礎として指導していくことにある。

呼吸法をベースにした「ドル平泳法」の指導系統は、呼吸法―呼吸と腕の協応動作―呼吸と腕と脚（足）の協応動作、という順序に構成されていて、しかもその呼吸の方法は、水中で息を止め、水面上で一気に「口」から吐き、吐いた反動で呼気するという特徴をもっている。水中で息を止めて水面上で吐くのは、人体の浮力を低下させないためであり、口から吐くのは、単時間で呼吸でき、水を飲み込む可能性がきわめて少ないと説明されている。

以下は、教研全国集会に報告された内容をもとにした、指導系統の説明である。

水なれや陸上での呼吸の指導が最初に行なわれるのであるが、水なれは、からだのリラクゼーション（解緊）が中心となり、陸上での呼吸法は、日常の鼻腔を中心にした呼吸を、口腔を中心にした呼吸法に変える練習である。

①呼吸法の練習

水にはいって、腰またはみぞおちくらいの深さで、首まで沈んで口からまとめて呼吸する練習をし、しだいに、口唇まで沈めた段階、目の下まで沈めた段階、顔または頭を沈めた段階というように、段階をふんで呼吸法の練習を行なう。呼法の方法は、水中で口腔に息（呼気）をためて、口唇が水面上に出る時に一気に口からまとめて吐くのであり、吐き出した反射（動）で口から吸気することになる。

この場合、頭（顔・首）を起こす動作は、できるだけゆっくり静かに行なうようにし、首のリラクゼーションを強調する。

②呼吸と腕のかきの協応動作（足を床についたまま）

呼吸法の段階的練習で、ある程度の呼吸のリズムがとれるようになったならば（ゆっくりしたリズムで二〇回程度、連続して呼吸ができる）、呼吸のリズムに合わせながら腕のかきを加える。

腕のかきは、水中に入れた頭のほうへ、手指の緊張を解いて（リラックスして）前へ伸ばし、顔を起こしはじめるとき、手掌で水を下へ押さえるようにしながら、腰の近くまで両手一緒にかく練習である。かき終わった手は、再び静かに前へ伸ばして呼吸のリズムに合わせるが、前へ伸ばすときは、胸または顎の下から前へ伸ばすように動作する。腕をかくたびにからだが少しずつ前へ進むので、進んだぶんだけ歩行することになるが、呼吸のリズムに合わせながら腕をかくことに重点があるので、呼吸や腕のかきに無関係にどんどん歩いていくことはさける。腕のかきによって、浮く感じと前へ進む感じをつかむことが重要である。

小学校低学年や初心者では、呼吸のリズムに比して腕のかきが速い傾向があるから、ゆっくりしたリズムで、リラクゼーションを強調して呼吸のリズムを乱さないように指導することが重要である。

③平浮きによる呼吸と腕の協応動作　呼吸と腕の協応動作の練習で、十分に水なれや平浮きができない（恐怖がある）初心者では、呼吸と腕のかきができてもいきなり両足を離して平浮きになることには抵抗があるので、平浮き片足立ちの段階をいれて指導するのである。つまり、立位の姿勢と平浮き（平体）との中間の姿勢をつくることを意味する。

練習方法は、呼吸と腕のかきによって少しずつからだが前へ進むようになるので、顔を起こしながら腕をかいた後、からだを前へ伸ばすようにして頭を少し水につっこみぎみにするとスーッとからだが浮いてくる。

上体を十分に伸ばして浮いた後、呼吸のリズムに合わせて腕をかけば、結果的には上体が少し起きることになり、どちらか一方の足（膝）を屈《ま》げておくと、屈げたほうの足先（親指）が水底につくことになり、結果として片足ケンケンのかたちになり、平浮きのかたちと同時に呼吸と腕のかきを習得していくことになる。なれるにつれて上体を十分に伸ばし、リラクゼーションを強調していくと、浮いたままのかたちで呼吸と腕の協応動作ができるようになる。

つまり、脚（足）のビートなしに、呼吸と腕のかきによって泳げた（呼吸しながら進んだ）ことを意味する。

④ドル平泳法の指導

ドル平泳法は、初心者の泳法、あるいは近代泳法の基礎として位置づけられている。このドル平泳法は、いま練習した平浮き（片足着床を含む）で呼吸と腕の協応動作がある程度（二〇呼吸くらいがリズミカルにできる）できたならば、呼吸と腕の動作に、さらに足のビートを加えた泳ぎである。

呼吸と腕のかきを結合して習得できたら、上体を伸ばして休んでいる時に両足首を中心に軽く上下にあふるのである。足の使い方が、バタフライのドルフィンキックに似て両足同時にあふるために、「ドル平」、つまり、腕のかきが平泳ぎとバタフライの中間的かき方で、足がバタフライのドルフィン型ということからこの名称が出てきたといわれている。

足の使い方についても、呼吸と腕のかきのリズムに合わせることが重要で、最初の段階では、あまり足に力をいれないで足首から先のほうを軽く上下にあふるようなつもりで行なうほうが容易に習得できる。専門家のバタフライの選手が行なうように、腰を軸に、からだ全体をしならせるようにして強く打つのではなくて、疲れないように呼吸と腕のかきのリズムに合わせて、両足の甲で軽く水を押さえるようにして、十分に平体におけるからだの伸びと、初歩的な泳ぎのリズムを習得することが練習である。

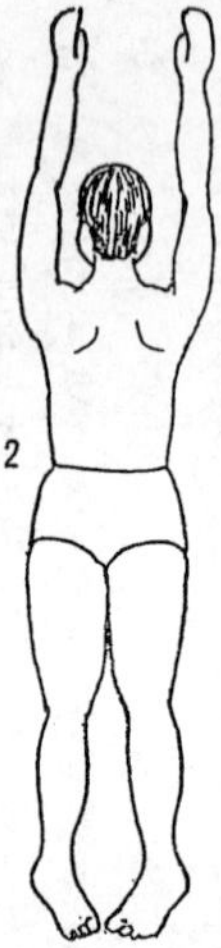

図12

このレベル（ドル平泳法）では、スピードを競争したり、早い動作や強い動作を要求するような指導はかえって逆効果をまねき、できかかった泳ぎのリズムをこわしてしまうことになりかねないので、その点はとくに注意を要する。

以上がドル平泳法の指導である。

ドル平泳法から近代泳法へ

ドル平泳法で、小学生は二五メートル以上、中学生では五〇メートル以上、高校生以上で大体七五メートル以上くらいを、一定の安定したリズムで、あまり呼吸を乱さずに泳げるようになったら、このドル平泳法を基礎泳法として近代泳法へと発展・練習していくのであるが、基本的に重要なことは、呼吸のリズムに動作を合わせていくということであり、新しい泳法の練習に移るたびごとにこの原点に立ちかえり、呼吸のリズムを意識において練習する必要がある。近代泳法の専門的な練習法やトレーニング法については、それぞれの専門書を参照していただくことにして、ここでは、ドル平泳法を基礎泳法とした場合の、近代泳法への系統について簡単にふれておくことにする。

バタフライ型へ

ドル平泳法によって、前記のように一定の距離を泳げるようになったら、まずドル平泳法の腕のかきを、バタフライのときと同じように、両手の親指が両股の外側に触れるところまでかき、かき終わった腕は、できたら頭の上方から前方の水中へつっこむようにするが、十分腕があがらなければ、ドル平の最初と同じように顎または胸の下から前へ伸ばすようにする。最初のうちは、足の打ちはあまり意識しなくても、十分伸ばしておくようにすれば呼吸と腕のかきに合わされて、必然的に水を打つことになる。慣れてきたら、腕のかき、足のビートともに洗練していくように練習を重ねる。

クロール型へ

第二には、バタフライ型からクロール型へ発展させていくのであるが、バタフライの時と同じように、十分身体（とくに上体）を伸ばし、腕のかきを左右交互にかきこむように練習する。腕のかきは、胸の下から股のところまで十分にかききるようにするが、動作はゆっくり行なう。足のビートはあまり意識せず、自然なかたちで足首から先を軽く打つ。呼吸のタイミングを間違える人は、顔（頭）を、真横に起こすのではなく、バタフライのときのように、目が出るところまでは前のほうから起こすと水面がはっきりして、呼吸の失敗が少ない。最初のうちはスピードを要求するのではなく、十分なからだの伸びとリラクゼーションの習得が重要である。

平泳ぎ型へ　第三に、クロール型から平泳ぎ型に移るのであるが、平泳ぎは、足の打ち方に特殊性があるが、ドル平、バタフライ、クロールなどで練習してきた上体のリラクゼーションと伸びを十分に生かして、呼吸のリズムに合わせて練習する。

腕のかきは、ドル平やバタフライでだいぶ習熟されてきているので、足の使い方を考える。足の練習は、バタフライの時の足の使い方を、足首の向きを親指に意識をおいて外側へ向けるようにし、親指の向きがわかったら、両方の親指がくっつくまでとじる。外側への足首の向き（親指の方向）がわかれば、あまり細部の指導をしなくても、きちんと閉じるように指導することで十分効果がある。しかし、足首を外側に向けるために、膝を屈げすぎるのは、足首の方向を理解するのに障害になるので、足首を向けるためにちょっと膝の力を抜くようなかたちで十分である。

背泳ぎへ　最後に、平泳ぎから背泳ぎにすすむのであるが、背泳ぎは、いままで平体になっていた姿勢を、仰臥姿勢に変えるために、姿勢の保持と浮力の保持に特徴がある。

背泳ぎは、楽な姿勢で仰臥姿勢になって、できるだけからだを伸ばし、交互に腕を股のところまでかきこむようにする。最初のうちは、腕のかきのフィニッシュは、かき上げるのではなく、体側のほうへかきこむか手首を下へかえすようにかいて、浮力を保持するようにかくことが重要である。ピッチをあまりあげずに、ゆっくりした動作で、からだの伸びを十分使って泳ぐようにし、だんだんからだ（腰）を伸ばすように練習する。そして、腕のかきをしだいに大きくしながらビートをきかすように練習する。

背泳ぎの場合も、他の泳法と同様に、呼吸と腕のかきに重点があり、その後にビートをいかすように練習するので、最初のうちは、あまり足を使わないほうがよく、どちらかといえば、足首の力をぬいてやや大きくゆっくり足の甲で蹴り上げるように動作するほうが効果的である。

以上、ドル平泳法を基礎泳法として、近代泳法四種目の練習系統について概説したが、一つの泳法からつぎの泳法へすすむには、小学生では五〇メートル以上、中学生では一〇〇メートル以上を、それほどの苦痛をともなわないで泳げるようになれば、つぎの種目へすすむ準備ができたと考えて支障がなかろう。そして、基礎泳法を含めて五種目をある程度マスターしたうえで、それぞれの好みの種目を発見・習熟することによって、選手づくりにも一定の成果が得られるものと考える。

(6)　舞踊の指導

沿　革　これまで学校教育では、舞踊はダンスとよばれて体育のなかで教えられてきた。戦前においては、ダンスは女子だけのものとされ、女学校を中心として、女子体育のなかに位置づけられていた。それは、学校ダンスという特殊領域をかたちづくり、体育的なねらいと女性としての情操教育をねらいとして行なわれた。その内容は、主として、西洋のフォークダンスや学校ダンスとして振り付けられた作品を生徒に教えこむというものであった。

戦後は、フォークダンスと創作舞踊を中心とするものに変わり、男女共学の実現ということや、レクリエーション的価値を認めるということもあって、男子にもフォークダンスが教えられるようになった。しかし、最近では、どちらかといえば、創作舞踊が舞踊教育の主座を占めつつあるように思われる。それは、創作舞踊に教育的価値がそれだけ認められると考えられるためであろう。それならば、なぜ創作舞踊を主として女子のものとし、男子に教えようとしないのか。思想や感情をそれぞれの芸術的形式によって表現する音楽や美術は男女の別なく教えられているのに、なぜ創作舞踊だけが男子に無縁のものとされなければならないのであろうか。創作舞踊は、男子にも開放されるとき、もっともっと発展する条件が生まれてくるのではなかろうか。

何を題材として何を表現するか　創作舞踊指導の実態には数々の疑問がある。普通はグループ分けをし、題材を選ばせ（あるいは指示し）、グループごとに創作をし、最後に発表で終わる。その間の教師の果たすべき役割があいまいである。それは、創作の過程にこそ人間形成的価値があるのだからと、教師の指導性をなかば放棄するか、抑制しているためであるかもしれない。そして、最後に発表される舞踊は、内容に乏しく、子どもの動きはごく限られたパターンの組み合わせにすぎない場合が少なくない。これは、創作ということが安易に考えられ、何をこそ表現すべきかという主題の追求が浅いこと、構成の指導がほとんどなされないこと、身体の訓練が不十分なことなどが、その理由として考えられる。何をこそ題材として定めるか、これがまず第一に検討されるべき問題であろう。第二には、何をこそ表現すべきか、せずにいられないかという主題の追求が問題になるが、そのためには、題材として選ばれたものと正対し、その本質に迫ることが何より大切であろう。それは認識と表現の問題である。子どもたちの主題のとらえ方は、そのままでは観念的であり皮相的である。しかもそれは、しばしばマスコミなどの強い影響を受けてかたちづくられている。それを打ちくだき、とらわれることなく事象をリアルにとらえるリアリズムに立つことが求められよう。

第二〇次教研全国集会で報告された群馬の実践は、数少ない貴重な実践の一つである。それは、国語でとりあげた詩集「ヒロシマ」の感動を出発点として、長時間かけて集団的に主題を掘りさげ、構成、伴奏音楽なども生徒の力でまとめあげたという。感動のないところに表現はない。しかし、その感動はその題材と正対することによって生まれ、その本質に迫ることによって、その感動はさらに質の高い、内容ゆたかなものとなっていく。この実践はそのことを教えている。

もう一つの実践に、第二〇次、第二一次と引き続いて報告された京都の「わたしたちの村・田村」がある。第二年度には、「過疎に立ちむかう――働く父母を通して」との副題がつけられている。これは、いわば生活リアリズムに立つもので、過疎の農村に育つ子どもたちに、農村の生活の現実を直視させ、それを表現させているところに、教師の願いがうかがえる。しかも、二年間にわたって、同じ題材を追求し続けていることに注目したい。しかし、このような実践を紹介したからといって、社会現実のみを題材として取り上げるべきだというのではない。自然事象を題材として取り上げることも大切である。ただその場合、その対象にぎりぎりに迫るなかで、感動をひきおこすことをいいかげんにしては、真の表現は生まれないだろう。創作舞踊の指導については、まだまだ疑問が多い。とくに、創作ということの意味をどうとらえるのか、という問題は早急に明確にすべきだろう。

フォークダンスと日本の舞踊

創作舞踊と並んでフォークダンスがある。フォークダンスは、レクリエーション教材として採用されたが、それはもっぱら欧米のものであった。最近は、『学習指導要領』でも、日本の郷土の踊りを少しずつ加えはじめている。しかし、フォークダンスのなかに日本の踊りを位置づけるのはおかしなことである。明治以来、学校で教えられる舞踊は、西洋のもの、西洋風のものを中心としてきた。だから舞踊とはよばず、ダンスとよんできたわけである。戦後においても、そのことは基本的には改められずじまいであった。日本人は、日本の舞踊のことをダンスとはよばないのである。

名称だけの問題ではない。欧米のフォークダンスと日本の民踊とは、内容的にけっして同質のものではない。フォークダンスも、元来は舞踊としては同質のものであったが、中世の教会権力の支配のもとで民衆の舞踊が禁止されて、ステップをともに楽しむという娯楽性を中心とするものに変質したのだといわれている（邦正美『舞踊の文化史』岩波新書）。それに比べ、日本や東洋の舞踊は、内面的で、思想や感情を全身で表現していくという性格が強い。娯楽性がないわけではないが、その点、日本の民衆が生活のなかから生みだし、継承してきた踊りには、その内容と形式において、はるかに価値の高いものが少なくない。

伝統文化を教材に

ところが、明治以降の学校教育では、音楽と同様、日本の民衆がつくりあげてきた舞踊は低俗なものとして切り捨てられてきたのである。しかも、それを、民族の文化として、正しく継承し、発展させるという努力は、ほとんど払われないできたといえる。しかし、最近になって、和洋の音楽・舞踊の専門家たちが参加する音楽舞踊会議がつくられ、民族の伝統音楽・舞踊の継承と発展を課題として、これに取り組んできているし、また学校教育の領域でも、日本の民謡や民踊を子どもに教材として教えていく運動が展開されつつある。一九六八年（昭和43）夏、全国保健体育研究協議会のよびかけで、「第一回民族舞踊を学ぶ会」が秋田県の「わらび座」で開かれたが、その後、「日本の子どもに日本の踊りを」をスローガンに、六回の集会を重ねてきた。まず教師自身が日本の踊りのよさをからだをとおして納得しなければと始めたのであるが、その後は、学校の授業で実際に教える実践が広がり、発展しつつある。東京、宮城、岩手などでは、サークルとしての研究と実践が積み重ねられている。第二〇次、第二一次教研全国集会では、宮城や山形から実践の報告がなされ、注目を集めた。

　こうした運動では、たんに郷土舞踊というとらえ方ではなく、民族舞踊というとらえ方をしており、昔から伝わる踊りならなんでも取り上げるのではなく、内容のゆたかな、価値ある典型的なものを取り上げてきている。これまでに「そうらん節」「江刺甚句」「西馬音内盆踊り」「さんさ踊り」「かんちょろりん節」「佐渡おけさ」「生保内節」「郡上春駒」「たんちゃめ」「鎌おどり」「越中おわら」その他、数多くのものを教材として実践してきている。これらをみると、バラエティーに富み、力強いもの、ダイナミックなもの、優雅なもの、コミカルなものなどさまざまである。

　これまでの実践のなかでも明らかなように、これらは、大変に体力を必要とし、またむずかしく、表現的であるため、かえって、幼稚園から大学にいたるまでの子どもや青年たちに意欲的に学ばれており、体育的にみても、表現活動としてみても、フォークダンスよりもはるかに価値のあることが明白になってきている。その指導にあたっては、かなりの時間をかけて踊りこませるなかで、自分のものとして踊れるようになり、本当の喜びを体験させられることや、民族舞踊の基本動作をひき出して基礎訓練を行なうことの必要性、その踊りの歴史的・社会的背景に目を向けさせることの大切さも明らかになっている（くわしくは、秋田県仙北郡田沢湖町卒田字早稲田四三〇。わらび座民族芸術研究所編『日本の子どもに日本の歌と踊りを――国民教育運動と民族文化の接点をさぐる』所収の論文・報告を一読されたい）。

　これまでの民主的教育運動のなかでも、民主的民族教育という観点は比較的弱く、民族の伝統文化を国民教育の創造においてどう位置づけていくのかという問題には、ほとんど真正面から取り組んでこなかった。したがって、民族舞踊を教材として取り上げていく運動は、舞踊教育という面からだけではなく、民主的民族教育という面から重視すべきものと考えられる。

創作舞踊の教育的価値を強調する人たちのなかには、既成のものを教えることの価値をまったく否定する態度がみられる。それは、創作の過程が教育であり、そこで人間形成が行なわれるとする論拠からである。しかし、文化は集団的に共有されるものであり、批判的に継承されつつ発展していくものである。そして、また、その文化を獲得することによって、人間は、人間として、また民族の子として成長する。既成の踊りを踊ることは、たんなるその形式の模倣ということではない。この場合、その形式にこめられたものを再体験しつつ、みずからのものとして解釈しなおして表現するということが踊るという行為である。そこに教育的意義がある。この教育的価値を否定することはできないはずである。文化の発展という点においても、この継承ということをぬきにしては考えられないはずである。

また、このような伝統文化を学ぶということと、創作ということとのあいだに関係はまったくないのであろうか。このことは、創作舞踊という面からも、いま一度検討してみなければならない問題のように思われる。

(7)　武道の指導

これまでの武道観　武道の指導として、文部省『学習指導要領』では、格技という名称で柔道と剣道が位置づけられている。しかし、これらの教材は、武技や闘技として存在していたもので、いわゆる対人的な格闘形式を特徴としている。

わが国における剣道や柔道は、本来武技として存在していたものが、「道」として精神面を強調し、しだいに学校教育のなかにも位置づけられるようになってきたものである。したがって、見方を変えれば、これらの武道は、日本古来からの伝統的文化の一つとみることもできる。しかしながら、武道の発展は格技という名称の時代においても、他の近代スポーツと同じようなレベルで近代化され、技術的にも洗練されてきたとはいえない側面がある。たとえば、「礼にはじまり礼に終わる」という武道観やその体質が、神秘主義や権威主義と結合して継承され、ルールの改変も含めて、近代スポーツの発展方向と同一には論じられない側面があるのである。したがって、技術の客観化・系統化についても、この「礼」または「道」の範囲内でしかとらえられてこなかったといえよう。

講道館柔道の創始者嘉納治五郎氏があげた柔道の特性は「精力善用、自他共栄」であるが、それに対して岡部平太氏は、「『心身の力を最も有効に使用する』といっても、それは柔道の特質を少しも規定していない」と指摘している。

日本の武道の、「心を修め、心胆を練る」という特性の規定は、精神性の強調にはなっても、文化特性としての技術的特質を表現（規定）し得なかったところに、武道の近代化が遅れた理由があるのではないかと考えられる。

川村英男氏は、武道の現代化の方法として、秘伝、極意、宗教性の排除による技術の体系化や練習段階の合理化、試合形式の合理化と用具の現代化、伝統的な武道師範の観点からの指導ではなく、体育指導者としての立場からの指導の三つをあげている。

この論はもっともなことで、私たちが格技を教材として扱い、日本の伝統的スポーツとして、近代化し継承していくためには、用語の問題も含めて必ず考えなければならない問題である。

科学化・民主化

国民大衆が、民主的な教育・体育を実践し、日本の文化を主体的に継承していくためには、きちんとした武道観・教材観をもって指導にのぞむ必要性が、要求される。

したがって、私たちが武道を教材として採択する場合、武道の特質をふまえながら、科学化・民主化の方向での努力を怠ってはならないのであり、礼儀や勝負のなかにも科学化・民主化の方向で必要なものがあるならば、当然それを継承していくことを考えなければならないであろう。

このような意味からも、教師の武道観（格技観）・思想性や教育・研究の姿勢が問われるのである。

A　柔道の指導

文部省の考え方

文部省の「学校における柔道指導の手びき」によると、基本的動作としてはおもに、礼儀、沈着、判断力などがあげられ、応用動作としてはおもに、礼儀、協力心、決断力、自制心などがあげられ、試合ではおもに、礼儀、公正、遵法、ベストを尽くす態度、などが述べられている。

『高等学校学習指導要領』では、柔道の特性を「徒手で相対し、攻防の変化にしたがって、互いに、その技能を競い合う対人的運動である」として、さらにつぎの特性をあげている。

①柔道は、古くから日本に行なわれてきた文化財として、個人的に親しみやすく、相互にからだが触れ合うので、親和感を生む。②礼儀正しく、公正な態度の要求から、克己、忍耐、努力、決断

などの徳性を養い、協力して行なうことにより、社会的な態度を高めることができる。③攻防がたえず変化し、情緒の発散と、沈静のため、自己統制が必要で、緊張した態度を身につけるようになる。④安全のために畳等を使用し、禁止事項をきめ、身体を安全に処する方法を身につけ、日常の生活に利用するようになる。⑤種々の練習法を用い、将来も年齢に応じて健康を維持することができる。⑥武術から発生したので、護身法として役立てることができる。

などと述べられている。しかし、一見してわかるように、これらの表現のなかでは、「日本古来の文化」といいながら、その文化特性や技術的特質にはまったくふれられていない。

文部省であげられている特性は、どの教材についても大同小異で、その文化・技術的内容を示したものは見当たらないし、その点は格技の場合にも同様である。

柔道の技術系統

以下、柔道の技術的特質をとらえなおしたうえで、その特質をふまえながら実践した柔道の技術系統について概説したい。

柔道の文化的特質を「身体接触を含む投・相手の抑制」ととらえ、その基礎技術を「引きつけを伴う腰技（大腰）の連続」と考えている。

柔道は、直接相手と身体を接触したり、あるいははずしたりしながら行なう対人技術で、その技術要素としては、解剖学・力学的要因が大きい。したがって、具体的な技術は、重心の移動が理解しやすくて、技として効果的な「腰技」を基礎技術と考えるのが妥当である。

つまり、大腰による投げ（受け）を中心にして、払い腰への発展をめざしながら、連続技の習得が学習のねらいになる。

技術の系統としては、腰技―刈り技―捨て身技へという原則的な系統を考え、それぞれの技術習得では、つねに「連続技」として習得していくことを原則とする。つまり、最初にかけた腰技がかからなかった場合は、同じ技を続けてかけるか、またはべつな技を組合わせてかけるように練習を行なうことになる。

具体的な技術指導の系統を述べるならば、

①大腰―払い腰（一つの技がきまらなければ、つぎの技を連続してかけることになる）―受身
②払い腰―小内刈―払い腰―固め技

腰技からきまらなければ刈り技へ、さらに腰技できめるというように練習し、立ち技から固め技への連続も具体的に練習する。

③払い腰―小外刈―払い腰―固め技
④払い腰―体落し―払い腰―固め技
⑤払い腰―背負い技―払い腰―固め技
⑥払い腰―跳ね腰―払い腰―固め技
⑦払い腰―払い腰―捨て身技―固め技

というように、腰技のなかでも、払い腰を中心にして技を連続的に発展させ、一連の連続技として、三つくらいの技を連続して練習する。

また、技の組み合わせの原則としては、作用と反作用の問題を考え、相手のバランスがくずれた方向への連続技を考えて組み合わせるように指導する。

一定の技が習得されてきたら、攻撃技に対する防御の方法、固め技におけるかえし方などを、動きを中心に指導する。

関節技は、おもに固め技との関連で指導し、固めの原則である、「どこを、いつ」おさえるかということと同じように、関節の自由を奪うことが、全体の動きを封じたり、相手の逆をとることになることを理解させる。

したがって、一般に分類されている、手技、足技、腰技という分類で個々に指導するのではなく、腰技（大腰―払い腰）の発展を基本にとらえながら、それをさらに有効かつ多彩にしていくために、足技や手技を併用し発展させていくように系統的に指導するのである。

指導上の約束ごと

指導上の注意や約束ごととして、相手をひきまわすのではなく、自分が動いて相手との位置を変えることにより、相対的には「くずし」たことを意味し、なんらかの操作をすることによって技がかかることを理解させる。つまり、積極的に動いて（体さばき）、できるだけ続けて技をかけるように練習するので、お互いに自護体をさけて、最初は自然本体を中心とする。

第二に、技は一つかけて止めてしまうのではなく、必ず連続的にかけるようにする。

柔道では、一つの技を集中してかけることは重要なことであるが、初歩レベルでは、一つの技に集中できにくいし、体さばきや足さばきを含め多彩な技の習得が必要なので、連続して技をかけられるような速い動きを習得していくのである。

第三に、技をかける時は、力を働かせる方向を明確にし、いつかけたらかかりやすいかというタイミングを考えさせる。とくに二人のあいだの位置関係の変化とともに、袖のひきつけの意義と重要性を強調する。

〈受け身〉について　以上、指導系統の概略について述べたが、最後に、受け身について少しふれておきたい。柔道における安全やその基礎として、受け身の指導が位置づけられている。柔道をスポーツ教材として考えていく場合は、当然安全にたいする配慮をしなければならない。

しかし、一般に行なわれている受け身の指導は、投げられた場合の安全を保障するものとしてはかなり大きな疑問をもたざるを得ない。すなわち、横受け身、前受け身、後受け身などを、教師やリーダーの声に合わせてやらされるが、いわゆる手で畳を打つという動作によって実際に投げられた場合のショックを防ぐことは、ほとんど不可能にちかいと考える。もし、手で打つことによって落下のショックを柔らげ得ると考えるならば、そうとう高度の熟練と高度なタイミングが要求されるので、たいへんな練習時間と練習量が必要であろう。このことは、かつての町道場などの練習が、「受身に始まり受け身で終わる」といわれたように、三か月から六か月くらいの受け身の練習を意味するのではなかろうか。

相撲やその他の身体接触をともなうスポーツでも、地面や床を片手または両手で打ってショックを柔らげるという方法、いわゆる柔道の「受け身」に当たるものはない。むしろ、倒れる瞬間に腰を折る（まげる）ようにして、ややからだを小さくしながらショックを防ぐ方法をもちいている。

受け身の必要性は、投げられた時に必要以上のショックを受けないことを原則にして、相手に投げてもらいながら、安全に着床できる技との関連で練習すべきで、腰（尻）を床に着いていて左・右に半回転しながら行なう受け身や、自分でころがっていって行なう受け身では、ちょっとの練習時間や回数では他人からの力の作用（投げ）にたいして、その衝撃を簡単に防ぐことはできない。

このような意味から、大腰で投げてもらいながら、投げ技のなかで、投げられる側は、回転にともなう位置感覚を含めて、着床に安全なように腰やからだをちぢめたり、脚（足）によってショックを防ぐことをマスターするのである。

最初の段階では、投げる側がきちんと相手の袖をもち、腰にのせながら軽く投げることからはじめる。投げられる側は、手で床を打つのではなくて、腰（尻）をちぢめて尻のほうから床におちることになるので、むしろ、もっている袖や襟の手は、投げられるまで放さないほうが安全で、床を打つならば、投げられてから打つくらいのタイミングでよい。

もっている手を早く放して、腕（手）で受け身をとろうとすれば、原則的にはタイミングが速すぎて手掌で床についたり、からだの下に腕がまきこまれたりして、肘や手首を折ったり捻挫したりするのである。

したがって、投げる側が安全を配慮して、受け身の困難な巻き込み技などはかなり上達するまで使わないようにし、腰技からの連続技を中心に、技の発展や受身との関連などから、腰技を基礎において練習するのである。

B　剣道の指導

わが国における伝統的な運動文化の一つとしての剣道を、学校体育のなかにどのようにとり入れ、教材として指導していくかは、いろいろな側面から考えてみる必要がある。ここでは、紙数の関係から、おもに、剣道の技術的指導の概要について述べることにする。

剣道の特質　剣道の指導で、一般的には、素振（フットワーク）、面打、小手打、胴打、突などとして、それぞれが基礎技術として述べられているものが多い。しかし、それらの技術相互の関連や系統にはほとんど触れられていない。基礎技術とは、その運動文化（教材）の技術特質を含み、その基礎技術の習得によって、それぞれの種目（教材）のもつ技術を習得し、向上させていくためのベースになるものである。したがって、基礎技術の習得が、その種目に必要な技術獲得の内容を保証するものでなければならない。

このような観点から、剣道の技術的本質（特質）をとらえるならば、「竹刀による打・突」ととらえることができ、その基礎技術は、「中段からの払い面」と考えられる。

中段からの面打ちは、相中段に構えることによって、相互に間合いがとれるので、初心者でも、「間合」の意味が理解しやすく、打ち込みの距離を測定できるからである。さらに、相手の竹刀を払うことにより、攻撃にはいるために必要な、「さそい」や「くずし」が、同時に習得できるからである。

払いから面打ちにはいる理由としては、視線をほとんど動かすことなく、そのままの姿勢、構えた位置から攻撃（面打ち）にはいれること、さらに面は攻撃目標が大きくて具体的であること、などをあげることができる。

払い面は、このような意味からみて初心者にとってわかりにくい「間合い（踏み込み）」の距離が測りやすく、連絡技としての攻撃技術を内包しており、つぎの技術への発展が容易に可能になるので、基礎技術として妥当性をもつといえる。

つまり、剣道における技術指導では、いわゆる連続攻撃である二段打ち、三段打ちなどが要求されることになるので、二段打ちの初歩的技術として、「払い面」が基礎技術になるのであり、たんなる「面打ち」「小手打ち」などの個別技術と、気合のみを強調するのではなく、技術内容としての「払い面」が基礎技術として位置づけられて指導されるのである。

技術指導の系統性

剣道における技術指導の系統性は、「中段からの払い面」を基礎として、「小手—面」→「小手—胴」→「面—胴」→「胴—面」へと発展していくと考える。

したがって、さきに学習した払い面や小手面は、つぎの学習内容である「小手—胴」や「面—胴」との組み合わせのなかではもとより、それらの内容に含めて学習することになる。

系統的技術指導では、つねにさきに学習した内容をベースにして、さらに高度な技術内容として発展させていくのであるから、さきに学習した技術内容は、後で学習する内容にいかされていくことを意味し、面—面や小手—小手などは、当然のことながらいま述べた系統の一部分に位置づくものであり、その変形として、練習の多様性（練習法の一つの種類）と考えることができる。

つまり、さきほど述べた系統性にそって指導していくなかで、多様な技の組み合わせを、系統的発展の法則にそいながらくふう・研究しつつ指導することを意味する。

初心者の指導として留意することは、相中段で竹刀を合わせ、その距離が間合いであり、相手が下がらなかった場合、その距離が何歩の踏み込みになるかを竹刀の長さとの関係で理解させる。

払い面の練習としては、竹刀の先が軽くふれる程度（約一〇センチくらい）に構えているので、相手の竹刀を下へ押しさげるというより、軽く竹刀の先で横上方へ相手の竹刀の先を打つ（はじく）ようにして、その反動（はずみ）を利用するかたちで、踏み込みながら面打ちにはいるのである。受ける側は、最初のうちは、竹刀で防ぐのでなく、足（フットワーク）を使って、相手との間合いを変えるようにして相手の攻撃のタイミングをずらすように練習する。

剣道では、この間合いの取り方を習得することが重要で、いわゆる反射神経といわれる反応の速度は、間合いのとり方とフットワーク（足運び）できまるといってもよいので、初歩レベルから攻撃側、すなわち、払い面を打っていく、仕かける側に指導の重点をおきながらも、間合いと足運びを指導するのである。

したがって、最初から相手なしで素振りをしたり、足運びだけを取り出して指導する必要はないので、指導の原則としては、相手とのかかわりで指導するほうが効果的であり、払ってからの面打ちのリズムと足の踏み込みのリズムが一致するように指導する。

竹刀の構えは、楽な気持で軽くもち、必要以上に肩や手首に力を入れて構えるのは好ましくないので、肘を横に張るのではなく、からだの前方に軽く構え、打つときは竹刀をもった両手をやや内側にしぼるようにしながら振り下ろすことになる。そして、だんだん正確に打てるようになってきたら、間合いや相手のバランスの崩し方を変えて打てるように練習する。

つぎの「小手―面」では、相手の竹刀を払いながら小手をねらい、相手が退くか押さえるかして小手打ちに失敗するかもしれないので、小手から面へと、さらに踏み込んでつぎの攻撃を休まずに連続的に仕かけるのである。いずれの練習でも単発の攻撃（打ち）で終わらないように注意して指導する。

以上、同様な考え方をもとに、受けを中心とした練習ではなく、攻めを中心とした練習を指導していく、そして、じょうずになるにつれて、技の組み合わせや相手のバランスを崩す方法を変えながら指導するが、指導の根幹は、系統に沿って指導することを意味する。

(8)　体育理論

共通の弱点

今日の学校体育実践のうえにあらわれている重要な弱点は、学校体育が「何を」教えるべきものであるのか、ということを明らかにしえていないことであろう。いいかえれば、学校体育における学力とは何か、という問いに対する明確な答えが用意されていないということである。他教科において学力といっているものを、体育科において考えるならば、それは運動能力のことである、という考えが、若干の疑問点を残しながらも、なお一般的には妥当なものとして受け入れられているのではないかと思われる。だから、評定に関する諸問題のなかで、もっとも中心的な位置を占めているのは運動能力の高低をどう評価するか、ということであって、子どもたちが何を、どの程度学んだかということではない。したがってここから逆に、体育では、何を、どう教えたか、ということが問題にされねばならないはずであるにもかかわらず、依然として教えていることは、運動能力をどう高めるか、ということを中心にしていることが多い。中学でしばしば行なわれている期末テストで、「水平跳びにおける両手のつき方について図示せよ」などという設問、およびその解答が、はたして体育科における学力を問うものといえるかどうかもまた疑わしい、といわざるをえない。なぜならば、少なくとも学力とは、右の設問に対する正答ができるということと同時に、

①そうすることがなぜ正しいのか

②そうしないとなぜいけないのか

という認識を成立させているべきだと考えられるからである。

さらに、通常の体育実践のなかでそれを指導しているといえるだろうか。多くの場合、その答えは否である。

たしかに、口頭で、注意事項として、話として、実技指導のさいにこれらについて説明していることは認めねばならないであろうが、科学的な学習方法のなかで説明し、納得させているかどうかという点から検討してみれば、否といわざるをえないのが実情であろう。やはりこれは、学校体育が何を教えるべきか、ということに対する追求を不十分なままにしてきたからであるといえよう。しかし、現状の大部分がそうであるとはいえ、これらのことへの接近がまったく閉ざされてしまっているとはいえない。そうする内容や方法をもつものとして、さしあたり考えられるのが体育理論である。現行の『学習指導要領』においてさえも、わずか総時間数に対する一〇パーセントでしかないとはいえ、これをまったく無視しているとはいえない。

雨降り単元

では、この一〇パーセントがどう指導されているかについていえば、通常「雨降り単元」といわれているように、雨が降った時に「読み切り単元」的な扱いを受けて指導されていることが多い。また運動教材への導入段階において、その教材の歴史やルールを教えるために使われる時間を、これに換算しているところもある。したがって非常に特徴的なこととして、さまざまなタイプの研究会が数多く行なわれているなかで、この体育理論の実践報告に接することがきわめて少ないという事実は、多くの教師たちにとって、体育理論がそれほどの関心をひくものとはなっていないことを物語っている。

また、中学や高校の教科書において、保健編に対する体育編の分量が半分になっていることも、それが一〇パーセントの時間数に見合ったものであるとはいえ、体育理論があまり重視されておらず、内容についての検討も十分にすすんでいないことを示している。今後の課題としては、「読み切り単元」的にではなく、また内容についても体系的かつ計画的に指導してみることであろう。そうした実践報告を相互に検討しあうなかで、目標、内容、方法および時間数が整理されてくるにちがいない。

体育理論のねらい

体育理論を指導する基本的なねらいは、国民の運動生活を改革していくための意味や方法を教える、というところにおかれなければならないと思う。もちろん、子どもたちが、体育理論を学んだことから、ただちに地域のスポーツ活動に参加したり、それを企画したりすることを期待してはならないであろうが、少なくとも校内における運動生活の矛盾を改革していくための基本的な視点を学んだり、それを変革していくための方法を学びとったりすることは、体育理論に課せられた重要な役割の一つであると考えなければなるまい。したがって教材は、校内の運動生活に関係のあるものからもえらび出してくることができると考えてよいであろう。

体育理論を指導するにあたってもう一つ考えなければならないことは、問題から結論にいたる過程を自分で歩いてみるようにさせることである。たとえば、昼休みにはみんながもっと運動をしたほうがよいのではないか、という問題が提出されたとするならば、まず、昼休みのグラウンドの実態調査を子どもたち自身にさせてみればよい。またグラウンドに出ない人たちの理由を聞いてみる必要も生じてくるだろう。そうして得られた資料を、どのように整理すれば問題点が明瞭になり、それをどのように解決していけばよいのかについても討論できるであろう。このようにして学んだ方法は、母親たちを対象とした調査にも広がり、地方のスポーツ行政に対する検討にもおよんでいくことであろう。こうした科学の方法についての指導が行なわれなければ、子どもたちはつねに「理論の短絡」という「方法」を学んでいくことになる。これが「○×の論理」であることはいうまでもない。体育理論の指導で重視しなければならないのは、たとえば、以上のようなことがらである。だから、はっきりいえることは、中学や高校についていえば、体育理論を指導するための実験室や学習（講議）室がどうしても必要だということであり、これらの教室の設備としてＶＴＲや各種の測定器具、あるいは実験助手さえも必要とするということである。

このような考えが奇想天外であり、夢物語であるというような受けとめ方をする人もあるだろうが、かりにそれを認めるとしても、体育実践が、あるいは体育理論の指導が、現状のままでよいとはだれも考えないであろうから、なんらかの具体的な提案をしなければ、今日の学校体育を脱皮させていくことは困難である。そのための試みが全国的な規模でとりくまれていくことを希望したい。

体育理論の内容

ここでは、大きく三つのことがらが考えられる。

第一の柱は運動生活の大衆化ということを人間の歴史のなかに位置づけて考えるということである。その中心的な視点を運動の権利というところにおくことができるだろう。人間が運動をする権利をどのように獲得してきたのか、またそれをどのように拡大・深化させてきたのかということを学ぶ必要は十分にある。今日いわれているスポーツの大衆化ということは、権利獲得の歴史のなかにおける必然的な結果として生じていることであるが、それを跡づけることが体育理論指導における重要な柱になることは疑う必要もないことであろう。

第二の柱は、すでに述べたとおり、運動技術を科学的に分析し、かつその成果を、実際の技術学習に適用するということである。逆にいえば、具体的な運動場面から運動技術に関する問題を拾い出し、それについて科学的な研究をし、その成果を再び技術学習の場面に還元してみる、という指導をしなければならないということである。これまで、運動技能の指導は多分に経験的であった。

たしかにそれで成功していることも少なくはないのであるが、さらにそれを科学的な根拠をもつものに発展させ、それを子どもたち自身の手によって明らかにしようということである。たとえば、自転車に乗れないものを指導する順序が大変に経験的であることは周知のとおりである。かりにそれを正しいとしても、なぜそうするのが正しいのかということについて科学的に説明することはそれほど明確にされてはいない。たとえばこのような問題を心理的・生理的・力学的な側面から研究し、それらを総合することによって、科学的な初心者指導の体系を確立させることも不可能ではない。同様な問題を跳箱運動のなかから、あるいは鉄棒運動のなかから拾い出してきて、実験的な研究をし、その成果を全校生徒の学習に還元していくことは十分に価値のあることである。

第三の柱は、運動生活の組織について学んでいくことである。国の行政レベルでそれがどのようになっているのか、地方行政レベルではどうか、学校体育と市民のレクリエーション活動との関係はどうなっているのか、というような問題が考えられるであろう。そしてさらに、まったく具体的な問題としては、自分たちのスポーツ集団をどのように組織していけばよいのか、ということから、小・中・高体連、日本体育協会、そして国際オリンピック委員会にいたる組織がどのようになっているのか、といったような問題についても学んでいく必要があるだろう。

以上に述べたようなことがらを学んでいくのが体育理論であり、実はそれこそが学校体育であるのではなかろうか。これまでの学校体育は、あまりにも技能指導に傾斜しすぎていたのではなかっただろうか。

もちろん、運動技能の実際的な学習も必要である。それらについては本書の第一部三節の「クラブ活動と体育実践」を参考にしていただきたいと思う。学校体育の未来を考える時、以上のようなことが思いつかれるのであるが、もちろん、あすからただちに以上のことが実践できるなどとは考えられない。せめて、これまで以上に体育理論の内容を充実させ、それに必要な指導時間数を獲得、拡大していくことが急務ではないかと思うのである。

2、技術指導の体系化

(1)　教育における体育

自主編成の視点　技術指導の体系化ないし系統化を考える場合、まず、教科内容をどのようにとらえるかということが問題であり、人間の全面発達の一側面をになう教科としての体育（体育科教育）の独自性が問題となる。

教育は、その本来的意味から考えてみても、特定のイデオロギーや資本・企業の恣意によって、勝手に方向づけられ、内容規定されるべきものではなく、人類の文化や科学の遺産継承にねざす国民の権利・要求として、その内容や方向がきめられていくべきものである。国民の権利・要求は、国民自身のためにあり、その方向は、国民が生存している社会と人類の未来をにない、国民の幸福、すなわち、人類の幸福と結合していくものでなければならない。

このような意味から、学校教育は、国民ひとりひとりの能力を全面的に開花させ、それを次代に継承していく素地をつくる機能を果たす、ということができよう。

学校教育における体育科教育の機能が、子どもたちの全面的発達をうながす基盤をきずく一側面を担当することはいうまでもなく、そのねらいは、〈健康・からだに関する科学的認識〉をたかめることにあるといえよう。しかし、学校教育は、教科による教育・指導のみにとどまるのではなく、学校生活の総体を通じてなされるものであって、各教科の独自性と限界をふまえつつ、学校生活全体のなかにおける位置づけ、他領域との関連についても、正しくとらえたうえで指導しなければならない。

教育の重み

教育のねらいや内容は、子どもたちの未来、社会・歴史のすすむ方向性と結合して考えられなければならないし、そこでは、教師・地域の人々の世界観・教育観を反映していくと同時に、国民の教育要求に深く根ざした、国民のための国民による〈自主編成〉の立場に立った教育が貫かれなければならない。

したがって、国民の教育の要求を反映しつつ、教育内容を編成、教材化していく教師の自主編成の仕事は、きわめて多様な方法をもつと同時に、子どもたちが真実と真理に接近していくことを無限に保障していく、責任の重い仕事である。私たちは、教育内容を精選し自主編成をすすめるにあたって、教育のもつ基本的役割、教師の仕事の歴史的な重味を認識しながら、子どもの未来への発達を保障し、歴史・社会のすすむべき方向をみずから深くたしかめつつすすめていく必要があろう。

(2)　体育の内容としての運動文化（身体文化）

内容選択の視点

体育における教科内容の編成は、〈健康・からだに関する科学的認識〉というねらいにもとづいて、身体活動・表現を中心とした指導を具体的に行なうものであって、その学習内容としては、運動文化・身体文化を中心としてなされる教育である、といいかえてもよいであろう（運動文化、または身体文化、さらには体育文化という用語をもちいてもほぼ同義と解してよいと考えられるが、ここではおもに運動文化の用語をもちいることにする）。

体育のねらいにあげた〈健康・からだに関する科学的認識〉は、「健康はすべてではないが、健康でなければ何もできない」という標語にも示されているように、人間の生活・幸福に直接的な関連をもっている。しかし、それらを具体的に達成していくためには、一定の内容と方法が必要である。私たちは、「運動文化の継承・発展」ということを、内容において他教科の内容と異なる独自の教科内容を提示することの必要性を強調しているのである。

運動文化を教材として採択する場合、さきに述べた教育観にもとづいて、社会に存在する文化のなかから選択し、子どもたちの発達・認識との関連から、どのように教材化し、どのように指導系統を明らかにしていくかを考慮することが必要である。つまり、歴史・社会的に創造・継承されてきた運動文化を無批判に教材としてもちこむのではなく、学校教育のねらいや、体育の独自の役割などの関連で取捨選択し、さらに子どもたちの要求や、発達・認識との関連からとらえ直して指導することを意味する。教科内容として指導する場合は、教材の内容に関する指導系統を明確にし、さらにどのような方法・形態で学習させていくかということが重要な意味をもつのである。

(3)　運動文化の特性と系統性

運動文化の特質（特性）をどうとらえるかという問題については、文化の把握や教育観の問題ともかかわって、多様な観点が考えられるし、一定の見方に限定されるべきものではないが、ここでは、現場における指導（授業）に生かしやすいということを考慮して大胆にいくつかの問題を提起したい。

基礎技術について　運動文化の特質をどのような観点からとらえるかという論争からは一応離れて、ここでは、運動文化の特質をその文化のもつ技術およびルールにもとめ、技術内容を中心として、指導の系統化を試みる根拠について述べる（具体的な教材の指導については、前項「教材の指導」に述べてある指導内容を参照していただきたい）。

従来、体育の指導では経験のみが重視されたり、いわゆる「カン」に頼った指導が根強く幅をきかせてきたのは、学習内容が不明確なままに抽象的にとらえられ、客観的・系統的に指導し得なかったからである、と指摘することができよう。したがって、自主編成の立場からだれもが指導できるように、内容を客観的に提示し、系統的に明確にする必要があろう。

まず、運動文化（この場合は教材）の技術特質を明らかにし、基礎技術を把握したうえで系統化していくのであるが、一般的には、これまで技術構造とか構造的指導と主張しながら、個々の技術を並列的に並べるだけで、それらの関連について触れられることがなく、科学的に系統を提示し得なかったということができる。したがって、教師の得意な内容か、あるいは経験してきた内容を繰り返すか、『学習指導要領』の内容を不承不承に実践せざるを得なかったといえよう。

基礎技術とは、「運動文化のもつ特質を含んだもので、その文化の技術獲得のベースになるもの」と考えることができるから、運動文化のもつ技術的特質（本質）を、明確にとらえなおす必要が出てくる。そして、その基礎技術のうえに、より高度な技術へと系統的に発展させていくのである。

したがって、従来のように個々の技術や分析された技術内容の一つ一つをとらえて、それを無条件で基礎技術とよぶことには多くの疑問をもたざるを得ない。私たちは、つぎのような条件（内容）を満たし得るものが、それぞれの運動文化の基礎技術たり得ると考えている。

①その運動文化の本質（特質＝他の文化では代えられないもの）を形成している最小単位の技術。つまり、特質を失わない範囲で、もっとも小さく分析した単位（ユニット）としての技術。

②最初に練習し、最後（ゲームや発表会）まで、質的に発展する内容をもった技術。つまり、最初の練習から必要なもので、その内容は、質を変えながら発展していく技術。

③その運動文化の習得（継承）については、だれもが必ず体験し、習得しなければならない技術。つまり、おとなには不用とか、器用な人には不用というような基礎技術は、基礎技術の条件をふまえているとはいえない。

運動文化の基礎技術としては、前記の三つの条件を満たすものであれば十分であろうが、教育として考える場合はつぎのことが加味されなければならない。

④ある程度の運動量を有し、児童・生徒が興味をもって、容易に習得できる技術。つまり、体育運動であるから、発達刺激としての一定の運動量、さらには興味をもつようにしくみながらも、容易に習得できる技術ということになり、容易にという場合の目安は、説明を除き数回の練習で一応の運動のかたちができ、二〇回程度で一応習得できることを意味する（個人による遅速の差は認めざるを得ない）。

技術の系統化について　基礎技術を以上のように規定して、基礎技術をもとにして技術の系統化を図るのであるが、運動文化の本質（特質）をどうとらえるか、という当初の問題に関連してくるので、具体的には各運動文化をもとに技術の系統を考えざるを得ないことになる。

前項の「教材の指導」で、一部の教材については、運動文化の技術的特質を明確にして述べたものもあるが、理解を深くする意味で、二、三の例を引用しながら技術指導の系統を考えてみよう。

水泳の指導では、水泳文化の技術的特質を、「水中での呼吸を含む浮き・推進」ととらえ、その基礎技術を、「呼吸と腕の協応（腕のかき）」ととらえて、この基礎技術をもとに、ドル平泳法—バタフライ—クロール—平泳—背泳という系統を考えるのである（指導要点と方法は前項参照）。

バスケットボールでは、その文化的技術特質を、「コンビネーションを含むシュート」ととらえ、基礎技術として「二人によるパス・シュート」ととらえている。この基礎技術の具体的指導としては、ゴール下でパスされたボールをジャンプキャッチし、ジャンプしてシュートすることから始め、パスした人はフォローしてシュートするというような練習をベースに指導するのであり、具体的なシュートという最終目標をおいて、パス—ショット—フォローショットを一連の単位（技術単位）として、動きと二人のコンビネーションを中心に指導することを意味する。

基礎技術としてあげた、二人のパス・ショットをもとに、系統的に指導をすすめるのであり、さらに二人から三人、四人と、同じような形式で（内容は同じでない）指導し、さらに、二対二（二対二の攻防）、三対三、四対四の攻防へと発展させることを意味する。

マット運動や創作ダンスのような表現形態をもった教材では、教材の本質をとらえ直して、指導系統を明確にすると同時に、球技などのゲーム・試合にあたる表現形式としての発表の形式（方法）を、技術系統のもう一つの指導内容として考える必要がある。つまり、構成の仕方、集団での表現方法、リズムのとり方などが、技術系統とのかかわりできちんと指導される必要がある。

以上、簡単に基礎技術と運動文化とのかかわりで、指導系統についてふれた。指導系統を明確にするためには、それぞれの運動文化の文化特質（技術特質）を、本質としてとらえ、その運動文化の技術内容がどのような技術構造をもっているか、的確に把握する必要がある。そしてその系統のベースになる基礎技術を、それぞれの文化の技術特質と、その文化の技術構造との関連でとらえなおす必要がある。

運動文化の技術特質をとらえたうえで、基礎技術を明確にすることができ得れば、その文化の技術構造をとらえ直し、児童・生徒の認識・発達との関連で指導の系統化が可能となるのである。

最後に、系統とは何かという問題に簡単にふれておきたい。

系統とは何か

系統というのは、科学や論理によって体系づけられたものをさす。いわゆる「論理系統」ともいわれるように、一定の客観的な法則性や論理にもとづいて組み立てられたもの、または、そのすじみちであるといってよい。

学習系統や指導系統という場合は、客観的な論理や法則で明らかにされ体系づけられた内容を、子どもたちの発達・認識に照応したかたちで、どのように系統的に指導する（学習させる）かということであり、科学の論理や系統にしたがいながら、同時に学習の発展のすじみちにしたがうことを意味するのであり、「学問の理論の組み立てと、子どもの論理的思考の発達とを統一的にとらえたところに系統指導が成立する」といえるのである。したがって、体育における運動文化の学習を例にとれば、運動文化のもつ技術発展の原則的（法則的）順次性がそれであるといえるし、運動文化の技術構造をもとに、教授学的改変（発達・認識に照応した形で教育的改変）を加えて構成したのが技術指導の系統性であるといえる。

学校教育（体育）では、社会に存在する多くの文化のなかから、体育科教育のねらいに応じて文化を取捨選択し、教材化して指導するのであるから、少ない時間で多くの効果をめざさなければならないし、近代学校では、各教科ともに系統的な指導が要求されるのである。

しかし、ここで主張している系統指導は、戦前のような一方的な注入教育の系統指導とはまったく異なる内容であり、あくまで、科学の論理や、子どもたちの認識・欲求などをもとにしたものであって、世界観・教育観のもとに科学の論理や法則を背景にした指導系統でなければならない。したがって、教師の科学的研究と、自主編成の姿勢が、子どもの主体性ときり結ぶなかで、さらにたしかな新しい指導系統が確立されるということを意味していると考える。

3、よい授業とは

教材を確実に獲得させる

よい授業は、すべての子どもの学習権を実質的に保障しようとする願いに立った、教師の創意的努力によってつくり出されるものである。それは、どのような子どもをも切り捨てることなく、むしろ最も遅れた子どもを中心にすえてかたちづくられていく。

すべての子どもの学習権を保障するというのは、どの子どもが教えられる教材を確実に獲得し、さらにその質の高さを追求するなかで、肉体的にも精神的にも人間としての資質を高めていくように、教師が教師としての指導性を発揮するということである。しかし、与えられる教材を獲得し、その質の高さを実現していくということは容易なことではない。それは、学習主体である子どもたちの粘り強い、集中的な学習活動と、その発展をうながし、方向づける教師の粘り強い努力とが相まってはじめて達せられることである。

青少年の実態をみると、小学校から中学・高校、さらには大学へと体育の授業を受け、毎年のよろに器械運動や体操や球技などを学んできたはずなのに、それがほとんど身についていなかったり、きわめて不十分であるという者が少なくない。その一因として、『学習指導要領』や『指導書』などの教材別配当時間にしばられて、どの教材もひとわたりは教えるが、それを確実にものにする間もないままにつぎの教材に移るということが考えられる。どれも取り上げるが、どれも身につかないというわけである。その結果、子どもたちは一つのことを粘り強く追求した充実感も、教材との矛盾を克服してめざすことをなしとげた感動をも体験することなく、体育がきらいになっていくようである。教材との格闘なしには、自信も喜びも手にすることはできない。年間の限られた時数から考えて、年度ごとに、何をこそ学ばせるかという重点を定め、選んだ教材にたっぷりと時間をかけることが大切なことである。最近続々と生み出されているすぐれた実践は、すべて、一つの教材にたっぷりと時間をかけ、子どもとともに、その教材をきびしく追求している。小学校でリレーの指導に八時間もかけたとか、「そうらん節」の指導に一〇時間以上もかけたとか、という具合である。

教材・教師・子どもの格闘

しかし、ただ時間をかけさえすればよいというものではない。教師自身が、たえずその教材の解釈を新たにし、深めながら、子どもの進歩に応じ、具体的な要求を出していかなければならない。その具体的要求が、子どもの内部に矛盾を生じさせ、それが学習活動の原動力となるのである。二節一項のマット運動のところで紹介した境小学校での「横まわり」では、三つの段階にわたって具体的要求を出し、子どもの学習を目的意識的な活動へと導いている。時間をかければかけるほど、一時間一時間の授業のねらいを明確にし、単純にしなければならないし、またそれが可能にもなる。『島小の授業』(国土社『斎藤喜博全集』別巻1所収)に収められている滝沢友次氏の六年生の授業記録「台上腕立て前転」を読むと、全体六時間計画で順次四つのねらいを立てており、そのうちの二時間は「生きているひじ」を感じとらせることによってダイナミックで美しい弧を描き出させることをねらいとしている。そして、この授業の記録は、「生きたひじ」を生み出すため、教師と子どもとがともに力を出しきって、格闘していく事実の記録である。その「生きたひじ」を探りあてようとする過程で、子どもとともに、教師みずからも学び、自己変革をとげていくところは感動的である。

目的に集中する

最近は「体力向上」が強調され、体育の指導でも、しばしば運動量が問題とされる。なにかこまねずみのようにひっきりなしに子どもを動かしているのが、よい体育のように考える人たちもいる。とんでもない誤りである。

授業において、子どもが目的に集中するためには、一人ひとりの練習にゆとりを持たせることが必要である。跳箱運動にしても、走高跳にしても、パチンコ玉のようにつぎからつぎへとかけ出していくようなことでは、一回一回が粗雑になり、ただ回数を多く跳んだというにすぎない。そして粗雑な子どもになってしまう。やはり、まえの人が終わったあとは十分に間をとり、呼吸を整へ、イメージをふくらませ、気持の集中したところでスタートをきるというのでなければならない。せかせかした、追い立てられるような雰囲気のもとにではなく、ゆったりとした気持で、心をこめて演じるのでなければならない。回数は少なくなるが、そのほうがはるかに目ざましい進歩がみられるし、子どもそのものが変わってくるものである。鉄棒指導などでも、一欄に同時に二人ずつやらせているような授業を見かける。それでは、隣の人が気にかかって集中できるはずはない。鉄棒には弾力があり、その弾力を利用するのが鉄棒運動であるのだから、二人同時ではとてもリズムをとることもできないわけである。このように、一人ひとりが、十分な間をとって、一回一回の練習を大切にする時、他の子どもたちは、その集中した態度に心をひかれ、その動作を見守るように変わっていくものである。またそういう子どもたちにしていかねばならない。一人ひとりの学習権を保障する、保障し合うというのは、具体的にはそういうことである。自分の番がきた子どもが、心を集中して跳箱やバーに挑戦することができるのは、十分に間をとることを当然のこととして、その挑戦を見守る集団によって保障され、ささえられるがためである。小学校二年の跳箱運動の授業でのことである。踏切りに失敗した子どもが、首をかしげて、もう一度やり直しのために、スタートの位置にもどる、それを当然のこととして、つぎの番の子どもがスタートの位置をゆずる、そういうささいなことのなかに、本当の意味での規律の美を見る思いがするし、きわめて大切な意味があるように思えるのである。

また、子どもの学習を大切にするということは、具体的には、一人ひとりの子どもの、一回一回の練習をおろそかにしないということである。運動量を多くするために、一時に大勢の子どもたちに雑然と練習させ、教師はほとんど目がとどかないでいるといった授業が少なくない。一人ひとりの子どもの事実を見ぬき、適切に対応していくのが教師の責任であるから、そこに必然的に授業の形式や秩序が求められてくるはずである。

授業の形態　授業の形式についていえば、教育研究全国集会でも、第五次・六次ころから、「グループ学習」をめぐって、いろいろと議論がかわされてきた。当初は、民主体育は「グループ学習」でなければならないような主張もあり、「等質グループか異質グループか」といった問題に焦点がしぼられた感じのする時期もあった。その後も、集団主義的生活指導の発展も反映して、「班学習」を中心とする考え方も生まれてきた。

「グループ学習」の主張には、それをとおして自主的・民主的人間を育てるという体育の目的にかかわるとらえ方があったし、また当時の問題解決学習的発想もあった。「班学習」にも体育をとおして民主的集団を形成し、子どもに集団的能力を育てるという考え方があり、生活指導の形式の持ち込み的傾向がみられた。しかし、いずれにおいても、授業とは何かという授業の本質や論理の追求において欠けるところがあり、そのため、学習は強調されても、教師の授業における積極的な役割ないし責任のとらえ方が弱かった。また「グループ」や「班」の重要性を強調するあまり、それを授業の基礎単位としてとらえる傾向に陥りがちで、一斉指導や個別指導の教育方法としての価値を正当に評価しない弱さがみられた。

授業の基礎単位はあくまでも学級であり、授業は、教師の教授活動と子どもたちの学習活動とが、教材の追求を中心として切り結ばれ、展開していくものである。そして、学級を構成するすべての子どもに、文化としての教材を確実に獲得させるよう組織していかなければならないものである。個別指導＝学習、グループ指導＝学習、一斉指導＝学習はそれぞれに教育方法的価値を持つものであり、教材により、その時間のねらいにより、一時間の授業の場面により、それらは弾力的に、有機的に関連させながら活用していくべき授業形態なのである。特定の形態にのみ固執するのは形式主義というものである。教師は、個人指導をしている時にも、全体を意識していなければならないし、全体を一斉に指導している時も、一人ひとりを意識していなければならない。とくに重要なことは、いかなる場合も、教材との矛盾のもっとも大きい遅れた子どもたちの要求に立ち、その学習権を実質的に保障していくことに力をつくすこと、またその学習権を保障していく学習集団を組織していくことである。泳げない子を泳げるようにし、跳びこせない子どもを跳べるようにしていくところで、教師の教師としての力量がためされ、きたえられ、高められるし、また、その運動技術の論理も明確なものとなり、それがみんなの学習を深めていくことにもなるのである。授業において民主的集団を形成し、子どもたちの民主性を育てることは、このような授業の本質にもとづくことによってのみ可能なことである。

体育の授業は、ただ子どもたちにからだを動かさせ、できるようにすればよいというものではない。子どもが学習の主体として、文化の追求者として、「何のために」「なぜ」「どうすればよいか」と問いを発しつつ、からだや技術やルールなどへの認識を深めさせていくことが大切である。しかし、体育の授業ではその認識を実践によって検証し、頭でわかることとからだでわかることの統一を図っていく必要がある。体育の独自性は、論理が感覚に定着させられるということである。跳箱運動の踏切動作における足の裏や足首やひざの感覚にしても、砲丸投のフィニッシュの感覚にしても、そこには、練習によって獲得された論理がふくまれている。斎藤喜博氏は、『教育学のすすめ』のなかで、「すぐれた感覚には、かならず具体的な論理がふくまれている」とのべておられるが、示唆に富むことばである。体育では、五感から認識へと発展させながら、さらにそれを感覚へと定着させ、感覚をゆたかにするという役割を持っている。文化を身につけるとか、わがものにするというのは、そのようにして、文化をからだに息づかせることなのであろう。

安全の維持　最後に、授業における安全の維持について触れておきたい。体育の授業では、どんなに子どもたちの運動技術の進歩がとげられたとしても、子どもたちの生命をそこなう事故が起こったのでは、元も子もない。事故を起こさないことは、よい授業の前提条件である。教師はいかなる場合も、危険の防止に細心の配慮を払わなければならない。器械運動などのように危険をともなうものでは、必ず補助者をつけ、正しい補助法を教えるべきだし、無秩序な行動によって事故の起こりやすいものについても、一定の秩序を指示しなければならない。しかし、何よりも大事なことは、これらの補助や秩序を示していくなかで、一人ひとりの子どもに、人間の生命の大切さへの認識を育てていくことである。

三、クラブ活動と体育実践

1、クラブ活動とは何か

本来の意義　「クラブ活動とは、特定のテーマについて、同じような興味をもつ児童・生徒が、自主的に集団をつくって研究活動をすすめることをいう」「クラブ活動は教科の中から学んだことの一部をいっそう深く研究したり、また、そこで学んだことを教科の中で生かしたりすることを目ざす」（勝田守一編・岩波小辞典『教育』）。

クラブ活動とは何か、という問いに対して、今日、一般的にはここに引用したように考えられているといっても誤りではないであろう。だが、この引用文が真に表現しようとしていることと、現実のクラブ活動の実態とのあいだには、非常に大きな懸隔が存在している。その証拠は、教育研究全国集会に提出されるクラブ活動の問題点の膨大さと多様さのなかにある。経費に関する問題、入退部に関する問題、教師の勤務時間に関する問題、技術指導に関する問題、後援会や卒業生集団に関する問題、暴力事件等々、数えあげればキリのないほど多種多様の、しかもそのどれもが解決困難な問題として存在している。いったい、どうしてこのようになったのか。どこに解決の糸口を見いだせばよいのか。教師だけ、あるいは教師と生徒だけで解決できるのかどうか。私たち教師は、いま、全校生徒に対する必修クラブという新たな問題をつきつけられて、あらためてクラブとは何か、ということを真剣に考えねばならない立場に立たされている。私たちは、これを受け身の立場から考えるのではなく、子どもたち、父母たちとともに、真に教育的なクラブ活動を創造していく立場からこれを考え、誤った教育に対して、積極的にあるべき教育の姿を提示し、それを築きあげていくたたかいを展開しなければならない。クラブ活動はそのような意味できわめて主要な位置を教育実践のなかに占めていると考える。以下では、さきの引用文が真に意図しているものをより具体的に考えてみたいと思う。そのために、クラブ活動を、今日あるがままのものとして認める立場からではなく、今日のクラブ活動を歴史の座標軸のなかに位置づけ、それが何をになうべきものであるのか、どのようなあり方を示すべきものであるのか、というような視点からとらえていく必要があると考える。表現を変えていえば、クラブ活動、もしくはクラブ活動的形態をもった小集団活動は、これまでの人間の歴史のなかに無数にあったし、これからの人間の歴史のなかにもまた無数に存在するであろう。そういった長い人間の歴史のなかに位置づいている今日という時点、あるいは今日という人間の歴史のなかの断面において、今日のクラブ活動は、いったいどのような役割をになうべきものであるのか、という課題設定をし、それにどう答えていくのか、という筋道をとおって考えてみたいということである。

歴史と現状

すでにあれこれの事実を列記する必要もないほどに周知のこととして、科学者や芸術家たちが、いつの時代においても、自由に加わり、また交流しあうための小さな集団を組織していたことは事実である。今日の私たちはそれをサロンとよび、またクラブともいっている。ベートーベンやシューベルトがそのようなサロンに出入りして、新しい交響曲などの批判、交流をしたのはよく知られていることであるし、また、近代スポーツの発祥の地であるイギリスに、多くのスポーツ・クラブが生まれたことも周知の事実である。そして歴史のなかに名を残しているサロンやクラブのなかには、今日、私たちが一つの堕落した形態として指摘し、またもちいる「サロンふう」という表現とは必ずしも一致しない、新しい文化創造の意欲を内包していたもののあったこともよく知られている。

ひるがえって今日のクラブ活動をみる時、そのあまりにも多くが現状肯定的性格を保持していることに驚かざるをえない。文化創造は、少なくとも、今日ある諸文化の批判されるべき諸側面に対する明確な認識なしには成立しえないものであるが、はたして今日のクラブ活動がそういったことがらについての研究活動を基盤とし、またそのことをクラブ活動の主要な役割と認識しているかどうか。あるいは指導者がそのような指導を行なっているかどうか。一方でオリンピック至上主義やコンテスト至上主義を批判しながら、実際に活動しているクラブの形態や内容は、オリンピックやコンテストの延長線上に位置づかざるをえないようになっているものも少なくはない。自分たちでシナリオを書き、自分たちで演出するという演劇活動のあることも知らないわけではないが、そこにもまた既存の演劇文化に内包されている、批判されるべき諸側面に対する明確な認識が成立していないかぎり、このような活動も結局は線香花火的、あるいは場あたり的実践に陥っていく危険性を含んでいる。たとえそのような方法のなかで、既存の文化に対する立派な批判が一時的には行なわれえたとしても、それを継承し、さらにすぐれた成果を蓄積していくという作業はすすめられにくいのではないだろうか。

文化変革・創造の集団活動　クラブ活動を歴史の座標軸のなかに位置づけるという思考は、少なくともそれが現状肯定的態度を保持するかぎりにおいては不要なことであって、現存する諸文化の矛盾を認識し、それの変革を志向する時にはじめて歴史的な認識として必要となってくるのである。なぜならば、現状を是とし、その存在を全面的に認めるかぎり、それを変革する必要はなく、したがってまた、現状をそのまま後代に継承させていけばよいからである。つまり、オリンピック大会や甲子園大会をそのままの姿において認める立場に立てば、いかにしてそれに出場するかということが主要課題になるのであって、これらの大会がいかに商業主義に毒され、教育を破壊しつづけていたとしても、そのことには着目する必要もないことであり、したがってまた、変革の必要も生じてこないのである。

そして私たちが考えねばならないことは、今日のようにさまざまな形態、あるいは側面において、文化享受や文化創造の疎外状況が深刻化している時代のなかで、それらを放置、もしくはそのままの姿で継承していってよいのかどうかという問題が立ちあらわれているということであり、さきの引用文における「研究活動」とは、まさしくこの疎外の質と量とをまず明らかにすることをさしていると解すべきであり、その「研究活動」の背景に教科学習のあることを指摘していると考えるべきであろう。

したがって、以上のことからクラブ活動を考えるならば、それは文化変革、もしくは文化創造を目的とする集団的な研究活動でなければならないということができ、その第一の作業は、現実の文化享受が、何によって、どのように疎外されているのかを明確にしていくことであり、第二の作業は、それをどう克服していくことによって新しい文化創造が可能になるのかということを国民大衆に提示しつづけていくことである、ということができるであろう。このようなことから考えてみても、クラブ活動は学校のなかにのみ活動範囲を限定するのではなく、より広く、より深く国民大衆のなかにその活動を拡大していかなければならないのである。

2、クラブ活動と体育実践

全校生徒のための活動

勝田氏らの第二の指摘はつぎのように述べている。「クラブ活動は教科（体育実践とおきかえて考えてみたい）の中から学んだことの一部をいっそう深く研究したり、そこで（クラブ活動の中で）学んだことを体育実践（教科）の中で生かしたりすることを目ざす」と。今日のクラブ活動のなかに、このようなことを目的として活動しているものがどれだけあるだろうか。教師が教科のなかで指導していることのなかには、クラブ活動に反映させてほしいとねがって指導しているものもあるかもしれないし、それが具体的に成功している例もあるかもしれない。また、クラブの側からも体育実践のなかに反映させたいとねがっていることもあるかもしれない。しかし、それらが計画的・体系的に行なわれていることは少ない。たまたま授業のなかでボールの蹴り方を指導する時に、サッカー・クラブのものが示範者として利用されるとか、あるいは水泳クラブのものがウィンター・トレーニングの内容を相談するために体育教師のところにやってくるとかいうようなことはあるとしても、双方とも協力しあって「教科の中で生か」したいものを生み出そうとしていることはきわめて少ない。同様のことは、生徒会とクラブ活動との関係についてもいえる。全校生徒の拠出した経費を用具代や交通費、あるいはＯＢへの通信費などにさえも充当しておきながら、全校生徒に還元しているものは何もないか、校内大会のレフェリーくらいですませているのが普通である。クラブ活動が、このように全校生徒と遊離した状態にあることは決して望ましいことではない。全校生徒からも、あらゆる教科の指導からも浮き上がって、対外競技の勝利だけを目標とするようなクラブ活動は現状肯定主義以外の何ものでもない。問題はこのような状況下にある数多くのクラブ活動を、いかにして全校生徒のためのクラブ活動に変革していくか、あるいは国民大衆の幸福に貢献しようとするものに変えていくかということにある。

文化を創造するという仕事はそれほど容易なことではない。少数の人間が短時日のあいだに達成できるものでもないし、ある時にわかにあらわれてくるものでもない。むしろ、創造的な仕事であるということが、当の本人にもそれとわかるほど明確にされることはないものである、と考えることのほうが、自然ではなかろうか。創造とは後代の人々のする評価であって、渦中にある人々は恐らくそれを目標に営々と努力するに止まるのではなかろうかと思う。したがってむしろ、クラブ活動における当面の目標は、現実に体験している文化享受における諸矛盾を明確にし、何を、どう変革することによって、それらの諸矛盾を克服することができるかを実践的に追求していくことではないかと思う。たとえば、クラブのなかのたった一人のオリンピック級の選手が、高額の経費を費消して遠征し、そのために多くの授業時間を欠席するという時、いったいそれが本人と全校生徒や父母たちに何をもたらしているのかをこまかく分析し、内包する諸矛盾を克服していく、というようなことについての研究こそが必要とされているのではないだろうか。

科学を教える

体育実践は、まさしくこのような分析と対策の主要な背景を形成していくものでなければならないであろう。したがって、体育実践の主要な内容として第一に、体育とスポーツの発展過程における国民の権利ということについての指導を欠落させることはできない。第二には、今日における体育とスポーツに関する組織、とくに行政・財政を中心とした国民の文化享受のあり方についての分析と総合の指導も落とすわけにはいかないであろう。第三に、体育・スポーツ活動を、とくにその技術学習を合理的なものにするという意味において技術論の指導をおろそかにすることはできないであろう。以上の三点は、少なくとも体育実践と名のつく授業のなかでどうしても指導しなければならないものであろうと考える。これらをもう一度、勝田氏らのいう「教科」の内容として上記の引用文のなかにあてはめて考えなおしてみる必要があるのではなかろうか。クラブ活動はそれらの「一部をいっそう深く研究したり、そこで学んだことを教科の中で生かしたりすることを目ざす」ものなのである。

このような考えの背景には二つの主要な論点が存在している。第一は、体育実践がこれまでのようなものであってよいのかどうか、という問題意識であり、第二は、専門家集団としてのクラブ活動のあり方についての主張である。第一の体育実践について記述することはここでの目的ではないので簡略に提案するが、それは体育実践がいまだに、「何を」教えるのかということについて、第一にはこれまでのようにポートボールやバスケットボールを教えるということでよいのかどうかという問題意識があるということであり、第二に、もしこのような問題意識が正しいとするならば、体育実践というのは、体育・スポーツに関する科学を教える、と考えることはできないのだろうかという提案をしたいのである。ポートボールやバスケットボールを教えることのすべてを誤りといっているのではなく、そこで「何を」教えようとしているのかを明らかにしなければならないという問題を提起しているのであり、かつ、そのことと同時に国民の文化享受や文化創造についての権利を教えていく必要があるのではないかと提案しているのである。いってみればポートボールやバスケットボールは「遊び」であって、子どもたちにも「遊び」として受けとめられていることが多い。それを突き破り、体育の授業が科学を教えるのだ、ということを貫徹するためになすべきことは何なのかを明らかにしていくことが、今日の体育実践においては必要とされているのではないだろうか。勝田氏らはこのように主張しているものと考えられる。

クラブは何をになうか

第二の、専門家集団としてのクラブをどう考えたらよいのか、ということについては、専門家集団であるからこそ「教科の中で学んだことの一部をいっそう深く研究したり、そこで学んだことを教科の中で生かしたり」することができるのだし、まさにこのことの必要性や重要性を認めるがゆえに、全校生徒は生徒会費の一部をクラブ活動費として費消することを認めうるのであろうと思う。たんに対外競技のためにだけ生徒会費を使用し、また施設を独占するのであれば、それを許容する根拠はどこにもないといってよいだろう。

さらに、問題は経費にだけあるのではなくて、専門家集団としてのクラブ活動がいったいどのような役割を全校生徒に対して持つべきかを明らかにしなければならないということである。いや、むしろこの役割を明確にすることによってこそ、経費支出を受ける必然性も出てくると考えるべきであろう。いったいそれは何か。

今日の文化享受のあり方にはさまざまな矛盾が顕在化している。トレーニングひとつをとりあげてみても、しごきや根性づくりがはびこり、非合理な練習方法が実践されている。やる気のない者はうまくならないということがきわめてあたりまえのように受けとめられていることもある。しかし、その背後にやる気をなくさせている条件があることは無視されている。クラブはこういった問題を掘り起こし、なぜそのような問題が生じたのか、どうしたらそれを克服できるのか、などということを「研究し、それを体育実践の中で生かし」ていくのが任務ではないだろうか。学校のなかの専門家集団としてのクラブこそがそうすることを可能としており、そういった研究をつづけ、成果を蓄積していくことが、全校生徒の、そしてさらには国民大衆の文化享受を可能にしていく基盤をつくりあげていくのではないだろうか。

クラブ活動の回復のために

現状における専門家集団としてのクラブは、そういったことに眼をつぶり、興味をもち、好きなものだけが閉鎖的な集団をつくりあげて活動している。しかし一方、その限りにおいて、それなりの能力を身につけていることも否定できない。この能力を、文化を大衆に解放するという方向に向けて指導していくことが、これからのクラブ指導ではないのだろうか。事実、かれらはそれぞれの活動において、少なくとも校内においては専門家である。その力を生かしていくように組織づくりをしていくことが、これからのクラブ指導であるように思うのである。文化祭における展示や演《だ》し物として成果を全校生徒に向けて問うという方法もあるだろうし、より積極的には体育実践のなかでそれを発表させてもよいだろう。時には一時間の授業をかれらに指導させてみてもよいだろう。そういうことができるようにクラブの活動を方向づけていくことこそが、クラブの存在価値を全校生徒に認めさせていくことになるのではないだろうか。再度、最初に述べたところにかえってみるならば、そういった任務を確認することによって、クラブ活動は、はじめてその位置を歴史の座標軸のなかに占める存在として、認めることができるように思うのである。

3、クラブ活動の運営

能力主義克服の視点を

今日のクラブ活動を牛耳る主要な癌は二つある。その一つはスポーツそのものであって、それが内包するモラル、組織、思想性、技術観等々は、すべて能力主義に貫かれており、明らかにそれは近代の文化的特性であって、現代のものではない。また、少なくともそれは国民大衆の幸福を実現する文化でもない。少数のエリートたちが、エリートとして大衆に君臨し、自分たちだけが楽しむような仕組みを内包しているのがスポーツであり、その形態と内容はオリンピック選手から、小学校のクラブ員まで連綿と続いている。どのスポーツ集団をとりあげても、そこにはつねにエリートと非エリートの区別、あるいは差別が存在している。それは技術の程度によって、ルールによって、経費負担能力の程度によって、人種や民族の差異によって行なわれているものである。これが近代の限界である。現代の文化は、これらの諸矛盾を克服することによって生み出されていくものであり、その主要な任務が、まさにそういった矛盾を含むスポーツそのものを学習しているクラブ活動それ自身に課せられているのである。いま、みずからが享受している文化そのものを批判し、克服するという作業はそのゆえにこそ思想的脱皮を要求するのであり、現状肯定主義に埋没することを許さないのである。クラブ活動のもつ諸矛盾をもっともよく知り、かつ体験しているのはクラブ員である。したがって、逆説的ではあるが、クラブ活動を変革する作業は、クラブ員自身によってなしとげられることがもっとも適切であり、妥当と考えられる。そして、それらの根拠と方法を明確、かつ直接的に指摘できるものが体育実践でなければならない。

教育研究全国集会の保健体育分科会で、教師の思想性が問題とされた背景には、近代文化であるスポーツを、したがってまた、能力主義を内包する文化であるスポーツを、教材として教えながら、しかもそこでの活動を喜び、楽しみながら、なおかつその渦中において、教材それ自身を批判的に学習する、その思想的基盤を構築することの必要性を追求しなければならないという課題があったのである。

対外競技のゆがみ

第二の癌は、スポーツそれ自身の問題でもあるが、とりわけ小・中・高体連の性格、方針などのなかにある。これら体育連盟の発足は、その当初において、戦前のようなオリンピック委員会の下部機構的役割を果たそうとするものではないとするところにあったが、やがてスポーツ界にオリンピック至上主義が台頭してくることによって、戦前同様にオリンピック体制の一翼をになうものとしてみずからを位置づけ、国民体育大会、全国的な選手権大会、国際競技大会への参加とそこでの勝利などを主要な目標としてかかげ、それに向けての選手強化体制を敷衍《ふえん》する役割をになってしまった。すべてのクラブは対外競技への出場を希望するかぎり、この連盟にメンバーを登録し、登録費を支払い、競技運営費もしくは大会参加費を支払わねばならない。これらは一見きわめて当然のようにみえながら、真実は各クラブの要求を教育的に導きつつ、あるべきクラブ活動を追求・実現すべきものがこれらの連盟であるにもかかわらず、現状は対外競技「屋」になり下がっているのが実情である。正確な名称は小学校体育連盟であって、小学校スポーツ競技連盟ではないし、役員のほとんどは教師である。もう一度、この団体が教育的な対外競技とはどのようなものであるのかについて十分に検討されることを望みたい。

癌とのたたかい

現状がこのようである時、いったい、クラブ活動はどのような競技のあり方を考えるべきであろうか。まず第一に手がけるべきは、クラブ員自身の主体性が保障される競技会を樹立すべきだということである。おそらく最初は対校戦、定期戦を育てあげていくことであろう。クラブ員はどのような競技会を望んでいるのか、他校のクラブ員の要求はどのようなものであるのかをまずお互いに交流してみることである。多くはトーナメント形式よりもリーグ戦形式の方を望んでいるだろうし、試合終了後に茶話会をもつことに反対はないだろう。朝鮮学校の子どもたちとも交流したいと望んでいるだろう。そういったことを一つ一つ実現していくことこそが、自分たちの主体性を十分に発揮していくことではないのだろうか。そして第二に考えるべきことは、競技の成果を全校生徒に公表することである。これはゲームの勝敗をさしているのではない。自分たちのねらいがどこにあり、それがどのように達成できたかを報告するのである。一軍、二軍の差別をしないように考えて試合をした結果、こうであったとか、あるいはポジションについてこのような配慮をして試合をしたが、結果はこうであったとか、その他、全校生徒の日々の体育・スポーツ活動の充実に貢献しうる問題をとりあげ、それについての実践的な研究の成果を試合を通じて明らかにし、公表し、批判を受けるのである。いうなれば試合は、自分たちの研究の実験場である。そういう主体性こそが体育連盟の矛盾を指摘し、ひいてはそこに参加している教師集団の覚醒をうながすのである。クラブ活動を推進するなかで、みずからの組織をつくりあげていくこと、これが第二の癌を克服していく主要な手だてと考える。学校を離れたところでは、同様な趣旨から新日本体育連盟が国民大衆の体育・スポーツ活動のあり方を追求しつつ新しい組織を生み出している。現存する各種体育連盟の改革も現実には必要であるが、同時にこのような新しい組織をつくり、育てあげていくことも、それに劣らず重要である。
クラブ活動に深く関係しているこれら二つの癌と、どうたたかっているかということが、今日のクラブ活動では主要な評価の視点であるといってよいであろう。だが問題がこれによって片づくわけではない。クラブ活動にまつわりついている「垢」は二重にも三重にもこびりついている。自衛隊内での合宿練習、街の武道場との結びつき、優勝カップを欲しがる校長、地方のボス、卒業生たち、授業をサボるクラブ員、出張の多い体育教師、遠征費をむしりとられる生徒や父母たち、授業以外に体育館を使ったことのない一般生徒、数えあげればキリのないこういった無数の問題点。これらのほとんどは、クラブ活動による体力強化や閉鎖的な集団内における人間関係の積極面だけを誇大にいいふらし、クラブ活動のもつ数多くの矛盾点をおおいかくしてきた二元論的クラブ活動の把握に端を発している。このようなクラブ活動の把握を克服する具体的な手段としてどのようなことが考えられるであろうか。

体育理論の充実を　まず第一には、今日の用語でいえば体育理論と呼ばれているものの内容を充実させることである。たとえば、テニス・クラブのトレーニング方法を、授業のなかで紹介させ、そのなかの非合理な部分が、なぜ非合理であるのかということを科学的に明らかにしていくというようなことが考えられる。同様なことはサッカーについても、またバレーボールについてもいえる。あるいは、アマチュアリズムとは何であるのかということについて学んでいくなかで、今日におけるアマチュア・スポーツのあり方を追求していけば、クラブ活動の矛盾点はしだいに明らかになっていくであろう。こうしたことが民主的なクラブ活動を生み出していく主要な基盤になることは実践的にも試みられ、ある程度の成功をおさめている。

クラブ結成の自由の保障　第二には、第二、第三のバレーボール・クラブを組織させることである。生徒会の会員であるかぎり、自由にクラブを結成し、練習し、経費の援助を受ける権利をもっているはずである。学級、学年にこだわらず、バレーボール、卓球、サッカー等々のクラブが簇生してくれれば、既存のクラブは改めてその体質を自己批判し、民主化の道を歩もうとするであろうし、また、そのような指導を可能にもするであろう。このような第二、第三のクラブは常時存在していていいはずであるし、そのことが体育・スポーツ活動の日常化・生活化を生み出す母体ともなるであろう。スポーツ・クラブを生み出す権利はだれにでもあるということの実物教育としても好適である。

閉鎖性を克服する　第三には、生徒会、および各ホームルームにおけるクラブ活動についての討論を活発にすることである。その基盤は体育理論にもあるだろうし、体育館をもっと自由に使いたいという一般生徒の素朴な要求、あるいは新聞部の予算が減ってクラブ援助費が増大しているというような予算案審議の過程における問題指摘等々、機会と内容はさまざまであろうが、それらをとらえて校内における討論を盛り上げていくという方法もあろう。

クラブ活動の運営に関する主要な課題は、それをどう民主化していくかというところにある。だが、基本的にスポーツは能力主義的性格を内包しており、まずそれをどう克服していこうとするかが第一の問題であり、そのためにモラルを、ルールを、組織を、トレーニング方法を、クラブ集団の閉鎖性等々を批判的に考察し、かつ実践的に克服することが必要とされるのである。そのことが根底になければ、スポーツ・クラブは、いつでも能力主義に回帰するということを知らなければならない。

4、必修制のクラブ活動

そこに露呈しているもの

クラブ活動を必修制にしなければならないということは、クラブ活動が自主性に依拠していると考えるかぎり、これまでの教育がその自主性を摘みとってきたことの証拠であるといってよいであろう。どうして自主性が摘みとられることになったのか。そのことをこそ私たちは真剣に考えなければならないであろう。教育機器が教室を占領する度合が大きくなればなるほど、子どもたちは学習塾における教師との対話を楽しみに、できるだけ早く下校し、できるだけ早く学習塾に出かけるという。「集団活動を通した豊かな学校生活の経験は、青年期の活動的な生活の中で、教科学習の知性では養い得ない人間の心情、実践的知性、意志を育てていく」、「真に自己を伸ばし、自己を発見し、自己の役割を知るのは、各教科以外の教育活動においてきわめて多い、ということができるであろう」（吉本二郎編『教科以外の活動』明治図書）と、教育学者による『学習指導要領』の解説は述べている。これは必修制のクラブ活動について述べているのであるが、教科の学習について述べているものと受けとっても一向にさしつかえのないような文章である。「真に自己を伸ばし、自己を発見し、自己の役割を知る」ことを教科では指導しないというような論調である。しかしある意味では、今日の教科学習の実態を正確にいいあてているともいえる。教科指導のなかでは自主性といわれるようなものを指導しないから、その穴埋めをクラブ活動で、というようにも受けとれる。

今日の教科指導が、もっとも素朴で、しかしもっとも力強いはずの教師と子どもとのきずなをつくりあげる対話を欠いてきていることは事実であり、また能率を重視するあまり、子どもたち相互の集団討議を欠落させてきていることも確かである。価値の多様化という表現にまどわされて、指導性をゆるめてきていることも事実である。必修制のクラブ活動はそのようななかで、自主性の復権をせまっているようにも受けとれる。ゆがんだ形ではあるが、事態はそこまできていると考えてみることも必要かもしれない。現実に、大学では同好会の花ざかり、高校のクラブ活動は低調一途、中学のクラブ活動は市中のスイミング・クラブや、サッカー・クラブや、道場などにお株を奪われつつあるという。クラブ批判よりも、クラブ活動を盛んにする方法を知りたいという声さえもある。

必修制のクラブ活動は、そのようななかで、

①教師と生徒との対話の機会を
②教師に対する管理の徹底を
③受験競争による弊害の緩和を
④子どもたちの体力強化を
⑤従来のクラブ活動の縮少を（営利クラブの繁栄を）

と打ち出してきている。私たちはこのような教育行政のなかで何を考えねばならないのだろうか。

自主性は強制できない

もう一度、勝田氏らの概念規定を引用してみると、クラブ活動とは、子どもたちが「自主的に集団をつくって研究活動をすすめる」ものであり、したがって第一に、私たちはここで自主性といわれているものと必修制という制度とのあいだに大きな違和感をまず抱かなければならないはずである。そして第二には、私たちがたいせつに育てていかなければならない子どもたちの自主性を本当に育てようとしてきたかどうか、ということについて考えなければ

ばならないであろう。

ところで私たちは、自主性そのものを教えることはできないのであって、何かを自主的に行なわせるという指導のなかで、自主性を育てあげていくことができるということに気づかなければならない。どんなに立派な自主性についての講議を行なっても、それだけでは自主性は育たず、何かを自主的に行なわせることのなかで自主性は育っていくものである。私たちはそれを十分に指導してきたかどうか。掃除当番を自主的にきめる、座席を自主的にきめる、などを行なってはきているが、そのさいに何を指導してきたか、またその後の点検活動はどうであったかと考えてみると、ふりかえって忸怩《じくじ》たるものがあるのではないだろうか。

本来、スポーツは自主的に行なわれるべきものであって、強制されたり、必修制にされたりして行なうべきものではないという意見がある。「学校唱歌校門を出でず」という批判に対して、戦後の音楽教育はいったいどのような方策をとり、その背後にどのような論理を打ちたててきただろうか。私たちはそこに学ばなければならない多くのものがあるように思われる。

必修制による管理強化

まず第一に私たちは、子どもたちだけではなく私たち自身をも含めて、自由にスポーツをする時間、場所、費用、指導者、そしてスポーツ技術などを持とうとしなかったのではないのだろうか。そしてさらにつけ加えるならば、俗称「やる気」といわれる精神的な解放、文化享受に対する権利意識などを明確に自覚しようとしなかったのではなかったろうか。たいせつなことはこういった諸条件を整え、獲得していくことであって、たった一時間の必修制を確立することによってスポーツ活動を押しつけていくことではないであろう。「やる気」があれば施設・用具が貧弱であっても ひと汗かこうとするのは人間の自然である。だが 現実は、「やる気」

を起こさせない諸条件のほうが猛威をふるっている。一九七一年（昭和46）一二月一六日の東京都議会で、「新制度移行のため、必要な経費を、来年度は、今年度より一〇〇〇万円増の八七〇〇万円と見込」んでいるが、この「要求額が全部認められても、公費負担分は、一校当り平均約三万円しか増額にならない」（『朝日新聞』一二月一七日）という討議が行なわれたという。いったいこれで何ができるであろう。したがってこのようななかでもっとも主要な問題となるのは、必修制をテコに、管理職による教師と生徒の管理が先行するということであり、またしても自主性に対する強力な圧迫が加えられることになり、その結果ますます自主的なスポーツ活動がせばめられていくことになる、ということを私たちは恐れなければならないだろう。

根本的ないくつかの課題　このような文部省、教育委員会を通じての教育実践に対する管理体制強化に対して、いくつかの府県においてこれを排除することに成功している例があるが、より主要な課題は、本来、自主的に行なわれるべきはずのスポーツ活動を、いかにしてその名のとおり自主的なものにつくりあげていくかということであり、国民大衆の文化活動としてさらにそれをどう成長・変革させていくかということにある。まず第一に着手すべきことは、既述のように体育実践の質的転換をはかることである。スポーツ・クラブよりもはるかに低い水準のスポーツ活動を保障しているような体育実践を教科といえるかどうかということについて再考してみることである。このような表現は教科指導を否定するようにも聞こえるであろうが、事実として、肥満児や劣等児をかかえこんだクラブのほうが、教科指導よりもはるかにかれらの指導を徹底して行なっている事例は少なくないのである。したがって第二に、自主的なスポーツ・クラブは、これを十分に育成・指導し、体育実践は、本来あるべき教科として「教材を科学的に教える」姿のものに変革していくべきものと考える。そして第三に、クラブ活動は、今日よりも門戸を大きく開き、全校生徒はいうまでもなく、それ以上に地域の父母・労働者にまで参加を呼びかけていく集団に脱皮していくべきものと考える。

必修制のクラブ活動を形のうえだけで実施していくことはそれほどむずかしいことではない。また少なくとも今日のようにその施設・指導・組織などにおいて不十分な条件がだれにでも認められるような状況下においてこれを排除していく、あるいはなしくずしに挫折させていく、ということも無理な注文ではない。だが、国民全体の自主的な文化活動としてのスポーツ活動を活発化し、体育実践の質的発展を促進させていくことはそれほど容易なことではない。ひま、かね、技術、仲間、権利意識などのどれ一つを欠いてもスポーツはやりえない。と同時に、そのうちのどれをとっても容易に国民自身のものにしていくこともできにくい。問題を必修制のクラブ活動ということにしぼらず、国民全体の自主的な文化活動としてスポーツをとらえなおしていくことが、いまもっとも必要とされていることではないかと思うのである。

5、学校体育実践とクラブ活動と市民スポーツ

実験室もない

私たちは、人間の行なう身体的な運動についての指導を行なっているにもかかわらず、実験室を持っていないということに疑問をもつべきではないだろうか。物体を四五度の方角に投げればもっとも遠くへとばすことができる、ということは知っていながら、なぜ幅跳でそうできないのかということについては指導していないことが多い。また指導する内容

はもっていても、小学生にそれをどう教えていくのか、ということについての研究は蓄積されていない。あるいは運動による疲労と効果との関係について指導したいと思っても何の設備もない。バスケットボールやサッカーで、二対〇から学習させたほうがよいのか、二対一、二対二から学習させたほうがよいのか、ということについて研究したいと思っても、その方法すら十分にねりあげられてはいない。幅をきかせているのは経験である。

体育実践というものは、こういったことには断念して、ようするに体力づくりに専念すればよい、あるいは子どもたちが仲よく遊ぶように指導すればよい、ということであるならば、それこそが誤った伝統主義であると思われる。子どもたちが仲よく遊び、スポーツを楽しむことこそクラブ活動の主要な一面であって、学校体育実践は、教材（何を教材とするかが重要な問題である）を科学的に、あるいは教材に関する科学を、教えると考えるべきであろう。実験室や費用はそのためにどうしても必要なものである。既述のように、学校体育が、子どもたちが仲よく遊ぶようになること、あるいはスポーツ技能に少しばかりうまくなること、を主要なねらいにしているかぎり、現実には一方にスポーツ・クラブが存在しているのであるから、実質はクラブ活動以下の水準の運動の場を教科という名のもとに保障していることにしかならないのではないだろうか。そのようなスポーツ活動は、クラブで自主的に行なわれるほうが自然でもあり、また必要なことでもあると考える。

文化活動の大衆化

クラブ活動は、もちろん教師の指導のもとにスポーツ活動を行なうものであるが、そこでの主要な課題は、第一には文化享受の権利をだれにでも保障しようとするものでなければならないであろう。したがって、それが保障されていないもの、あるいはそれを保障するための諸条件についての研究と実践が第一の課題となる。へたなものがなぜへたなのか、どうすればうまくなるのか、というようなことがらがクラブ活動のなかにおける主要な研究課題になるであろうし、国のスポーツ行財政がどのようなものであるのかということが立派な研究テーマになることもあるであろうし、父母・労働者のスポーツ活動の実態を調査することも必要となってくるであろう。スポーツ・クラブの真の楽しみ、喜びはそういった研究や実践の成果を積みあげていくところにある。しかもなおかつかれらはそれらの成果を他校の研究や実践と交流し合う必要もある。体育実践とは、まさしくこのような活動の基礎を指導することであり、そのゆえにクラブ活動は教師の指導を必要とするのである。

市民のスポーツ活動はこういった学校内の文化活動と密接に連携する必要がある。かれらの研究・実践の成果を取り入れ、またそれらに含まれている問題点や市民スポーツに内在する問題点を指摘し、かれらがたんに校内の問題にだけ目を奪われることに陥らないように刺激をあたえる役割を果たさねばならないだろう。やがては市民のなかに研究組織の生まれることも望ましいが、そこに到達する以前の段階として、一方で文化的な余暇活動を楽しみながら、他方、文化活動の大衆化という課題に向けて、学生・生徒・研究者たちとの協力体制を創出しうる条件づくりをしていくことも要求される。

学校体育実践とクラブ活動と市民スポーツとを、私たちは別々の存在と考えるのではなく、より大きな、現代から未来にかけての、文化活動の大衆化という課題に向けてともに協力し合うべき役割を担うものとして把握しておく必要があるだろう。

以上に記したことは、あるべき姿についての一つの素描である。現実に生じているさまざまな問題に引き寄せられ、日常的な諸問題に眼を奪われがちな私たちの実態のなかで、あえて遠い見通しを描き出してみたものである。そういった見通しのなかでもう一つふれておかなければならないものは、私たち自身に関することがらである。私たち教師は、そのようななかでいったい何を、どうすべきなのか。以下ではそのことについての素描も試みたいと思う。

何を、どう教えるか　第一に考えねばならないことは、体育実践のなかで、何を、どう教えねばならないかを明確にしていくことである。これまで私たちはポートボールやバスケットボールを教えてきた。もう少しくわしくいえば、ドリブルの方法やシューティングの技能を教えてきた。そしてボールをドリブルするさいに、どのような注意が必要か、シューティングの時に留意することは何か、というようなことを教えてきた。だが、なぜそうするとよいのか、なぜそうしないとよくないのか、ということについての指導は不十分だったように思う。あるいは、へたな子どもがボールを渡してもらえないのは、どうしてなのか、どんな意識が子どもたちのなかにあるからなのか、そのような意識はどのような経過をたどって、どのような質のものに発展していくのか、それは集団活動のなかでどのような働きをするのか、等々について明らかにしていくことの指導も不十分であったように思う。だから体育実践のなかでは、それが教科であるという権威を前面に押し出しながら、無理矢理にもそこでの人間形成を、きわめてあいまいであることを承知しながらいやでも叫んでこなければならなかったのではなかったろうか。だから逆にその弱点を突き破るように体力づくりが押し出されてきた時、それに対する抵抗を組織することができなかったのではないかと思う。いいかえれば、教育とは子どもを変えていくものである、あるいは民主的人間形成を目的とするものであるといいながら、変わっていくその質や質的発展の過程を明確にしえていなかったところへ、人間の体力という側面における変化の質とその転換過程を、だれにも理解できるように数量化した形で提出されたことによって、人間形成論は後退を余儀なくされたといってよいかもしれない。いま、私たちはあらためて体育実践とは「何を」教えるべきものであるのか、という歴史的な課題のまえに立たされており、実践をより科学的なものにすることによって、子どもたちの全面発達の過程とその質を明らかにしていかなければならないという課題に直面しているといってよい。そのための内容と方法の具体化こそが、今日の私たちによって手がけられなければならない課題である。だがその時、私たちの研究対象を子どもの健康とか体力とかいう側面にだけしぼってしまうことは絶対に避けなければならない。ある意味でそれらはもっとも近づきやすく、もっとも手がけやすいものである。しかしそれだけで体育実践が科学化されたと錯覚したり、それだけで子どもや人間がとらえられたときめつけたりすることは大きな誤りに陥ることになる。子どもたちの技術や技術観、思想や意識、あるいは歴史観や集団認識などに関する質やその発展過程についても科学的な分析と総合が必要である。私たち教師には、そういったことについての研究や実践を組織することが要求されているのではないだろうか。

クラブ活動の中心課題　第二の課題として、少なくとも完全なコーチング制度が確立するまでは、私たちがクラブ活動を指導しなければならないであろうということがあげられる。体育実践がしだいに上記のようなものに変貌していくとするならば、それとクラブ活動のあり方とは大きく関係し合っているのであるから、全体像をしっかりと把握している教師自身によって、クラブ活動が指導されなければならないこともまたやむをえないであろう。

①運動技術の練習

②運動技術の研究

③競技会の組織
④父母・労働者との連携

こういったことがクラブ活動の中心課題になるであろうが、これらすべてについて教師による十分な指導が必要とされる。当然、教師に対する過重負担が予想されるから、定員増や経費増が見込まれねばならないし、施設・設備の拡充・整備を欠くこともできない。今日の日本ではそれらもまたたたかいの課題になることであるが、考えてみれば、一方で指導計画の充実を要求しながら、他方、ひと雨降れば計画の変更を余儀なくさせられるような施設・設備の現状それ自身が変革されるべき実情なのであって、これらは上記のような認識に立脚せずとも当然要求すべきものなのであり、加わるものといえば、実験室、実験器具、実験助手など実験や調査に関するものだけである。クラブ活動の指導は、一方でそういった環境整備を計りながら運動技術についての実践と研究を深めさせ、同時にみずからの主体性に立脚する競技会を創出し、父母、労働者、あるいは他の研究者集団との交流もすすめさせていかなければならない。さしあたりクラブ活動に対しては、学校開放と同時に、研究対象の範囲を父母、労働者の職場にまで拡大していくことが要求されるが、それらもまた私たち教師によって指導されなければならないものである。もちろん、いつまでもそれを続けていくということではなく、今日の用語でいえば、社会体育指導委員と呼ばれている人たちの地位の確保に共闘しながら、同時にかれらとの協力関係を樹立していくことが必要であり、週休二日制、あるいは三日制ということが一般化していくなかにおける余暇活動の充実ということにも深くかかわっていかねばならないだろう。

現状をこえるために　以上、私たち体育教師が直接・間接にかかわらなければならない役割・仕事などは、一見して膨大であり、かつその過程において生じる問題の解決は容易ではない。一方に週休二日制がとりあげられ、労働時間短縮の運動が全面的に展開されている時点で、労働過重が予想されるような問題を提起することは望ましいことではないかとも思われるが、ここに提起した問題は、クラブ活動を中心として、それと学校体育実践や市民スポーツとの関連であって、それを具体化していく過程に生じるさまざまな問題についてはふれていないし、また十分に予測をつけがたいものもある。提案の主たるねらいは、クラブ活動を基本的に眺めなおすことにあり、それとかかわるいくつかの問題を併記したにすぎない。ハウ・ツーものの必要性を認めないわけではないが、学校論的視点からクラブ活動とそれに関連するいくつかの問題をとりあげてみたわけである。

一部には、クラブ活動の現状を維持し、必修制のクラブ活動を排除しようという意見もあると聞く。そのことをいちがいに誤りと指摘することはできないが、それだけでは現実肯定主義に陥らないだろうか、甲子園大会や国際大会至上主義の延長線上に位置づいているといえないだろうか、という警告を発しておきたい。日教組編の『体育白書』、埼玉県高教組の『国体白書』、そしてその後も続けられている日教組を中心とする『国体批判』などは、そういった現状肯定的なクラブ活動の在り方を突き破ろうとする試みであったと思う。クラブ活動の現状を維持するのではなく、それを変革して新しいクラブ活動を創出することに、エネルギーを集中する時がきているのではなかろうか。

四、自主編成と体育教師

1、自主編成の課題

(1)　自主編成は教師本来の仕事

子どもは固定してはいない　私たちは、『学習指導要領』のとおりに教えようとして、それはいったい可能なことなのであろうかと考えざるをえない。

私たちは、教材をとおして、子どもたちに意図的に働きかけ、目標に到達させようとする活動を教育とよぶ。ところで、この教育活動を計画的にすすめるために、事前に計画書をつくっておくことがある。しかしながら、現実の子どもたちの姿は、実に多様であるし、しかもそれが、日々、いや、年々変化してきている。したがって、私たちの書いておく教育の計画書は、子どもたちの事実に即して目標に達しようとすればするほど、加除訂正されざるをえないものであることは、日々経験するところである。

私たちの知っている、この教育の事実こそ、教育をまったく機械化することのできない根拠なのだろう。また、いかに『学習指導要領』どおりに教えようとしても、そうすることができない根拠でもあろう。

教育＝自主編成

教育活動というものは、そして教師の仕事は、そもそも、子どもたちの学習反応に応じて教育の仕方を変えていくことのできる専門的力量を含んだ〝自主編成〟という性格をもたざるをえないものなのである。

逆にいえば、自主編成というものは、教育の仕事そのものであり、どんな教師でも、日常的に行なわざるをえないものであるととらえることができるだろう。

もしそうだとすると、なにも、ことさら自主編成などという必要がないわけである。自主編成がことさら私たちの課題になっているのは、教師本来の仕事の性質ということ以上のものが、そこで期待されていなければならないのである。それはいったいなんなのだろうか。

〝自主編成〟ということが、教師本来の仕事の性質をいうのではなく、それ以上にことさら期待されているのは、国家の教育権を『学習指導要領』の基準性・法的拘束性を強めておしつけてきているという状況のなかで、子どもたちの〝生存権としての学習権〟を真に保障していかねばならないという国民の教育権への自覚がもとになっているとみないわけにはいかない。つまり国民の教育権にこたえていくためには、『学習指導要領』どおりに教えるということにくらべて比較にならないくらい、〝自主的〟に多くのことを考え、試み、たしかめていかねばならないのであるが、そのようなことへの期待が、〝自主編成〟という言葉には、こめられているのである。

国民の教育権を保障する仕事

〝自主編成〟とことさらいわれるのは、〝国民の教育権〟というものへの自覚が高まってきていることのあらわれであるし、国民の教育権を保障しようとする仕事そのものが〝自主編成〟といわれるものである。

とするなら、私たちの行なう自主編成の仕事というのは、文部省のつくる『学習指導要領』にかわる、日教組の『学習指導要領』をつくるということを意味しない。もしそういうものができても、それは国民の教育権を保障していく筋道を示した仮説の書という性格をもたざるをえないものであることは、いうまでもない。

私たちが、〝自主編成〟として、つくりあげようとしているものは、国民の教育権の内実をとらえるとらえ方であり、仮説的にとらえたものの記述であり、さらに、それを保障していくための教材価値の発見・記録であり、また指導の順序や方法の実践の記録の集大成だとみることができないであろうか。

つまり、教育という研究活動の、仮説・実験・検証の過程を明きらかにし、そしてそれらをつらぬいている諸法則を発見していく方法論をたしかなものにしていくという作業と、発見された諸事実と法則を記述する作業を含むものが、〝自主編成〟という作業なのではないであろうか。

教師本来の仕事の性格は、〝自主編成〟でなくてはならないし、その〝自主編成〟が、国民の教育権を保障するという自覚に支えられた時、より意図的に、そして組織的に、集団的に行なわれざるをえないものであり、しかも、このあくまでも自由な探究活動は、人間の歴史とともに終わることのないものなのである。

(2)　自主編成の研究課題

三つの課題

ところで、私たちがすすめる〝自主編成〟という教育研究活動の課題は、いったいなんなのか。

まず第一にあげられる研究の課題は、日々の実践活動をとおして日本の子どもたちの事実や要求をとらえなおすということである。親の要求をとおして、それらが明きらかになることもあろう。そして、これらにもとづいて、日本の子どもたちが、現在と未来とをよりよく生きていくために必要なことはなんなのかということを探究していく課題である。

第二の研究課題は、この必要を満たすために、人類と民族とがつくりあげ発展させてきた文化の典型や、科学の基礎をとりだすという課題である。とくに後者については、この面の科学がいまだ十分に確立されておらないという状況があるので、この科学（体育科学とよんでもよい）を建設するという作業も、あわせて行なわなくてはならないという課題が、私たちにはあるのである。

第三の研究課題は、第二の課題でとりだされたものを、子どもたちの身につかせるために、発達と学習と教授との科学の成果をとりいれ、さらに日々の教育活動の諸経験を総括して、教育過程を科学的で、系統性のあるものにしていく課題である。

2、体育教師の役割

(1)　体育教師の肖像

烙　印　〝自主編成〟の課題にむかってとりくむ体育教師は教師集団のなかでいったいどういう位置にあり、歴史的・社会的にどういう機能や役割を果たさせられてきたのであろうか。わが国の体育科の歴史をひもとけばわかるように、体育教師は、戦前・戦中をとおして、軍国主義教育の尖兵としての役割を果たさせられてきた。現在でも、学校のなかでの子どもたちの取り締まり係をになわされることが少なくない。

そのために、教師養成のなかで、〝偏向〟思想教育が、ていねいにおこなわれてきた。さらにスポーツの技術習得が、コツやカンにたよって行なわれることが多いという特徴があり、これが体育教師のあいだで先輩・後輩の人間関係を封建的なものにとどめておく大きな要因にもなっていた。そのうえ「スポーツは政治と無関係である」というイデオロギーが、意図的にひろめられてきていた。このような諸要因が総合されて、体育教師は反動的であり、反組合的であるという烙印をおされてきたのであった。

また、子どもたちには、見よう見まねでスポーツの技能を獲得し、発達させていくということが少なくないことと、たとえそれがうまくいかないことがあっても、それはべつに生命にかかわらないという性格のものであるため、実践を厳密に科学化することが、大きくおくらせられてきたのであった。

こうして、子どもたちには、いばりちらす体育教師、そのくせ、教師集団のなかでは自己主張ができない体育教師、およそ科学や思想から縁遠い体育教師という、体育教師像が、歴史的に社会的につくりあげられていったのである。

もしこれらの像が、体育教師の特性をあらわすものであるなら、それは、〝自主編成〟という教育研究にとって、たしかにマイナスの要因になるものであろう。

しかし、たとえそうであったにしても、私たちは、国民の教育権を真に保障するということを目ざして、教育研究をすすめなくてはならないのである。私たちは、これらのマイナスの要因を、プラスに転化させなくてはならないのである。しかしそれは不可能ではない。それどころか、その気になれば、それはきわめて有利な条件にさえなりうるものであろう。

歴史の教訓

軍国主義教育の尖兵にさせられてきた体育教師は、「子どもたちを再び戦場に送らない」という自覚にたつ時、戦争反省はきわめてきびしいものにならざるをえないのである。

あまりのきびしさのため、戦争反省をさけて、体育の役割は時代の要請によって変わるのだというけとめで、戦中の多くの指導者たちは戦後のはじめをのりきってきた。しかし、ここには、戦争反省のひとかけらもみられない以上、軍国主義教育への傾斜に対して、なんらブレーキをかけるすべを知らないのである。そして、個人的な善意にもかかわらず、反動化の役割を果たすことになるのである。

一方、きびしい戦争反省は、自分の感覚以外には、もう何も信じられないという教訓を生みださせたり、体育は手段化されてはいけないという教訓をつかみとらせたりすることにもなった。しかも、それらが、きびしい戦争反省のうえに立っているからということのために、逆に相互に批判しあい、たしかめあうということを、さまたげ、おくらせられてきたことも、いまでは認めないわけにはいかない。

しかし、いまや、私たちには、〝国民の教育権〟の内実を明らかにし、それを真に保障していくという課題が、おごそかに課せられているのであるから、それにむけて何が有効なことなのかを、一つ一つたしかめていくことのできる基準ができたのだと考えることができるし、節度をもって相互に討論しあうことのできる経験と力量とを蓄積させてきているように思えるのである。

(2) 体育科学を構築しよう

いま何が要請されているか　体育教師は、子どもたちの身体的活動、しかも全身的なそれと直接的にぶつかりあうという教科の特徴をもっているため、子どもたちの思いや願い、からだの諸事実、それに反映される認識の現状など、かれの人格が赤裸々にとらえることのできるという、教育上きわめて有利な条件をもっている。

しかも、それが、子どもたちの集団のなかで子ども一人ひとりをくらべてみるという教師の仕事の特性は、一人ひとりを相手にしてみる医師よりも、問題を的確にとらえることができるということはよくいわれるところである。しかし、それはあくまで可能性でしかないことは、改めていうまでもないことであろう。

このように子どもをナマな姿でとらえることができるというところから、子どもの発見、そしてとらえなおしということが、体育教師に期待されてきているのである。これらの諸事実を教師集団のなかで提起し、全面的に発達する人格をめざす教師集団が、身体的な側面まで含めて教育活動にとりくめるようになることが、国民の教育要求として要請されてきているのである。

体育教師の科学からの縁遠さも、国民の教育権を保障するという実践のなかで、なかでもとくに障害児教育の場面で、科学を含めた実践の有効性がきびしく問われはじめてきており、教育研究への期待が徐々にではあるが高まりつつあり、それが克服される方向に歩みはじめている。しかも、〝国民の教育権を保障する〟実践は、体育教育の科学を着実に前進させることになるだろう。

このような体育科学の建設を確実にすすめることのできる役割が、体育教師に求められてきており、さらにこれらの研究の成果を実践的に検証し、よりたしかなものにしていく役割をもまた体育育権を保障していくということにほかならないのである。
教師に期待されているのである。そして、このような役割を果たしていくことは、まさに国民の教育権を保障していくということにほかならないのである。

3、教育研究運動の前進のために

体育教師のもつ、自主編成にとっての有利な条件をいかしつつ、体育教師の役割を果たしていくためには、具体的にどんなことをすすめていけばいいのか。教育研究運動のなかで得てきたいくつかの教訓を整理しておくことにしたい。

(1)　子どもの問題を中心に教育研究の輪をひろげよう

可能性の現場　教師は、親の教育要求をじかにとらえることができる。そして、日々の実践のなかで、子どもたちのナマの姿に接し、それととりくみながら、国民の教育権を保障する努力をつづけている。こういうなかでとらえられた子どもの諸事実は、教育研究の出発である。

科学は事実をもとにして出発する。このような事実をたしかにとらえることが、研究をより確実なものにしていく保障である。しかしそればかりではない。この発見された子どもたちの諸事実をもとにして、教師集団や父母集団とも、共通に話しあう場ができる。未組織の教師とも、ともに研究をすすめていくことが可能となる。教育研究の輪をひろげていくことができる。

子どもたちの諸事実をとらえるために、日本の教師は、多くの試みをし、主張をしてきている。

いわく、「教師は子どもの肌にふれる権利がある」と。子どもたちのからだの事実、心の事実をさぐりだすために、子どものからだにふれ、子どもたちと語りあい、時には書かせるなどして、子どもたちが何を思い、何を考えながら生活しているのか、また学習にとりくんでいるのか、どんな疑問や興味をもっているのか、どこまでわかっているのかを、さぐりだそうとしてきた。

これらは貴重な研究の財産であるばかりではなく、これらを中心にして、教育のあり方、体育のあり方が語られ、試みられ、たしかめられてきたのである。

教育研究の出発点は、まさに教師の職場であり、しかも、そこでの曇りのない目での子どもたちの観察こそが研究を発展させるということから、教研活動の基本方針の第一に、〝職場に自由を〟がかかげられているのである。

科学的方法の開発を

ところで、子どもの事実、それととりくむ教育実践の諸事実を記録する、いわゆる実践記録は、体育科では、他教科にくらべて意外に少ないことに気づくのである。

これは、さきにもふれたように、体育教育の諸事実は、言葉では表現しにくい特徴をもっていることとも深くかかわっている。そのうえ、筆をとることの少なかった体育教師の養成課程にも問題はあろう。

しかし、私たちが自主的な研究をすすめるためには、この弱点を克服しないわけにはいかないのである。

そのために、写真、映画などを含めて、実践の記述、子どもたちの学習、認識などの結果の客観的なとらえ方について、より科学的で、実際的な方法の開発が急がれている。

⑵　研究をたしかめあい、民主運動と結合して

愛媛からの報告　国民の教育権を保障するという実践を科学化するというのが、私たちの研究の課題である以上、一人ひとりの子どもとのとりくみ、クラスでのとりくみ、学校でのとりくみを、〝国民の教育権〟とかかわらせて、たしかめざるをえないという要請にぶつかる。

これが、教育研究が個人・職場を基礎にしつつも、そこにとどまらず、支部に、県に、全国に、また他の研究仲間と一緒にサークルなどによって、研究を交流し、たしかめあって発展せざるをえない根拠である。

ところが、私たちの教育研究の発展はその必然をもつとはいうものの、勤評体制のなかで、その活動は容易ならざるものがあることも、また事実である。愛媛から第二〇次教研全国集会に参加した正会員は、高校の体育教師の組合員は、たった二名しかいないし、その一名は私学の教員で首になってしまい、いまは一人しかいないということを報告した。きびしい状況のなかでもなおかつ私たちは活動をすすめていかなくてはならないのである。

こういうなかで、教研活動、ないしはサークル活動の教訓として語り伝えられていることに、つぎの三点がある。

①必ず定期的に開く
②人数が少なくても、必ずやる
③やったことをみんなに報告する

つまり、気長にじっくりと、しかも楽天的に、教育研究にとりくみ、着実に事実をつみあげてい

くということ以外に、研究を発展させることはできないのだということを、ここでは証明している。

しかし、それは教育研究の必要条件ではあるが、十分とはいえない。

総合的に研究を発展させる

国民の教育権をはじめ、子どもの就学権、その他の権利を獲得する諸運動のなかで、国民の教育権の内実がよりいっそうはっきりしてくるという関係にある。日本の民主主義を発展させる諸運動・諸闘争と、教育研究は結びつかざるをえない理由の一つがここにあるのである。

また教育研究は、教育という総合された複雑な現象にとりくむことになる。したがって、多くの専門家の協力も必要になる。逆に、専門家・研究者のほうも、教師集団や国民と結びついて科学をよりたしかな方向に発展させたいという願いをもっている者が少なくない。ここに、研究を総合的な形で発展させる根拠がある。

一九七〇年（昭和45）に、体育・スポーツの分野で、他の領域にさきがけて、国民も含めた全国的な総合研究集会が開かれ、多くの成果と教訓を得たが、それには、そのような方向に研究が発展する必然性があったのだとみることができる。科学に最も縁遠かった領域で、最も前進した研究の形態をとらざるをえなかったほど、国民の体育要求、それにこたえる関係者の研究要求が高められていたのであったといえるだろう。

(3)　体育教師の自己変革によって

いまや、国家の教育権か国民の教育権かをめぐるはげしい教育のたたかいが展開され、中教審の示す教育路線に対して、民主教育をまもる国民連合が結成されてきているという教育の、そして研究の段階である。そして国民の教育権を真に保障することが、教師の任務であり、研究の課題であることもいまや明白である。

緊急の課題

こういう段階のなかで、こういう課題に向かっての研究では、日本の子どもの諸事実、人類と民族の文化遺産や科学、教育実践などをもちよって、〝国民の教育権〟の内実を、そして、それにこたえる教育実践のすじ道について、大きく国民的に合意の得られるところをさぐりだすことが、緊急の課題であるということができるだろう。

そこを中心に大きくまとまりながら、研究をよりたしかなものに、よりこまかなことにと発展させていくことができるし、そういう方向ですすめてこそ、運動と研究とを統一させていくことができるのであろう。

自由な発想や試みを大切にし、そして、何よりもそこでの事実を大切にし、それが国民の教育権を保障していることになるのかということを、検討の基準にしながら、きびしくたしかめあい、統一と団結を守って、教育研究をすすめていくことをぬきにして、〝自主編成〟は達成できないのである。

そして、ずっと考察してきたように、日本の子どもたちを、全面的に発達する人格を形成するうえで、体育教師の果たす役割がきわめて大きなものがあり、もし体育教師が、教員組合運動や教育研究運動のなかで、自己を変革していくことができるならば、それはきわめて有利な条件をもってプラスの役割を果たすことができるであろうし、そのことは、多くの経験が示すところである。

第二部　保健教育

一、保健教育の現代的課題

1、国民の健康生活の現状と問題点

(1)　くらしと健康の破壊

経済成長の犠牲　政府やマスコミは、日本経済は総生産で資本主義社会で第三位、国民所得の総額では第二位になるまでに成長したと宣伝している。しかし、私たち国民の生活実感ではそのような「繁栄」はピンとこないのが現実であり、むしろ、その「繁栄」のもとで国民多数のくらしと生命・健康は犠牲にされ、その破壊はますます広く、深くなってきている。

事実、国民のくらしは、「厚生省の調査によってさえ、一九六五年（昭和40）五月一五日現在、生活保護基準なみである月収三万円以下の人口は、二、一八六万五〇〇〇人、五四二万五〇〇〇世帯（一世帯平均四・〇三人）」（『健康会議』No. 238）いるくらい「貧困状態である。そして、この貧困化は当然のこととして疾病という二重の負担をおしつけられ、低所得世帯の三軒に一軒は、だれかが病気にかかっているという状況を生みだしてきている（「厚生行政調査」収入階層別にみた有病世帯割合、一九六五年四月）。

そして、政府・独占資本の「高度経済成長」政策は国民の生命・健康の破壊を極度におしすすめてきた。労働災害で死亡し、傷つく労働者は年間一〇〇万人をこえている。交通事故による犠牲も、六九年は死者一万四二五六名、負傷者はそのなん倍にもおよんでいる。

公害による被害もまた増大しつつある。しかも、重化学工業の「発展」と「地域開発」政策によって、公害のあらわれ方の種類がふえ、全国化・広域化してきている（庄司光・宮本憲一『恐るべき公害』岩波新書、参照）。その実害だけでも、たとえばメチル水銀による水俣病は熊本において一一一名認定患者（内四二名死亡）、新潟では五名死亡し、現在二二名が認定患者、四日市のぜん息は慢性気管支炎をふくめて三六九名の認定患者、富山県、群馬県で発生したイタイイタイ病（かつては「奇病」として放置されていた）は、二二八名となっている。これは、発見され、認定されただけの数であり、知らず知らずのうちにからだがおかされていくという公害の被害の特徴を考慮すれば、まさに全国各地でその影響があらわれてくるのは必定であろう。

一〇年間に病人倍増

こうして、国民はあちらこちらでその安全性がおびやかされ、じつにこの一〇年間で、病人は二倍以上にふえている。しかも平均してみると、毎日労働災害で七一名が、交通事故で三七名が死亡し、毎日老人一三名が自殺においこまれている。あのいまわしかった太平洋戦争ですら一年間の死傷者は年平均五三万名であったことからみれば、まさに戦争で払わされた犠牲以上のものが今日の生活のなかで国民に強要されているという現状である。にもかかわらずその加害者である政府・独占資本のとる「対策」はつねに国民の健康と労働者の安全はすえおきの利潤第一主義である。その端的な例は、大蔵省が一九六七年（昭和42）一〇月にだした「社会保障制度の現状と問題点」で述べているところにみることができる。つまり、さきに述べたような国民の健康破壊がすすんでいることを反映して、医療保険に対する国庫負担は当然増加する。それを「異常というほかない」といって、国の負担をへらし、国民負担である保険料を大幅に引き上げようとしている。これはほんの一例であり、このようなことを突破口に社会保障を抜本的に改悪して、国と独占資本の負担を最低限にとどめ、国民一人ひとりにその肩がわりをさせようともくろんでいる。

(2)　くらしと健康を守るたたかい

こうした現実を国民は黙っていたわけではない。まさに憲法第二五条の「すべて国民は、健康で文化的な最低限度の生活を営む権利を有する。国は、すべての生活部面について、社会福祉、社会保障及び公衆衛生の向上及び増進に努めなければならない」という国民の生存権を国に社会的使命として実施させる要求を根底とした国民運動が数多く起こってきている。

小児まひワクチン闘争　一九五九年（昭和34）から六二年（昭和37）にかけて日本の母親たちは、小児まひの猛威から子どもたちを守ろうと大運動を展開した（武谷三男『安全性の考え方』岩波新書）。なぜこれほどまでの運動が推進されたのかを考えると、「わが子が病気になることへの恐怖心であるとともに、わが子だけを守りきることができないという認識と、生ワクチンやガラタミンの効果に対する科学的認識」がそのささえになっていた。このようなわが子たちの生存権を主張する権利意識と、それをさらに確固たるものにする科学的認識と連帯意識にうらうちされた母親の要求は、「開業医たちのエゴイズムや不勉強をみずからの手で暴露し」、さしもの政府と関係諸機関をゆり動かし、そのおざなりで、ことなかれ的な対策をつき破って、「日本の公衆衛生をはじめて国民のものとして定着させ、開業医や官僚の姿勢を変更させる」（城丸章夫「学校教育における保健・体育の位置」『現代教育学一四・身体と教育』岩波書店）という大きな成果と教訓を残してくれた。私たちが健康教育でめざすものは、これような英知あるねばり強い親たちになるように子どもを育てることにあるといえよう。

朝日訴訟

岡山の国立療養所に入院中の朝日茂さんが厚生省を相手どって起こした生活保護裁判は、たんに朝日さん個人の怒りの発露とのみとらえてしまってはならない重大な問題を国民のまえに提起した。つまり、この裁判闘争は、戦争という大きな犠牲をはらって手にとった民主主義憲法のなかでも、とりわけ大きな意義をもっている第二五条が、たんなる条文なのか、それとも政府を義務づける規範であるのか、そして、社会保障制度は、はたして国民の権利なのか、したがって政府の義務なのか、それとも慈恵なのかをめぐっての国民と政府とのあらそいであった。

この訴訟は、結果的には東京高裁で破れたけれども、いろいろなことを教えてくれる。第一に、日本の社会保障が政府・独占資本の手によっていちじるしく貧困な状態におかれていること、そして政府が、「健康で文化的な生活」をいかに非人間的な水準で考えているのかということが白日のもとにさらされた。

第二には、第一審とちがって、第二審の判決は社会保障（最低生活の保障）を国民の基本的人権とはみずに、一八七四年（明治7）の救恤規則から一九二九年（昭和4）の救護法にいたる明治憲法下の反民主主義的慈恵主義の伝統のうえにたち、あくまで国家の恩恵（国の守るべき義務としてではなく）的措置におしとどめようとしていることが明らかにされた。第三に、基本的人権は「国民の不断の努力によって、これを保持しなければならない」（憲法第一二条）ものであることをあらためて教えた。これまでも生活保護をうけた国民は何百万人もおり、また、憲法第二五条を知識として知っている人もたくさんいたであろうが、朝日さんが訴えるまで生活保護の裁判はおこらなかった。権利はこれを行使するのでなければ「絵に画いたもち」にひとしいこと、権利は主張しなければ、政府はなんら憲法の民主的条文を守ろうとしないことがはっきりとした。第四に、権利の行使は、たんなる個人の「もの取り」とちがって社会公共の福祉であるということ。つまり朝日さん個人の生活上の要求と怒りから出発して行なった権利の行使が、他の何百万人の生活保護の受給者に利益をあたえ、六〇〇円だった保護額が第一審判決の翌年にいっきょに一〇三五円になったことがそのことを如実にあらわしている。

以上のように、くりかえすまでもなく朝日裁判は、明治百年間に為政者からのお恵みと国民の「乞食根性」、公的扶助をめぐるこの非民主的思想と根底から対決したという意味で重要な意義があった（渡辺洋三『日本における民主主義の状態』岩波新書）。

「公害」の共犯者

「公害」から身を守る闘争も急速に強まり、多くの教訓を残して、さらにたたかいは広まってきている。「公害」は、加害者が独占資本であり、「共犯者」が国・地方自治体であることが歴然としており、しかも公害防止の方策があるにもかかわらず、いぜんとして「公害」の被害があとをたたないことは、独占資本や国・地方自治体の善意や自発性に期待してもむだなことであることを示している。だから「公害」は被害者が個人的に泣き寝入りしたり、加害者と取り引きするだけでは解決することはできない。国民のねばり強い運動なくしてはできないことを諸事例は教えてくれる。

四日市の例は、政府の「新産業都市計画」や「地域開発」「日本列島改造」政策を受け入れて独占資本の進出を安易に許してしまえば、地方自治体の企業追従と無策ともあいまって、救済措置などの一定の譲歩はかちとれても「公害」そのものからの被害を除去することは、少々の住民運動ではきわめて困難であり、被害はむしろ激化していくということを教えている。

「公害」反対のたたかい　この四日市の教訓を生かして成功したのが静岡県三島・沼津の石油コンビナート誘致反対闘争であった。この闘争は公害の予防、つまり事前防止を目的として、条件闘争を拒否して自治体を相手に要求運動を組織、ついにその誘致政策をかえさせることに成功した。ここで特徴的なことは研究者・医者・高校教師が科学的な調査・研究を緻密におこない、その成果報告や四日市の実情視察などともあわせて市民のなかでくり返し学習会がおこなわれていったことである。この地元の科学者たちのひたむきな研究の成果は、政府の御用調査団――黒川調査団の悪質な調査報告によって動揺をあたえられることなく、市民の感性的な認識を理性的認識にまで高め、市民運動に確信をあたえた。とりわけこの研究・調査活動に高校生が加わり調査に貢献したことは特筆すべきことであり、おそらくこの高校生たちはこの研究・調査活動のなかで健康問題の本質を実践的にまなんだことであろう（『恐るべき公害』岩波新書、都留重人編『現代資本主義と公害』岩波書店、参照）。

熊本と新潟の水俣病、富山のイタイイタイ病、四日市の大気汚染は現在、公害訴訟にまで発展してきた。この訴訟の意義は、「損害の完全保障もさることながら、『真実を明らかにし』『水俣病をはじめ、あらゆる公害を根絶する』ために、さらに何よりも『人命の尊厳』のための国民的使命を自覚し」断固としてたちあがったことにある。「この裁判は、独占資本により大気を奪われ、水を奪われている日本国民の生存権を守り、生活権を守る」（「新潟水俣病訴訟勝利の訴え」より）たたかいでもあると主張されている。

2、保健教育の役割と目標

目標の基調

私たちが保健教育の意義や目標を考えるにあたっては、当然のこととして憲法や教育基本法がその基調になることは、第一部でふれた体育の場合と同様である。

そのことを前提に保健教育の目標を設定すると、「健康に関する基本的概念を習得させ、健康問題を科学的に判断し問題解決のために行動する能力を発達させる」（小倉学・浜田靖一編『保健体育科教育法』学文社）ことにある。

しかし、目標というのは、きれいなはぎれのよいことばをならべただけのものではなく、もっと生き生きとしたものである。したがって、ここに述べた健康教育の目標が、今日、あるいはこれからも、子どもたちの生活や発達にどんな意義をもっているのか、どうしてこのような目標がかかげられなければならないのかが明らかにされなければならないだろう。いってみれば、国民の健康生活をめぐって何が基本的な争点になっているのか、それにたいして文部省が私たちにおしつけようとしている保健教育は何を意図しているのか、そして保健教育の主体者である教師や生徒の考え・関心はどうなっているだろうという分析をおこない、子どもたちのこれから生きていく過程にどんな意義をもたせなければならないのかという保健教育の役割が考えられなければならないだろう。

(1)　健康と民主的権利

WHO憲章と保健教育　WHO（世界保健機構）憲章には「到達できる限りの最高水準の健康を享受することは、人種、宗教、政治的信念、経済的または社会的条件にかかわりなく、すべて人類の保有する基本的権利の一つである」といい、「医学、心理学およびこれに関連ある知識の恵沢を万人に普及することは、完全な健康保持のために肝要なものである」として、その権利を実生活で保障するために「各政府は、その国民の健康に対して責任を有し、この責任は、適切な医学的および社会的施策を講ずることによってのみ果たし得るものである」とうたっている。しかるに、今日ではあたりまえのようなこの基本原則も、政府・独占資本によって守られないばかりか、ふみにじられてきている。

考えてみれば、戦後の民主主義とは、国民にとってみれば、それを成長させ定着させていこうと努力してきた過程であり、一方、政府・独占資本は民主主義を否定し形式化し幻影にかえようとしてきた過程であったといえよう。しかも国民は、この民主主義という理念を抽象的なものとしてではなく、生活の問題として、生活に密接に結びつくものとしてとらえてきた。

この視点から、国民のくらしと健康が破壊されてくるなかで、健康に生活する権利があると主張し、あるいは生存権というもっとも基本的なところから主張してきた、いくつかの国民の運動と教訓をみなおしていく必要があるだろう。そして子どもたちをそのような科学的判断ができ、身体の権利を主張し、みんなと連帯していける人間に発達させていくことが保健教育の役割だといえる。

(2) 政府・文部省の保健教育

個人への責任転嫁

以上述べたことをより鮮明にするために、政府・文部省の考えをみてみよう。政府・文部省は、「人間尊重」「生命尊重」といいながら、保健教育の目標をみてみると、その実体は徹底した個人主義と技能主義に貫かれている。

『学習指導要領』における「保健分野の改善点」を中学校を例にとってみると、「第一に主として個人生活における、健全な発達と生活の能率化のため、日常生活で実践する面を、第二はわれわれの健康や生命をおびやかす、各種の疾病・傷害から自分を守り、またやむを得ず発生した場合の処置を知り生命尊重の具体的知識や技能を、第三には集団や国民としての健康問題につき義務教育としての最小限と高校に発展する基礎的内容の理解面を」（文部省教科調査官、植村肇『時事通信』一九六九年一月三一日付、傍点引用者）とその目標を述べているが、ここに端的に表現されているように、健康の個人責任と努力が強調されており、まず自分のことから、という考えを習慣化させ、健康を集団の知恵と連帯によって守っていく認識を奪いさろうとしている。それればかりか健康を個人の「やむを得ず発生した場合の」処置に限定することは、健康を阻害する原因と責任の所在をあいまいにして権利意識をねむらせることにならないだろうか。そして、その「個人」のよせあつめとして「協力しようとする態度」がいわれるときには、きわめて「道徳」的なおしつけになり、そこには環境条件に無批判的に追従する子どもしか残らなくなってしまうだろう。

(3)　真の生活教育としての保健を

しつけ主義の克服を

ある県の中学・高校の保健体育教師と生徒を対象にした「保健教育に関する実態調査」によれば、教師が目標として強調しているのは、中学校では四〇パーセント弱、高校では三四パーセントが「救急処置など日常生活に役立つ」ことと「保健習慣の形成や保健道徳」をあげている。生徒のほうも中学校三年生では五〇パーセント、高校一年生で五四パーセント、高校三年生で三四パーセントの生徒が「救急処置などのように日常生活に役に立つ」ことをあげている。

また、小学校においては、健康問題を学習させる時間が現状ではとりにくいということもあって、保健教育が保健指導に矮少化されている傾向が依然として残っている。そのうえ文部省が教育の全領域にわたって安全（とりわけ校内安全や交通安全が強調されている）に関する態度と習慣形成の指導を強調していることから、保健指導はルールを守り、「不安全」を避けるためのテクニックをしつけ主義で教育するようになってきている。

この「救急処置」や「習慣形成」は、あくまで今日の健康を阻害している環境条件をそのまま固定的なものとして子どもに是認させ、そのなかで「いかにうまく生きぬくか」という対症療法的思考に子どもをおしこめ、科学的に思考していくことをにぶらせることになりはしないだろうか。

人間尊重の保健教育　このようにいくつかの事実のなかから、あらためて保健教育の役割と目標の設定の重大さが痛感される。

人の生命をたいせつにし、つねに健康な生活を営んでいけるような基本的知識を、保健教育はきちんと子どもたちに学習させていくことが必要である。しかもその知識は、死んだ、バラバラの知識ではなく、まさに実生活に生きた知識としてはたらくように習得させなければならないだろう。それは、第一に、人間のからだのしくみとはたらきを把握させ、その統一体としてのからだのすばらしさを教え（とくに小学生では）、第二に、それが自然的・社会的環境条件のなかでどのように阻害されているのかという関連を明らかにし、そして第三には、その二つの関連のなかで、国民は歴史的には健康をどう獲得しようと努力してきたのか、また現在はどうしているのかがきちんとおさえられることによって、子どもたちは生きた知識としてそれを学びとり、健康問題にとりくんでいくだろう。

二、『学習指導要領』および教科書の問題点

1、『学習指導要領』の変遷

(1)　戦前の保健教育

臣民の教化　教育課程のなかで、保健教育が独自の目標や内容をもつものとして制度化され、教育実践に一般化されたのは戦後のことであるが、戦前・戦中にまったくおこなわれなかったわけではなく、むしろ、現行の保健体育科の体系化は、戦前に原型を求めることができよう。

一八七二年（明治5）の学制頒布とともに出発した当初の学校教育では、下等小学校で「養生口授」、上等小学校で「生理学大意」がすでに教授されていた。これらの生理衛生教材は、さまざまな隘路をたどりながら、理科、修身科、体操（体錬）科などのなかで、生物体としての身体の解剖・生理、臣民教化の忠孝を本義とした身体、また反主知的な衛生訓練として、寸断的に分散的な取り扱いを受けたのである。一九四一年（昭和16）国民学校令が公布され、従来の体操が体錬科となり、指導内容は、体操、教錬、遊戯、衛生（訓練）となり、「衛生ニ於ハ、身体ヲ清潔ニシ皮膚ヲ鍛錬スル等衛生ノ基礎的訓練ヲ重ンジ、漸次其ノ程度ヲ進メ救急ノ看護等ヲモ加フルコト」が示さ

れている。しかも「国民科修身の中にある実践道徳としての身体・健康に関する教材は、主として精神修養を通じての実践であり、体操における衛生は身体訓練を通じての実践であるから、両者は一体としての指導」（大西永次郎『学校体育と学校衛生』一九四〇年　保健衛生協会）としてすすめるべきものとされたのである。このような衛生の位置づけが、戦後の体育のなかに衛生の理論と実際が包含された動機となり、その後、保健体育科という教科になったと考えられるが、修身のなかの衛生にせよ、体錬科のなかの衛生にせよ、ほとんど保健の科学的理論をぬきにした画一的な訓育、あるいは訓練としておこなわれていたことにある。

(2)　戦後の保健の教育課程

変則的な出発　一九四七年（昭和22）、新憲法下で教育基本法、学校教育法など一連の教育改革がなされ、同年三月に『学習指導要領（一般編・試案）』、また八月には、『学校体育指導要綱』がだされた。そのなかに「体育は運動と衛生の実践を通じて人間性の発展を企画する教育である」と規定され、体育のなかに衛生の理論と実際が包含された。しかし、身体活動をとおして教育する教科であるという伝統をもつ体育のなかでは、衛生の教授はほとんどおこなわれず、また、たんなる衛生と体育の合体という位置づけは、保健独自の立場で、目的・目標を定めることができず、必然的に内容をゆがめ限定し、方向づけを制約することになった。そのためもあって、一九四九年（昭和24）中等学校の体育科は、保健体育科にあらためられた。このとき保健学習の時間（中学校は三年間を通じ七〇時間、高等学校は二単位というかたちで）が定められ、保健では、あらたに教科書を使用することになった。しかし、その目標や内容は、『中等学校保健計画実施要領（試案）』の

「第五章　健康教育」がよりどころとされる変則的な取り扱いであった。一九五六年（昭和31）になって、高等学校には、保健体育科としての『学習指導要領』がだされ、はじめて一つの教科としての形式が整えられた。同じ年、中学校の保健体育科のうち、保健の学習の目標および内容が、「中学校保健体育科のうち保健の学習の指導について」という文部省初等中等教育長通達によって示された。中学校では、まだ変則的な取り扱いがつづいていたわけであるが、一九五八年（昭和33）の教育課程改訂（文部省告示）の際、保健と体育をはじめて一本化した『学習指導要領』が出された。一九六〇年（昭和35）には、『高等学校学習指導要領』も全面的に改訂され、中学校も高等学校も、保健体育科としての体裁が整えられ、時代の背景もあって、目標や内容、また、指導にも拘束性の強い基準がうち出され、また、それまでの生活単元学習の色彩の濃い学習から、知識的・系統的内容をもつものへとかわった。

今次改訂では　およそ十余年後の今日、『中学校学習指導要領』が一九六八年（昭和43）一二月にだされ、保健の学習は、三年間をとおしておこなうという点では、一九四九年の改訂を採用している。現在、高等学校は従来と異なって、第一学年で「健康と身体の機能」「精神の健康」「疾病とその予防」、第二学年で「事故災害とその予防」「生活と健康」「国民の健康」とあり、一九七二年（昭和47）度から全面実施されている。小学校の保健教育についてみると、戦後しばらくは『体育指導要綱』によって、体育のなかに衛生が含められたが、中等学校と同じく、実際には保健学習はあまりおこなわれなかったようである。一九五一年（昭和26）にだされた『学習指導要領（一般編）』において、保健教育（当時健康教育という）には特別の教科を設けず、すべての教科や教科外のあらゆる活動を通じて指導するという位置づけにかわった。同年『小学校保健計画実施要領』が出され、保健教育の目標と内容が示された。一九五八年（昭和33）の教育課程の改訂で、保健学習は、第五、六学年の「体育」で「体育や保健に関する知識」の指導が年間約一〇パーセント（一〇時間）行なわれることになった。また、一九六九年（昭和44）七月に改訂された『学習指導要領』では、各学年とも内容を大項目三、中項目一一にまとめ、第一学年から四学年の健康・安全に関する指導が、保健学習の前提となることが示されている。

2、教科書批判

(1)　概　説

画一・固定化の問題性　わが国の教科書制度が国民性に与えた影響は大きい。とくに戦前の検定ないし国定教科書の出現は、画一化された教授要目のわくに拘束され、現場の教師は、児童・生徒にたいし人格的な感化を与える可能性以外、まったく国家権力機構の歯車として、役割を負うはめになったことは周知の事実である。一転して戦後は、検定教科書制度としての形式は採用されたが、実際には、自由発行・自由採択の道が開かれたのである。しかし、教育課程改訂にともなって、『学習指導要領』に拘束性が強まり、「基準性」がもたれはじめると、『学習指導要領』どおりの領域構成で、おおかたの学校では授業がすすめられている。さらに一九六三年（昭和38）に教科書無償措置法が成立し、広域統一採択方式が採用され、都道府県単位で同じ教科書を使用する傾向が強まった。たとえば、E県では一九六四年（昭和39）度以降、G書籍の『中学保健体育』が使用され、五年後には県下全域に採択され、さらにむこう三か年延長することがすでに決定・実行されている事実があり、新教育課程ではこの傾向にいっそう拍車をかけている。

現行『学習指導要領』どおりの領域構成が唯一にして最善のものと、固定的に解釈するのはどうであろうか。学問の進歩、社会の変化がスピード化している現代において、教育内容編成に関する専門職としての教師の自律性ないし主体性が自覚され、つねに改善をこころみる努力がなされるかぎり、教科書の固定化には、問題があるといわねばなるまい。

(2)　教科書教材の検討

権利としての環境改善

中学校では一一の保健体育教科書が出版されていたが、大筋として各教科書は、表に示すごとく、ほぼ同じ割合で各領域が構成されており、この傾向は一九六三年（昭和38）ころから一段と強められ、それ以前の教科書や高等学校でのそれは、領域構成に量的な特徴が認められる。これらすべての教科書の内

表１　教科書の総頁数と各教材に対する比率

教科書名	心身の発達と栄養	環境の衛生	傷害の防止	疲労と作業の能率	病気の予防	精神衛生	国民の健康	頁数
A	17 (11.9)	21 (14.8)	23 (16.2)	15 (10.6)	29 (20.4)	15 (10.6)	22 (15.5)	142
B	23 (16.2)	22 (15.4)	21 (14.7)	14 (9.8)	31 (21.7)	13 (9.1)	19 (13.3)	143
C	22 (15.3)	20 (13.8)	26 (18.1)	11 (7.7)	34 (23.0)	12 (5.3)	19 (13.2)	144
D	21 (14.2)	20 (13.5)	23 (15.5)	12 (8.1)	38 (25.3)	13 (8.8)	21 (14.2)	148
E	23 (15.4)	19 (12.7)	21 (13.1)	15 (10.1)	33 (22.1)	15 (10.1)	23 (15.4)	149
F	20 (13.7)	19 (13.0)	26 (17.7)	12 (8.2)	38 (26.0)	12 (8.2)	19 (13.0)	146
G	18 (12.4)	20 (13.8)	21 (14.5)	14 (9.7)	39 (26.7)	12 (8.3)	21 (14.5)	145
H	23 (14.8)	25 (16.1)	21 (13.5)	15 (9.7)	39 (25.2)	11 (7.1)	21 (13.5)	155
文部省	(13.0)	(12.0)	(11.0)	(11.0)	(27.0)	(11.0)	(15.0)	

単位実数（　）内はパーセント

容にふれることは、ここでは不可能なことであるため、前述のE県で採用されているG書籍出版の『中学保健体育』一九六九年（昭和44）一月発行の教科書を批判の対象としたい。

この教科書でさいしょに問題にしたいのは、国（主として政府と自治体）の社会的責任を国民個々人に転換する、「心がまえ主義」ともいうべきものである。子どもをふくめて国民の健康は、その望ましくない健康の破綻の現状を「自分のからだはじぶんが主人公なのだ」という立場での解決だけでなく、自己変革と環境変革とを統一した視点で、保障され確保されていくものであろう。さらにこの教科書のおわりは、「……健康で文化的な社会をつくるものは、わたしたち国民ひとりひとりの健康に対する深い理解と、たえまない努力であることをわすれないようにしよう」ということばでしめくくられている。一般的に、この表現はうけいれるとしても、ここでいう「わたしたち国民ひとりひとりの……たえまない努力」は、国民の権利として、好ましくない環境を改善するよう国家に働きかけ、要求することを前提とし、それと結合してこそ正しい方向にむかうであろう。それが環境変革と自己変革とを統一する立場である。

心がまえで災害を防げるか

憲法第二五条に明記されているように、前半の生存権は、後半の国の義務の追求と不可分に結びついている。したがって、国民の権利の立場が貫かれないと、国の責任が回避されるのは当然である。この教科書では、望ましくない環境について、いくつか指摘している。しかし、その状態が存続されているのは、「すべての生活部面について、社会福祉、社会保障及び公衆衛生の向上及び増進に努めなければならない」国の責任であるという基本的な立場が貫かれていないからである。たとえば、「国民病の予防や治療には、国や地方自治体・民間団体などの力も必要であるが、さらにたいせつなことは、患者自身が、はやくなおすように努力し、他の人に感染させないようにすることである」。「国民全体の健康について、国民のひとりひとりが、責任をおうことが、国民病をなくす最大の力なのである」。「公衆衛生を普及・発達させる最もたいせつなものは、国でも、地方自治体でも、その他の団体でもなくて、国民ひとりひとりの心がけなのである」（傍点筆者）などという論理で、医療および公衆衛生制度に対する国の責任がたくみに回避されたうえで、問題を環境の変革より、個人の自覚や心がまえにすりかえている。

このことは、交通災害や労働災害の発生要因や防止についてもいえることであり、次ページの表2に示すごとく、宿主ないし主体に要因把握をさせる傾向が認められる。また精神衛生領域、心の健康にも典型的な心がまえが貫かれている。「心の健康な人とは、自分の能力をうまく生かして、不平・不満にとらわれることもなく、ものごとを正しく判断して、自分の悩みを解決することに努め、学習や仕事を楽しく行なうことができる人である」。「心が健康ならば、自分の能力を実際よりはるかに低いと思いこんで、劣等感にとらわれたりするようなこともない」と書かれている。「不平・不満や劣等感」をいだかないのが「健康な心のはたらき」のあらわれだとされ、また反面、「不平・不満や劣等感」をいだくのは不健康な心のあらわれとされている。さらにこの解消法として、「自分の好きなことや得意なことをして、気分を転換する」。「自分の不平・不満を思いきってだれかにうちあけてしまう」。「自分よりも不幸な人々のことを考えたり、逆境から立ちあがった人の伝記を読んだり、または、ひろい大空や海をながめて、自然の偉大さを考えたり」、「ぐち・ひがみ・虚勢・卑屈など、心の健康を害する生活態度や習慣を改善する」などをあげている。これらの方法は、不平・不満が、心がまえの問題であるという立場にたって導きだされている。この心がまえ主義は、結局、不平・不満の外的要因（社会的原因そのもの）に目をつぶり、不平・不満の外的

表 2　「労働災害」の取り扱い方

疫学的視点	原因＼教科書	A	B	C	D	E	F	G	H
H主　体	作業者	○	○	○	○	○	○	○	○
A動因・物件	作業条件	○	○	○			○		
E環　境	作業環境		○	○	○	○	○	○	

○印　訂正を示す

原因をもつ環境を肯定し、それに自分をあてはめていく適応主義にほかならない。しかも、欲求や欲求不満は、それ自体が生理現象であって、善でも悪でもないはずである。

百科辞典的な疾病の説明　疾病予防領域について、この教科書では三〇にちかい病名をあげ、それらを伝染病と非伝染病に大別し、各系統別に、各病気について、原因・症状・予防の順に解説されている。たとえば、「気管支炎は、気管支の内側の粘膜におこる炎症で、じんあい・有害ガス・細菌などによっておこる。はげしくせきが出て、たんが多く出ることもある。予防には、ほこりや冷たい空気を吸わないように注意し、帰宅したらかならずうがいをする」という記述である。これは、医学の百科辞典的な説明であって、保健教材の解説とは、いいがたい面があるし、中学生の多くの関心事には、一般的にならないであろう。

疾病予防に関する基本的な考え方、つまり病気を発生させる要因、発病前と発病してからの経過、それぞれの段階にそった予防手段、疾病を早期に発見する方法（診断）、治療などを一連のものとしてとらえ、つまり疾病の全経過をとおした予防手段、すなわち健康生活を維持する方法を見出す本質的観点で、理解すべきであろう。

3、『学習指導要領』の問題点

論理性を欠く保・体の結合　保健体育科の教育課程改訂に際し、変遷の過程もふくめて、最初に問題にし検討すべきことは、教科形態そのものである。保健と体育とは、一つの教科でありながら、統一的な目標が示されないまま今日にいたっており、衛生が訓練として体錬科に包含された歴史的事情や、身体形成という共通基盤をのぞけば、「保健」が体育に結合される必然性はない。運動実践に付随する健康・安全のしつけ以外に、両者のあいだに論理的な前後関係はなく、形式的・便宜的に結合した教科形態には、基本的に問題がある。

第二に、教育活動全体を通じて行なう保健教育は、形式論はともかく、実質的には問題がある。『小学校学習指導要領』総則でも「第3、体育」の項に保健学習もふくめ、「健康で安全な生活を営むのに必要な習慣を養い、心身の調和的発達を図るため、体育に関する指導については、学校の教育活動全体を通じて適切に行なうものとする」と述べている。中学にもまったくおなじ記述がみられる。

教育活動全体を通じてとは、文部省の教育課程編成の考え方（学校教育法施行規則第二四条）によると、各教科・道徳・特別活動という、いわゆる三領域全体を通じてということになろう。保健教育の性格上、各種の機会が活用されることが望ましいことではあるが、実際には周到な保健教育計画を立てて総合的・計画的にすすめなければ、教育活動全体を通じてという理想はたてまえにとどまり、行なわれない結果に陥りやすく、現行の教育体制は、これらを受け入れるに、十分な条件を備えているとはいえない。

第三に、教科としての保健の位置づけに問題がある。小学校と中学・高等学校の教科書の不統一、小学校第一学年から第四学年には、保健教授の時間がなく、五、六年で年間授業時数の約一〇パーセント、つまり一〇時間が保健の学習に当てられる変則的な取り扱い方や、中学校の改訂『学習指導要領』では、保健分野に第一学年から第三学年の三年間を通じて七〇時間が充当される予定であり、高等学校では第一学年と第二学年で学習することになったが総時間数が少ないことなど問題が多く、授業を継続的に発展させることはきわめて困難である。

第四に、『学習指導要領』の領域構成には、系統性が認めにくいことである。改訂の中学校七、高等学校は五の領域があげられているが、これらの領域間には、共通性・一貫性が少ない。また領域名でも両者は、まったく異なっているものが多く、相互に類似した領域名をもつものでも、その内部の教材に中学・高等学校間の連続した発展、つまり、系統性が認めにくい。たとえば、安全については、中学校は「生活の安全」に一括されているが、高等学校は「生活と健康」「事故災害とその防止」などに分散され、とくに労働衛生領域についてこの傾向が強まっている。中学校の「環境衛生」は、高等学校では単独の領域としては欠落させ、これもまた各領域で分散的に取り扱っている。

第五に、教科としての保健の性格規定の問題がある。保健は生活教科としての側面が強く、日常の生活にしめる教材領域の比重が大きく、知識の体系だけでは、健康な生活とはならないのである。しかも学校での生活が、児童生徒の生活時間のなかばをしめるのであり、事故や病気の予防にしろ、環境衛生の維持改善にしろ、集団としての健康の守り合いにしろ、学校生活自体が保健の素材であるから、日常の生活にしめる教材領域の比重が大きく、生活教科としての特質を正しくとらえられるべきである。

最後に、教育内容の構造化の視点で、保健教材の精選化がされておらず、その中心となる本質的教材が、明らかにされていないことである。改訂前の中学校「病気の予防」には、およそ三〇にもおよぶ病名が記述されていたし、改訂の「環境の衛生」のなかの「飲料水の基準」については、水道法に定める基準のうち「色、味、におい、濁り、アンモニア性窒素、有機物、塩素イオン、水素イオン濃度及び細菌」を取り扱い、「検査法については、上記のうち細菌以外のものを取り扱うものとする」とされ、「水の浄化法」についてもふれている。さらに、実験・実習がかぎられた時間内に要求されている。

現状では、これらすべてのものにふれること(実験)は不可能なことであろう。むしろねらいは、環境の維持・改善は科学的な検査にもとづかなければならないことを理解させることにある。したがって、飲料水の良否は、検査をしないとわからないことを、たとえば、ネスラー試薬による検査を典型として学習させ、この教材を中心に、他の教材をも発展的に取り扱い、さらに環境の改善に立ち向かう態度を養うことが要求されてよいであろう。

三、保健教育課程改造の動向

1、教師の権利としての自主編成

沿革

すでにふれてきたように、戦後の新教育の発足にともなって、文部省から発表された最初の『学習指導要領』には、〝試案〟という文字が付記されていた。そして、『学習指導要領』というものは、〝試案〟という文字にも象徴されているように「一つの動かすことのできない道をきめて、それを示そうとするような目的でつくられたものではない。……教師自身が自分で研究して行く手びきとして書かれたものである」と明記されていた。その趣旨は一九五一年（昭和26）の改訂にも受けつがれたが、五四年（昭和29）のいわゆる教育二法につぐ五五年（昭和30）の『社会科指導要領』改訂の時から〝試案〟の文字は消え、基準性が強調されはじめた。

一九五八年（昭和33）の『学習指導要領』全面改訂にあたって、文部省は学校教育法施行規則の一部を改め、教育課程の基準は「文部大臣が別に公示する『小学校（中学校）学習指導要領』によるものとする」（同規則二五条・中学は五四条）ことにして、ことさらに官報に告示するという手続きがとられるようになった。

しかし、「新しい日本の教育の基本を確立するため」に制定された教育基本法には「教育行政は……教育の目的を遂行するに必要な諸条件の整備確立を目標として行なわれなければならない」（同法第一〇条後半）と明示されている。つまり、教育行政は教育の条件整備をその責務とするのであって、教育内容に介入することは避けるべきものとされているのである。この理念は最近ますます形骸化され、文部省の教育内容統制はむきだしの形ですすめられるようになってきた。愛国心の強調、社会科における「神話」の復活など一般新聞紙上でさえ時代錯誤ぶりが指摘されたほどである。一九七〇年（昭和45）の家永教科書裁判における東京地裁・杉本判決にも、教師の教育の自由と責任が明らかにされている。このような時点であればこそ、教師の「教育をつかさどる権利」（学校教育法第二八条）を再確認して、教え子を戦場に送った戦前の教師の悔恨を再びくり返すことのないようにしなければなるまい。

教師の権利と責任

一九六六年（昭和41）に採択されたユネスコの「教師の地位に関する勧告」においても、教師の教育課程編成における役割は国際的な通念としてつぎのように明確にされている。

「Ⅷ　教師の権利と責任

専門職としての自由

第五九条　教職者は専門職としての任務の遂行にあたって学問上の自由を享受すべきである。教師は生徒に最も適した教材及び方法を判断することに特別に資格を与えられているので、承認された課程の大綱の範囲内で教材の選択と採用、教科書の採択、教育方法の適用などにおいて本質的な（基本的な）役割を与えられるべきである。

第六〇条　教師および教師の団体は新しい教育課程、教科書、補助教材の作成に関与すべきである」

承認された大綱の範囲とは、民主的な手続きによって定められた教育課程の、それもきわめておおまかな目標・内容の範囲にとどめたものを前提としてという意味であろう。しかも、その作成には、日本教職員組合という教員団体も当然参加して行なわれるべきものであることは第六〇条に示すとおりである。わが国の現状はこのような国際通念にもとり、きわめて非民主的な手続きによって強行され、行きすぎた教科書検定とあいまって、教育内容を体制側に都合のよいように統制していることは周知のとおりである。『学習指導要領』の基準性に加えて、教科書検定による画一化がすすめられ、教師の専門職としての自由ないし自律性は、せいぜい教科指導の技術や方法のくふうという範囲にせばめられている。

したがって、保健で真の科学を教えるのに教科書の内容のどんな点がゆがめられているかを見ぬき、教師の主体性によってほんものの保健を教えるよう自主的に教育課程をつくり変えていく姿勢と日常的な実践がすすめられねばならない。そのためには教師みずからが科学の進歩に即応して学習を深め、横には自主的教育研究活動やサークルを通じて教師相互の研究実践を交流して、可能な部分から自主編成に着手していくことが望まれる。そのことは教育の専門職によせる国民大衆の信頼と期待に答えるべき教師の社会的責任でもあろう。

2、保健教育課程改革の動向

(1) 教科（教材）構造化の動向

現代化の潮流

一九五〇年代後半から、まずアメリカにおいて、教育課程の改革がはじまり、いまや、国際的な共通の課題としてそれがすすめられているようである。アメリカで高等学校の物理・生物・化学・数学などの教科書が根本的ともいえるほど改革されつつあることは、つとに周知のところであろう。この場合は、ソビエトのスプートニク打上げも一つのきっかけになったが、もっと根底にあった要請は、科学技術の爆発的な進歩と社会の急激な変化に学校教育がどう対応したらよいかということであった。増大し高度化しつづける知識・情報の質と量を学校教育においてどのように選択して教材化するか、そして、教育内容の時代遅れをどのようにして回復し現代化するかということである。ぼう大な知識のなかから、いかにして基本的な知識を選択し、いかに有効な教材組織にしていくかが構造化の観点であり、教育内容の時間的な立ち遅れを取りもどして、現代の科学の成果を取り入れようとするのが現代化の観点だといってよい。

教材の構造を提唱したひとりであるブルーナーは、教材の構造とは要するに教材相互の関連性であるといった（J・S・ブルーナー著、鈴木・佐藤訳『教育の過程』岩波書店）。広岡亮蔵氏は、中心的な概念とそれを成り立たせる支柱にあたる諸要素の組織であると説明している（『教育内容の現代化』明治図書）。

さらに、垂直的観点と水平的観点、つまり、タテとヨコの観点から構造化をとらえる考え方がある。つまり、「一つの学習が他の学習（既習の教材）のうえに築かれるよう」教材に系統性ないし順次性をつける垂直的観点と、「学習事項が相互に支えあうように関連性をもたせる水平的観点とから教材を構成するというすすめ方である（全米教育協会著、森・岡田訳『教育の現代化』黎明書房）。

ブルーナーの提唱

このような教材構造化がなぜ有効なのかについて、ブルーナーは、つぎの諸点をあげる。

①基本的なことを理解するので教科が理解しやすくなる。基本的な教材のすっきりした骨組みは、ごたごたした教材のつめこみに生じがちな混乱もおこらず理解しやすい。

②こまかな部分も構造化された骨組みのなかに位置づけられるので記憶しやすいし、忘れても再構成しやすい。

③基本的な原理や概念の理解は転移・応用されやすい。

この教材構造化には、教育方法として「発見的学習」をともなうべきことが強調される。構造の教えこみでなく、構造を生徒みずからが学びとるように指導することを重視する。

(2)　アメリカＳＨＥＳの保健教材構造

概念アプローチ

ある財団の補助金をもとに、一九六一～五年の五年間かかって「学校保健教育研究」プロジェクトによってまとめられたものである。この研究がアメリカで盛んになってきた教育課程改造の動きに刺激され、とくに構造化の考え方から大きな影響を受けていることはいうまでもない。同案は「概念アプローチ」ということを基本方針として作業がすすめられている。保健の教材を組みたてる軸となる基本的な概念を求め、そのような概念の枠組みを習得させることをモットーにしている。さらに、概念は学習の結果の産物として生徒自身のなかに形成されるべきで「概念を教える」のでなく「概念を形成させる」ことを目ざすべきだとしている。

この概念がカリキュラム構造の鍵となり、概念化が学習を容易にするとともに、行動を選択するにあたって、いくつかの概念が関連づけられて判断をくだすよりどころとなることが強調されている。

このアプローチは、①健康に影響をおよぼす諸条件を広く深く理解させ、②論理的構造を習得することにより、新しい事実や概念もこの枠組に関連づけて学習することが容易となり、③生徒の保健学習への興味を増し、④生活場面への適用つまり学習の転移が起こりやすいなど、教授・学習者双方にとって有効であると強調している。

この構造試案においては、健康を「身体・精神・社会」、健康行動を「知識・態度・実践」の三側面から統一的にとらえ、ついでカリキュラムの鍵となる三つの概念を設定している。

カリキュラムをより合わせる三本の大きなすじとしてつぎの鍵概念があげられている。

三つの鍵概念

ⓐ発育・発達すること。それは生命の動的な過程であり、人類全体に共通な面、グループに共通な面、個人に特有な面をもっている。

ⓑ相互作用。個人と環境のあいだに相互作用がある。個人と、個人が影響を受け、逆に影響をおよぼす環境のなかの生物的・社会的・心理的・経済的・文化的・物理的諸力とのあいだには不断の相互作用がはたらく。

ⓒ判断（意志を決定）すること。（健康を維持増進していくうえに―筆者注）ある行為をするかしないかを意識的に決定したり選択したりする人類に特有な過程である。

これら三つの鍵概念のあいだには相互関連があることも指摘されている。たとえば、個と環境のあいだの相互作用は人間の発育・発達や判断から影響を受けるし、逆にそれらに影響を与えるというようにである。

カリキュラムの主たる構成要素となり、また領域としての意味をもつ概念としてつぎの一〇概念が設定されている。

一〇の概念

①発育発達は個体の構造と機能に影響をおよぼし、逆にまたそれから影響を受ける。
②発育発達は一定の順序にしたがうが、なお個人に特有なものである。
③健康の防護・増進は個人・地域社会・国際間の責任である。
④どんな環境にも危険と事故の可能性がある。
⑤人間・病気（病因）・環境のあいだには相互関連がある。
⑥家族は人間の生命を維持し、一定の健康上のニードを満たす役割をおびている。
⑦個人の健康上の行動は、しばしば葛藤する複雑な諸力に影響を受ける。
⑧健康に関する情報・商品・サービスの利用は価値観や認知によって左右される。
⑨気分や行動を変える物質（タバコ・アルコール・麻薬など）の習慣はいろいろな動機づけで始まる。
⑩食物の選択・食習慣は身体的・社会的・精神的・経済的・文化的な条件によって決められる。

これらの概念は、わが国の『学習指導要領』に示されている保健教材より、ずっと基本的・科学的であるといえよう。逆に、現行教科書教材がいかにバラバラで枝葉末節を追い回しているかが示唆される。

たとえば、①②で習得させようとしている発育・発達の概念にくらべて、わが国の教材は、小学五年で個人の身長・体重の測定値を確認させたり、中学二年で測定法を学ばせたりはしているが、発育・発達の法則そのものを習得させようとする意図が乏しい。⑤⑦⑧⑨⑩では人間の健康や健康面の行動が、環境、それも、自然的・文化的・社会的な環境諸条件と相互関連があることを基本概念として学びとらせることをめざしている。わが国の生物学・自然科学に限定された保健教材においては、このような概念はほとんど取り上げられてこなかったことも確かである。

もちろん、構造化にはいろいろな視角からの構造化がありうるし、これをただ一つに限定することはできない。さらに、その構造化がだれのために、どんな保健教育内容をもとに行なわれたかを問わないで、構造化を無批判に支持すべきではない。その点では批判しなければならない点も少なくないが、紙数の関係で部分的な紹介にとどめたい（『現代教育研究』一五巻「健康教育」にややくわしく紹介されている）。

このほかアメリカでは、保健体育協会や学校保健協会でもカリキュラム改造が試みられている。いずれも、国の行政組織でなく民間団体でカリキュラム研究が自由に行なわれ、それが実用化されていることは、常識がとおらないわが国と違っている点であることを指摘しておきたい。

3、五領域試案

わが国における保健教育課程改造に関する研究・実践の成果は乏しく、小倉学氏らによって行なわれてきた五領域試案のほか、あまり発表されたものがない。それ以前に、文部省の『学習指導要領』改訂にたいして日教組の教育研究を通じて行なわれてきた批判的検討をのぞけば、ほとんど問題にされることがないというのが実情である。私たちは批判的検討を加えるとともに、部分的に、たとえば、一時間の教材についてでも、「ここはこのように教えるべきだ」とか、「この教科書教材をこのように改造して教えた」という、私たちの側の研究実践を提起し、交流して自主編成の実績をつみあげていかねばならない。この五領域試案は、さきにあげたアメリカのＳＨＥＳの試案とともに、今後の自主編成の一つの手がかりとして紹介するものである。

(1)　五領域構成の基礎

小倉氏らは保健教育内容を、①人体の構造と機能、②環境と健康、③疾病・傷害の予防、④労働と健康、⑤集団の健康という五領域によって構成し、各領域内の系統化、領域内および領域相互間の関連化をはかりつつ構造化をすすめている（『体育科教育』一九六八年一月号、一九六九年一月号）。

この領域構成の基礎には、人間の健康成立、逆にいえば疾病・傷害発生の要因を宿主（人間）・病因・環境の三要因の相互関連としてとらえる疫学的な考え方が用いられている。この三要因のバランスが保たれているとき健康であり、それがくずれるとき病気・事故災害がおこるというのが疫学の基本概念である。さらに要約すれば、人の健康は、宿主（人間）と環境との関数であると表現される。

(2)　各領域の基本教材

①人体の構造と機能　人体の構造（解剖）と機能（生理）とを関連づけ表裏一体として学ばせる。しかも各器官・系統をバラバラにでなく、それらが相互に関連しあい、しかも神経・内分泌の調節統制によって生体としての統一性・全体性を維持していることの理解にみち

びく。たとえば、心臓と肺（循環器系統と呼吸器系統）は協同して O_2、CO_2 の呼吸・運搬にあたっている。これらの系の調節は神経系とホルモンによって安静時・運動時それぞれの状況に即応して営まれていることがその例である。

発育・成熟・老化という過程、精神と身体の相関もこの領域の重要な基本教材とされている。

この領域は現行教科構成のなかでは理科の生物分野に含まれ、人体の構造・機能が生物学の一環として取り扱われている。本来は保健の基礎領域として、生物とはべつの立場から保健で取り上げるべき教材であることを明らかにしていく必要がある。

系統性の検討は実証的に授業研究によって一部の小学校で行なわれたものが教研全国集会でも報告されたことがある。小倉氏らは、低学年では身体各部の名称とはたらき、中学年で外表器官（目・耳・鼻など）、高学年で肺・心臓・胃など各系統の中心臓器の機能を、また発育の基礎を学ばせ、中学校で各系統および系統間の関連と生体全体としての統制・調節（神経系・内分泌）、発育・発達、高校では脳の構造、心身の相関などを学ばせるという系統性を構想として提起している。今後の検討にまちたい。

②環境と健康　現行『学習指導要領』では、中学保健では二年生の「環境の衛生」、高校では「健康と身体の機能」の「ウ、環境適応の生理」や「国民の健康」の「イ、公衆衛生活動」のなかで部分的に取り上げられている。小学校段階では「住居の衛生」が家庭科のなかで取り上げられており、体育のなかの保健知識としては、五年の「健康な生活」の「イ、空気・日光・飲料水と健康」がある。

この領域の基本教材としては、人間と環境の相互関係ということが本試案の重点とされている。

第一に、人体には気温（寒暑）などの環境条件に対応して体内の恒常性を維持する「適応機能」があること、しかし、人体はどのような環境条件にも適応できるわけではなく、それには限度があること、その限度は馴化のようにある程度まではレベル・アップできるなど、環境生理学的な概念の習得が必要である。

第二に人間の健康や作業能率を左右する環境諸条件について、その恕限度（許容量）、至適条件を含めて分析的にとらえさせたい。とくに、公害に力点をおく必要があろう。

第三に、それら環境の良否を科学的に観察・検査し、至適条件に近づけるよう改善する方法について学ばせねばならない。人間は動物一般とちがって環境の支配を受け、それに適応するだけでなく、不適な環境にはたらきかけて、それを衛生的な環境に変えていくことができるということを認識させる必要がある。

小学校段階から、暑さ寒さに応じた衣服の調節、暖房による保温など、基本的な教材をより具体的な形で教えることは可能であろう。中学では、人体の適応機能とともに各種環境因子と人間の健康・作業能率との関係、各種の恕限度検査の必要性などについて体系的に学ばせたい。公害も高校段階に達するまでふれないでおくほど理解困難な教材ではないと思われる。高校では公害の社会的背景、労働環境などをこの領域の特殊ないし応用教材として、それぞれ、⑤集団の健康、④労働と健康のなかで取り上げるのが有効ではないかと考えられている。

③疾病・傷害の予防　疾病も事故傷害も同じように宿主・病因（原因物件）・環境という三要因の動的関連の破綻によっておこるが、本領域はさらに疾病予防と傷害防止に分けて取り上げるべきであろう。

疾病予防では、小学校段階は典型的な疾病（たとえば消化器系は赤痢、呼吸器系はインフルエンザ・結核というような伝染病）を取り上げて疾病が三要因のバランスの失調によっておこることを分析的・総合的に学ばせたい。中学段階では高血圧・肺ガンというような成人病についても三要因の関連でとらえさせることができよう。今次の『学習指導要領』にも、このような観点はみられない。

予防はこれら三要因に即して分析的に学ばせるとともに、発病前は、①健康増進が全面的な予防となること、宿主側の予防接種による免疫、上下水をはじめとする環境衛生の維持改善が、②特殊予防となることをとりあげたい。さらに、発病してからも、③早期発見・早期治療が進行・重症化を防止し合併症を防ぎ、また、周囲への伝播を防ぐ意味で予防となる。さらにリーベルがいうように、④リハビリテーションも機能障害による心身のゆがみを防ぎ人格の荒廃を防止する点ですぐれて予防的である。このような疾病の経過のより早い時期の科学的な診断と治療が疾病の進行を防ぎ死亡や後遺症という転帰にいたることを少なくするのである。

傷害防止、つまり安全においては、安全の科学的成果とその体系化が遅れているため、構造化は容易ではない。しかし、交通安全、労働安全いずれにおいても、宿主の生理的・心理的な素質やコンディション、危険物件を含めた環境条件、そのなかでの人間の行動にわたって分析的かつ関連的に学習させる必要がある。

④労働と健康　労働（運動）にともなうエネルギーの消費（異化）とその再生産（同化）を統一的に理解させることや疲労とその回復について学ばせる労働生理が、第一の基本教材群となろう。さらに、作業能率・健康・安全の観点から労働環境をとらえさせねばならない。

労働安全・労働災害補償、労働者の保健福祉上の権利についても、保健でより深く学ばせることが必要と思われる。

労働生理の基本概念としてのエネルギー代謝は、エネルギーということが抽象的でリアリティーに乏しいため理解させにくい。しかし、小学校中学年段階でも、運動や仕事をするのに力のもと（エネルギー）がいること、はげしい運動ほど脈が早くなり胸がどきどきし、呼吸が早くなり体温があがり汗が出たりすることなどは直観的にとらえさせることができる。高学年では、運動の強度（たとえば指先・手先だけの運動と全身の運動）によりエネルギー消費や身体諸機能の変化に違いがあることを具体的に理解させ、中学におけるエネルギー代謝率・労働強度、疲労と休養・栄養の理解にすすめたい。

労働衛生・安全・災害補償などに関する労働者の権利と雇用者の義務については、中学・高校で深化すべき基本教材であろう。

⑤集団の健康（公衆衛生）　①〜④を総合する領域であり、健康を集団の視角からとらえさせ、また、健康に関する自然科学と社会科学を統合して学ばせる領域として位置づけられている。

ここでは、ⓐ集団の健康水準をとらえる方法や指標、ⓑ集団の健康を左右する要因、ⓒ集団の健康を改善・向上させる対策に分けて教材を構成することが提案されている。

ⓐについては、衛生統計上の数値をバラバラに暗記させることより、集団の健康水準をどんな分野（側面）について、どんな指標を使ってとらえ、問題を発見していくかという方法を学ばせることが基本となろう。

ⓑにおいては、集団の健康が自然科学的な条件を介して文化・経済・政治などの社会的諸条件によって左右されることを学ばせないかぎり、ほんとうに集団の健康を左右する条件を理解させるこ

とはできない。貧困階層になるほど結核や病気全般の有病率は高い。しかも、貧困階層ほど受診率は低率で医療の機会に恵まれない。貧困が疾病を生み、疾病が貧困をもたらす（生活保護家庭になった最大の理由は一家の働き手の病気という統計がその例である）。いわゆる疾病と貧困の悪循環は古来の真理である。

産業革命の進展にともなう労働者の貧困化と病気・乳児死亡の激増は歴史の法則とさえいわれる。近年の公害の増大、交通事故の急増により公害病・事故死が社会問題化してきたことの原因は保健関係者の指摘、国民大衆の声を無視し、資本家の利益を優先する政治のゆがみがもたらした結果である。

保健面の行動が人々の文化としての生活様式・思考様式・態度・価値観によって規定されるという行動科学の成果については、さきにあげたＳＨＥＳ試案はかなりウエイトをかけている。わが国の保健教材において、これらの教材がまったくといってよいほど欠落していることは『学習指導要領』に関係した人々の不勉強によるか、意図的な科学の歪曲によるものといえよう。

ⓒについては、③の疾病予防の諸段階に即した公衆衛生としてのアプローチを軸にして、第二部の一で述べた国民運動の観点を学ばせることが重要である。

系統性についてくわしく紹介する余裕がないが、本領域は中学段階から取り上げるのが妥当ではないかと思う。高校においては、とくに社会科学的側面からの基本教材を充実させる必要があると思う。

おわりに

以上、最近の教育課程改造の動向を、二つの構造化試案を取り上げて紹介してきた。

しかし、この構造化のすすめ方には、もっとべつな観点からのアプローチがあってもよいことを確認しておかねばならない。

さらに重要で基本的なことは、保健教育をだれのために、何をめざしてやるかという立場と目標である。この点の検討を欠いては、たとえ構造化という方法がもちいられても、ほんとうに国民大衆の幸福と健康にはつながらない結果に陥る危険を生じかねないことが銘記されねばなるまい。

四、自主編成の視点

はじめに　教師が、教育課程を自主的に編成していく固有の権利と教職としての専門性をもっていることは、すでに述べたようにユネスコの勧告にも明らかである。

保健の場合、教科分野として確立されていない小学校の場合はもちろん、中学・高校の保健においても、教材の相互関連・系統性が確立されていない。まさに、ガラクタ教材のら列であり、あまりにも安直な教材があるかと思えば、不必要に衛生統計や血糖値などの数値の暗記をしいたり、改訂前の『学習指導要領』の高校の「人体の病理」のように医学の専門知識に深入りしすぎたりしていた。少ない時間数で、多すぎるバラバラの教材をどのように整理して、ほんとうに大切な基本的な教材にしぼったらよいかは、保健を教える教師が共通の悩みとしてきたことである。まず、手近かなところから、つまりある領域、あるいはある一時間の教材について、何が基本的な教材かを明らかにしていくことから着手していかなければなるまい。

1、小学校の保健教材

ここでは、五、六年の体育の一〇パーセントの時間を使って行なう保健の学習指導を中心にせざるをえないが、一～六年を通じての学級保健指導として、あるいは保健の時間を特設して行なう場合をも考慮して考察を加えたい。広く浅くというより、とくに②〜③の領域をやや深く取り上げることにする。

(1)　疾病予防——赤痢を典型教材として——

三要因を系統的に学ばせる

疾病予防については、病因・宿主・環境という三要因を系統的しかも関連的に学ばせることが基本教材であると思われる。それを赤痢という教材を典型（ひな型）にして学ばせることは、つぎのような点から有効ではないかと考えられる。まず、病気の発生や予防について伝染病を取り上げると三要因が理解しやすい。成人病のような非伝染性疾患も、伝染病における三要因の相互関連の理解を基礎にすると理解させやすいであろう。つぎに、赤痢は伝染病のなかでは「たべもの」を介して口からはいる消化器伝染病の代表としての意義をもつ教材として取り扱うことができる。その学習のあとで「空気」を介して鼻からはいる呼吸器伝染病の代表として結核・インフルエンザを教える場合、赤痢と比較させながら伝染病予防における共通点と違う点をより効果的に学ばせることにも役立てられる。以下に赤痢の教材構造化を試みた授業研究の一例を紹介する（加納孝四郎『体育科教育』一六巻六号・七号、一九六八年）。

〈赤痢の教材構造化を試みた授業研究（対象学年は小学四年および六年）〉

基本教材はつぎの三項目にしぼられている。

①赤痢は赤痢菌（小四では「ばいきん」）でおこる。赤痢菌（ばいきん）がなければおこらない。

②赤痢がうつるのは、たべものにまじり口からはいった赤痢菌（ばいきん）が患者の大便から出て、手・水・食物などを介して、ほかの人の口まで運ばれるためである。

③赤痢を防ぐには、この赤痢菌が運ばれる経路をどこかで断てばよい。

図1は、「赤痢のもと（原因）」として児童が答えた内容を授業実施前、実施直後、二か月後のテスト結果について比較したものである。前テストでは、赤痢の原因は「たべもの」（なま水を含む）であると答えた児童が四年・六年とも最も多く、ついで四年では「ばいきん」、六年では赤痢菌が一〇パーセント前後見られた。

図1　赤痢の原因%

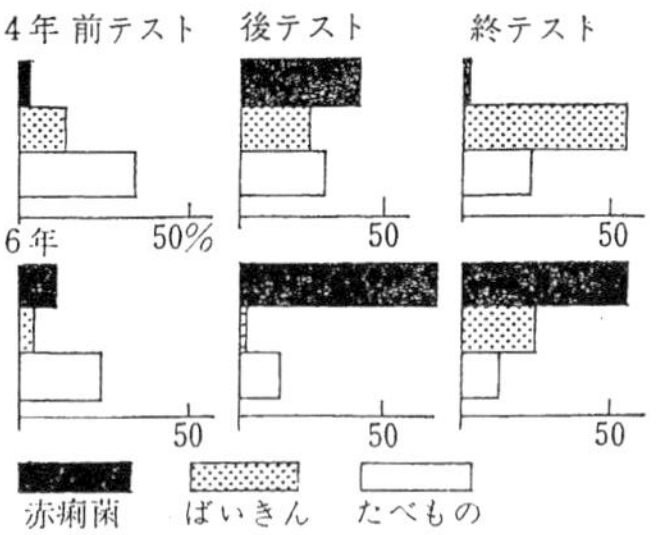

図2　感染経路についての結果（4年）

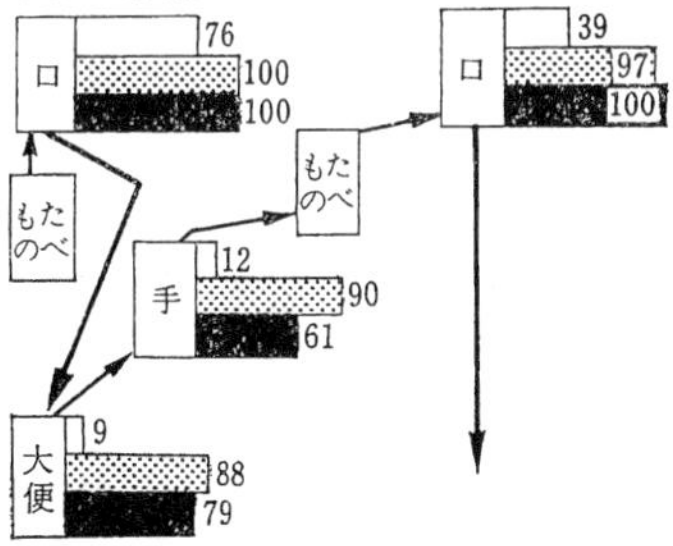

伝染経路の構造図化　授業は図2のように、たべもの―口―大便―手―たべもの―口という赤痢の伝染経路を構造図化して行なった。図2の棒グラフは「赤痢のもとになるものが、たべものの中にはいってから、ある人からほかの人にうつるまでのようす」をあらわしたものだとして□の中に適当なことばを記入させたとき、正しく「口」「大便」などと記入した者の率を示している。

前テストでは大便は九パーセントしか記入されなかったが授業直後は八八パーセントとなり、二か月後のテストでも七九パーセントが正しく答えていることが示されている。その後、手・たべものを介してほかの人の口にはいることをも、かなり高率に習得し、二か月後でも把握していることがわかる。

図1にかえって、赤痢の原因についての理解をみると、四年は少なくとも

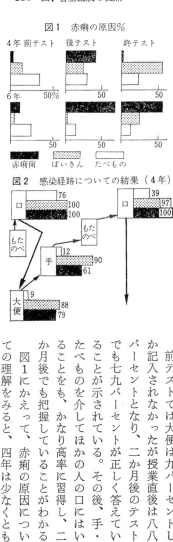

「ばいきん」が原因であること、六年では赤痢菌が原因であることを二か月後でも半数が正答している。このことは基本教材を明確にし、教材を構造化してモデル的な図をもちいて教えた点が有効であることを示唆しているようである。なお、四年生段階で、赤痢の原因は赤痢菌という赤痢しかおこさない「ばいきん」であることを理解させることは必ずしも容易ではないことがうかがわれる。伝染病には赤痢・結核・インフルエンザなどの種類があり、それぞれ特異的な病原体があり、特有な伝染経路をもち、特有な症状を呈することが病気に関する分化した知識となっていないためと思われる。六年生の教材には、四年の図2の手のほかに「川・井戸・水道」「水」を加えて授業をし、テストが行なわれて、四年と類似した結果がえられている。ただし、赤痢菌については四年と違って明らかに高い習得率を示したことは図1でみたとおりである。

教材要素の第三の予防法についても、構造化しないで授業をした対照学級よりはるかにすぐれた結果をえている。実験授業をした学級では、対照学級の児童で、予防法としてたんに、「手を洗う」と答えた者が多かったのにくらべて、「用便後」「食前」など具体的な機会をあげた者が多かった。手洗いのほか、実験授業をした学級では「食物を煮る・洗う・いためる」「便所の消毒・水洗化」「水の消毒・上水道化」について、それぞれ五〇〜七〇パーセントの児童が答えていたことも大きな効果といえよう。

(2)　環境と健康

主体的な判断と行動を学ばせる　改訂『学習指導要領』において、ようやく「空気・日光・飲料水と健康の関係について知ること」という環境衛生教材が小学五年にはいってきたが、それまでは小学校の保健にはまったく取り上げられていなかった。

しかし、すでに日教組第一五次教研全国集会で、自主編成として「水と健康」の問題を小学校六年で取り上げた宮城県レポートの実践が注目されている。この場合、地域の小川の水で「こえおけ」が洗われ、その下流で食器が洗われているような実態などを導入に、一〇時間をかけて水と伝染病の問題をグループ学習・一斉学習をおりまぜながら学習させている。そこで重視されていることは、人間と環境の関係の現実的しかも科学的認識であり、環境を変え、改善していく主体的な意識である。

さらに、二年生のような低学年で、その日の天候に対応して衣服を調節すべきことを意識的に学習させている保健指導の実践例もある（武内栄子、「二年生の保健指導の記録」『学校保健研究』七巻八号、一九六五年）。

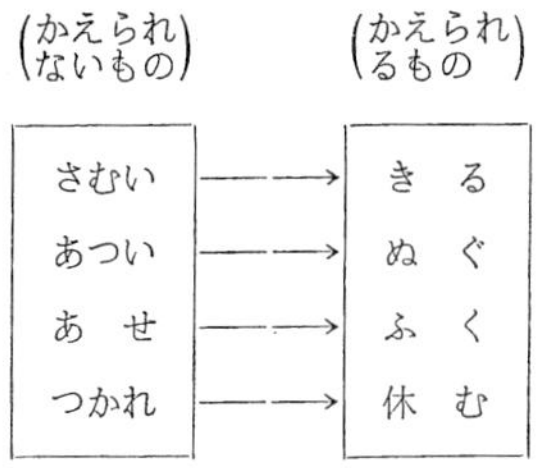

この場合、暑さ、寒さという天気は変えられないこと、したがって寒かったら着る、暑かったらぬぐというように意識的に衣服で調節すべきことに気づかせている。もちろん、人体の適応機能として寒い時は血管が収縮し鳥はだがたち、身ぶるいをし、暑い時は汗をかくという体温調節機能があることも高学年になったら学ばせる必要がある。さらに、人体の生理的機能だけで適応しきれない寒さには暖房をするという、人間だけができる環境調整の方法も学ばせていきたい。しかし、二年生段階で、天候という外界の条件を意識させ、それに対応して主体的に判断・行動することを学ばせていることは、まさに文化をもつ人間としての適応行動の基礎を教え

ていることになる。

環境を変える意識づくり

日教組第一六次教研全国集会で、山形の「しせい」の学習に関する報告を手がかりに、人間と、机・腰かけという環境との関係を学ばせる必要性が討論されていることも示唆をあたえる。姿勢は身体と環境である机・腰かけとの不均衡によって悪くなるという一面がある。この場合、身体を既存の机・腰かけに合わせるのでなく、身体に机・腰かけを合わせなければならない。時には机の脚を切り、あるいは、いわゆるゲタをはかせるという手段を取らざるをえない学校もあってよい。やはり、「環境を人間の健康に適切なように変えていくことが基本である。環境は変えられる、変えなければならない、そのとき、どのように科学的に変えていくか、これらのことこそ保健の基本的な教材であるということが討議を通じて確認された」（『日本の教育』第一六集、一九六七年）。

これらの実践例は「環境と健康」における基本教材について重要な示唆をあたえている。人間の身体には外界の寒暑などに対応する適応機能がある。しかし、その機能の限度を越える条件には衣服の調節、暖房など、人間（人体ではない）としての適応をはからねばならない。これは衣服気候、住居の環境という言葉があるように、人体をとりまく直接的な環境（衣服・室温）を至適条件に変えることだといえる。このように環境に適応し、逆に環境を変革していく人間——環境の相互関係を寒暑、机・腰かけ、水などをとおして基本的、しかも具体的にとらえさせていくことが、中学段階以降における、さらに高次の環境条件の学習（たとえば公害）の基礎として不可欠であろう。

科学的検査の重要性を学ばせる

なお、環境衛生条件、たとえば飲料水の良否を識別するには、科学的な検査が必要なことについて学ばせることも重要であろう。

「飲んでよい水かどうかは、どうしたらわかりますか」という問題にたいし、小学生は（三年〜六年）図3のように「すみきった水はよい」「にごっていないかコップに入れてみる」など視覚で確かめられると考えている者が各学年とも五〇パーセント前後をしめるという調査結果がある（内山源・小倉学「保健教育内容の構造に関する授業研究・第1報」『学校保健研究』七巻一一号、一九六五年）。

ほかに、「なまぬるい水はだめ」とか、「飲んでみる」というような温度や味覚にたよる者も各学年一〇〜二〇パーセントみられる。検査をしないとわからないという者は六年生でも五パーセントにも満たない結果である。

図3　飲料水の識別法に関する認識

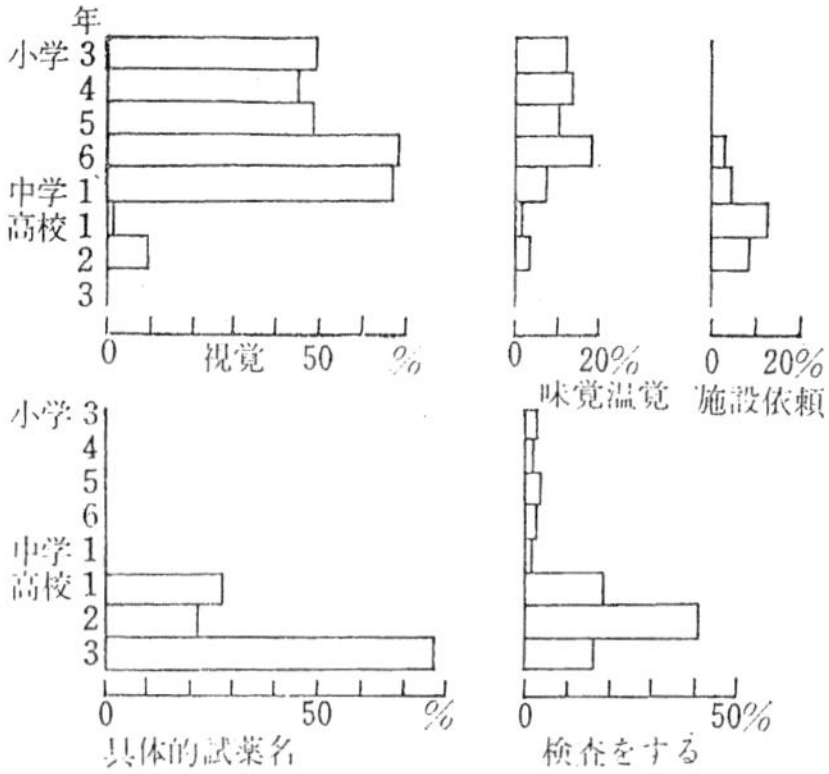

図4　飲料水の検査対象認識

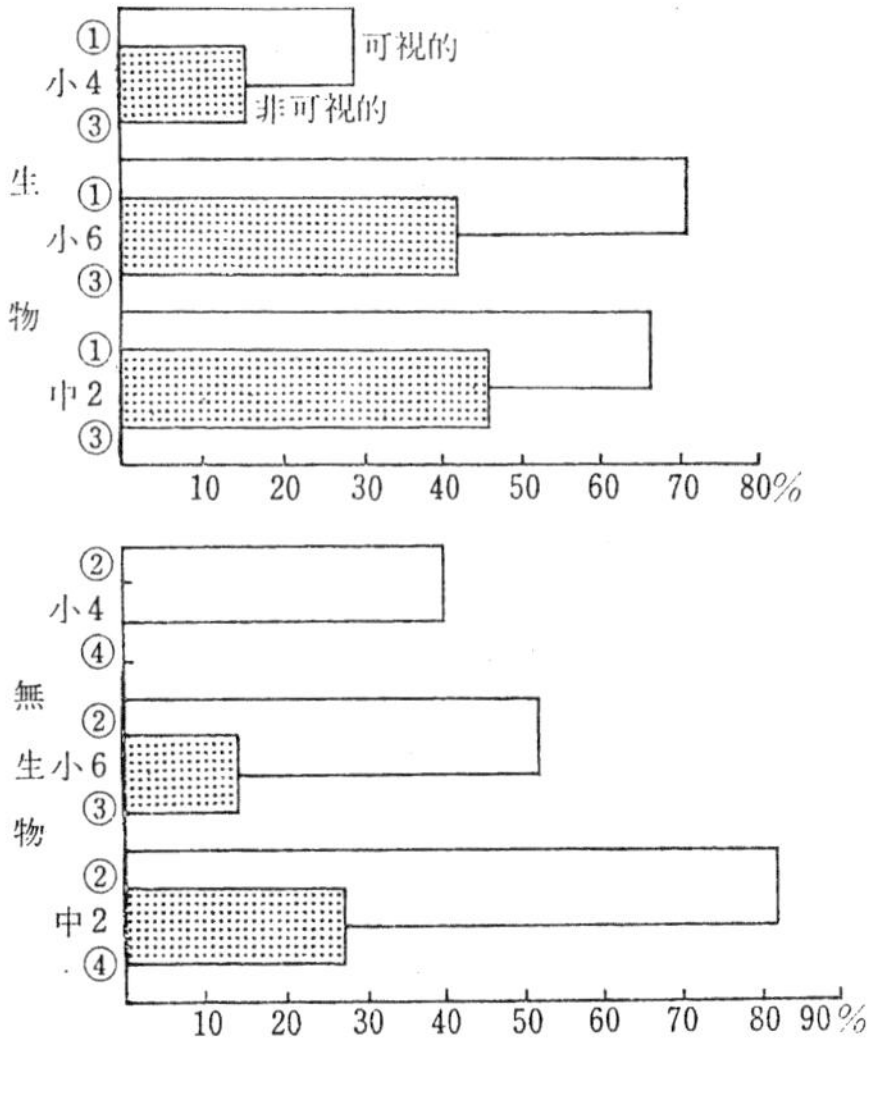

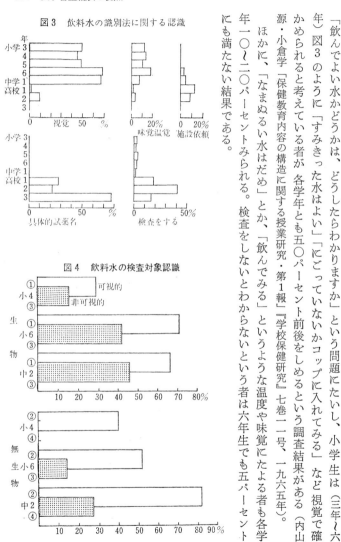

この研究に連続して行なわれた授業研究の結果において、児童は、「水の中にはいっていて飲んでいけないもの」として眼に見えるもの（可視的なもの）はよくあげるが、非可視的なものはあまりあげないという傾向が認められている。

図4はその問題に対する小四、小六、中二の授業前の回答内容を、生物・無生物に二分し、さらに、それぞれを可視的なものと、非可視的なものに分類して集計した結果を示している。

小四でみると、①生物で可視的なもの（みみず・うじ虫・魚・昆虫など）、②無生物で可視的なもの（ごみ・泥・砂など）が多く、③生物で非可視的なもの（ばい菌・病原菌・寄生虫卵など）は一五パーセント弱である。④無生物で非可視的なもの（アンモニア・有機物など）はまったくあげられていない。六年生では④をあげた者が約一五パーセント弱である。図4は、図3とはべつな学校の児童を対象として行なった調査であるが、図3の結果は図4のような児童の認識が濃厚に反映したものといってよいであろう。このような認識の盲点をつき、矛盾を指摘しなければ、環境を科学的な方法で検査する必要性は確かなものとして習得されることは望めないであろうし、実生活への適用も期待しにくいのではあるまいか。

(3)　傷害の防止（安全）――交通安全を中心に――

原因と防止を学ばせる　五八年版『学習指導要領』でも、改訂『学習指導要領』でも、傷害の防止は六年生の保健知識として位置づけられている。新しく「ウ、自然災害や火災と安全」、「エ、けがの種類と原因」に関する教材が加わったほか内容に本質的な違いは認められない。

「ア、交通事故」については、その「現状、原因および防止について理解すること」になっている。「イ、学校、家庭、野外での遊びにおける事故」についても、その「現状、原因およびその防止について理解すること」と示している。

ちなみに、中学校の改訂『学習指導要領』をみると、つぎのように述べられている。

「イ、交通事故とその防止　交通事故発生状況の推移を知り、特に道路交通の事故の原因、被害状況を分析し、防止のしかたについて理解するとともに、積極的に事故防止に努めることができるようになること」

中学校のほうが表現がこまかになってはいるが、要約すると小学校と同じく「交通事故の現状、原因および防止についての理解」ということになろう。「積極的に努めることができるようになる」ということは積極的に努める態度のことを指すかと思うと、後のほうは「できるようになる」と能力を指しているようでもある。

現状を知るとか、発生状況の推移を知るとかいうことは、事故発生数や死傷者の数が増加したこと自体を統計図表などによって知らせることを目標としているようだが、大事なことは、むしろ、これらを素材として、そのなかに潜んでいる事故発生の基本的な諸要因やそれらの関連を発見させることである。「原因や被害状況を分析し」ということも習得させたい基本概念ではなく指導方法である。要するに基本教材は「原因と防止」であろう。

日本的な受身の安全教育

数年前の『朝日新聞』に上の見出しで、ローマの交通安全大会に参加した日本の小学生チームの欠点が報じられていた。交通法規や標識にしたがって自転車を運転するテストやせまいポールのあいだを通りぬける運転技能テストでは一位だったが、安全知識テストが悪かったというのである。その原因についてチームに付添っていった警視庁の某警視が、日本では自転車あるいは歩行者だけの、つまり受身の安全教育しかやらず、近い将来ドライバーになることを見通して、自動車との関係で安全教育をしてこなかったからだと語っていた。記者は交通法規のような暗記もの、自転車乗りのような実技試験はできるが、応用力がないことをあげていた。一方、その記事といっしょに、「うまくころぶための回転レシーブ——熱心な交通安全教育をする大阪市〇〇小学校」という見出しの写真が載せてあった。わが国の交通安全教育の欠陥をみごとに指摘してあますところがないほどである。このように交通事故の原因を車や道路条件との対応をぬきにして、歩行者だけに帰するような安全教育は、たんに受身の安全教育というより、真実を教えない、したがってほんとうの安全認識や安全能力を育てられない教育といわねばなるまい。

交通事故の三要因

最近は、交通事故を含む事故災害を伝染病の流行と対比的に「安全の疫学」として研究するようになってきた。そして、事故災害を発生させる要因として宿主・原因物件・環境の三つがとらえられている。それを歩行者の交通事故にあてはめると、歩行者・自動車（運転者を含む）、道路（や安全施設）環境ということになる。

しかし、児童に「交通事故のもと（原因）」をあげさせると、左右をよく見ないから、信号を守らないから、横断歩道を渡らないからなど歩行者に関することしかあげない子どもが多い。さらに歩行者について、不注意だからという観念的な答えをする者も少なくない。

図5は、ある程度以上に交通安全教育をやってきた学校における原因認識の調査結果である（大浦竜雄・岡本百合子「交通安全教育に関する研究実践の過程」『学校保健研究』八巻五号、一九六六年）。

一要因型とは、歩行者・車・道路三要因のうち一つしかあげなかった者で、そのほとんどは歩行者のことを答えている。四年生の約半数はこの型であり、残り半数が歩・車二要因をあげている。

図５　交通事故３要因の認識

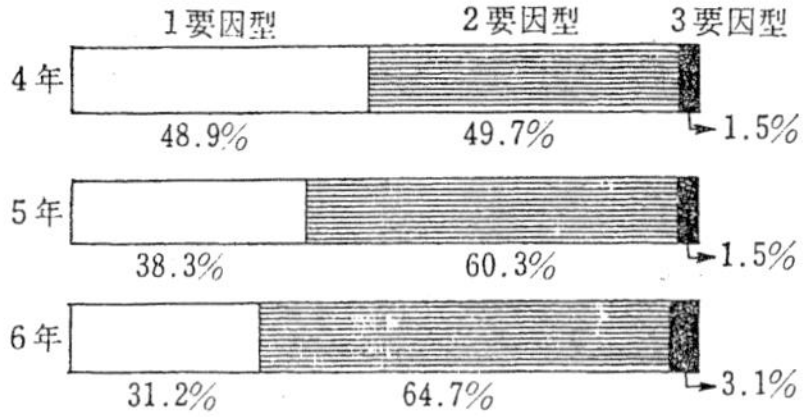

図６　交通事故原因に関する教材構造（板書事項）

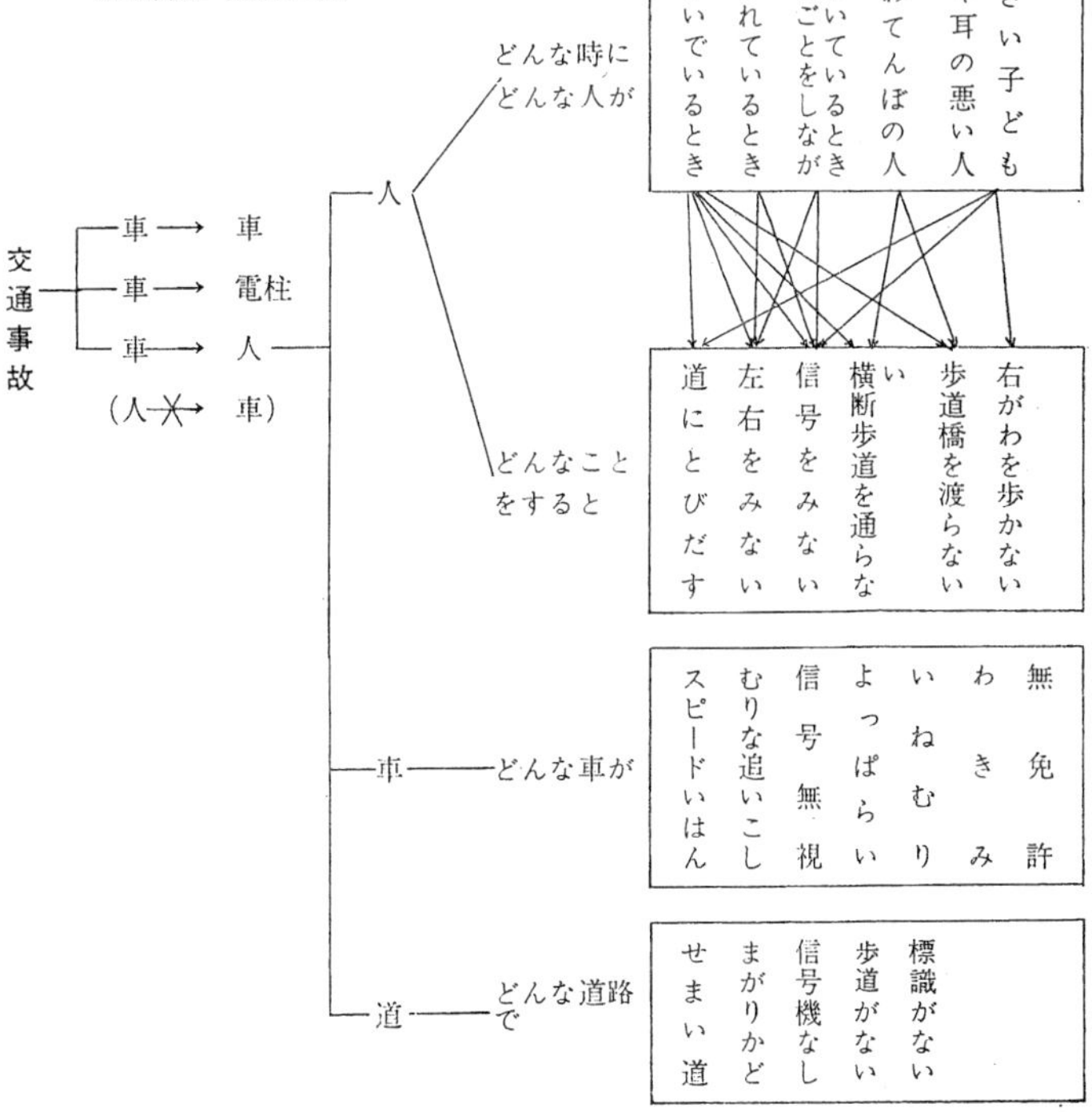

図7

歩行者……人		
(a) 行動要因	車の直前・直後の横断 道路の斜め横断歩行 道路へのとびだし 路上でのあそび 信号無視・信号誤認 横断歩道をわたらない	
	身体的(P)	精神的(M)
(b) 誘因	身体的過労 疲労の蓄積 睡眠不足の場合 一時的身体障害 一時的急性疾患	興奮している場合 いそいでいる場合 イライラしている場合 考えごとをしている場合
(c) 基底的要因	感覚機能の欠陥 運動機能 肢体不自由者 技術の未熟低劣 慢性疾患	知能，精神薄弱 性格の異常 精神病，精神障害 知識

動因・物件……車・運転者	
(a) 行動要因	安全速度，スピード違反 一時停車の不履行 わきみ運転 いねむり運転 よっぱらい運転 前方注視をおこたる
(b) 車両自体	車両の型・種類 車両の性能，車両の故障 ブレーキの性能や故障 ハンドルの性能や故障 運転台の位置・高さ 運転席からの視野の広さ ライトの照射性能 ドアの性能と故障 タイヤ・メーター・エンジン

環境……道路	
(a) 道路施設・設備	見通しの悪い，曲り角の多い道 雨などで地盤のゆるみやすい道 凹凸のはげしい道 信号機・警報機のない道，踏切 ガード・レールのない崖上の道 スリップしやすい道
(b) 自然的環境	雨・雪・霧・スモッグによる視界不良 雨・雪・氷などによる地盤のゆるみ，スリップなど
(c) 社会文化的環境	交通規則，各種車両の運転免許制度 交通整理警官，白バイの数 交通道徳，安全教育 交通量・都市計画問題

つまり子どもたちは歩行者と車（運転者）との関連において交通事故要因をとらえず、部分的に歩行者か、それと車しかみていない。

そこで、この学校では図6のような教材構造（板書事項）で五年生を対象に二時間をかけて授業を行ない、大きな成果をあげている。

ふつう「どんなことをすると」にあげたような歩行者の行動が強調される。しかし、ふだんは安全な歩行をしている者が「どんな時に」に例示した「いそいでいる」ような場合に「左右をみない」という不安全行動をするのである。この両者の関連づけを意識的に学ばせる必要があろう。

図7は内山源・小倉学氏らによって構想されている交通安全の基本教

材構造である。図8は内山氏によって試みられた授業研究結果である。図7のような教材構造を前提として、具体的に三要因を関連づけて教えた場合は、対照学級（授業せず）の低率さに比べて三要因すべてをあげる者が、授業直後および二か月後において、ほとんど一〇〇パーセントに近いことがわかる（小倉学「保健認識の発達と授業研究」『健康教育』〈現代教育研究〉第一五巻、日本標準テスト研究会、一九六九年）。

　このような交通事故要因の構造的なとらえ方は、同時に遊びの事故の要因においてもほぼ共通に使うことができる。中学・高校における労働災害教材の基礎ともなるはずである。

図8　交通事故3要因の関連把握

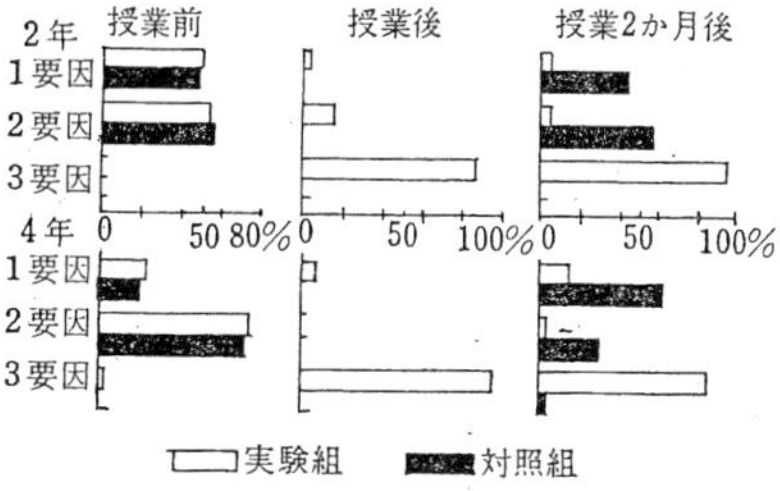

　このような基本要因の構造的学習を通じて、みずからの心身のコンディションを考え、道路や場の環境の危険を観察判断して安全に行動する子ども、さらには道路に安全施設、職場に保安施設を拡充させるように行動する実践的な能力を発達させなければならない。

2、中学校の保健教材

はじめに

　紙数の関係で、中学については「環境と健康」（環境衛生）領域だけを取り上げて教師の固有の権限としての自主編成の観点から考察を加えることにしたい。

　ここで取り扱う内容は、人体と環境の相互関係、環境への人体の適応・馴化、健康や人間の活動を左右する環境条件、環境条件の検査・

維持・改善の方法などである。これらの領域を一連のものとして、児童・生徒に対し、有効に学習されるよう、いかに組織したらよいか、つまり、その本質となる教材をもとに、教材相互の関連性を考えつつ、系統的・発展的に構造化し、それを実際の授業に移して、生徒の学習の結果を確かめ、より適切な内容や方法を求めることが必要である。

(1)　現行の教育課程と関係教材

環境衛生領域　改訂『学習指導要領』では、環境衛生領域を中学校第一学年で集中的に取り上げることになっている。分野別目標では、「心身の発達や環境の衛生および健康な生活の設計について理解させ、……」に該当し、その内容は、「環境の衛生的基準や衛生的な処理のしかたについて理解させるとともに、公害の大要を知らせる」であり、「空気条件と照明」「飲料水と水の浄化法」「汚物・有害昆虫などとその処理」「公害と健康」の四項目となっている。これらの領域構成は、さきに述べた概説のうち、おもに後半の領域にあてはまるものである。

関係教材としては、第一学年の最初に学習する「健康と身体の発達」領域の「健康のなりたち」「身体の発育」との関連が深い。また第二学年の「生活の安全」「健康な生活の設計と栄養」領域のうち、事故災害や交通事故の防止、健康な生活の設計等、さらに第三学年は、「病気とその予防」「国民の健康」など、直接・間接に深い関係がある。「健康と身体の発達」のなかでは、主体と環境との相互作用の過程で、健康が形成されることに関係が深く、「生活の安全」では、交通災害や労働災害が環境とのかかわり合いの関係で、また、「健康な生活の設計と栄養」は、それらの整備や設計にとくに関係が深いといえる。同じことは、「病気の予防」や「国民の健康」についてもいえる。また、従来の『学習指導要領』には、「公害」という言葉はみあたらなく、「国民の健康」とのかかわり合いのなかで、とくに、健康を阻害する人工的環境因子を取り上げねばならないが、ここでは、その大要を知らせることにとどめておくが、べつに「公害」に関して、系統的に地域に適した学習を行なう必要がある。

理科との関係

関連教科で、もっとも関係の深いのは、理科であろう。しかし、第一分野の目標に「物質に関する事物・現象の中に問題を見いだし、観察や実験を通して情報を集め（中略）自然現象を解釈したりする方法を習得させる」とあるとおり、広範囲にわたる各環境因子にふれている。しかし、たとえば「水の三態」は、比重・沸点・氷点など、主として物質の概念を分析的に把握させるための教材であって、保健にふさわしい取り上げ方ではない。同じことは、第二分野の「自然とその中の生物」「生物の種類と生活」「動物の物質交代」「生物と環境」などの領域についてもいえることである。家庭科の食物や、住居の内容、社会科での、世界や郷土の自然環境、とくに気候や、地形や、災害などの内容は、直接・間接に関係のある教材といえよう。

高等学校との関連

高等学校との関連は、環境衛生を教材領域として取り上げていないが、「健康と身体の機能」と、「疾病とその予防」の各領域は、当然、環境と不可分の関連をもつ教材であり、また、「事故災害とその防止」「生活と健康」では、労働環境をはじめとし、職業病や、労働災害の防止との関連において、労働の物理化学的環境が取り扱われており、「国民の健康」の領域でも、社会環境の内容として、人工的・社会的に造成された環境のなかで、集団の健康を阻害する物理化学的な諸因子や、人工的な諸因子が取り扱われている。

小学校では、第五学年「健康な生活の基礎と組み立て」のなかで、空気、日光、飲料水と健康の関係について直接に、また第六学年の「かかりやすい病気とその予防」「けがの種類とその防止」では、環境を病気や傷害の防止との関連において、また、「学校生活と健康の関係」では、社会環境としての学校生活を取り扱っているが、ここでは自然環境や、社会環境の保健的な意味を初歩的に理解させせようという意図であろうが、中学校との関連性は、かならずしも明確とはいえない。

(2)　人間の健康と環境に関する基本教材

主体と環境　健康は主体と環境の相互作用の過程のなかで形成されることはいうまでもない。疫学でいう疾病の三要因（宿主・病因・環境）では、環境が病因と宿主の調和を維持している重要な支点と考えられているが、その意味で、環境は宿主（主体）とともに、人間の健康生活を取り扱う場合、欠くことのできない基本的な教材領域である。この意味で環境は、主体すなわち人体とのかかわり合いの過程が学習の導入として考えられる。このことは、健康を主体と環境の二要因の関数としてあらわされていることでも、また二つの原因のいずれかに健康の重きをおいた時代があったことでもわかる。

環境が変化しても、人体の生理現象が破綻しないで、すべての器官が統一と調和を保ってはたらいている状態が、健康にほかならないのである。ベルナール Claude Bernard（一八一三年～一八七八年）のいわゆる「外部環境に対する内部環境の一定の維持」である。キャノン W. B. Cannon（一八七一年～一九四五年）は、この状態を「ホメオスタシス Homeostasis」と命名したが、この状態、すなわち恒常性の維持が、ここでは中心となる基本教材として取り上げられなければならない。外部環境が変化しても、内部環境が、自律神経系や、内分泌系によって一定の状態に維持されるメカニズムは、換言すれば、環境に対する生体の適応現象でもあり、恒常性と表裏をなす現象であるから、発展教材として必然的にここで取り上げられなければならない。気候条件のいちじるしく異なった環境に移住した場合にみられるように、適応現象が長い期間にわたって、徐々に進行してゆくのが馴化であるから、馴化は適応現象のあり方の一つとして、ここでふれておく必要がある。

健康成立の要因　このように、恒常性の維持あるいは環境への適応が円滑に進行する状態が健康にほかならないのであるから、健康は、人体側の因子と環境側の因子が、相互に作用する過程において成立もし、また破綻もきたすのである。環境の変化に対応する人体の適応ないし順応は、健康の成立に必須な条件であるから、その過程や進行が妨げられて、健康に破綻を生じたり発病したりするのはどのような場合であるか、逆に、上記の過程が円滑に進行して健康が保持されるためにはどうしたらよいかを、環境の側から明らかにしなければならない。人体の適応能力には限界があるから、健康の成立のためには、一定の環境条件の維持や、その調整が必要なこと、すなわち環境衛生の意義について、ここで総括的に取り扱っておく必要がある。

(3)　物理化学的環境に関する基本教材

空気・水・光　物理化学的環境の諸因子が、健康の成立条件としてそれぞれどのようなかかわりをもっているか、換言すれば、それらの因子が人体にどんな作用を及ぼし、人体内部にどんな生理現象が起こるかが、おもな環境因子について明らかにされなければならない。

その意味で、物理化学的環境因子として、日常の健康生活にもっとも密接な関係をもつ空気と、水と、光の衛生が、基本教材であるといえよう。空気の属性である気温・気湿・気流・気圧などは気候の要素として、また、空気の成分としての一酸化炭素、二酸化炭素、じんあい、ばい煙などは、換気をふくめてここでは関連する重要な教材であり、水は飲料水を中心に、プール水や、その他の用水、また伝染病発生の媒体として、欠くことのできない教材であり、光は、紫外線や赤外線の生理作用のほかに、じんあいやばい煙のごとき大気汚染との関係においても、取り上げなければならない教材であろう。

人体の恕限度　人体の恒常性、すなわち、健康を維持するためには、以上の環境因子にそれぞれ一定の条件が必要なのであり、条件がその限界を越えた場合は、恒常性の維持が妨げられ、適応能力も限界に達し、健康が破壊されることはさきにもふれておいたが、その限界の条件が恕限度ないし許容量と呼ばれるものである。

温熱条件や、有害ガスの濃度や、飲料水あるいはプール水の判定基準などが、恕限度との関連において取り上げられるだろうし、さらに公害としての大気や水の汚染が、恕限度を越えた環境条件の例として、取り上げられる教材である。

また、消極的に健康の破綻を防ぐための環境条件を扱うだけでなく、積極的に学習や作業の能率を高め、快適な生活をすごすことのできる環境条件、すなわち、至適条件が教材として取り上げられなければならないことはいうまでもない。

(4)　環境衛生の検査、維持、改善に関する基本教材

基本としての自然科学的検査　環境には、自然的環境と社会的環境の二面があるが、環境の検査、維持、改善の視点からすれば、前者がやはり環境衛生の根底をなす教材であって、後者は、

前者を基礎にして発展的に取り扱うべき教材である。社会的環境に対置して、自然的環境とよぶ場合、その内容を構成するのは、一部人工的なものもふくめての物理化学的な要素であり、したがって自然科学的な検査の対象となりうるものである。

その意味で、ここでは、環境要因の適否を判定する方法としての、物理化学的検査や、生物細菌学的検査などの自然科学的な検査が、中心教材として取り上げられなければならない。飲料水や換気の検査、温熱条件や照度、騒音の測定など、おもなる環境諸因子の検査が、ここで取り扱われるべきであろう。これらの検査、測定の結果、環境の物理化学的条件が、健康を維持するためにいちじるしく不良である場合は、当然その改善がなされなければならない。こうして、環境の維持、改善は直観や感覚に頼るのではなく、科学的な検査にもとづかなければならないことがわかる。このことは、検査、維持、改善を一連のものとして系統化し、取り扱うさいの重要な事がらである。

空気調節や、冷暖房や、飲料水の選択とその浄水法や、採光照明法などは、環境の検査から維持、改善にいたる前述過程の発展として取り上げられる。一方、人工的・社会的要因から生ずる大気や水の汚染、騒音、振動などの、いわゆる公害については、環境の維持、改善として、公衆衛生の領域との関連を考慮しつつ、べつにここで取り上げてもよいであろう。

(5)　授業のすすめかた

人体の構造と機能　健康と環境との関連を取り扱うための前提条件として、人体の構造と機能は不可欠の教材領域であることはいうまでもない。

本教材は、健康の成立の要因として、主体と環境の二つがあり、両者の相互作用の過程で健康が成立もし、破綻もすることを、人体の恒常性と適応性の視点から理解させることをねらいとし、さらにいろいろな環境因子や、それらの至適条件や、環境の改善などの教材への前段として、健康と環境の関係を総括的に理解させる目標をもつものである。

授業にあたっては、具体的な事例によることが効果的であることはいうまでもない。たとえば、体温の調節などを教材とすれば、恒常性や、適応性や、馴化や、また環境衛生の維持や調整にいたるまでを一貫して取り扱うことができよう。関連教科として理科の「生物と環境」、社会科の「身近かな地域」との関連も考慮して、すすめなければならないことはもちろんである。

身体の内部環境についての、神経性調節や内分泌調節の理解のうえにたたないと、恒常性や、適応性の概念を正しく把握させることは困難である。改訂『学習指導要領』によれば、これらの教材は、「精神の健康」領域で取り扱われることになっており、したがって本教材を取り扱う場合は、健康に影響をおよぼす環境条件のうち、とくに、疾病の原因となったり、疲労を起こしたり、作業の能率が低下したりする悪い環境条件を中心に、さまざまな事例をあげ、それらの事例から、主体環境系のメカニズムを一般化し、可能ならば、恒常性や適応性を概念化する方向に授業をすすめたい。

恕限度、至適条件を学習する意義　つぎに、健康に影響をおよぼす環境条件のうち、とくに、物理化学的な環境因子の生理作用や保健的意義を明らかにし、かつ、それらの諸因子には人間の生活現象をもっとも円滑・活発に行なわせる至適の条件があること、また、健康維持のために許しうる最低限の条件、すなわち、恕限度（許容量）のあることを理解させることが本授業のねらいである。その意味で、物理化学的環境の代表的な因子としての飲料水や、気温・気湿・気流などの気候要素、空気の正常ないし異常成分としての一酸化炭素、二酸化炭素、また紫外線と赤外線、公害としての騒音などの保健的意義や、保健的基準を理解させておく必要がある。

至適条件や、恕限度など、環境諸因子の保健的基準についての理解は、環境衛生の検査、維持、改善への布石として、意図的に指導されなければならない。

実証的指導

第一学年、ないし二学年のはじめに取り扱うことを考慮し、気候条件と学習能率の関係のように、具体的な経験や事例から、気候に至適な条件があることを感性的にとらえさせることは容易であるが、理解への過程は、温熱条件の測定などによって可能なかぎり実証的に指導したい。また、熱射病や凍傷などの事例によって、健康を維持するためには温熱条件に一定の恕限度のあることを理解させることもできるが、この場合も安易に生活の経験に頼らないで、照度や騒音などについてのいろいろな事例もあげさせて、環境因子に共通する至適条件や恕限度という概念を一般化するよう指導すべきである。

最後に、環境衛生の検査、維持、改善のすすめ方であるが、これらは一連のものとして取り扱い、とくに、環境衛生の維持、改善には、科学的検査にもとづかなければならないこと、直観や感覚に頼ることが危険であることを理解させることに第一のねらいがあるといえよう。

典型教材としての水質検査

環境衛生に関係のあるいろいろな条件や因子を、すべて検査することは不可能であるから、授業ではもっとも典型的な検査、たとえば、水質の検査を事例としてすすめることが効果的であろうし、実験的な取り扱いが困難な場合は、保健所や衛生研究所などの施設に検査を委託してその結果について教授をすすめてもよいが、ねらいは科学的な検査の必要性を理解させることにある。

改訂『学習指導要領』で「飲料水の基準、井戸の衛生的条件および水の浄化法について理解すること。また、飲料水の検査法を知ること」となっている。従来、理科の教材にみられたものが保健で取り扱うようになった。しかし、理科で学習した物質にたいする科学性の概念を、ここでは、科学を生活化する能力を育てる意味で、再調整する必要がある。水質検査などの実例を中心に、上記のねらいをいっそう確かなものにする必要がある。

3、高校の保健教材

はじめに

高校生にとって、週一時間の保健学習はあまりおもしろいものではなさそうだ。理由は「保健学習をやる意義がわからない」という目標にかかわることから、「授業が常識的なことばかりだ」「教科書の読みあわせで国語解釈の時間のようだ」とか、逆に、「やたら医学的、生理学的な知識をこまかく教えるので、むずかしくてわからない」「医者になるわけでもないのになぜ勉強しなければならないのか」など学習内容や教授方法に関する理由など、生徒たちと話し合えばいろいろ出されてくる。

また、現実の健康問題にたいする生徒の一般的な考え方の傾向もいろいろある。

まず第一には、人間の生命や健康にたいする価値観があやふやになってきており、さまざまな阻害条件やできごとに無感覚、無関心になってきている（あるいはそのようにさせられてきている）。

第二には、かりに自分の生命や健康には注意をはらっても、他人のそれには「自分に関係のないこと」と傍観者的な態度をみせることである。いってみれば、現在のように生命・健康をおびやかす要因が社会的に広く存在しているかぎり、個人の注意だけでは無力であり、どうしても〝集団としての健康〟という観点が不可欠であることが十分に認識されていない。

第三に、健康問題が「どうせ社会や政治が悪いんだ。だからどうやったってしかたがないよ」と皮相的な観点でしか受けとめられていなかったり、否定的な、厭世的なものの見方が少なからずある。つまり、どこがどのように悪いのか、どのような解決の努力がなされようとしているのかなどを具体的事実のなかからじっくりとつかもうとすることをぬきに問題の解決を性急にもとめようとしているように思われる。

第四に、健康問題を追求していくうえでの主体的要因と環境的要因とのカテゴリーが正しく統一されていない傾向がある。たとえば、「私たちの身のまわりで健康を阻害しているものに何があるか」と、ごく素朴な質問を高校一年生にしたところ、大多数が、「公害」、交通事故や疾病など環境的要因に関するものをあげた。ところが「そのなかでどうしたら生命・健康を守っていけるだろうか」ときくと、「睡眠をよくとる。スポーツでからだを鍛える。栄養を十分にとる」などと個人の問題としてかたづけることにみられるように、環境と主体との関係が統一的に把握されていない。

(1)　基本教材

健康問題の歴史的把握　このような保健学習や健康についての生徒たちのとらえ方は、基本的には生命や健康というものを日ごろはそれほど意識せずに私たちは生活している、それが、気がつかないうちに徐々に侵害され、おびやかされ、はじめてその大切さに気がつく、そういうことを反映しているのではなかろうか。だから、学習内容は健康問題を、本来の健康であるべき人間のからだやしくみが実際の社会生活のなかではどのような阻害条件にとりまかれ、どのような影響をうけているのかを具体的なできごとのなかから抽出して教授＝学習することが必要であろう。つまり、高校生の時期は政治や社会現象に一定の関心をもち、たえずどうすればよいのかを自問自答している時でもある。したがって保健学習における定着させたい認識は、自然科学的（医学・生物学・生理学）分野での成果と社会科学（歴史・政治・経済学）における成果との統一的な認識といえるだろう。

具体的な教材としては、第一に人間のからだの問題、「人間の進化とそのしくみとはたらき」、第二に、「人間と病気とのたたかいの歴史」。ここでは健康問題の歴史的把握を中心にふれ、今日の健康問題が〝たまたま起こったこと〟ではなく、そこには歴史的な経過があって現在にいたっており、かつて人間は病気や障害にたいして医学的に社会的にどのように取り組んできたのか、今はどんな到達点にあるのかを学習させて、今日の健康問題を考えるうえでの「指標」を明らかにする。第三は、「国民（集団）の健康生活を営むために」今日の健康問題をめぐる動向と問題点を、からだの側と社会的側面の両方から学習させたい。

なお、高校の教科書にそくしていえば、「精神衛生」は第一の領域で、大脳を中心とした精神活動として位置づけ学習する。第五章の「公衆衛生」は、第二の歴史のなかで「健康観の変遷」を扱い、第三の現状のところでの各領域との関連のなかでふれることにした。

なお、生徒自身の認識と「保健学習（つまり『社会科保健』）らしく」するためには、第一、第三、そしてまとめとして第二を学習させることも考えられる。

(2)　人体の構造と機能

大脳の働きと精神活動　この領域では、大脳の働きとそれによる環境にたいする人体の調整作用——恒常性の維持と精神活動（教科書での「精神衛生」）についてふれる。ただしこの領域は高校の生物科でふれてあるのでよく関連させる必要がある。

人間の人間らしさをいかんなく発揮するのがこの大脳で、とくに他の動物とちがっている特性の一つが大脳皮質における二重構造、つまり、知・情・意で代表される高等な精神の座である新皮質系と、本能的欲求や情動を生み出し、本能行動や情動行動など、「たくましく生きていく」統合の場である大脳辺縁系とがあって、前者によって後者の生み出す行動を適度に規正し、抑圧していることにある。第二の特性が新皮質において諸々の高次の精神活動の場が分業体制にあり、しかも深く連合していることにあることを認識させる。

つぎに、間脳（視床、視床下部）と延髄が恒常性の維持に大きな役割を果たしていることを体温調節・呼吸調節などを例に学習させる。そしてそのなかで、この間脳が自律神経をとおして内臓を支配し、同時に内分泌をも統御しており、間脳はさらに大脳辺縁系によって調節され全体が統一的な機能を果たすしくみになっていることを学ばせる。

精神活動については、それが道徳的・しつけ的な内容にならないように、また、国語的解釈の内容にならないように注意しながら、現実の高校生の不安・不満・要求などを引き出しながら学習をすすめることが大切だろう。

(3)　人間と病気とのたたかいの歴史

この領域では、人間が病気を克服してきた医学・衛生学の進歩の跡をふりかえりながら、その成果が真に国民のものに普及していく過程に何があったのかを学習させ、今日の教訓として扱う。

①医学・衛生学の発展　産業革命以後、人間の科学的なものの見方（たとえば、一七世紀のハーベーによる血液循環説によって千数百年にわたる誤りが克服された）や医学的な技術・道具の進歩（顕微鏡の発明）によって医学や衛生学は急速に前進してきた。とりわけ一八世紀末から一九世紀にかけて、ジェンナーの予防接種法、パスツールの免疫学、コッホの細菌学などのめざましい成果によって、病気を医学的にはしりぞけることができるようになった。

②労働者の生命・健康の危機　ところが一方、『イギリスにおける労働者階級の状態』（エンゲルス）や日本においては『女工哀史』（細井和喜蔵、岩波文庫）や『日本の下層社会』（横山源之助、岩波文庫）にみられるように、産業革命の進行にともなって、農村は資本の本源的蓄積のために破壊され、大量の労働者が都市に流出し、無権利と人間のからだを無視した過酷な労働、低賃金によって、おとなはもちろん、子どもも生命と健康の危機にさらされ、加えてたびかさなる伝染病（コレラ、チフス、インフルエンザ、結核）の流行が国民全体のからだを危機に追いこんだ。このような歴史の教訓（法則）を学ばせる必要がある。

③社会政策の遅れ　この状態に対処する政府・資本の考えと対策は、強健で労働可能なものを一人でも多く確保するために細菌免疫学を中心とした輸入医学が利用された。したがって公立病院の費用は下層者にはおよばぬものであった（明治一五年ごろの賃金は男工で一日八～一〇銭だったのにくらべ、公立病院の入院料は一番下の四等で二五銭かかった）。このように医学の成果はすぐに国民すべてのものになったわけではなかった（詳細は野村拓『講座医療政策史』医療図書出版社、風早八十二『日本社会政策史　上・下』青木文庫を参照されたい）。

④健康観の変遷

これらのことは健康観・身体観をめぐる問題の反映であった。資本主義は、それ以前の「身体は領主や神のもの」という考えをうちやぶり、「私のからだは私のもの」という身体の私事性・権利の主張の原型を生み出した。しかし、資本主義が発展し労働力が商品化されることによって、身体形成・健康の維持は個人の責任において行なわれるべきであることを意味した。しかし、それは貧富の差が拡大するなかでは困難なことであった。そして、労働者は労働時間の短縮、婦女子の保護を要求し、工場法を獲得する。このことによって身体や健康は集団として守らねばならないし、物質的・社会的環境の改善と、結合しなければならないことを学びとった。

これらの運動が戦後〝世界人権宣言〟として開花し、その第三条の「何人も、生存、自由、および身体の安全を享有する権利を有する」という規定を生み出した（参考文献として、城丸章夫『現代教育学一四、身体と教育』「近代教育における身体観」岩波書店、『人権宣言集』岩波文庫）。

(4)国民（集団）の健康生活

具体的な領域にはいるまえに、導入としてまず、国民の健康生活をめぐる現状について概括（詳細は、一節一項の「国民の健康生活の現状と問題点」参照）する。そして、健康ということの基本的な考え方をＷＨＯ（世界保健機構）憲章を例にして把握させる。そのうえで集団の健康をとらえる指標（死亡率や乳児死亡率―これこそ国民健康状態の指標だろう―、羅病率、有病率、平均寿命などの衛生統計を利用して）を学習する。

①環境と健康

この領域では、人間のからだは周囲の不適当なさまざまな条件にたいして生命維持のために、からだのはたらきを正常な状態に保とうとする力＝適応能力をもっていること。しかし、同時にそれは限界をもっていることを明らかにすることにある。

まず、適応のはたらきを、疾病や障害にたいする白血球の食菌作用や病原体にたいする免疫体などによる適応。運動や酸素欠乏時における呼吸器、循環器系のはたらきによる適応などを取り上げ、さらに、より顕著な例としてストレス適応反応――寒冷・暑熱や有害ガス、精神的動揺などの異常な作用因子にたいして副腎皮質ホルモンの分泌によって抵抗して生体を守ろうとする――をとりあげる。

そして、人間のからだには気温などの至適条件があるが、一酸化炭素などの有害物質にたいしてはほとんど適応能力がなく、したがってこれらにたいしては恕限度や許容量が考えられなくてはならないことを認識させる。

この適応能力とその限界を、さらには、物理的・化学的・生物的、そして、総じて社会的環境と人間のからだや健康との相互作用を明らかにしなければならない。このことが現実の生活のなかで具体的にきり結びあっている例として「公害」を教材としてとりあげる。

まず、ロンドンやアメリカのミューズ溪谷などの急性の疾病者と死亡者を出した例にふれ、つぎに四日市や自動車の排気ガスの問題から、亜硫酸ガスの生活環境における許容基準濃度は0.1ppMで、1～5ppMでは気管支を刺激し、気管支の内径を狭め気道抵抗を増大させる。排気ガス中の一酸化炭素は血液中のＨｂ（ヘモグロビン）にたいして酸素の二五〇倍ぐらいの結合力をもっているので、からだの各組織への酸素の供給が不足し、全血液中のＨｂの五パーセントだけでも一酸化炭素が結合すると血液の酸素運搬に悪影響をあたえるなど、これらの有害物質が慢性の疾病状態（気管支炎、気管支ぜんそく）や生理的機能の変化（肺の換気機能、酸素運搬）を生み出している（このほかに水汚染の問題もある）。つぎに、これら「公害」発生の社会的要因を取り上げ、環境衛生や社会施設の面での充実度はどうか、「公害」防止の科学的・技術的条件は整っているのか、「公害」の法的規制や防止設備の内容や実態は「公害」を真に除去するに耐えうるものになっているか、これらをめぐる政府・独占資本の倫理（企業優先の考え、加害者であることを認めようとしないこと）は、はたして正当なのか、さらに、「公害」の禍中にある市民は何を要求してどう解決しようと努力しているのか、などを取り上げる。

このほかにこの領域では都市や農村における一般的な環境の現状も取り上げる必要があるだろう。生活環境条件（下水道の普及度、し尿やごみの処理）、都市においては住宅難と郊外へのスプロール化、このための通勤難と疲労（一日の労働時間の半分のエネルギーが満員電車に立って片道一時間の往復で消費される）などがある。

②疾病の予防と医療制度

高校の教科書には、第二章で疾病について扱ったものとして「人体の病理」がある。ここでは、「疾病の原因」として「主因や誘因」についてふれているが、いってみれば、「用語」の説明が多く、「疾病による身体の変化」になるときわめて医学的で、将来医者になるものはいざしらず、そうでないかぎり興味がそがれ、覚えるには難解のようだ。

だから、疾病について私たちが定着させたいのは、伝染病の病原体―宿主―感染経路―症状―予防にいたる道すじを、消化器系、呼吸器系伝染病、成人病などのなかからいくつかの病気を教材にして認識させていくことではないだろうか。

インフルエンザといえば「こわい」病気からほどとおい認識しかなく、ほかの病気にくらべて軽視しがちである。しかし、伝染病のなかでも正体不明で罹病率の高い病気であることから、インフルエンザを適切な教材として扱う。インフルエンザのウィルスは薬では退治できないうえに、いろいろな型があるために予防体制がとりにくい。しかも伝染の速度が早く罹病率が高い。そしてインフルエンザと合併して呼吸器に関係のない病気が発生（中耳炎、腎臓炎）したり、かぜにかかったために抵抗力が弱って肺炎や結核などに進行したりする場合があることを学習させる。このほか結核も適当な教材だろう。消化器系としては赤痢があげられる。

この病気の学習と関連して、社会的認識として、予防・公衆衛生についての保健所のはたらきと現状を中心にふれ、さらに日本の医療制度にふれる。「三時間待って三分間診察」といわれるように、国民が安心して十分な医療を受けられる状態にないことを、病院・診療所数、ベッド数、病院の設備と機能、看護婦や医者など医療関係者の不足と労働強化などを明らかにさせつつ学習させる。とりわけこの現状の根底にある現行の医療保険制度や国公立病院に対する独立採算＝営利第一主義の強要にみられる政府の政策が、患者にとっては安心して、医者にはゆとりをもって患者に接する条件を満たしていないことを認識させる。

また、病気の予防や治療にくすりがどんな役割をもっているかにもふれる。本来くすりが病気から人間を守るために積極的な意義をもっているにもかかわらず、商品化され、商業ベースの誇大宣伝によって「保健薬」がたいした効用もないのに出まわっている実態を明らかにする。

③労働と健康　この領域では、全体として労働災害や職業病の原因を考える立場、考え方を明らかにする必要があろう。つまり、その原因が労働者の不注意にもとめられる精神

主義、どこにも手ぬかりがなく、たまたま起こったと考える偶然主義、産業の発展にともなって事故はおこるのが当然である、しかたないと考える技術主義など、非科学的な考えの本質をどう未来の労働者・勤労者である生徒たちに明らかにするかが、ここで学習する意義として考えられる必要があるだろう。

そして、労働者・農民、広く勤労市民が国民の大多数を占めており、それゆえここにおける健康状況が国民全体の健康問題を基本的に規定することを明確にしつつ、まず、労働のエネルギー消費と栄養や睡眠などの問題、労働環境条件（物理的・化学的）の好適度と恕限度の問題と疲労との関係。それが悪くすすんでいった場合の労働災害・職業病との関係など、労働における人間のからだのメカニズムと環境とのかかわりあいが明らかにされなければならない。

つぎに、労働災害や職業病、農夫（婦）病が、ますます広範囲にしかも多岐にわたってきている内容を数値的にも示しながら、それがどのように、賃金の低さ、労働時間の延長、労働の質的強化、それに反比例しての企業の保安対策、設備のサボタージュなど、「合理化」や「生産性の向上」とに関連しているかを具体的に把握させる必要があるだろう。

そして、社会科との関連で、労働者の当然の権利として労働三法や労働福祉にもふれる場合があるだろう。

学習の具体的な展開としては、以上の原則をふまえつつ生徒たちの最も身近かな労働、たとえば、炭坑地帯における炭坑労働者、農山漁村における労働とか、都市における都市交通労働者の健康と私たちの生命・健康とを結びつけて学習させることが、学習を生き生きとしたものにしていくだろう。なお、労働災害の歴史と労働運動による抵抗の歴史についても概括することが必要であろう。

まとめとして、最初に述べた労働の場における非科学的な考え方を否定し、災害や職業病がつねに起こるべくして起こってきていること、したがって、労働者・勤労者としての連帯した権利と要求の主張こそがみずからを守るうえで大切なことを深く認識させる必要がある。

④社会保障と国民（集団）の健康

生徒の多くが、社会保障とは生活保護のことであり、しかも「貧乏人救済」の制度としか認識していない。したがって社会保障は自分たちとは関係のないものという考え方が強い。これは日本における社会保障の発展の遅れと、「慈恵的」オブラートにつつまれて上からおしつけられてきた歴史性を反映し、しかも現実の社会保障があまりに不十分であることからきている認識であろう。

したがって、まず社会保障制度とは、国民年金などの社会保険制度、生活保護を含む公的扶助制度、児童福祉・身体障害者・老人福祉を内容にもつ社会福祉関係制度、結核や伝染病予防法・水道法などの予防・公衆衛生制度、そして医療制度と広範囲で国民生活全般にわたる重要な内容をもったものであることを明らかにし、正しい概念をもたせる必要がある。

つぎに、本来社会保障は、正常な生活が事故やその他のできごとによって阻害されようとしている時に対処しようとするもので、まず失業をなくし、賃金を正当に保障し、疾病から国民を守ることによって正常な生活を保障することが何よりも前提になる。そのうえ、貧困や事故によって正常な生活が阻害された場合、それは本来、社会的要因に起因してだれにも起こりうるものであり、個人の力では克服できないということが根底にあり、したがって国民がそこから脱するために、国に要求しうる法的・制度的権利を保障しているという、国民（集団）が「健康で文化的な生活」を追求するうえでの社会保障の意義と位置づけを学習させる。

そして、社会保障が明治以降、慈恵と家族制度の枠内から勤労者の相互扶助・共済制度→労働者保護立法、社会保険制度とすすみ、戦後、一応社会保障制度として確立するにいたった歴史、そのなかで勤労者がおかれた労働・生活状況を概括し、資本と為政者にとっては、一貫して慈恵と労働力対策と怒りをおさえるための政策であり、その反映としての一定の譲歩であること、したがって社会保障はたえず不安定な状態にさらされ、今日、国民は社会的貧困と病気、身障者・老人問題などで苦しい状況に追いこまれ、それにたいして、政府は社会保障の歴史を逆行させ相互扶助の水準に転落させようとしていること、それにたいする国民の側からの抗議と真の社会保障を要求する声として朝日訴訟があるなど、社会保障の歴史と現状、そこにおける国民の要求を学習させる。

おわりに

本書の保健教育編においては、まず、国民の健康が阻害されている現状を指摘し、それとたたかった国民大衆の教訓的な運動を例示して、私たちがめざすべき保健教育の役割の重さを確認した。

二の節では、『学習指導要領』と、それにそって行なわれる検定をへた教科書教材の問題点が指摘され、このような現状のもとで、真実の保健を教えるための方向が示唆された。

三の節では教育課程自主編成における教師固有の権利を確かめ、アメリカの民間において教育課程改造が自主的・意欲的にすすめられている動きを紹介し、保健教育課程改造に関する内外の試みの二例を概観した。

四の節では、小・中・高校の段階ごとに、これまでの自主編成の成果を集約し、あるいは今後の研究実践の手がかりとしての試論を提起した。

全篇を通読してみて、執筆者たちの力不足のため、私たちの側の成果を十分に集約できなかったのではないかということを恐れる。

日教組教研全国集会の機会に、保健教育だけに十分な時間をかけて実践を交流し、討論を深めることは望めないことであったが、今回、限られたスペースながら保健教育について、ある程度まとまった検討を加える機会が得られたことの意義は大きいと思う。

内容的には割愛せざるをえなかったことも多く、執筆者みずから意に満たないところも少なくない。はじめての試みであるということで読者の寛容を乞い、私たちの側の実践研究をもっと集積して内容を改善充実させていくことしたい。これからの前進のために、一つの踏み台となれば幸いである。

あとがき

現在の保健体育の状況、研究の現状や力量をになっているのがこの本です。だから、この本には、いろいろな問題が含まれています。さらに、企画から刊行までにかなりな時間が経過していますので、いまから見れば現在の問題状況や実践の前進にあっていないところもあります。

しかしながら、この本には、日教組教研に集約されている日本の教師のすぐれた実践・研究の成果と、民間教育研究団体などでねり上げられてきている教育理念とが集約されています。執筆者間の討論が必ずしも十分ではありませんでしたので、各章間のニュアンスのちがいもたしかにありますが、これらのちがいもつつみこんで、これを一九七〇年代初頭の成果にして見ていただきたいと思います。そして、これらを参考にして、国民の教育権をどう保障していくのかという実践・研究にとりくんでいただき、それらが、再び教研活動や民間教育運動のなかでたしかめられて、この本をのりこえる研究成果が一日も早くあらわれることを心から期待したいものです。

この本の執筆には、つぎの者があたりました。

荒木 豊　小倉 学　斎藤政治　中村敏雄　中森孜郎　正木健雄　向井康雄

また、このほか、竹巾玉一、城丸章夫が編集に加わりました。

この本についての意見などは、左記にお寄せいただけるとありがたいものです。

東京都千代田区一ツ橋二―六―二　教育会館内　日教組教文局『私たちの教育課程研究・保健体育』編集係

一九七三年一月

編集世話人一同

私たちの教育課程研究　保健体育　　¥ 780

1973年2月1日発行

編　者＝日本教職員組合
発行者＝福本司郎
発行所・株式会社　一ッ橋書房
東京都千代田区神田小川町2－5　加藤ビル
TEL（東京）293-8325～6／振替・東京 39768
印刷＝株式会社 真珠社・渋谷印刷
製本＝有限会社 三浦製本所

3075-730025-7154　

戦後体育実践資料集

第２巻　カリキュラムの開発

2017年３月25日　発行

編　者　岡　出　美　則

発行者　椛　沢　英　二

発行所　株式会社　クレス出版

東京都中央区日本橋小伝馬町 14－5－704

☎ 03－3808－1821　FAX 03－3808－1822

印刷・製本　株式会社　栄　光

乱丁・落丁本はお取り替えいたします。

ISBN978－4－87733－958－6　C3337　¥19000E

学習内容・指導計画と指導法に関わっては、体育理論の指導法と運動内容の指導法が分けて示されている。体育理論の指導法では講義法、問題解決法、討議法が紹介されている。運動内容の指導法では、運動技能を高めるような指導だけでは不十分であること、さらには運動技能を高める指導においても身体的条件、知的・情緒的・社会的条件を踏まえた指導が必要なることが明記されている。学習指導の形態に関しては、班別指導が一斉指導に近い形で行われることが多いことを理由に、班別学習とグループ学習が区別されている。ここでグループ学習は、集団の構成員相互の交渉（協力）を強調し、各集団が自主的に学習活動を展開するように指導する方法とされている。グループ学習はゲーム等の団体種目の指導のみならず、陸上等の個人種目やダンスにも適用可能であること、あくまで教師の運動技能についての深い経験。理解・技能、生徒の問題を発見する洞察力、集団の働きについての理解が必要になることも明記されている。さらに、グループに自分たちの計画を立てさせることや自己評価、他者評価の指導をすることも、その手続として紹介されている。

本書では、評価にも言及されている。そこでは、総括的な結果の評価のみではなく、形成的な評価の必要性が指摘されるとともに、学習成果の評価のみではなく、生徒の側の条件の評価を区別し、両者の結びつきを考えることや評価のための資料収集のための多様な方法も紹介されている。

（筑波大学）

会が開催されたことが紹介されている。そして、この件が科学に最も縁遠かった領域で、最も前進した研究の形態を取らざるをえなかったほど、国民の体育要求、それにこたえる関係者の研究要求が高められていたと指摘されている。

高等学校保健体育科　体育指導書　―指導計画と指導法―

文部省　教育図書　一九五八年　二一一頁

本書は、一九五六年高等学校学習指導要領保険体育編に記されなかった指導計画や指導法の基本的事項を記すとともに、体育理論や各運動領域の指導計画並びに展開例を多く示すことが意図されている。

指導計画は、年間計画、単元計画並びに毎時間の指導計画を含むものとされている。委員会の結成から始めるこれらの指導計画作成の手順もまた、示されている。この中で、運動の選択の基準として文化財としての系統や体系、生徒の発達や要求、将来の社会生活の三点が考慮されるべきことも指摘されている。その上で、教材の時間配当や年間計画が示されている。また、単元は、理論的内容を中心とした問題単元、体育的行事に関連した生活単元、運動技能を高める教材単元に分類されている。

指導法の基本的な問題として自発的な学習、個人差・男女差および人間関係などの問題について紹介されている。また、生徒を動機づけるためには、知的な理解に訴え、体育に対する理解を深め、体育の必要性を生活との関連において認識させる必要性が指摘されている。同様に、人間関係の問題は、民主的人間を育てるという体育の目標と関連して考えるだけではなく、学習効率を高める重要な条件であるとされている。

ラムとして必要になってくると指摘されている。そして、この趣旨に即した単元では、個々の児童の抱える諸課題の取捨選択が必要になる。そのためには、彼らが抱える諸課題を体育という観点から価値づけていくことが必要になる。ここで教師からの支援が加えられることになる。また、児童の工夫を促すような発問の活用や、児童の観察に基づく個人指導の例や肯定的なフィードバックを大勢の前で与えることも紹介されている。

私たちの教育課程研究 保健・体育

日本教職員組合　一ツ橋書房　一九七三年　二一九頁

本書は、日本教職員組合が発刊した「私たちの教育課程研究・各教科編」シリーズ一一冊の最後を飾っている。その本書は、第一部を「体育教育」、第二部を「保健教育」で構成されている。

その本書では、保健体育の教育課程の自主編成が、教師の仕事そのものであり、どんな教師でも、日常的に行わざるえないものとされている。その上で、国民の教育権に応えていくためには、自主的に多くのことを考え、試み、試していかねばならないとの思いが、自主編成という言葉に込められていると明言されている。また、他方で、自主編成の課題として㈠日々の実践活動を通して日本の子どもたちの事実や要求をとらえ直すこと、㈡人類と民族がつくりあげ発展させてきた文化の典型や科学の基礎を取り出すこと、㈢発達と学習と教授の科学の成果を取り入れつつ、さらに日々の教育活動の諸経験を総括して、教育課程を科学的で、系統性のあるものにしていくことが挙げられている。

加えて、一九七〇年には他領域に先駆け、体育・スポーツの分野で、国民を含めた全国的な総合研究集

解説

岡出美則

生活カリキュラムと児童体育

古屋三郎　教育文化出版社　一九四九年　二四六頁

古屋の考える生活カリキュラムは、「児童の生活それ自身を有意義且つ、社会人として役に立つ人間の教育を、運動を通して、衛生の実践を通して、行っていこうとするもの」であった。その古屋は、遊びのカリキュラムが作成されることで児童中心の生活教育が完全なものになるではなかと指摘している。

古屋は、体育を生活カリキュラム内に位置づける際には、運動を全く作り替える必要はなく、問題はその体育的価値の基準であるとしている。その上で、体育的価値を評価する基準として㈠身体の発育及び発達、㈡運動能力の発達、㈢社会的性格の育成、㈣リクリエーション、㈤美的な表現、をあげている。そして、これらの基準に即して選ばれた運動をカリキュラムに位置づける観点として㈠季節と㈡発育部位をあげている。また、生活カリキュラムでは体育と健康教育の重なり合う、衛生習慣の実践が位置づけられることになる。

生活カリキュラムを志向することで児童中心への移行がなされることになる。また、遊びに必要な基礎技能を習得させ、或いは遊びの方法、チームワークの取り方等を指導することが遊戯中心の体育カリキュ

高等学校保健体育科

体育指導書

— 指導計画と指導法 —

高等学校保健体育科

体育指導書

—指導計画と指導法—

文部省

まえがき

本書は，高等学校保健体育科体育の指導のための参考資料として作成したものである。

高等学校学習指導要領保健体育科編（昭和31年度改訂版）では，体育指導の基準となる目標や内容を示し，指導計画や指導法については，一般的な方針を示唆し，具体的な事がらには触れなかった。

そこで本書では，これらの目標や内容についての考え方を明らかにし，さらに指導計画や学習指導の方法などについての基本的な事項に触れるとともに，体育理論や各運動の指導計画および展開の例をなるべく多く示して，学習指導要領に示した内容が，実際の指導に具体化されるように考慮した。

また，本書の編集にあたっては，次の諸点に意を用いた。

1. 体育理論の指導に必要な参考資料を示すこと。
2. 高等学校の体育指導に必要と思われる運動種目を取り上げ，通常の学校で行いうる指導計画や展開の例を示すこと。
3. 各種運動種目の学習内容を具体的に示すこと。
4. 各運動種目の指導にあたって，特に必要と思われる事項を「指導の参考」として具体的に示すこと。
5. 付録として体育指導の参考となる通達などの関係資料を掲げること。

なお，本書の編集にあたっては，長い間，高等学校体育指導書作成委員会の審議を経た。この間における次の委員のかたがたの協力に対して謝意を表する。

池田光政　東京都立桜町高等学校教諭
内海千江　東京女子大学教授
小沢久夫　東京教育大学助教授
川口利夫　東京教育大学附属中学校教諭
佐藤省吾　東京都教育庁体育課主事
丹下保夫　東京教育大学助教授
野沢要助　東京都教育庁指導主事
羽川伍郎　東京都立江戸川高等学校教諭
松田岩男　東京教育大学助教授
松本千代栄　東京教育大学助教授
村上貞次　東京学芸大学助教授

また，文部省においては，

初等中等教育局中等教育課文部事務官　松 島 茂 善
初等中等教育局中等教育課文部事務官　梅 本 二 郎
初等中等教育局中等教育課文部事務官　山 川 岩 之 助
が主として本書の編集を担当した。

目　　次

付　　録

第1章　高等学校体育の目標と内容

I　高等学校体育の目標

体育の役割は，運動を中心として構成される諸経験が，個人の発達や社会の進歩に貢献できるように児童・生徒の能力を高めることである。また，運動を中心として構成される諸経験のうち，児童・生徒にとって望ましいと思われる経験を与え，それによって獲得される能力を向上させることが体育の一般目標であると考えられる。

したがって，高等学校の体育の目標は，このような体育の一般的な役割や目標に基いて，その範囲や方向を見定めるとともに，高等学校という学校の特性およびこの時期の生徒の発達や生活の特性などを考え合わせることによって具体的に導き出されるのである。

そこで，高等学校体育の目標をじゅうぶんに理解し，さらに具体的な学習のねらいまで見通すためには，高等学校の制度的な特性や生徒の発達・生活の特性などについてじゅうぶん知る必要があろう。

1. 高等学校の制度的特性

高等学校は小・中学校のように義務教育ではなく，選抜された者の教育であり，高等学校としての目的・目標がある。したがって，高等学校の体育は，これらの目的・目標の特質から規定されなければならない。

学校教育法第41条にあるように「高等学校は，中学校における教育の基礎の上に，心身の発達に応じて，高等普通教育および専門教育を施すことを目的」としており，また同法第42条では，

(1)　中学校における教育の成果をさらに発展拡充させて，国家および社会の有為な形成者として必要な資質を養うこと。

(2)　社会において果さなければならない使命の自覚に基き，個性に応じて将来の進路を決定させ，一般的な教養を高め，専門的な技能に習熟させること。

(3)　社会について，広く深い理解と健全な批判力を養い，個性の確立に努めること。

などを目的実現のための目標としている。

したがって，高等学校の体育は，中学校における体育の学習成果を発展拡充させるものであるとともに，一般教養として，生徒の現在ならびに将来の生活や社会の発展に貢献できるような個性の確立などに役だつものでなければならない。

2. 高等学校生徒の発達上の特性

高等学校の時期は体格や体力の発達が続いて，やがて成人の域に近づく段階にある。この時期の初めには，男子の身長は，まだ著しい増大を続けているが，年を追ってしだいに増加率が減少し，特に18歳以後になるとその増加はわずかになる。女子は15～16歳で身長の増加率はわずかに

なり，17〜18歳ではほとんど発達の頂点に達する。

体重の発達も，身長に比べて，男女とも約1年遅れて，身長とほぼ同じ経路をたどる。また，第2次性徴の出現もようやく終り，男女の体型がほぼできあがる。すなわち，高等学校の時期の終りまでに，女子の身体はほとんど完成し，男子の身体は，発達の終末期にはいるということができる。心臓・肺臓などの呼吸器・循環器などの発達はなお続いており，持久力も発達するが，女子ではその発達は著しくない。握力や背筋力などの筋力もほぼ同様である。

走・跳・投などの運動能力は，男子では20歳ごろまで発達するが，17歳以後は増加が少ない。女子は，この時期を通じてほとんど発達がみられない。そのために，男女の差はますます著しくなる。一般に，女子は男子に比べて筋力や持久力などが劣り，走・跳・投などの強い力を要する運動能力は劣っているが，あまり強い力を必要としない運動を長時間続ける能力や柔軟性・平衡性などは，女子がすぐれているといわれている。

高等学校の時期においては，身体や運動能力の発達が，ほぼ完成の域に達するので，いろいろな運動を行うことができるようになり，各種のスポーツが愛好され，それによって発達が促進される。また，運動調整の発達が著しく，高度の運動技能が完成される。

知的な面では，論理的・抽象的思考がますます発達し，物事を理論的に考えるようになる。同時に，自我意識が発達し，自分の考えを基準にして物事を判断するようになり，いままで認めていた権威を否定し，両親・教師その他の社会的慣習などに対して批判的になる。しかし，まだ現実の経験が浅いために，その判断や批判は独断的であり，考え方も観念的であることが多い。

一方において自我意識は高まるが，自分自身にもじゅうぶんに自信をもつことができないので，感情が動揺し，激しい情緒のために極端な行動に走ることもある。しかし，この時期の後半になると，情緒も安定に向かい，両親やその他の人々の立場を認め，漸次，現実に即して正しい判断を下すことができるようになる。

この時期には，対人関係にも特性が認められる。家族から独立し，その世話からのがれたいとの強い欲求をもつようになり，家族の人々や身辺の人々に対して批判的になるのであるが，その反面において，自己を理解されることを望み，対等の関係にあり，しかも自己を理解してくれる友人を求めるようになり，気の合った友人と集団をつくって行動をともにすることを好むようになる。

また，異性に対する関心が高まり，親しい友人として交際することができるようになる。これらの特性は，一般的なものであって，すべての生徒にあてはめることはできない。個々の生徒を理解するためには，個人の発達の遅速を明らかにし，環境的条件の影響などについても個人的に考察しなければならない。

3. 高等学校生徒の生活

前述のように，この時期の生徒の発達は身体的な面ばかりでなく，知的・心理的および社会的

などの面についても成長の頂点に近づきつつあって，発達の完成期に移りつつある。しかし，それはまだ全体が調和した安定さをもっているとはいえない。

身体的な発達の不安定，感情の不安定，性的不安定および経験の未熟さなどが原因で，この時期の生徒が現実の問題に当面した場合，絶望や自暴自棄に陥ったり，粗暴な行動に走ったり，反社会的行動などを行う場合が多い。また，このような状態にある生徒の現実の生活環境も，かれらの成長にとって，必ずしも望ましい環境になっているとはいえない。したがって，この時期の生徒の生活には，体育的な面からみても，多くの問題があると思われる。

すなわち，将来の生活のためには，進学や就職の問題があり，進学のためには，過度な受験勉強をしなければならず，この時期において経験しておかなければならない事がらもじゅうぶん経験できない状態にある。したがって，心身の正常な発達にも大きな影響を与えている。

また就職のためには，職業の選択と結びつく実用的教養や生活を豊かにする趣味的教養，家庭生活に関する家政的教養などは，学校外の生活において相当大きな負担となっている。

一方この時期の生徒にとって，いろいろな運動は，これに全心身を打ち込んで悔いないほどに魅力あるものである。しかし，このような運動に対する生徒の態度や生活環境は，必ずしも望ましい状態にあるとはいえない。

また，商業娯楽機関の発達は，この時期の生徒の教養に役だつ面もあるが，かえって，悪影響を及ぼしている面も相当に多い。したがって，これらのことについても教育的な立場から対策が考慮されなければならない。

次に女子の生活であるが，これまで学校卒業後の女子の生活は，家庭人としての生活を中心として考えられ，進学や就職については，男子ほどに深刻に考えなくてもよいように考えられていた。しかし，戦後は，女子の進学や職業生活への進出などが著しくなり，今日では，これらのことについても，男子と同様な重要性をもって考えられなければならない傾向になってきている。

以上のような問題は，もちろん，体育によってのみ解決されるものではなく，また体育のみの責任ではない。しかし，この時期にある生徒の望ましい発達や生活を阻害している条件をできるだけ阻止して，かれらの正常な発達を促し，生活を豊かにするように努力することは，高等学校における体育指導の大きな問題であろう。

4. 高等学校体育の目標

高等学校体育の目標は，前述のように体育の役割や一般目標に基き，高等学校の学校段階における特性や生徒の発達および生活の特性などを考慮して導き出されたものである。

すなわち，体育の役割や一般目標は，小学校学習指導要領体育育科編（昭和28年度改訂版）に示してある考え方に基き，目標の領域は，身体的・社会的・生活的の三つの側面から考えた。そして，これらの三側面の範囲や方向は，生徒の発達や生活の特性および学校段階の特性などを考慮し，具体的な能力や態度の形で，それぞれ5項目ずつ示した。

このようにして，学習指導要領では，身体的目標・社会的目標・レクリェーション的目標として高等学校の目標をまとめたわけである。

これらの目標の重点は，身体的目標では，運動の正しい理解と技能の上達によって，この時期の生徒の身体的発達の完成を助け，社会的目標では，生徒の運動に対する強い興味を生かし，いろいろな運動経験によって社会生活に必要な資質を育成し，レクリェーション的目標では，生活環境の相異や個人の能力に応じて，運動によって健全なレクリェーション活動が営めるような基礎能力を育成する，などにある。

Ⅱ　内　　容

1. 内容についての考え方

中学校高等学校学習指導要領保健体育科体育編（昭和26年度版）では，体育の目標とこの目標を達成するために適当と思われる教材を，理論と運動の二領域にわたってあげ，教材がそのまま内容というような形で示されている。

このような示し方は，たしかに一つの考え方であり，長所をもっているが，体育の目標としての社会的態度の発達やレクリェーション活動に必要な態度・能力の向上に対しては，運動との関係が必ずしも明らかにされていないという欠点をもっている。

また，理論的教材も目標との関係が具体的に明らかにされているとは，言いにくい点をもっている。

そこで，今回の学習指導要領では，目標をいっそう具体化し，運動学習によって直接獲得できない領域と運動を中心として獲得できると思われる領域を考え，これについての具体的な内容を検討し，理論と運動という二領域にまとめた。

すなわち，理論としては，身体的・社会的・レクリェーション的の各目標の全体と運動との関連を理解させるもの，および運動によって，これらの目標を達成するための方法的な基礎を理解させるものを系統的にまとめて内容とした。

また，運動に関係する内容としては，目標を具体化し，運動の学習場面で，これらの目標を達成するのに必要な態度・能力・技能などの具体的なねらいの形で示した。さらに，具体的な学習活動のねらいとなることを考慮した。

したがって，内容は目標をいっそう具体化したものであり，生徒にとっては，具体的な学習場面で学習すべき事がらであり，教師にとっては，指導すべき具体的な事がらであるといえる。

2. 目標と内容と運動との関係

目標はより具体的な内容を示す範囲であり，内容の包括される側面を示したものであるとも考えられる。したがって内容は，この目標によって規定されるし，目標のよりいっそう具体化した事がらが内容という関係になる。このことから，内容の展開としての学習活動の方向は，その内容や目標によって規定されるということになろう。

次に，目標や内容と運動との関係であるが，目標は，社会の要求や生徒の必要などから考えられるものであるから，これらの要求や必要を満たす運動が選択されなければならないことは当然である。したがって，運動は目標を達成するための材料であるといえる。

しかし，この材料をどのような方向に利用して目標を達成するかは内容として具体化されなければならない。内容は，目標を具体化した立場と諸運動の特質を見通した立場から具体化されるということになる。このように運動は，目標や内容に対して材料であるという関係であるが，一方生徒の発達や生活を豊かにしてゆくという目標の立場からは，単に手段として利用することだけでなく，文化財として伝承されてきた組織立てられた運動スポーツそのものを理解し，技能を獲得することが必要となってくる。このようなことから運動は，材料という手段だけでなく，内容としての一面をもつものである。

このことから，前述した学習活動が目標や内容によって規定されるということは一般論であって，材料からも規定されることもあるのである。

3. 内容の導き出し方

内容は生徒が個人の発達と社会の進歩のために身につけなければならない能力や態度である。それは生徒の学習活動によって身につけられるものであるから，内容を規定する大きな要素の一つは生徒の発達やこれまでの生活経験である。生徒の学習能力以上のものを内容として与えてもそれは無意味であり，またこれまでの発達段階においてすでに学習し経験してしまったことを学習させるのも無意味である。学習はこれまでの経験の上に行われるものであり，発達段階に即応したものでなければならない。すなわち発達段階に即応し，生徒の経験をもとにして学習場面を構成しうる範囲内で考えられなければならない。

内容は発達や生活の部面とともに，学習活動の場面との関連からも考えられなければならない。よい目標が掲げられ，発達に応じた内容が決められても，それが学習される場面に適合していない場合には実状に即した内容とはならないだろう。それゆえ内容はどのような学習場面が構成できるかは，学校の体育的機能によって条件づけられる。この学校の体育的機能に大きく影響を及ぼすものは教師の能力・指導組織・体育的施設用具などである。

現在の高等学校は全日制と定時制とがあり，これらには普通課程と各種の職業課程があることを考えなくてはならない。またその指導組織は教科担任制となっていることを前提として高等学校の構成しうる学習場面を考えて内容を決定しなければならない。

内容を決定するにあたって考なければならないもう一つの側面は運動の特質である。運動が学習指導に影響を及ぼし，内容にまで影響を及ぼす面のあることはさきに述べたごとくである。運動の特質によって目標や内容との関連程度が異なる面があるのであるから，手がかりとなる運動の範囲と目標および内容との関連の程度を検討し，これから内容を考えることが実際には必要となる。

体育の目標に応じて個人的種目・団体的種目・レクリエーション的種目に分類し，その運動の特質に応ずる内容を決めたのはこのためである。

このように内容は体育の一般目標，高等学校の体育目標から考えられ，他の一面からは生徒の発達および生活の必要から考えられ，さらに運動のもつ特性および学校の体育的機能から総合的に決定されるものである。

II 内容の領域

1. 内容の領域

このような内容にはどのような領域があり，これをどのような形式に整理して表現することがわかりよいだろうか。

高等学校の生徒は運動に対する興味も広くかつ深い。したがって運動についても相当に程度の高い組織化された運動を要求し，運動学習あるいは技能学習として組織立った内容を必要とするようになる。また生徒はこのような運動学習について組織立った内容を要求すると同時に，これらの運動生活や運動技能などに対する知的要求が強くなる。

このようなことを考えるとき，高等学校における体育は，クラブ活動・体育的行事・教科時の「体育」における運動を主とする体育学習や体育理論の学習など，いずれもその特徴を生かし，学校の組織に位置づけられて実践されている。このようなことを考えるとき高等学校の体育の内容は現状に即応して内容領域を示すのが便利であると考えられる。

このような立場から，学習指導要領では理論的内容と運動の内容に分類し，運動の内容をさらに運動の分類に応ずる内容，技能的内容の領域に分けてこれを示すという方法をとったのである。

2. 体育理論の内容

体育は運動を手がかりとして行われる教育であって，運動を通して行われる学習ということにその特質が認められるのである。しかし，体育の役割と目標の拡大は経験させなければならない内容を豊富にした。それらは運動を通しての学習ではじゅうぶん経験できない内容にまで及んできたのである。現代の運動の発達はめざましいものがあり，その水準は著しく高くなった。また現代社会におけるこれらの運動の発展普及も著しい。生徒の望ましい発達や生活のためには，これらの運動と身体の発達との関係や合理的な運動の学習法，これらの運動と社会生活との関係などについての内容を学習させることが必要である。このために，これらの内容を基礎的な知識的体系として組織したものが体育理論の内容である。

したがって体育理論の内容は生徒のこれまでの体育的経験および将来において必要と思われる体育的経験を基盤として，これに必要な知識を体育の目標から系統立てたものである。

(1) 身体的目標に応ずる体育理論

身体的目標に応ずる体育理論の内容が「発達と体育」であり，運動と心身の発達および健康の

維持増進との関係を理解させ，体育の重要性を考えさせることをねらいとしている。

運動と心身の発達の関係においては，身体面として，形態的側面・機能的側面，精神面として，特に社会心理的側面と情緒的側面からその関係を明かにし，これらの発達に対して運動がどのような役割をもっているかを理解させようとするものである。

また日常生活および職業生活がこれらの心身の発達に対してどのような影響を与えているか，特にその悪い影響面に対して運動によって防ぎうる面はどんなことがあるかを，成人しようとする生徒に理解させなければならない。そのおもなものは不良姿勢および固癖であり，その原因と予防，きょう正についての理解である。

次に日常生活および学校生活において，これらの運動が正しく位置づけられることの必要性を理解させようとすのが「高等学校における生活と体育」である。その中心は学校生活における運動の位置づけにあるが，その基本的な態度は学校外の生活にも応用されるべきものである。学校における運動生活の組織と機能やその活用および正しいあり方を理解させることが必要であり，そのおもなものをクラブ活動・対外競技・校内競技に置いている。

(2)　運動の合理的学習法の体育理論

運動を手がかりとして行われる体育は，運動の正しい実践によってのみその効果を期待することができる。

高等学校生徒のこれらの運動に対する興味は著しく強いものがあり，この期の必身発達段階の生徒が，誤った運動学習をするならばきわめて憂慮すべき結果を生むだろうと考えられるので，正しい運動の学習法について理解させようとするものが「運動の学習法」という内容である。そのおもな内容は自己に適した運動の選択の必要性およびその方法，運動技能の合理的な学習および運動に関する衛生，運動効果の評価の必要性およびその方法などである。

(3)　レクリエーション的目標に応ずる体育理論

体育のレクリエーション的目標に応ずる理論の内容は「生活と体育」である。生徒がこれまで行ってきた運動を社会生活と関係づけ，その位置づけによって体育の重要性を理解させようとするものである。

個人の発達と社会の発達のためにわれわれ人類がどのように体育やレクリエーションを考え，どのように努力してきたかを考え，現代の社会における体育やレクリエーションの問題の所在をはあくし，社会生活における体育やレクリエーションの重要性を理解させようとするものである。そのおもな内容としては，古代から近代までの生活と体育，現代社会の生活と体育，そのうち特に現代社会における青少年問題・レクリエーション問題・スポーツ問題などである。

3．運動の内容

運動を手がかりとして指導することによって達成されることを期待する内容を示したものが運動の内容であり，学習指導要領においては運動の内容はさらに運動の分類に応ずる内容と技能的

内容とに分けて示されている。

運動の分類に応ずる内容と技能的内容との関係をどのように考えたらよいだろうか。運動のもつ特性を活かして目標に結びつけるときの内容が，運動の分類に応ずる内容であるから，運動の分類に応ずる内容は技能的内容を前提としているものであり，これなくしては運動の分類に応ずる内容は達成できない。

このように運動の分類に応ずる内容と技能的内容とは一体的なものであって，本来別々のものではないし，別々にすべきものではない。しかしここでは，これらの運動の内容の中で高等学校での技能の範囲や程度を示す必要から，技能的内容を取り出して示したのである。それゆえ，技能的内容を学習させることによって運動の内容がもれなく達成できると考えるべきではない。

(1) 運動の分類に応ずる内容

運動を手がかりとして多種多様な学習指導によって体育の目標が達せられ，また運動のもつ特性が学習指導を制約し，内容にも影響を及ぼすものであることは前述のごとくである。それゆえ実際の運動の場において，目標達成へ向かって，学習指導がなされるときに，運動の特性に応じてどのようなことがらについて学習させる必要があるか，その内容を示したものがこの運動の分類に応ずる内容である。

すなわち実際に運動を中心として指導する場合に，どんなことがらに注意すれば，体育の目標に結びつくか，その指導場面の着眼点，指導のねらいがこの内容であり，これを学習のねらいの形で示したものである。

運動の特性と体育の目標との関係を明らかにするために，運動を体育の目標に関連する度合に応じて個人的種目・団体的種目・レクリエーション的種目に分類し，さらに三つの各運動種目群と体育の目標との関連を示すようにしたものである。

運動種目を個人・団体・レクリエーションの三種類に分類することは無理があるが，このような立場をとったのは，高等学校の時期の生徒の発達や卒業後の生活との関連を考えて指導計画を立て，また学習活動を展開する場合の便宜のためである。

これらの内容は運動自体のもつ内容というよりも運動を目標に結びつける場合の学習のねらいであるから，これらの内容が実際に学習されるかどうかは，学習場面の設定と学習指導法のくふうに待たなければならない面のきわめて大きいことを忘れてはならない。

(2) 技能的内容

高等学校の生徒は運動欲求が強く，相当高度の技能を系統的に学習することを欲求する。この技能学習と体育の目標，特に身体的目標と社会的目標とに応ずる内容の学習とは密接な関係にある。よってこれらの内容との関係における技能的内容の占める位置は非常に大きいといわなければならない。

体育の目標や運動の分類に応ずる内容の達成のためには，これに応ずる新しい学習指導法によらなければならないと思われる面が多いが，これらの学習指導法は民主的人間関係の指導には役だつが，技能指導にはあまり有効でないというように誤解されている点が見受けられる。それは技能の系統的指導をおろそかにするからであるというように考えられている。

新しい指導法が技能の系統性を無視するものでもないし，また無視しては学習効果を上げ得ないことは明らかであるが，このような事情からどのような指導法をとるにしても運動の特性とその技能の系統性を明確にはあくしておく必要があると考えられたので技能的内容を特別に示すことにしたのである。

このことは技能的内容が体育理論の内容や運動の分類に応ずる内容よりも重要であるとか，技能的内容を学習すれば必然的に運動の分類に応ずる内容が学習されるものである，というように解釈してはならないことを意味するものである。

技能的内容は，その内容を基本・応用・ゲームまたは試合という立場から導き出されている。基本は最も基礎的と思われる技能であり，応用はこれらの基礎的技能の上になりたつより総合的な技能を取り出したものであり，ゲームや試合はこれらの基本的技能，応用的技能を自由に駆使される活動場面の内容を示したものである。

基本・応用と試合またはゲームという分類は必ずしも明確に区別されうるものではない。

運動の種類によっては基本・応用・試合という形式をとらなかったものもある。たとえば個人的種目の徒手体操・巧技・陸上競技などはその例である。

第２章　指導計画の立案・展開の一般方針

Ⅰ　指導計画の作成方法

1.　指導計画の一般方針

指導計画は生徒が学習すべき内容の全体の計画である。それは年間計画・単元計画およびその毎時間の指導計画までを含むものである。すなわち内容を生徒にどのようにして学習させるかという学習場面の計画である。それは教師の指導と生徒の学習とが最も効果的に行われる学習と指導の行われる活動場面の計画なのである。

これらの活動は教師と生徒との相互作用から生ずるものであり，この相互の働き合いによって生徒は，はじめて有益な経験を積み内容を獲得し，教育的に成長発達するのである。

この学習と指導の活動は学習する生徒の地域社会の生活の特徴，生徒の興味や能力などによく即応した学習場面において最も効果的に行われる。

それだから指導計画はその地域の社会の生活，その中に生活する生徒の生活や発達を考え，それぞれの学校がこれらの特性に即して計画しなければならないものなのである。

指導計画を作成するにあたっては，一般に次のような事柄を考えなければならない。

(1)　内容の無用な重複を避け，有効で能率的な指導ができるようにする。

(2)　生徒は，その発達段階によって，その能力・関心・欲求などに相異がみられ，著しい個人差があるから，与えられる内容もそれらに応じて用意することが望ましい。すなわち発達段階や個人差・性別による相異などに応じた弾力性のある組織のしかたをすることが必要である。

(3)　学校の環境，校舎，運動場および学校内のふんいき，指導組織などの物的環境と精神的環境が，生徒の学習活動を推進させていく上に大きな影響を与える。したがってこれらの環境を学習の効果を高めるように整える。

(4)　指導計画を立て，それに基いて生徒の学習活動の指導をするものは個々の教師である。したがって教師の教育観・体育観・生徒の理解の深さ・教育や体育についての学識と指導経験・指導技術・計画力など教師のもつ資質は指導計画立案のための大きな要因となっている。

(5)　どんな指導計画を実施するにしても，地域の人々の積極的な助力なしには予期するような成果をあげることはむずかしい。したがってこれら地域の人々の体育に対する理解や関心を深く理解し，協力が得られるようにすることがたいせつである。

2.　年間計画の作成方法

年間計画は一年間の指導計画の見取図である。指導計画の見取図であるからといって，それは粗雑なものであってよいというのではない。年間計画においては年間計画として具備しなければならないいくつかの事がらがある。

すなわち一年間の努力点，または努力すべき具体的な目標や内容を明らかにすることが第1であり，第2には一年間に経験させなければならない内容を決定し，これを年間いくつかの単元としてまとめあげるという単元設定である。もう一つは単元計画に含まれる問題であるが，一年間に実施しようとする運動の選択である。

ではどのようにして年間計画を作成したらよいだろうか。年間計画の作成のしかたにはいろいろあるだろうが，そのおおよその手順を上げてみよう。

(1)　委員会の結成

学校全体にわたる体育の年間計画はひとりで処理できないような内容をもっている。また体育計画は学校の教育の全体計画の一部として考えなければならないから，それらとの関連において立案されなければならない。したがって年間計画作成にあたっては各個人が，かってに作成するよりは，委員会やこれに類似したものを作ったほうが望ましい。

委員会のメンバーは，学校の事情によって異なるであろうが，学校長や校医にも参加を求めるとともに，体育的行事・運動クラブなどの関連を考えて，この関係からのメンバーが加わることは望ましい。また保健との関係が密接であるから，保健担当の教師がメンバーに加わることも必要である。

この程度のメンバーを加えることはぜひ必要であるし，少なくともこれらの面とはじゅうぶんな連絡をとって仕事を進めていくことがたいせつである。このほかに，場合によっては指導主事の助力を仰ぐとか，専門家の援助を求めるとか，もし，できるならば地域の人々の中から体育に理解があり，資料をもっている人にも参加してもらうことも考えられよう。

(2)　前年度実施のカリキュラム検討

年間計画は毎年作らなければならないが，これまで全然作成していなかったり，根本的な改革の必要が生じた場合には，諸資料や経験をもとにしてまったく新たに作成しなければならないだろう。またそのような事情にない場合でも毎年新しく基本的なものから作り上げるという方法もある。さらにどんな年間計画でもこれまで實施してきたものがあれば，それを手がかりとして検討し，改善改訂していくという作成のしかたもある。むしろ年間計画の作成という仕事は前年度まで実施した指導計画の改善改訂であると考えてよい。

したがって年間計画の作成にあたっては，これまで実施してきた指導計画，特に前年度の指導計画の検討がたいせつであり，この検討がどのように行われるかは，年間計画の成否を決める重要なかぎとなる。

前年度の指導計画の検討にあたっては，どんな資料を手がかりとすればよいだろうか。指導者や指導された生徒の経験が重要な資料になることはもちろんであるが，そのほかに各種のできるだけ客観的な資料があることが望ましい。すなわち各種の調査・テスト・測定などの資料や教師の指導記録，生徒の各種の学習記録などが，有力な資料となる。これらの資料が地域社会に関す

るもの，学校の施設用具および指導組織などに関するもの，生徒の能力・興味・関心などに関するもの，運動に関するもの，学習指導に関するものなどに分類され，整理され，補充されているならばきわめて有効なものになる。またこれらの資料としては，当然これまでの各種の資料が活用されることが必要である。

(3)　どのような面を検討するか

前年度の指導計画の実施に大きな影響を及ぼしたと思われる部面を検討することになるが，それにはおおよそ次のような部面があると思われる。

学校外からの影響はどうであったか。そのおもなものは地域社会の生活や体育的行事などであり，これらが学校の体育指導にどのような影響を与えたかを知ることはたいせつである。またそのほかには各種のスポーツ団体の行事と学校体育との関係も見落してはならない。

学校内におけるものについては，学校の管理下にあるものであるから，これら内部の影響は，直接的・間接的に教師の支配下にあるといえよう。検討しなければならない部面としては，まず自由時における生徒の活動状況であり，運動クラブや学校の体育的行事なども欠くことのできない部面である。

直接体育教師の責任において計画し，最も計画的に指導したものは教科時の体育である。したがっていろいろな角度からの資料も計画的に集めることができるし，詳細に検討できるのもこの教科時の指導である。

しかしこれらの部面における活動の裏には体育の施設・用具，教師側の指導組織および指導能力などの問題があり，また生徒会活動や進学指導などの問題も検討する必要がある。

(4)　どのような角度から検討するか

問題を明確にするためには，その検討の角度をあらかじめ決めてかかることがたいせつである。それは体育の内容が予期したとおり達成されたかどうか，もしふじゅうぶんな点があったとすれば，その原因はどこにあったかの検討に集中されなければならない。そのためには次のようなことが考えられる。

ア．まず努力目標や内容が正しかったかどうか

すなわち指導の方向がまちがいなかったかどうかの検討がなされなければならない。それは体育に対する考え方，社会の見方，生徒の見方，学習についての考え方などが吟味され，これらに基いた現状分析とその努力すべき目標や内容について検討することになる。

イ．生徒の生活や発達に即応したものであったかどうか

努力目標や指導の方向が正しくても，それから出てきた指導計画が生徒の生活や発達に即応していなかったならば学習効果は上がらない。よって前年度の指導計画は生徒の経験や発達に照してみてどこに無理があったかを検討してみる必要が生ずる。

ウ．運動の選択が正しかったかどうか

運動の種目において無用な重複や片寄りが生じなかったかどうか，またそれらは個人差や性別に適応していたかどうか，季節に適応していたかどうか，各運動に対する時間配当は適当であったかどうかなどを調べてみることもたいせつである。

エ．指導技術が適切であったかどうか

学習効果を上げるためには適切な指導計画が必要であることはもちろんであるが，それはまた有効適切な指導法・指導技術にまつところがきわめて多い。このような意味から指導技術が適切であったかどうかを検討してみる必要があろう。

オ．諸準備がじゅうぶんであったかどうか

よい指導計画であり，適切な指導技術によって学習指導がなされるときは学習効果が上がることはじゅうぶん期待される。しかし指導のための諸準備が事前にじゅうぶんなされないときは机上プランに陥ったり，学習指導が粗漏になる傾向が生ずる。施設用具の準備が事前にじゅうぶん行われたか，また生徒の学習資料・記録資料等の準備が行われたかどうか，また教師間の話合いや生徒との事前の話合いがじゅうぶんであったかどうかの検討を忘れてはならないだろう。

カ．指導組織が適当であったかどうか

指導計画および学習指導の効果は各個人の教師の資質や能力によって決定される部面が大きい。しかし各個人の教師の能力を越えた学校全体の指導組織から決定される部面も大きいのである。特に学校全体に関係する体育的行事や，学級内だけにとどまらない活動に関係するものの学習指導の場合には，その学校の指導組織の適否が大きく影響する。適切な組織のもとに教師間の共通理解がなされ，仕事の分担が適当であったかどうか検討してみることもたいせつである。

その他まだ検討すべき角度はいくつかあろう。いずれにしてもよりいっそうの学習効果をあげるにはどうすればよいかという点から検討し，その改善点を明らかにするようにすることである。

(5)　方針・目標・内容の決定

前年度の指導計画の実施について必要な検討がなされたならば，本年度の指導方針・努力点・指導内容を決定する段階になる。

このためには国および地方の教育方針に基き，各学校の教育方針に従って体育の方針を決定することになる。またこれまで同じような状態にあった他の学校の実施例を参考書や資料によって研究し，専門家の意見を検討したあとに，自己の学校における体育方針や方策を決定することは，現状に即した効果的な目標や内容の決定に欠くことのできない仕事である。

しかし努力目標や本年度の内容の決定に先だって，管理的側面すなわち指導の行われる基盤となる生徒組織・指導組織・施設用具などの改善しうる限界を見きわめなければならない。この改善しうる限界の見通しの上に目標や内容が決定されるときそれらの目標や内容はその学校の現実に即したものになる。

(6)　年間の単元の決定

目標および内容が決定したならば，これらの内容を年間にいくつの単元にまとめるかという単元設定の問題に直面する。

ここで単元というものをどのように考えたらよいだろうか。

単元ということばもいろいろに解釈されており，その解釈も必ずしも一定していないし，明確でない点もあるが，一般に一定の順序があって，その順序に従って発展し終結する首尾一貫した内容あるいは学習経験の一つの単位を単元といっている。

したがってこれらの単元を貫く統一性，全体性というものがどんなものであるかによってその単元の性格が異なるわけである。

体育において，生活単元とか行事単元などといわれる単元は，生徒の経験の能動的な面を促進し，その継続性を保証する諸要素が単元を一貫して統一する原理と考えられている。このような単元においても，生徒の興味を中心とする場合と目的や問題を中心とする場合によってその性格を異にする。

また単元の中心問題が主として，精神的な作業を中心とする場合，すなわち知的活動を中心とする単元と，身体的作業を中心とする場合，すなわち運動を中心とする単元とでは，その性格を異にするであろう。

体育で従来教材単元といわれている多くの場合は，各運動のもつ系統的内容が単元を統一する原理と考えられている。したがってその中心的ねらいはその運動のもっている系統的な技能を理解し，獲得するということになってくる。

しかしながら運動を体育的行事と結びつけた単元（行事単元）でも，技能の系統性を無視するわけではないし，教材単元でも生徒の興味や経験を無視するものでないことは当然であるが，その意味づけや位置づけが異なるのである。

単元設定にあたっては，このような単元種類や性格や大きさを考えなければならない。まずどのような大きさ―ひろがりと期間―の単元が設定できるかどうかを調べてみる必要がある。すなわち教科時間内にのみとどまる単元しかできないかどうか。体育の教科時を中心とする単元でも，体育的行事と結びつきうるかどうか，それはどの程度の結びつきであるか，あるいは教科時のみでなく体育的行事をも積極的に改善することができるような単元が設定しうるかどうかの検討が必要である。

これらの単元はいつの時期において行われるのが望ましいか，単元として学習させる場合に最少限必要とする期間はどのぐらいあればよいかを調べなくてはならない。

次にこのようにして年間のだいたいの単元の見当がついたならば，単元の性格やおもな内容を決め，単元の配列を検討して年間の単元設定をすることになる。

まず学校全般あるいは一学級内の範囲を越えて，体育的行事などと関連し，生徒会組織と関連

して設定される単元の性格・内容・期間を決定する。このような単元を年間いくつか設定した結果，内容の不足，運動の片寄りなどを検討し，補充すべき内容，運動の片寄りの是正などを考えて，さらにいくつかの単元を設定しなければならない。このような立場から生れる単元の多くは，教科時間内で処理し，指導しうる運動を中心とした単元と体育理論の単元となる。

体育理論の単元をどのように年間に取り入れていくか，その方法はいくつか考えられる。天候その他で偶然的に体育理論を行うように設定しておくことも考えられるが，これはあまり有効な方法ではないように思われる。それは内容としては一時間単位のトピック的なものになりがちであり，生徒はこれらの内容に対してじゅんぶん動機づけがなされていないために，学習の心構えがじゅうぶんでなく，運動との関連や生活との関連などがよく理解されず，系統だった理解が困難になる傾向があるからである。

そこで，体育理論を独立した単元として，時期を固定して取り扱う方法が，系統的な理解を得させるためには，より有効であると考えられる。

また，体育理論を運動や生活との関連をはかるため，体育理論を独立させず，体育的行事に関連した単元や教材単元の導入やまとめの段階にその内容の一部として取り扱う方法も考えられる。

このようにして，体育的行事に関連した単元，運動を中心とする単元，体育理論を中心とする単元を適切に配列し，年間の単元設定を行うのである。

単元の性格や単元に含まれる内容は，前年度の体育指導計画や学校生活の現状分析から決定されるであろうし，したがってこの部面においては，学校の実状，教師の能力などによって創意くふうされた特色あるものが構成されることになろう。

運動の選択の基準

内容としての運動と手がかりとしての運動については，前述のごとくであるが，手がかりとしての運動をどのようにして選択したらよいか，その基準をどこに置いたらよいだろうか。

運動を選択する場合に基準と考えられるものがいくつか考えられるが，そのうち文化財としての系統や体系，生徒の発達や要求，将来の社会生活の必要という三つの側面を考えなければならないだろう。

体育における運動は文化財として考えたとき，その系統や体系において典型的・基本的なものであることが要求されるだろう。このことのためには運動をその特性に応じて分類し，それらの運動の分類や系統において片寄りのないことがまず考えられなければならないだろうし，すべての種目を学習させることはできないから，その代表的なもの典型的・基本的なものが選ばれなければならないだろう。

体育の運動としては，文化財という点からだけではじゅうぶんでない。それらの運動は生徒の発達や要求に適合し，じゅうぶん興味のもたれるものでなければならない。文化財としてみた場

合には基本的なものであっても，生徒の発達段階や必要に応じないものであるならば，それはふじゅうぶんである。

体育の手がかりとしての運動は，文化財としてみた場合には典型的であり，生徒の発達段階に応じただけでもふじゅうぶんである。それらは現在および将来の社会生活の必要からみた場合に，これに適合しているものであることが必要である。

このほかには気候・施設用具・経済的条件および教師の能力なども考えられる。

このような基本的条件を満たした運動は，体育的要求に適当したものという意味で，体育の目標に応ずる運動といわれるかもしれない。学習指導要領に示された目標の分類に応ずる運動種目群の比率やその望ましい指導時間数はこのような立場から考えて示されたものである。

さらに運動選択の際に考慮すべきことがらとしては一般的に次のようなことがいわれる。

(1)　呼吸，姿勢，筋群，身体機能（形態的，機能的）の発達に役だつような生理的原則に一致し，価値高いものであること。

(2)　望ましい理解・態度・習慣・技能などを発達させるのに適したものであること。

(3)　発達段階に即応していること。すなわち生徒たちの多くが満足な結果を得られるような能力・興味・経験の範囲内のものであること。

(4)　生徒の日常生活に役だつものであること。

(5)　生徒の将来の社会生活に役だつものであること。

(6)　季節・天候・地理的社会的条件に適したものであること。

(7)　経済的条件に応じたものであること。

(8)　施設・用具の現状から割り当てられた時間内に効果の多く得られるものであること。

(9)　管理上適当なものであること。

(10)　安全度の高いものであること。

このようにして検討された年間計画は一般に年間計画表として表わされる。年間計画の表わし方はいろいろある。各学校がそれぞれ実状に即した形式を用いて作成すればよいのであるが，その一例を示せば次のようである。

例 1. 年間計画例(男子)　　(1) 時　間　配　当

<table>
<tr><th>目標別分類</th><th>種目</th><th>1 年</th><th>2 年</th><th>3 年</th><th>計</th></tr>
<tr><td rowspan="4">個人的種目</td><td>徒手体操</td><td>9 時</td><td>——</td><td>3 時</td><td>12 時</td></tr>
<tr><td>巧技</td><td>12 時</td><td>9 時</td><td>6 時</td><td>27 時</td></tr>
<tr><td>陸上競技</td><td>12 時</td><td>10 時</td><td>5 時</td><td>27 時</td></tr>
<tr><td>格技</td><td>12 時</td><td>8 時</td><td>7 時</td><td>27 時</td></tr>
<tr><td rowspan="4">団体的種目</td><td>バレーボール</td><td>9 時</td><td>9 時</td><td>9 時</td><td>27 時</td></tr>
<tr><td>バスケットボール</td><td>9 時</td><td>9 時</td><td>9 時</td><td>27 時</td></tr>
<tr><td>サッカー</td><td>9 時</td><td>6 時</td><td>6 時</td><td>21 時</td></tr>
<tr><td>ラグビーまたはハンドボール</td><td>9 時</td><td>6 時</td><td>——</td><td>15 時</td></tr>
<tr><td rowspan="5">レクリエーション的種目</td><td>ソフトボールまたは軟式野球</td><td>6 時</td><td>6 時</td><td>——</td><td>12 時</td></tr>
<tr><td>テニス</td><td>——</td><td>——</td><td rowspan="3">17 時</td><td rowspan="3">17 時</td></tr>
<tr><td>卓球</td><td>——</td><td>——</td></tr>
<tr><td>バドミントン</td><td>——</td><td>——</td></tr>
<tr><td>水泳</td><td>9 時</td><td>——</td><td>——</td><td>9 時</td></tr>
<tr><td>理論</td><td>体育理論</td><td>9 時</td><td>7 時</td><td>8 時</td><td>24 時</td></tr>
<tr><td></td><td>合計</td><td>105 時</td><td>70 時</td><td>70 時</td><td>245 時</td></tr>
</table>

学年	学年の目標	区分		4月	5月	6月	7月
第1学年	個人的発達に重点をおき，運動を自主的に行うための基本的な知識や技能および社会的態度を身につけさせる．	指導内容	ねらい	1. 高校の体育生活になれさせる。 2. 理論・実技・体力測定などの関連により発達の意味をはあくさせる。		1. 運動を通してクラスのまとまりをよくする。 2. 参加する立場から校内競技との関連をはかる。	
			理論	高校期の生活と体育 発達と体育			
			運動	体育理論 徒手体操 巧技	陸上競技 バレーボール	レクリエーション	レクリエーション（水泳）
第2学年	社会的な発達に重点をおき個人対グループ，グループ対グループの関係を広め，協力を中核として社会的態度を育てるとともに身体的な機能の向上をはかる。	指導内容	ねらい	体力測定を自主的に運営させることによって体育行事の行い方を習得させる。		1. 協力のしかたを身につけさせる 2. 自主的な運営の立場から校内競技との関連をはかる。	
			理論			校内競技やクラブ活動における実施上の問題点と方策	
			運動	巧技 陸上競技	バレーボール	レクリエーション	体育理論
第3学年	生活化に重点をおき，個人差に応じた学習を通してじゅうぶん個性を伸長させる一方，運動やスポーツを生活の中に正しく位置づけさせるようにする。	指導内容	ねらい	1. 身体的自覚を高めさせる。 2. 身体的固癖の予防きょう正のしかたについて理解させる。		1. レクリエーション的種目の選び方行い方について理解させる。 2. 親和ならびに円滑な運びという角度から競技を実施させる。	
			理論	現代における体育スポーツの普及と発達			
			運動	体育理論 巧技	バレーボール	レクリエーション	
校内行事	教科時の学習の一環として校内大会の相談や代表の選出も行わせる．			身体検査	体力測定 バレーボール大会	レクリエーション大会	

間　計　画

	9 月	10 月	11 月	12月	1月	2 月	3月
	1. とくに個人的な発達を促進させ体力や技能の劣るものを伸長させる。 2. 運動会の練習や参加を通じて諸技能を伸ばすとともに協力の態度を養う。	1. 協力活動の必要性を理解させるとともに基礎的な運動能力をつくる。 2. 校内競技への参加のしかたを向上させる。			1. 筋力，持久力を強めるとともに寒気に負けない気力を養う。 2. 校内競技との関連をはかる。		
			運動の合理的な学習法 運動の特性と種目の選択 運動効果の評価				
	徒手体操 陸上競技	巧技 サッカー	バスケットボール	体育理論	陸上競技（長距離）	格技	ラグビーまたはハンドボール
	1. 体力の増強をはかるとともに集団的行動のしかたになれさせる。 2. 運動会の計画や運営のしかたを重点として学習させる。	1. 身体的な機能を高めるとともに組織的な能力を強める。 2. 校内競技の運営との関連をはかる。			1. 筋力持久力を強めるとともに身体の支配力を高め寒気に負けない気力をつくる。 2. 校内競技の運営との関連をはかる。		
	中世までの生活と体育				近代社会と体育スポーツ		
	体育理論 巧技	陸上競技	サッカー	バスケットボール	体育理論	ラグビーまたはハンドボール	格技
	1. 体力の充実をはかるとともに，よい指導者をつくる。 2. 集団的行動を自主的に身につけさせる。	1. 自他の長短を理解させる。 2. 組織内における自己の立場を自覚させる。			1. 余暇をつくり運動やスポーツに活用させる。 2. 将来のレクリエーション活動への取り入れ方について理解させる。		
					レクリエーション問題と体育やスポーツの生活化		
	レクリエーション 徒手体操	陸上競技	バスケットボール	サッカー	体育理論	格技	レクリエーション
	（水泳大会）	秋季大運動会	バスケットボール大会		長距離競技大会	格技大会	

例 2.

年 間 計 画 例 （女子）

	第1学年 単元名	第1学年 内容	第2学年 単元名	第2学年 内容	第3学年 単元名	第3学年 内容
一学期	高校生活と体育	○運動と身体的発達 ○生活設計と体育 ○クラブ活動と運動	美しい身体	○運動の類型と特性 徒手体操，巧技，基礎運動	美容と運動	○運動と身体的固癖の予防 きよう正 徒手体操，巧技，基礎運動
	バレーボール大会（全校）	○校内競技と対外競技 バレーボール	バレーボール大会	○運動技能の上達と合理的な練習法 バレーボール	バレーボール大会	バレーボール
	基礎的体力	○体力測定 体力測定 陸上競技	基礎的体力	○運動学習の衛生 体力測定 陸上競技	基礎的体力	体力測定 陸上競技
	ソフトボール（水泳）	ソフトボール（水泳）	シーズンスポーツ	ハイキング・キャンプ 水泳・登山	シーズンスポーツ	ハイキング・キャンプ 水泳・登山
二学期	運動会	マスゲーム 各種競技 ダンス	運動会	マスゲーム 各種競技 ダンス	運動会	マスゲーム 各種競技 ダンス
	ハンドボール	ハンドボール	生活とレクリエーション	レクリエーショナルスポーツ	家庭生活と運動	○レクリエーション運動の発展と体育 レクリエーショナルスポーツ・幼児の運動
	バスケットボール大会（学年）	バスケットボール	バスケットボール大会	○運動と社会的情緒的発達 バスケットボール	バスケットボール大会	バスケットボール
三学期	ダンス発表会	表現	ダンス発表会	表現	フォークダンス ダンスパーティ	フォークダンス
	学習のまとめ	○体育における自己評価 反省と2年の計画	学習のまとめ	○近代までの生活と体育 反省と3年の計画	学習のまとめ	○文化の発展と体育 ○体育スポーツの発展 将来の生活と体育
備考	○印は主とする理論内容					

（注） この例は，高等学校女子の特性を考慮し，次のような諸点を重点として展開されるように考えた。

(1) 集団生活の最終期として，集団活動の経験を充実させる。

(2) 美意識の発達に即し，その欲求を満たす。

(3) 理論内容と実技の結びつきを考え，現在のみならず，将来の体育的な生活設計に役だたせる。

Ⅱ　単元計画

1. 単元とその特徴

(1)　体育的行事に関連した単元の特徴

どのような単元構成においても，生徒に経験させるべき内容と生徒の興味や関心とをどのようにして一致させるかということが重要なことになってくる。

ことに行事に関連した単元においては，このことが重要となってくるのであって，内容と興味・関心の合致するような学習活動を展開する生活問題やテーマを，どうして設定するかが最も苦心するところである。

行事に関連した単元においては，生徒が自主的に体育的問題を解決していくような機会を用意することが必要であって，このような問題解決の機会が豊富に与えられることによって，相互の協力によって創造的に問題を解決していく積極的態度が育成される。

これらはお互の協力によって，各個人およびその集団の生活がより豊かになることを中心とする学習場面にその特徴がみられる。体育におけるこのような学習場面は，各種校内競技会・運動会・ダンス発表会・レクリエーション会・臨海生活・キャンプなどに見いだすことができるであろう。

これらの学習活動場面は，実際の学校生活，学年あるいは学級の生活を，より豊かなものにするというねらいをもったものであり，このような学習活動を通じて，体育の主要な内容を経験させようとするものである。

(2)　教材単元とその特徴

運動の内容は運動を手がかりとするが，上記のような単元によっても経験され，獲得される。しかしながら手がかりとなる運動の上達に応じて獲得される内容も豊富になると考えられる部面が多い。それゆえ，運動の上達だけを中心として学習させようとする単元も考えられる。

このような単元は，各運動のもっている系統的な技能の獲得，およびその運動の理解ということが，中心的なねらいとなるだろうし，したがって技能内容の学習というような点に特徴がみられる。

体育におけるこのような単元は，主として教科時内で処理し指導されるバスケットボール，サッカー，ハンドボール，ソフトボール，陸上競技，巧技，創作ダンス，フォークダンスなどといわれる主として単一の運動種目の学習において見いだす場合が多い。

(3)　体育理論の単元とその特徴

高等学校においては，知的発達という発達上の特徴と，現在および将来の生活という生活上の必要から，運動と生活との関係，運動の特質，運動の練習法などの内容について，系統的な知識を与えることが考えられなければならない。

このような系統的知識を，生徒の興味と合致した単元をいかにして構成するかが，重要なこと

がらとなってくる。この種の単元は，生徒のこれまでの経験をもとにして，興味や関心を高めることによって，系統的な知識を能率的に学習されることをねらいとする。したがってこれらの単元の特徴は精神的な作業による系統的な知識学習にみられる。

たとえば年間計画例2の容姿と運動，家族生活と運動，社会とスポーツ，レクリエションと体育，運動の練習などという単元は，多くはこの種の単元の特徴を備えている。これらの単元は教科書やその他の資料を活用したり，作成したりして展開されるところにも特徴がみられ，このような理論的内容を中心とする単元も，できるだけ生徒の経験や興味・関心を中心として問題解決学習の方法をとることがのぞましい。

この理論的内容を中心とする単元は，直接に生活を豊かにすることをねらいとしたものではないが，これらの学習が生活を豊かにする学習や技能を高める学習の精神的ささえを与える役目をなすものであるし，また行事に関連した単元や教材単元の動機づけとなったりする役目を果すものになろう。

高等学校の段階では，どれか一つの性格の単元によってじゅうぶんに，内容が学習されるということは困難であって，これらいろいろの性格の単元が学校の実状に応じて，適切に組み合わされてはじめてよい効果を上げるものと考えられる。

2. 内容と単元との関係

内容は理論的内容，運動の分類に応ずる内容および技能的内容に分かれているが，単元構成においては，これらの内容を以上述べたような性格のいろいろな単元に構成しなければならない。

そこで単元構成にあたって，これらの内容と単元の性格およびその単元の内容との関係を考えてみよう。

(1)　体育理論の内容と単元

理論的内容は，体育的行事に関連した単元と運動技能を中心とする単元の内容として，構成されることも可能であるが，それには限界がある。理論的内容は理論内容を中心として問題単元，あるいは理論の単元として，構成されるほうがのぞましい部面が多いだろう。

その場合，学習指導要領が示している項目や，分節に従って単元を構成しなければならないとか，各項目あるいは分節が単元であると考えなくてもよいだろう。もちろんそのように単元を構成することも可能ではあろうが，それがよい単元であるかどうかは別問題である。

これらの内容は学校の実状に応じて適切に組み合わせ，生徒の経験や興味に合致するようにいくつかの単元に構成されることが望ましい。

運動の学習法に関する内容の中には，運動の技能を高めることを中心とする単元の内容に含ませたり，関連づけたりすることもできるであろう。

また体育的行事に関連した単元の内容として含ませたり，関連づけて学習させるほうが望ましいと思われる理論的内容も多い。

(2)　運動の内容と単元

運動の内容は，運動の分類に応ずる内容と技能的内容とを合わせて一体として考えるべきものであり，主として運動を通して達成される内容である。したがって，これらの内容を達成する単元は主として体育的行事に関連した単元や教材単元と深い関連をもつようになる。

運動の分類に応ずる内容は，その内容の性質からして各種の学習場面の設定によらなければ達成できないものである。それらは主として生活を豊かにする単元や体育的行事に関連した単元との結びつきが強くなるであろう。

運動の分類に応ずる内容のうちでも，レクリエーション的目標に関する内容や，社会的目標に関する内容の学習は，特に各種の体育的行事に関連した単元の学習場面の設定に期待する部面が多い。

身体的目標に関する内容は，理論的内容を中心とする単元や，運動技能を中心とする単元によって達成される部面が多いと考えられるが，これとても実践によって達成しようとする場合には，体育的行事に関連した単元に多くを期待しなければならない。

この運動の分類に応ずる内容を中心として単元を構成する場合，各目標ごとに単元を構成するということも可能であろうが，学校の実状に応じて，学校生活を中心として解決すべき体育的問題を単元の中核に据えて，その解決過程で，これらの内容が獲得されるように構成するほうがより望ましいと考えられる。

技能的内容は運動の分類に応ずる内容に包まれるべきものと考えられるのであるから，体育的行事に関連した単元によって達成されることは当然である。また運動技能を高めることをねらいとする教材単元は技能的内容と深い関連をもつが，この教材単元もそのままの形ではないが体育的行事に関連した単元の中に含まれることも可能である。よい体育的行事に関連した単元においてはその中にこのような教材単元的性格のものを包み，よく位置づけているものである。

教材単元は技能的内容を中心として構成されることはもちろんであるが，さらに技能的内容のほかにこれに関する理論的内容を，単元の内容としてもつことは，よりよい単元の構成となるだろう。

教材単元は，基本技能を中心として，あるいは応用技能を中心として，それぞれ単元を構成することも考えられるが，むしろ試合・ゲーム・コンクール・発表会というような活動を中心として基本および応用技能が有機的に含まれるように単元構成することが望ましいと考えられる。

巧技や陸上競技などは，その中にいくつもの種類の種目を含んでおり，その一つ一つの種目を中心として単元を構成することも可能であるが，「巧技」「陸上競技」として数種目を含ませ，試合やコンクールなどを中心活動として単元を構成することが，より生徒の欲求に合致する単元となる場合が考えられる。

運動技能の上達を中心とする単元も，学習場面の構成いかんによっては，体育的行事に関連し

た単元と同じような性格をもたせることも可能であり，実際にはいずれの性格の単元であるか区別のつかない単元が多くある。

内容と単元との関係を図示すれば次のようになるだろう。

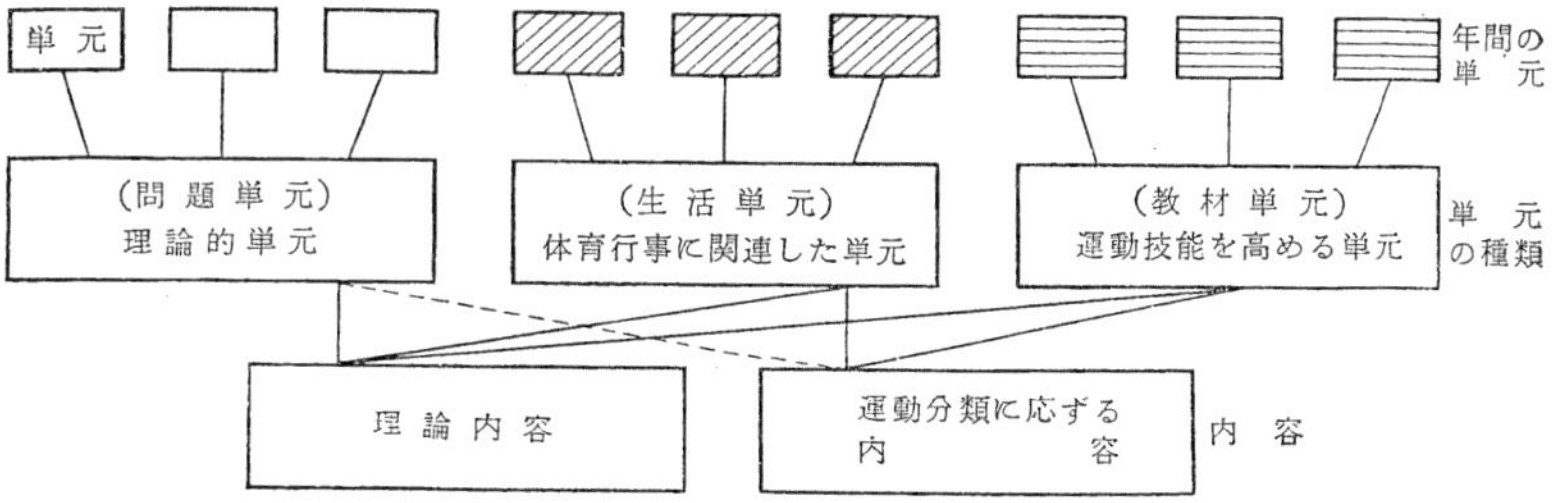

3. 単元作成の基準と形式

よい単元としては次のようなことが考慮されていなければならない。

(1) 教師によって一方的に課せられる課題の学習ではなくて，生徒の必要・関心・目的・問題などに基いた意味ある問題解決学習でなければならない。

(2) 教師が指導計画の原案をもちながら，生徒との協力によって具体的計画が立てられるような弾力性をもった学習でなければならない。

(3) 単元の目標を達成するためには，単に教師の話を聞いたり，模範を見たり，練習をくり返すだけでなく，必要な資料を集めたり，それをもとにして討議したり，まとめたり，批評しあったり，その結果を表現したりするような多彩な学習活動が行われるのが望ましい。

このようなことをじゅうぶん考慮して単元を作成するためには，どのようなことに注意しなければならないだろうか。その基準となるものをあげてみれば次のようである。

(1) 単元は，いろいろな生徒の経験の断片的な寄せ集めではなくて，それ自体として動的な構造をもっていること。すなわち全体性・統一性をもったものであること。

(2) 学習の展開につれて，体育的な生活でもっとも根本的であり，かつ重要な諸部面に生徒を広く入り込ませ，これとじゅうぶん接触させるものであること。このため，学習の時間がじゅうぶん与えられ，生徒の能力に適した学習経験が用意されることがたいせつである。

(3) 単元の目標が明確にとらえられていること。すなわち単元の学習によって，どのような望ましい知識・理解・技能・態度・習慣・鑑賞などが生徒の身につけられるべきかをはっきりと考えられること。

(4) 生徒が自主的に目的を立て，計画し，実施し，その結果を評価するというような一連の活動を常に促進するものであること。

(5) 生徒が学習活動の諸場面で，建設的に協力していくことによってみずから問題を解決していくことができるように，民主的なふんいきがじゅうぶんつくられること。

(6)　技能や知識をいっそう明らかにし，かつ深めていくために，試合や各種の表現活動などの創造的活動の機会が多く用意されていること。

(7)　個人差を考慮して多彩な学習活動が用意されていること。

作られた単元は次のような事がらが明らかにされていることが必要であろう。

(1)　単 元 名

単元名はその単元の中心問題や全体性・統一性・あるいは活動の目標などが明らかに示されるようなものがよい。

(2)　単元設定の根拠

単元が作られた その社会的背景，生徒の 発達や 生活との関係，学校の 実状などを明らかにし，全体の年間計画における単元の位置を明らかにする。

(3)　単元の目標および内容

単元のねらい，および単元において学習すべき内容について明らかにする。

(4)　単元の指導期間

(5)　単元展開の順序（指導過程）

導入から展開を経て，整理までの指導過程を明らかにする。

(6)　単元の評価方法

単元の評価する部面とその方法・時期などを示す。

(7)　単元展開のための資料

単元の学習活動に必要ないろいろな資料を示して明らかにしておく。資料を示すことができない場合には，資料の所在だけでも示しておくと便利である。

単元をどのような形式にまとめあげておくのがよいか，これまでもいろいろな形式が考えられてきた。単元の指導過程の部面だけについて一例として示せば，次のようなものがある。

時間配当	学習内容	学習活動	指導上の留意点	用具	評価の観点

特に教科時以外にわたるような行事と関連した単元においては，その関連が明らかになるようにくふうする必要がある。次はその一例である。

週	学習内容	学習段階（学習活動の流れ）	指導の場			
			教科時	ホームルーム	生徒会委員会	自由時

週	学校行事	教科時の指導		教科時外の活動	指導のねらい
		行事と関連する活動	その他		

第3章　学　習　指　導　法

I　学習指導の方法

体育の目標や学習内容が明確にされ，指導計画が立てられると，それを生徒の学習活動として展開しなければならない。

学習指導とは，学習内容を，生徒に適確にしかも能率的に学習させるために，環境や学習の条件を整え，活動の計画，展開，結果の整理に必要な指導・助言を与えることである。

生徒が望ましい経験を重ね，有効な活動を行うためには，適切な指導が必要であることはいうまでもない。

学習指導要領では，体育の目標や学習内容が示されているが，指導法は，指導上の留意点が示されているにすぎないので，学習指導法についてやや詳しく述べることとする。

1. 学習指導の基本問題

身体や運動技能の発達を促進することは，体育の主要な目標であるが，同時に，体育は，身体活動を通して，社会的態度の育成をはかり，運動を生活の中に活用することができるようになることをねらいとしているので，これらの目標の達成のためにも努力し，その指導法をくふうしなければならない。

すなわち，体育の指導は，各種の運動技能を，いかに教えるかということだけでなく，それとともに，それらの運動をいかに経験させるかということを考えて行われなければならない。

従来の，いわゆる教授法は，一定の学ばれるべき内容を規定し，それを有効に教授するための方法であったが，今日の体育の指導は，生徒の学習活動を適切に指導して，そこで行われる経験を学習目標に有効に結びつけるようにする学習指導でなければならない。このようないみでの学習指導法をくふうするにあたっては，いろいろな問題が考慮されなければならないが，基本的な問題であると考えられる自発的な学習，個人差・男女差および人間関係などの問題について述べることとする。

(1)　自発的な学習

学習指導において最もたいせつなことは，学習者が自発的に学習するように指導することである。

生徒に学びたいという欲求があり，環境に学ぶべきものがあって，はじめて学習は成立する。学習は，生徒の積極的，能動的な活動によらなければ，その効果を期待することができない。

自発的な学習を促進するためには，生徒の発達や経験，個人差に基いた指導が必要であり，生徒が学ぶべき事がらをどのように理解しているか，学習に興味をもっているか，学習に必要な能力をもっているか，などということを常に考えて指導しなければならない。

生徒の要求や興味に基いて指導するということは，時に誤解されて，興味のあることだけ指導すればよいとか，生徒の思うままに行わせておけばよいなどと考えられがちである。しかし，それでは指導にならない。

生徒の要求とは，生徒の必要性を意味し，生徒が何を必要としているか，どんなことが学習されなければならないか，などという発達や経験などを背景とする必要性を意味するものである。

また，興味は学習を動機づけたり，方向づけるものであって，重要なものであるが，興味は体育の学習内容すべてにわたってもたれているものではない。ある運動に現在興味をもっていても，他の必要な運動には興味をもっていないかもしれない。現在の興味を通して，その要求を知り，それを指導の手がかりにすることはできるが，現在興味のある運動のみを学習すれば体育の目標が達成されるというものではない。

一般に，運動への興味は，成功・失敗感，満足・不満足感に強く支配される。あることに成功すれば満足感が伴い，そのことに興味がもたれやすい。そして，体育の場は，具体的な，客観的な場であり，多くの人々の面前で行われるので，その活動の成功・失敗がただちに判定され，それによって，自己の集団における位置が明確に自覚される場でもある。そのために，自分ができたり，じょうずな運動には積極的な興味を示すが，その逆の場合にはきらいになることが多い。このような場合には，運動技能を高めることが運動に興味をもたせることになる。

自発的な学習を促進するためには，次のようなことが必要である。

ア．目標や学習内容を明確に理解させる

目標をもった行動は強く動機づけられた行動であり，その目標の達成のためにあらゆる機能が動員されるものである。目標や学習内容を明確に理解することによって，何を，どのように学習したらよいかがわかり，自分の行動に対して，見通しをもつことができる。この見通しによって，目的と手段との関係がはあくされ，さらに，自己の能力を考えあわせることによって，学習が活発になる。

イ．能力に応じた目標をもたせる

成功・失敗感は主観的なものであり，客観的には同じ成果であっても，ある人は成功と感じ，ある人は失敗と感ずる。

成功の喜びは士気を鼓舞し，積極的な意欲を起させ，いつも失敗していると，意気阻喪して，その後の意欲を減退させることが多い。しかし，安易な成功は慢心に導き，一度の失敗で中断するような状態になることもあるし，時には，失敗がよい刺激になって学習意欲を高めることもある。

成功や失敗が人にどのような影響力をもつかは，性格・学級のふんい気・教師との関係などいろいろな条件によって異なるので一義的に考えることはできないが，各人の能力に応じた目標を立てさせ，一歩一歩次の目標を高めるように指導することがたいせつである。

ウ．結果を知らせる

結果を知ることによって目標が具体的になるので，学習した結果や進歩の程度を知らせることが必要である。

エ．発表の機会を与える

人は自己の能力を発表したいという欲求をもっているし，発表の機会をもつことによって，知識が確実になり，理解が深まる。また，発表への期待が学習の動機にもなる。

オ．競争的，協同的な場を与える

競争によって学習を動機づけ，能率を高めることができるし，協同によって，自発的な学習を促進することができる。

体育には競争的な場が多く，動機づけとしてもよく用いられる。しかし，競争に常に敗れている者は意欲を減退し，全力を尽そうとしなくなる傾向があるし，相手に勝つことだけを目ざす態度は，社会的態度としても望ましいものではない。一方において協同が必要である。

共通の目標を達成するためには協力によって効果をあげることができるし，その目標の実現のために，すぐれた者が劣った者を指導したり，指導されることによって，学習意欲を高めることができる。また，そのような経験を通して，協力的な態度を育成することができる。

カ．賞賛・叱《しっ》責・賞・罰などの外的動機づけを用いる

競争も同様であるが，外的な動機づけによって自発的な学習を促進することができる。しかし，このような方法は，活動そのものよりも，賞賛されること，賞をもらうこと，競争に勝つことなどに興味をもって，学習活動そのものに興味をもたなくなるおそれがあるので注意しなければならない。すなわち，動機づけの手段が目的と混同される可能性がある。

また，それらの動機づけとしての効果は，人によっても，その場面のもつ社会的意味によっても違うものである。同じようにほめられたり，しかられたりしても，どんな場面で，だれにそうされるかによって効果が異なる。教師は，生徒の特徴を知り，自己を知り，その人間関係を考慮するとともに，その事態をよく見抜いて洞察して適切に用いなければならない。

キ．学習環境を整備する

運動場や体育館がよく整備され，その他の施設や用具が整っていると，自然に学習意欲を喚起することができる。

自発的な学習を推進していくためには，このような各種の方法が用いられるが，体育の学習指導では，一時的にその活動に興味をもたせ，活動を活発にすることだけで満足してはならない。運動を日常化したり，望ましい社会的態度を育成するためには，自発的に学習するように指導して，そこで望ましい経験をもたせ，さらにそれによって次の活動が動機づけられるように指導することが望ましい。

そのためには，知的な理解に訴え，体育に対する理解を深めて，体育の必要性を生活との関連

において認識させることが必要である。そして，自分の行動をみずから導くことができるように指導することがたいせつである。

(2) 学習指導と個人差

教育は，生徒の能力を，それぞれの個人に応じてじゅうぶんに伸ばし，同時にかれらが社会の維持と発展に貢献しうるようになるためになされるものであるから，どのような学習指導にも個人差を無視することはできない。

高等学校期の発達上の特性は，さきにあげられているが，それは一般的傾向であって，そのまま個人にあてはめることはできない。各個人は十人十色であり，それぞれ特徴をもっている。

個人差を考える場合に，体育の目標との関連を考えて，次のような角度からそれをとらえるのも一つの方法であろう。

ア．健康状態（呼吸・循環器などの内臓諸器官および感覚器官などの状態）

イ．身長・体重などによる体格および体型

ウ．運動能力と運動技能（個人のもつ運動の可能性と現在の運動能力や運動技能）

エ．知的機能（理解・判断・どう察力など）

オ．性格

カ．興味・欲求・経験

キ．社会的態度

これらは，体育の目標につながるものであると同時に，体育の学習に影響する条件でもある。

いうまでもなく，健康度を高め，体格をよくし，運動技能を高めることは，体育の目標であるが，それぞれについての個人の特徴は，運動技能を高めるということに対して，促進的か妨害的かの条件として働いている。たとえば，健康状態の悪い者は運動技能の上達に対しては不利であり，身長の低いことが，ある運動技能の上達のためには不利である場合もある。

それぞれの個人をじゅうぶんに伸ばすためには，このような個人差をはっきりとはあくして適切に指導しなければならないし，また，生徒には，自己の能力や特性を理解させ，それに基いて学習するように指導しなければならない。

(3) 学習指導と男女差

身体の形態，運動能力だけでなく，体質的にも男女には相違があるが，特に，中学校から高等学校期にかけて，性的成熟に伴って男女の差異がはっきりしてくる。また，各種の調査の結果などからみても，運動に対する興味も違っている。

男女の差異は，生理学的，解剖学的な差異に基くものだけでなく，それぞれの社会における位置や役割の相違，または社会的慣習などから起ったものもある。運動能力の相違なども，体格や体質的な相違によることはいうまでもないが，女子が社会的に運動を制限されることが多く，そのために男女の差がいっそう大きくなっているということも見のがすことはできない。

しかしながら，各種の男女の差異は，優劣という観点から見るのでなく，人間としては平等であるという立場に立ち，男女それぞれ独自の価値をもつものであるという立場から見ていかなければならない。

すなわち，不必要な社会的影響による差異は，できるだけそれを除くようにするとともに，それぞれの特性や役割を考え，その特性を育てるように指導することが必要である。

このような配慮は，指導計画や学習内容について考慮される問題であるが，指導するときもじゅうぶんに考慮すべきである。

男女の差異が，社会的な慣習の影響によるものだと考えられた場合にも，ただちに男女を同じように扱っても指導の効果をあげることはできない。たとえば，自己の学校の女子が，活発な運動に対する意欲が少ないとか，自己の能力が多くの人々の前で，個人的に明確にされることをきらうという傾向がある場合，その現実に基いて指導法をくふうし，そのような状態から抜け出すように指導することが必要である。

すなわち，現在持っている女子の特性に基いて，それの改められるべきものは改めるように，さらに伸長すべきものは伸長するように指導する。

また，高等学校の時期には，美的情操が高まり，美に対する関心が高まってくる。自然や事物に対して美を発見し，それをいろいろな形で表現したいとの欲求をもったり，鑑賞したりするようになる。同時に美しい身体に強い関心をもつようになる。

このような事実を動機づけとして体育の学習を指導するのもよいであろうし，将来の生活と関連させて，家庭の体育についての指導も必要になるであろう。

なお，男女が相互に理解し合い，いっしょに楽しく運動する機会をもたせることも考えなければならない。

(4)　学習指導と人間関係

教育は個人の能力を最大限に伸長させる営みであるが，人は社会的存在であって，各種の集団に所属し，それぞれの集団で一定の地位と役割をもって生活しているものである。したがって，個性の充実は，人間関係ないしは社会生活を通して行われる。自主的な学習活動が尊重されるのも，学習能率の面からだけでなく，社会における自己の位置を見いだし，社会に対して何をなすべきかを自主的に決定し，遂行することができるようになること，すなわち，社会に適応した人間を育成するということを同時に満たそうとするからである。

体育における社会的態度の育成や運動の生活化の目標は，生活と学習活動との距離をできるだけ縮めることと，集団的な社会生活を経験させることによって達成されると考えられる。

体育は多くの集団的活動の場をもち，その活動は，複雑な人間の相互作用を基盤として行われることが多い。体育で人間関係の問題が注目されるようになったのは，このような場が民主的社会における望ましい人間関係の育成の場であり，その可能性をもった場であることが自覚された

からである。

ところで，人間関係の問題は，望ましい民主的人間を育てるという，体育の目標と関連して考えるだけでなく，一般に，学習能率を高めるためにも重要な条件であることも見のがしてはならない。

学習の場における人間関係，特に，指導者と学習者との関係，じょうずな者とへたな者との関係，男女の関係，リーダーと成員との関係および，それらによって作られる社会的ふんい気は，学習に大きな影響を及ぼすものである。

民主的な人間関係を育てるだけでなく，運動技能を高めるためにも，人間関係を調整し，改善して，よい人間関係を作ることが必要であり，それによって，より効果をあげることができる。

2. 学習内容・指導計画と指導法

体育の学習内容は，体育理論と運動の内容に分けられ，さらに，運動の内容は，運動の分類に応ずる内容と技能的内容とに分けられている。

(1)　体育理論の指導法

体育理論は体育に関する基本的な知識を，高等学校期の体育の目標と発達に応じて系統的にまとめたものである。

「発達と体育」に関する内容は，身体的発達，社会的態度の発達などの目標と，特に関係が深く，「生活と体育」に関する内容は，運動によって生活を豊かにするというレクリエーションとしての目標と密接に結びついている。「運動の学習法」は，運動の内容を学習するにあたって，その基礎となる問題，または，目標と運動を結びつける基礎的な問題を含んでいる。

このように，体育理論の内容は，一応の系統性をもっているが，運動の内容とも密接な関連をもったものである。

したがって，指導にあたっては，運動内容の指導との関連を失わないように，むしろ，知的理解を媒介にして，運動の学習が，いっそう活発に，正しくなされるように指導することが望ましい。そのためには，雨天の時などに，まとまりなく指導するのでなく，学年や学期の初めとか終り，または，それぞれの運動（単元）の学習と関連して，まとめて指導することが必要である。

指導法は，知的理解を中心とした多くの他の教科と共通したもので，講義法・問題解決法・討議法などの各種の方法を用いることができるが，さらにこれらに視聴覚的方法を併用して，学習効果をあげることを考えるとよい。

これらの方法について簡単に触れておく。

ア．講義法

教師の知識を生徒に伝達し，生徒はそれを理解することによって自己の知識を拡充するという教授の最も典型的な方法として，一般に用いられている方法である。

この方法は生徒が受動的になり，知識の詰め込みになって，分析・総合・批判・原理の適

用・概括・どう察などの問題解決的な能力を高めるためにはふじゅうぶんであり，その知識も具体的，実際的でないというような欠点をもっているが，興味や動機づけを起させたり，問題領域について適切な見通しをもたせたりする長所があり，他の方法と併用するなど，やり方によっては効果をおさめることができる。

講義法を用いるにあたっては，次のような点に注意することが必要である。

（ア） 講義の要領を明確に立てる。

（イ） 問題を投げかけて講義を始めるなど，特に動機づけに力を入れ，生徒に期待的態度をもたせる。

（ウ） 教科書や参考書を読ませたり，討議をはさんだり，視聴覚的方法（図表・スライド・映画など）を用いるなど，他の方法を併用する。

（エ） ノートをとらせる。

イ. 問題解決法

問題解決法は，生徒に問題を設定させ，それを個人またはグループの協力によって解決させる方法である。各種の指導法の中に含ませることができるが，一つの単元をこの方法によって展開させることもできる。

問題解決は次のような過程を経て行われる。

（ア） 問題の設定

（イ） 問題解決のための手順の計画，グループの場合には分担を決める。

（ウ） 必要な資料の収集（経験の想起，観察，調査，読書，グループ間の情報の交換など。）

（エ） 解決案の確立（収集された資料の中で目的に合い，解決に役だつものを選択し，統一して一応の解決案を立てる。）

（オ） 解決案の検討（解決法として妥当であるかどうかを検討する。目的に一致しているかを調べたり，他の場合にあてはめたり，他の立場から批判したりして確かなものにする。）

（カ） 問題の解決

問題解決の過程には各種の学習の形態が用いられ，その一連の過程を経験させることによって知識だけでなく，思考することを学習させようとするものである。教師はこれらの過程を展開させるために，適切な指導・助言を与えなければならない。

なお，問題解決における問題は，「課題」として教師が与えることもあるが，自分で解決しなければならないという意欲をもたせ，問題意識を強くもたせることが必要である。

ウ. 討議法

討議法は前述の問題解決法の中に含められ，その一つの方法とも考えられるが，生徒に自発的な学習活動を営ませ，その討議を通して民主的な社会的態度を育成する方法として最近盛んに行われているので，特に取り出しておく。その過程は，さきの問題解決法とほぼ同じであ

り，設定された問題について，生徒がみずから集めた資料を，言語によって相互に提供し，不明のところを質問したり，意見を述べたりして徹底的に検討しながら，各人がじゅうぶんに理解し合い，問題解決の方法についての示唆や指示が提供され，解決の方向が漸次明らかにされる。そして最後に，いずれをとるべきかの賛否が問われて解決が決定する。

討議の過程が活発に展開するためには，グループは小人数であることが必要であり，全員が参加するように指導することがたいせつである。また生徒に司会をうまくやらせるとか，他人の発言を虚心に聞いたり，自分の意見をはっきりと発表するなどの討議の技術を身につけさせたり，グループのふんい気を民主的にし，望ましい社会的態度を育成するように指導しなければならない。

さきにも触れたように，これらの指導法は，各教科共通の方法であり，体育理論の指導にも，これらの各種の方法を併用して学習効果をあげることができる。

(2)　運動内容の指導法

ア．運動の分類と指導法

学習指導要領の運動の分類は，運動の性質の分析に基き，さらに体育の三つの目標との関連の度合によってなされている。

しかし，ここで用いられている分類には，いろいろの問題があることは学習指導要領の中に触れているとおりである。

個人的種目と団体的種目を区別することは，参加人数を基準した従来の運動分類に準じて考えられるので，比較的問題は少ないが，これと並列的に，しかも目標との関連の度合によってレクリエーション的種目をあげたことは問題であろう。

体育で扱う各種の運動やスポーツは，人間の生活活動からみれば，仕事に対する活動であり，余暇に行われる活動であると考えられるから，すべてがレクリエーション的種目であるとも考えられる。また，目標と関連する度合によって分類するにしても，運動の性質の分析だけではふじゅうぶんである。ある運動の体育の目標と関連する度合は，運動の性質とともに，その指導のしかたによっても影響されるものであるからである。

けれども，運動はどのように分類しても，なんらかの矛盾や重複を免れない。このような分類は，体育の三つの目標が達成されるように，運動の性質に応じて指導法をくふうする必要があることを示唆するものである。

しかしながら，目標と運動と指導法を，

身体的目標――個人的種目――教師中心のいっせい指導

社会的目標――団体的種目――生徒中心のグループ学習

というように機械的に結びつけてはならない。このことは，運動の目標への関連の度合いが指導法によって著しく影響されるものであることによっても明らかである。

そのために，「運動の分類に応ずる内容」では，個人的種目・団体的種目・レクリエーション的種目ごとに，それぞれ身体的目標・社会的目標・レクリエーション的目標に関連した学習内容が示されているのである。このような学習内容を学習させるためには，指導法をくふうすることが必要である。

イ．運動の分類に応ずる内容と技能的内容との関連

運動の内容は「運動の分類に応ずる内容」と「技能的内容」の二つに分けられているが，両者は密接な関係があり，「技能的内容」の学習によって，それぞれの技能を高めるとともに，「運動の分類に応ずる内容」の学習がなされるように指導しなければならない。

従来，体育の指導は運動技能を高めることにだけ重点が置かれる傾向があったが，運動技能を高めるような指導だけではふじゅうぶんである。

また，運動技能を高めるような指導をすれば，当然，「運動の分類に応ずる内容」が学習されると考えることはできない。運動技能は身体的な要因だけによって構成されているものでなく，(ア)他の人と協力するという社会的な要因，(イ)激しい緊張をおさえるというような情緒的要因，(ウ)ゲームの進行のどう察，相手や味方の動きに応ずるための適切な判断などの知的要因が密接に関連している。このことは，各種のボールゲームの技能，たとえば，パスやドリブル，あるいは，フォーメーションなどをとりあげてみると明らかであり，巧技や水泳に恐怖心が大きな影響をもつことなどを考えても理解することができる。

したがって，運動技能の向上そのものをねらいとする指導でも，身体的条件だけでなく，知的・情緒的・社会的条件を考えて指導することが必要である。

「運動の分類に応ずる内容」は，「技能的内容」の学習と体育の目標とを結びつけるために設けられたものであるから，そのような立場で指導法をくふうしなければならない。

ウ．運動内容の指導

以上の観点から運動内容の指導にあたって考慮しなければならない点をあげれば，次のとおりである。

(ア)　目標や学習内容をはっきりとはあくさせ，学習する事がらの見通しをもたせ，強い学習意欲をもたせる。

(イ)　生徒に自己の特性をよく理解させて，自己の目標をもたせ，個人差に応じて指導する。

(ウ)　目標や内容に応じて適切に組分けをして，集団的な場を学習の場として活用し，自発的な学習を促進するとともに，協力的な態度を育成するようにする。

(エ)　運動技能の練習にあたっては，次の点に特に注意する。

a．準備運動や整理運動を正しく行い，運動衛生に気をつける。

b．到達すべき動作や練習過程をはっきり理解させる。

c．正しい動作と，正しくない動作を識別させる。

d．正しい動作のもつ特徴に注意させる。

e．全習法と分習法の特徴を理解して適宜用いる。

全習法とは一つの運動技能をまとまったものとして，初めから全体として，練習する方法であり，分習法は全体をいくつかの主要な部分に分けて練習する方法である。しかし，運動技能の場合に，何が全体であり，何が部分であるかを厳密に区別することはむずかしい。たとえば，バスケットボールにおいて，ゲームの練習が全習であり，ドリブルシュートの練習が分習であると一義的に決めてしまうことはできない。ドリブルシュートの練習も，ドリブルとシュートを分けて練習する場合についてみると，一つの全習であるとも考えられる。

このように，何が全習で，何が分習かは，相対的に決められる面があるが，いずれにしても，全体的な練習から部分的な練習にはいるほうが効果的であることが多い。すなわち，全習の中で，それを構成している主要な部分的な技能の必要性や重要性を自覚させて，その技能について分習させるのが効果的である。

しかし，どうしても全体として練習することが困難な場合には，分習法を用いることが必要な場合もある。

一般的にいえば，練習過程で，全習→分習→全習とくり返し練習することがいっそう効果的である。

f．動作の全体としての調和に注意する。ある部分だけを特に強調すると，かえって技能としての安定性を失うことがある。

(オ)　競技会の計画運営，審判の機会を与える。

(カ)　問題解決的な学習の機会をとらえて指導する。技能の上達についてもまた，人間関係の問題にしても，それぞれの問題点を発見し，それを解決するような態度で学習するように指導する。

(キ)　生徒の興味や経験を生かして指導する。体育で扱う運動は学校の授業だけでなく，その他のいろいろな機会に学習しているものが多く，それと関連して興味をもっている運動もある。生徒の興味や経験を生かして指導することは，運動技能の上達にも有効である。

(ク)　自己評価・相互評価の能力を高め，それを活用して指導する。自己評価や相互評価は学習内容を具体的に意識させ，次の学習目標を与えるとともに，自己を客観化し，集団における位置を自覚させ，自己自身を育てる態度を育成するのに役だつ。また運動技能などは自分ではよくわからない点が明らかにされることも多く，その向上にも役だつ。

(3)　指導計画と指導法

学習指導は常に計画的でなければならない。指導計画は学習を計画的に展開するためのものであるから，指導法を予想して立てられるものである。

指導計画はまた，単に教師のためのものであってはならない。生徒がその計画を理解して，自

分たちの学習計画として，今後の見通しをもつ手がかりになるものであり，学習を活発にし，有効にするために生かされることが必要である。ことに，自主的に学習を進めるようにさせるためには，教師の指導計画を，生徒が自分たちの学習計画として理解し，それに基いて学習を展開するようにしなければならない。

年間計画や単元計画は，教師によって立てられるが，生徒の意見や希望を聞いたりして，少しでも生徒に参加させるような方法をとると，生徒は自分たちの計画として親しみをもち，学習内容を理解し，学習の場や学習のしかたを知り，学習態度をつくることができ，学習指導が容易になる。しかし，これらが生徒の思いつきや一時的な興味によって左右されてよいものではなく，生徒に参加させるといっても限界があることはいうまでもない。

指導計画は長期にわたる学習の計画であり，いろいろな条件を考慮して立てられるものであるから，原則として，それに従って学習指導が展開される。しかし，長期にわたるものであるために，その細部には，学習の結果からみて適当でないものもあるであろう。そのような場合には，指導の結果に照して修正しなければならないこともある。計画は，学習活動のためのものであるから，学習の結果が反映し，それによってある程度修正されるのは当然である。

3. 学習指導の形態と指導法

学習指導の形態は，教材の取扱方や単元の展開に用いられる方法として，講義法・問答法・討議法・問題解決法・構案法（プロジェクトメソッド）などに分けられ，また，学習者をどのように組織するかによって，いっせい指導・個別指導・グループ学習などに分けられる。

ここでは後者の分類によって学習指導の形態と指導法に触れておく。

学習指導の能率を高めるためには，学習集団の編成を適切に行わなければならない。ことに体育は，生徒の活動する場所が地域的に広く，身体活動の基礎になる身体的条件や興味・経験などの個人差が著しいので，多人数を対象にした指導には多くの困難が伴う。生徒の個性を最大限に伸長し，しかも社会的な目標やレクリエーション的目標を達成しようとするならば，学習集団をどのようなものにするかは重要な問題である。

学習集団の問題は，指導の便宜上の問題にとどまらず，学習の場の問題として，直接に指導法につながる問題であるから，学習指導にはたいせつな問題である。

体育では，いっせい指導・個別指導・班別指導の三つに分類され，班別指導とグループ学習は同じものと考えられていることが多い。けれども，班別指導は，実際にはいっせい指導に近い形で行われていることが多く，今日問題にされているグループ学習とは異なっていると思われるので，ここでは班別指導とグループ学習とを区別して扱うことにした。

(1)　いっせい指導

いっせい指導は学級全体を学習集団として行われる指導である。一般的にいえば，指導上の取扱の便宜のために，学級の平均的な生徒を対象として指導が行われ，教師の労力と時間の節約の

ために，または，いわゆる団体的な訓練を行うために行われてきた方法である。

いっせい指導は，学級全員に共通なはじめての課題や，共通な基礎的な課題を学習する場合，あるいは今後の学習の見通しをもたせるために教師が説明したりする場合には，便利な方法である。また，他律的ではあるが，全員に監督が行きとどき，秩序の維持が容易であるから，共通な動作を行わせるためには必要な方法である。

しかしながら，いっせい指導は，個人差を無視し，学習の成立に必要な学習者の学習意欲・興味・経験などを考慮した指導を行うことが困難であり，いわゆる学習にならないで教授に終ることが多い。したがって，いっせい指導によっては，社会的態度・グループ意識・自己評価の能力など，自主性の育成や社会的目標の達成が困難であると考えられる。

(2) 個別指導

個人を対象として行われる指導が個人指導である。生徒ひとりひとりを生かし，個人差に応じて指導するためには，個別指導が必要であるが，ひとりの教師が多人数を指導しなければならない今日の学校では，ひとりひとりの要求や興味に応じ，生活経験に応じて行こうような個別指導は不可能であるといってよい。

けれども，いかなる指導も，究極的には個人の可能性を最大限に伸ばすことをねらいとするものであるから，いっせい指導でも，あるいは次に述べるグループ学習でも，個別指導は，その中において当然行われなければならない。

したがって，文字どおりに，ひとりひとりを分離して指導することはできないが，常に個人指導の機会を作り，生徒が当面している問題を，その生徒の個人的条件を考慮して指示することがたいせつである。

運動技能の学習でも，人間関係上の問題でも，問題を発見したり，その解決法を見いだすことができない生徒がいたり，身体的欠陥・虚弱など，個人的な特殊な問題をもった生徒がいる。それらの生徒に対して，個人的に適切な助言や指導を行うことが必要である。

(3) 班別指導とグループ学習の指導

班別指導は，学級を等質または異質のいくつかの班に分けて指導する方法である。班の分け方には，いろいろな方法が用いられるが，多くの場合指導の便宜のために，すなわち施設・用具またはゲームがチームで行われるために，その必要から分けられていることが多く，各班は一時的，便宜的なものであることが多い。またこの場合には，生徒が学習の見通しをもつことが少なく，教師の計画に従って指導が行われ，生徒が受動的であることが多い。グループ学習の指導は，この班別指導を発展させたものであり，班を単なる一時的・便宜的なものにしないで，その成員を緊密な相互依存の関係をもった集団として組織化するように指導しようとするものである。

すなわち，グループ学習は，学級をさらにいくつかの小集団に分け，それを学習集団として進

める指導形態であり，集団の成員相互の交渉（協力）を強調し，各集団が自主的に学習活動を展開するように指導する方法である。

グループ学習は，集団を学習の場として活用し，個人を集団内の個人として指導し，学習の能率化をはかるとともに，個性を伸ばし，民主的な態度を育成しようとするものである。

学習に影響を与える環境条件には，物的環境としての施設や用具があるが，学習の場としての集団も重要なものである。個人は，その所属する集団の構造や，指導者と学習者によって作られる集団のふんい気などによって影響される。そこで，成員相互の働き合いを活発にし，集団を組織化して，個人に社会的経験を豊富にもたせながら，学習の能率をあげようとするのである。

すなわち，(ア)協力的な人間関係を育て，その協力的な場で個人の技能を高め，(イ)自主的な場にして，運動の日常化をはかることをねらっているものである。また，このような方法は，同時にいくつかの運動の学習を可能にするので，(ウ)乏しい施設や用具を活用して能率をあげることを可能にする。

学級を小さな集団に分ける点では班別指導を共通したものをもっているが，グループ学習では，特に次のような点を強調する。

ア．グループ学習における各集団は，一定期間継続し，成員は役割を分担し，計画や実施について相当程度の自主性が許されている。

イ．グループ学習では，個人差による学習の遅速を認め，学習者の相互学習を強調する。

ウ．グループ学習では，個人の問題をできるだけ集団の学習の中で解決しようとする。

班別指導がはじめにのべたようなやり方で行われているならば，形はグループ学習に近いけれども機能的には，いっせい指導と同じ類型に属するものと考えてよいであろう。班別指導はむしろグループ学習の方向に発展させるようなくふうをすることがたいせつであると考えられる。

グループ学習は綿密な計画的な指導のもとに行われるものであり，決して教師の放任を認めるものではない。教師は運動技能についての深い経験・理解・技能をもち，生徒の問題を発見する洞察力と，集団の動きについての理解をもつことが必要である。

なお，グループ学習はボールゲームのような団体的種目の指導に適用されるばかりでなく，巧技・陸上競技などの個人的種目にも，ダンスにおけるグループ表現などにも用いることができる。

生徒の自主性を認めるので，学習内容についてあらかじめ知識や経験をもつものほど適用が容易である。

具体的な展開の方法は第5章に示されているので，ここでは一般的な展開の手順とそれに伴う指導の要点をあげておく。

ア．年間計画・単元計画は教師が作成するが，その計画を生徒の計画とするために，生徒に説明し，学習の全体的な見通しをもたせ，学習内容を理解させる。

イ．新しい学習活動にはいる場合にも，学級の指導計画について説明したり，他の資料によって学習内容をはあくさせる。その活動を実際に行わせることも有効である。

ウ．学習のねらいや学習活動の性質に応じて学級をいくつかの小グループに分ける。一般的には，各グループ間の差異が少なく，グループ内では異質的になる異質的グループがよいようであるが，等質的なグループでもよい。

なお，グループの人数は施設・用具・活動の種類によって規定されるが，原則として，所属したグループで，成員がなんらかの意味でそのグループで役割をもち，グループに貢献しているという意識をもつことができ，相互の働き合いが活発に行われる程度であることが必要である。

エ．各グループに，自分たちのグループの計画を立てさせる。教師はグループの計画について適切な指導をしなければならない。計画そのものは簡単でよいが，この過程を通して，学習内容を具体的に明確にはあくさせることが必要である。

オ．グループのリーダー・記録係・準備係などの役割を，話合いによって決めさせる。

リーダーはグループをまとめたり，活動の進行を助けたり，メンバー相互の協力を活発にさせるなど，学習活動を展開する役割を果すものであって，教師の代りをするものではない。教師は，グループが自主的に活発に学習活動を展開し，民主的なふんい気をもったグループとして成長するように指導する。

カ．ア～オは一つの単元を指導する場合に，準備の段階として行われることがらである。次の段階はグループごとに運動の練習を中心にして学習を展開する段階である。この段階では，各グループが効果的に，しかも協力的に，全習・分習などの方法を適宜に用いながら学習するように指導する。教師はできるだけ個人について知るとともに，グループ全体の状態を理解して，適切な指導を加えていかなければならない。そのためには各種の記録をとらせて，それを手がかりにすることが必要であり，それが次の学習に生かされているかどうかなどにも注意を払わなければならない。

キ．自己評価・相互評価の指導をする。

一時間の学習後の話合いによる反省はともすれば形式的になり，意味のないものになりやすい。自己評価や相互評価は，グループ学習においては非常にたいせつであるから，積極的に指導することが望ましい。

運動技能や人間関係の面で問題があった場合には，単に問題点として終るのでなく，次にどうしたらよいかを考えさせ，次の学習の具体的なねらいにするようにしなければならない。また，運動技能の問題にとどまらず，活動を通して触れ合う人間関係や友人としてのあり方，グループ内における個人としてのあり方を理解し，人間関係を調整したり，対人的な望ましい態度を身につけさせるように指導しなければならない。

このことは，自己評価や相互評価の場だけでなく，運動技能の練習の場においても必要であり，リーダーと成員，成員相互，じょうずな者とへた者，グループとグループの関係や交渉などで，協力的な関係が作られるように指導することがたいせつである。

ク．個別指導はできるだけグループの中で，グループ活動との関連において行う。もちろん，個別指導を否定するものでなく，直接に個人を対象として指導しなければならないこともあるが，その問題をグループの問題として解決させるように指導することも必要である。

ケ．最後の段階はいわゆるまとめの段階であり，ゲームやテストなどによって，グループや個人の学習成果を確かめ，話合いによって問題点を明らかにし，具体的な解決法を考えさせて報告させ，次の学習に役だてるようにする。ゲームやテストの準備や運営（審判・記録）なども生徒が自主的にやれるように指導し，教師はゲームやテストにおける活動だけでなく，話合いのしかた，話合いでの項目，まとめ方などについても指導する必要があるであろう。

以上，グループ学習の展開の手順をやや詳しく述べてきたが，これによってわかるように，グループ学習は，各種の指導法の長所をできるだけ取って学習を能率的に展開させようとする方法であり，この形態だけですべての指導が行われるべきであるというものでもない。それぞれの指導形態をじゅうぶんに理解して，目標や学習内容に応じ，運動種目や施設・用具に応じてできるだけ効果をあげるように指導することが必要である。

Ⅱ 学習指導上の留意点

一般的な学習指導上の留意点は，それぞれの項目の中で触れたので，ここでは触れることのできなかった事がらについて述べておく。

1．教科時の指導は，学校全体の体育的生活と密接に結びついたものであるから，各種の体育的行事・クラブ活動などともじゅうぶんな関連をもたすことが必要であるし，それらが正しく行われるように指導することも必要である。

2．高等学校期の心身の発達上の特性ならびに生活の特性に基いて指導し，過労にならないように注意するとともに，運動に興味をもたせるように指導しなければならない。

3．運動技能を高め，社会的な態度を育成するとともに，運動を生活の中にとりいれて，体育的な生活が送れるように指導する。そのためには個人の生活にとっても運動がいかに重要なものであるかを理解させることが必要であるし，勉学と運動との調和を失わないように指導することも大切である。

4．体育の学習の場で劣等感をもたせたり，精神的不安を与えないように努める。また，高等学校期には，進学・就職などの問題があり，日常生活の面で，精神的な緊張をもつことが多いので，それらを体育の場において解消させるなど，精神衛生的な考慮を払うことも必要である。

5．身体虚弱者やし体不自由者などは，その程度を考慮し，医師の協力のもとに特別な取扱をしなければならない。

6. 疾病その他により，一時的に激しい運動を制限することが必要である者には，活動の範囲や程度・内容などを制限したり，学習活動に伴う採点係・時計係・審判などに当らせ，許される範囲で活動に参加させるようにする。

Ⅲ　学習指導と評価

1. 評価の基本問題

生徒の学習活動を効果的に進めるためには，生徒ひとりひとりの特性をよく知り，学習の経過やその結果を確かめ，どの点を改めたらよいか，どのように指導したらよいかを具体的に明確にし，それに基いて指導することが必要である。

一般に，評価は教育目標がどの程度達成されているかを明らかにすることであるといわれているが，学習後に，その効果を判定することだけで終るものではない。学習の効果にはいろいろな条件が影響しているものであるから，単に生徒の進歩度を知るだけでなく学習に影響する条件を明らかにして，生徒の問題点，または教師の指導法の問題点を究明し，その結果に基いてよりよい指導をしなければならない。そのためには，学習後だけでなく，学習の過程でも，常に評価がなされなければならない。

また，評価の結果は，指導の動機づけや組分けの資料として用いられたり，具体的な到達目標を示すものとして用いられるなど，指導の基礎資料ともなるものである。

さらに，評価は教師だけが行うものでなく，生徒自身も，自己評価・相互評価を通して，自己の特性を理解するとともに，進歩の程度を知り，どのように学習しなければならないかを認識しなければならない。自己評価や相互評価は，自己を客観的に認識し，自覚的に学習するという，自主的な態度の基盤になるものである。特に，相互評価は，集団的な場で行われるものであり，自己の意見を主張したり，相手の意見を受け入れたりする態度ならびに相互の協力によって，よりよく進歩しようとする意欲を高め，協力的な態度を育てるなど，そのまま指導の場でもある。

このように考えると，指導と評価は切り離すことのできない表裏の関係にあるものと考えてよいであろう。

2. 評価の領域

評価は学習を有効に進めるために行われ，目標との関連において行われるものであるから，目標または学習内容に含まれる事がらがそのまま評価の領域になる。そして，生徒によりよい変化をもたらすためには学習に影響する条件が明らかにされなければならないので，それもまた評価の領域として考えられなければならない。

学習の効果に影響する条件としては，生徒の側の主体的条件と学校や教師の側の条件およびその他の家庭環境・社会環境などをあげることができる。

(1)　学習成果の評価

日々の指導と最も密接に関係した評価の領域であり，評価の中心はここにあるといってもよい

であろう。生徒が学習目標に対してどれだけ接近しているかを明らかにする領域で，目標または学習内容がさらに具体化されて評価されなければならない。現在の指導要録の所見欄には，理解・態度・技能があげられているが，評価は具体的なものほど容易であるから，日々の指導においては，実際に学習している事がらを具体的に評価するのが便利であろう。生徒の自己評価や相互評価も主としてこの面についてなされる。

(2) 生徒の側の条件の評価

学習に影響する条件の一つとして生徒の側の条件を評価することが必要である。生徒の側の条件としてはいろいろのものがあげられるが，学習活動の基礎となる，ア．健康状態，イ．身長・体重などの体格および体型，ウ．基礎的な運動能力と運動の可能性，エ．知的機能，オ．性格，カ．人間関係などは，体育の目標と関連した生徒の側の基礎的な条件である。これらは，日々の学習によって，いっそう高められたり，よりよく導かれたりしなければならないものであると同時に，それぞれの状態が学習の成果に影響する基礎的な条件であると考えることができる。

したがって，(1) における学習成果を解釈し，正しく評価し，次の指導計画や指導法の改善のための基礎資料となるものである。

従来，(1) と (2) は区別されることが少なく，そのために評価が混乱していたと思われる。学習する運動によっては，ある項目は (1) の中に含めることも可能であるが，一応区別して，両者の結びつきを考えるのも一つの方法であると思われる。

(3) 学校や教師の側の条件の評価

学習に影響する条件として学校や教師の側の条件を無視することはできない。生徒によりよい変化をもたらすために，最も大きな働きをする教師は，自己自身について，または指導計画・指導内容・指導法・施設用具などについて評価し，それらの改善に努めなければならない。これらの評価は (1)，(2) の評価を通してなされるとともに，それぞれが必要条件を満たしているかどうかという見地からも評価されなければならない。

なお，学習に影響する条件としては，その他家庭環境や社会環境などがあげられる。

3. 資料を集める方法

評価のための資料を集めるためには各種の方法を用いることができる。

運動技能に関しては，各種の検査・測定や技能を段階的に分析して，どの段階にあるかを決めるような評定尺度を用いることができる。また，面接や話合い，または生徒の自己評価・相互評価を利用する方法なども用いられる。

習慣や態度などについては，観察・事例研究法・行動記録法・評定尺度・チェックリストなどの方法のみならず，面接や話合い，質問紙法・作文・反省記録などを利用することもできる。また，人間関係を調べるためには，ソシオメトリーなども利用することができる。

知識については，文章試験法や客観的テストを作成して調べることができる。

第4章　体育理論の指導

体育理論の学習内容としての位置づけや目標との関連などについては，第1章で述べられており，指導方法の一般的な事がらについては，第3章で触れているので，ここでは，指導計画やその展開などを中心として述べることとした。

なお，「指導の参考」では，指導する場合の留意すべき事がらについて述べ，実際の計画や指導に利用されるように考慮した。

I　体育理論の指導計画の立て方

体育理論の指導計画をたてるにあたって，考慮しなければならないことは，指導時間・単元の構成・単元の学年配当・各単元の時間配当・単元配当の時期・体育行事・運動との関係などである。

現在各学校の指導計画を見ると，それらの事がらは学校の事情によって種々さまざまのように思われる。

すなわち指導時間のわずかなもの，単元の学年配当の明確でないもの，単元配当の時期の片寄ったものなどがみられる。どちらかというと体育学習は運動することだけが主となって，理論学習は，荒天・雨雪・霜どけなどで運動場の使用できない時間に行われているのが現状のように思われる。

これでは学習指導要領に示された体育の目標に到達することは至難である。体育理論も運動の内容と同様に年間の指導計画を立て，系統的・組織的に指導することがたいせつである。

1. 指導時間数

体育理論は，その内容の比率を見ると，全日制課程・定時制課程を問わず，男女とも各学年10%が配当され，体育理論と運動の比率は，ほぼ 1:9 の割合と明示されている。すなわち，各学年とも年間10時間内外で，3か年間に約30時間である。

各学年に配当されたこれらの時間数は，だいたいの基準を示したものであるが，ある学年にだけ多くの時間を配当したり，またこの基準を上回った多くの時間を理論にあて，運動の時間を少なくするようなことは好ましくない。

2. 単元の構成

体育理論の単元をどのように構成し，どのように順序立てるかは，各学校で計画しなければならない。しかしどのような単元を構成しようとも，その内容は，必ず学習指導要領に示した全領域が含まれなければならない。

また単元は運動学習の単元や体育行事・他教科などとの関連もじゅうぶんにとる必要がある。

なお，教科書を使用する場合でも，その単元構成や指導計画が各学校の実施計画に合ったもの

がよいであろう。ただ教科書の示すとおりこれを実施することでなく，よく生徒や学校，地域社会の実態や要求をじゅうぶんに取り入れて，これを活用する心がけがたいせつである。

3. 理論内容の学年配当と時間配当

理論の単元を構成し，その内容をどの学年に配当しその内容にどの程度の時間を配当するかはなかなか問題のあるところである。その一例を示せば，次のような学年配当および時間配当が考えられよう。

すなわち学習指導要領に示された (1) 発達と体育を 第1学年に，(2) 運動の学習法を 第2学年に，(3) 生活と体育を 第3学年に配当する 方法である。

さらに各学年における理論内容の時間配当を考えると，次のような例も考えられる。

第1学年〔10時間〕

ア．運動の心身の発達に及ぼす影響〈5時間〉

（ア）運動と身体的発達

a．運動と身体の形態的発達

b．運動と身体の機能的発達

c．運動の効果

（イ）運動と社会的情緒的発達

a．運動と社会性の発達

b．スポーツマンシップと民主的社会生活

c．運動と活動要求の満足

（ウ）運動と身体的固癖の予防きょう正

a．正しい姿勢

b．不良姿勢ときょう正運動

c．固癖の原因とその予防・きょう正

イ．生活の設計と体育〈5時間〉

（ア）生活の設計と体育

a．高等学校期の心身発達の特性と体育

b．教科時の体育と特別教育活動としての体育

c．生活時間と体育

（イ）クラブ活動と運動

a．クラブ活動の組織

b．クラブ活動の計画と運営

（ウ）校内競技と対外競技

a．校内競技の計画と運営

b．対外競技の意義と参加のしかた

c．学校スポーツの問題

第2学年〔10時間〕

ア．運動種目の選択〈3時間〉

（ア）運動の類型と特性

a．運動のいろいろな型

b．各種スポーツの特徴

c．スポーツと季節

（イ）運動種目選択の条件

a．運動と性別

b．運動と年齢

c．運動と体質

d．運動と職業

e．運動と施設用具

f．運動と地域

イ．合理的な運動学習法〈5時間〉

（ア）運動技能の上達と合理的な学習法

a．運動技能の練習計画

b．運動技能の練習法

c．運動練習と心理学的条件

d．運動練習と生理学的条件

e．運動練習の意義と効果

（イ）運動学習の衛生

a．運動と栄養

b．運動と疲労

c．運動と疾病

d．運動と外傷

e．運動と精神衛生

f．運動と月経

g．運動と救急処置

h．虚弱者・異常者と運動

ウ．運動効果の評価〈2時間〉

（ア）体力測定

a．形態測定の意義と方法

b．身体機能測定の意義と方法

c．運動能力測定の意義と方法

d．測定結果の活用

（イ）体育における自己評価

a．精神的，社会的発達の検査

b．自己評価の必要性と方法

c．評価の活用

第3学年〔10時間〕

ア．近代までの生活と体育〈4時間〉

（ア）古代・中世の生活と体育

a．古代における生活と体育

b．中世における生活と体育

（イ）近代の生活と体育

a．近代社会の発展と体育

b．文芸復興と体育

c．産業革命と体育

イ．現代の生活と体育〈6時間〉

（ア）文化の発展と体育

a．都市の発達と体育

b．職業の分化と体育

c．青少年問題と体育

d．レクリェーション問題と体育

e．体育の科学的研究

（イ）体育・スポーツの発展

a．欧米の体育・スポーツの発展

b．日本の体育・スポーツの発展

c．プロスポーツとアマチュアスポーツの発達

d．国際競技の発展

（ウ）レクリェーション運動の発展と体育

a．欧米におけるレクリェーション運動の発展と現況

b．日本におけるレクリエーション運動の発展と現況

c．家庭生活とレクリエーション

d．地域社会の生活とレクリエーション

e．職業生活とレクリエーション

f．レクリエーションの計画と方法

ここに掲げた時間数で，これらの学習内容を徹底させるためには，指導計画や指導の方法をじゅうぶんに研究しなければならない。特に理論の単元は，社会科・理科・家庭科・「保健」などとの関連をよく図るとともに，ただ講義するだけでなく，課題法・討議法などによる自主的学習法をとり，能率的効果的に行うことがたいせつである。

また指導内容の学年配当や時間配当は，どこまでも固定したものではない。各学校において実際に計画される場合には，他の関連教科や学校の当面している問題を明らかにして，それぞれの内容に応じて，学年配当や時間配当にも重点の置きどころが多少変ってくることであろう。

4. 単元の配当

年間計画において理論単元をどのように配当するかは，学期・季節・運動学習・体育行事などとの関連をはかる方法が考えられる。

これまで，理論学習は，雨雪天時や霜どけで運動場の使用不可能のときに散発的に行われたものが多い。しかし，まとまった理論を系統的に指導するためには，晴雨にかかわらず，理論の時間を正規に計画し，組織的な学習させることがたいせつであり，効果的である。

この配当には，次のような方法があげられる。

(1)　学期の初めに配当する。

各学年とも各学期の初めに理論単元を計画配当する方法である。すなわち学年の初め・中・終りに，その学年の運動内容，他教科との関連，季節，体育諸行事などを考慮して，各学期の初めに適切な理論の単元を配当し，理解に基いた学習態度をもって体育学習に進めるものである。

この方法は系統的に知的理解を深めるによいものであり，生徒に自主的に研究させるのにもよい。

(2)　運動学習・体育行事などに関連して，理論単元を配当する。

学習指導要領に示された体育理論の指導にあたっての注意事項にも，「体育理論のうち発達と体育・運動の学習法などは，実際の運動学習との関連をはかり，効果のあがるよう適切な指導をする。」と示されている。

すなわち，各学年の運動学習や体育行事との関連を明らかにし，それらと密接な連係をとって，理論単元を配当する方法である。

この方法は生徒が理論と実技を統一して学習できる点に長所がある。なお，この場合，運動との関連の薄い「生活と体育」などの項は，他教科・科目などとの関連をはかり，適切な学年に配当して実施するがよい。

(3)　季節や施設を考えて配当する。

運動場や体育館などの施設があまり充実していない学校や雨期が長期になったり，暑さのきびしいところや冬期の長いところなどでは，その時期に理論単元をまとめて学習させるのも一方法であろう。

この方法は運動学習を好季節に配当し，その効果をあげようとするものであるが，あまり便宜的であるから好ましい方法ではない。しかしわが国の現段階ではやむをえない方法の一つでもあろう。

Ⅱ　指導計画と展開例「近代までの生活と体育」

1．学習のねらい

現代の日本における体育を理解させるために，現代の日本の体育に強く影響を与えた近代までの欧米の体育の歴史的変遷の概要を，それぞれの時代の生活との関連において理解させる。

2．学習内容

(1)　古代・中世の生活と体育

ア．古代ギリシアの都市国家における体育と祭典競技について理解させる。

イ．古代ローマの体育と中世の封建社会における体育について理解させる。

(2)　近代の生活と体育

ア．文芸復興期における体育思想の変化の概要について理解させる。

イ．ドイツ体操・スエーデン体操の誕生とその背景や発展について理解させる。

ウ．産業革命とイギリスのスポーツの発展について理解させる。

エ．アメリカにおける体育・スポーツの発展について理解させる。

3．指導計画

下に掲げる指導計画は次の事がらを条件として考えた。

(1)　指導の時期……第2学年の学年末の学習のまとめの時期に配当する。

(2)　社会科世界史を履修している生徒は，学年の半数以上いるものとする。

(3)　時間配当は4時間とする。

(4)　指導法は教師の講義を中心とする。

展開 例

時	指導の段階	指導上の留意点
第1時	〈導　入〉 1．学習目標をはあくし，学習する内容についてのおおよその見通しをもつ。 (1)　現代行われている体操やスポーツがいつごろからどこで始められたかを考察する。	○いままで学習した各種の運動種目の発生した時代について話しあわせる。 ○現代行われている体操・スポーツなどの問題を話しあわせ，体育の目標に結びつけて，まとめさせる。 ○この単元として学習すべき内容を説明する。

（第1時）	(2) 現代の体育を考えるにあたって過去の体育の変遷を歴史的に考察する必要性を理解させる。	
	(3) 学習すべき内容の荒筋について理解させる。	
	〈展　開〉	
	1．古代ギリシアの体育とオリンピアの競技について。	
	(1) 次の事がらについて話し合う ア．古代ギリシアの都市国家について イ．古代ギリシアの文化について	○古代ギリシアの都市国家の特色，古代ギリシアのアテネを中心とする文化の特色について，　社会科世界史における学習を反省させ，その荒筋をつかませる。
	(2) 次の事がらについて説明する ア．古代ギリシアのアテネおよびスパルタの体育について	○アテネおよびスパルタの体育の特色について，その共通点と相違点を明らかにし，古代ギリシアの都市国家の特色と関係づける。
	イ．古代ギリシアの祭典競技について	○古代ギリシアの祭典競技が宗教的背景をもってギリシア民族の融和を目的として行われたことを明らかにする。
	ウ．古代オリンピアの競技について	○古代オリンピアの競技の概要を取り扱う。
	(3) 次の事がらについて話しあいまとめる。 ア．古代ギリシアの体育と現代の体育の傾向との比較。	○古代ギリシアの体育を，自由民のものであったこと，教育や文化との関係，軍備との関係などの点から，現代の体育と比較する。
	イ．古代オリンピアの競技と近代オリンピック競技との比較。	○古代オリンピアの競技と近代オリンピック競技との共通点や差異を明らかにする。
（第2時）	2．古代ローマの体育と，中世のキリスト教と体育について。	
	(1) 次の事がらについて話し合う。 ア．古代ローマの興亡の経過とその文化，キリスト教との関係について。 イ．中世の封建社会における騎士について。	○社会科世界史での学習を反省させながら，ローマや中世の封建社会の特色の大要をつかませる。
	(2) 次の事がらについて，説明する。 ア．古代ローマの体育について。	○古代ローマの初期における軍備と結びついた体育，ギリシア征服後のスポーツの職業化などについて，古代ローマの興亡と関連づけて取り扱う。
	イ．キリスト教の体育への影響について。	○原始キリスト教の禁欲主義の体育への影響を明らかにする。
	ウ．騎士の体育について。	○中世の封建社会における騎士の生活とその体育活動について取り扱う。
	(3) 次の事がらについて話しあいまとめる。 ア．古代ギリシアの体育と古代ローマの体育との比較。	○古代ギリシアと古代ローマとを比較しながら，古代の体育の特徴についてまとめる。
	イ．中世の体育と現代のＹＭＣＡの体育との比較。	○中世のキリスト教と体育の関係を現代のＹＭＣＡの体育の考え方と比較し，その差異を明らかにする。
	4．ルネサンスと体育思想の変化。	
	(1) ルネサンスとヒューマニズム，さらに宗教改革についてその特色を話しあ	○社会科世界史での学習を反省させながら，その時代の特色の大要をつかませる。

	う。 (2) ルネサンスと体育思想の変化について説明する。	○ルネサンスにより古代ギリシアの体育思想が復活し，近代の体育の橋渡しとなることを明らかにする。
(第3時)	5．ドイツ体操とスエーデン体操について。 (1) 次の事がらについて話し合う。 ア．18〜19世紀のヨーロッパにおける自由主義の発達，国民主義の発展，19世紀の文化などについて。 (2) 次のことについて説明する。 ア．スエーデン体操について。 イ．ドイツ体操について。 (3) 次のことについてまとめる。 ア．スエーデン体操とドイツ体操の共通点と異なる点について。 6．イギリスのスポーツについて。 (1) イギリスを中心とする産業革命について話しあう。 (2) イギリスのスポーツの特色について説明する。 (3) イギリスに発生したスポーツで，現在日本で行われているものの特色について話しあう。 7．アメリカにおける体育について。 (1) アメリカ合衆国の成立とその発展について話しあう。 (2) 次のことについて説明する。 ア．初期のアメリカの生活とスポーツ。 イ．スエーデン体操・ドイツ体操のアメリカ体育への影響。 ウ．アメリカにおける宗教団体の体育活動。 (3) 次のことについてまとめる。 ア．アメリカの体育の特色。 イ．宗教と体育との関係。	○社会科世界史で学習したことを反省させながら，その時代の特色の大要をつかませる。 ○スエーデン体操は，解剖生理学的基礎を重んじたことを理解させる。 ○ドイツ体操は，器械体操を中心としていたこと，スポーツ的要素に富んだ体操であったことなどを理解させる。 ○これらの体操は，近代の体育運動の大きな流れの一つであること，日本もアメリカを経由し，また直接にこれらの体操から影響を受けていることを知らせる。 ○スエーデン体操とドイツ体操を，国民主義と体育との関係に結びつけて考察する。 ○社会科世界史での学習を反省させながら，その大要を話しあう。 ○イギリスのスポーツは上流社会に生れたこと，紳士養成の手段として用いたこと，スポーツを海外の植民地に伝えたこと，産業革命はスポーツの発展に大きな影響を与えたことなどを例示しながら，その特色を明らかにする。 ○社会科世界史での学習を反省させながら，その大要を話しあう。 ○アメリカの開拓時代の生活と体育との関係について明らかにする。 ○ドイツ体操やスエーデン体操が植民地や学校を通してはいり，学校体育の発展に寄与したことを理解させる。 ○ＹＭＣＡ・ＹＷＣＡなどが新しいスポーツを生み出すなど積極的体育活動を行ったこと，さらにアメリカにおけるレクリエーション活動の芽ばえについて明らかにする。
(第4時)	〈整　理〉 1．古代・中世・近代について体育史の年表をつくる。 2．それぞれの時代における体育の共通点と相違点と，現代への影響についてまとめる。	○いままで学習した内容について年表をつくる。 ○現代の体育を正しく認識するために，過去の各時代を通じて共通な点と，時代により，また国によって異なっている点をまとめる。

Ⅲ 指導の参考

1．発達と体育

(1) 運動の心身の発達に及ぼす影響

ア．運動と身体的発達

身体の発達には，適度の運動が必要であることを理解させる。特に形態については，身長・体重・胸囲・座高の発達と青年期の運動との関係を明らかにする。

機能については，骨格・筋肉・呼吸器・循環器・神経系・感覚器などの発達と青年期の運動との関係を明らかにする。特に心臓や肺臓の機能や骨格・筋肉のはたらきと運動の効果を知らせる。

また運動能力の発達については，走・跳・投・懸垂・筋力・敏しょう性などについて知らせ，青年期がこれらの能力を養うのに最もよい時期であることを理解させる。

これらのことは，各種の統計や運動をよく行っているものと行っていないものを比較して研究させる。

イ．運動と社会的情緒的発達

社会性の発達と運動の関係については，各種スポーツの運動場面における人間関係について考えさせる。

情緒の発達と運動については，たとえば青年期の情緒的動揺の特質とスポーツとの関係や，運動欲求と情緒の安定との関係などについて知らせる。

スポーツマンシップと民主的社会生活については，まずスポーツマンシップの本質を明らかにする。このためには，スポーツ振興会議で決定したスポーツマン綱領に基いて理解させるのも一方法であろう。また民主的社会生活との関係については，イギリスの社会生活とスポーツマンシップについて調べさせるのも一方法であろう。

参考書			
	教育心理	文部省	師範学校教科書株式会社
	最新発達心理学	武政太郎著	世界社
	青年心理学	望月衛著	光文社
	青年心理学	桂広介著	金子書房
	青年の心理	牛島義友著	巌松堂書店
	女子の心理	〃	〃
	青年心理学	青木誠四郎著	賢文館
	社会心理学	南博著	光文社
	体育の心理	後藤岩男著	金子書房
	体育心理学	松井三雄著	杏林書院
	体育心理学	佐藤正著	金沢書店
	体育と民主的人間関係	日本体育指導者連盟	体育の科学社
	体育と社会的人間	浅井浅一著	蘭書房
	保健体育学大系(3巻)(5巻)	東竜太郎外編	中山書店

生理学講座(体格・体力の形成)	勝木新次 石井雄二	中山書店
スポーツマン綱領とその解説	スポーツ振興会議編集	(スポーツ日本社発行)
自由と規律	池田潔著	岩波書店
スポーツ	織田幹雄，斎藤正躬著	岩波書店
私のスポーツ観	天野貞祐著	河出書房
スポーツに学ぶ	天野貞祐著	細川書店
保健体育概論	加藤橘夫 重田定正　著	東京大学出版会

ウ．運動と身体的固癖の予防・きょう正

身体の固癖は，脊柱・胸部・脚部などにみられる。これらの固癖の原因を明らかにする。

脊柱の異常わん曲では，円背・脊柱の側わん・腰曲りなどについて，胸郭の変形では，漏斗胸・はと胸・偏平胸などについて，脚や足の変形には，O脚・X脚・偏平足などについて理解させる。

正しい姿勢については，立った姿勢・すわった姿勢・歩く姿勢・走る姿勢・作業の姿勢などについて能率的な，よい姿勢を研究させる。また姿勢の簡単な測定法なども知らせるとよい。

固癖の予防については，調節運動・補償運動などの活用について理解させ，きょう正法としては，円背・側わん・腰曲りなどのきょう正体操を行わせ，胸郭・脚足の変形についてのきょう正法を理解させる。

（きょう正体操については，学習指導要領12ページを参照されたい。）

参考書	虚弱・病癖児童の教育	木田文夫著	金子書房
	姿勢教育	広井家太著	目黒書店
	体育学講座（II）矯正	斎藤一男	体育の科学社

(2)　高等学校における生活と体育

ア．生活の設計と体育

高校における体育科の目標，特別教育活動における体育運動の意義，体育とスポーツの関係，「体育」と「保健」との関係などを明らかにし，生活時間の中に勉学・運動・睡眠・休養などを正しく配置し，調和のとれた生活を設計させる。

特に生活時間と運動，学業と運動について研究し，反省させ，個性に応じた調和のとれた生活を送らせる。

イ．クラブ活動と運動

クラブ活動の目的や意義について正しい理解を深め，特に運動クラブ活動の組織や運営について反省させる。そして全校生徒が能力に応じて参加できる組織，民主的な運営について研究する。

また運動クラブや文化クラブ活動に参加しない者の，運動への参加についての組織をも考えさせる。

ウ．校内競技と対外競技

校内競技については，その意義・目的などを明らかにし，組織や運営について研究させる。特

に種目の選定・参加者の決定・競技法・役員の決定・採点法・規則の決定・表彰・告知・宣伝・記録など実際の計画や運営と関連づけて考えさせる。

なお校内競技の問題点をじゅうぶんに反省させ，できるだけ全生徒が参加できるような方策を考えさせることがよい。

対外競技については，その意義・目的を明らかにし，選手制度の問題，運動部のあり方，対外競技の問題点などについて研究し，反省させる。特に「対外運動競技の基準」（付録参照）の通達の趣旨を理解させる。

すなわち競技会の範囲・主催団体・回数・選手資格などである。

この他コーチ・役員・練習と試合規定・応援・合宿練習・競技会の運営・経費などのことが考えられる。

主催団体としての，日本体育協会およびその加盟競技団体・全国高等学校体育連盟などの性格を明らかにする。

対外競技の問題点としては，参加者の問題，選手の問題，アマチュアの問題，学校間の問題，後援団体や学校の自主性の問題，就職進学との関係，ジャーナリズムとの関係などについて考察させる。

参考書　　体育管理　　宮畑虎彦著　　不昧堂

2　運動の学習法

(1)　運動種目の選択

ア．運動の類型と特性

運動の分類については，いろいろな分け方がある。すなわち運動の身体へのはたらきかけから，力運動・急速運動・巧ち運動・持久運動などに分ける方法，徒手体操・巧技・スポーツ・ダンスなどに分ける方法，個人的種目・団体的種目・レクリエーション的種目などに分ける方法など，というような方法があるが，それぞれの特質を理解させる。

これらの分類に応じてそれらの運動類型の特性を調べるとともに，各運動種目の特徴について考察する。

たとえば個人的種目については，徒手体操・巧技・陸上競技・格技の特色を，団体的種目については，バレーボール・バスケットボール・ハンドボール・サッカー・ラグビーなど，レクリエーション的種目については，水泳・スキー・スケート・テニス・ピンポン・バドミントン・ソフトボール・軟式野球・ダンス・ハイキング・キャンプ・登山などの特色を調べさせる。

スポーツと季節の関係については，スポーツのシーズン制とその特質，わが国の現状と諸外国のことについて理解させる。

また高等学校期に適する運動種目について理解させる。

イ．運動種目選択の条件

運動種目の選択にあたっては，どのような条件を考慮すべきかを理解させる。

運動と性別については，男女の心身発達の特性との関係を明らかにし，特に女子の運動については，その身体的精神的特色と運動の関係を研究する。

運動と年令では，少年期・青年期・成人期などの運動について考察し，各種スポーツの至適年令について研究する。

運動と体質については，体力・体質と運動との関係を明らかにし，特に異常体質者の心がけについて研究する。またスポーツ体型についても考究させる。

運動と職業については，職業の種類を考え，これに伴う身体的欠陥や短所のきょう正について理解させる。たとえば，農業に従事する者・坐業の者・会社工場に働く者などに応じた運動を研究させる。

運動と生活環境については，都市と農・山・漁村などの生活環境の特質と運動の関係を明らかにする。特に両者の運動環境や施設の状況，生活改善などについて考究する。

参考書

体育の原理（生理学講座）	前川峯雄著	中山書店
体育入門	前川峯雄著	金子書房
体育の学習指導　中等学校篇	日本体育指導者連盟	金子書房
体育運動生理衛生学提要	吉田章信著	右文館
運動衛生学総論	吉田章信著	福村書店
スポーツ医学概論	斎藤一男 佐藤宏　著	文光堂
スポーツ医学の知識	日本体育協会医事部	旺文社
運動医学講座	日本学校衛生会編	七星閣
体育物理学（体育学講座）	秋間哲夫	体育の科学社
陸上競技の力学	小野勝次著	同文書院
運動力学	宮畑虎彦訳 M・Gスコット	不昧堂

(2) 合理的な運動学習法

ア．運動技能の上達と合理的な学習法

練習の意味やその原則を明らかにし，合理的な学習計画をみずから立案できるようにする。

練習計画については，準備期・鍛練期・仕上期に分けて立てるのも一方法であろう。

練習の効果については，練習曲線・高原・スランプなどについて理解させ，実際に自分の練習効果を記録させてみる。

練習の生理的条件としては，反覆練習による身体各器官の適応，心理的条件として運動に対する自信と劣等感，集団の心理，などについて考究する。

練習法については，練習時間の配分，全体練習と部分練習などについて研究し，運動技能については，力学的な法則を各種運動について考察し，同時に運動とリズムの問題についても研究をする。

イ．運動学習の衛生

運動の衛生については，運動と身体の清潔，運動と環境衛生などをじゅうぶんに理解させ，栄養・疲労・疾病・外傷・精神衛生・月経などとの関係を明らかにする。

運動と栄養については，運動によるエネルギーの消費とたんぱく質・脂肪・炭水化物のとり方，ビタミンB_1や水分のとり方などについて考究する。

運動と疲労については，運動と疲労の関係，疲労の検査法・回復法等について考察する。

運動と外傷については，運動と外傷の関係，外傷の誘因・種類，その防止法について考究させる。

運動と疾病については，運動が原因となる疾病について考察し，さらにそれを予防するための運動練習における健康管理の必要や方法について考究する。

救急処置については保健と連絡をとり，その方法については，保健において実際に行わせ，運動外傷に関係の深いものについて処置を理解させる程度にとどめる。

運動と女子の生理については，その取扱方について理解させ，月経異常についても考究する。

運動と精神衛生については，運動と心理的条件や保健で学習した事がらについて反省し，気持よく練習させるようにする。

虚弱者・身体異常者の運動については，その考え方や参加のさせ方，参加する場合の注意などについて理解させる。特にツ反応陽転者の運動について理解を深めさせる。

参考書

体力医学	学術研究会議体力班篇	南条書店
最新運動医学講座	日本学校保健会編	第一出版
体育生理学要綱	小笠原道生著	目黒書店
体育医学	白石謙作 吉川春寿 著 熊沢清志	南山堂
運動の生理学（現代生理学）	東竜太郎他	河出書房
運動の生理学（生理学講座）	東竜太郎 杉靖三郎	中山書店
運動の生理学	名取礼二著	青山書院
運動衛生	柳沢利喜雄著	杏林書院
運動生理	柳沢利喜雄著	吐鳳堂
体育生理学（体育学講座）	猪飼道夫	体育の科学社
スポーツと休養	斎藤一男著	三省堂
スポーツと体力	古沢一夫著	創元社
スポーツと心臓	新倉東作著	出雲書房

(3) 運動効果の評価

ア．体力測定

評価と測定の関係，体力測定の意義，その種類や行い方および結果の利用などについて研究する。

形態の測定では，身体の発育状態や身体のつりあい，種々の指数などについて考察させる。

身体の発達については，文部省の統計や都道府県および近隣の学校と比較するとよい。できるだけ自己の身体についての自覚をもたせるくふうがたいせつである。

特に身体の正常な発育や発達を妨げている条件や欠陥，運動の適不適などについても考えさせる。

身体機能の測定では，筋力の検査，循環機能の検査について考察する。握力・背筋力・脚筋力・腕の力・肺活量・脈はく数の測定などである。これらは種々の研究結果を標準として比較させ，反省させるがよい。

運動能力については，一般運動能力・運動素質などの検査のほか，スポーツバッジテスト・スポーツ技能テストなどについて理解させる。

一般的運動能力検査としては，走・跳・投・懸垂力などについて行い，文部省の運動能力調査からT—スコアをつくり，これをじゅうぶん活用させるがよい。

一般的運動素質検査としては，サージャントジャンプ・バービーテストなどのほか，ブレイステスト・アイオアブレイステスト・ジョンソンテストなどについて考察する。

スポーツバッジテストについては，日本体育協会のバッジテストについて，その意義・方法などを理解させる。

スポーツ技能テストについては，陸上競技・巧技・バレーボール・バスケットボール・サッカー・水泳など各種競技の技能の熟練度をみる方法について考究させる。

精神的・社会的発達の検査については，体育に必要な知識や理解の検査，精神的・社会的態度や習慣の検査について理解させる。

測定や検査の実施にあたっては，客観性・妥当性のある方法で正確に行わせることを理解させる。

イ．体育における自己評価

自己評価や相互評価の意義・方法を理解させ，測定や検査の結果を体格・体力図表としたり，プロフィールなどをつくらせる。この結果を学習の態度・練習法の改善，自主的努力目標とすることがたいせつである。

参考書

体力測定	吉田章信著	藤井書店
体育の検査と測定	今村・松田・宇土著	草美社
体育測定の理論と方法	竹中・佐々木著	中和書院
体力測定法	鈴木慎次郎著	東洋書館
体力判定法（生理学講座）	浦本政三郎	中山書店
体育測定法	松井・水野・江橋著	体育の科学社

3．生活と体育

(1)　近代までの生活と体育

ア．古代・中世の生活と体育

文明と組織的計画的体育の必要を考究し，古代社会の生活と体育については，古代の中国・古代印度・古代オリエント・古代ギリシアの体育など種々考えられるが，特にギリシアの体育については，スパルタ・アテネの体育やギリシアの祭典競技について研究させる。またローマの体育，ゲルマン人の体育について考察を進める。

中世の生活と体育については，中世のキリスト教と体育の関係を明らかにし，特に騎士の体育について考究させる。

イ．近代の生活と体育

近代社会の生活と体育については，文芸復興，産業革命と体育の関係を明らかにし，特に近代における体育運動の発展や日本の体育への影響について理解させる。

(2)　現代の生活と体育

ア．文化の発展と体育

文化の発展と体育の関係を明らかにする。生活の変化と体育，青少年問題と体育，レクリエーション問題と体育などについて考究させる。

また体育やスポーツの科学的研究についても考察させる。

イ．体育・スポーツの発展

欧米の体育・スポーツ，日本の体育・スポーツの発展について概観し，現代スポーツの形態，すなわち，プロスポーツ・セミプロスポーツ・アマチュアスポーツなどについて考究させる。また学校スポーツの問題についても考察させる。

国際競技については，近代オリンピック競技大会・アジア競技大会・デ杯戦・ウインブルドン庭球大会などについて考究させる。

国内競技については，国民体育大会・各種選手権大会について考察させる。

ウ．レクリエーション運動の発展と体育

レクリエーションの意味，余暇生活とレクリエーションの関係，レクリエーションと体育，現代におけるレクリエーションの傾向や問題，欧米や日本におけるレクリエーション運動の現状などを明らかにし，家庭生活とレクリエーション，職場生活とレクリエーション，地域社会の生活とレクリエーションなどについて考究させる。

さらにレクリエーションの施設や計画・運営などについても考察させる。

参考書

西洋体育史	今村嘉雄著	日本体育社
日本体育史	今村嘉雄著	金子書房
ライス世界体育史	今村・石井訳	不昧堂
体育五十年	竹之下休蔵著	時事通信社
体操教育史（教育文化大系）	岸野雄三	金子書房

日本スポーツ文化史	木村　毅著	洋々社
スポーツの歴史	近藤等訳（ベルナール＝ジレ）	白水社
オリンピックの知識	野口源三郎著	金子書房
オリンピック史	鈴木良徳 川本信正 著	日本出版協同
スポーツの民族学	今村嘉雄著	大修館
職場のレクリエーション	文部省	
レクリエーション	前川峯雄著	教育科学社
レクリエーション	白山源三郎著	同文館
社会体育（レクリエーション）	柳田　亨著	世界書院
中等学校におけるレクリエーションの計画と指導	全国中学校長 全国高校長 会	東洋館出版社
スポーツの社会学	加藤橘夫著	世界書院
職場体育	石井雄二著	金沢書店

第5章　おもな運動種目の指導計画と展開例

本章では，第1章から第3章までに述べられた基本的な考え方に基いて，個人的・団体的・レクリエーション的などの各運動種目群の中でおもな運動種目を取り上げて，指導計画やその展開の例を示し，各運動の内容や指導の方法を明らかにするようにした。

指導計画の立案やその展開の方法およびそれを示す形式はいろいろあるので，ここでは一応それらについての統一を図ったが，具体的には，種々異なっている。しかし，各運動とも目標をよりよく達成されるような方法を取って示した。また，指導の参考として，各運動の指導上特に考慮すべき事項を示し，実際の学習指導の参考になることを図った。

I　徒手体操の指導計画と展開の例

1. 徒手体操の特性と取扱の方針

(1)　徒手体操の特性

徒手体操は，スポーツのように自然に発生したものではなく，身体をじょうぶにし健康を保つために，合理的科学的に考えられたものである。

したがって，基礎的な身体をつくるうえに役だつとともにスポーツの準備や整理・補助などの運動として活用でき，身体の固癖をきょう正するにも利用できる。

(2)　徒手体操の取扱の方針

基本運動を確実に身につけるとともに作業やスポーツの準備・整理などの運動として応用できるようにする。

また巧技との関連をもちながら指導し，効果を高めるようにする。

2. 単元のねらいと学習内容

学習内容＼学年	第　1　学　年	第　2　学　年	第　3　学　年
ねらい	徒手体操の一般的概念を理解させて，正しい実施方法により，正しい姿勢をつくり，基本的な運動能力を高めて，たえずよい体格をつくることを自覚させる。	徒手体操の経験を深め，身体的固癖を予防きょう正するに必要な技能を身につけさせるとともに体操をつくり，活用する能力を養う。	徒手体操についての認識を深め，自己の体力を正しく判断して，自己の体操を作り生活化する習慣を養う。
	1. 徒手体操の特徴（効果） 2. 正しい姿勢とよい体格をつくる。 (1)　基本運動 ア．腕の運動 指・手首・腕の屈伸・回旋，	1. 運動の構成 2. 正しい姿勢とよい体格をつくる。 (1)　基本運動 ア．1年の復習 イ．程度や強度を高める。	1. 徒手体操の歴史（おもに生活との関連） 2. 正しい姿勢とよい体格をつくる。 (1)　基本運動 ア．1. 2年の復習

個人的	腕の挙・振，腕立て伏臥腕の屈伸。 イ．あしの運動。 あし首の屈伸・回旋，ひざの屈伸。 あしの各方振・側開・前後開。 ウ．首の運動。 屈，転，回旋， エ．からだの運動。 胸の伸展 体の前屈・後屈・側屈 体の前倒・後倒 体の側転・回旋 オ．結合によって程度を高めた運動。 (2)　応用運動 ア．主として柔軟さを養う運動。 イ．初めの姿勢に変化をつける。 ウ．補助と用具を利用して程度を高める。 3．からだの固癖を予防きょう正する運動 円背，側わん，X脚や0脚に適した運動 4．体操を活用する。 (1)　一連の運動を身につける。（ラジオ体操，自校体操） (2)　体操をつくる	(2)　応用運動 主として柔軟さを養う運動，程度や強度を高める。 3．身体の固癖を予防きょう正する運動。 (1)　基本運動 (2)　肩こり症，円背，背柱側わん，腰曲がり，X脚0脚などに適した運動。 4．体操をつくる。 (1)　各種の競技に適した準備・整理運動。 (2)　各種作業に適した調整運動これらの運動の選択，構成，強度， (3)　自己の体操を作る。	イ．正しい運動。 (2)　応用運動 ア．主として柔軟さを養う運動。 イ．身体の固癖を予防きょう正する運動。 肩こり症，背柱のわん曲に適した運動。 補助，用具による強度の運動。 ウ．自己の体操を作り，または改良し，生活化する。
社会的	1．技能の上達に協力する。 2．他人の健康や安全に注意する。	1．技能の上達に協力する。 2．自他の安全に注意する。 3．協力してくふうする。	1．自他の安全や健康に注意する。 2．行事や全体計画に進んで参加する。

3．指導計画

(1)　学習段階（学年別）

	第　1　学　年	第　2　学　年	第　3　学　年
1週	1．自己の体格，体力の現状を知る。 2．徒手体操の特徴を理解する。 3．正しい基本運動を練習する。	1．自己の体格，体力の現状を知る。 2．正しい基本運動を練習し，身体の柔軟さを養う。 3．各種の競技や作業に適した体操を作りこれを活用する。 ○準備運動，補助運動 ○整理運動，調整運動	1．自己の体格，体力の現状を知る。 2．基本運動，応用運動を能力に応じて活用する。 3．自己の体操をつくり，または改良する。
	1．基本運動を正しく行うとともに程度や強度を高める。	1．からだの固癖を予防きょう正する。	1．体操の活用をする。 （行事や，全体計画に進んで

2 週	2. 身体の柔軟さを養う。 3. からだの固癖を予防きょう正する。 4. 一連の体操を身につけて活用する。 （ラジオ体操，自校体操）	2. 自己の体操をつくり活用する。 3. 体操競技と関連させて技能を伸ばす。	参加する） 2. 正しい運動の総復習。 3. 生活と体操との関連を理解する。（体操の歴史）

(2)　指　導　の　順　序（第1学年）

学習の段階			指導上の留意点	備考
始め	1. 正しい姿勢 2. 運動の正しい要領 3. 徒手体操の特徴と効果	2時	1. 徒手体操は老若男女を問わずいつでもどこでもできる運動であるから，生徒の経験を生かすとともに正しい実施の要領を体得するように指導する。 2. 正しい姿勢，よい体格をつくることにたえず留意させる。 3. 身体の固癖を予防きょう正する運動も全身的な総合運動として指導する。 4. 他の競技や生活への活用をはかる。	1. いっせい指導と個別指導を併用する。 2. 学年や学期の始めに基礎的指導を徹底する。 3. 巧技に属する運動をも2,3加味する。 4. 男女は区別して行う。
中	1. 練習法 基本，応用 2. 固癖の予防，きょう正 3. 一連の体操	3時		
まとめ	1. 各種競技への活用 2. 反省	1時		

4.　展　　開

徒手体操　指導案（第2学年男子）

(1)　本時の目標　バスケットボールに適した準備運動を構成し，その活用をはかる。

(2)　本時の学習　本時の段階はこの種指導の第1時

学習内容	学習活動	指導上の留意点	備考
体操をつくり活用する。 協力してくふうする。 個々の技能について要点の概要を評価する。	1. 集　合 2. バスケットボールを分析研究する。 運動の選択をする。 3. グループによる打合せ。 運動の選択 運動の種目 運動の強弱 運動の配列 4. 一連の体操としてグループ毎に練習する。 5. グループ毎に発表する。 6. 反　省	1. 本時の説明 2. 学習上の注意，構成上の質問。（よく考えて構成するように） 3. 四つのグループにわける。 4. 準備運動として，バスケットボールの練習がいっそう効果があがるための運動の選択について示唆する。 5. 補助運動としての目的を兼備することの必要性。 6. よかった点，よくなかった点。 7. 次時の予定。	正しい練習法が身についているか。 積極的にくふうし活動したか。 本時の目標はどの程度満たされたか。 今後の活用が適切に考えられるか。

5　指導の参考

(1)　徒手体操は，主として生理学や解剖学の原理に基いて作られた徒手で行う一群の運動であって合理的な反面興味が伴いにくい欠点があるから，よくその本質を理解させ，自発的・積極

的に実施させるようにくふうする。そのためには競争的・連続的な取扱や，巧技を併用することは効果的である。

(2)　基本運動は全身の調和的な発達を促進し，正しい姿勢をつくることを目標とした基礎的な運動であるから，からだを部分的にあるいは総合的に運動させることによって，身体の発達に及ぼす効果が大きくなる。したがって形式を重要な手がかりとしながらも，運動をできるだけ自然に，律動的に行い，身体各部を可能な極限まで動かし，大きく，力強く実施するように指導する。

(3)　基本運動の程度や強度を高める場合には漸進的に指導する。特に柔軟さを養う運動においてはこのことがたいせつである。

(4)　応　用　運　動

ア．からだの固癖を予防する運動としては，生活姿勢の実際に応じて強さを調節し，回数を加減するように指導する。からだの固癖をきょう正する運動としては，漸進的にしかも効果が現れるまで継続して実施するように指導する。

イ．各種スポーツや作業に適した運動の構成にあたっては，次のことに留意して指導する。

(ア)　徒手体操の構成原理をよく理解させる。

(イ)　その競技や作業の含む運動を分析してそれらの競技や作業がいっそう効果が上がるように構成させる。――準備運動，補助運動として

(ウ)　その競技や作業の身体に及ぼす影響や片寄りを調整するように構成させる。――調整運動，整理運動として

ウ．一連の体操(保健のために作られたラジオ体操や自校体操)または合理的につくった自分の体操を身につけ，それを生活化するように指導する。この場合次のようなことに特に注意する。

(ア)　姿勢を正しく，動作は大きくのびのびと行う。

(イ)　運動がからだの一部に片寄らないこと，前後・左右・水平の動きを欠かさないこと。

(ウ)　あし・うで・からだの順序に軽い運動から強い運動に進み，ふたたび軽い運動で終ること。

(エ)　形式にこだわらず，自然なしかも目的にかなった動きに重きをおくこと。

(オ)　毎日行い生活化すること。

(5)　個別指導をするかいっせい指導をするかは，徒手体操を実施させる場合のねらいに応じて，最も有効な指導形態を選択して指導する。

(6)　徒手体操の基礎的な指導は，できるだけ学年または学期の初めに計画して，徹底を期し，他の運動の展開にあたって活用させるようにすることが望ましい。

(7)　徒手体操をいっそう有効にするため，体操競技の形式を採用し，相互に評価させ，あるいは各種の競技に適した準備運動などを発表させるように指導する。このために巧技に属する運動（学年・能力・性に応じたもの）を併用するといっそう効果的である。

Ⅱ　巧技の指導計画と展開の例

1. 巧技の特性と取扱の方針

(1)　巧技の特性

巧技は，鉄棒，とび箱，マットなどを使用して行う全身運動である。

したがって，身体支配の能力を高めたり，器用な身体をつくることなどに役だつ。また身体の固癖のきょう正や健康の保持増進にも活用でき，日常生活や職場の能率・安全の面などにも役だつ面が多い。

(2)　巧技の取扱の方針

巧技には，いろいろな型の運動があるので，できるだけ，これらのすべてにわたって指導する。

器械，器具を用いる運動であるから，特に安全の面に留意し，段階的な指導をする。

2. 単元のねらいと学習内容

△印は男子のみに適す

学習内容＼学年	第　1　学　年	第　2　学　年	第　3　学　年
ねらい	巧技の一般的概念を理解させ，正しい実施方法により筋力を強め，身体をよく支配して安全に対する態度と能力を養う。	巧技に対する興味と基礎的技能を高め，正しい学習法を身につけて自己の体力を判断し，よい体格をつくるとともに他の競技や作業に活用する。	巧技についての経験を深め筋力・持久力を強めて安全の能力を高め，レクリエーションとしても活用できる能力を身につける。
個人的	巧技の特徴（効果） 懸　垂 1. 懸垂移行 △2. け上り（鉄棒，横木，リング，平行棒） △3. ともえ（鉄棒） △4. 二種目の連続 跳　躍 1. 各種片足，両足とび（巧ち性の高いもの） 2. 跳上下（各種姿勢）（とび箱，スプリングボールド） 3. 各種腕立てとび越し（人，腰かけ，とび箱，その他の障害物を利用） (1)　簡単なとびこし(正面，側面) (2)　とび箱 斜とび（正面から開脚，	巧技と他のスポーツ(体操競技) 懸　垂 1. 一年の復習 △2. ふり上がり（鉄棒，平行棒，リング） △3. 二，三種目の連続 跳　躍 1. 各種片足，両足とび（程度や強度を高める） 2. 一年の復習（姿勢や方向をかえて程度を高める） 3. 各種腕立てとび越し (1)　一年の復習 (2)　二節とび，仰向けとび	巧技の歴史（主として生活との関連） 懸　垂 1. 一，二年の復習 2. 二，三種目の連続 跳　躍 1. 一，二年の復習（高さや障害物をかえ程度を高める） 2. なわとび 単なわとび 複なわとび

	閉脚） 水平とび（　〃　） 4. なわとび 単なわとび （短なわ，長なわ） 1人で，2人以上で 転　回 △1. 各種前転（マット） ひざまげで，脚を開いて △2. 各種後転（マット） 前転同様の姿勢 △3. 腕立側転 歩　行 1. よつあし歩・走（地上，マット） 手をつき歩き，走る。 平　均 1. 片足立（各種姿勢） （地床，台上） 2. 腕立片足旋回 3. 倒立（足支持，頭支持，肩支持，倒立する） （床，人，平行棒など） 組　立 1. 肩上水平 2人組，3人組 2. やぐら倒立	4. なわとび 単なわとび 複なわとび 転　回 △1. 各種前転（マット） とび上り・とびこし前転， 2人組の前転 △2. 各種後転 ひざをのばして，後転倒立 △3. 腕立後方転回 歩　行 1. よつあし歩・走（地上，マット） 手とあしのつき方に変化をつけて巧ち性を高める。 △2. 倒立歩行 平　均 1. 平均立および歩（各種姿勢） （台上） △2. 倒立 一年の復習 組　立 1. 一年の復習 2. ピラミッド	転　回 △1. 一，二年の復習 （側転や後転の2回以上の連続） 歩　行 1. 一，二年の復習 （程度や到達目標を高める） 平　均 1. 一，二年の復習 （床，台上，人，平行棒，鉄棒，リング） 組　立 1. 一，二年の復習 （程度を高める）
社会的	1. 自他の健康や安全に注意する。 2. 技能の向上に協力する。 3. 役割を分担して責任を果す。	1. 自他の健康や安全に注意する。 2. じょうずなものは他の者を指導する。 3. 技能の要点を評価し合う。 4. 役割を分担し，協力して責任を果す。	1. 自他の健康や安全に注意する。 2. まじめに協力し合う。 3. 自己の体力に応じてレクリエーションとして活用する。

3. 指　導　計　画

(1)　学習段階（学年別）

	第　1　学　年（12時）	第　2　学　年（9時）	第　3　学　年（6時）
1週	知的理解や基礎的技能の学習 1. 自己の知的および身体的（体格・体力）の現状を知る。 2. 巧技の特徴を理解する。 3. 跳躍・歩行の基礎練習	積極的な研究心と自主的な行動から技能の向上を図る。 1. 自己の知的および身体的（体格・体力）の現状を知る。 2. 懸垂・跳躍・歩行の全習分習。	連続的技能の習得と試合，審判，規定問題のつくり方およびその運営について学習する。 1. 自己の知的および身体的（体格・体力）の現状を知る。 2. 連続した運動の練習。 3. 与えられた種目を審判し合う。

2週	1. 正しい練習法を身につける。（懸垂・跳躍）	1. 歩行・転回・平均の全習分習。	1. 連続した種目の練習（試合） 2. 一，二年の復習。 3. 生活と巧技との関連を理解する。
3週	1. 正しい練習法を身につける。（転回・平均・組立）	1. 転回・歩行・組立の練習。 2. 体操競技について理解する。	
4週	1. 既習種目の練習 2. 自己のテストの記録		

(2)　学習の順序（第2学年男子）

学習段階			指導上の留意点	備考
始め	1. 技能のテスト 2. 懸垂，跳躍 3. 歩　行	4時	1. 個々の技能についての自覚を促し，学習の基礎とする。 2. 身体的発達を助長するとともに，正しい練習法を身につけるように指導する。	1. 技能の指導は段階的に取扱う。 2. 環境は生徒の安全を第一とする。
中	1. 歩　行 2. 平　均 3. 転　回 （全習・分習）	3時	3. 競争的に取扱い，巧技に対する興味と基礎的技能を高める。 4. 公共の施設用具を正しく活用するよう指導する。	3. 異質的グループにより相互の向上を図る。
まとめ	1. 転回，歩行，組立 2. 体操競技について理解する。	3時	5. 巧技と体操競技の関連について理解させる。	

4.　展　　開　　　巧技指導案　第1学年男子

(1)　本時の目標　跳躍，歩行の練習により身体の支配能力を高め，集団的な行動の自主的活動を養う。

(2)　本時の学習　本時の段階は本学年第3時

学習内容	学習活動	指導上の留意点	備考
1. 身体をよく支配する。 2. 自他の安全を考え集団的な行動をする。 3. 正しい練習法を身につける。	1. 用具（マット）の準備 2. 準備運動 3. 集合（マットの数に応じて） 4. マット上の歩・走（各種） マット上の跳躍移行（各種） 5. 整理運動 6. 反　省 7. 用具の後仕末	1. 用具の点検 2. 安全上の注意 （危害予防・段階的練習） 3. 実技の要点の説明 4. 体操部員，または技能優秀者の示範による興味の助長 5. 集団的な行動の効果を説明 6. よくできなかった点の反省 7. 次時の予定	1. マットの長さ，数が適当であったか。 2. 注意を積極的に守ったか。 3. 本時の目標がどれだけ満たされたか。 4. 次時の予定が適切に考えられたか。

5.　指導の参考

(1)　巧技の特徴の上から

ア．巧技は教科時においては競技を目標とするものではなく，からだの支配能力を養い，柔軟で強いからだをつくり，勇気や決断力をつけるために行うものである。したがって各類型の

運動にわたって指導する。

イ．勇気や決断力を練る機会に富む運動は一面危険を伴うから安全には特に考慮を払い，指導は段階的な取扱をする。

ウ．成功・不成功がめいりょうであり，自分の能力を試すによい運動であるから，ときおりテストや競争をさせ進歩の状況を自覚させる。

エ．巧技は季節によって制約される運動であるから，各類型の運動は，それぞれにふさわしい各季節への分散指導が必要となってくる。

オ．巧技の中，ある期間にわたっての練習でなければ成功をみないもの（例，懸垂運動・倒立など）は，ある期間継続的に学習させるとともに，巧技以外の他の教材の補助的内容として年間を通じて練習させ，また自由時の体育と関連づけるように指導する。

カ．施設や用具を正しく活用し，管理ができるように指導する。

(2)　各類型について

ア．懸垂

（ア）　懸垂運動の効果について説明し，その重要性を理解させる。

（イ）　ある種目を固定せず，いろいろの性質の運動を段階的・総合的に指導する。

（ウ）　一つの種目でも，器具をかえて指導する。

（エ）　競技的な取扱をするとともに，安全に特に注意して指導する。

イ．跳躍

（ア）　器具を使用するとしないとにかかわらず，準備運動をじゅうぶん行う。

（イ）　跳躍運動は単に器用な身体支配の能力を養うばかりでなく，基礎的運動能力としての跳躍力を養うことであることに留意して指導する。

（ウ）　跳躍は，高く，遠く，美しくをモットーとして練習させる。

（エ）　各種の障害物を利用して跳躍させるように指導する。

ウ．転回

（ア）　転回運動の効果について説明し，その重要性を理解させる。

（イ）　からだの柔軟性が転回運動の基礎となるから，特に徒手体操と関連して指導する。

（ウ）　安全には特に注意し，練習（学習）上の環境の整備と，段階的な指導に重点をおく。

エ．歩行

（ア）　比較的幼稚な運動であるが，興味があり，かつ巧ち性が高いので，他の運動に併用するよう指導する。

（イ）　競争的に指導するといっそう効果的である。

オ．平均

（ア）　基底面を狭くしたり，高くしたりして同じ運動にも変化を与えて指導する。

(イ)　回転，転回運動を結びつけて，平均保持の内容を豊富にして指導する。

(ウ)　倒立系の運動は初めは困難であるが，できだすと興味をもち自信を増すから，なるべく早く要領を会得するように指導する。

カ．組立

(ア)　組立運動の効果について説明し，その重要性を理解させる。

(イ)　特に社会的態度の育成や，美的関心の喚起等の精神的効果を重視して指導する。

a．相手の力を信頼する。

b．その信頼に答える。

c．自分の責任を果す。

d．まじめに協力し合う。

(ウ)　一般に組み上げる時より，組立を解く時に気がゆるむから，安全に注意して行動するよう指導する。

(3)　巧技の種目について

巧技の種目は各類型とも非常に多い。ここに掲げたものはその代表的なものであるから，生徒の能力に応じて学習の内容を豊富にするように指導する。

(4)　指導計画について

男女の性別にふさわしい運動類型を選択して指導する。

Ⅲ　陸上競技の指導計画と展開の例

1.　陸上競技の特性と取扱の方針

(1)　陸上競技の特性

陸上競技は，種目が多いので，自己の能力や興味に応じて適切な種目を選んで実施させることができる。

また，走・跳・投の練習によって，筋力・敏しょう性・持久性・器用さなどを高めるとともに身体を均斉に発達させるのに役だつ。

(2)　陸上競技の取扱の方針

ア．一般的な方針

陸上競技の取扱もその立場に応じていろいろの方法があるであろうが，ここでは目標との関連を考慮して，グループ利用の指導形態をとることにした。

(ア)　配当時間は三つの目標の振合から，１年12時間，２年10時間，３年５時間，とした。

(イ)　各学年における班別は，１年間はできるだけ同一の班別で通すことにした（時間の節約を考慮して)。しかし，全種目を同一期間内に継続して行う必要はない。たとえば１年では，短距離走・リレーと走高とびを春に，走幅とびと三段とびを秋に，そして長距離走は冬に配当するがごときである。

(ウ)　班別は原則として異質的な班を編成させる。そして個人の技能を伸ばすばかりでなく相互の協力活動によって班全体のレベルを高め，社会的な行動を身につけさせる。

(エ)　１，２年では１時間の半ばに種目を交代して練習させることにした。(長距離走を除く）種目を変えることによって班員の気分転換をはかるとともに総合的な体力の上昇をねらったわけである。ただし計画を密にして要領よく進めないと時間の不足するおそれがある。

(オ)　そこで他の方法として，同一のグループが同一の種目をそれぞれ１時間半ずつ行ってから交代させることもできる。

(カ)　特に，障害走・砲丸投げ・棒高とびなどの指導に際しては傷害の防止に万全を期すること。

イ．年間計画

(ア)　本計画は普通の高等学校における一般的な場合について示したものである。

(イ)　おもな施設は以下のとおりである。200mトラック１，サッカー・ラグビー場と野球場はトラックとそのフィールドに重ねてとってある。バレーボールコート・バスケットボールコート各３面，テニスコート２面，砂場２面(内１面は鉄棒兼用)，体育館１，小体育館（柔・剣道場）１，25mプール１。

(ウ)　体育教師の数は３人～４人である。

(エ)　「保健」は２年と３年で行う。したがって１年105時，２年70時，３年70時である。

（オ）　目標との関連を考慮し，かつ，指導の効果をねらう意味で同一性格の運動種目をなるべくまとめるようにした。また，個人的な発達から進めて行事との関連をも考慮しながら，生活化へと発展させることにした。

（カ）　グラウンド使用の立場から各学年における種目の重複はできるだけ避けるように努めたが，季節その他の事情からやむを得ない場合は重複させた。

2.　単元のねらいと学習内容

	第　1　学　年（12時）	第　2　学　年（10時）	第　3　学　年（5時）
ねらい	短距離走や跳躍の諸種目の練習によって，走・跳の基礎的技能を習得させるとともに，それらの技能の上達に必要な規則や練習方法などを理解させる。同時に自己の体力を知って積極的に活動する態度を育てる。	中距離走・投てき・障害走・棒高とびなどの諸練習によって走・跳・投の基礎的技能の向上と複合的な能力や持久力を強める。また勇気と粘り強い精神と助け合って練習する習慣をつくる。	走・跳・投の諸技能の上達をはかり，陸上競技における趣味を伸長させるとともに，総合的な種目の記録会や競技会を正しく行うことによって3年間のまとめをする。
個・人	技能と理解 1. 短距離走 (1)　スタート，中間疾走，フィニッシュのし方 (2)　不正出発，順位の決め方，計時法，競技場のつくり方，などの規則を理解する。 (3)　自分のタイムを知る。(50～100m) 2. リレー (1)　バトンタッチ（基本・オープンコース・セパレートコース） (2)　バトンタッチの規則について理解する。 (3)　自分の組のタイムを知る。(1人50～100m) 3. 走高とび (1)　助走と踏切，とび越しの動作（正面とび・ロールオーバー・ベリーロール） (2)　試技回数・計測法などの規則と安全について理解する。 (3)　自分の記録を知る。	技能と理解 1. 中距離走 (1)　ロングスプリント・ロングストライド走法，力の配分 (2)　計時法・その他の規則や衛生について理解する。 (3)　自分のタイムを知る。(800m) 2. 投てき（砲丸投げ） (1)　その場投げ，砲丸の持ち方と構え，突き出し，ステップ (2)　試技回数・計測法・順位のきめ方などの規則や安全について理解する。 (3)　自分の記録を知る。	技能と理解 混成競技（走・跳・投の種目を3～5種目を適当に組み合わせる） (1)　100m・障害走・砲丸投・800mの各種目と走幅とび・走高とび・三段とびの3種目の中から1種目を選択する。 (2)　混成競技のねらい，規則や採点方法，実施のしかたなどについて理解する。 (3)　自分の記録や採点のしかたを知る。
	4. 幅とび (1)　立幅とび　　空間や着地の動作 (2)　走幅とび　　助走と踏切，空間動作（そりとび・鋏とび），着地 (3)　試技回数・計測法・同記	3. 障害走 (1)　ハードリング・インターバル・フィニッシュ (2)　計時法およびハードリングなどの規則や安全について理解する。 (3)　自分のタイムを知る。(80	

的	録と順位のきめ方など規則について理解する。 (4) 自分の記録を知る。 5. 三段とび (1) 立三段とび　三つの跳躍の組合せとフォーム (2) 三段とび　助走と踏切力の配分と空間動作，着地 (3) 試技回数・計測法などの規則や安全について理解する。 (4) 自分の記録を知る。 6. 長距離走 (1) 大またと小また走法・ペース・呼吸法 (2) クロスカントリー (3) 計時法その他の規則や衛生について理解する。 (4) 自分の記録を知る。	m以下） 4. 棒高とび (1) 棒幅とび　棒の持ち方と助走，突込みと空間の動作，着地 (2) 棒高とび　助走，突込み（ボックス使用），踏切，空間動作（振上げ，ターン，突き放し），着地 (3) 試技回数・計測法・同記録と順位のきめ方などの規則や安全について理解する。 (4) 自分の記録を知る。	
社会的	(1) 班ごとに練習計画をたてて，実施の方法について相談する。 (2) 役割を分担して責任を果す。 (3) 競技場の準備やあと仕末や，用具の取扱が正しくできる。 (4) 必要なきまりを守り，礼儀正しく行動する。 (5) 他人のよい点を学んで，注意をよく受入れる。 (6) 記録をつける練習する。 (7) 記録会を行うことができる。 (8) 運動能力尺度表を用いて自分の能力の判定ができる。 (9) 陸上競技に対して興味や関心を持ち，自由時の活動として発展することができる。 (10) 各種目に適した準備運動や整理運動を作る。	(1) 班ごとに練習計画をたてて，実施の方法について相談する。 (2) 役割を分担して責任を果す。 (3) 競技場の準備やあと仕末や，用具の取扱が正しくできる。 (4) 粘りづよく最後までやりとげる。 (5) 記録会を行うことができる。 (6) 危険の予防に関する規則や諸注意をよく守る。 (7) 各種目に適した準備運動や整理運動をつくる。 (8) とくに障害走や棒高とびに適した補助運動を研究する。	(1) 班ごとに計画をたてて実行に移す。 (2) 役割を分担して責任を果す。 (3) 他のグループと場所を協定する。 (4) 不得手な種目でもまじめに行う。 (5) 記録にちょう戦する。 (6) 記録を伸ばして趣味を高める。 (7) 競技採点表を用いて自分の能力の判定ができる。 (8) 記録会や競技会を秩序正しく運営できる。

3. 指導計画

(1) 指導の順序（第１学年）

		指導の順序	指導上の留意点	備考
		1. 陸上競技の歴史や特徴を理解させる。	1. 走力を基準として異質的な班をつくる。	1. 六つの異質な班に分ける。 2. 各班の役割は

準 備	1時	2. 1年間に学習する陸上競技各種目（短距離走・リレー・走高とび・走幅とび・三段とび・長距離走）の概要を説明し全体的な見通しを持たせる。 3. 班別に分けて，役割を決定する。（以後1年間における陸上競技はできるだけこの班別で通す。） 4. 準備体操について考える。	2. 走・跳の基礎的能力をつけることを重点におき，知識とよく結びつけて学習させる。 3. 記録をつけることにより，進歩の喜びを味わわせる。 4. 各班の記録を比較させることによって，協力的な意欲を強める。 5. 跳躍種目における砂場の状態に注意する。 6. 三段とびにおける，かかとの傷害予防に気をつける。 7. 長距離走は寒冷の時期に配当する。（発汗後の処置に注意） 8. できるだけ自由時の活動にも発展させるようにする。	班　　長　　1名 記録係　　2名 用具係　　2名 競技場係　2〜3名 3. 短距離走のスタートにはできるだけスターティングブロックを用意する。
練 習	3時	1. 班別の基本練習 (1) 準備体操とジョッキング (2) 短距離走とリレー(A・B・C班）中間疾走（スタンディングスタートで）練習，続いてスタートダッシュ，フィニッシュなどを行う（以上短距離）。まず近距離でバトンタッチを習得する。そして競走的に行ったり作戦も立てる（以上リレー）。 (3) 走高とび（D・E・F班）低い高さで助走と踏切の要領を習得する。とび方（フォーム）を練習する。 (4) A・B・C班とD・E・F班は各時間の半ばに種目を交代して実施する。 2. 班別の総合的練習 各班ごとに計測したり記録をとる。 3. 各班の記録の結果を比較して上達のための個人および班の協力的練習		
仕 上 げ	1時	1. 各班の記録会を中心とした競技会を計画し運営する。 2. 各班の記録をまとめて比較し全般的な反省を行う。		
練 習	2時	1. 班別の基本練習 (1) 準備体操とジョッキングおよび短距離走 (2) 幅とび（A・B・C班） 立幅とびを行う。近距離助走で楽に踏切る。助走やフォームや着地の練習をする。 (3) 三段とび（D・E・F班） 立三段とびを行う。近距離助走で軽く三段とび，ホップ・ホップ・ジャンプ，ステップ・ジャンプ，結合する。 (4) A・B・C班とD・E・F班は		

		各時間の半ばに種目を交代して実施する。 2. 班別の総合的練習 各班ごとに計測したり，記録をとる。 3. 各班の記録の結果を比較して上達のための個人および班の協力的練習。		
仕上げ	1時	1. 各班の記録会を中心とした競技会を計画し運営する。 2. 各班の記録をまとめて比較し全般的な反省を行う。		
練習	2時	1. 班別で長距離走の基本的練習 (1) 準備体操，5～10分歩行と楽なランニングを交える (2) トラックなどを回りながらフォームや呼吸法の練習 (3) しだいに距離をのばしトラックまたは校外を走る。 2. 班別の総合的練習 各班ごとに計測したり記録をとる。 3. 記録の結果に基き，上達のために協力し合う。		
仕上げ	1時	1. 各班の記録会を中心とした競技会を計画し運営する。 2. 各班の記録をまとめて比較し全般的な反省を行う。		

(2)　指導の順序（第2学年）

		指　導　の　順　序	指導上の留意点	備　　考
準備	1時	1. 年間に学習する陸上競技の各種目（中距離走・砲丸投げ・障害走・棒高とび）について特徴と練習のしかたの大要を説明し，全般的な見通しを持たせる。 2. 班別に分けて，役割を決定する。（以後1年間における陸上競技はできるだけこの班別で通す） 3. 準備体操をくふうする。	1. 中距離走・砲丸投げ・障害走・棒高とびなどは生徒の経験が少ないので，教師の指導面（直接的）を多くする必要がある。 2. 走・跳・投などの基礎的能力の向上をはかるとともに巧ち力，持久力も高めるようにする。 3. 青年の冒険愛好の心理を利用して効果を高める。 4. 他人の立場を尊重して，礼儀正しく行動させる。 5. 砲丸の重さは4～6kgとし初めは軽いもので練習させる。 6. 砲丸投げは，投てき練習上の規則を定め，それを厳重に守らせる。	1. 六つの異質的な班に分ける。 2. 各班の役割は 班　長　1名 記録係　2名 用具係　2名 競技場係　2～3名 3. ハードルの代りに腰かけや竹ハードルなどを利用してもよい。その高さは最高76cmを限度とする。
練	3時	1. 班別の基本練習 (1) 準備体操とジョッキング (2) 800m走（A・B・C班） ストライドを利用した中間疾走（スタンディングスタートで400～600m）を行う。		

習		スタートダッシュの練習 (3) 砲丸投げ（D・E・F班） 投げる要領（スタンディングで何回も投げる），ステップの練習 (4) A・B・C班とD・E・F班は各時間の半ばに種目を交代して実施する。 2. 班別の総合的練習 各班ごとに計測したり記録をとる。 3. 各班の記録の結果を比較して上達のための個人および班の協力的練習。	7. 障害走では打ぼく傷，棒高とびでは着地の際のねんざ防止に注意する。	
仕上げ	1時	1. 各班の記録会を中心とした競技会を計画し運営する。 2. 各班の記録をまとめて比較し全般的な反省を行う。		
練習	3時	1. 班別の基本練習 (1) 準備体操とジョッキング (2) 障害走（A・B・C班） ハードルに必要な補助体操をする。 ハードルのとび方（1〜2台で）を練習する。 インターバル（初め5歩しだいに3歩で）を練習し台数をふやしていく(4台〜8台)。 (3) 棒高とび（D・E・F班） 棒を持って走る練習 棒幅とび（棒を砂場にさして）をする。 短い助走で低い高さを何回もとぶ。 棒の突込みと踏切の要領を身につける。体の引上げと突き離しの練習をする。 (4) A・B・C班とD・E・F班は各時間の半ばに種目を交代して実施する。 2. 班別の総合的練習 各班ごとに計測したり記録をとる。 3. 各班の記録の結果を比較して上達のための個人および班の協力的練習。		
仕上げ	2時	1. 各班の記録会を中心とした競技会を計画し運営する。 2. 各班の記録をまとめて比較し全般的な反省を行う。		

(3)　指導の順序（第3学年）

		指　導　の　順　序	指　導　上　の　留　意　点	備　　考
準備と練習	1時	1. あらかじめ班別をつくらせておく。班別の方法は跳躍のみを（走幅とび・走高とび・三段とびの中から1種目）選択とし，これを基準に各班の人数がだいたい同じくなるよう分けさせる。 走幅とびコース—A・B班 走高とびコース—C・D班 三段とびコース—E・F班 2. 混成競技の特徴や練習や採点の大要を理解させる。 3. 班別の練習 (1)　準備体操とジョッキング (2)　100m（A・B・C班） (3)　障害走（D・E・F班） (4)　途中でA・B・C班とD・E・F班は種目を交代して実施させる。	1. 班の自主的な活動能力を高めるように配慮する。 2. 走・跳・投の総合的能力を向上させる。 3. 不得意な種目でもまじめに行わせる。 4. 各班の間の協力に注意させる。 5. 規則や審判に関する知識を広め，秩序正しく，公平に記録会や競技会ができるようにする。 6. 陸上競技の趣味を深め，将来の生活にも取り入れる能力をつくる。	1. 三つの跳躍種目を基準として6班に分ける。 2. 各班の役割は 班　　長　　1名 記 録 係　　2名 用 具 係　　2名 競技場係　2〜3名 とし，別に審判に当る場合の役割もきめておく。
	1時	4. 班別の練習（続き） (1)　準備体操とジョッキング (2)　走幅とび，砲丸投，800m（A・B班） 走高とび，砲丸投，800m（C・D班） 三段とび，砲丸投，800m（E・F班）		
仕上げ	1時	1. 混成競技会の計画と運営 競技の実施面と運営面とに班を分けて行い交代させる。 (1)　100 n，障害走，砲丸投げ（A・B班） (2)　障害走，砲丸投げ，100m（C・D班） (3)　砲丸投げ，100m，障害走（E・F班）		
	2時	(4)　走幅とび，800m（A・B班） (5)　走高とび，800m（C・D班） (6)　三段とび，800m（E・F班） 2. 個人や班の記録を比較したり陸上競技全般のまとめとして反省を行う。		

4.　展　　開

陸上競技指導案（時案）第1学年男子

(1)　計画の概要

第1時　陸上競技の歴史や特徴と短距離走・リレー・走高とび・走幅とび・三段とび・長距離走の概要について理解させる，6班に分けて役割をきめる，準備体操をくふうさせる。

第2時　班別の基本練習(分習)　短距離走・リレー・走高とび。

第3時　班別の総合的練習(全習)　記録をとって班で比較する。

第4時　班別の部分的練習(分習)　自班の成績や個人の記録を伸ばすために班ごとに助け合って練習する。

第5時　記録会を開く(まとめ)　グループの順位決定，反省。

第6時　班別の基本練習(分習)　走幅とび・三段とび。

本時第7時　班別の総合的練習(全習)　記録をとって班で比較する。

第8時　班別の部分的練習(分習)　自班の成績や個人の記録を伸ばすために班ごとに助け合って練習する。

第9時　記録会を開く(まとめ)　グループの順位決定，反省。

第10時　班別の基本練習(分習)

第11時　班別の総合的練習(全習)　記録をとり結果に基き，助け合って練習する。

第12時　記録会を開く(まとめ)　グループの順位決定，反省。

(2)　本時のねらい

走幅とび・三段とびの練習において，それぞれの方法で技能を伸ばし，班の記録を比較することにより助け合って練習する意欲を高める。

(3)　準　　備

ア．巻尺 2～4，砂ならし，ライン引き，ほうき。

イ．準備当番　B班とE班の用具係および競技場係。

	学　習　活　動	指　導　上　の　留　意　点
始め(10分)	1.用具と競技場の準備をする。 2.各班ごとに準備運動を行う(体操とジョッキング)。 3.集合打合せ（出席・服装の点検・本時の計画・練習上の注意について）	(1)　A・B・C班とD・E・F班は時間の半ばで種目を交代させる。 (2)　助走路をよく整備し，砂場をよく堀り起しておく。 (3)　コンディションを整え自分に適した方法を用いてよい記録をあげさせる。 (4)　記録は各班の記録係が中心となって計測する。 (5)　秩序正しく行動させる。 (6)　でき・ふできの原因を互に考えさせる。
中(35分)	〔走幅とび〕　A・B・C班 1.走幅とびに必要な補助運動を行う。 2.コンディションを整える。 (1)　近距離助走でフォーム（任意な）を整える。 (2)　助走の歩測（第1・第2目標）をする。 (3)　疾走してとぶ。 3.記録を計測する（自分のとべる距離を知る）。 〔三段とび〕　D・E・F班 1.三段とびに必要な補助運動を行う。 2.コンディションを整える。 (1)　近距離助走で楽にフォームを整える（大体	

	6:4:5の配分で)。 (2) 目標を設けて助走する。 (3) 疾走してとぶ。 3. 記録を計測する(自分のとべる距離を知る)。
まとめ(5分)	1. 整理運動 2. 記録の比較，問題点について話し合う，次時の打合せ 3. 用具のあと仕末

5. 指導の参考

(1) 指導計画作成にあたって配慮した事項

ア．1年には比較的経験の多い種目を配当し，2年には経験の少ない割合に困難な種目を配し，3年では混成種目によって1，2年のまとめを行わせるようにした。なお，各種目の学年別時間配当の例を示せば次のとおりである。

第1学年(12時)		第2学年(10時)		第3学年(5時)	
5時	1. 短距離走・リレー 2. 走高とび	5時	1. 中距離走 2. 砲丸投げ	5時	混成競技 100m競走 障害走 砲丸投げ 800m競走 走幅とび・走高とび・三段とびの中から一種目を選択する。
4時	1. 走幅とび 2. 三段とび	5時	1. 障害走 2. 棒高とび		
3時	長距離走				

イ．「指導の順序」においてはその能率という点からできるだけ分習と全習を織り交ぜて仕上げに結んである。

ウ．同じく指導の能率という意味から二つの種目(第3学年では3種目)を同時に学習させることにした。

エ．そのために班別が必要なのでこの形態をとった。そして班別を利用するというだけではなく，班自体の自主的な活動も促進できるように配慮した。

オ．班の記録を比較させることにより班の競争意識を高め，個人の自覚とともに班の協力的活動を助長させることを考えた。

(2) 指導の参考

第1学年

ア．歴史と特徴

わが国へは明治7年ごろに伝えられたともいわれているが，明治11年にアメリカのクラーク博士によって札幌農学校に伝えられた。その後記録は急速に上昇し，国際競技に活躍するととも

に，多くの人々にも親しまれるようになった。そして次のような特徴がある。

（ア）　基礎的な運動技能を中心としたものであるから，一応だれでもできる。

（イ）　種目の数が多いから，個人の興味や能力に応じて種目を選ぶことができる。

（ウ）　成績が時間や距離によって客観的に測定されるから，自己の向上の度合を知ることができ，また他人の能力と比較できる。

（エ）　競技の場では対人で相手と競うので，勝敗に偶然性のはいり込む機会が少ない。

（オ）　筋力・速度・敏しょう性・持久性・器用さなどを向上させ，他のスポーツの基礎的練習のためにも利用できる。

イ．班別について

（ア）　50m 走の能力を参考として各班の水準がだいたい同じくらいな六つの異質的な班をつくる。そしてこの班別はできるだけ固定し，１年間，陸上競技の場合に使用する。

（イ）　各班の役割は班長１名，記録係２名，用具係２名，競技場係２～３名とする。記録係は記録簿に，練習種目名，うまくできなかった者の名とその理由，計画の進度や問題点などを記入する。用具係や競技場係は他の班と準備について協定することが必要である。また各個人は個人別の記録票を持つと便利である。

ウ．用具

スターティングブロック（または穴掘り）・バトン・巻尺・高とび支柱とバー・ストップウォッチ・出発合図器・砂ならし・ライン引きなど。

エ．短距離走とリレー

（ア）　短距離走はあらゆるスポーツの基礎になるもので，校内競技・運動会の中心的種目であり，また運動能力の測定種目としても行われるからよく練習させるようにする。身体を10°～15°くらい前傾し，腰を高く保ち，腕・肩・足などにむだな力を入れずに走る。全力疾走ではゴール間近で力を抜かず，５～６m 先に決勝線があるつもりで走り抜かせる。

（イ）　ジョッキング・スタートダッシュ（できれば短距離走も）などは毎時間準備運動的に行わせるようにしたい。（要領よく短時間で）

（ウ）　リレーでは１人100m～200m で行わせ，次の点に注意する。

ａ．第１走者のスタートの際のバトンの持ち方。（位置についたときにバトンの先が出発線より前方の地表に触れてはいけない）

ｂ．バトンを落した時の競技規則。

ｃ．オープンコースで行う時の競技規則。

ｄ．オーダーをくふうしたり，協力の仕方を経験させる。オーダーはスタートの早い者，コーナーの走り方のじょうずな者の順位をじゅうぶん考慮してきめる。

オ．走高とび

(ア)　大多数のものがじゅうぶんにとべる高さで何回もとばせ，助走と踏切・フォームなどについて指導する。

(イ)　正面とびは，斜めから走って片あしずつ交互にまたぎ越す練習から始める。

(ウ)　砂場は，常にやわらかに掘りかえしておくように指導し，砂場に対する支柱の位置に注意をはらう。

カ．走幅とび

三段とびと組み合わせて実施するわけであるが，整った砂場が二箇所あればさらに効果があげられよう。

(ア)　空中のフォームと着地の基礎的な練習として立幅とびを利用する。また立幅とびは運動能力の測定にも用いられるから，計測の要領などもよく指導することが必要である。

(イ)　近距離助走(距離5m～8m)で踏切の練習を行い，しだいに助走の距離を延ばしていく。

キ．三段とび

(ア)　立三段とびで跳躍の要領を理解させる。ホップの着地の時には，足先が上体より前に出ないようにする。

(イ)　足くびやかかとをいためないように注意させる。

ク．長距離走

(ア)　グラウンドを回ってペースや呼吸法などを会得させてから校外を走らせることもよい。呼吸は自然に体の動きに応ずるように指導する。

(イ)　しだいに距離を延ばして約2000m～5000mぐらい走れるようにする。走る前とあとに脈はくをはからせることもよい。

(ウ)　校外を走る場合は車や障害物に注意させるとともに，危険防止の方途を講ずる。

ケ．できるだけ体力検査・運動会・校内陸上競技会・駅伝競走などの行事との関連も考慮しながら実施させる。

第2学年

ア．班別について

第1学年の時の陸上競技の実施記録または50m走の能力を参考に六つの異質的な班に分ける。役割なども第1学年の場合に同じ。

イ．用具

砲丸・ハードル(またはこれに代る障害)・棒高とび用支柱とバーとポール・ストップウォッチ・出発合図器・砂ならし・ライン引きなど。

ウ．中距離走

(ア)　ジョッキング，中間疾走の練習（よくももが上がり腰が高く保たれるように，のびのびと)，スタートダッシュを行ってから中距離疾走に入る。

（イ）　練習の時，一周のタイムを測り自分のペースを知る。

エ．砲丸投げ

（ア）　投げるというよりも足・腰・肩・腕の力を総合的に利用して突き出す。正式には直径2.135 mのサークル内から投げる。砲丸を投げ終ってから，一度静止の状態になり，サークルの後半から出る。

（イ）　練習には危険が伴うからよく注意する。たとえば練習の場所を決めておく，順番を守って係員の合図で投げさせる，交差して投げないなどについて留意する。

オ．障害走

（ア）　正規の低障害があれば申し分ないが竹ハードルか腰かけを利用してもよい（高さは76.2 cmにとどめる）。80mの低障害は8個のハードルをとび越す。出発から第1ハードルおよび最後のハードルから決勝線までの距離はそれぞれ12mであり，ハードル間の距離は8mである。1～2台から始めてしだいに台数をふやしていく。

（イ）　ハードルに必要な柔軟体操を実施させ，危険の予防に注意させる。

カ．棒高とび

（ア）　おもな練習の順序は次のとおりである。

a．棒を持って走る練習をする。b．棒を砂場にさして棒幅とびをする。c．近距離助走で楽にとべる高さを何回もとんでしだいにフォームをつくる。d．棒の突込みと踏切の要領は，踏切足が地につくまで棒の先を箱に固定し，両腕を伸ばしておき，次いで左手を右手のほうへすべらせて両手をそろえる。踏切の要領は地面をけるのではなく，棒の立つのに体がひっぱられるようにする。e．そしてあしが振り上げられるにつれて両ひざを曲げ，腕で上体を急激に引き上げて倒立の姿勢をとり，腕を伸ばすと同時に棒を突き放すようにする。

（イ）　着地の際の負傷の予防に注意させる。

（ウ）　とび終った棒は必ず他のものに受け止めさせるように指導する。

第3学年

ア．班別について

まず，走幅とびを選択したものと走高とびを選択したものと三段とびを選択したものとの三つに大別し，さらにそれぞれを二つずつの等質的な班に分けて合計六つの班をつくる。

イ．計画の進め方について

（ア）　事情によっては障害走を除いて4種目とか，また800mも除外して3種目で行うこともできるが，5種目ぐらいは実施させたい。

（イ）　5種目を一時間に実施することは無理なところもあるので，次の時間にかけて行わせるようにした。

ウ．練習と競技会

（ア）　練習において各自の欠点を補強したり長所を伸ばす（班員の協力によって）。

（イ）　行う順序を協定して秩序正しく実施させる。

（ウ）　競技会は個人的な対抗競技だけでなく，全員が参加して班で行う対抗に重点をおく。それには次のような方法がある（第１，２学年にも関連するが）。

ａ．各人の記録を合計して勝敗を決める。ｂ．立幅とびや砲丸投げでは，１人ずつ選手を出して競技させて勝敗を決め，勝者の人数の多少でチームの勝敗を決める。ｃ．一定の区画を設け，それに１～５点を配当して点数で決める。

（エ）　競技会の進行や審判のしかたなどについて指導する。

エ．陸上競技のまとめ

技能の進歩の度合，班の協力の成果，競技会の計画や運営の能力，残された問題などについて話し合う。

Ⅳ 柔道の指導計画と展開の例

1. 柔道の特性と取扱の方針

(1) 柔道の特性

普通行われている柔道の技能の内容は，きわめて豊富であるが，それらには，学校柔道の指導内容としてふさわしくないものもあるので，ここでは体育の目標や生徒の発達に適当と考えられたものを選択している。

また，終戦前の学校柔道は，武道としての立場から取り扱われていたが，現在の柔道はスポーツとしての立場に立っているので，その取扱の態度は根本的に異なるものである。

このような点から，柔道の指導計画を立案し，展開するに際しては，学習指導要領の趣旨を理解し，柔道のもつ特質をじゅうぶん発揮するよう留意すべきである。

なお，柔道は個人的発達をおもな目標とする運動の分類に属しているが，社会的あるいはレクリエーション的目標を達成する性質ももつものであるから，これらについても計画的に指導されるべきである。

(2) 取扱上強調すべき点

ア．計画や指導が系統的合理的で，学習が自主的に実施されるように考慮すること。

他の運動では，こと新しく述べられる必要のないことであるが，柔道については，従来の習慣や惰勢によって指導している傾向があるので，この点，じゅうぶん留意しなければならない。

イ．健康と安全を重視すること。

格技の中でも，柔道のように直接相手と組み合い，かつ多様な技能内容をもっているものでは，危害の起る可能性が高いといわなければならない。この点，学習指導要領でも特に留意しているが，さらに計画・実施にあたっては，体力差・熟練度・練習場の広さ・練習時間などをじゅうぶん考慮すること。また，関節わざの取扱や投げわざの中でもその投げ方（同体で倒れるような投げ方）についてじゅうぶんな考慮をすることが必要である。

ウ．社会的態度の指導

柔道における社会的態度の指導にあたっては，生徒相互の助合いによる学習やグループによる自発的な学習をさせるなど，適切な学習場面を設定し，生徒の能力をじゅうぶんに発揮させるとともに，協同や責任の重要性を理解させ，体得できるように考慮しなければならない。

(3) 計画立案の方針

ア．内容の学年配当

個人的種目の特性に基いて，低学年に多く，高学年に少なく配当した。

イ．時間計画

学習指導要領で示された望ましい指導時間数は，18時間～27時間であるので，1週3時間9週

の案を立てた。しかし，現場ではその実情に応じて計画を立てられるべきであろう。ただ，9週以下の場合，特にわざの選択をどうするかが，問題になると思われるが，そのことに関しては，別に掲げる内容を参考とされたい。

ゥ．計画実施時の諸条件

（ア）学級全員の履修計画と他の運動と組み合わせて選択的な計画をする場合が考えられるが，施設用具などの現状から考えて，選択的な計画のほうが実施しやすいであろう。

しかし，学校の実情によってそのいずれの方法をとってもよい。

（イ）柔道指導の場合は，練習場の広さや畳の枚数が問題となるが，練習場は独立したものがあればいちばんよいわけであるが，それがない場合は，体育館かまたは50畳以上しかれる室を利用することも考えられる。また，畳数は，普通1人1.5畳は最少限必要であろうといわれている。

2.　単元のねらいと運動内容

項目＼学年	第1学年	第2学年	第3学年
ねらい	1. 基本練習を通してわざの原理や特質ならびに基礎知識を理解させ，礼儀正しくこれを行う習慣をつくる。 2. 投げわざや固めわざの基礎練習を通してわざの要点を理解させるとともに体力と安全能力の向上を図る。 3. 各種の練習法に習熟し，互に協調して進んで練習に参加し，自主的に正しい練習ができるよう計画し，これになれさせる。	1. 練習による健康の増進と衛生ならびに救急法の理解と，これに対する習慣を高め，他人の健康や安全にも注意するようにする。 2. 応用練習としての乱取を通して真剣で，積極的にだれとも親しく練習する態度をつくる 3. わざの熟達を図り得意なわざを身につけさせるとともにわざや身体発達上の固癖に注意し，補助運動・きょう正運動によってこれを直す。 4. 乱取は，できるだけグループごとに行い，集団としての行動について習慣づける。 5. 簡易な試合を通して，試合を楽しむ習慣をつくる	1. 柔道の発達について理解させ，試合についての例話等によって，試合やその練習への興味と態度をつくる。 2. 試合における攻撃や防御の方法やその練習を通して，試合技術の向上を図る。 3. 競技会を自主的に計画・運営することによって，余暇に柔道を親しむ習慣をつくる。 4. 審判規則の理解と審判練習を通し，また試合を実施することによって，遵法・権威に従う態度やフェアプレーの精神を身につけるとともに，その精神を日常生活に展開するよう習慣づける。
運動内容	1. 基本 (1) 姿勢，組み方，運足，体さばき (2) 受　身 (3) くずし・かけ・投げおよび力の用法 2. 投げわざ (1) ひざ車，出足払い，浮き腰，大腰 (2) つり込足，大外刈，つり込腰 (3) 小内刈，大内刈	1. 連絡わざ (1) 投げわざから投げわざへ（大外刈から払い腰へ） (2) 投げわざから固めわざへ（ともえ投げから押えわざへ） (3) 固めわざから固めわざへ（よこ四方固めからかみ四方固めへ） (4) 固めわざから関節わざへ（かみ四方固めからうでがらみへ）	1. 試合技術（攻撃・防御・寝わざへ誘う要領および技能等） 2. 正式試合の規則と審判技術（勝負の判定と主審・副審の任務等） 3. 正式試合の計画と運営（組合せ，計時，記録等） 4. 正式試合（クラスマッチ，グループ試合等）

の 分 類	(4)　背負投，払い腰，はね腰 (5)　払いつり込足，送り足払い (6)　小外刈，体落し (7)　内また，ともえ投げ 3. 固めわざ (1)　けさ固め，肩固め (2)　よこ四方固め，かみ四方固め，たて四方固め (3)　うでがらみ，十字固め	2. 返しわざ (1)　投げわざ（小内刈をひざ車で） (2)　固めわざ（けさ固めを肩固め・けさ固めに） 3. 簡易試合 (1)　簡易試合の規則と審判法 (2)　投げわざの試合 (3)　固めわざの試合	

3. 指　導　計　画

(1)　学習の順序（時間計画）週3時間×9週＝27時間案

週	第　1　学　年	週	第　2　学　年	週	第　3　学　年
1	1. 基礎知識 2. 準備・整理運動 3. 基本練習 4. 投げわざ(1)(2) 5. かかり練習 6. 基本練習法 7. 受身と安全について 8. 約束練習	5	1. 応用練習法（主として乱取の態度・要領） 2. 練習時の健康と衛生習慣について 3. 得意なわざの練習 4. 連絡わざ・返しわざの基礎的練習	8	1. 試合練習法 2. 試合態度と試合技術 3. 試合の例話 4. 正式試合の規則と審判のしかた
2	1. 投げわざ(3) 2. 固めわざ(1) 3. 固めわざのはいり方・のがれ方の基本 4. わざの原理と特質 （力の用法，わざと体力） 5. 固めわざ(2)	6	1. 連絡わざ・返しわざの応用的練習 投げわざから固めわざへ，固めわざから関節わざへの連絡，固めわざの返し方 2. グループ練習（技能別）	9	1. 正式試合の計画と運営のしかた 2. 正式な試合 クラスマッチ，グループ試合など 3. 練習の仕上げ 反省会
3	1. 投げわざ(4)(5)(6) 2. 乱取練習 3. グループ練習（体力別）	7	1. 得意なわざを中心とする連絡わざ・返しわざの練習 2. 簡易試合 立ちわざ・寝わざ別試合をする。 グループの試合 3. 応用練習法のテスト，わざの熟達度のテスト 4. 補助・きょう正運動と仕上げ練習		
4	1. 固めわざ(3) 2. 投げわざ(7) 3. 基本のわざと練習法のテスト 4. 準備・整理・補助運動と仕上げ練習				

（注）表中の（　）内の数字は運動内容の分類の表の数字を示す。

(2) 学習の段階　　（学習内容の（　）の数字は運動内容の分類の数字を示す）

学年	段階	学習内容	指導上の留意点	評価の観点
第1学年	始め	1. 柔道衣の取扱 2. 礼，すわり方 3. 準備運動と整理運動のしかた 4. 基本練習 5. 投げわざ(1) 6. かかり練習 7. 練習法と態度	1. 練習と関連づけて正しい着方を理解させる。 2. 礼や動作と練習時の心構えの関連を理解させる。 3. 基本はいっせいに（単独と相対で） 4. 受身は安全感が現れるまで行う。 5. わざは3段階に分けて行う。 6. 基本練習における心構えについて反省させる。	1. 柔道衣を正しく着け，また処理する習慣がついたか。 2. 基本の段階練習が自主的にできるか。 3. 受身は安全にできるか。 4. 礼を正しく行う習慣がついたか。
	中	1. 投げわざ(2)(3) 2. 約束練習 3. 固めわざ(1)(2) 4. わざの原理と特質 5. 投げわざ(4)(5)(6)(7) 6. 乱取練習 7. 固めわざ(3)	1. わざの要点を知らせる。 2. グループでリーダーを決めて行う。 3. わざの力学的原理を説明する。 4. とくに技能の劣る者の個別指導 5. 乱取時における注意をする。 6. 固めわざの要点と特質をしらせる。	1. わざが力学的原理によって正しく行われているか。 2. 固めわざの練習が自主的に行えるか。 3. 各種の練習法がじょうずに行えるか。
	まとめ	1. 受身と安全 2. 補助運動	1. 種々のわざについて，いつも受身が行われるよう個々の場合についてしかたを指導する。 2. 補助運動とわざと体力の関連性を理解させ，総復習をし，さらに日常行わせるように指導する。 3. わざの総復習を行う。	1. 受身は安全にどんな場合でも行える自信がついたか。 2. 補助運動を進んで行う習慣ができたか。 3. 習ったわざはいずれも正しくできるか。
第2学年	始め	1. 乱取練習と得意なわざ 2. 練習と衛生および健康習慣	1. 正しい乱取練習の態度と習慣をつくるために，いっせい乱取・グループ乱取を行わせ，悪いものは個別に指導する。 2. 進んでだれとでも練習するように指導する。 3. 柔道衣の検査，身体の清潔の検査を行う。 4. 乱取時の服装と礼を正しく守るべきことを注意する。	1. 得意なわざがどれだけできたか。 2. だれとやってもけがをしないようになったか。 3. 練習時は，いつも清潔な服装や身体状況を保つようになったか。
	中	1. 連絡わざ(1)(2)(3)(4) 2. 返しわざ(1)(2) 3. 簡易な試合	1. 連絡わざの要点を知らせる。 2. 返しわざの要点を知らせる。 左項に示したわざを中心にいくつかを練習させる。 3. 簡易な試合法を示して行わせる。 4. グループで交互に行わせ，得意なわざの効果を検討する。	1. 連絡わざや返しわざの要点がよく理解・体得されたか。 2. 簡易試合のしかたが理解されたか。
	まとめ	1. 得意なわざと連絡変化 2. 簡易試合の態度 3. 補助・きょう正運動	1. 得意なわざを中心とする連絡変化を交互に行わせ検討する。 2. 投げわざ，固めわざ別の簡易試合を行い，試合上の態度を個別的に指導する。	1. 得意なわざを中心とする連絡わざや返しわざができるか。 2. 簡易な試合が進んで行えるようになったか。 3. わざの固癖がないか，またこ

			3. わざや姿勢の固癖を得意なわざを中心にきょう正する練習を行う。	れをきょう正する習慣ができたか。
第3学年	始め	1. 正式試合のしかた 2. 試合技術	1. 各種の試合法を練習試合によって体得させる。 2. 試合における技能と態度を基礎的練習を通して体得させる。 3. 試合についての例話によって，よい態度をつくらせる。	1. 正式試合における態度・技能が理解され，よろこんでこれに参加するか。
	中	1. 審判のしかたと規則 2. 正式試合の計画と運営 3. 正式試合	1. 学校柔道の規定と公認規定の解説 2. 審判のしかたを説明し，実際に行わせて検討し合う。 3. クラスマッチやグループ試合を自主的に計画・実施させ，その結果を検討する。 4. 正式試合は体力別で行い，技能・態度について相互に検討する。	1. 正式試合の規則の概要が理解され，審判もできるか。 2. 正式試合に出て，じゅうぶん実力を発揮できるか。 3. 試合を計画・運営することができるか。
	まとめ	1. 練習会 2. 練習法の総復習 3. 反省	1. 既習のわざを一定の形にして交互に実施し長所と短所を発見させる。 2. 基本・応用から試合までをいっせい，またはグループで行い，技能や態度を検討させる。	1. 練習法や技能が体得され余暇にこれを行う習慣ができたか。 2. 柔道による体力や生活態度の向上が目だっているか。

4. 展　　開

(1) 本時の学習　　第1学年　第8時

(2) 本時のねらい　　はね腰の基本練習を既習の払い腰と関連づけて，力の用法・わざの要点を理解させ，またこれを中心とする約束練習によって，グループによる正しい練習法を体得させ，わざの上達と体力の向上を図る。

段階	学習内容	学習活動	指導上の留意点
始め	1. 目標の確認 （学習の計画） 2. 身体の調整と学習の態度をつくる。	1. 正座・整列 2. 準備運動（わざに関連づけた体操） 3. 受身 4. 練習のグループをきめる。	1. はね腰について，わざの特質と練習法を説明する。 2. 練習時の心構えとして 一気にかける，同体に倒れない，正しい姿勢を保持し腰を引かない。 3. グループは体力別に二つまたは三つに分ける。
中	1. 払い腰の復習 2. はね腰のかかり練習（くずし，かけ） 3. はね腰の約束練習 4. 払い腰，はね腰を主とする約束練習	1. グループ別の約束練習を交互に行う。 2. はね腰の概要説明を聞く。 3. 体さばきを練習 4. 第1段の基本練習 5. 第2段の基本練習 6. 体力別グループで払い腰，はね腰を用いる約束練習 （注）4.5.については96ページのイ，を参照	1. くずしの悪い者その他個別にわざやかける姿勢・態度について直す。 2. 払い腰や浮き腰との類似性について説明し，理解を容易にする。 3. とくに足のあて方・手の引き方などについて，相対または単独で行わせる。 4. 最初はゆっくり正しく，しだいに機敏に行う。 5. よくできる者には，左わざについても行わせる。 6. 約束練習では無理なく大きく移動してかけさせる。

まとめ	1. 身体状態の調整 2. 学習内容の整理	1. 整理運動（きょう正運動も含めて） 2. 反省発表 3. 健康観察 4. 柔道衣のあと仕末	1. 健康上とくに疲労の程度，けがの有無を調べる。 2. わざのよくできない者について理由を検討する。 3. 練習中の態度について反省 4. 次時の予定と注意

5.　指導の参考

(1)　指導の態度

従来，柔道の場合は極端な教師中心の弊害が見られたので，この点については教師中心や技能中心のみに偏せず，生徒の健康や安全に留意し，自主的学習態度を向上させるように指導する。

(2)　用語について

通常，柔道界で用いられている用語の中には，そのことばの意味が理解しにくいものがあったり，またその語の用い方がまちまちであったりするものがあるので，次に述べるものは，ここでは便宜上，次の説明の意味をもつものとして使用することとした。

ア．くずし・かけ・投げ

通常，作り・かけといわれているが，生徒の理解を容易にし段階的な指導をするたてまえでは，上記のように分類するのがよいようである。この場合，「くずし」とはその個々のわざについてのくずし方を意味する。「かけ」はそのくずしの体勢に応じてわざを施す動作，「投げ」はそのかけた動作から相手を投げ倒すまでの動作をいう。

イ．かかり練習

練習をけいこともいうが，ここでは生徒の立場から練習の語を用いることにした。

かかり練習は個々のわざを基礎的に学習する場合，そのわざを反復して施し，そのわざのくずし・かけ・投げなどの基礎的能力を高めることを目標とする練習方法である。

ウ．約束練習

これは主として基礎的技能を総合的に学習する方法であり，相手の移動する方向や範囲を制限し，あるいはわざの種類を指定して相互にわざの練習を行う方法で，次の乱取へ展開する前段階として重視されなければならない練習方法である。

エ．乱取

これは柔道独特の応用練習で，これによって多くのわざの中からしだいに個性的なわざがその体力に応じて身につけられる。また社会的態度もこの練習を通して養われるところが多い。

(3)　基本練習の指導

ア．基礎知識と基本動作

生徒の好まない基本をしかもそれぞれの個性に応じた指導をすることは容易なことではない。しかし格技のように調和のとれた基礎的能力を多く要求する運動では，基本の指導はいっそう重

要性をもつ。礼法・姿勢・間合い・組み方・運足・体さばきなどは，投げわざ・固めわざで，その一つを欠いてもりっぱな技能の習得はできないし，さらにわざと結びついているくずし・かけ・投げ，力の用法や受身に至ってはいずれも欠くことのできない基礎条件である。特に礼法や姿勢や力の用法は基礎知識としても理解を高めさせ，正しい柔道の学習効果の向上を図らなければならないものである。

イ．わざの段階的指導

柔道のわざの指導法は，ともすれば経験的主観的方法に依存しようとする傾向が強かったようである。投げられている間にそのわざを体得するのだというのが，その一つの現われであるといえる。しかし合理的な指導を目ざしている近代柔道がいつまでもこのような方法に依存していてはならない。もちろん次に述べる段階的な指導法も必ずしも合理的とはいえないかもしれないが，一つの指導の形として参考になると思う。

まず，わざの学習順序を三段階にする。初めは，①「かけ」を主とする学習で同じわざを固定姿勢にある相手に続けてかける。したがって，ここではもっぱら自分のわざに対する体さばき，すなわち，「作り」が学習される。②次に一歩または数歩相手を押し，引き出しなどして，その動きに応じて掛ける。すなわち「くずし」と「かけ」の一致を学ぶ。③そして最後の段階においては自由に相手を移動させて，その間にかけて投げる。すなわち「くずし」から「投げ」までの総合的な練習である。ただここでは，「かけ」「投げ」「くずし・かけ」「くずし・かけ・投げ」という結合の順序が望ましい。なお固めわざでは，「固め方」「入り方（引込み姿勢から）」「入り方から固め方まで」を基礎的に反復練習させるべきである。

ウ．わざの分類による指導

（ア） 運動内容の分類で投げわざを７つ，固めわざを３つに分類したのは，従来わざの指導がわざの難易や前後の関連性をじゅうぶん考慮していなかったので，その欠陥を補ういみで一例としてあげた。したがって，これを取り扱う場合，わざの類似性を比較させ関連づけて，理解を容易にすることが必要である。またわざの類似性だけを主として分類すると次のような系列が考えられると思うので，参考までに掲げてみよう。

a．ひざ車→つり込足

b．大腰→つり込腰→背負投げ→体落し

c．浮き腰→払い腰→はね腰

d．大外刈り→小外刈り

e．出足払い→払いつり込足→送り足払い

f．大内刈り→内また

g．小内刈り→ともえ投げ

（イ） わざの特質と体力との関連を考慮すると身長の高い者には大外刈り・内またなど，身長

の低い者には背負投げ・ともえ投げなど，また機敏な性格の者には足わざなどが適することを理解させる。

（ウ）　わざのくずし方についても引き落す方向を主とするものと，反対につり上げる方向を主とするものがあり，また，かけ・刈り・払いなどの要領やその相違を理解させることがたいせつである。

エ．かかり練習

さきに述べたように，これは基礎技能の練習方法であるが，また基礎練習のみでなく，応用あるいは試合練習の基礎的なものも，この方法で指導するのがよい。たとえば自分の得意とするわざを相手の種々の姿勢や組み方に応じて学習するとすれば，この場合それぞれの姿勢や組み方を指示した相手を数人おき，それについて各練習者が自分の得意とするわざをかけてゆき，それに応ずる能力を養うことなども，これによって行われる。

オ．約束練習

(3)のイのわざの段階的指導で述べた，①と②の段階の練習がかかり練習であるとすれば，その最後の段階として行う練習およびその形式を発展させた練習が，この練習法である。特に力にたよろうとする者は，この段階でじゅうぶん，かけ，または投げられて，わざの特質と自分の能力の関連を理解させることが必要である。

そこではじめて個人に適した得意なわざがしだいに正しく身につけられるのである。今日この練習は軽視されているようであるが，初心者にはこの約束練習にじゅうぶんの指導時間をかける必要がある。そして，ここでわざを一気にかけることや相手との調和・調子を会得するまで行わせることが重要である。

カ．補助運動

柔道のように複雑な全身運動で，しかも強い体力を必要とする運動では，特に基礎体力の育成なくしてはわざの上達は望めない。そのため古くから柔道では腕・あし・腰・くびなどのいわゆる大筋の活動力や，機敏性・持久力・柔軟性を養う補助運動の方法がとられている。

しかも，それは欠陥を補う方向と長所を伸ばす方向の二つを求めている。さらに，それは指導のどの場面で行われるのがよいかについて，一つは学習の前がよいという意見と学習のあとがよいという意見とがある。それは次の学習に必要な能力を高める意味では，学習の前に，また欠陥を補う意味では学習のあとがよいということになる。また，生活との関連を考え，各自が自己の欠陥と長所についてじゅうぶん理解し，日常生活において，適時，補助運動を行うように指導することが望ましい。

キ．きょう正（補償）運動

一般に運動の練習ではそれが進むに伴って，姿勢や機能に片寄りが見られることが少なくない。柔道でも，練習のしかたによっては，長い間にこうした片寄りが現れることがあるので，整理運

動などの場において，これをきょう正するように指導することを忘れてはならない。

(3) 応用練習の指導

ア．乱取練習

(ア) グループによる乱取練習

従来，乱取は任意な相手と自由な意志によって，そのわざを試み合っていたわけであるが，はたしてこのような方法でじゅうぶん効果を発揮しうるかどうかは疑問である。その意味では等質または異質のグループを作って相互に練習するようにすることが必要である。すなわち，技能別（初心者と経験者）や体力別（重量者，軽量者）のグループを作ったり，また，これを適宜組み合わせる方法をとるのがよい。

(イ) 乱取によって主として学習させる内容と場の構成について一例をあげると，

積極性を養う………○進んでだれとでも好ききらいなく行わせる。

○真剣にわざをかけさせる。

○休まずに交代して行う。

礼儀を正しくする…○礼法や服装をいつも正しくして行わせるよう指導する。

○乱暴なあるいは無理なかけ方をしないように注意する。

正しいわざを習得させる…

○わざの悪い点を直す。

○投げられることをきらわず軽快に動くように注意する。

○熱心に研究的に行わせる。

健康や安全についての習慣をつくる…

○同じ相手と長くやらない。

○乱取の時間や人員を制限する。

○投げわざと固めわざは原則として分けて行う。

○投げられたら機敏に起き上がるよう注意する。

イ．得意なわざの指導

それぞれ変った個性をもっている者に対して最も個性的な合理的な得意のわざを会得させるための指導は重要である。特に教師の得意なわざを自然に模倣しようとする生徒に対し，自己のもっている特質を理解させ，それに適当したものを与えることは最も重要である。それには，まず多くの基本のわざを習得させ，その上で，その中から体質や興味に応じて自由に選ばせるべきである。しかし，中にはすばらしい素質があって，そのいずれのわざも有効に万遍なく習得しうる者もあるわけであるから，あえて得意なわざにこだわる必要はないが，ただ漫然と多くのわざを知ってはいるが，そのいずれもじゅうぶん身についていないというようなことのないよう指導すべきである。

ウ．わざの連絡変化の指導

連絡わざや返しわざも計画的に学習させなければ上達は期せられない。すなわち連絡わざの場合，さきにかけるわざは，後に変化するわざの「くずし」としての役割を果すわけであり，返しわざも相手の施した状態がふじゅうぶんでそれを「くずし」に転用し得たとき返せるのである。したがって，自分のほうはたえず投げるわざの態勢の変化を予定し，それだけの余裕をもっていなければならない。そしてその変化が順調に行われるような練習がこのわざの要点である。したがって，ここでも段階的な学習過程が必要になってくる。

(4)　試合の指導

ア．試合指導の要点

試合は本来互にそのわざを競うことに主眼が置かれているわけであるが，とかく勝負の結果にこだわるものである。しかし，教師は勝敗の結果だけでなく，試合の過程について注意深く観察し，勝負における生徒の心理的な動揺変化に対しても指導をすることがたいせつである。

次に試合の指導において重要な点をあげてみると次のようである。

（ア）　わざの応用能力を養う。

試合では，まず全員が参加できるように計画し，自己の習得したわざをじゅうぶん発揮できるようにする。また試合の結果は反省会を開いて，その技能や態度などについて検討し，その後の学習の要点を明確にする。

（イ）　試合の作戦技術を体得させる。

これも反省の重要な要件として取り上げ，将来の向上の手がかりとする。（特に団体戦では監督の作戦が遂行されたかどうかなど。）

（ウ）　参加態度の向上

礼儀・積極性・規則を守る態度などについての重要な学習の場となる。

（エ）　規則の理解

審判についての技術や規則や試合法を理解し，それを実行する能力や習慣を養う。

（オ）　競技会の運営やこれを鑑賞する能力を養う。

競技会に協力し応援することによって正しい運営能力・鑑賞力・応援のしかた，などを体得させることが指導の要点としてあげられる。

イ．作戦の指導

従来も試合練習は行われていたのであるが，その多くは試合に慣れさせるとか，その間に試合の実際的なわざをその場に応じて学習させることであった。しかし，試合の計画的指導では，規則による試合練習以前に，試合を予想した試合技術の練習の場が考えられるのが当然である。すなわち，わざの連絡変化がその一つであったが，さらに防御法や攻撃法などの作戦の練習が必要であり，その作戦が生徒の得意なわざと結びついて試合に対する態度を決するものである。

(ア) 攻撃法

試合は定められた時間内に必らず勝敗を決めねばならないのであるから，相手が消極的であればあるほど，こちらは進んで攻撃に出なければならない。それには乱取のように押したり，引き回しているだけではふじゅうぶんである。そこでは新たなわざをかける機会をつかまなければならない。すなわち，組もうとして手を出したとき，移動しようとするとき，わざをかけて帰ろうとするとき，油断したときなどの機会を利用したり，または連絡わざを用いる場合は，右に組んで左わざをかけるとか，徹底的に連続的にかけるなどの方法がある。

(イ) 防御法

攻撃があれば防御があるのは当然であるが，柔道でも返しわざで勝つなどはその一例である。また相手が強ければじゅうぶん防御を固めなければならない。防御法としては，押す・持ち手を切る・体をひねる・体をそらす・腰を引く・抱きつく・腰を落す・わざをはずす，などがある。これらは各わざの基礎的な練習の際にあわせて練習する方法が考えられる。

(ウ) 寝わざ戦法

これは寝わざを得意とする者の好んで用いる方法である。引込みが合理的に行われない間に寝わざに引き込むことがよく見られるが，これは試合の作戦としては好ましくないので，立ちわざから寝わざへの合理的な連絡法を指導しておかなければならない。特にともえ投げ・小内刈りなどの応用的な方法として指導することが必要である。

ウ．簡易試合と正式試合

生徒の心理的発達の側面から見れば遊戯的な興味学習からスポーツのような競争的な学習への発達が予想されるのが自然である。したがって，むずかしい高度の規則による競技形式の前提として簡易な規則によって生徒自身の容易な理解に即して行われる競技法が必要である。ことに柔道の競技規則は，難解で客観性に乏しく，深い経験を必要とするので，生徒の興味から遊離する危険性が多い。これを簡易化する一例を次に示すと，

(ア) 投げわざと固めわざの分離。

(イ) 一本の条件を簡素化する。

(ウ) 禁止事項としては危険な動作にとどめる。

(エ) 時間を短くする。

(オ) 試合場内外の条件を簡単にする。

(カ) 寝わざだけの試合では背合せ姿勢から對等の条件で始める。

など，その技能の上達の度合いに応じて作る。またこの場合は，当然体力別・技能別グループ試合とすることなどが必要である。

また正式試合においては，簡易試合の練習を通して得た態度や習慣などを基礎にして，客観性のある一般的な規則に対しても，これを正確に理解して遵守することや審判の技術・方法やその

運営の手順を体得させることなどが必要である。現在高等学校の試合規定は講道館の規定に付則として，高等学校生徒の発達や教育に適した規定が設けられている。したがって，特に高学年では試合の実際的経験の場を多くもつように計画し，その試合の運営も審判もすべて生徒に自主的に行わせ，教師はそれを管理してやる立場であるのがよい。要は試合をする者も見る者も柔道の試合がともに楽しいものであるようにすることが必要である。

エ．審判規定の運用

教師として正しい規定の運用を指導することはきわめて重要である。ここではおもな規定についてその要点のみを述べることとする。

（ア）　勝負の判定は明確に

主観や経験に依存することなく合理的に規定を適用し，特に高等学校についての付則の適用を誤らないように留意すること。次に誤りやすい点をあげると，

ａ．一本とわざあり

わざありは一本の半分ではないこと。回りすぎも条件を欠くので一本にはならないこと。わざの効果・倒れ方・勢いまたははずみの三条件を観察すること。

ｂ．優勢勝ちと引分け

優勢については，各種の条件が比較された結果について，それが判断の材料になるのであるから，教科時の場合は専門的に深い比較ではなく，一般人の理解できる程度の差によって決め，それ以外は引分けとすべきであろう。

ｃ．場内外の判定

これも問題となる難点の一つであるから，副審と事前に打ち合わせ協力し合うこと。

ｄ．押え込みのきまりととけた時期

ただ上から押さえつけただけでは押え込みでないが，たとえばけさ固めでは足がかかったからすぐ押え込みの態勢が解けたとするのは正しくない。それによって解けた態勢の変化を確認した上で処置すること。

（イ）　禁止事項の取扱と罰則の適用

特に場外の判定については，主審は副審と事前に協議しその協力を求めるようにする。一方が不当な行為で場外に出したと認めたときは，ただちにその競技者に注意を与える。

その他，種々の場合があるが，たとえば寝わざへの連絡が合法的であったか，禁止わざでなかったか，禁止事項を犯したのでないかどうかなどについては，じゅうぶん規定を理解させ，実地に指導し，不満の起らないように留意すべきである。

オ．競技会の運営

生徒を競技会の運営に参加させるとか，さらに生徒が中心となってこれを運営させるようにすることは，柔道の生活化を図るためにたいせつな意義をもっている。

役員を決め，その中からリーダーを選び，これを中心として計画を立て，仕事を分担し，打合せを行うなどここで生徒が学ぶものは少なくない。しかし，これはあくまで学習活動の一環であるから，教師の適切な指導が行われなければならない。たとえば，競技会では中心的な役員よりも，場内整理係や整備係などが，陰の力となり，事故を防ぎ競技会を秩序的に導くなど，競技会の成否を決めることにさえなるのである。特に観衆や応援などの態度についても適切な指導がなされなければならない。

カ. 試合練習

以上の基本から応用へと進んでわざが個性化され，それが試合という場面で，生徒の実力として評価されるわけである。しかし，試合は一定の規則のもとで行われるので，さらに多くの技能や態度が身につかなければ，よい競技者となることができない。

したがって，この試合という学習場面では，立ちわざや固めわざの基本的なものをじゅうぶん活用できるようにするとともに，礼儀正しく，相手を尊重する態度を指導するのによい機会である。

また，自己の体力に応じた得意とするわざを中心とした連絡変化や防御法の練習によい場面である。

Ⅴ　学校剣道の指導計画と展開の例

1. 学校剣道の特性と取扱の方針

(1)　学校剣道の特性

学校剣道は，個人的種目に属する格技系統の対人スポーツの一つであり，その固有の運動形式から，よい姿勢の育成，自制・寛容・忍耐など心身の発達に貢献するものが多い。

特に昭和32年５月，従来中学校以上で実施していた「しない競技」と「剣道」との内容を一つにし，名称も「学校剣道」とされたが，これは「しない競技」と「剣道」の特徴をよりよく生かし，効果的な指導をするために行われたものであり，学校で指導される剣道のスポーツとしての立場がいっそう強調されたものであるといえる。

したがって内容の取扱や指導の方法もこの立場から考えられなければならない。

(2)　学校剣道の取扱の方針

現在の高等学校では，中学校で学校剣道（以下剣道という。）を学習してきた生徒と学習してこない生徒がいると思うが，既習の生徒には，基本のわざを復習させて，いっそう習熟させながら学習を発展させ，はじめて学習する生徒には中学校の内容も適宜取り入れながら指導するようにする。

なお，以下に示す学習内容や指導計画および展開の例は，高等学校で，はじめて剣道を学習する生徒を対象とし，各学年に３週（９時間）ずつ配当し，全体として９週（27時間）のものである。

2. 単元のねらいと学習内容

学年		第　1　学　年	第　2　学　年	第　3　学　年
ねらい		練習や試合を通じて基本的な技能やよい姿勢を育成するとともに冷静に観察し，正確に判断し，敏速に決断し，即時敢行するなどの能力を高め，礼儀・公正・真剣・忍耐・正しい権威に従うなどの態度を習得するとともに，剣道の特徴を知り正しい練習のしかたを身につける。	練習や試合を通じて技能を高め，いかなる場合でも主動の立場に立って，行動し得る能力や自主独立の精神を向上し，合わせて校内試合と関係づけることによって自主的な計画性を養う。	自他の安全に対する態度と方法を習得し，気軽に試合に参加したり，競技会の基礎として簡易な試合を計画し，また運営したりして，将来レクリエーションとして活用できる能力を身につける。
	個	1. 技能の上達 (1)　基本 （ア）自然体，中段の構え （イ）歩み足，送り足，開き足 （ウ）上下振り，斜め振り （エ）正面，左面，右面，	1. 技能の上達 (1)　基本 （ア）１年の復習 （イ）継ぎ足 (2)　応用 （ア）１年の復習	1. 技能の上達 (1)　基本 （ア）1，2年の復習 （イ）下段の構え （ウ）突き (2)　応用

学習内容	個人的	右小手，左胴，右胴 （オ）連続左右面，正面—連続左右面 (2)　応用 （ア）小手—面 （イ）面—胴 （ウ）ひき面 （エ）面抜き胴 （オ）小手抜き面	（イ）小手—面—胴 （ウ）出ばな面 （エ）出ばな小手 （オ）ひき胴 （カ）面すり上げ面 （キ）小手すり上げ面 （小手すり上げ小手） （ク）胴打ち落し面 （ケ）面抜き面 （コ）面返し胴(右) （サ）面抜き小手	（ア）1，2年の復習 （イ）払い面 （ウ）払い小手（払い胴） （エ）払い突き （オ）小手—胴 （カ）突き—面 （キ）突き—小手 （ク）面—面 （ケ）突きすり上げ面
		2. 試合 (1)　個人試合 3. 理論 (1)　学校剣道の概要と特徴 (2)　服装としない (3)　剣道と姿勢 (4)　剣道の練習法 (5)　剣道と礼儀	2. 試合 (1)　個人試合 (2)　団体試合 3. 理論 (1)　1年の復習 (2)　学校剣道競技規則と自分たちの競技規則 (3)　剣道の施設用具 (4)　剣道の準備運動と整理運動	2. 試合 (1)　個人試合 (2)　団体試合 3. 理論 (1)　自他の安全 (2)　審判法 (3)　競技会の運営 (4)　剣道と余暇活動
	社会的	1. グループで計画し，役割を分担する。 (1)　グループで基本ならびに応用わざの練習計画をたてる。 (2)　役割を分担して，真剣に練習する。	1. 自主的に行動する。 (1)　グループ内の他の者とも話合い能率的・合理的に練習する。 (2)　じょうずな者は他の者を指導する。 (3)　自分の立場を認識し，分担された仕事に対し責任をもって進んで行動する。	1. 自他の安全に対する心得を知り，その方法を習得する。
		2. 礼儀正しく行動する。 (1)　他人の立場を尊重し，礼儀正しく行動する。 (2)　勝敗に対して正しい態度をとる。	2. グループで剣道のための準備運動と整理運動を作る。	2. 競技会に参加する。
		3. 正しい権威に従い，敏速・正確に行動する。	3. 規則をよく守る。	3. 簡易な試合を計画し，運営する。
		4. 進んで試合をする。	4. 簡易な試合を運営する。 (1)　競技規則を作る。 (2)　試合場の準備やあとしまつをする。 (3)　グループ対抗の試合を運営する。	

3. 指導計画

週＼学年＼時		第1学年（9時）	第2学年（9時）	第3学年（9時）
1週	1	1. グループの編成（役割・約束・計画する） 2. 学校剣道の概要や特徴について説明を聞き討議する。 3. 服装としないについて知る。 5. 自然体（しないのさげ方と礼のしかたを含む） 4. 歩み足，送り足	1. グループの編成（グループ別の計画をする） 2. グループ別の基本練習（1年で実施したおもな基本の復習）	1. グループの編成（グループ別の計画をする） 2. グループ別の練習（1, 2年において実施したおもなわざの復習） 3. 下段の構え 4. 総合練習
	2	1. よい姿勢と剣道との関係を理解させる。 2. 目のつけ方および間合いについて説明する。 3. 中段の構え 4. 上下振り 5. 正面	1. グループごとによい練習のしかたについて討議し，発表させる。 2. 面すり上げ面 3. 総合練習	1. 自他の安全について説明し，討議させる。 2. 払い面 3. 払い小手（払い胴は実施上の要点を説明し，自由時において練習させる。） 4. 総合練習
	3	1. 剣道の練習法と心得について説明する。 2. しないの握り方（手の内）について説明する。 3. 右小手 4. 小手—面	1. 小手すり上げ面（小手すり上げ小手は実施上の要点を説明し，自由時において練習させる。） 2. 胴打ち落し面 3. 総合練習	1. 攻撃法（機先を制する）について説明する。 2. 小手—胴 3. 面—面 4. 総合練習
2週	4	1. 開き足 2. 斜め振り 3. 左　面 4. 右　面	1. 学校剣道の競技規則を理解させ，自分たちの競技規則を作らせる。 2. ひき胴 3. 小手—面—胴 4. 総合練習 5. 試　合	1. 練習や試合の見学について話し合わせる。 2. 切先の働きについて説明する。 3. 突き 4. 払い突き 5. 総合練習 6. 試　合
	5	1. 正しい打突（気剣体一致）について説明する。 2. 連続左右面 3. 正面—連続左右面 4. 打ち込み練習	1. 打突の機会について説明する。 2. 出ばな面 3. 面抜き面 4. 総合練習	1. グループごとに下記のわざを分担して研究し，発表させる。 突き—面，突き—小手，突きすりげ上げ面 2. 総合練習
	6	1. 練習における各人の立場や礼儀について話し合わせる。 2. 左胴，右胴 3. 結合打ち（左面—右面—左胴—右胴—左小手—面） 4. かかり練習	1. 用具（特にしない）の点検を行い，修理をする。 2. 出ばな小手 3. 面抜き小手 4. 総合練習	1. 応援について話し合わせる。 2. 総合練習 3. 攻撃と防ぎょの関連（懸待一致）について説明する。 4. 試合（各グループごとにリーグ式個人試合を行う）
	7	1. 打突後の態勢（残心）について説明する。 2. 面抜き胴 3. 小手抜き面 4. 互格練習	1. 校内競技ならびに自由時の練習への参加について討議させる。 2. 面返し胴 3. 総合練習	1. 試合場を作り審判をさせる。 2. 試合（各グループごとにリーグ式個人試合を行う） 3. 剣道と情緒（心の四戒）について説明する。 4. 総合練習

3	8	1.ひき面 2.面一胴 3.試合における態度や勝敗に対する態度について話し合わせる。 4.簡易な試合（組合せ式個人試合）	1.グループごとに剣道についての準備運動と整理運動を作り発表させる。 2.継ぎ足 3.総合練習 4.試　合	1.グループごとに試合の計画・運営について研究し発表させる。 2.グループごとに試合を計画し運営させる。（簡易試合）
週	9	1.簡易な試合 （グループ対抗組合せ式団体試合） 2.反　省 （理解・技能のテストをする）	1.簡易な試合 （グループ対抗勝抜き式団体試合を運営させる） 2.反　省 （記録をとり評価する）	1.紅白組合せ式団体試合を計画し運営させる。 2.剣道と余暇活動について説明する。 3.反　省 （総仕上げをする，記録をとる，評価する）

注 (1) 間　合　い……自分と相手との距離およびその位置関係をいう。

(2) 手　の　内……しないの握り方，左右の手の力の入れ方，打突の際および打突後の両手の緊張・解緊とそのつりあいなどをいう。

(3) 気剣体一致……気（精神）剣（しない）体（身体）が一致するということで，すなわち三者が瞬間に同時に働いてはじめて真に有効な打突やりっぱな活動ができることをいう。

(4) 残　　心……打突後ただちに次の変化に応じられるような油断のない身構えと心構えをいう。

(5) 機先を制する……常に攻勢を保って，先を取り相手に先を取らせないことをいう。

(6) 懸待一致……攻めることと守ることがたえず密接な関係をもって行われなければならないことをいう。

(7) 心の四戒……驚き，恐れ，疑い，惑いなどが起れば，心が乱れて，すきを生じるから，このような状態にならないように警戒することをいう。

4. 展　開

次に示す指導案例は，施設用具や教師などが整っている学校を対象としたものである。

各学年について例を示したが，第1学年では導入の段階を，第2学年では展開の段階を，第3学年では整理の段階を主としたものを示した。

第1学年指導案例

単　　　元　　剣道（第1週　第1時）

本時のおもな内容　1. グループ編成ならびに活動

2. 自然体，歩み足，送り足

本時のねらい　1. 学校剣道の概要や特徴および服装と「しない」について知らせる。

2. 剣道におけるグループ学習の基礎をつくる。

3. 自然体および歩み足・送り足の要領を習得させる。

学習内容	学習活動	指導上の留意点	時間	備考
	1.集　合 2列横隊に集りあいさつする。	1.静粛敏しょうに集合させ，出欠席とともに生徒の健康状態の観察をする。		体育館の清潔整とん

剣道の基礎知識を習得する。	2.学校剣道の概要や特徴および服装としないについての話を聞き，質問をする。	2.簡単に説明し，同時に参考文献を示す。	7分	本時は防具・しないを用いない。
グループの編成をし，計画する。	3.グループの編成をする。 (1) 各グループの人数ならびに，グループの適当数を検討して編成する。 (2) グループ別に打合せをする。（役割・約束） 4.計画をする。	3.生徒の数や能力の程度，施設用具ならびにグループの組織などから適当と考えられる班別方法とグループの数を予想し，その線に沿ってむだな時間を費さないように助言指導する。	15分	
剣道に必要な徒手体操を行う。	5.準備運動 グループで徒手体操を行う。特に足と体の運動をする。	5.動きを大きくし，全身をじゅうぶんに柔軟にさせる。	5分	
グループ別に分れ，互に協力して基本の練習をする。	6.自然体（しないのさげ方と礼のしかたを含む） 歩み足，送り足の練習をする。 (1) いっせいに説明を聞き，練習をする。 (2) グループ別に分れ，２人一組になり，あるいはグループ全体で互にきょう正しつつ練習する。	6.説明と同時に全員のよく見える位置で技能のすぐれている生徒か，教師が示範をする。グループ別の練習の際は各グループのリーダーに要点を示して実施させ，各グループごとに指導してまわる。 自然体は体をかたくしないように注意する。 歩み足，送り足は身体を前後に動揺しないようにし，腰を中心に重心の移動をなし，すり足で後足のかかとをつけないように注意する。	15分	
すみやかに元の位置に整とんする。	7.整理運動 徒手体操をいっせいに行う。 8.反　省 本時の反省と次時について話し合う。 9.あとしまつをして静かに解散する。	7.のびのびと行わせる。 8.よくできた点，よくできなかった点，および次時の予定につき明示する。 （次時よりしないを持参させる）	8分	本時のねらいいはどの程度満たされたか。 (1) 任務を守り積極的に活動したか。 (2) 自然体の大要が習得できたか。 (3) 歩み足と送り足がおおむねできたか。

第２学年指導案例

単　　　　元　　剣道（第１週第３時）

本時のおもな内容　　1. 小手すり上げ面（小手すり上げ小手）

胴打ち落し面

2. 総合練習

本時のねらい　1. 小手すり上げ面（小手すり上げ小手）と胴打ち落し面の要領を習得させる。

2. 総合練習において上記のわざを活用させ，剣道の技能を高める。

学習内容	学習活動	指導上の留意点	時間	備考
	1.集合 一列横隊に正坐し，あいさつをする。 2.防具としないの点検をする。	1.あいさつ後，出欠調査とともに，生徒の健康状態を観察する。 2.防具としないの点検は，自分で，またふたり組で互に交換して行わせる。		体育館の清潔整とん，防具の準備，服装の点検をおこたらないこと。
剣道に必要な準備運動を行う。	3.準備運動 しないを持っていっせいに行う。 特に手くび，足くび，体の前・後・側屈と側転・回旋の運動およびす振りをする。 4.防具をつける。	3.全身を柔軟にするとともに，基本の足さばきなどを加味して行わせる。	7分	見学者の取扱について注意する。
グループ別に分れて互に協力して応用のわざの習得をする。	5.小手すり上げ面，胴打ち落し面の練習をする。(小手すり上げ小手は説明と実施上の要点を聞き，自由時において練習をする) (1) いっせいに説明を聞き練習をする。 (2) グループに分れ，4人一組となり，互にきょう正しつつ練習をする。	5.小手すり上げ面の場合 ・切先は，なるべく相手の正中線からはずれないようにする。 ・すり上げることと，打つことが一連の動作になるようにすること。 ・体の運び，間合い，手の内を合理的に指導する。 胴打ち落し面の場合 ・相手の腕が伸びようとする瞬間に右下に打ち落すこと。 ・打ち落す動作と面打ちとが一連の動作となるようにすること。 小手すり上げ小手については説明示範をし，実施上の要点を述べ，これを自由時に研究練習させ，次時にきょう正する。 グループごとに指導してまわる。	20分	
	6.グループ別に分れて打ち返しを行う。	6.大きくのびのびと行わせる。		
既習の応用わざを総合練習に活用できるようにくふうする。	7.グループ別に分れて総合練習を行う。 (1) Aグループは教師に個別的に指導を受ける。 (2) 他のグループはリーダ	7.小手すり上げ面・胴打ち落し面を，総合練習に活用させる。 (1) Aグループは個別指導をする。	15分	

	一の合図（約1分ごと）により，相手を代えて行う。 8. 整理運動 防具着用のままいっせいに打ち返しと，す振り（その場とひざ屈伸）を行う。	(2) ひとりひとりの時間は短くしできるだけ多人数の相手と行わせる。 8. す振りはゆっくり大きく行わせる。		
すみやかにもとの位置に整とんする。	9. 着席して防具をとる。 10. 反省 本時の反省と次時について話し合う。 11. あとしまつをして静かに解散する。	9. 敏しようにして正確に行わせる。 10. 次時の予定を明示し，同時に参考文献を示して，研究させる。	8分	本時のねらいはどの程度満たされたか。 (1)小手すり上げ面胴打ち落し面がおおむね習得できたか。 (2)これらのわざを総合的練習に活用できたか。

第3学年指導案例

単　　　元　剣道（第3週第9時）

本時のおもな内容　1. 試合の計画と運営

2. 剣道と余暇活動

本時のねらい　1. 簡易な試合を計画・運営させ，将来レクリエーションとして活用できる能力を身につける。

2. 剣道と余暇活動の関係について理解させる。

学習内容	学習活動	指導上の留意点	時間	備考
	1. 集　合 二列横隊に正座し，あいさつする。 2. 出欠調査をする。 3. 防具としないの点検を受ける。	1. あらかじめ定められた位置に正座をさせる。 2. 当番の生徒に出欠調査をさせ，その際生徒の健康状態を観察する。		体育館の清潔整とん
計画を確認する	4. 各グループから代表を選出して，試合方法を討議する。 5. 試合方法を決めたら，すみやかに準備をする。 (1) 試合場をつくる。 (2) 用具の準備をする。 (3) 総務・審判・計時係・記録係を必要員数より	4. 前時あらかじめ本時の学習内容について話しておき，敏速に代表の選出および試合方法が決定するように指導する。 5. (1)二つの試合場にする。 (3)総務は各グループより選出された代表を当てるようにする。 審判は剣道クラブ員を当てるようにする。	10分	準備すべき用具 (1) 笛　2個 (2) ストップウォッチ2～4個 (3) 紅白手旗各6

	多く選出して，試合に出場の場合交代できるようにする。	計時係・記録係は見学者があればこれを当てるようにする。		(4) 白墨・記録用紙・鉛筆それぞれ若干
	6. グループ別に出場順位をきめて，総務に報告してから準備運動を行う。	6. 準備運動はすでに各グループで作っているものを各グループごとに行わせる。		
試合を運営する。	7. 紅白組合せ団体試合を2試合場で同時に行う。	7. 試合の運営については，各役員の任務の確実な遂行と，相互の有機的な連関に注意し，常に助言指導しつつ，円滑に実施させる。 競技規則はすでに，この学級で決めてある競技規則による。	25分	見学者の取扱に注意する。
	8. グループ別に整理運動を行う。	8. 整理運動はすでに各グループで作っているものを行わせる。	5分	
	9. 総務は結果の処理を行い発表する。	9. 発表は簡明に行わせる。		本時のねらいはどの程度満たされたか。
剣道と余暇活動について理解する。	10. 剣道と余暇活動について話し合う。 (本時の試合と関連づけて)	10. 剣道と余暇活動については，本時の試合と関係づけて，将来レクリエーションとして活用させるように話合いを進めるよう指導する。		(1) 本時の試合計画および運営がよくできたか。 (2) 将来レクリエーションとして活用できる能力を身につけたか。
	11. 本時の記録をまとめて提出する。	11. 記録は技能のテストの代りとして評価に活用する。	10分	(3) 剣道と余暇活動の関係について理解できたか。
	12. あとしまつをして静かに解散する。			

5. 指導の参考

(1)　練習の種類

剣道の練習には，基本の練習・応用わざの練習・総合練習（けいこ）などがある。基本の練習・応用わざの練習については，他のスポーツの場合とほぼ同様であるから，説明は省略し，総合練習について述べることとしよう。総合練習は，基本や応用わざの練習のまとめであり，試合への連絡の役目をなすものであって，剣道の目標を達するために重要な練習法である。この練習では，打込み練習・かかり練習・互格練習・引立て練習などの形式がある。

ア．打込み練習

これは，腰を退かないようにして，正しい姿勢をくずさず，じゅうぶんに気合いをこめて，大きく振りかぶり，各種の基本打ちを，踏込みながらあるいは退きながら，間断なく連続して行う約束練習の一つの方法である。これは主として，初心者が行うのであるが，この練習法は，常に機先を制して打突することと正しい打突を要求しているから，かなり上達した後でも，かかり練

習や互格練習の終りに合わせて行うことも効果的である。

イ．かかり練習

これは，技能が自分より高い相手に対して行う方法であって，打ちかかることを主とした練習であるから，打たれることや突かれるこなどは，気にしないで，気力・体力・技能を尽して打ちかかっていくように心がけるのがよい。

ウ．互格練習

これは普通，技能の程度の差があまりない者同志の練習であって，試合の一歩前の練習とも考えられる方法である。試合においては，自信のある確実な場合だけしか打ち込めないが，互格練習においては，疑問なときにも思い切って打ち込み，その成否を常に反省くふうし，一つ一つのわざに自信をつけながらくり返していけるのである。これは最も多く行われる方法である。

エ．引立て練習

これは技能の高い者が，低い者のために行う方法であるから，相手の技能に応じ，相手の間合いで行うように心がけるのがよい。なお，自分の不得意なわざのくふう研究にも適切である。

オ．試合

自己の気力・体力・技能などをじゅうぶん発揮して試合を行うときには，平素得られない身体的・情緒的・社会的態度などの発達，特に技能の進歩が期待される。

試合は正式の競技規則によるいわゆる正式の試合と，その前段階としての簡易な試合とがある。

学級や学校内で行われる生徒の試合では，生徒の発達状況・技能の程度・人員および施設用具その他の事情から，正式の競技規則の一部を変更して簡易に行う試合が多いであろう。

また，それが平素においては，かえって適切であり，これを適宜実施することが効果をあげるためのものである。なお，試合の種別方法には，競技規則にあるもののほか，さらにいろいろな方法をくふう研究して，適宜指導することが望ましい。

(2)　技能の指導について

ア．技能的内容は，正面打ちを根幹としての基本打突およびしかけわざを重視して指導する。

代表的な大会の試合中に打突したわざの種類の調査によると，正面打ちは，全体の約3分の1を占めており，また，しかけわざと応じわざの関係は，約8対2の割合である。このことから，各打突では正面打ちが，また，しかけわざと応じわざの関係ではしかけわざが，いかに有効であるかが実証されている。

したがって，技能的内容においては，正面打ちを根幹として基本打突を行い，応用においては，しかけわざを重視し，応じわざにおいては，抜きわざに重点を置いて指導すべきであろう。

なお，攻撃と防御は不離一体となってはじめて有効となるのであるから，基本打突やしかけわざにおいては，常に防御が完備され，応じわざでは，攻めがよくきいてはじめて成功するのであることを，よく理解させながら指導することがたいせつである。

イ．「基本・応用」の各わざの練習は，自然の動きを重視して指導する。

自然の動きとしては，次のような点に留意することが必要であろう。

(ア) リズミカルで，しかもアクセントのある動きであること。

わざの練習の場合には，正しい動作のリズムやアクセントを考慮して指導する。また総合練習や試合の場合には，相手の動作のリズムにひきこまれないようにすることが必要であることもあわせて指導する。

(イ) 全身的・総合的な動きであること。

剣道では，昔から小手先のわざはよくないと戒められているが，すべての打突は手だけの一部分の動作でなく，全身的・総合的な動作ー足を踏み込んで打突することーによって，はじめて完全な正しい打突ができるのである。

(ウ) 腰を中心として身体の移動が行われるようにすること。

身体の移動にあたっては，常に上体を正しく保って，腰から移動するような気持で足さばきをするよう指導する。

(エ) 筋肉の緊張と解緊の原則に従って動作すること。

打突の際，筋肉は緊張状態にあるが，その直後，解緊することによって，引き続いて次の打突が正しくできることを理解させながら指導する。

(オ) しないは曲線的に動かすこと。

たとえば，払い面の場合，直線的にしないを動かすと，しないの動きは払うことと打つこととの二段となり，また力の方向が異なり，力が分散されるので，しないの動きも当然おそくなる。しかし，しないを曲線的に動かして，まず相手のしないを払い，その力を利用して面を打ちおろせば力は分散されず，一連の動作となって，すみやかに打つことができることを理解させながら指導する。

ウ．常に相手の身体の正中線と自分の身体の正中線にしないがあるようにする。そのため，しないの先端を相手の正中線に向け，左のこぶしが自分の身体の中心に位置することに留意して，しないを操作するよう指導する。

たとえば，小手すり上げ面の場合に，しないの先端が相手の正中線から右にはずれないようにして，腰を右うしろにひねってはじめて正しくすり上げることができる。

エ．「応用」の各わざの練習では，きるだけ二つのわざを同時に行うようくふうして指導する。

たとえば，「小手ー胴」の練習の際，相手には同時に，「小手抜き面」を練習させれば，ともに真剣になり，同時に二つのわざを練習できて効果的である。

オ．「応用」のうち「応じわざ」(しかけわざのうち払いわざを含む) においては，打つことが目的であるから，応じたしないがただちに打つしないになるようにしなければならない。したがって，応ずることと打つ動作が一連の動作になるように指導する。

Ⅵ　バレーボールの指導計画と展開の例

1．バレーボールの特性と取扱の方針

⑴　バレーボールの特性

バレーボールは1895年にアメリカのウイリアム＝ジー＝モルガンによってレクリエーション的なスポーツとして創案されてから，極東大会を中心とした９人制（極東式）とアメリカや欧州を中心とした６人制（国際式）とに分れて発展してきた。そして現在では９人制・６人制ともにモルガン氏の意図をそのままに具現したレクリエーション的な側面と，新たに高度な技能を織り込んだ競技的な側面を包蔵している。したがって，その特性をあげると，簡単な施設や用具で，狭い場所でも手軽に楽しめることや，上方を仰ぐ機会の多いこと，相互の身体的接触の少ないこと，また，かなりの巧ち力やチームワークを必要とすることなどである。そこでこの特性を高等学校生徒の発達や生活と関連させるならば，敏しょうな身体をつくり，協力のしかたを身につけるばかりでなく，運動不足を補い，不良姿勢を予防し，レクリエーションとしての能力を身につけることなどに役だたせることができる。

⑵　バレーボールの取扱の方針

ア．立案のねらい

立案のねらいは，上に述べたバレーボールの特性を生かし，高等学校生徒の発達や生活に関する指導の効果をあげることに置いた。そのねらいをあげると，教師の助言や指導に基いて，生徒の自主的活動を重んじ，協力によって基本的技能や応用的技能を高めるばかりでなく，ゲームのしかたに習熟させ，教師の手を離れても独自で試合を運営したり，参加したりでき，また，将来レクリエーションとしても活用しうる能力を育てることである。そしてこのねらいを以下の諸計画で具体化することによって，学習指導要領に示されている「運動の分類に応ずる内容」と「技能的内容」との結びつきが可能となるわけである。

イ．指導内容と諸計画について

上にあげた立案のねらいは，指導目標をやや具体的に述べたものと解してよい。そこで，指導内容をこのねらいに応ずる諸角度に従って並べ，かつ学年別に配分したものが第１表である。第２表は指導内容を実際の指導の順序に従って配列した（学習の場の設定）指導計画例である。これは教師の計画であると同時に，生徒の計画にも移しやすい形で示すことにした。指導に要する時間は３か年を通じて27時間を予定し，これを各学年に９時間あて配分して学年ごとに経験させるようにした。第３表は教師の計画（指導計画）に基いて，生徒が自主的学習をするための計画の例を示すものであり，学級の計画ということができる。生徒相互が協力し，自主的に活動するようにしむけることによって指導の能率をあげるためである。このほかにグループの計画も必要であるが，これは学級の計画をさらに具体化したものであるから，ここでは省略する。第４表に

は教師の時間計画例を示してある。教師の指導にささえられながら，グループの学習が自主的に進められることをねらったものである。

2.　単元のねらいと学習内容

第1表には，次のような意味が含めてある。ア．まず学年別のねらいをきめ，そのねらいに応ずる内容を個人的な側面と社会的な側面から出した。イ．さらに個人的な面は技能とルール，理解という角度からあげた。理解には運動の生活的な意味，計画とか練習方法，安全と運動衛生などの知識を含めてある。ウ．また社会的な面は，学習の場の設定に関する事がらを重点として，人間関係，計画の実施，競技会の開催などの角度からあげた。またレクリエーションへの発展という事がらもここに含めておいた。エ．6人制は導入的な段階として1年に配当することもできるが，レクリエーションへの発展という意味から3年に当てることにした。

（第1表）

内容＼学年	第　1　学　年	第　2　学　年	第　3　学　年
ねらい	1.グループ別の基本や応用練習によってクラスマッチに必要な知識や技能を伸ばし，協力のしかたを習得させる。 2.全員がグループ対抗の競技会に参加する。 3.自主的にグループ対抗の競技会(トーナメント)を計画し，運営できるようにする。	1.グループ別の基本や応用練習およびゲームによってグループ戦や校内大会に必要な知識や技能を充実させ，グループの機能を高める。 2.競技会の競技内容を向上させる。 3.グループリーグ戦の計画や運営が円滑にできる。 4.校内大会(自由時)にも活用しうるようにする。	同　　左
個人的	1.ゲームに必要な技能 (1)　基本的 ア．パス（チェスト，アンダーハンド） イ．サーブとレシーブ（アンダーハンド・オーバーハンドサーブとレシーブ） ウ．トスとタッチ（前衛へのトスとシングルタッチ・遅めの早タッチ） エ．前衛のキル オ．ネットプレイ (2)　応用的（チームワーク） ア．攻撃 前衛を中心とした攻撃方法 イ．防御 防御の基本的隊形（ストップとカバーを含む）レシーブと球さばき ウ．簡易な戦法	1.ゲームに必要な技能 (1)　基本的 ア．1年の復習 イ．パス（ポジションに応じたパス） ウ．タッチ（コースの変化） エ．トスとキル（中衛へのトスと直キル，流しキル） オ．ドライブサーブ・スライドサーブとそのレシーブ (2)　応用的（チームワーク） ア．1年の復習 イ．攻撃 前・中衛の攻撃とそのシステム ウ．防御 防御のシステム エ．攻撃と防御の連係	1.諸ゲームに必要な技能 (1)　基本的 ア．1，2年の復習(9人制) イ．早タッチ（早タッチのパス・トスを含む） ウ．6人制の技能 パス・サーブ・レシーブなどの要領 (2)　応用的 ア．1，2年の復習(9人制) イ．既習の攻撃法に速攻的な方法を加味したプレイとそれに対する防御 ウ．6人制における基本的な攻撃と防御の要点

	攻撃主力の使いかた バックアタックとフェント 2. ルール (1) ゲームのしかたや反則に関するもの。 (2) 自分たちでくふうするもの。 3. 理解 (1) バレーボールの特性(効果) (2) 練習計画や練習方法 (3) 衛生に関することがら（準備・整理運動の行い方と適度な練習量について）	オ．戦法 三段戦法 相手の弱点のつき方 2. ルール (1) 技能の進歩に伴って起る反則 (2) 自分たちでくふうするもの。 3. 理解 (1) チームワークの作り方（ツウメン・スリーメン・オールラウンドなどの攻撃のシステムを知り，自チームに適した方法を考える） (2) 安全（危険防止）	2. ルール (1) 9人制と6人制の相異点 (2) 自分たちでくふうするもの。 3. 理解 (1) バレーボールの歴史（レクリェーションと関連させた角度から） (2) できるだけ戸外で行うことの必要性
社会的	(1) グループをつくり，役割をきめ，責任を果たす。 (2) グループの計画を立てて，その実現につとめる。 (3) きまりを守り，技能の上達に協力する。 (4) 他人の立場を重んじ，勝敗に対して正しい態度をとる。 (5) 用具の取扱，競技場の準備やしまつが正しくできる。 (6) グループ対抗競技会の計画や運営がひととおりできる。 (7) バレーボールに適した準備・整理運動をつくる。	(1) 他のグループと協定して公平に練習を行う。 (2) じょうずなものは他人の面倒をよくみる。 (3) 研究的にねばり強く行うことができる。 (4) 無用な言動をつつしむ習慣がつく。 (5) グループリーグ戦の計画や運営が比較的容易にできる。 (6) 校内試合を計画し，運営できる能力がそなわる。	(1) 教師の計画にも参加する。 (2) 楽しく，しかもまじめにプレィすることができる。 (3) バレーボールに対する関心を深め，自然に自由時の活動として取り入れられる。

3. 指導計画

第2表は学年別に立案した教師の計画例である。この表は教師自身のためだけではなく，教師の計画を生徒の計画として具体化する基準としても役だたせるものである。指導の能率を考えて，「始め」「中」「まとめ」の段階に区分した。ア．1年における「始めの段階」の配当時間が少ないが，これは指導の面で補うことにする。(2・3年はこの形態に慣れるから1時間でもよい）イ．「中の段階」はこれを一度に生徒の計画へ具体化させることは困難であるから，何期かに分節した。そして1年では生徒の不慣れと女子という点も加味して3期に分節したが，2年以後は2期に分節しておいた。ウ.「まとめの段階」は学年のねらいがまとまった具体的な活動の形であらわれたものと解することがよい。

指　導　計　画　例　(第1学年女子)

(第2表の1)

指導の段階	学習内容	配当時間	指導上の留意点	備考
始	1. 学級の計画 バレーボールの特徴や学習内容を知り，グループ対抗の競技会		1. 参考書・スライドなどを利用する。 2. 経験の度合を知り，経験	1. 始めの段階は教室を使用する。 2. 一グループ9～10名の

<table>
<tr>
<td>め</td>
<td colspan="2">を持つための見通しをたてる。
2. グルーピングを行い，役割をきめる。
3. グループの計画
(1) 練習やゲームの実際的な行い方を計画をする。
(2) 準備・整理運動をつくる。</td>
<td>1時</td>
<td>を活用する。
3. グルーピングは教師の助力によって行う。
4. なるべく多くの役割を設け，各役割の仕事の内容を明確にする。
5. 学級の計画やグループの計画のたてかたについても，よく指導する。
6. 基礎的な技能の伸展を中核として指導を進める。
7. 指先・手くび・肩・腰・跳躍などを中心とした準備運動がつくれるか。</td>
<td rowspan="4">異質グループをつくる。
役割は
リーダー　1名
サブリーダー　1名
記録係　2名
指導係　1名
用具係　1名
コート係　1名
3. コートは3面使用するとつごうよい。
4. 運動場へ黒板を用意する。(打合せのため)
5. ボールの数は多いほうがよいが，最低で1グループ2個あて用意する。
6. コートや用具の準備は各グループのコート係や用具係が協力して行うが，審判はグループが交代して当る。
ただし，なれない間は審判はバレー部員とか経験者がつとめる。
7. 攻撃の基礎練習の時はネットをややさげ，サーブ練習の時には，ネットの両下端のひもをゆるめる。
8. 自己評価の基準を持たせる。
9. グループの記録をつけさせる。</td>
</tr>
<tr>
<td rowspan="3">中</td>
<td>第1期</td>
<td>計画のすすめ方と，基礎技能に重点をおいたグループ別の練習
1. ゲーム（問題点発見のための）
(1) 競技場のつくり方
(2) ゲームのしかた
2. パス（チェスト・アンダーハンド），サーブ（アンダーハンド）それに関連したルール</td>
<td>2時</td>
<td rowspan="3">1. 計画が用意されているか。
2. 練習のしかたを理解しているか，計画どおりに実施されているか。
3. グループワークがよくとれるか。
(1) 仲間はずれはないか。
(2) 積極性のかけているものはないか。
4. 基礎的技能を練習する意味を理解しているか，そして時間をむだなく使用しているか。
5. 基礎的技能の練習は正しく行われているか。
6. 応用的技能の中に基礎的技能が生かされているか。
7. 前衛を中心とした攻撃法がひととおり乱打やゲームに活用できるか。
8. ラインの引き方やネットの張り方・たたみ方，ボールの取扱などが正しくできるか。
9. 用語や審判の大要を理解できたか。</td>
</tr>
<tr>
<td>第2期</td>
<td>攻撃的な基礎技能を中心としたグループ別の練習
1. シングルタッチとそれに必要なパスの方法
2. トス・遅めの早タッチ・前衛のキル，それに関連したルール
3. サーブ（オーバーハンド）</td>
<td>2時</td>
</tr>
<tr>
<td>第3期</td>
<td>チームワークに重点をおいた練習
1. ポジションのきめ方
2. シングルタッチと遅めの早タッチまたはキル（前衛の）とのコンビネーション
3. 中・後衛のレシーブ
シートレシーブによるコンビネーション
4. サーブレシーブ（アンダーハンド）によるコンビネーション
5. 乱打による攻・防の練習
(1) 攻撃主力の使い方，バックアタックとフェント
(2) ストップとカバーのしかた</td>
<td>2時</td>
</tr>
</table>

	(3) 審判の職能と要領を知る。 6. グループ別競技会の相談			
まとめ	グループ対抗の競技会の開催を中心としてまとめる。 1. グループ別競技会の計画と準備をする。 2. グループ別競技会を運営する。 （とりきめに従ってゲームを進行し，審判や簡単に記録も行う） 3. クラスマッチに参加する。 （サーブ順のきめ方，メンバー交代のしかた） 4. 評価と反省	2時	1. これまで学習した結果が，競技会にどう役だてられているか。 2. ゲーム中やかましすぎることはないか。 3. 実状に即してホールディングやドリブルなどの基準が定められているか。 4. 責任をもって各役割を果しているか，とくに線審は任務を怠ることがないか。 5. 正しく反省できたか。	

指　導　計　画　例（第２学年女子）

（第２表の２）

指導の段階		学習内容	配当時間	指導上の留意点	備考
始め		1. 学級の計画 学習内容を知り，バレーボール校内大会への発展を期して見通しをたてる。 2. グルーピングを行い役割をきめる(ポジションの決定も含む)。 3. グループの計画	1時	1. 学習内容と学習の要点をよくはあくさせる。 2. グルーピングは生徒の手で行わせる。 3. 班の約束や役割は，簡単に成文化させる。 4. よいチームワークの伸展を重点として指導を進める。	1. グルーピングの方法は１年に同じ。 2. コートは３面使用するとつごうよい。 3. 用具係がボールの個数を点検し，使わないボールは１か所にまとめさせておく。 4. なるべく広い場所を使って練習させる。 5. 時間がきた場合の処置を，あらかじめ協定させておく。（ゲーム） 6. 無用のボールがコート内にはいった場合は，見たものがただちに取り除くか大声で注意する。 7. 審判は全員に経験させるようにする。 8. まとめのゲームでは，メンバー用紙・記録用紙(簡単なものでよい)を用意する。また記録席もつくる必要がある。
中	前期	コンビネーシーションのつくりやすい，基礎的技能を中心としたグループ別の練習 1. ゲーム（問題点発見のための） 競技場をつくる，ルールをつくる，審判や記録をする。 2. １年の時の基礎的技能の復習と発展 (1) パスとレシーブ ア．前・中衛は方向の変化（３角パス）とジャンプパス，中衛のレシーブ イ．後衛はロングパスとレシーブ (2) 前衛のタッチとキル（コースの変化） (3) トスー直キル，流しキル (4) キルを中心としたタッチのコンビネーション	3時	1. 練習方法がくふうされているか。 2. 自己の任務を知り，グループの向上に協力しているか。 3. 自己の欠点を知るとともに，注意されたらすなおに受け入れるか。 4. 場所がうまく利用されているか。 5. 球質や態勢を考えてプレイが行われているか。 6. プレイのタイミングがよく合っているか。 7. 他のグループと協同して効果的な練習が行えるか。 8. 最後までねばる気風が備わっているか。 9. 女子の特性がプレイの上に生かされているか。	

	(5) 危険の防止について知る。		10. サーブの練習中，反対側から打ったサーブ球に注意しているか，また練習や試合の場所へ不用意にボールをころがすことはないか。(危険防止)	
後期	グループの機能の向上に重点をおいたグループの練習やゲーム 1. ドライブサーブとスライドサーブ，そのレシーブと球さばき 2. チームワーク（コンビと自チームに適した戦法） 3. ゲーム (1) ゲーム前の練習のしかた (2) 3段戦法とツウタッチ戦法の活用 (3)作戦タイムの利用 (4) 審判のジェスチュアになれる。 4. 攻・防の連係（乱打を利用した） (1) チャンスボールを受けて攻撃 (2) 攻撃球を受けて攻撃（ファーストサーブの捕球も含む） (3) 相手の弱点のつき方 5. グループのリーグ戦や校内試合について話し合う。	3時		
まとめ	校内大会と関連づけたグループリーグ戦の開催をもってまとめる。 1. グループリーグ戦の計画と準備 2. リーグ戦を運営する。 3. リーグ戦に参加する。（相手チームの研究と対策） 4. 記録をまとめる。 評価と反省 5. 校内大会の代表を選出する。	2時	1. 秩序正しくゲームが進行しているか。 2. よいコートマナーがとれるか。 3. 応援や見学が正しく行われているか。 4. よくできた点とできなかった点との判別が明確になされたか。	

指　導　計　画　例　（第3学年女子）

（第2表の3）

指導の段階	学　習　内　容	配当時間	指導上の留意点	備　　考
始	1. 学級の計画（教師の全体計画にも代表が参加して学級の計画に移す） 個性に応じて長所を伸ばすこととレクリエーションへの発展をはかるため見通しをたてる。	1時	1. 教師の意図を理解して早く学級の計画に移させる。 2. 6人制バレーボールなどの場合も考えてグルーピングをさせる。	1. 教師の計画と学級の計画が一本化できれば申分ない。 2. 1グループ12名の異質グループをつくる。6人制の場合は2グルー

め		2. 弾力性を持ったグループをつくり，役割をきめる。 3. グループの計画			プに切半させる。 3. 6人制の初歩の段階における競技場は，次に
中	前期	個人やグループの特性を生かすことを重点としたグループの練習やゲーム 1. 1，2年の時の諸技能の復習と発展 (1)　1，2年の復習 (2)　スピードパスとトス（チェストトス・挟みトス・ジャンプトス） 2. 早タッチ，前衛へきた初球の処理 3. 速攻法（早タッチを主とした速攻とその使いかた） 4. ゲーム (1)　自チームに適した戦法をくふうして活用する。 (2)　相手チームを研究して対策をたてる。	3時	1. 早タッチのタイミングを一応習得したか。 2. 乱打やゲームにおいてひととおり速攻や遅攻を用いることができるか。 3. 自グループ内における自己の地位を自覚しているか。 4. 自グループの長所の生かし方と，弱点のカバーに適切な努力が払われているか。 5. 6人制の取扱に考慮が払われているか。 (1)　教師の指導が行きわたっているか。（6人制に対する生徒の経験は乏しいから）	準じて用意する。 (1)　コートの広さ 7m×14m (2)　コートの中央（ネット下）にハーフラインを引く，またエンドラインの右方にサービスエリアをつくる。 (3)　ネットの高さは 2m（9人制と同じ）とする。 (4)　まとめの段階の前半は，一応グループを解消するが，前のリーダーを世話役にする。
	後期	簡易な6人制ゲームを楽しめることに中心を置いた技能の練習やゲーム 1. 6人制のゲーム（9人制ルールから導入） 2. 6人制のルールと，ゲームのしかたの大要について知る。 3. パス・サーブ・レシーブ・アタックなど6人制の基本的技能 4. 6人制のゲーム（技能の程度にあった6人制のルールを採用） (1)　攻・防のしかたを研究する。 (2)　競技場をつくる，審判をする。	3時	(2)　生徒の発達段階に応じたルールや，技能などが用意されているか。 6. 6人制に必要な基礎的技能やチームワークがどの程度身についたか。 7. 6人制のゲームが自主的に楽しく行えるか。 8. 自由時にも活用する習慣がどの程度ついたか。	
まとめ		レクリエーションとしての取り入れ方に重点を置いて総まとめをする。 1. いろいろな方法により，ゲームを手軽に計画して実施する。（人数の多少に応じて，時間制で，ローテーション制で，ハンディキャップをつけて） 2. バレーボールのレクリエーション的価値，固癖の予防	2時	1. 教師の手を離れてもいっさいの活動が自主的に行えるか。 2. 計画が適切であるか。（プログラムに混乱はないか） 3. どのグルーグにはいっても気軽に協力できるか。 4. 3年間にどれだけの効果をおさめたか，またどんな問題が残されているか。	

		との関連について知る。 3. ゲーム（仕上げ） 4. 記録の整理と反省，次の運動種目への引継ぎ			

4. 展　　開

(1) 生徒の計画

第3表は教師の指導計画に基いて作った生徒の計画（学級）例であり，第1学年の分だけをあげたが，第2学年以後も，このような要領でよいであろう。ア．理解の便から少し詳細にあげたが，自分たちの了解しやすい共通事項を省略した簡単なものでよい。それゆえグループでの学習になれるに従って計画は容易となる。イ．2つの型式をあげておいたが，効果のあげられるものならどんな型式でもよい。ウ．この計画は練習のしかたと技能の要点に中心をおくことにした。エ．1年間の計画を1回で作ることは困難であるから，2時間を一つの分節として各分節の時々に作らせるようにする。本表における生徒の実際上の計画は，第2時目以降と解するがよい。（3年では第1時目も必要である）オ．生徒の計画は生徒たちだけで作らせることが望ましいが，やはり適切な教師の助言や指導を欠くことはできない。

生　徒　の　計　画　例　（第1学年女子）

（第3表）

	型　　式　その1	型　　　式　　その2
第1時	1. 全体の見通しをもち，グルーピングを行った後，第2・第3時間目（指導計画の中の段階の第1期に当る）分についての計画を考える。 2. 計画の重点を技能の要点と学習のしかたに置く。 3. 学級の計画に基いてグループの計画をつくる。 4. 準備や整理運動は，その要点を知って，次時までにグループごとにつくっておく。	1. バレーボールのスライドや参考書を見たり，教師の説明によって学習内容を知る。 2. グループに分れて役割をきめる。 3. リーダーが集まり，教師の指導によって学級計画を相談する。そして時間が許せば第2・第3時間目分を発表する。 一方，各グループごとに分れて（サブリーダー中心に），グループのとりきめをつくる。 4. グループの練習計画のつくり方を知り，学級計画にもとずいて，次時までにグループの計画をつくる。 5. また次時までにグループごとに準備や整理運動も作っておく。
第2時	1. 用具を準備し競技場をつくる。 2. 場所を協定してグループ別で円形パスをする。 5分間に続けられたパスの数の最高を比べて競争する。 3. ゲーム ゲームの取りきめを行う。一応ポジションとサーブ順をきめる。審判はバレー部員か経験者が当る。よくできない点に気をつけておく。 4. ゲームの問題点を考えて次時の計画を打ち合わせる。	○競技場のつくり方を知ったりゲームを行って問題となる点を発見する。 ゲームと関係深いことがら (1)競技場と審判の配置　(2)試合前後のあいさつの隊形 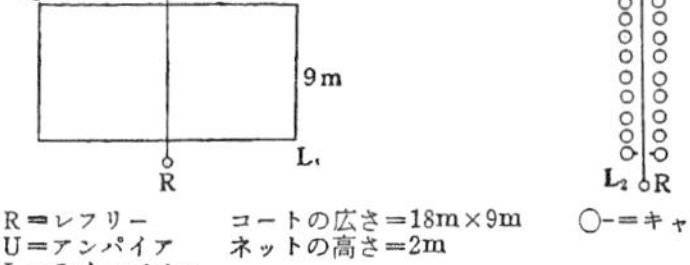 R＝レフリー　コートの広さ＝18m×9m　○－＝キャプテン（リーダー） U＝アンパイア　ネットの高さ＝2m L＝ラインズメン □＝スコアーボールド

第 3 時	1. パス (1)　リーダーの指導で基礎的なフォームを練習する。 (2)　いろいろな隊形を使って前・後・左・右に動いて行う。 (3)　円形パスでは協力によって，長く続けることを練習する。 (4)　パスで侵しやすい反則に注意する。(たとえば，ホールデング・ドリブル) 2. サーブ（アンダーハンド） (1)　２つのグループが両エンドラインの後方に分れて打つ。 (2)　トスは高く上げず，腕の振りを利用して打つ。 (3)　ネットを越せないものは，少し中の線から打つ。 (4)　サーブで侵しやすい反則は，フットフォールト，打つ前にボールを支持手から離す，ダブルフォールト	○パスやサーブ（アンダーハンド）の練習法を知り，基礎的なパスやサーブの要領を身につけるとともに関係深いルールを理解する。 (1)　パスの練習法（カ．は除く。時間が不足したら，次時へ持ち越す） 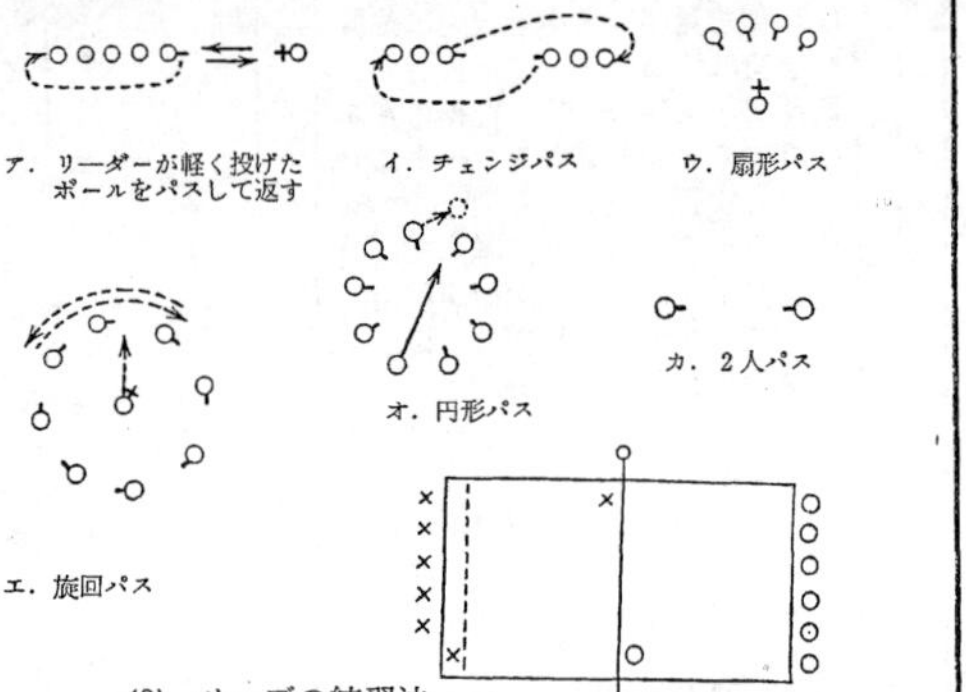 (2)　サーブの練習法
第 4 時	1. 対列パス 2. シングルタッチ ２つのグループが合流する。 (1)　中衛からのパスをシングルタッチ ア．中衛が軽く投げ上げたボールをタッチする。 イ．顔面にかぎ形に腕を振り上げてタッチする。 ウ．次に前衛が軽く中衛へ投げたボールを中衛が前衛にパスしてタッチする。 エ．同様にして反対側コートから中衛へ投げたボールを前衛にパスしてタッチする。 (2)　後衛からのパスをシングルタッチ ア．前衛が後衛へ投げたボールを，後衛が前衛にパスしてタッチする。 イ．反対側コートから後衛へ投げたボールをパスしてタッチ ウ．後衛は体全体でボールを押し出すようにする。 エ．後衛からのパスを中衛が中継してタッチさせる。	○攻撃の一つであるシングルタッチの要領をのみ込む。(やさしい練習法から) (1)　対列パス (2)　シングルタッチの練習法 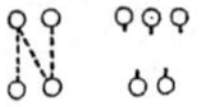 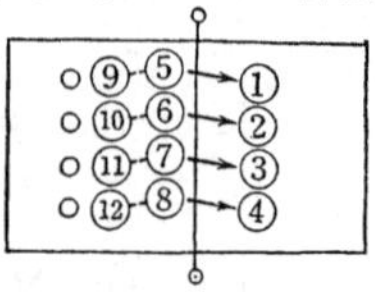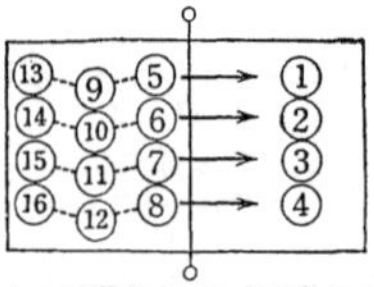 ア．中衛からのパスをシングルタッチ (ア)　２つのグループが合流する。 (イ)　中衛がボールを下手に持ち軽くネットぎわへ投げたボールを前衛がタッチ (ウ)　前衛がボールを持ち中衛へ軽く投げ，中衛が返したパスをタッチ (エ)　反対側のコートから中衛へ投げたボールを前衛へパスしてタッチ (オ)　適当な時機に反対側コートのものは，中衛の後方について順次交代する。 イ．後衛からのパスをシングルタッチ (ア)　前衛がボールを持ち後衛へ（⑬⑭⑮⑯）投げ，後衛が返したパスをタッチ (イ)　反対側のコートから後衛へ投げたボールをパスしてタッチ (ウ)　このとき後衛から前衛までパスが困難と思われる時は，中衛が中継ぎをする。
	1. 横へのトス（短めの流しトス） ２つのグループが両面のコートに分れて行う。 (1)　ネットぎわに位置する２人の	○もっとも利用しやすい前衛攻撃法の基礎をつくる。

第5時	前衛と中衛が３角パスをすることによって，トス（前衛が）の練習をする。 (2)　同様に後衛と２人の前衛を結んで３角パス (3)　機を見て前・中・後衛は位置を交代する。 2. 早タッチ(遅めの)と前衛のキル ２つのグループが１コートに合流して行う。 (1)　横へのトスと同じ隊形で，前衛が中衛に投げ，中衛が前衛にパスしたボールを隣の前衛にトスしてタッチさせる。 (2)　同様にして，トスしたボールを前衛が回り込んでキル (3)　反対側コートから中衛に投げたボールを送球して，前衛がタッチやキルする。 3. オーバーハンドサーブ ３時間目の練習方法で 4. 侵かしやすい反則 タッチネット・オーバーネット・ホールデイング	(1) 横へのトスの練習法 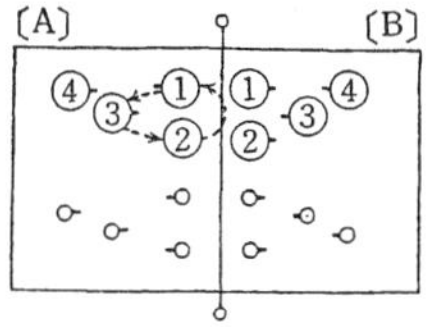 二つのグループがA・B両コートに分れて行う。 (ア)　③②①または④②①と３角パスをして前衛がトスの練習をする。 (イ)　順次に位置を交代していく。 (3)　サーブ（オーバーハンド）３時間目の隊形で	(2)早タッチ（遅めの）と前衛のキルの練習法 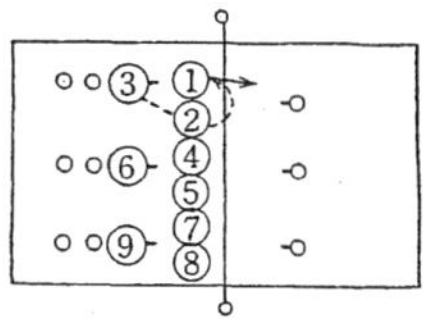 二つのグループが１コートに合流して行う。 (ア)　②がボールを持ち，③に投げる，③は②にパス，②のトスを①がタッチする。 (イ)　同様にしてトスしたボールを前衛が回り込んでキル (ウ)　反対側コートから投げたボールを中衛が前衛にパスして，タッチとキルをする。 (エ)　順次に位置を交代していく。
第6時	これまでの練習の結果により，ポジションをきめ，固定したポジションで練習する。 Aグループはコート全面を使って前衛の攻撃コンビネーションの練習をし，Bグループはコート外でシートレシーブの練習をする。 時間を定めてA. B両グループは練習を交代する。 1. 前衛の攻撃とコンビネーション（Aグループ） ２人の前衛と送球者１人が組み５時間目の練習要領により，シングルタッチと早タッチを交えて攻撃する。 2. シートレシーブ（Bグループ） (1)　シートパス (2)　シートレシーブ 前衛がおとすいろいろのボールを中・後衛が協力して上げる。カバーの練習を含めて行う。	○前衛攻撃を中心としたコンビネーションの基本と中・後衛の協力による防御のしかたを身につける。 Aグループはコート全面を使い，Bグループはコート外で，各10分ずつ２回交代して練習する。 (1)　前衛の攻撃とコンビネーション（Aグループ） 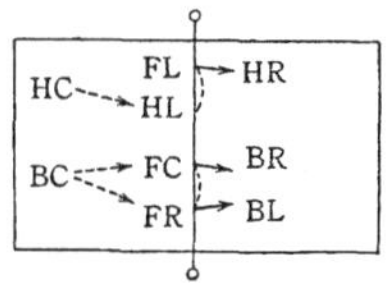 (ア)　５時間目の練習要領で行う。 (イ)　高めのパスはシングルタッチし，低めのパスはトスして早タッチさせる。 (ウ)　適当な時機にHLとFCとが位置を交代する。また送球者もかえる。	(2)　シートレシーブ（Bグループ） 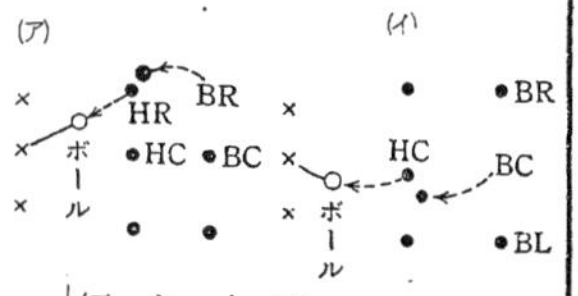 (ア)　シートパス (イ)　シートレシーブ a．前衛が強く打ったり弱く打ったりして中・後衛を動かす。 （前衛のトスの練習もかねる） b．(ア)図はBRがHRのカバーに出た動きを示す (イ)図はBCがHCのカバーに出た動きを示す。
	1. サーブレシーブ（アンダーハンド）して攻撃するコンビネーシ	○実際のゲームに役だつように攻・防の仕方をくふうする。 (1)　サーブレシーブ（アンダーハンド）によるコンビ（主力FC	

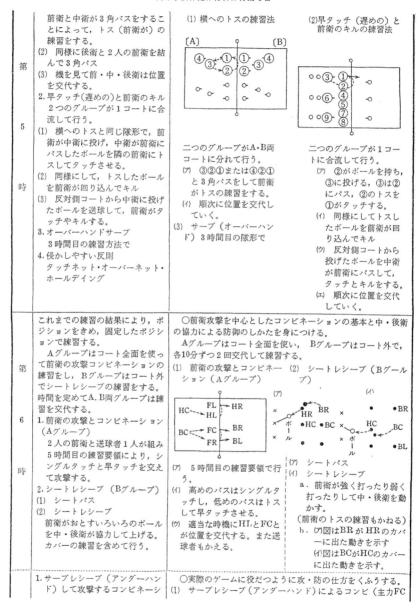

第 7 時	ョン Aグループはコート全面を使ってサーブ（アンダーハンド）を受けて主力攻撃者（ここではFC・FL)に球を回して攻撃させる練習をする。Bグループはコート外でシートレシーブの練習をし，時間を定めてA. B両グループは練習を交代する。 2. 乱打による攻・防の練習 (1) 上で練習したことがらを乱打の中で活用する。 (2) 乱打によって防御の隊形を知り練習する。ストップは1人のストップから始める。 (3) 攻防に関する要領がひととおりできたところで，フェント・バックアタック・カバーなどの練習を加える。	②とFL③に攻撃させる（Aグループ）この時，Bグループはコート外でシートレシーブを行い，10分でA・Bは交代する） 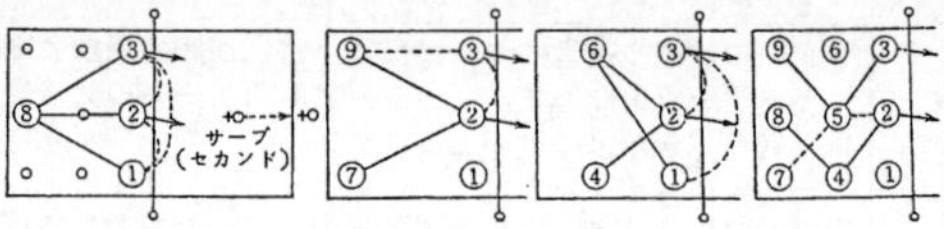 (ア) サーブを受けたBC⑧が送球してFC②とFL③に攻撃させる方法。サーブは始め近くより打ち次第に遠ざかり，エンドラインの後方から打つ。(イ)以下も同じ。 (イ) BL⑨とBR⑦から送球して，FCとFLに攻撃させる方法。 (ウ) HL⑥とHR④から送球してFCとFLに攻撃させる方法。FCの場合は(ア)に同じ。 (エ) 後衛から直接前衛への送球が困難な場合，中衛の中継によりFCとFLに攻撃させる方法。 (2) 乱打によって攻撃主力の使い方を実際にためし同時に防御の練習もする。攻撃に対するストップとレシーブの動き方は図のとおり 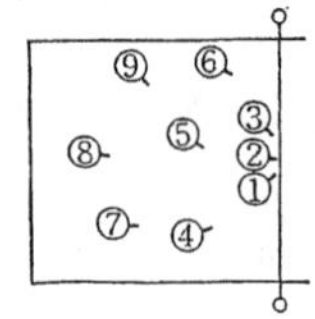 (ア) 中央附近からのタッチ攻撃に対する動き 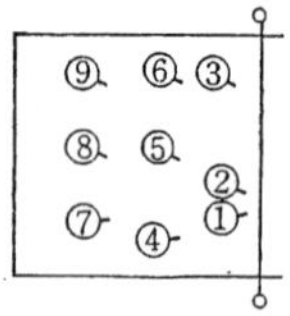 (イ) レフト附近からのタッチ攻撃に対する動き (3) ストップは1人のストップから始める。乱打になれてから，フェントやバックアタックを練習する。
第 8 時	1. グループ対抗の競技会を計画する。 (1) 競技や審判についての役割をきめる。 (2) 役員が集まって競技規則や組合せをつくる。 (3) 用具や競技場を準備する。 2. 同競技会を運営する。 (1) 順序よく試合をはこぶ。 (2) 審判は正しく位置につき審判上の疑義を適切に処理する。 (3) 簡単な記録もつける。 3. 同競技会に参加する。 (1) サーブ順をきめ，メンバー交代のしかたを知る。 (2) 無用な声を出さない，失敗	○これまでの経験を生かして競技会を開き参加する。 1. グループ対抗の競技会の計画 (1) 組合せをつくり，ゲームを行っていないグループが審判する。 (2) 試合方法はトーナメント形式とし，敗者戦も行う。 (3) 5グループの場合は1グループが2つに分れて審判に当る。 (4) 15点3セットゲームとする。 2. 審判中に疑義が起った時はアンパイア，ラインズメンを集めて相談し，なお不明ならば経験者にきく。 3. サーブ順のきめ方は，とくに前衛同志の打順が続かないようにする。また原則として始めと終りの グループが半分に別れて審判する場合 レフリー　1名 ラインズメン　2名 記録係　1名 点示係　1名 （サーブ順のつくり方例） 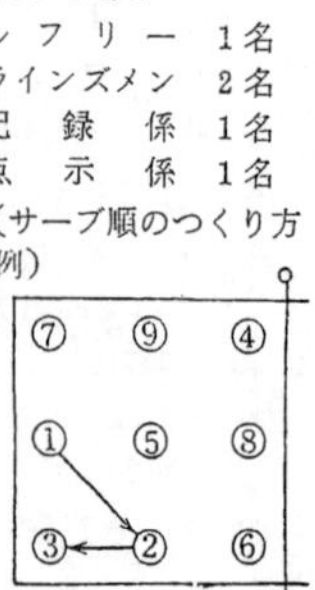

<table>
<tr><td></td><td>した味方をはげます。
4.研究的に他の試合を見学し，プレイのじゃまをしない。</td><td>方に強打者をおく。
4.失敗したものに対しては，簡潔に対策を教えてやる。</td></tr>
<tr><td>第
9
時</td><td>1.前時の計画や運営について反省し，悪い点をなおす。
2.前時の試合結果に基いて，自チームの欠点をなおす。
3.前時の試合結果を全員で評価し反省する。
4.記録をまとめる。</td><td>○前時の競技会をより充実するために努める。
1.自チームの欠点例
(1) サーブが入らない。
(2) 1回でチャンスボールを返してしまう。
(3) レシーブの時，えんりょし合ってボールを落す。
2.全試合の結果を全員で話合う。
3.記録をまとめる。

（評価と反省の項目例）
<table>
<tr><td>1.技　　能</td><td>向上した点</td><td>問題点</td></tr>
<tr><td>2.練習やゲームの仕方</td><td></td><td></td></tr>
<tr><td>3.グループのまとまり</td><td></td><td></td></tr>
<tr><td>4.役割のつとめ方</td><td></td><td></td></tr>
</table>
（グループの立場から）</td></tr>
</table>

(2)　指導計画時案

第4表は第2学年女子の第7時間目の時案例である。第1学年は生徒の計画例で，かなり細かい具体的なものを掲げたから，学年の関連という意味も含めて，本学年の具体例を示したわけである。ア．本案は指導が一応結実しかけた段階にある。イ．つごうによっては「まとめ」の時間を減らして，グループリーグ戦の相談は，自由時を利用させてもよい。ただし本時の反省と次時のねらいについては，その要点だけでも話合う必要がある。ウ．備考には評価的な項目も含めておいた。エ．第1学年の要領に従えば，本計画を生徒の計画にかえることは容易である。そこで，このような教師の時案は生徒の計画（教師の助言や指導を得て作る）があれば，そのつど作る必要はないであろう。

指　導　計　画　時　案　例（第2学年女子第7時間目）

（第4表）

1.計画の概要

第1時　学習内容を知り全体の見通しを持たせる，グルーピングを行い役割をきめさせる，学級の計画（前期分）とグループの計画の骨組をつくらせる。

第2時　ゲームを行って問題点を発見させる。（1年の復習を兼ねる）

第3時　前衛のキルから中衛のキルへと発展させる。（直キルと流しキル）

第4時　中衛のキルを中心として前衛のタッチを加えてコンビネーションをつくらせる。

第5時　自グループに適した戦法を，各グループごとにくふうさせる。

第6時　ゲームによって，第5時目の成果をためすとともに新たな問題点を発見させる。

第7時　攻・防の連係を通じてグループの機能の向上をはかる。（乱打を利用する）

第8時・9時　グループのリーグ戦（自主的な計画・運営・参加および校内バレーボール大会の代表選出などによってまとめる）

2.本時のねらい

(1) 乱打によって臨機応変のグループワークをつくる。

(2) チャンスボールはできるだけ攻撃に移し，攻撃球に対しては，よく粘ってチャンスをつくらせる。

(3) グループ間の協調を密にする。

学習内容	段階	学習活動	指導上の留意点	備考
計画の発表と確認	始め	5分 1. 施設・用具の準備 2. 準備運動 3. 集合(本時の打合せ)	1. 施設・用具の点検 2. 学習上の注意（みなでよく考えながら実施するように）	1. 5～6グループとする。 2. ボールは12～15個用意する。 3. コートは3面使用する。 4. 意図どおりにプレイが行えたか。 5. コンビネーションが乱れても早くたて直せたか。 6. 他のグループとよく協力できたか。 7. 次時の予定が適切に考えられているか。
技能を伸ばし，グループの機能を高める。 他のグループとの協力のしかたを身につける。	中	1. グループ別のコンビネーション練習（自グループの計画に基いて） 10分 (1) Aグループは5分コート全面を使用 (2) その間Bグループはコート外で練習して交代 2. グループ相互の組合せによるコンビネーション練習（乱打利用） 10分 (1) 1方のグループ(A)がコート内から軽く投入したボールを他のグループ(B)がレシーブして攻撃する，そのボールをA側が受けて攻撃化に努める。今度はB側から軽く投入する。 15分 (2) 次にエンドライン外から同一人が，2本ずつサーブ（ファーストサーブ1本セカンドサーブ1本）を打って（A・Bグループ交互に）乱打を続ける。	1. 前時の問題点を考慮に入れて進める。 2. 動作後はすぐに体勢をたてなおす，すみやかに定位置にもどらせる。 3. 攻撃後，気をゆるめないようにさせる。 4. 攻撃・攻撃と出て先手をとらせる。 5. 相手がサーブに出たところをつかせる。 6. 攻撃できない時には，相手の弱点をつかせる。 7. 相手グループとの協同によって，効果のあげうることを理解させる。	
すみやかに元の位置に整とんする。	まとめ	10分 1. 整理運動 2. 反省と次時の打合せ（グループのリーグ戦を中心に） 3. 用具のあとしまつ	1. よくできなかった点 2. 次時の予定	

5. 指導の参考

(1) 指導の方針について

指導の際は次の点に注意する。

ア. 教師自身がグループ指導の進め方に関して，しっかりしたねらいと計画を持つ。

イ. 教師の計画を生徒の計画（学級の計画・グループの計画）として具体化するためにくふうをこらす。

ウ. 学級やグループに共通の目標を持たせ，自主的に計画をたてて，実行するようにし向ける。

エ．競争を利用したり，指導の進め方をくふうして興味を喚起させ，グループのまとまりを強める。

オ．バレーボールは特に女子の教材として好適であるから，助け合いの活動を促進して技能をみがき，ゲームのしかたに慣れさせ，生活に導き入れるようにする。（写真１）

カ．実施の結果をよく反省させ，問題点についてはその場で解決し，次時の計画に関連づける。

キ．１年はグループによる学習に慣れさせ，個人の技能差を縮め，技能やチームワーク・ゲームのたの基本を身につけさせることを重点とする。２年では協力により，攻撃や防御のコンビネーションを強めてゲームに活用させると同時に，ゲームの計画や運営にも慣れさせることを重点にする。３年は個人やチームの特性に応じて，技能を伸ばす一方，レクリエーションとしての取り入れ方と習慣化に重点をおいて指導する。

⑵　計画とその進め方（始めの段階）

ア．学習内容を理解させる。

参考書・スライド・説明などによって学年別の内容を手ぎわよく示して全体の見通しを持たせる。用語をよく理解させること。２～３年になると時間的な余裕も出るので，技能の要点とか練習法の概要まで触れることができるであろう。

イ．グルーピングと役割の決定

グルーピングは，必ずしも教室で行わなくともよい。２～３年になれば自由時間に行わせて時間を省略することもできる。１グループの人数は９～10人とし，5～6の異質グループに分ける。組分けの時には次の事がらを考慮する。

（ア）　技能の程度（バレーボール部員・運動神経の発達したものと未熟なもの）

（イ）　身長の大小

（ウ）　運動能力検査の結果（とくにサージャントジャンプと投力）

（エ）　ソシオメトリー

以上のうち，バレーボールでは身長を重視することがたいせつである。役割の種類はなるべく多く設けて，多くのものに責任を自覚させるようにする。リーダーを選ぶ場合には，グループができてから選出する方法と，まずリーダーを決め，各リーダーが中心となってグループを作る方法とがある。リーダーの条件としては技能のすぐれたもの，世話好きのもの，積極性のあるもの（特に女子），などがあげられる。２～３年ではグループの役割と同時に各自のポジションを決めさせておく必要がある。

第５表はグルーピングの結果と学習の記録を一覧するに便利なため，後述する正式のグループ記録とは別に作ったものである。各グループの記録係に保管させて記入させるとよい。

グループ記録一覧表（第５表）

〔１〕グルーピングと個人的記録表

年	(1)第( )グループ	(2) グルーピングの基準				(3)役割についての自己評価						(4) 基本的技能の自已評価					
組	姓　　名	身長	基礎体力	技能の程度	その他	役　割	1時	2時	3時	4時	5時	位置名	サーブのテスト				
1						リーダー	×	△	△	×	○	F・C					
2						サブリーダー						H・C					
3						記　録						B・L					
4						記　録						H・R					
5						指　導						F・L					
6						コート						F・R					
7						用　具						B・C					

〔２〕グループ対抗の記録表

	時	時	時	時	時	戦　評
(1)基本的技能	( )競争					
(2)応用的技能	( )の比較					
(3)ゲーム	{ } { }	{ } { }	{ } { }	{ } { }	{ } { }	

（注）〔記入の要領〕

〔１〕　グルーピングと個人的記録表について

（ア）　クラス全体がグルーピングの基準に従って組分けを行い，役割をきめ，役割に相当する者の姓名を (1) 欄に記入する。次は姓名を中心として (2) 欄を記入し（参考のため），(4) 欄の位置名をも記入する（１年は学習の段階が進んでから記入)。

（イ）そして(3)欄には役割のつとめぐあいを書き入れていく。

良好……○　　普通……△　　不良……×　とする。

（ウ）　(4)欄には個人的な技能テストの結果を記入する。

〔２〕　グループ対抗の記録表について

これはグループ間の競争的な結果に関する記録である。たとえば (1) 欄にはグループの円形パス競争の結果などを記入し，(2) 欄ではサーブを受けて前衛のキルが何本成功するかをグループで比較させたり，あるいは乱打におけるポイント数を比較して書き込ませる。

ウ．学級の計画

学級の計画はここでは各リーダーが集まって教師の指導や助言を得て立てさせる。あらかじめ指導計画をプリントして，各リーダーに配布しておくのがよい。学級計画は教室にはっておき，学習期間のくぎりごとに，次期の分を記入していくように指導する。各リーダーの中から学級計画をまとめたり，運用するための中心者をきめさせるようにする。

エ．グループの計画

グループの計画は学級の計画に基いて，グループごとに作らせる。この計画は重点を学習の実際的な進め方におくことにする。したがって学級の計画と重複する面もあるので，調節をはかる必要がある。概してバレーボールでは，各グループに共通的な学習の形態が多いので，個々のグループが単独で計画する範囲は比較的少なくてもすむわけである。特に１年の前半はグループ計画の内容となることがらは少なく，たとえば，だれだれがどこへ，どのような順序で位置するとか，ひとりが何回打ったら交代するとか，だれがボール拾いをするかなどがあげられる。けれども，チームワークとかまとめの段階になると計画の対象になる内容もふえてくる。たとえば既習したパスやタッチなどの練習法をグループの計画として，チームワークを作る上に役だてたり，また既習したチームワークとか，審判のしかたなどをグループの計画として，「まとめ」に役だてるなどである。

なお，グループの計画をしていくために，グループごとにノートを用意して，グループの記録をつけさせることが必要である。記録の内容は「グループの計画」（学級計画とも関連させて）「進歩の度合い」「反省」（特に人間関係），などであり，所定の記録係に担当させる。

(3)　実際指導について（中の段階）

ア．用具と競技場

用具や競技場は始業前（当該学習の）に準備させておくことが望ましい。用具は各グループの用具係に責任をもって扱わせる，競技場の準備はコート係が，他のグループの同じ係と協力して当る。ラインを正確に引くことや，自分の仕事が終っても他を手伝うように習慣づける（写真２）。実際には競技場の準備や整理は，毎時間必要ではないから，日によって担当するクラスがおのずから決ってくるであろう。

2

（ア）　用具……学習に必要なもの―ボール・ネット・巻尺・ライン引きなど。ゲームに必要なもの―笛・審判台・点示板，2～3年では線審用紙・記録用紙・記録席・白帯（特に６人制）など。ボールの数は１グループにつき最低２個はほしい。

（イ）　競技場……コートの数も３面は必要である，そして３面は近くにあることが望ましい。コートは正規なものでなくとも，空地に丸太をたてるなどしてまにあわすこともできる。

イ．技能

（ア）　第１学年

１年では，前衛の基本的な攻撃（速攻を除く）とそれに対する防御が一応ゲームとして行うことができ，サーブもひととおりはいることをねらいとして指導する。またルールは技能の練習の時に関係深いものについて理解させる。初めの４時間はポジションを固定させず，一様に基礎的技能を練習させることにする。（グループ別で）

ゲームを行って問題になるのは，まず，サーブがはいらないことと，パスがまずいことであろう。サーブとパスの必要性は初歩の段階に限ったことではなく，バレーボールに終始つきまとうものであるから，少なくともパスだけは意味づけて，少しずつでも毎時間行わせるようにしたい。

a．パス……２人パスが効果的であるが（写真３），女子は多人数で行う円形パスを好む。そこでパス→カバー（パスを続けるために）→打つ動作を加え，レシーブするなどと発展させることも一つの方法である。いっせいにパスの要領をのみ込ませるには近距離（2～3m）からボールを軽く投げ与えて（リーダーなどが），フォームを直し，次にいろいろの練習隊形を利用して，前後左右に動いてパスをさせる方法がよい。

b．サーブ……重心の移行と打つタイミングがたいせつである。重心を後足から前足に移しながら打つことや，トスの高さや位置と腕の振りの関係，またボールを当てる箇所についても指導する必要がある。特にアンダーハンドサーブのトスは高すぎないよう注意する（顔より下)。慣れてきたら相手のバックへ届くことを目標に練習させる。オーバーハンドサーブは一応要領をのみこます程度でよい。アンダーハンドサーブのレシーブは案外むずかしい。出過ぎずに腰をおとすことが要点であり，困難と思われるときにはまず高く上げておかせる。時間的余裕があればアンダーハンドサーブを打って，パスゲームをさせたい。

c．前衛の基本的攻撃法……まずシングルタッチから入り，シングルタッチが不可能なパスに対してはどうするかと進めて早タッチに移る。いわゆる早タッチは困難であるから，横に高くあげたボールをゆっくりタッチ（遅めの早タッチ）させるがよい。タッチするときは（シングルのときも含む)，手を頭上で「かぎ型」に振って球道に合わせてひっかけさせれば，背の低いものでもタッチできる（写真５，６）。さらに遅めの早タッチを行っていると，ネットから離れたトスなどに対して，自然にボールを打つ（キル）場合が出てくる。この時機を捕えて，前衛のキルへと発展させるべきである。キルする際には，図のように回り込んで打たせるようにする。反則については，たとえばトスやタッチでホールディングやタッチネットを防止するにはどうすればよいか，といった角度から指導し，同時に用語を覚えさせることも必要である。

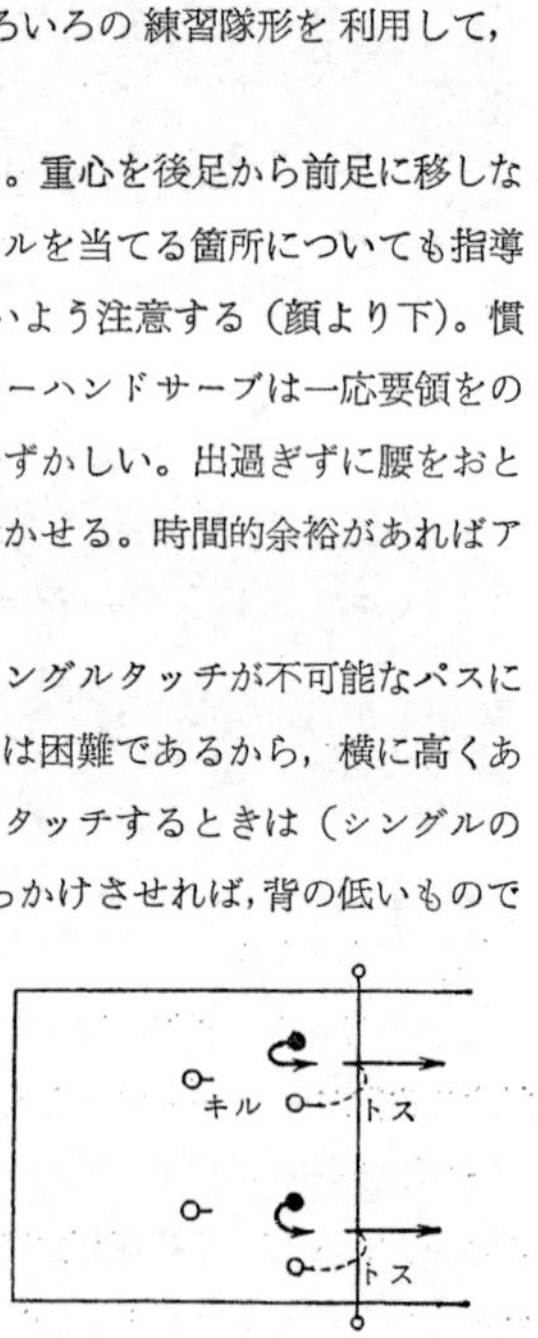

d．チームワーク……この段階にはいってからポジションは固定させる。まず前衛中心の攻撃コンビネーションをつくるわけであるが，第1に球のさばき方が問題になる(写真4)。できるだけ3回を有効に使って攻撃し，トスしにくい高めのボールだけをシングルタッチさせるぐらいがよい。近距離に位置する前衛に直線的な送球をしたり（中衛が），あまりにもポールぎわへ送りすぎることは危険である。第2に，前衛は立ち止ってばかりおらず，送球に応じて前や，左右に動いて処理させるようにする。なお前衛右の（右ききの場合）タッチのしかたが問題になるであろう。そこで一応右手で行わせ，むりな場合は両手で長めに相手のバックをつかせるがよい。この段階が終ったら，中心となる攻撃者をきめ，そのものへ球を集めて攻撃させるように，各グループでくふうさせる。

（イ）　第2学年

2年では既習した前衛攻撃を中心として，中衛のキルによる攻撃を結びつけたプレイとそれに対する防御が一応ゲームに活用できることと，割合に正確なセカンドサーブおよび少し強めのファーストサーブが打てることをねらいとする。そのためには，最初からポジションを固定し，ポジション中心として練習をさせる（個性に応ずる意味を兼ねて）。またグループごとにコンビネーションを作らせる必要が多いから，二つのグループを組み合わせて，次のような要領で実施させるがよい。まずAグループがコート全面を使って練習するとき，他のBグループはコート外

で，コンビネーションに必要な基礎的な練習をくふうして行い，一定時間でA・Bを交代させる。なお，コート内のコンビネーションは容易なプレイから始めて徐々に困難なものへと進めるとよい。

a．中衛のキル（流し）……既習した前衛のキルを手がかりとして発展させる。助走を小刻みに取ること，一度ひざを曲げて踏み切ること，手をひらいて打つこと，などが要点である。（ボールと手との間が狭ければ強く打てないことを知らせる。）

b．ファーストサーブ……ボールが反対のエンドラインを越える時には，トスをネットの近くに上げ，ネットにかける場合には遠ざけることによって調節させる（写真7）。スライドサーブは早めにボールの腹に当てて（トスを低く），左眼の側前で打ち放せばよい（右ききの場合）。

c．チームワーク……攻撃のコンビネーションがうまくとれない根本的な原因を次にあげる，①パスが大き過ぎたり，短かすぎたり（写真8），強すぎたりする。（トスやタッチがやりにくい）②前衛の間や中衛の間にきたパスに対し，ゆずりあって落したり，衝突したりする。（とる範囲を協定しておく）③攻撃者の立場を考えないトスをあげる，前衛に上げるのか中衛にあげるのかわからない中途はんぱにあげる（前・中衛が衝突する）。④パスやトスのモーションを起しているのに攻撃者がぼんやりしている。⑤中衛が攻撃しようとするのに，前にいる前衛がじゃまする。⑥キルとタッチを結ぶ練習隊形には，3Fと3H，3Fと3HとB・Cなどがある。またチームに独得の部分的練習法をくふうさせる必要もある（写真9）。

7

8

9

10

次に防御のコンビネーションがうまくとれないおもな原因をあげよう。

①一般にコートの中央部に集まりすぎる。②自分の守備範囲を守らなかったり，(動いたらすぐもどる）相手の範囲を侵してぶつかる（写真10)。③捕球の動作を起しながら急にやめるので，他のものがあわてる。④カバーに動かなかったり，この時あまり接近し過ぎる。⑤飛来するボールに対して中・後衛が重なる。⑥前衛がネットよりさがり過ぎて構える。⑦相手の攻撃動作やボールのコースを見ないで前につめる。

(ウ)第3学年

3年は既習した諸攻撃（遅攻的な）に早タッチ（速攻的）を加味したプレイが，多少ゲームの中に生かされることと，レクリエーションとしての技能やゲームのしかたに慣れさせることをねらいとする。

a．早タッチ……特にパス→トス→タッチのタイミングが重要であるが，女子の場合はリズム感に長じているので，案外とりつきやすい。原則として前衛の手にボールがはいったときにジャンプしてひっかけさせる。トスがむずかしいので，パスはあまり強くなってはいけない。

b．相手チームの研究……①攻撃の主力はどこで，どんな攻め方をするか。②防禦はどこが弱く，またどこがあくか。③サーブは何番が強くおもにどこへくるかなどに分けて，グループでその対策を相談させる。

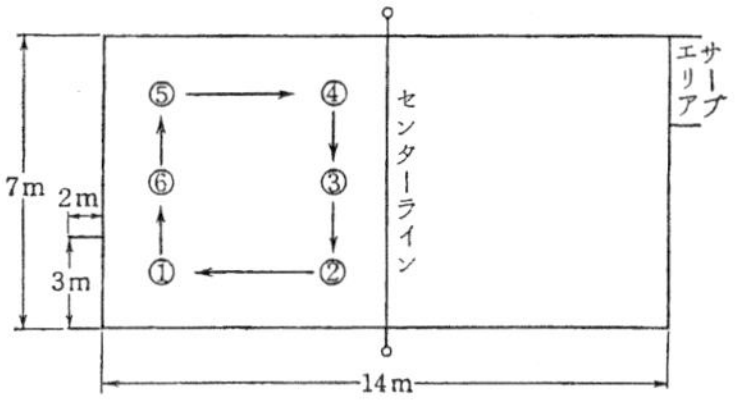

c．6人制バレーボール……9人制のプレイから導入し2段階に分けて指導する。

〔第1段階〕次のような相異点だけを理解させてただちにゲームに入れる方が興味がわく。審判も要点を説明すれば，割合簡単にやれる。

①　1チーム6人　②　サイドアウト制　③　ローテーション制　④　サーブは1本（サーブがネットインした場合はサイドアウト）⑤　1セット15点（セットの中間でチェンジコートをしない)。⑥　コートの広さは狭ばめて，7m×14m，または8m×16mとする（6人制の正規の広さは男女とも9人制の女子の広さに同じ)°⑦　前衛のタッチは指で軽く触れる程度に制限する。　⑧　ボールがネットに触れた時でも3回で返球しないとオーバータイムス

〔注〕①ネットの正規の高さ＝男子2m43女子2m24②サイドアウト制＝サーブ権を持っている側がポイントしたときだけ得点になり，サーブ権のない側のときにはサイドアウトといって，サーブを打つ権利が与えられることをいう。③ローテーション＝新たにサーブ権を得たチーム側に限り，サーブを開始する前に各人の位置を時計の針の方向に移動することである。そしてサーブはB・Rの位置に移動して来たものがサーブエリア内から打つことになる。(上図参照)

〔第2段階〕パスとサーブおよび簡単な攻撃法に重点をおいた基礎的な練習を行う。①まずパスでは，両手の指先ではじき出す（上方へこすり上げるように）チェストパスとか，両方の手く

びへあてではね上げるアンダーパスや，体側へきたボールを片手で打ち上げるパスなどを練習させる。（9人制のアンダーパスや側面パスはホールディグになる。）②サーブはキルのような姿勢で打ち上げるフロータリーサーブについても指導する。③攻撃練習は前衛の中にトスさせたり，または前衛右にトスさせたものを，他の前衛が少しさがっていて打つような方法で行う。そして，トスもキルも全員が練習する必要がある。④この段階のゲームでは少しネットを高めにし，ネットの下にセンターラインを引く（インプレイ中，どんな場合でもこのラインを踏んだり越したときは，ファウルという規則の新たな適用）。またホールディングをやや厳重に判定するようにしむける。

ウ．態度について

まず指摘される点は，練習やゲームを問わず一般にやかまし過ぎるということである。特にゲーム中は，プレイと無関係な動作まで加わってくるので，理知的にプレイをするように習慣づけたり，グループの努力目標の一つに取り入れたり，などして取除かなければならない。この他に練習やゲーム中によく見られる，好ましくない態度を列挙してみよう。これらのことがらはできるだけ生徒相互のいましめ合いによって是正させるようにする。

（ア）　むやみにネットにさわったりぶら下る。（イ）　ボールに足をのせたり，けったりする。（ウ）　われ先にとボールを打ったり，ふざけながらプレイする。（エ）　失敗をとがめたりいやな顔をする。（オ）　ひとりよがりのプレイをする。（カ）　ボール拾いを怠る。（キ）　すぐにあきらめたり，他人に依存する。（ク）　すなおに注意を受け入れない。（ケ）　グループ内の特定の者や，グループ外の者に対して冷たく当る。（コ）　試合のあいさつをおろそかにする。（サ）失敗したとき，ボールを地面にたたきつける。（シ）　相手の失敗を喜んでやじる。（ス）　試合を途中で投げ出したり，やけ気味のプレイをする。（セ）　練習の場所や用具を独占する。（ソ）審判をけんせいしたり，抗議する。

エ．審　判

バレーボールはレクリエーション的性格をそなえているから，審判は全員に経験させたい。けれども女子は審判することをきらう傾向が強い。これは自信がなかったり，恥ずかしがるためと思われる。1年では，タッチネット・オーバータイム・フットフォールト・ライン近くのボールなどに気をつけて審判させ，同時に笛の吹き方（特に反則の際は鋭く短く）とか，吹く時機について指導する。2年ではネットぎわのやや細かい反則（オーバーネット・ドリブル・ホールディング・タッチネット）とワンタッチに気をつけて審判させ，同時に，オーバーネット・ドリブル・レフリータイムなどのジェスチュアも理解させる。3年では6人制の審判法についても学習させる。6人制の主審のポイントのコールはだいたい9人制と同じであるが，サイドアウトのときは，「サイドアウト！ローテーション！」と呼ぶことが異なっている。また一般に線審は（6人制は2人でつとめる），ネット附近のプレイにとらわれやすいから，自分の担当範囲に飛んでくる

ボールによく注意し，見やすい位置に動いて判定させることがたいせつである。なお審判はグループ単位で輪番に担当させ，任務が終了したら，それぞれの問題点についてグループで研究するように指導する。

(4)　まとめの指導について（まとめの段階）

この段階は，これまで学習してきた内容を競技会という形でまとめさせ，その結果を反省して結びとする段階である。競技会における基本的な事項については，学年による差異があまりないから，以下2年の場合について，その要点を例示しておく。

ア．学級の計画

各リーダーが集まって，まず組合せとだれが審判に当るかについてきめる。リーグ戦といっても全グループ（6グループとする）の総あたりはとても不可能であるから，抽せんにより3グループずつ組み合わせて，3グループのリーグ戦をさせる。そしてリーグ戦の結果，1位どうし，2位どうし，3位どうしのゲームを行って終るような方法をくふうさせる。この案ではコートは2面使うことを予定し，試合を行っていないグループが，順次審判を担当していくことになる。なお，1位どうしの決勝を最後に回すとよい。

次には競技方法をきめる。21点3セットゲームで，これだけの試合数は消化できないから（時間は2時間弱である），適当な方法を考えさせることが必要である。

第3に，審判の基準についてもだいたい打ち合わせる。これは各グループから主審級のものを1名ずつ集めて相談させることもできる。

第4に，用具や競技場の準備は，各グループの用具係とコート係が担当するようにさせる。なお全体の進行を円滑にするため，リーダーの中から大会委員長を決めておくことも必要である。

イ．グループの計画（Aグループの案）

（ア）　第1試合目に第一コートでBチームと対戦する。

（イ）　作戦……相手チームのライト線が弱いから，そこをつく。またサーブは2番と4番が強いから，後衛は少し下がってむりなパスをせずに上げておく。味方の前衛中にボールを集めて前衛左から攻撃する。

（ウ）　試合前の練習……時間は3分である。そのときには，初めにサーブを一分行い（なるべくライト方向へ打つ），あとの2分は全員コートにはいってコンビネーションの練習をする。（前衛左に攻撃させる）

（エ）　第2試合目は第1コートにおいて，Bチーム対Cチームの審判である。

（オ）　審判の割当は相談してきめる。

（カ）　主審は明確な判定を下し，線審は機敏に動けるようにくふうすること。

（キ）　審判に当らない2人は，Cチームをよく研究すること。

ウ．運　営

時間が少ないことど，役員をつとめたり，ゲームにも参加するので，手ぎわよく協力させないと円滑に進行しない。

（ア）　用具や競技場の準備（用具係・コート係の活動）

（イ）　競技の実施……審判員の試合前における手順を次にあげる。両チームのメンバーを提出させる，サーブとコートをきめる，公式練習をさせる，ネットの点検をする，試合前のあいさつをさせる，などの順である。大会委員長はとくに進行状態を見守って，両コートのバランスを考える。なお委員長には音色の変った笛を持たせるとつごうがよい。

（ウ）　注意事項……早く集合させる。むだな言動を慎しませる。無用なボールがコート内にころがったら早く除去させる。

エ．評価と反省

2年では，全体的な立場から技能・ゲーム・態度・審判・競技会の計画と運営・全般的なグループワークなどの概要について行わせる。その時間が少なくなっても省略すべきでない。（できるだけ話合いを進め，できなかった部分はよく記録にとどめさせておく。）

Ⅶ　バスケットボールの指導計画と展開の例

1. バスケットボールの特性と取扱の方針

(1)　バスケットボールの特性

バスケットボールは同一の競技場で敵味方が入り乱れてプレイする激しい運動である。よい体格をつくり，身体を支配する能力を高め，社会的態度を発達させるのに適切であるといえる。しかも原則的には，身体の触れ合いを禁じてあるので危険がなく，青少年男女に適したよい運動である。

(2)　バスケットボールの取扱の方針

ア．指導時間数として27時間をとった。これを一個学年だけ，あるいは二個学年，三個学年にわたって行う方法があるが，ここでは各学年にそれぞれ9時間ずつを配分する方法をとった。しかし，この指導計画は系統的に一貫したものとして示したので，一個学年あるいは二個学年に27時間で行うときも，この計画がそのまま利用できるであろう。

イ．特によいチームワークがとりやすい競技であるから，チームワークの発達に重点をおいて指導する。そのために前半では基本技能や2人または3人の共同プレイを練習させて，チームプレイの基礎を習得させることに主眼をおき，後半ではチームプレイを練習させ，チームワークを発達させるようにした。

ウ．スクリーンプレイは2年から指導するようにした。1年では，計画的なスクリーンプレイは技能の面でも理解の面からもむりがあるように思われる。1年では，なによりもスピードとフェイントを主にするカットインプレイに重点をおくほうが将来の進歩のために効果的であると考えられるからである。

エ．練習・ゲームそのほか常にチーム（グループ）として活動させ，社会的態度を発達させるように指導する。

オ．男女とも技能の段階に適したルールを考慮して指導する。

カ．チームプレイが評価でき，規則が理解できるようにさせる。審判法はできるだけ多くの者に経験させ，その大要を理解させるとともに，実際に審判ができるようにさせる。また競技会を計画させたり，運営させたりして，将来レクリエーションとして活用できるようにさせる。

(3)　準備

ア．規則・技能・審判法などに関する図書，スライド

イ．コート　2面

ウ．ボール　16個以上（2個×8チーム）

エ．ゲームを行うときには次のものを用意する。

a．記録・計時用机およびいす　b．得点用の掲示板　c．ストップウォッチ　d．審判員

および記録・計時員用笛　e．筆記用具　f．記録用紙（各チームごと，反省記録用）

2. 単元のねらいと学習内容

<table>
<tr><th colspan="2">学年</th><th>第　1　学　年</th><th>第　2　学　年</th><th>第　3　学　年</th></tr>
<tr><td colspan="2">ねらい</td><td>1.カットインプレーとマンツウマンデフェンスを主にしたゲームを行い，互にかなりの得点ができるようにさせる。
2.ゲームの記録や計時ができるようにさせる。</td><td>1.スクリーンプレイを練習し，ゲームに使えるようにさせる。
2.審判法の大要を習得させる。</td><td>1.ファーストブレーク・セットオフェンスおよびマンツウマン・ゾーンなどを計画的に，区別して使ったゲームができるようにさせる。
2.正しい練習法を理解させる。
3.正規に準じた審判法を習得させる。</td></tr>
<tr><td rowspan="2">内容</td><td>個人的</td><td>1.知識と理解
(1)　バスケットボールの特性
(2)　バスケットボールの競技のしかた
2.基本的技能
(1)　シュート（近・中・長距離）.
(2)　パス（スタンデング・ランニング）
(3)　ドリブル
(4)　ガーディング
(5)　フットワーク
3.応用的技能
(1)　カットインプレイ
4.ゲーム
(1)　簡易なルールによるゲーム</td><td>1.知識と理解
(1)　スクリーンプレイの原理
2.基本的技能
（1年の復習）
3.応用的技能
(1)　スクリーンプレイ（トレール・ピックオフ）
(2)　チームの攻撃フォーメーション
(3)　セットオフェンス
4.ゲーム
(1)　正規のルールに準じたゲーム
(2)　セットオフェンス（防御はマンツウマン）を主にしたゲーム</td><td>1.知識と理解
(1)　正規のルール
(2)　攻撃法・防御法の種類，その原理および長短
2.基本的技能
（1，2年の復習）
3.応用的技能
(1)　マンツウマンデフェンスとその攻撃
(2)　ゾーンデフェンスとその攻撃
(3)　ファストブレークとその防御
4.ゲーム
(1)　ゲーム前の正しい練習法
(2)　正規のルールに準じたゲーム
(3)　タイムアウトと作戦およびメンバーチェンジ</td></tr>
<tr><td>社会的</td><td>1.チームの一員として役割を持ち，協力して責任を果す。
2.規則を守り，審判に従う。
3.勝敗に対して正しい態度をとる。
4.技能・体力に適したルールをつくる。
5.ゲームの記録・計時</td><td>1.チームの一員として協力し，責任を果す。
2.リーダーの能力を身につける。
3.他人の安全に注意する。
4.規則を守り，審判に従う。
5.勝敗に対して正しい態度をとる。
6.審判法の大要
7.ゲームの計画と運営</td><td>1.チームの一員として協力し，責任を果す。
2.リーダーの能力を身につける。
3.規則を守り，審判に従う。
4.勝敗に対して正しい態度をとる。
5.チームワークを評価できる。
6.正規に準じた審判法（記録・計時も含む）
7.ゲームの計画と運営</td></tr>
</table>

3. 指導計画と展開

第1学年（9時間）

時	本時のねらい	学習内容	指導の方法	指導上の留意点	備考
第1	導入を行う。	1.バスケットボールの歴史，特性 2.競技規則の概要			

時		3. グルーピング（8チーム，1チームは5～7名） 4. 役割の分担			
第2時	ゲームを行わせ，生徒の理解・技能の実態をはあくするとともに問題点を発見させる。	1. 記録・計時の方法 2. ゲーム 3. 相手チームより多くの得点をあげるためには，いかにしたらよいかについての話合い	4チームずつ2群に分け，コート2面を使用し，各群ごとにリーグ戦を行う。	話合いにおいては 1. パスワーク 2. シュートの技能 3. パーソナルファウル 4. バイオレーション（規則違反による失策） 5. ガーディングの技能 などを問題点として導き出す。 結論として最初に「シユート技能の向上」を取り上げる。	審判は生徒に行わせる。
第3時	各種シュートの正しいフォームを習得させる。	1. 近距離シュート（レイアップシュート・ランニングシュート・ジャンプシュート） 2. 中・長距離シュート（ツウハンドチェストシュート） 3. ゲーム	1. バスケットから1mの所から片手のレイアップシュート 2. 約2mの所から左足を一歩踏み出してレイアップシュート 3. 1回のドリブルをしてレイアップシュート 4. ランニングシュート 5. バスケットから5～6mの所からツウハンドチェストシュート 6. バスケットから2～3mの所から両手のジャンプシュート 7. ゲーム	1. 身体のバランスのよくとれたシュートをさせる。レイアップ・ジャンプシュートではボールを離す時機をよく覚えさせる。 2. 中・長距離シュートでは前後の狂いよりは左右の狂いを調整させる。	1. ガードされないなら，近距離から5～6割，中距離から2～3割の成功率を目標とする。 2. ゲームの反省 中・長距離シュートは入り難い。得点を挙げるためには近距離シュートが有利，そのためにはバスケットの近くまでボールを進める技能が必要である。
第	各種パスの正しいフォームを習得させる。	1. チェストパス 2. バウンズパス 3. アンダーハンドパス 4. ベースボールパス 5. パスゲーム	1. 円陣，横・縦隊，距離など練習隊形を種々くふうさせてスタンディングパスを行わせる。 2. パスゲームはハ	1. チェストパスはパスの基本であり，かつチェストシュートと関連するので特に正しいフォームを習得させる。	1. パスゲームの反省 パスの基本を習得したら，それが実際に応用できるか。ガードがつくとパスが

第4時			ーフコートで行わせる。 （8チーム同時に）	2. パスゲームではドリブルを使用させない。またリターンパスは反則とする。	困難になるがガードがついてもパスができなければならない。
第5時	ガードがついていてもスタンディングパスが確実にできるようにする。	1. 各種パスの復習 2. 3対1，2対1，3対2，これらをサークルパスと呼ぶ。 3. ドリブル 4. パスゲーム	1. 新に，両手のオーバーヘッドパス・ワンハンドパスを加え，ガードをつけないで練習する。 2. 3（パスする側）対1（妨害者）を行う。 3. 2対1，3対2を行う。 4. 自身の位置（ガードに対する関係位置）をかえるためのドリブルの練習を行う。 5. パスゲームをさせる。	1. サークルパスでは，ボール保持者は (1) ガードの体勢の崩れ，重心の移動方向などを判断し，ボールは防御の可能な範囲外を通すようにする。 (2) ボールの出る位置は胸の前に限定せず，広範な点から自在に出すようにする。 (3) ボールを3秒以上持たない。 2. ガードは休まず活動し，ボールの中断をねらう。パサーのモーションからボールのコースを予知するように努力する。 3. 円陣は大きすぎるとガードがボールの中断ができないし，小さすぎるとパスができない。 4. パスゲームではドリブルは使ってよいことにする。ただし自分とガードとの関係位置をかえる目的で使わせるようにする。	1. サークルパスができるようになったか。 2. パスゲームの反省 同人数で行う場合（サークルパスは攻防の人員が異なる）は，スタンディングパスができるというだけではふじゅうぶんである。パスを続けるためにはプレィヤーが停止していてはならないということから，ランニングパスの必要を導き出す。
第	走りながらボールを受け，確実に処理すること，走っている者にパスすることができるようにする。	1. クォーターバックパス 2. スクエヤーパス 3. 二線および三線のランニングパス 4. クリスクロスパ	1. クォーターバックパス	1. 確実な二足拍子を習得させる。 2. 相手の走る方向・速度を判断して，ちょうどミートできるボールをパスする。	ゲームの反省 互にかなり得点ができるようになった。相手に勝つためには得点させないことが必要である。

第6時		ス 5. ゲーム	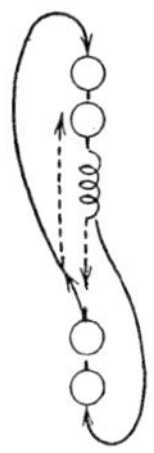 2. スクエヤーパス 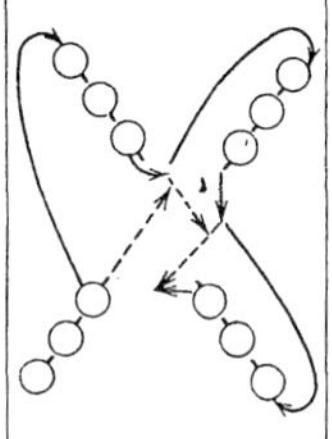 3. 二線のランニングパス 4. 三線のランニングパス 5. クリスクロス	3. スクエヤーパスではボールを停止して受けないようにスタートの時機に注意する。右回り・左回りの両方を行い，慣れてきたらボールを2個使用して能率を上げる。	
第	1. ガーディングの要領を習得させる。	1. ガーディングの位置・距離・姿勢・フットワークの解説と示範 2. ガーディングの練習	1. ボールの保持者に対する基本的ガーディングの方法，その位置・距離・姿勢について解説し，示範して理解させる。 2. ボール保持者がバスケットに近いとき，遠いときのガーディングの方法について解説し示範して理解させる。 3. ボールを持たないプレイヤーのガーディングの方法について解説し示範して理解させる。 4. ガーディングのフットワーク（特に側進，後	1. ガーディングでは，(1)相手にボールを持たせないこと，(2)持たれたらシュートされないこと（ドリブルでゴール方向に抜かれることも含む），(3)よいパスやドリブルさせないことの順序に注意させる。 2. 常に相手のボールの中断を心がけさせる。 3. 自分の相手を決め，責任をもってガードせさる。	1. 正しいガーディングができるか。相手ガードのマークをはずすためのフットワークが効果的に使用されているか。

7			退）の解説示範 5. 1対1でボールを持たないプレイヤーのガーディングをさせる。 6. 1対1でボールを持つプレイヤーのガーディングをさせる。		

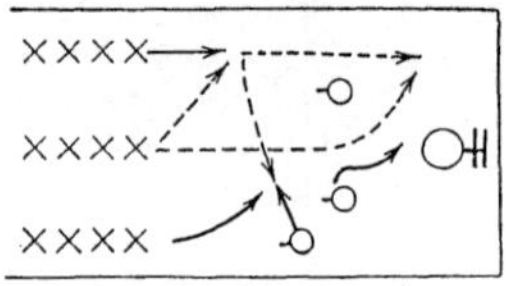

時	2. フットワークを練習して，ノーマークになる技能を習得する。	3. 急スタート 4. 急ストップ 5. 方向転換 6. ピボット 7. フェイント 8. 1対1，2対2，3対3 9. ゲーム	7. ガードのマークをはずすための各種フットワークを理解させ，正しい方法を示す。 8. 各種のフットワークを笛の合図でいっせいに練習させる。 9. 2対2，3対3で攻防の練習をさせる。 10. ゲームにおいてこれらのフットワークを応用させる。	4. 準備運動をじゅうぶんに行って実施する。 5. 予備動作なしでできるようにさせる。 6. 常に相手の逆をとるように行動させる。	2. 反省 フットワークでせっかくノーマークになってもボールが得られなければ意味がない。ノーマークになったときにボールを得る方法はないか。一つの有力なプレイはパスして走り，リターンパスを受けるカットインプレイである。
第	カットインプレイを練習し，ゲームに応用できるようにさせる。	1. カットインプレイの解説 2. カットインプレイの練習 3. ゲーム	1. 最初から使用されていたプレイであり，バスケットの基本的攻撃プレイの一つであることを解説してその要領（パス・スタート・リターンパス）を示す。 2. ガードをつけないで練習をさせる。 3. 2対2で練習させる。 4. 3対3で練習させる。	1. カットインプレイ成功の秘訣はスピードとフェイントにあることを理解させる。一々の動作をそのように行動させる。	1. 一々の動作にフェイントが伴っているか，スピードがあるか。 2. ゲームにカットインプレイが応用されているか。

8 時			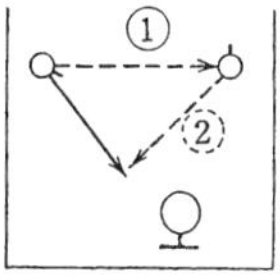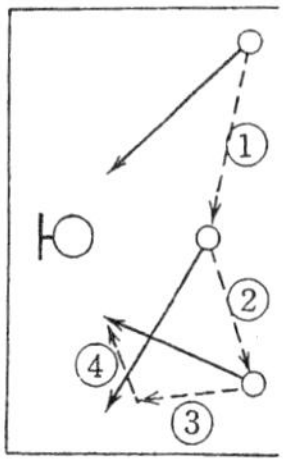5.ゲームを行わせ，カットインプレイを意識して使用させる。		
第 9 時	カットインプレイとマンツウマンデフェンスを主にしたゲームを行い，互にかなりの得点ができるようにさせる。	1.ゲームの組合せ トーナメント式 2.審判・記録・計時等の役割の決定 3.ゲーム前の練習 4.ゲーム	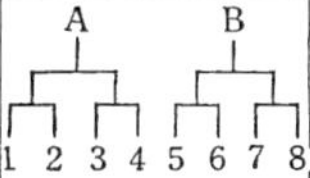1.4チームずつA・B二群に分け，各群毎にA・B両コートを使用し，同時にトーナメントを行い，1.2.3.4の順位を決め，Aの1位とBの1位というように対戦させ，1位から8位までの順位をきめる。 2.審判・記録・計時の役員は，対戦しないチームから出す。 3.ゲーム前の練習は，次のようにする。 (1) 準備体操 (2) スタンディングパス (3) ランニングシュート・フリースロー・中距離シュート	1.規則を守り，審判に従う。 2.勝敗に対して正しい態度をとる。 3.正しい応援の態度 4.ゲームでは，カットインプレイの応用を強調する。	1.チームワークを評価させる。 2.練習の方法・態度・成果等について話合いをさせる。

第　2　学　年（9時間）

時	本時のねらい	学　習　内　容	指　導　の　方　法	指導上の留意点	備　　考
第1時	導入を行う。	1.規則の「身体の触れ合いとパーソナルファウルについて」の研究 2.グルーピング（8チーム，1チームは5～7名） 3.役割の分担			身体の触れ合いの中①不当な触れ合いで②相手に不利な影響を与えたものだけが，ファウルであることを理解させる。
第2時	スクリーンプレイの原理を理解させ，これを練習して攻撃に応用できるようにする。	1.スクリーンプレイの原理を解説し，その方法としてトレールプレイとピックオフプレイの二とおりあることを理解させる。 2.トレールの練習をさせる。	1.スクリーンプレイの原理の解説 2.トレールの型をデモンストレートする。特にガードをつけ，ガードがスクリーンアウトされる所を理解させる。 3. 2対2で図(イ)の練習をさせる。 4. 2対2で図(ロ)の練習をさせる。 3，4とも左右を行う。 5. 2対2でスクリメージを行わせる。トレールとカットインが合理的に応用できるようにする。 (イ) 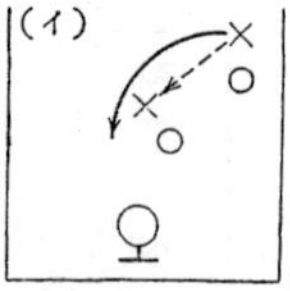 (ロ) 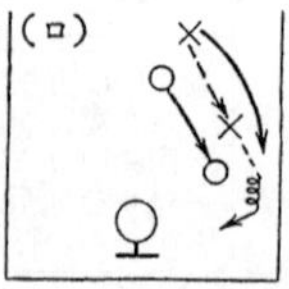	1.トレールの練習では，ガードは最初は故意にスクリーンされ，攻撃側に成功感を味わわせるようにする。 2.ボール保持者が受け手よりもゴールに対して遠い位置にあるときは，トレールを行うよいチャンスであるから，練習中このような状況が生じたら，できるだけトレールを行うようにする。 3.リターンパスの渡し方にはいろいろあるから，これらを研究させる。	1.スクリーンプレイの原理――相手が思う位置に行くことを遅らせまたは防ごうとするプレイで，原則としては身体の触れ合いを伴わないものである。したがってスクリーンする側が相手に衝突することは許されない。しかし立ち止まっている所に相手かたが当ったのであればこのスクリナーには責任はない。スクリナーも衝突を避けようとする努力はしなければならない。しかしあまり急であったり知らないときであったりすれば避けることができない。この考え方を合法的に組み立てたのがスクリーンプレイである。 2.トレールが理解できたか。
	ピックオフプレイを練習し，攻撃に応用できるように	1.ピックオフの有効な場とその方法の解説	1.ボール保持者が受け手よりゴールに近いときに	1.スクリーンプレイは新しい動きでなかなか身に	1.パスしてピックに入るという感じが理解でき，

第3時	する。	2. ピックオフの練習	有効なことを理解させる。 2. ピックに入る際は相手ガードから約1m離れて停止すること，確実に停止してから味方が動くこと（そうでないとファウル）を理解させる。 3. 2対2で図(イ)(ロ)の練習をする。左右ともに行う。 4. 2対2でスクリメージを行う。 (イ) 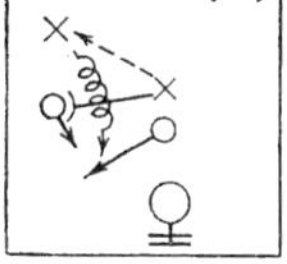 (ロ) 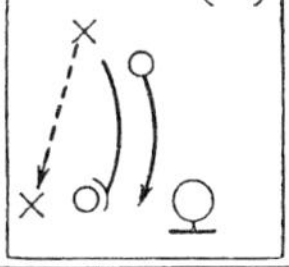	つかないから根気よく指導する。特に従来はパスしたら必ずリターンパスを受けるために走ったのを，味方を走らせるためにボールは直接関係のない動きが必要なことを理解させる。 2. ファウルにならないように注意する。	応用できるようになったか。 2. 二人の呼吸が合うか。
第4時	スクリーンプレイを反復練習してこの技能を身につける。	1. 2対2 2. 3対3 3. ゲーム	(イ) 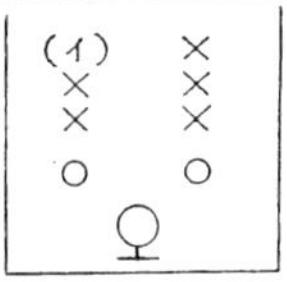 (ロ) 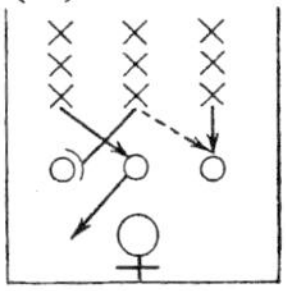 1. 図(イ)の方法で2対2を行う。 2. 図(ロ)の方法で3対3を行う。 3. ゲームを行う。	1. スクリーンプレイもスピードとフェイントを無視しては成功しない。 2. スクリーン側から相手と衝突しないようにさせる。その他規則に従ってファウルを犯さないようにさせる。	1. カットイン・トレール・ピックオフがうまく使えるか。 2. ゲームでスクリーンプレイが何回か使われたか。 3. 5人のチームでスクリーンプレイを使うにはどうしたらよいかについて話合う。
	チームの攻撃フォーメーションをつくり，練習してゲ	1. フォーメーションの原理の解説 2. フォーメーショ	1. フォーメーションの原理 攻撃を最も効果	1. フォーメーションの代表的型は次の三とおりで	1. 味方どうしでじゃまし合っていないか。

第 5 時	ームに応用できるようにする。	ンのつくり方の研究 フォーメーションの作成 3. フォーメーションの練習	的に行うために決められた５人の協同の方法 2. フォーメーションのつくり方 (1)　プレイヤーの動きは次の図に示すようにカットイン・トレール・ピックオフの三通りに分けることができる。 (2)　このプレイをよい位置で行わせ，しかも他のものは邪ましないようにする。 3. チームごとにフォーメーションをつくらせる。 4. ガードをつけないで練習させる。 5. ガードをつけて練習させる。 6. フォーメーションの修正 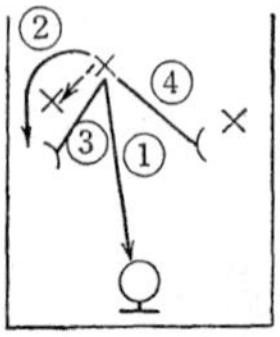 	あるから，これらあるいはこれらの変型に近いものをくふうさせる。 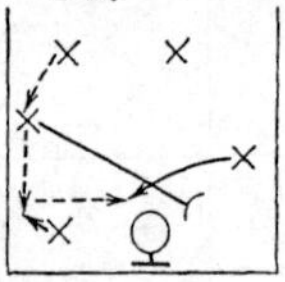 （８の字） 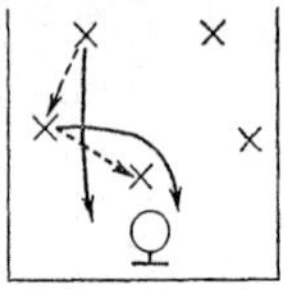 （ポストプレイ） 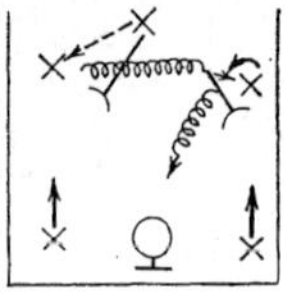 （ローリング） 2. 練習ではタイミングをよく合わせるようにする。一方ガードはやまをかけないで正直についてやる。	2. スタートが早すぎたり，おそすぎたりしないか。 3. ガードがやまをかけたら，その逆をとるようにする。
第 6	セットオフェンスの練習をし，ゲームにこれを応用して効果的な攻撃をする。	1. セットオフェンスの練習 2. ゲーム	1. 各チームごとにフォーメーションの型の練習 2. ガードをつけてフォーメーションの練習（２チーム合同） 3. ゲーム	1. ゲームについては (1)　ボールを失ったチームは中途で取り返そうとしないで自陣に帰るようにする。 (2)　ボールを得た側はガード２人でフロントコートに運ぶ，この間他の３人はフォーメーションを行うための定位置で待つ。	1. 整然とセットオフェンスができるようになったか，ゲームはいつもそのチームのフロントコートで行われており，コートいっぱいで行われていないか。 2. 速攻のチャンスには，速攻を行わせてよい。 ただし，中途で速攻できないと

時				(3) 5人の呼吸が合ったときにフォーメーションを開始して攻撃する。ばらばらのポジション・気分で始めないようにする。	見たら思い止まってセットオフェンスで攻めるようにさせる。
第7時	審判法の大要を習得させ，実際のゲームに審判ができるようにさせる。	1. コートのカバーリング（位置のとり方・動き方） 2. ジャンプのさせ方およびトスの方法 3. フリースローのさせ方 4. スローインのさせ方 5. 審判のシグナル 6. ゲームを行って審判法の練習をさせる。	1. 審判の技術に関して示範しながら解説する。 2. ジャンプボール，審判のシグナルなどは同時に行わせる。 3. ゲームで実際に審判させる。	1. プレーのジャッジよりはコートカバーリングに重点をおいて指導する。 2. ふたりが円滑に協同できるようにする。 3. ひとりの審判は必ずボールに先行することを励行させる。 4. 審判のシグナルは活用させる。 5. 記録・計時員との連絡も正しくさせる，記録・計時員は審判の合図に対して応答させる。	1. 自信をもって審判ができるか。 2. 判定が明快であるか。 3. 厳然たる態度で審判しているか。
第8	1. ゲームの計画・運営ができるようにさせる。 2. 各チームで作ったフォーメーションを使用してセットオフェンスを主にしたゲームをさせる。 3. 審判法の大要ができるようにさせる。	1. チーム対抗のゲームの計画をさせる。 2. 競技委員長・競技委員・施設係審判長・審判員記録員・計時員・進行係・その他必要な役員を決め任務を確認し，割当を決める。 3. ゲームの運営をする。 4. ゲームの審判をする。 5. ゲームに参加する。	3年に同じ。	1. リーグ戦あるいは敗者戦を行うなどして各チームのゲーム回数をできるだけ等しくする。 2. ゲームはセットオフェンスを主とし，チャンスに速攻を行うようにさせる。 3. スローイン・ジャンプボールのときのフォーメーションをつくり，ゲームに応用させる。 4. メンバーチェンジをして全員がゲームに参加するようにする。 5. 勝敗に対する態	1. ゲームの計画がよかったか。 2. ゲームの運営は円滑か。 3. 全員の技能が向上しゲームを楽しんだか。 4. セットオフェンスが整然と行われたか。 5. 他のチームのチームワーク，攻撃の効果などが評価できるか。

				度，規則を守り審判に対する態度に留意する。	

第　3　学　年（9時間）

時	本時のねらい	学　習　内　容	指　導　の　方　法	指導上の留意点	備　　考
第1時	導入を行う。	1. 1，2年で学習した基本的・応用的技能の反省と3年で学習すべき内容についての話合い。 2. グルーピング（8チーム，1チームは5〜7名） 3. 役割の分担	1. 1，2年で学習した事がらおよび3年で学習する予定の内容について話合いをさせる。 2. グルーピングをし，役割を決める。	1. 1，2年の応用的技能としては「マンツウマンを攻めるためのセットオフェンス」にまとめる。 2. 3年で学習する予定の内容は， (1) 相手の出方に応じた攻・防 (2) 競技会の計画・運営 (3) 規則・チームプレイ などについての知的理解をおもなものとする。	
第2時	新しいチームで，そのチームに適したフォーメーションをつくり，練習してゲームに応用できるようにする。	1. フォーメーションの作成 2. その練習および修正 3. ゲーム	1. フォーメーションをつくらせる。 2. ガードなしで練習させる。 3. 修正し，ガードをつけて練習させる。 4. ゲームを行ってフォーメーションを応用させる。	1. ガードがやまをかけたときはその逆をつかせる。 2. 型にこだわりすぎて消極的にならないようにさせる。 よいチャンスには個人プレイも行わせる。	1. ゲームではセットオフェンスが整然とできるか。 2. フォーメーションが応用できるか。
第3	ゲームを行うことによりマンツウマンデフェンスとその攻撃法を向上させる。	1. ゲーム前の練習 2. ゲーム前の作戦 3. ゲーム	1. ゲーム前の練習 (1) 準備体操 (2) スタンディングパス (3) スクエヤーパス (4) ランニングシュート (5) フリースローおよび中距離シュート 2. ゲーム前の作戦 (1) フォーメーションの確認 (2) 各人がマーク	1. 体格・技能の似た者をマークさせる。 2. 同じプレィヤーに得点されるときは，マークをかえてみる。 3. スクリーンされたときは，だれか近くの者が代ってマークしてやる。（これをシフトという）	1. ゲームの話合い (1) スクリーンされないようにマークできたか。 (2) 防御の時リバウンドボールがよくとれたか。 2. 話合いの結果 (1) スクリーンプレイを封ずるよい防御法はないか。 (2) フォローの強い者が，いつもよい位置でフォ

第3時			すべき相手チームのプレィヤーとその特徴（たとえばジャンプシュートが巧いとか，左からよく抜くとかなど），その他 3. ゲーム中にタイムをとり，まずい点を話合って修正させる。		ローできるような防御法はないか ということからゾーンデフェンスを導き出す。
第4時	ゾーンデフェンスの守り方を練習させる。	1. ゾーンの原理の解説 2. 各種ゾーンの型の解説 3. 2—3ゾーンの守り方の練習	1. マンツウマンと比較しながら，ゾーンの原理を解説しその特徴を理解させる。 2. 2—3, 3—2, 1—3—1, などの型があることを例示する。 3. プレイヤーを，2—3型に配置し，ボールを移動させ，防御法を理解させる。 4. 5人攻撃を2—3ゾーンで守らせる。	1. ゾーンとマンツウマンの相異点 （長所） (1) 相手のスクリーンプレイを無力にする。 (2) リバウンドボールに対し常によい位置を占めることができる。 (3) ボールを中断するチャンスが多い。 （短所） (4) 1人で2人，2人で3人を守らねばならないことがしばしば起る。 (5) 相手の体格・技能に応じてマークすることができなくなる。 (6) 中距離シュートに弱い。 (7) 高度のチームワークを必要とする。 以上の事柄を中心にゾーンの原理を解説する。 2. ゾーンの攻め方については次の時間にゆずる。	1. 2—3ゾーンの要領が会得できたか。 2. 攻撃側は攻め方が，わからず混乱していないか。
	ゾーンの攻め方を練習する。	1. ゾーンを攻める原理の解説 2. 2—3ゾーンの攻防	1. ゾーンを攻める原理 (1) 中距離シュートを使う。	1. ボールを止めないようにし無理せずすいたところすいたところ	1. ゾーンの長短が理解できたか，防御側はその長所を生かすこと

第5時		3. ゾーンで守るゲーム	(2) パスを早くまわす。 (3) 2人の間から攻める。 (4) 1人の所を2人，2人の所を3人というように相手より多い人数で攻める。このような事がらを解説する。 2. 3（攻側）対2（防側）を行う。（少い人数を多い人数で攻める練習） 3. 4対3を行う。 4. ゾーンを攻めさせる。 5. 防御側がボールを得たら速攻をさせる。 6. ゾーンとセットオフェンスを主体としたゲームを行わせる。	にパスするようにさせる。 2. サイドからサイドへの大きいパスも使わせる。 3. パスはできるだけ準備動作なしで行わせる。 4. 果敢な中距離シュートをさせる。	ができたか，攻撃側はその短所をつくことができたか。 2. どんなチームがゾームに適しているか，どんなときにゾーンがよいか悪いかなどが理解できたか。 3. ゾーンから速攻を出すとうまくできるか。 4. ゾーンでもマンツウマンでも5人防御がしかれると攻撃することがむずかしいことが理解できたか。
第6時	ファストブレークを行う時機を理解させ，それを練習してゲームに使えるようにする。	1. ファーストブレークの時機の研究 2. 速攻の練習 3. ゲーム	1. ファーストブレークの時機―(1)相手ボールを中断したとき，(2)相手がバイオレーションをしたとき，(3)リバウンドボールを得たとき―話合いにより理解させる。 2. 3人のランニングパスを行う。（終りはシュートさせる） 3. リバウンドボールを得て3人でファーストブレークをさせる。 4. 3. をガード2人で守らせる。 5. ファーストブレークを主体としたゲームを行わせる。防御はゾーンとする。	1. 5人防御がしかれると攻めるのがむずかしくなるから，防御陣が整わない間に攻めるのがよい。その方法がファーストブレークであることを理解させる。 2. 3線速攻を2人で守る練習をしたように，「3―2」という練習法は，速攻・ゾーンの攻防にたいせつな方法であることを理解させ，平素の練習項目に加えるようにさせる。	1. ゲームの反省 (1)速攻は非常に効果があること， (2)往々攻撃が粗雑になること， (3)ボールを失ったチームは帰陣を早くせねばならないことなどを導き出す。 2. 話合いから (1)チャンスには速攻を敢行するが，(2)相手の帰陣が早く，防御が整ったら無視しないでセットオフェンスで攻めることが効果的である，という結論を得させる。

第 7 時	ファーストブレークとセットオフェンスを区別したゲームを行わせる。	1. ファーストブレークからセットオフェンスへのきりかえ方を理解させる。 2. ゲームでこの両者を区別して行わせる。	1. 図(イ)の練習で×1の帰陣がおそく3対2になったら速攻，帰陣が早く3対3になったらゆっくり攻めさせる。 2. 5対5（防御は2―3のゾーン）で速攻と帰陣の練習をする。同人数以上帰陣していたら速攻はやめ，セットオフェンスにきりかえる。（図(ロ)） 3. ファーストブレークとセットオフェンスをはっきり区別したゲームを行わせる。 （イ） 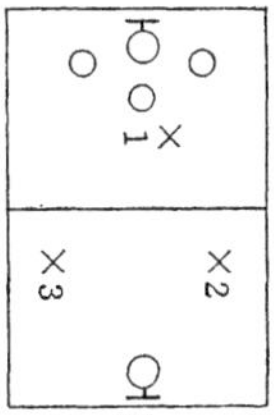 ×1がシュートし，○印の3人がフォローして速攻をする。 ×印側は防御する。 （ロ） 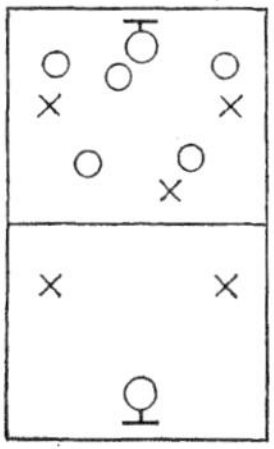	1. 攻撃はファーストブレークを第一に考える。それができなかったときにセットオフェンスにする。 2. ファーストブレークからセットオフェンスに移るときは完全にボールを止めず，パスしたりドリブルしたりして，5人が定位置につくのを待つ。	1. 味方ボールになったとき，まずファーストブレークが行われるか。 2. セットオフェンスを始めるとき5人の呼吸が合っているか。 3. ファーストブレークともセットオフエンスともつかない攻撃をしてはいないか。 4. 防御法はいずれを採るかは各チームに任せる。
	正規に準じた審判法を習得させ，実	1. バイオレーション・ファウルな	1. (1)　ジャンプの際起りやすいバ	1. 審判の技術は2年の時に行って	1. 審判の判定が正しいか。

第8時	際のゲームを正しい審判ができるようにする。	ど判断に関する規定の研究 2. 審判法の練習	イオレーション (2)　フリースローの際に起りやすいバイオレーション (3)　キャリングボール (4)　ボールのアウトおよびスローイン (5)　デビジョンラインに関する規定 (6)　３秒ルール 等について現場において例示しながら研究する。 2. 身体の触れ合いとその責任の所在について例示して研究する。 3. ゲームを行い審判をする。	いるから，３年では特に判断に関することについて研究させ，公正・正確な判定をさせるようにする。 2. バイオレーション・ファウルともに規則書を正しく解釈して研究させる。 3. ファウルの責任の所在についての判断は困難な場面が多いが，常識的に見て「悪いほうが悪い，しかけたほうが悪い」という感じ方で判断して大過ないであろう。	2. 審判が確認してコールしているか。 頭を傾けながらコールしているようなことはないか。 3. プレイヤーが審判の判定を納得しているか。 4. 審判は記録・計時員とよく連絡を保っているか，合図を出したらその応答を確かめているか。
第9時	1. ゲーム(競技会)の計画・運営ができるようにさせる。 2. 状況に応じて各種の攻撃法・防御法を採用し，よいゲームをさせる。 3. 正規に準じた審判をさせる。	1. チーム対抗の競技会の計画をさせる。 2. 競技委員長・競技委員・施設係・審判長・審判員・記録員・計時員・進行係・その他必要な役員を決め，役割を分担する。 3. 競技会を運営する。 4. 競技会に参加する。	1. 競技会の計画をさせる。 2. 組合せを決め，コート，競技時間を決める。 3. 役員を決め，組合せに従って役割を決める。 4. 競技会を行わせる。	1. 役員はゲームの番に当っていない者が交代で行うようにする。 2. ゲームの進行，役員の交代の引継ぎなどを円滑に行わせる。 3. 常にゲームをよく観察させ，チームワークが評価できるようにさせる。 4. 審判に対する態度，勝敗に対する態度をりっぱにさせる。 5. 審判には正しい判断に基いて明快に判定させる。	反省 (1)　競技会の計画・運営・参加はどうであったか。 (2)　状況に応じた攻撃法・防御法が採用されたか。タイムをとったり交代をしたりして作戦をしたか。作戦は成功したか。 (3)　規則が理解できたか。チームワークが評価できるようになったか。 (4)　正規に準じた審判ができるようになったか。 (5)　チームとしての練習・ゲームその他の活動を通して社会性が発達したか。

4. 指導の参考

(1) シュートの指導について

シュートの指導にはいろいろあるが，ここではバスケットからの距離によって使用するシュートを示し，それを練習させて実際のゲームに応用させるようにした。すなわち，たとえば近くでボールを得たときはワンハンドかジャンプのシュートをさせ，ツウハンドで低い位置からセットシュートなどはさせないように指導する。距離の目安は，右図のように考えてよいであろう。

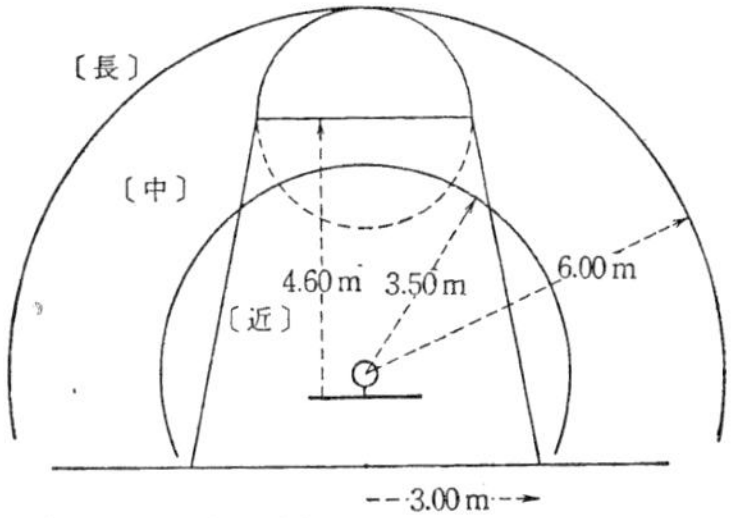

中・長距離シュートは同じツウハンドチェストシュートであるが，中距離から行うときは，構えたときのボールの位置を比較的高くし，長距離ではボールの位置は前者よりやや低くしかも身体から離し，ひざも曲げて低く構えるように指導する。

レイアップシュートは片足で高くジャンプし，ボールを高くさしあげ，バスケットの上に「置く（レイ）」ようにする。ボールを投げるのではない。またボールを早く離しすぎる（(ア) ジャンプの途中で離す，(イ) ボールを低い位置で離す）と，はいりにくい。

ジャンプシュートはジャンプして体が最高点に達し，落ちはじめる前に反動を利用して行う。身体が上がりつつあるときにボールを離してはならない。これは片手でも両手でもよい。

ツウハンドセットシュートは，最初，(ア) 目標に正対し，(イ) 身体をリラックスし，(ウ) 両手に同じ力を加え，ボールが目標にまっすぐ向かう（左右の狂いがない）ように練習する。これができるようになったら距離（遠近）を調節する。ループはかなりの高さが必要である。

実際のゲームで，いつシュートしたらよいかの判断は非常にむずかしいものである。時期が悪ければチームワークをこわすし，全然シュートしないのでは得点をあげることができない。普通には，(ア) だれもが「シュート！」を感ずるようなとき，(イ) 自分ではいる！　と思ったときにすればよいであろう。シュートすべきときに失敗を恐れてシュートしないプレイヤーはよいプレイヤーといえはない。たとえシュートがはいらなくてもよい時期にしたという適切なシュートがあるものである。

近距離シュートは成功率が高いので，ボールをバスケットの近くまで進めるように努力することはたいせつなことであるが，一方ではそのために大きな危険（相手に奪われる）が伴うわけである。反対に中・長距離では相手に奪われる危険は少ないが成功率が低いという欠点がある。したがって中・長距離からのシュートがかなりの成功率をあげるようになれば，きわめて効果的な攻撃ができるはずである。中・長距離からも自信をもってシュートできるように指導する。

(2) パスの指導について

指導の順序をしては，(ア) スタンディングパスでパスの基本を練習し，(イ) サークルパスで

ガードがついても攻める側のほうが人員が多ければ，ガードに中断されないでパスができるようにし，（ウ）ランニングパスを練習して攻防同じ人員でもパスが確実にできるようにさせる。

チェストパスはセットシュートと関連するものであるから，くり返えし練習して正しいフォームを習得させる。パスを中断されるのは，予備動作を見抜かれることによる場合が多いので，予備動作なしでパスができるようにさせる。パスの失敗の責任は，パスする者か，受ける者か，失敗の原因は何かなどをよく見きわめて適切な指導をする。

(3)　ドリブルの指導について

ドリブルは攻撃のためにはたいせつな技能であるが，使い方・使う時機が悪いとせっかくのチャンスを逃してしまったり，あるいはチームワークをこわしてしまったりすることになる。ドリブル中いつでもパスやシュートに移行できることがたいせつである。そのドリブルがよかったか悪かったかは，パスやシュートへの続き方から判断すればよいであろう。

(4)　フットワークの指導について

どのスポーツでもフットワークはたいせつであるが，練習が苦しかったり，あるいは興味が少なかったりするために，その練習を喜ばない傾向がある。10人でプレイしていても実際にボールをプレイしているのはひとりきりで，他の9人はボールを得るため，あるいはボールを得させないようにするために身体を扱う活動をしているのであるということもできる。また，たとえボールを扱うにしても，身体を扱う技能と切り離して考えることはできない。

フットワークや身体を扱う技能がたいせつなこと，また，実際にこのじょうずな使い方が非常に効果をあげるものであることを理解させ，ボールを扱う技能といつも関連させながら，方法をくふうしたり（たとえば鬼ごっこ形式を採り入れるなど）して，その向上をはかるように指導する。これが向上しないと球技の進歩は望めない。

(5)　身体の触れ合いとパーソナルファウル

バスケットボールは原則的には身体の触れ合いのないゲームである。しかし，実際にはきわめて多くの触れ合いが起っている。これらを全部ファウルにしたのではゲームがなりたたなくなる。これらの触れ合いの中で，（ア）不当な触れ合いであること，（イ）相手に不利な影響を与えたこと，この二つが含まれる触れ合いがファウルである。不当な触れ合いでも相手に何の影響も与えないもの，または相手に不利な影響を与えても不当な触れ合いでなければ（すなわち偶然に起った触れ合いであれば）ファウルではない。

不当な触れ合いとは，（ア）ボールをプレイしようとしないで相手に対してプレイした，（イ）ボールにプレイしたが，ボールに対して相手より不利な位置からプレイした，（ウ）触れ合いを避けようとする相当な努力をしなかった，ことの結果として起った触れ合いのことである。そうでないものは「偶然に起った触れ合い」としてやむをえないものであり，ファウルではない。

影響の有無の判断は非常にむずかしい。極端にいえば影響を与えない触れ合いはない。しかし

健全な常識を働かせれば，これもおのずから識別されるであろう。

ある身体の触れ合いがファウルであるかないかの判断とともに，ファウルであった場合の責任の所在の判定が困難な場合が少なくない。指導計画(第3学年第8時)にはこの場合の判定の基準として，「悪いほうが悪い」「しかけたほうが悪い」という常識的な表現を用いている。従来は，ともすればボールを持っている側に有利に扱われる傾向にあったが，これは誤りである。なお，これらのことについては規則書の「注解」の項を参照されたい。

(6)　審判法について

審判はゲームを始めさせ，進行させ，終らせる。その間に多くの重要な任務があるが，判定に関すること，その処理に関することも重要なことの中の一つである。審判の動き方，ふたりの共同の方法など審判の技術的なことがらは，（ア）正確に判定し，（イ）迅速に処理するために考慮された方法である。

（ア）ふたりの審判（主・副審）はそれぞれサイドラインと右側のエンドライン上を行動する。フリースローが与えられるファウルのあるたびごとにサイドを交換する。(イ)ボールが一つのゴールに進められているときは，そのほうのエンドを担当する審判が必ずボールに先行するようにする。(ウ)たとえば図のようにコート上のP点でプレイが行われているようなときには，ふたりの審判はX，Yの位置につくがよいというように，いつでも，プレイを近くで，よい方向から見るような位置をとるようにする。

〔審判の動き〕

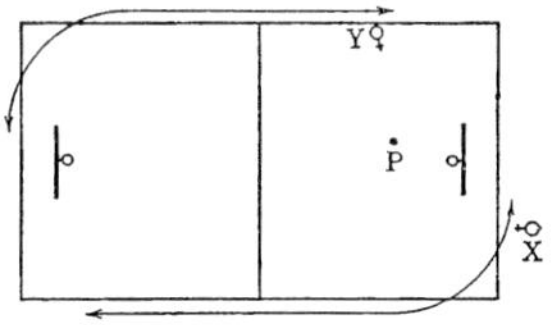

(エ)シュートされたボールが，はいったか否かを確認するのは外側の審判（この図の場合ではY）の責任である。内側の審判はシュートのとき上を向かないで，ゴール近辺のプレイヤーの行動をよく見るようにする。(オ)ジャンプのときのトスはテーブルオフィシャル（記録・計時員）に面しているほうの審判がする。(カ)フロントコートでスローインが行われる際は，審判は必ずボールを手渡すこと。ファウルがあってフリースローを行わないでスローインから始めるときは，その場所がたとえバックコートであっても同様に必ず手渡すこと。(キ)バイオレーションがあったときは，その種類（たとえばキャリングボール・ダブルドリブルなど)をコールし，次いで，片手で，スローインするチームが攻撃するバスケットのほうをさす。(ク)ファウルやバイオレーションは明快にコールし，かつ，ジェスチュアを使わせるようにするがよい。

(7)　審判の評価について

判断に関することがらは，プレイヤー・審判・コーチ・観衆それぞれの立場で異なることがあるのはやむをえない。このときただ判断が違うからという理由だけで審判に不服を唱えるのはよくない。しかし実際にはこのような例が起っている。スポーツマンシップを発達させるためにも審判の正しい評価法を知ることはたいせつなことである。

審判が判定を下すときには，(ア)そのことを確認したか，(イ)規則に従って判定したかの二つ

が重要である。このような場合には審判のコールは明快で，自信に満ちているものである。そして，その判定が自分と異なることがあっても，この場合は審判の立場を尊重するのが正しい。

しかし，遠くのほうから判定したり，よく見えないのにあるいはよく見ないで，すなわち確認しないで判定を下すとすれば，その審判はよい審判とはいえない。こういう場合には，なにもしないのに罰せられたり，罰すべきものを罰しなかったり，ファウルの責任が逆になったりしがちで，ゲームが混乱するものである。

規則をよく理解し，誠心誠意で，いつも近くしかもよい方向から，確認した事からだけを判定している審判はりっぱな審判である。

(7)　女子ルールについて

女子の特性を考慮し，女子には女子に適したルールを適用することはたいせつなことである。わが国では競技時間・コートの大きさ・ボールの大きさ・重さなどについて考慮してあるにすぎないが，外国などでは特に「女子ルール」をつくって，これで行っている国がある。次に示すのはアメリカで行われているものである。

現行ルールと異なるおもな点をあげれば，(ア) 1チーム6人のプレイヤーがフロントコートとバックコートに3人ずつ分れて配置され，各プレイヤーは他のコートにはいることはできない。すなわち3人は攻撃，3人は防禦だけをを行うわけである。(イ) ドリブルではボールを何回もつくことは許されない。2回つくことができるだけである。(ウ)次の場合はバイオレーションである。a．ボールを手渡すこと，b.　3秒以上ボールを持っていること。(エ) 次の場合はテクニカルファウルである。a.　相手の持っているボールに触れること，b. ヘルドボールの状態のときに，相手を引いたり押したりして相手のバランスを失わせること，c. 相手方をひとりまたはふたり以上で囲むこと，d. 相手から3フィート以内のところで相手に向き合ってガードすること。(オ)パーソナルファウル・テクニカルファウルに関係なく，5回ファウルを犯したプレイヤーは失格となる。

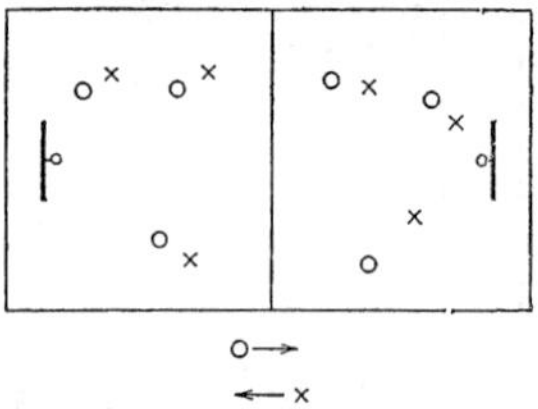

以上がおもな相異点であるが，要はできるだけ密集プレイを少なくして身体の触れ合いの起きるチャンスを少なくしようとしていること，乱暴になりがちなプレイを防ごうとしていることなどの努力が見える。この結果，これではバスケットボール本来の激しさが薄れているともいわれ，また興味の点についてもいろいろの意見がある。

しかし「相手の持っているボールに触れてはならない」「相手をかこんではならない」などという規則は，ゲームをオープンにするためには意味のあるものであり，ことに初心者に適用すれば効果があるのであろう。したがって女子のみでなく，男子にも指導上の一過程にこのルールを採用することはよいことである。このほかに，コートを3等分（横にあるいは縦に）・9等分して各プレイヤーの行動範囲を制限する方法もある。

Ⅷ　ソフトボールの指導計画と展開の例

1. ソフトボールの特性と取扱の方針

レクリエーション的種目の運動種目群の中で水泳・スキー・スケートなどの季節的なものを除くと，年間を通じて学習できる運動種目は主として球技である。

ソフトボールは施設や用具の現状から考えても，他の球技に比べて親しみやすく，教材としてもとり上げやすい。

全日制の課程の場合には1年で6時間，2年で9時間，3年で12時間，計27時間の時間配当が一応考えられる。女子の場合は少し下回るであろう。

高等学校では中学校で学習した基礎的な学習内容をさらに高め，練習やゲームを通して広く技能や態度を習得させ，自主的に生活に取り入れ，レクリエーションとして長く愛好し楽しむ能力や態度を身につけさせるようにする。

2. 単元のねらいと学習内容

	第　1　学　年	第　2　学　年	第　3　学　年
ねらい	1. ソフトボールの特徴を知り，広く経験して技能を向上させ，正しい練習法を身につける。 2. 練習やゲームを通じて，他人の立場を尊重し，ルールを守り，審判の判定を重んずる態度を身につける。 3. レクリエーションのための時間をつくり，グループをつくってソフトボールを楽しむ態度を身につける。	1. チームプレイの技能をいっそう高め，ゲームを運営する能力を身につける。 2. チームワークのとり方を理解させ，自主的にグループ活動を行い，施設用具を正しく活用する能力と態度を身につける。 3. 施設や用具を選択・管理し，ルールをつくって運用するなど，競技会を計画し，運営する能力を身につける。 4. 相互に審判ができ，ゲームを正しく運営する能力を身につける。	1. 1，2年で学習した内容をさらに充実させる。 2. 時間をつくって，気軽にソフトボールを楽しむ態度や能力を養う。 3. だれもがよいチームの一員となって運動する習慣を身につけさせる。
個	1. 知識と理解 (1) ソフトボールのおいたちと特性 (2) ソフトボールの練習法とルール 2. 基本的技能 (1) キャッチボール オーバースロー・サイドスロー・アンダースロー・フライボール・ゴロのキャッチ (2) ピッチング スローボール・スピードボール (3) バッティング	1. 知識と理解 (1) ソフトボールの競技法と審判 (2) ゲームの計画と運営 2. 基本的技能 (1) 1年の時の復習 (2) ピッチングでは上達したものに対し，カーブ・ドロップ・チェンジオブペース (3) バッティングではトスバッティング・フリーバッティング (4) ベースランニングでは男子	1. 知識と理解 (1) レクリエーションとソフトボールの効果 (2) 社会生活とソフトボールの活用 2. 基本的技能 1，2年の復習

人 的	短打法・長打法・バント (4)　ベースランニング スタート 回り方 止り方 3.　応用的技能 (1)　部分練習 難球のキャッチ 盗塁 (2)　攻撃法 ピッティングシステム ウェイティングシステム スクイズプレイ (3)　防御法 前進守備 ベースカバー (4)　練習の計画 (5)　用具の管理 (6)　相互評価のしかた 4. ゲーム 必要なルールと審判 簡易なゲーム 正式に準じたゲーム	はスライディング 3. 応用的技能 (1)　部分練習 ダブルスチール（男） ホームスチール（男） (2)　攻撃法 インサイドワーク (3)　防御法 深い守備 バッテリーのプレイ (4)　ゲームのマネージ (5)　戦法と攻防のシステム 4. ゲーム ゲームの計画と運営 審判とゲームの運営	3. 応用的技能 (1)　1，2年の復習 (2)　ゲーム前の総合練習のしかた (3)　生活化のくふう (4)　上達の程度に応じたプレイ 4. ゲーム 状況に応じたゲームの計画 各種組合せによるリーグ戦
社 会 的	1. チーム(グループ)をつくり，役割を受け持ち，協力して責任を果す。 2. グループの計画をたて，実現に努力する。 3. きまりを守り，審判に従う。 4. 勝敗に対し正しい態度をとる。 5. 用具の取扱，競技場の準備やしまつが正しくできる。 6. 余暇を利用し，運動をほどよく楽しむことができる。	1. 1年の時の程度を高める。 2. クラスマッチの計画や運営がらくにできる。 3. リーダーの能力を身につける。 4. グループ活動が自主的にでき，施設用具を正しく活用できる。 5. 校内試合の計画・運営ができる。 6. 他人のプレイが評価できる。	1. 1，2年の時の程度をさらに高める。 2. いつでもグループのよい一員となって協力できる。 3. 気軽に運動を楽しむ態度が身につく。

3. 指導計画

	第1学年	第2学年	第3学年
第 1 週	1. 導入 (1)　ソフトボールのおいたちと特性 (2)　ソフトボールの練習法とルール 2. グルーピング グループの計画 3. グループ別の基礎練習 ピッチング・バッティング・ベースランニング 4. ゲーム クラスマッチの計画と話合	1. 導入 (1)　ソフトボールの競技法と審判 (2)　ゲームの計画と運営 2. グルーピング グループの計画 3. グループ別の基礎練習 1年の時の復習 4. ゲーム クラスマッチの計画の話合い，競技場をつくり，審判をする。	1. 導入 (1)　レクリエーションとソフトボールの効果 (2)　社会生活とソフトボールの活用 2. ゲームに必要な技能の復習 1，2年の復習 3. 状況に応じたゲームの計画 正式のゲーム

	い ルールの設定，役員の分担， ライン設定，準正式ゲーム， 学習上の問題点の発見	ジャッジのシグナルの研究 1年の時の復習	
第2週	1.前週の反省，問題点の話合い 2.グループ別の基礎練習と応用 攻撃に必要な部分練習 フィールディング 前週の復習 3.チームワーク 4.ゲーム クラスマッチの計画の検討，攻防戦法の話合い，前週のゲームの話合い，反省 5.記録・相互評価	1.前時の反省 2.グループ別の練習 攻防に必要な技能の総合練習 3.チームワーク 攻防のシステムの研究 4.ゲーム 選抜委員会を作り，代表を選ぶ。 ゲームの管理 戦法の研究	1.グルーピング 上達の程度に応じたチーム編成 2.グループ別の練習 1，2年の復習 3.各種組合せによるリーグ戦 インサイドワークの研究， 審判法の研究
第3週		1.ゲームの進め方の研究 これまでの反省とゲームの計画 2.グループ別の練習 攻防に必要な総合的技能 3.ゲーム リーグ戦・記録・相互評価 4.これまでのまとめ 必要な理論，生活化のくふう，ハンデキャップゲーム・タイムゲームなど	1.前週に準じた練習とゲーム (1) いろいろなゲームのくふう (2) ゲームの管理 (3) チームワーク よいチームの一員， リーダーシップ， フォロアーシップ
第4週			1.グループ別の練習 1，2年のまとめ 2.ゲーム まとめ 3.記録・評価・反省

4. 展　開

ソフトボールは中学校でだいたい基礎的な学習を終え，また，教科外の自由な時間にも生活に取り入れて楽しんでいると思われる。それゆえ高等学校ではこれまでの学習の内容をさらに高めて学習させ，練習やゲームを通して技能や社会的態度を習得させ，レクリエーションとして自主的に，長く愛好し，楽しむ態度を身につけさせるように指導する。

ここに示した展開の例は，2年の女子の単元の展開を示したものであるが，このような行事に関連づけた単元でいくか，技能中心の単元で学習を進めるかはそれぞれの学校の事情によっていずれの方法で指導してもよいであろう。

ソフトボールリーグ戦（第2学年女子）

ア．単元の目標

「単元のねらいと学習内容」の所で示したねらいがこの単元の目標であるが，その中の1に示したねらいを主とし，2，3，4に示したねらいはこれを合わせ学習させることを意図した形で，単元の目標をあげてみると，

(ア) チームプレイの技能を高め，ゲームを運営する能力を身につけさせる。

(イ) 健全なグループ活動を行う技能や態度を身につけさせる。

イ. 時間配当，3週間（6〜9時間）

週	学習内容	学習活動	指導上の留意点	備考
第1週	1. 単元への導入	1. これまで行ったソフトボールについて話合う。	1. ソフトボール一般について，復習をかねて指導する。	練習計画は実行可能か。
	2. 展開への話合い	2. 練習計画の話合い	2. チーム力が平均するように編成を指導する。	
	3. リーダーとの協議	3. 学習者の数に応じて7〜9名一組の数チームとする。チームリーダーを決める。組合せ方，審判のしかた，交代のしかた，用具係を決める。	3. 他の団体的種目の学習で身につけたことをまとめながら研究活動を指導してやる。	リーダーの選定は適切か。移動は早くできたか。
	4. チームの編成	4. パス・キャッチ ゴロ，高いボール，低いボールのとり方の練習	4. 3人に1個ぐらいボールを用意する。	
	5. リーグ戦の方法	5. バッティングの研究 (1) スタンス，体重のかかりぐあい，バットの振り方，ボールの注視など，癖を直合う (2) 上達したものを中心に話合う。	5. 隊形，スイングの力の入れ方，ゴロの時の捕球のタイミングなどを図示し，ヒントを与える。	
	6. グループ別の基礎練習	6. 正式ゲームの理解を深める。	6. よいくふうをもとに要点の説明	どんな点に着眼しているか。
	7. 基礎技能の要点や隊形のくふうと研究	7. 使用ルールの確認	7. 他のプレイを見る着眼の指示	
	8. 自分たちのルールによるゲーム	8. ポジションを交代するローテーション方式を決める。	8. ゲーム開始の正しい要領を指導	
	9. 正しいゲームの行い方と攻防の研究	9. 攻防の正しい位置 正しいライン設定	9. 校内競技会のルールについて研究させる。	ライン設定は正しいか。
		10. オーダーの編成	10. 教科外に自由にゲームを行う要領を指導し，練習ゲームを行わせる。	オーダーの編成はよいか。
			11. 本やスライドなどの利用	教科外のゲーム

			により，正しいゲームを理解させるほか研究のヒントを与える。	を考えているか。
第2週	1. 前週の復習をかねた練習隊形の研究と練習	1. パス・キャッチ 前時に準ずる。 2. バッティング 短打のしかた バントのあて方 3. ベースランニング 回り方，止り方 4. 各種隊形のくふうとまとめ チームごと発表し合う。	1. 対列隊形など隊形のヒントを与える。次々と場所・隊形を移動して動的に行わせる。 2. ふじゅうぶんな点は教科外に補うように指導する。 バッティングに力を入れ，バットの持ち方・構え方に特に注意して指導する。 3. 前年の校内競技会のルールをまとめておいて示してやる。 4. 生徒の進歩に合わせて正式のルールに近づける。	用具・場所，行う活動によって能率的な隊形がくふうされているか。
	2. 校内競技会のルールでゲーム	5. 前週のゲームの反省 6. ルールの話合い ゲームグループ ｝編成 ゲームの研究グループ ｝編成 7. 作戦や応援の態度について話合い 8. 成績記録のしかたの研究。	5. 真剣に行わせ，安全に注意する。 6. 相互評価の着眼を整理しておく。 7. 応援の態度を正しくさせる。 8. 研究グループを巡回して研究のしかたや発表内容をみてやる。	リーダーシップ，よいプレイをしたか，チームワークのできはどうか。
	3. グループ別の基礎練習	9. 正攻法，ゲームの形式，組合せ，フィールディングの話合い，相互評価 ゲームの反省をもとに前時の復習	9. 正しい野球用語を指導する。 10. 発表の準備についてヒントを与える。 11. よい点を評価し合うようにする。	基礎技能は上達したか，ゲームの反省はよくできたか。
第3週	1. これまでの研究の発表 （グループごと） 2. 前週までの反省 3. 前週のゲームのつづき 4. 審判法 5. ベストチームの編成とゲーム	1. 用具に応ずる能率的な練習の仕方について，女子に適したゲームのルール 3. リーグ戦の形式と組合せ 4. 攻撃のしかたと防御のしかた 5. トスバッティング・フリーバッティング・シートノックによる総合練習	1. 研究発表の場所・隊形・掲示物について能率的に行うヒントを与える。 2. リーグ戦以外についてもあわせて指導する。 3. シートノックをしながら，各チームのフィールディングを指導してまわる。 4. 各チームごとにゲームのかけひきなどについて助言してまわる。 5. タイムをかけて，よいプレイ・悪いプレイを判定してまわる。	試合数・勝率の出し方は理解されたか。

		6.攻防の作戦を研究する。	6.だんだんルールの適用を辛くする。	記録は正しくつけられているか。
		7.正式ゲームに近づける。	7.ゲームの反省をし，ベストメンバーを選ばせる。	ゲームの運営が理解されたか。
		8.成績表の作成 個人成績を出す。校内競技出場チームをつくる。成績の掲示	8.教科外まで延長して生活化し，ゲームを楽しむ日程・組合せを考えさせ，役員の割当を決める。	学年にふさわしいよいチームが選ばれたか。
	6.まとめと反省。	9.感想発表，まとめ	9.単元の評価のまとめをつける。	

ソフトボール指導時案（第2学年女子）

本時の目標　基礎練習を通してグループの能力を高める。

本時の学習　第1週　第2時

学習内容	学習活動	指導上の留意点	備考
1.練習計画の話合い 2.練習法のくふう	1.練習計画の発表 2.活動の場の設定 3.グループ別の打合せ	1.前時の問題点の話合い 2.施設用具の点検 3.学習上の注意 準備運動の指導	発表の方法はよいか。 リーダーは積極的か。
3.体の調整	4.ランニング グランド一周 ウォーミングアップ	4.体の調整はゆっくりと，規則正しく	
4.ピッチング	5.キャッチボール ストライク，ミックス，スピードボール	5.各種隊形のヒントを与える。 6.コントロールを第一に，できるものにはカーブ，	投球は相手の胸，捕球は体の中央で行っているか。
5.バッティング	6.から振り トスバッティング フリーバッティング	7.目の位置，バットの持ち方・にぎり方，フォロースルー，を正しく，バッティングは確実に軽く	どの程度ミートできるようになったか。
6.体の調整	7.ランニング 整理運動	3.体の調整はできるだけゆっくり，よくできなかった点，よい整とんの習慣をつける。	
7.まとめ	8.グループワークの反省 用具のあとしまつ 次時の予告	9.次の時間の予定を話しておく。	本時のねらいはどの程度満たされたか。

5.　指導の参考

(1)　キャッチボール

ア．正確に投げ，正確につかむ。

イ．身体の中心部でボールを受け，相手の胸をめあてに投球させる。

ウ．球を目からはなさないようにする。

エ．目標に向かって全力投球ができるぐらいに行う。

(2)　ピッチング

ア．重心の移行がなめらかにできるように練習を重ねる。

イ．目標を定めての練習に力を入れ，またスピードを加える要領も習得させる。

ウ．全身を制御する要領を身につける。

エ．ピッチャーにはそれぞれきめ球を持たせることに努める。

(3)　バッティング

ア．全力で振り切るから振りができるようにする。

イ．バットの先の重さで軽快に振る練習を行う。

ウ．目標を定めて確実に振る練習をする。

エ．正しいグリップで，バットを水平に振れるようにする。

オ．各種のボールにバットを合わせる練習をする。

(4)　ベースランニング

ア．正しい走り方を身につける。

イ．状況に合う走り方を練習する。

(5)　ゴロの捕球のタイミング

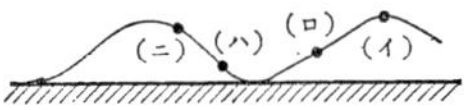

捕球は打球の勢の弱った時期や着地直後の方向の変化の少ない時期がよいとされる。

図では（ニ）はとりにくい。

(6)　ゲーム中の他のプレイをみる着眼

プレイの見方は上達の程度，その時間の指導のねらいなどによって違うが，その若干の例を示してみると，

ア．ピッチング

（ア）　バッテリーの呼吸がよく合っているか。

（イ）　打者に応じて投球をくふうしているか。

（ウ）　打てないコースの発見に努めているか。

（エ）　走者の動きに応じて着塁を確かめて投球しているか。

イ．バッティング

（ア）　球から目が離れていないか，よい球を見のがしていないか。

（イ）　球によってバッターボックス内の位置をくふうしているか。

（ウ）　バットの持ち方，スタンスのとり方はよいか。

（エ）　ボールカウントを考えているか。

（オ）　投手の投球におされていないか。

ウ．ベースランニング

（ア）　よそ見をしていないか。

（イ）　いつもスタートをつけているか。

（ウ）　サインを見誤らないか。

（エ）　飛球に応ずるスタートをまちがっていないか。

エ．野手のプレイ

（ア）　打球の方向にスタートをつけているか。

（イ）　バックアップしているか。

（ウ）　ベースを空けていないか。

（エ）　打者に応じて守り方をくふうしているか。

オ．フィールディング

（ア）　まにあわない球を投げていないか。

（イ）　球の来る方向を確かめているか。

（ウ）　ランナーの走力に注意しているか。

（エ）　球のリレーはうまくできているか。

（オ）　バックアップを忘れないでやっているか。

(7)　オーダーの編成

オーダーの編成は対外試合・校内試合・クラスマッチなどにより，その時の相手チームの状況，チームの特徴などにより一様ではないであろう。しかし指導にあたっては，だいたい公式試合で試みられる次のような編成のしかたを指導しておく必要がある。原則的な考え方としては，

1，2，3番……よく出塁できるもの。

4，5，6番……打撃力のすぐれたもの。

7，8，9番……上記以外のもの。

とオーダーを作るのが普通とされている。

(8)　スイングの力の入れかた

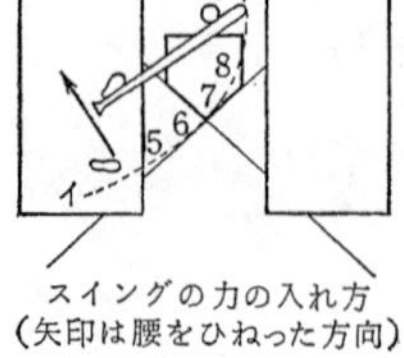

スイングの力の入れ方
（矢印は腰をひねった方向）

バットにはいる力は，左図のように振り始めのイでは 5～6 の力で，それが7，8となり，バットにボールがミートする瞬間に最大の9となるように振るのがよいといわれる。右打者では右足に7，左足に3ぐらいの割合で体重がかかっているが，打った瞬間は右足に3，左足に7ぐらいのわりあいで体重がかかっているのがよいとされている。

(9)　審判技術

ソフトボールはレクリエーションとして生活にとり入れやすいか

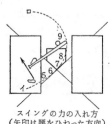

ら，審判の技術は男子は全員に，女子もなるべく多くの生徒に身につけさせるように指導する。その内容は，

ア．審判員の数とその任務

イ．審判員の位置

ウ．審判員の姿勢

エ．宣告指示動作とコールのしかた

に分けて考えられる。ゲームの指導にあたっては，初めからローテーション式に審判員を決め，多くのものが経験できるようにする。主審を欠いてはゲームができないが，塁審はしばしばおかないでゲームを楽しむ機会が多いから，指導に際しては，塁審の指導にも力を入れ，主審同様にできるようにしなければならない。審判員の宣告指示基準をあげてみると，

ア．プレイボール………右手の手のひらを開いて上にあげる。

イ．タイム………………両腕を斜め上にあげる。

ウ．ストライク…………右腕を右斜め前に出す。

エ．ボール………………左腕を横に伸ばす。

オ．フェアボール………両腕を真横に開く。

カ．ファウルボール……右手を頭上で横に振る。

キ．セーフ………………両腕を斜め下に開く。

ク．アウト………………手を握って斜めにおろす。

ケ．不正投球……………「イリガリーピッチ」と発声，右手を開いてやや前方に出す。

コ．内野飛球……………「フライアウト」と発声，アウトの指示動作をする。

サ．離塁反則……………「ランナーアウト」と発声，アウトの指示動作をする。

⑽　ルール

ルールの指導は，技能の練習やゲームの場で実際に理解させることが必要で，時間・場所・上達の程度に応じて，生徒が自分たちに適するルールをくふうさせるようにする。公式試合のルールで，はじめから行うのは無理で（ことに女子は）あるから，初めはゲームに必要な最少限のルールから指導し，だんだんとクラスマッチのルール，校内試合のルールへと高めていくようにする。

上達の程度によって，公式ルールの適用を緩和できる若干の例をあげてみると，

ア．不正投球（イリガリーピッチ）

イ．ストライクとボールの判定

ウ．不正打球

エ．競技停止球

オ．走塁と帰塁

カ．ランナーのアウト

キ．ボールのカウント

ク．施設・用具・服装

⑾　相互評価

生徒が互にプレイを見合い，みずからのプレイと比較しながら反省することは，進歩をはかるために必要なことである。技能の上達を目ざして，練習する合間に他の者のプレイを見，他の者にプレイを見てもらいながら研究すれば，よい助言を得ることもでき，みずからの問題解決のヒントも得ることができる。

評価の観点はその時の学習のねらいや内容にもよるが，実技の学習の時は，

ア．技能的なもの　イ．態度に関するものに分けて，それぞれ生徒が考えた記述尺度を用いるとよい。ゲームの場合にはこのほか全体の総合されたチームプレイ（チームワーク）といった評価の区分が設けられることになるであろう。

アの技術的なものは，たとえば次のような項目を設けてカードを作り，それに記録させながら評価することもできる。

○ナンバー	○打撃成績
○氏　名	○四，死球
○ポジション	○ボールにふれた回数
○１回目の打席	○出塁回数
2　〃	○ベースランニング
3　〃	○ファインプレー
4　〃	○暴投・逸球・不正投球などの数
5　〃	

Ⅸ ダンスの指導計画と展開の例

〔Ⅰ〕ダンスの特性と取扱の方針

ダンスは，その内容を，表現とフォークダンスの二つに大別している。

表現は，リズミカルな身体の動きをつかって，思想や感情を美しい一つのまとまりある作品につくりあげる創作活動で，個人あるいは集団で行う。

フォークダンスは，古くから伝承された民族的な踊りで，それぞれ国の風俗・習慣にはぐくまれた一定の型をもっている踊りである。

高等学校におけるダンスは，生徒の発達の特性や将来の生活への関連を考慮し，これらの二つの内容を実状に則してよく活用することが望ましい。

ここでは，さきに掲げた年間計画例（第2章）に基き，第2学年の単元「ダンス発表会」と第3学年の単元「フォークダンスパーティー」を中心に，その指導計画と展開の例を示した。

〔Ⅱ〕表　現（ダンス発表会）

○実施学年　第2学年

○実施期間および時間

1月中旬から2月まで（約13時間）

1. 単元のねらい

グループ表現として，一つの作品をまとめることによって，ダンスの基礎技能の上達をはかり，それらの活動に必要な知識と態度をもたせる。

さらに，みんなが参加できる学年のダンス発表会を計画・運営し，発表や鑑賞の楽しみを通して，日常生活の中に美的関心を深かめ，あわせて，グループ活動の意義とその楽しみを知らせ，日常生活化の態度をもたせる。

2. 学習内容

○ 技能と知識

(1) 自分の表現したいことを踊れるようになる。

(2) 美しい表現を見分け，表現法を理解する。

(3) リズミカルな動きの要領を理解し，できるようになる。

(4) グループで一つの作品をまとめることができる。

(5) モダンダンスの発達やその特色を理解する。

○ 協力のしかた

(1) グループの学習計画がたてられる。

(2) 役割を分担し，自分でよく創意くふうしながら，他人とよく協力する。

(3)　自分たちで，ダンス発表会を計画・運営することができる。

(4)　よい態度で鑑賞する。

○　生活化

(1)　自由時の活動として，よく行うようになる。

(2)　日常生活に，広く美的態度をもつようになる。

3.　学習段階

(1)　始めの段階（約3時間）

ア．学級の計画

(ア) 1年のダンス発表会，2年の運動会の時の経験を思いだして，困った点や上達したいことがらなどをまとめ，基礎的練習の重点とその方法，題材の選び方と内容のまとめ方などについて話合う。

(イ) 映画・スライド・写真などの資料を活用し，前の経験からでた問題点の解決の参考にさせる。

(ウ) 発表会までの全体的な手順や時間計画のあらましについて協議する。

イ．グルーピングとグループの計画

(ア) グルーピングの方法を話合いできめる。たとえば，誕生月別・身長別・学級でつくっている班別・通学区域別，あるいは，まだ一度も同じグループにならない人たちでつくるなど。

(イ) グルーピングをし，練習計画をたてる。

(ウ) 基礎的練習を行いながら，題材を出し合い，主題と内容をおおよそきめる。

(エ) 必要な役割を分担する。

(2)　中の段階（約7時間）

ア．グループで作品の全体的な見通しをつける。

(ア) 題材と内容を現わすにふさわしい構想をきめる。

(イ) 伴奏音楽を選ぶ。

(ウ) 動きのくふうと練習。分担した役割に応じて，動きをくふうしながら，絶えず全体でできたところまでまとめながら，次の部分に進むようにする。

(エ) 場の使い方とまとめ。正面を予想し，移動の方向や位置を確めながら，動きを整理する。

イ．全体的な動きの構成ができた後，それぞれの役割の部分的な動きを精選し，他の人と調和して美しく動けるように熟練する。

(ア) 互に他の動きを見合って，助言し合う。

(イ) ふじゅうぶんな動きについて，上達するための動きの練習を行う。

ウ．伴奏音楽をさらに吟味し，表現にふさわしく整理・編集し，よく合わせて動く。

(ア) 音楽とともに作品の全体を通して踊る。

(イ) 一定の広さ（ステージ）を予想し，場所を規定して，最後的なまとめをする。

(3) まとめの段階（約3時間）

ア．発表会の計画・運営

(ア) 各グループの作品の所要時間を調べ，プログラムを編成する。

(イ) できたら，他学年や先生方を招待して，発表会を行う。

イ．感想・批判をみんなで話し合う。

ウ．グループの記録を整理し，次の学年の参考資料として残す。

エ．モダンダンスについて研究し，自分たちの生活と芸術活動について話合う。

4. 施設・用具

(1) 蓄音器（3～6台）

(2) レコード（15～20曲）

(3) テープレコーダー・打楽器・アコーディオン・ピアノなどがあったら，使用できるように用意する。

(4) スライド・写真などの資料

(5) グループの記録簿

(6) グループのための小黒板（3～4枚）

(7) 講堂，あるいは体育館のステージを使用する。

5. 展　開

(1) 始めの段階（第1時）

ア．単元　ダンス発表会

イ．生徒の現状

生徒は1年の運動会にフォークダンス，3学期にグループ表現，2年の運動会にフォークダンス・マスゲームを経験している。グループ学習の経験は，他のスポーツの単元においても経験を重ねているので，一応の進めかたを見通すことはできる現状である。ただし，少人数で表現をまとめることは，1年で経験しただけで，グループ表現に必要な技能や知識は，じゅうぶんもっていないとみられる。

また，グループ表現では，自己の感情を卒直に吐露しながら，同時に相手の感情を理解し，認め，一つの共通目標のために融合させなければならないけれども，このような人格的交渉は，まだじゅうぶん円滑に行われるようになってはいない。しかし，美意識や自我意識の目ざめは著しく，積極的に，自分たちの理想を追求しようとする態度をもっている。

ウ．本時のねらい

いままでの経験を整理し，今後の学習のための問題点を明らかにし，全体体計画の基礎をつくる。

エ．学習内容

(ア) 技能と知識

a. 自分の表現技能を検討する。

b. よい表現法を理解する。

(イ) 協力のしかた

a. 表現技能や表現法について，自分の意見を発表し，話合いができる。

b. 技能に関する問題点をまとめることができる。

c. グループ活動のしかたについて話合い，よい方法を理解する。

学習内容と学習活動	指導上の留意点
1. 1年の時の記録簿や，鑑賞の記憶を思い出して，よい表現として，よく覚えている作品や，表現の部分について話合う。	1. よい表現が，なぜ強く人の印象に残るかについて，*1美しいまとまりがもっている要因について説明する。
2. 表現ができあがるまでの過程で，いちばん困った点やむずかしかった点について話合う。	2. ・身体がうまく動かない。 ・みんなの動きがまとめられない。 ・内容にふさわしい動きが見つけられない。 ・題材がうまく見つからない。 ・グループで気持がしっくりしない。 などの問題が予想される。動きの練習のしかたや，*2参考となる題材などについて資料を提供し，ヒントを与える。
3. これからの表現のために，どんな点に重点をおいて練習を進めるかを話合う。	3. 個人的な技能よりも，*3グループとしての表現技能の練習に重点をおくことがたいせつであることを指導する。
4. スライドや写真などによって，自分たちの問題を解決する方向を見つける。	4. 美しい動きのいろいろや，グループのハーモニイを示した資料を提供する。
5. グループ活動を楽しく行うために，必要な態度について話合う。	5. グループ活動を行っていくために，互に相手を認め合い，力を合わせることが必要であることを再認させる。 グループ表現は，ひとりひとりの良さを発揮して，ひとりではできない，また，ひとりひとりの力の合計以上のものを作りあげるものであることを理解させる。
6. 次時の予定をきめる。	6. グルーピングの方法について考えてくるようにさせる。

備考　指導のために必要な資料を用意する。

・美しいまとまりの例，絵画，レコード音楽，スライド，写真

・前学年のとらえた題材例，記録帳

注　* 1, 2, 3, は 7, 指導の参考(1), (2), (4)を参照

(2) 始めの段階（第2時）

ア. グルーピングを行い，発表会までの全体的な時間計画に従って，グループの練習計画をたてる。

イ. 題材を決定するために，グループで動きや表現の練習を行う。

(3) はじめの段階（第3時）

ア．グループで題材と表現内容を決定する。

イ．グループ表現の役割をおおよそきめる。

ウ．グループ活動に必要な役割（リーダー・記録・レコードなどの係）をきめる。

(4)　中の段階（第1時）

ア．表現内容を動きの構想に移して，全体的な見通しをつける。

イ．伴奏音楽を選ぶ。

ウ．構想のあらましと音楽を関係づける。

(5)　中の段階（第2時）

ア．役割に分れて，自分たちの表現をくふうする。

イ．できたところまでを合わせる。

(6)　中の段階（第3時）

ア．本時のねらい

役割に応じて，表現をくふうし，助け合いながら練習する。

イ．学習内容

（ア）　技能と知識

a．自分の役割の表現をつくる。

b．リズミカルに動くことができるようになる。

c．他の動きと合うように，美しい表現を見分ける。

（イ）　協力のしかた

a．互に動きを見合って，協力してつくる。

（ウ）　生活化

a．自由な時間にも，踊ってみる。

ウ．学習の展開

学習内容と学習活動	指導上の留意点
1. 前時に進めたところまで，グループの全員で踊り，確かめる。	1. 計画を動きに移すとき，常に初めから動いては，次をつくるというように，動きを確かめ，じゅうぶんに動きながら表現を進めることが，*4表現の練習法であることを助言する。
2. 役割にわかれて，さらに計画にしたがって，先の表現をつくる。	2. 各グループの学習内容とその進め方を見守り，必要に応じて技能のヒントや，活動のしかたを助言する。
3. 関係のふかい役割が互に他の動きを見合って，助言し合いながらつくる。	3. 施設用具の使い方について，グループ間で協定して，じょうずに活用し，能率的に学習が進められるように指導する。
4. グループの全員で，本時の新しく進めた部分を踊り，あわないところをなおす。	4. よい考えを出し合ったり，動きを作りあったりして，グループのみんながじょうずにできるように助け合うことを重点として指導する。

5. 役割に分れて，なおしたところを練習する。 6. グループの全員で，初めから通して踊り，まとめる。 7. できたところまでを，美しく動くことができるように練習する。 8. 予定と進度を見比べ，次時の予定を確かめて，記録簿につける。	5. 動きは，常に，大きく伸び伸びと動くことによって，律動性が確められることを知らせる。

備考　1.　記録簿は一定のところにおいて，だれもが見られるようにする。
　　　2.　各グループに小黒板を用意し，計画や，構想に活用させる。
　　　注　*4 は7. 指導の参考(5)を参照。

(7)　中の段階（第4～5時）

ア．役割に応じた表現をくふうし，よい表現にまとめるために助け合う。

イ．全体の動きを，おおよそまとめる。

ウ．必要に応じて他のグループと見せ合ったり，助言し合う。

(8)　中の段階（第6～7時）

ア．表現内容や動きの構想を，場の使い方との関連で再検討し，全体の表現を整理する。

イ．リズミカルに，感情をこめて踊れるように熟練する。

ウ．必要な部分練習をする。

エ．音楽効果を考え，伴奏音楽とよく合わせる。

オ．ステージで踊れるようにする。

(9)　まとめの段階（第1時）

ア．発表会のプログラムや，自分たちの作品の説明をつくる。

イ．作品を，全体通して感情をこめて踊る。

ウ．作品の見かたについて話合う。

(10)　まとめの段階（第2時）

ア．発表会を行う。

(11)　まとめの段階（第3時）

ア．本時のねらい

単元のまとめとして，発表会の作品の感想，創作過程の苦心などを話合い，単元のはじめのねらいが果せたかを検討する。

さらに，自分たちの表現を，社会の芸術舞踊やその他の芸術活動につなぎ，生活の中に美的態度をもつように理解させる。

イ．学習内容

（ア）　技能と知識

a．人の前で表現についての感想や意見を発表できるようになる。

b．芸術活動について理解を深める。

（イ）協力のしかた

a．学習計画がよく実現したかを検討する。

b．グループ活動がじょうずにできたかを反省する。

c．楽しかった点や問題点をまとめ，記録簿を整理して次の学年に残す。

（ウ）生活化

a．自由時の活動として行うようになったかどうかを話合う。

b．美しいものへの関心をもつようになったかどうかを話合う。

c．自分たちの生活を豊かにするために，どのように生活を設計するように心がけたらよいかを理解する。

ウ．学習の展開

学習内容と学習活動	指導上の留意点
1．各グループで計画や活動のしかた，楽しかった点や問題点，自由時の活動などを話合い，まとめる。	1．計画と実際のくいちがい，グループ活動での困難点を中心にし，話合いが重点的に行われるように指導する。
2．各グループがまとめを発表し合い，それをもとに全体で話合い，次の単元の計画に役だてる。	2．作品の感想に基き，表現法や美しい動きについての要点をまとめさせる。
3．自分たちの作品や他の作品について感想や意見を交換する。 4．関連する芸術活動，特にモダンダンスについて調べる。	3．資料を活用して，芸術表現に広く理解をもつようにさせる。
5．生活と芸術について話合い，豊かな人間性をつちかうために，生活設計をはかる。	4．高等学校期の発達や生活を検討し，生活の中に楽しみをもちうるように方向づける。 また，自分にあった美しい動きを作って，美容のための運動とするように進める。

備考　1．できたら，よい作品をフィルムに残して，次の学年の参考資料にする。

6．指導上の一般的な注意

(1)　高等学校期の生徒の特性を考慮し，知的理解を深め，美的欲求に則して学習を展開する。

(2)　個人差に注意し，特にグルーピングを適切にする。

(3)　特にグループ活動のしかたを重視し，よい人間交渉のしかたができるようにする。

(4)　教師の指導は，必要に応じて，グループ・個人・学級全体・リーダーへとその指導の対象を判断し，グループ活動が円滑にすすみ，グループが組織化されるように指導する。

(5)　単なる動きの練習に陥らず，常に，表現内容に結びついて，感情をこめて動くようにさせる。

(6)　環境を整理し，気持よく学習できるようにする。

(7)　用具の整備・整とんをよく行わせる。

(8)　楽しいふんい気をつくるように注意する。

(9)　施設・用具を，自由時にも自由につかえるようにする。

(10)　なるべく多くの参考資料や，伴奏楽器，レコードなどを整備する。

7．指導の参考

(1)　美しいまとまりをつくる要因

グループ表現では，個人の身体の動きや，人との対応，場所の使い方，音楽との一致などいろいろな働きが一つになって，しかも表現内容にふさわしく，全体が変化に富みながら統一されているときに，よい作品として，見る人に強く印象づけられるものとなる。

これらの作品は，美しいと感じられる共通な性質をもちながら，それを個性的な表現の中にとかして，表現し，伝達されるものである。

美しいと感じられる共通な性質は，時代的にも，生活環境的にも変るものであろうし，必ずしも固定的には考えられない。しかし，一応次のようなことが考えられる。

一般に，人がある表現を美しいと感ずるのは，それが複雑な変化をもちながら，しかもよく統一されて調和を保っている時である。複雑な変化には，主題がいろいろな変化の階層をもって展開されていることもあるし，ある部分が特に強調されたり，また，著しい対比が含まれていることもある。すなわち，それらが表現を複雑化しているのである。そして，主題が展開されるときに，それに，類似したものを重ねて展開したり，また，均衡が保たれたり，うまく連続していると，その表現は簡潔化され，統一を保ったものとなる。

このように複雑な変化を持ちながら，それが統一されて全体が調和を保ち，安定を得ているときに，美しいまとまりができるものである。

たとえば，詩の第１，２，３，４句は起承転結と，その働らきが示されている。音楽においても，リード形式など，最も簡単な組織においても，呼びかけの形で「動機」が発展し（４小節），応答の形で「動機」を受け（４小節），さらに変化の部分に発展して（４小節），終りにふたたび応答の形をくり返して終る（４小節）はこびをもっている。そこには，第１，２，４と統一的な傾向を示しながら，第３に変化をもたらして，全体を盛りあがらせている共通な性質がある。

このような性質は，詩歌や音楽のみならず，ダンスにも，また，他の芸術全般や自然の美しさなどにも働いている美の原理の一つである。

実際に，作品を創作したり，鑑賞する場合には，これらの美の性質を理解し，次の諸点から，その作品を検討し，鑑賞するようにする。

ア．全体の感じ

・表現内容にふさわしい方法がとられているか。

イ．身体の動き

（ア）　リズミカルにのびのびと動いているか。（グループ表現の場合には，グループと調和して動いているか，についても見る。）

（イ）　表現内容にふさわしい動きであるか。

ウ．場所の使い方

（ア）　じょうずに移動しているか。（グループの場合は，他の人とよく対応して移動しているか，についても見る）

（イ）　表現内容にふさわしい移動であるか。

エ．音楽との調和

（ア）　音楽のリズムや拍子によく合っているか。

（イ）　表現内容にふさわしい音楽であるか。

なお，題材の選択や表現内容が，身体の動きで表わすにふさわしいものであるかどうかについても，あわせて考える。また，文化祭などの行事に関連して，その他の表現効果（衣装・照明・装置）を使った場合には，それらについても検討する。

（題材選択の領域）

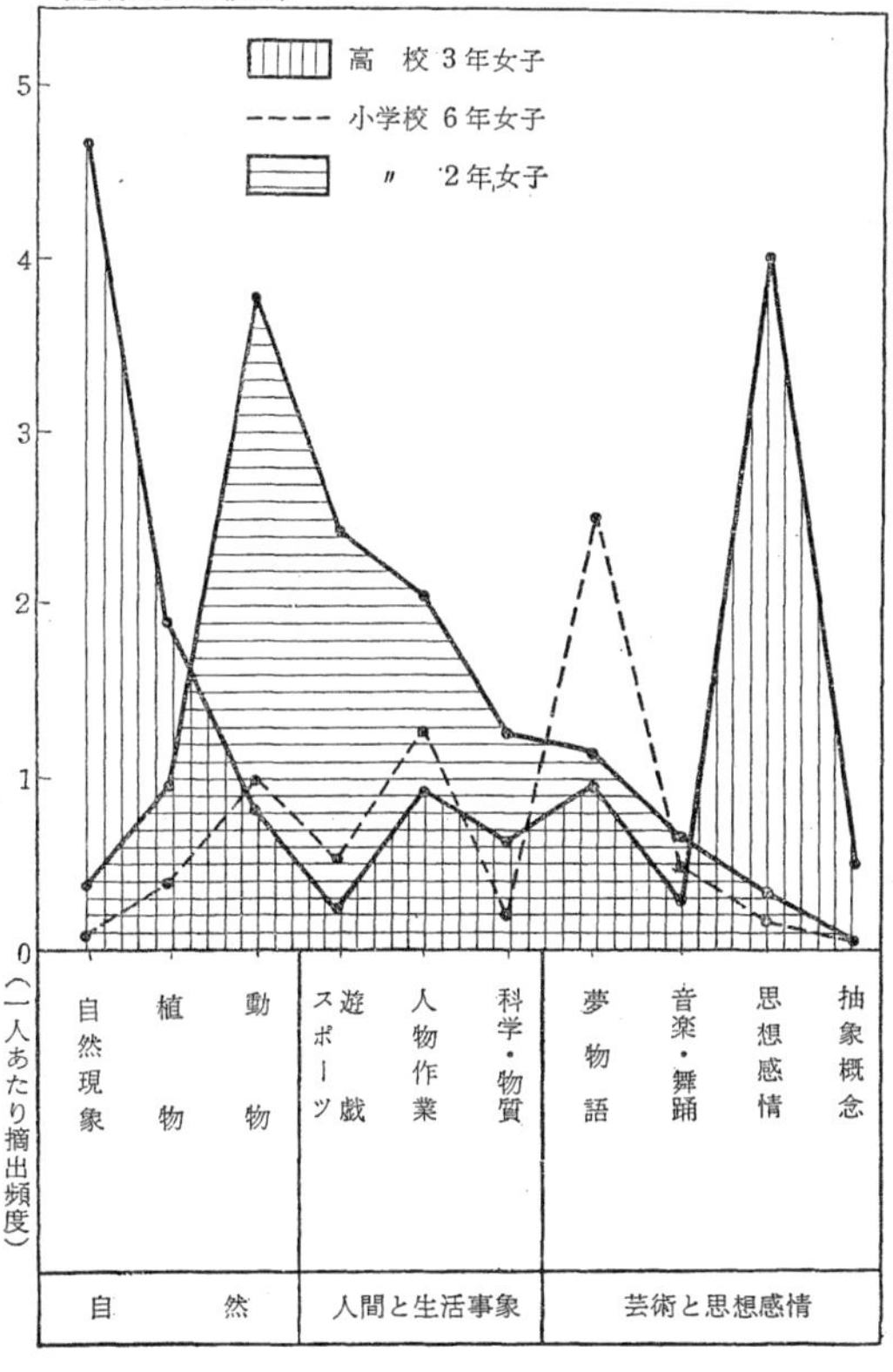

(2)　題材の選択

題材は，環境の条件によっても，また，個人の感情の傾向によっても選択される方向は異なってくると思われる。一般的には左図題材選択の領域に示したように，発達にしたがって，具体的な動きをもつ生活事象から，具体的な動きをもたない思想感情や自然の方向へ移行していく傾向が見られる。

このことは，高等学校の時期の心身の発達と対応してうなずかれることで，自分たちの感情や思想を託するにふさわしい対象を求めるようになる。いわば，具体的な動きに拘束されないで，動き自体も自由に創意しうるようなものが望まれるようになる。

高等学校においても，過去に表現の経験が少ない場合には，題材もやさしい具体的な段階からとらえさせようとする指導が，時に行

われているけれども，それは，発達を無視した考えであり，危険である。表現の経験は少なくとも，高等学校生徒の希望する題材を選ばせ，その題材に基いて，初歩的な表現の段階をふませるようにすることが望ましい。

さらに，動きの経験の少ない場合は，応々にして，題材や内容の選択が文学的・文章表現的になり，実際に動きに移してから思うように動きに表わすことができず，いきづまる場合が少なくない。これらに関しては，題材や内容は，身体の動きで表わすにふさわしいものとして，常に動きのアウトラインを予想させながら決定するように指導する。

（題材例）

ア. 自　然

水の点描，流れ，嵐《あらし》，流れ雲，星くず，庭園，花園，落葉，昆虫の生活，白鳥，など

イ. 人間と生活事象

散歩，村の情景，交差点，炎，花火，ガラスの窓，など

ウ. 芸術と思想感情

絵画の印象，夢，ある物語，動きの詩集，歌声に寄せて，友情，孤独，人間の生涯，現代，動きの抽象，など

うたごえ

(3) 構想および展開例

ア．構想例　―題材「流れ」―

構　想

（ア）　二つの組曲の形式をとり，前半は，渓流をぬって，しぶきをあげながら，ある時は岩をかみ，ある時はうずを巻いて流れる激しい流れの様子を表わす。もし，水の心を擬人的に考えるなら，変転する人生の旅路を行くような，心の明暗をもって表わす。

後半は，静かな平野をとうとうと流れ，時には深くよどみ，時には白雲の影を宿して流れる静かな流れの様子を表わす。もし，人の心にたとえるなら，美しい自然に対した時のような，魅せられ，かつ，満ちたりたような気持をこめて表わす。

（イ）　動きは，前半では跳躍や回旋・回転を多くして躍動的に，後半は，振動や平均・波動を多くして，静かななめらかさをもつようにする。

（ウ）　空間の使いかたは，流れの感じを強めるよう，斜めの方向への移動を主として構成する。

（エ）　グループ表現とし，人員は6～8人で行う。

イ．構想および展開例　―題材「歌声に寄せて」―

（ア）　構　想

a．黒人霊歌は，生活は苦しく，耐えていかなければならない日々の連続でありながら，それでも希望を失わず，人々と手をとり，ささえ合って生きていく民族の声を感じさせる。黒人霊歌に似た，しかも，喜び，悲しみ，さらにそれらをこえた強いもの，人間の生命感を表わしたい。

b．形式を6～8人のグループ表現で，2群の話合いの動きを含みながら，全体としては統一の強い進め方にする。

c．動きは，静かで，力のこもったもの，振動・屈伸を多く使う。空間は次のような，中央奥への密集と中央前への前進をいかして，強さと厳粛さを出す。

（イ）　展開（伴奏音楽〃うたごえ〃）（楽譜前ページ）

a．中央に伏せていて，顔をあげては伏せる動作をしながら，しだいに上体を起す。（第1図）

第 1 図

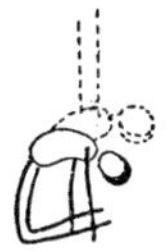
第 2 図

b．すばやく身体を縮めて起き上り，ひざ立ての姿勢になる。上体を前屈振動させ，後半で1群は腕を前にあげながら上体を起し，片腕を後に引きながら体を後倒する動作をくり返す（第3図）。2群は，前屈振動を続けながら，ときどき上体や頭を回旋する。

第 3 図
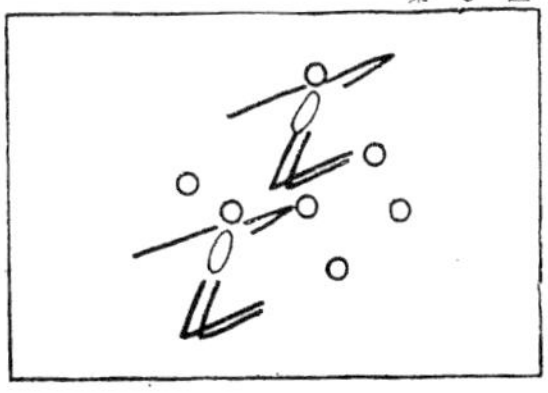

c．1群2群とも，先の1群と同じ動作を一回行い，次に両腕を前から上にあげ，真上にしばらく保った後，胸をそらせたまま，腕を脱力して下におとす(第2図)。この時，1群と2群の中の各1人は，おとす時期を知らせて行う。

d．同じ動作を2回くり返し，さらに，斜め左前から上方にあげながら2回くり返す。

e．1群と2群の中から2～3人が静かに立ち上がり，前方へ強く片腕を伸ばして，押すように進む。この時，残った人々をふりかえる動作を1回いれる。残った人は先の胸後反の姿勢のまま保つ。

次に，先に進んだ2～3人が後へもどり，その時，残った人は立ち上がり，前者と同様に押すように進む。先の2～3人は全員がひとかたまりになったところで1度前へ押し，あとはふたたび後へ下がり続けて，すれちがう。(第4図，5図)

f．両ひじを曲げて前にあげ，次に斜め左下へ伸ばす動作を全員が行いながら，中央奥へ集まる(第6図)。次に背面向のまま，しだいに両腕を下から前を通って，斜め上にあげ，静かに左右に揺らぐ(第7図)。

g．左腕を伸ばしたまま右腕を後に落して，体を後屈しながら床上に手を着き，しばらく保った後，静かに起き上がる。このときも，頭は後屈し，左腕を上にあげたまま保っている(第8図)。

次に正面に向き，両腕を斜め下に開きながら，体重を前に早く移して押すようにしながら，中央前に進む(第9図)。最後は前になった人はひざを深く曲げ，後はやや高くそのままの姿勢を保つ(第10図)。

第4図

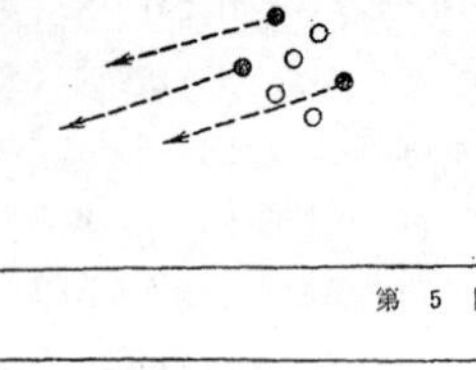

第5図

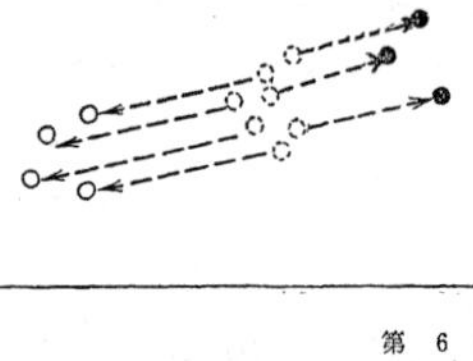

第6図

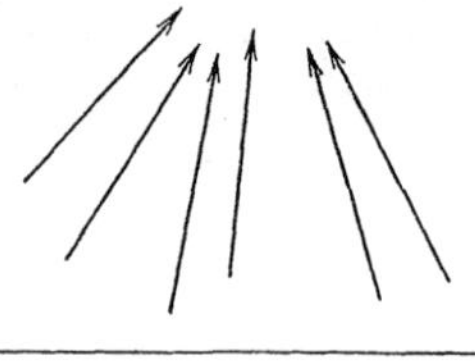

第9図

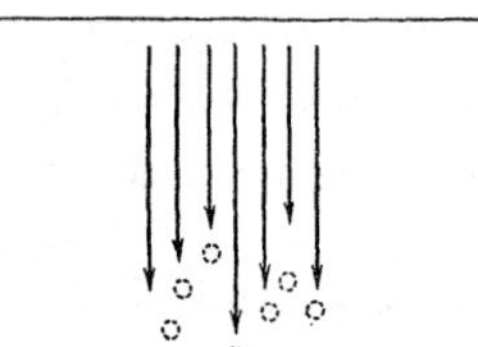

第8図

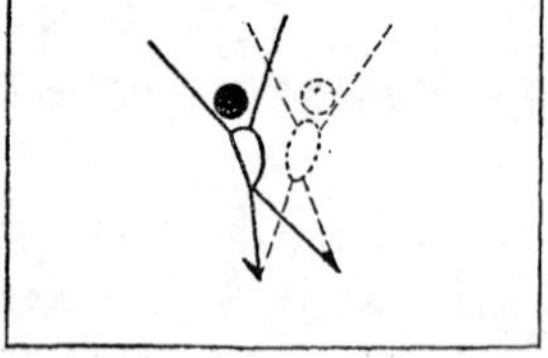

第7図

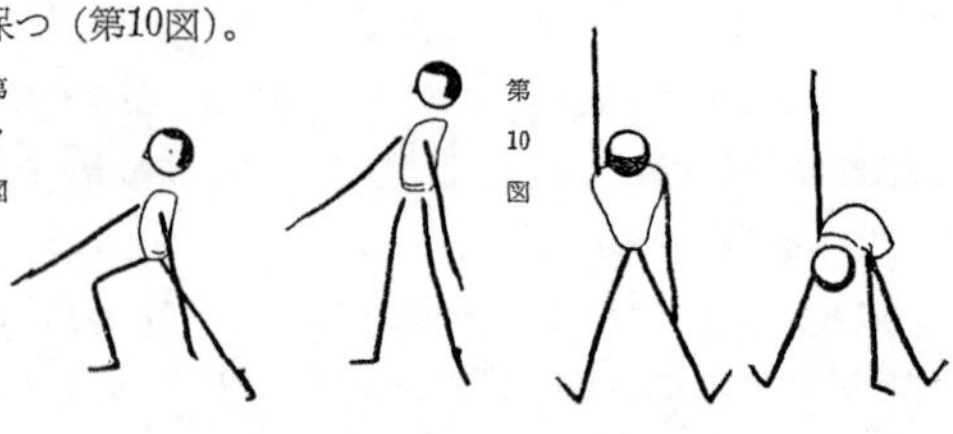

第10図

(4) グループとしての表現技能

基礎的な練習は，一般に個人的な技能の練習として行われることが多い。グループ表現では，集団として，それぞれの動きが調和して動くことによって美しい表現を作りだしていくものである。そこには，個人が美しく動くことができることと同時に，ひとりひとりが，よく他の人の動きを理解し，感じ，それにふさわしく自分の動きを作り，踊ることが必要になる。この意味では，個人の技能を，個人練習の形で練習することよりも，個人を集団の中の個人として，集団練習の形で練習するほうが望ましいと考えられる。

たとえば，ひざを屈伸しながら，腕を振動し（6呼間），次に，自由にポーズをとる（6呼間）という課題に基ずいて，動きのくふうをする場合を考えよう。

例1は，個人で，振動→廻旋→跳躍と動きの要因をとらえて，一連の動きの流れを作ったものである。

例2も，同じく個人で，振動→平均ととらえて一連の流れを作ったものである。

このように，いろいろの動きを自分で作りうるようにする練習は，もちろんたいせつである。しかし，それだけで，直ちにグループ表現の基礎と考えることは，グループ表現までの段階に開きが大きすぎるようである。グループ表現のためには，相手の動きを判断し，相手と自分の動きを一つのものとして，あるときは対立し，あるときは融合させながら動かなければならない。そのような段階の練習は，やはり，そのような対人関係をもった構造の練習として取り上げる必要がある。

例3，例4は，それぞれ，例1，例2を，ひとりあるいはふたりのものが動き，他の成員がそれに合わせながら動きをくふうし，集団が全体として，一つの感じを表現させる練習である。

このような練習は，標題をつけ，内容をもちながら行うとき，断片的ではあるが，グループ表現に近い構造をもつようになる。そして，これらの練習が，次の作品創作にあたって，題材を選択することや創作を進めることの見通しを容易にし，学習を円滑に進めることができるようになる。

(5) 表現の練習法

表現は，自分たちで表現内容をきめ，計画をたてて行う学習である。学習が円滑に進行するためには，まず計画が適切に立案されていることが必要である。次には，その計画を実現に移す，移し方に注意しなければならない。

一般に，表現の学習がむずかしいとか，よく行きづまるといわれるが，それらの多くは，この表現学習の進め方，つまり，計画を動きに移す場合の練習法に，注意が払われていない場合に起りやすい困難である。

表現は，表わしたいという表現内容に従って，適切な動きとしてとらえられたときに，はじめてはっきりした表現として姿を表わすようになる。いわば，動きに移されたときに，内容がいき

例１

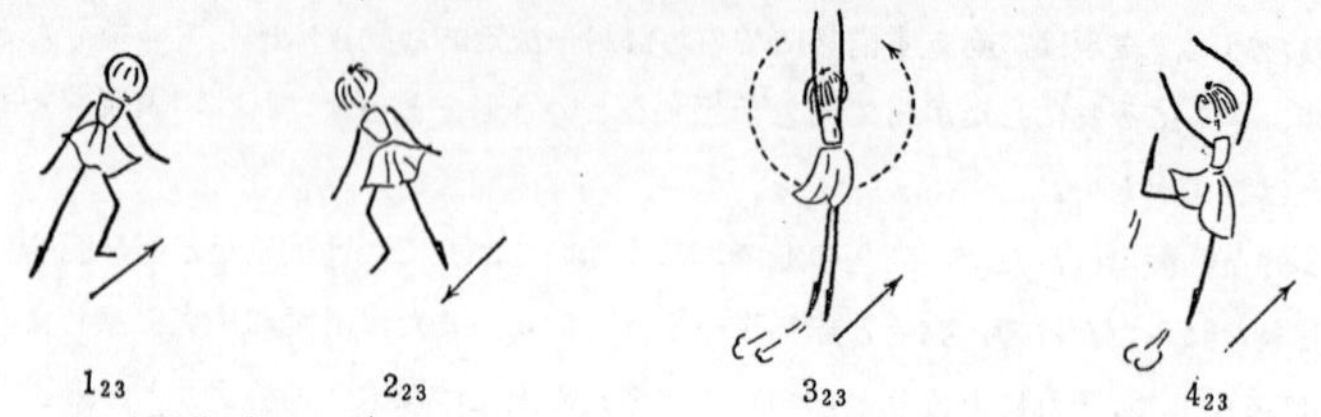

斜前後に振動させる　　腕をまわして斜前に進み，大きくとび上がる

例２

片足をうかして，斜前後に振動させる　　斜め前に進み，体前倒してバランスをとる

例３

例１の動作を動き の主題とし，他の成員がそれにハーモニーをくふうする

例４

例２の動作を動きの主題とし，他の成員がそれにハーモニーをくふうする

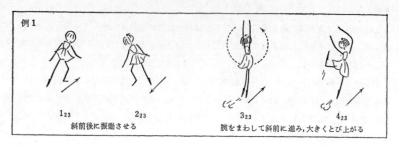

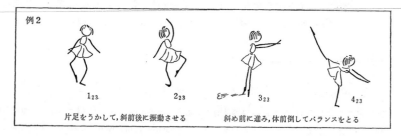

た形となる。

このために，表現は，絶えず構想にてらしながら決定的な動きに移して，できたところまでを確かめ，さらにそれにしたがって先を予想するという形をとらなければ，表現を順調に成長させることはむずかしい。

初歩的な経験者は，ただ，考えの上で，こう動いて，次にこう動くなどと，話合いや，おおよその動きを試みただけで，次々と先へ進めようとする。また，計画に忠実に進めようとする学習者も，応々にして，それにあまりとらわれて，考えの上だけで次へ進めようとする。しかし，このようなはこび方は危険である。

表現は，常に，その部分の練習が，表現としての全体的な働きをじゅうぶん満たしているように保ちながら――せいいっぱい，表現内容の感情をこめて動きながら――進められなければならない。

練習は一般に，全体――部分――全体と進められるが，その部分自体が，また，全体的な表現の構造をもった部分として行われなければならない。

(6)　モダンダンス

20世紀に入って誕生した新しい舞踊芸術である。イサドラ＝ダンカン（Isadora Dancan 1880～1927）によってはじめられ，ルドルフ＝ラバン（Rudolf von Lavan 1879～　　）マリー＝ビィグマン（Mary Wigman）らによって確立された。

モダンダンスは，形式化したバレエに対して，舞踊を魂の表現として復活しようとし，トウで立つバレエ技術や，その幻想的な取材傾向に対立して，より自由な動きや，あらゆる生活感情に取材を求めた。また，従来からの音楽への追従を脱し，舞踊を独立芸術として進め，さらに，群舞の価値を高め，舞踊表現の空間性に目ざめさせた。

現代では，芸術舞踊の二つの流れとして，互にその特色をもちながら，また，双方とも影響を及ぼし合っている。

日本では，大正年間から新舞踊の提唱が盛んになり，しだいに多くの舞踊家が現れるようになった。戦後は急激に盛んになり，また，アメリカのモダンダンサー，マーサ＝グラーム（Martha G-rahm）の来訪によって，多くの示唆を受けた。

学校体育では，戦後，自己表現を育成する「表現」を指導内容とするようになり，個性的な創作活動を育てる点では，モダンダンスにつながるものとなった。

(7)　基礎運動・応用運動

ア．学習指導要領に示した基礎運動1は，動きの性質を示したものである。

(ア)　振動……腕・足・頭・上体などを振る運動をさしている。緊張と弛緩をなめらかに行うことによって，自然に運動が連続するように行う。

(イ)　波動……腕・全身・上体などを，波状形に，一つの動きがしだいに他の部分に伝わるよ

うに行い，一つの動きが終らないうちに，同じ次の動きを，波が重って押し寄せるように追いかけて行う運動である。(左圖参照)

(ウ)　屈伸……腕・足・胴体などを曲げたり伸ばしたりする運動である。

(エ)　跳躍……とびあがる運動である。踏切から着地までの間，身体が空中に浮く，最も力動的な屈伸の一種とも考えられる。

(オ)　ねん転・回旋……腕・頭・胴体などをねじったり，まわしたりする運動である。

(カ)　倒……全身をまっすぐに保って，前・後・左・右に傾ける運動である。

(キ)　平均……静的な平均は，いろいろな美しい姿勢をそのまま保つことであり，動的な平均は動いている間に，うまく均衡を保つことである。

(ク)　その他……このような動きの性質は，これらのほかに，転回・歩・走・ほふく・登攀・などをあげることができる。

表わしたいと思う内容が，自由に表わしうるようになるためには，身体が，いろいろな動きを作りだせるようにしなければならない。

掲げられた動きの性質は，このような動きの練習やくふうの骨子になる性質を示しているもので，実際には，これらのいくつかの性質が融合されて，「動きの流れ」をつくるものである。

イ．基礎運動2は，動きをはこぶ時間的な変化や，空間的な変化の性質を示したものである。同一の動きであっても，速度や拍子などの時間的な働きをかえると，動きのもつ表現性は異なってくる。また，同一の動きであっても，その移動の方向を変えると，表現性は異なってくる。

このように，動きは，実質的には，身体の動きではこばれながら，そこに加わる働きによって，その表現としての性質をいろいろに変化されるものである。

したがって，練習は，これらを総合的にとらえて進めることが能率的である。

たとえば，次のようである。

(ア)　ふたりで動きの性質をいろいろに融合して，動きの流れを作る。

(イ)　作った動きの流れを，速度や拍子をかえたり，強度をかえて行う。

(ウ)　作った動きの流れを，移動の方向とふたりの集合離散をかえて行う。

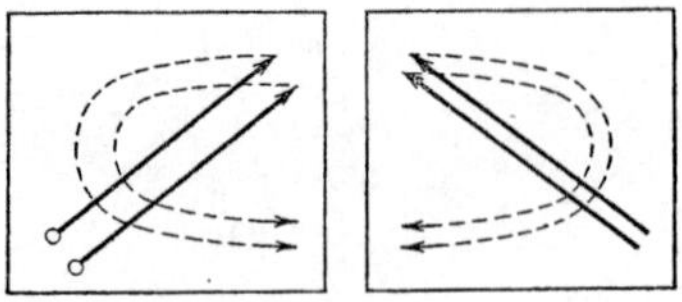

1.　並列に移動する。

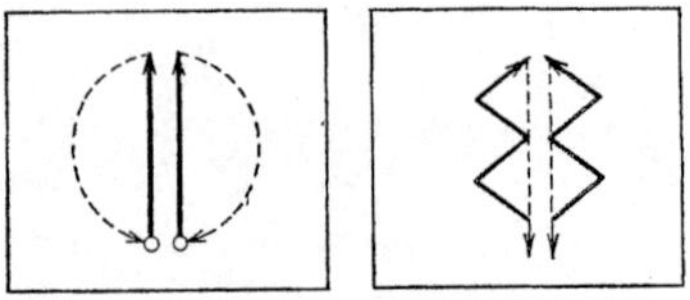

2.　対照的に移動する。

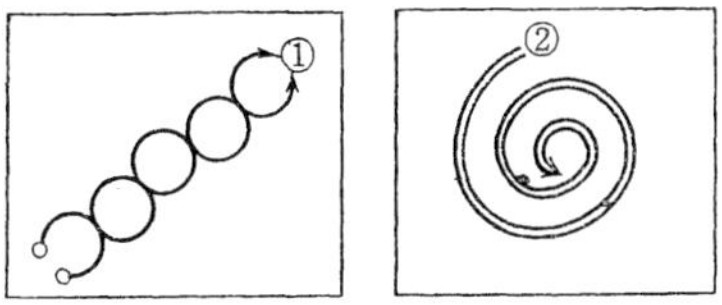

3. 対照的に移動し，並列にうつる。

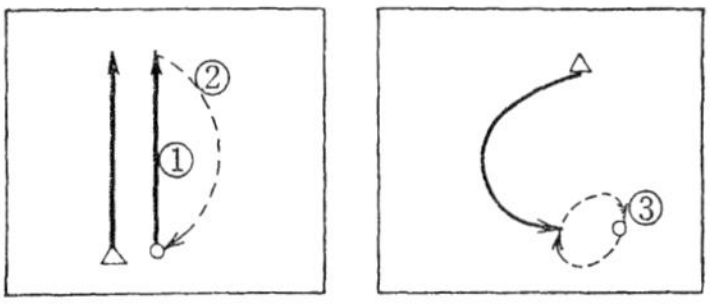

4. 1人の移動を追いかけて移動する。

「動きの流れ」は，音楽にたとえると，メロディーのひとふしにあたる。美しいメロディーは1音1音が確かであると同時に，その連続が自然でなめらかでなければならない。動きの流れも同様である。気持のよい流れをくふうし，漸次，長い一連の動きができるようにする。

ウ. 応用運動（表現法）は，以上ような動きを，表現内容をもって行うものである。

練習は，個人，個人対集団，集団対集団と，素材の条件をかえて，それにふさわしい題材を選んで，即興的に表現する。

たとえば，個人対集団の場合に，「話合い」という題をとったとしよう。個人が話しかけて，集団が答えるように，個人の動きに応じて「話合い」にふさわしい緊密な関係を保ちながら，相互に動きを感じ合って流していくようにする。もちろん，動きに対して空間的な配置や移動の変化をもちながら行うのである。ここではさきに述べたような，美しいまとまりをつくる要因が，瞬間的な判断によって活用されるようになる。

〔Ⅱ〕フォークダンス（フォークダンスパーティー）

○実施学年　第3学年女子

○実施期間および時間　2月に8時間

1. 単元のねらい

学習したフォークダンスを，だれでも気持よく，楽しく踊れるように，技能を高めながら，それに必要な知識と態度をもたせる。

さらにフォークダンスの効果をしっかりはあくして，パーティーを計画・運営し，協力の意義と喜びを経験させ，フォークダンスの日常化をはからせる。

2. 学習内容

	内　容
個人的	1. 学習したフォークダンスを，ふんいきをだして，踊れるようになる。 2. 気持よく踊る方法を理解する。 3. 各フォークダンスの背景になる資料を集める。 4. パーティーの意義・目的・形式などを理解する。 5. パーティーの計画ができる。
社会的	1. 学級の学習計画が立てられる。 2. 技能の上達に協力する。 3. みんなで，パーティーを計画し，運営できる。 4. 役割を決め，自分の責任を果しながら，他人との協力につとめる。 5. よい態度で鑑賞する。 6. 自由時の活動的なレクリエーションとして活用し，日常生活を豊かに楽しくする。

3. 指導計画

(1) 生徒の過去におけるフォークダンスの経験（各学年約7～10時間）

第1学年の時の経験

ア. デンマーク，ドイツ，イギリスのフォークダンスおよびアメリカのカンツリーダンス（スクェアダンス）と各ダンスに含まれるステップを学習した。

イ. 各フォークダンスのリズム，テンポ，フレーズ（楽句），アクセント，などを理解した。

ウ. ダンスの起源，フォークダンスの特徴を知った。

エ. フォークダンスを踊る時のエチケットについて学んだ。

オ. 学習したダンスのコスチュームについて，しらべた。

カ. 学年の終りごろから，2年，3年生のグループに参加して自由時に踊るようになった。

第2学年の時の経験

ア. 1年の時に学習したダンスをくりかえし，くりかえし楽しく踊った。

イ. ハンガリー，スウェーデン，スコットランド，ロシヤのフォークダンスと，各ダン

スに含まれるステップを学習した。

ステップは，ウォーク，ランニング，スキップ，スライド，ステップホップ，ショティッシュ，ポルカ，ワルツ，マズルカ，ギャロップ，ハンガリアンターン，スクェアダンスステップなどが割合に軽やかに踊れるようになった。

ウ．各国の地理的・歴史的・社会的背景，コスチュームについて，グループ研究を行った。

エ．運動会のプログラムに，フォークダンスを入れる計画と運営の経験をした。

オ．みんなが楽しく踊れるようにするには，どうしたらよいかが理解できた。

カ．自由時に積極的に参加するようになった。

第3学年の時の経験

ア．1年，2年の時に学習したダンスを，指導できるまでに身につけた。

イ．さらに日本，リトワニア，アメリカ，ロシヤのフォークダンスを学習した。

ウ．フォークダンスクラブ員の指導によりさらに高度のものを学習した。

エ．1年の時から学習したフォークダンスの分類をして一覧表をつくった。——国別，ステップ別，隊形別など。

オ．フォークダンス，コスチュームのポスターを描いた。

カ．自由時のフォークダンスを計画し，できるだけ多くの先生や生徒が参加するように運営した。

(2) 学習段階

段階	時	学習内容	指導上の留意点
始	第1時	全体の学習計画の見通しをつくる。 1. いままでの経験を整理し，今後の学習方針を立てる。 2. 計画や練習について だれでも自由に意見を述べ合えるふんい気をつくり，協力のしかた，責任の持ち方を理解する。 3. いままでに学習したダンスの中から選んで踊ってみる。	いままでに経験したフォークダンス（教科時・自由時・クラブ・行事など）を思い出し，フォークダンスの特徴や価値をまとめ，自分たちの問題点をつかませる。 話合いの場のふんい気に注意しながら，あまり長い時間をとらないように進めていく。 ダンスを選ぶときの手がかりを考えさせる。
め	第2時	1. パーティーの意義・目的を理解し，自分たちのパーティーの催し方について話合う。 2. 練習の方法や研究の計画を立て，準備のための役割分担を決める。 3. パーティープログラム作成上注意する事がらについて話合い，プログラム係に原案作成を依頼する。 4. 全体で楽しむフォークダンスを練習する。	学級全員がなんらかの役割をもつようにはかる。 係を総務・会計・接待・プログラム・会場・茶菓などとして，グループが担当し，各係長を決める。

	第3時	1. 係の原案に基いて，プログラムについて話合いをし，プログラムを決定する， 2. 全体および，グループの練習計画を立て，助け合いながら練習する。	必要な助言を与える。 必要に応じて，技能のヒントを与える。
中	第1時	1. 練習をつづける。 2. 新しいダンスを覚える。 (1)　バルソビエーン (2)　カルベリス 国の風俗習慣を学ぶ。 ダンスの特徴を知る。 ダンス全体を覚える。 ステップの練習をする。 3. 問題になることを話合い助言し合う。 4. 各係からの報告を聞き，話合いをして，みんなが内容や決めたことをよく知っているようにする。	本時学習するアメリカのバルソビエーンと，すでに学習したスウェーデンのそれとを音楽・ステップ・感じなどについて比較させ，両国のダンスの特徴を感じ取らせる。 計画どおりに進んでいるか，個人の責任を果しながら，協力し合っているかを見守り，必要な助言を与える。
	第2時	1. プログラムに従って，話合いをしたり，練習を重ねる。 2. ひととおりしてみる。 3. 必要に応じてさらにグループ練習をする。 4. パーティー当日の役割を決める。 5. 先生がたへの招待状を用意させる。 6. パーティーに必要な施設用具の準備をする。	自由時にも踊るように方向づける。リーダーシップをとり，他の人々にも指導できるように練習させる。 できるだけ，みんなが役割をもつように運んでいるか，注意する。 会場，活動，茶菓などに必要な品目を書き出し，それらを整える手順を学ばせる。
まとめ	第1〜第3時	1. パーティーの準備をする。 プログラムをつくる。茶菓の用意をする。 2. パーティーを開く。 3. あと片づけと反省会を行う。	真心をこめて会場を用意するように助言する。 プログラムの作成にも，創意をこらし，パーティーにふさわしいものをつくる（みんながもつものと会場用の大きなものを用意する)。 エチケットを身につけるように指導する。 成功に最善の努力をつくし，協力の喜びを経験させる。 協力は日常生活にいかに必要であるかを理解するように指導する。

4. 展　開

指　導　案　例　1

(1)　単元　ダンスパーティー（始めの段階　第2時）

(2)　本時のねらい　ダンスパーティーのもち方を理解し，計画の基礎をつくる。

(3)　おもな学習内容

ア．パーティーの意義・目的を知る。

イ．パーティーの計画をする。

ウ．フォークダンスの技能を高める。

エ．協力のしかたを理解する。

(4)　用具　　蓄音器・レコード・針・黒板・チョーク・黒板ふき

(5)　学習の展開

学習内容と学習活動	指導上の留意点
1. フォークダンスパーティーの目的・意義・内容について話合う。 2. パーティーのもち方について話合う。自分たちは，卒業送別会とする。 3. パーティーに行うダンスのだいたいの見通しをつけ，みんなで練習をする。	1. 単にみんなで，フォークダンスを踊って楽しめばよいというのでなく，目的にそって，まとまったパーティープログラムが必要であることを理解させる。 2. ダンスのリズム・テンポ・フレーズ・アクセントを理解し，特徴をつかんで踊れたか，動きが軽やかであったか，を評価させる。 フォークダンスはあまり技能にとらわれず，楽しく踊ることがたいせつであるが，気持よくふんいきを出して踊るためには技能の練習も必要であることを知らせる。
備考　祝祭日に関係のあるフォークダンスの資料を用意する。 たとえば，イギリスのメーポールダンス，クリスマスの時のジングルベルスなどの写真，レコード・音楽・コスチュームなど	

指導案例 2

(1) 単元　ダンスパーティー（始めの段階　第3時）

(2) 本時のねらい　ダンスパーティーのプログラムを作成する。

(3) おもな学習内容

ア．卒業送別ダンスパーティーのプログラムを決定する。

イ．練習計画を立てる。

ウ．部分練習をする。

(4) 用具　蓄音器・レコード・針・黒板・チョーク・黒板ふき

(5) 学習の展開　生徒のつくったパーティープログラム

ア．目　的　卒業に際し，謝恩の意をもちながら，先生方とフォークダンスをして親ぼくの時をもつ。

イ．プログラム

卒業送別ダンスパーティー

時　2月〇日（土）午後2～5時
会場　屋内運動場

開会のあいさつ

グランド　マーチ

フォークダンス

（ア）サーカッシャンサークル
（イ）グリーンスリーブス
（ウ）デーニッシュショティッシュ
　　　｝一同

（エ）カルベリス
（オ）バルソビエーン
　　　｝有志

(カ)　ロードツーリーアイルス
(キ)　レッドリバーバレー　　一同
(ク)　シェボガー

歌

(ア)　みんなの知っている歌(3～4)

(イ)　有志のコーラス

(ウ)　みんなで輪唱

ゲーム　　あてっこ

茶　菓

フォークダンス(初め踊ったダンスのなかから希望のもの二つぐらい踊る)

歌　　送別の歌(輪になって)

閉会のあいさつ

ウ．備　考

(ア)　パーティーの内容はフォークダンスを主とし，その他，歌やゲームを入れて変化をつけた。

(イ)　フォークダンスは先生方といっしょに楽しむ簡単なものと，有志の踊るいくぶん高度のものの発表とを入れた。

(ウ)　発表の時には研究を生かして，コスチュームをつける。しかし，できるだけ費用をかけないで，特徴を出すようにくふうする。

(エ)　先生は校長先生，他10人ぐらい来てくださりそうである。

(オ)　費用は装飾と茶菓のために，ひとりあたりだいたい50～70円ぐらいにする。

(カ)　会場は屋内運動場で，すみのほうに円にして座席を用意する。

(キ)　プログラムの初めのグランドマーチは，1列から2列，4列になり，また2列になる程度の簡単なマーチングとし，音楽は行進によい，そして明るい感じの，フォークダンス用のレコードを用いる。行進をしながらやわらいだふんい気をつくるようにし，パートナーを決め，フォークダンスの準備をする。

(ク)　みんなで輪唱

みんなのよく知っている歌を輪唱してもよいし，あるいは次のようにソングコンテストをしてもよい。

グループに分れ，グループ番号をつける。リーダーが番号をいうとそのグループは時を移さず，すぐグループで決めた歌を歌いだす。途中でリーダーが他の番号を呼ぶ。するとそのグループが歌う，というように次々と歌いつづけ，同じ歌がでたり，行きづまると，そのグループはゲームから抜け，最後まで残ったグループが勝となる。

(ケ)　ゲーム……あてっこ

みんなで紙片とえんぴつを用意して輪になってすわる。紙の端に自分の氏名をかく。リーダーが一度全部集めてからふたたびみんなに渡し，音楽に合わせて右のほうにぐるぐる回す。リーダーの合図で回すのをやめ，自分に回ってきた人について感想なり，エピソードなりをかく。それをたたんでふたたび音楽に合わせて，右のほうに回す。音楽がとめられたら，回すのをやめ，氏名をいわずに順番に読む。そしてみんなでだれであるかをあてる。知り合っている人たちの集りでは，おもしろいゲームである。

(コ)　茶菓の時

卒業後の生活についてごく簡単に述べる。

代表が謝恩のことばを述べる。

先生がたからひと言ずつことばをいただく。

(サ)　閉会のあいさつがすんで，さよならの時に別れの曲をかけ，先生がたを運動場の出口の所まで送り，感謝の意を表する。

指導案例　3

(1)　単元　ダンスパーティー(まとめの段階　第1および第3時)

(2)　本時のねらい　パーティーの準備と反省

(3)　おもな学習内容　ア．会場つくり

イ．茶菓の用意

ウ．パーティーのあとの反省

学習内容および学習活動	指導上の留意点
1. 仕事の分担の再認をする。 2. 会場つくりをする。 きれいに掃いてふく，クレープペーパーで簡単に装飾する。 一すみにテーブルをコの字型に置き，いすを並べる。所々のテーブルに花をおく。入口に受付の机といすを置く，プログラムを用意しておく。大きなプログラムは黒板にはり，ちょっと装飾の絵をかいておく。 3. 茶菓は別のテーブルに用意する。	1. みんなが気持よく協力し合っているか。 2. そうじ中の換気と整とんに注意する。 清潔と美を考慮して，真心のこもった暖かさを感ずる会場とするように指導する。 3. 茶菓の器はきれいであるか注意する。 4. 用具が整っているか注意する。まえもっての完全な整備は，プログラムをなめらかに進めてゆく上にたいせつであることを知らせる。 5. 役割は司会，助手，開会・閉会のあいさつをするもの，フォークダンス・歌・ゲーム係，茶菓係など 6. 親しい中にも礼儀を守ること，そして係のもの以外はあまり席から離れないことなどの注意を与える。
4. 反省の時をもつ。 (1)　パーティーについて，感想や意見を述べ合う。 (2)　学習各段階における計画や活動について話合い，まとめをする。	7. 単に感想に終らず，計画したことが実際はどうであったか，よかった点，失敗した点，困難であった点などに関して原因を考え，まとめをして今後の計画・運営に役だてる。 8. 高等学校生徒の発達上の特性や生活を検討し，レ

(3) この学習経験を今後の生活に活用し，生活を豊かに楽しくする。	クリェーションの必要性を再認し，生活に取り入れるように方向づける。 9. 自分の役割を守りながら，他人と協力することの喜びや心の安定がどのような時に持てたか，について話合い，今後の生活に生かす。

5. 指導上の一般的な注意

フォークダンスはみんなで参加して楽しむものであり，見るためのものでない。それはさりげなく音楽にのって，だれとでも仲よく楽しいふんい気で軽やかに踊るところにフォークダンスのよさがある。それゆえ単に技能のみを問題にし，教師が型を示しすぎたり，一挙手一投足，教師の呼称や拍手で動き，動きのユニフォームを望んだりしてはフォークダンスの本質を忘れたことになる。またステップがあまり簡単すぎて興味がないからといって，他のダンスの曲を用いたりしては，せっかくの国民性の生きた音楽や，踊り伝えられたその国の特徴あるステップを無視したことになる。

できるだけ音楽を聞かせ，音節のくぎりまでといういき方で進めたい。左に４呼間，右に４呼間，１，２，３，４，という指導では，フォークダンスのふんい気は出てこない。

6. 指導の参考

(1) フォークダンスの価値

ア．教養的価値

各国のフォークダンスを経験することにより，おのおの特徴あるステップパターンや動きが感ぜられる。そして動きの比較によってその国の気性が察知できるし，伝統がうかがわれる。また気候・地形的環境の影響がダンスにみられたり，フォークダンスに関連して他国の芸術味豊かな音楽・詩歌などを鑑賞する機会も与えられる。

イ．社会的・レクリエーション的価値

フォークダンスはだれでも気がるに参加することができる。音楽にのって楽しいふんい気をかもし出し，踊りながら無言の中にあいさつをかわし，微笑をかわし，心と心の触れ合いを感じながら互の理解を深めてゆく。このことは自然のうちに平和へと導いてゆく。そして偏狭な感情を打破し，共同生活の楽しさを学びとることができる。そして社会生活にたいせつな心がまえや行動のしかたを経験し，身につける機会が与えられる。このようにフォークダンスを楽しむことにより社交性・協調性が養われてゆく。

フォークダンスは活動的なレクリエーションとして重要な役目を果すことは，今日だれでも認めることである。参加することにより楽しみが得られる建設的なレクリエーションの意味がフォークダンスを通して理解される。フォークダンスは現在および将来の生活を豊かにしてゆく。

ウ．身体的価値

音楽にのって，くりかえし，くりかえし楽しく踊っているうちに，動作が美しくリズミカルになり，安定感が得られ，自信がついてくる。またフォークダンスを楽しむことによりバランス・敏しょう性・柔軟性が増し，そしてともに楽しむ動作の快感が体得されるなど健康への貢献は大きい。

(2)　パーティーについて

パーティーは親しい者の集りで，ゲーム・歌・ダンスなどをともに行い，よりいっそう楽しいひとときをもち，親ぼくを増すものである。特にいろいろの祝や，郷土のお祭，あるいは記念日などをパーティーに利用することはよいことである。3年のフォークダンス学習はダンスを覚え，よく表現できるよう練習しながら，まとめの段階で，フォークダンスパーティーの経験をもつという単元形態をとってみた。ここでは卒業送別会の意味をもたせた。フォークダンスパーティーであるからプログラムのおもな活動がフォークダンスになるわけであるが，その計画にあたっては次のような考慮が必要である。

ア．パーティーを催すには，はっきりした目的をもつこと。

イ．パーティーに参加するものすべてのための活動が用意されること。

ウ．パーティーの活動はパーティーの意味に関係があるものにする。

エ．もてなしの意味でいくぶん高度の技能を必要とするものを入れてもよい。

オ．茶菓を準備する。

カ．準備委員および当日のリーダーが必要である。

(3)　フォークダンスの生活化の一例

フォークダンスをキャンプあるいは運動会のプログラムに加えて，その計画・運営の経験をもたせ，生活化をはからせることは，フォークダンス学習のまとめの意味からよいことであるし，活動的なレクリエーションとしての活用のしかたを学ばせることになる。

組織だった教育的なキャンプを企画し，美しい自然の中で楽しく親しい集団生活を経験することは意義深い。日を重ねてキャンプ生活を営むに際して，その計画の立案や実施に生徒をできるかぎり参加させ，プログラムの中にいままでに学習したフォークダンスを取り入れ，計画・運営の経験をもたせることは，フォークダンスの生活化の面からも望ましい。それには綿密な準備と創意あるプログラムが必要であるから，話合いで準備委員会を設け，準備委員会では何をしたらよいかを考えさせる。参加者・期日・会場・内容の大綱を決めたら仕事の分担をして，細部にわたって準備に進んでゆく。それではどのような係を設けたらよいか。「フォークダンスのひととき」を発表し案内する普及係，会計・会場・接待・プログラムの作成と当日の進行を分担する進行係などがあげられる。教師は，計画・準備が着々と進められているが，それは望ましいものであるか，みんなよく協力し合っているかなどの観察を続け，常によき助言者であることがたいせつである。プログラム作成にあたっては，目的，

時間の予定，会場の種類，参加人員，プログラムにおりこむフォークダンスの種類とその順序などを考えることが必要であるとともに，その時間の前後のプログラムも念頭に置かなければならない。次に進行係はどのような人であることが望ましいか，どのように会を運んでいったらよいか，どんな準備が必要かなどリーダーとしての資格，内容の熟知，参加者の統一，説明のしかた，組分け，隊形の変え方などの運営技術を身につけていることが必要である。また進行係は，他の役員および参加者の協力を求めるようにすることがたいせつである。そして終ったら反省会をもつ。

運動会におけるフォークダンスの学習は，キャンプにおけるそれとは目的・内容を異にするがその企画・運営上の基本となることは同じで，これから応用できる。ただし運動会では発表という目標もあるから，みんなで愉快に熱心に練習を重ねるよう動機づけることが必要である。

(4) エチケットについて

エチケットとは，礼儀を守り，人に迷惑をかけたり，不快な思いをさせないことである。フォークダンスにおいては次のようなことが考えられる。

ア. 服装を清潔にきちんとし,高等学校生徒にふさわしいことばで,ふさわしい行動をする。

イ. 環境をよくして踊る。

ウ. 時間に注意する。夜かしをしてあすの生活に支障をきたしたりしない。過労に陥らないことがたいせつである。

エ. 音楽が隣り近所に迷惑になったりすることのないように留意する。

オ. みんなが気持よく，楽しく参加できるようにする。そのためには目的や対象によって適当なダンスを選択することが必要であるし，リーダーは常にふんいきに気を配り，みんなが楽しんでいるかを見ることがたいせつである。

またよく踊れるものはできないものを助けて，恥ずかしい思いや悲しい思いをさせないようにする。じょうずなものが得意になっていることは，みんなでフォークダンスを楽しむいう精神に欠けることであり，礼儀を欠くことである。このようなエチケットは高等学校の時期によく理解し，身につけるようにさせる。

(5) フォークダンスの評価（例）

次のような内容を含めて知識・技能を適当な方法でテストする。

ア. フォークダンスのテスト例

（ア） ダンスの名まえ

（イ） ダンスの国名

（ウ） ダンスの音楽を聞き分ける。

（エ） 各ダンスの特徴

（オ）各ダンスの隊形

（カ）みんなと気持よく踊っているか。

（キ）音楽にあっているか。

（ク）一つのステップから他のステップに，または一つのフィギュアから他のフィギュアにたやすくなめらかに移ってゆけるか。

イ．成果について

（ア）みんなフォークダンスを楽しんだか。

（イ）動きが軽やかになったか。

（ウ）フォークダンスについての知識を得たか。

（エ）他人に対して望ましい態度を示したか。

（オ）教科時以外にどのような時にだれと踊ったか。

これらについて生徒とともに話合い，学習意欲をさらに高め，後の学習活動をいっそう活発にすることに活用する。

(6)　参考書

ア．フォークダンステキスト

　朝日新聞社　日本レクリエーション協会

イ．楽しいフォークダンス

　日本YMCA同盟

ウ．フォークダンス

　玉置真吉著　音楽之友社

エ．58 Folk Dances of Today

　栗本義彦編　万有社

オ．世界の踊り

　中山義夫著　文化芸術学院

カ．フォークダンス，世界めぐり（コスチュームを含む）

　内海千江　現代舞踊（月刊雑誌）

キ．Rhythms and Dances for Elementay Schools　Dorothy La Salle　A. S.Barnes and Company, New york.

ク．The Folk Dance Library　A. S. Barnes and Conpany, New york.

ケ．教師のためのダンス図説　石田照子著　逍遙書院

コ．学園に生きるフォークダンス　戸倉ハル著　不昧堂

サ．フォークダンス＝コスチューム　日本YMCA同盟

(7)　参考例

ここにあげたフォークダンスは一例で，3年の学習にとりあげたものを参考に説明した。

Red Rirer Valley (レド=リバー=バレー)　アメリカ

アメリカでよく踊られるミクサーである。ミクサー(mixer)とは混合機を意味して，パートナーを交替する形式のダンスである。

ミクサーにはパートナーが次々と替ってゆくものと，パートナーは替えないで相手をしていた組が順次に移ってゆくものとがある。ここでは両方を含むミクサーである。

音楽……$\frac{2}{4}$拍子，レコード……ビクターAE—18

ステップ……スウィング，ドーシードー

隊形……3人1組，1列になって手をつなぎ(両端のものはあいている手を腰に)，2組向かい合って大きな円をつくる。

踊り方

1.　1〜4小節……3人1列のまま左足から斜め右へ4歩進み，向かい合っては左組と入れ替る。同じく左足から斜め左へ4歩進み，新しい組と向かい向う。

5〜8小節……新しい組と6人手をつなぎ左へ4歩回り，右へ4歩もどる。

9〜16小節……中央の人と右端の人とスウィング(8呼間)。中央の人と左端の人とスウィング(8呼間)。

2.　1〜8小節……1〜8小節をくり返し，さらに新しい組と向かい合う。

9〜12小節……両端の4人が中央に出て，右手の星をつくり，時計回りしてもとにもどってくる(8呼間)。

1〜16小節……中央の人どうしが右肩をすれちがわせてドーシードーをしてもどる。

3.　1〜8小節……1〜8小節に同じ。新しい組と向かい合う。

9〜12小節……右端の人どうしが右手をとって位置を交替する。(8呼間)

13〜16小節……左端の人どうしが右手をとって位置を交替する。(8呼間)

このメロディーは非常によく知られているから皆で歌いながら踊ることができる。

Danish Schottische (デーニッシュ=ショティッシュ)　デンマーク

ショティッシュは元来スカンジナビヤ地方のフォークダンスであるが，現在では広く世界中で踊り楽しまれている。ワルツ・ポルカとともにインターナショナルダンスとよばれる。デンマークのショティッシュは非常に軽やかでテンポの速いのが特徴である。

音楽……$\frac{4}{4}$拍子，レコード……ビクターA1063

隊形……男子内側，女子外側になり進行方向に向かって二重円をつくる。スケーティングポジションをとる(男子の右手を下にして互に右と右，左と左手をとる。アメリカのスク

ュアダンスでは男子の右手が上になる)。

ステップ……ショティッシュ

踊り方

1．右斜めにランニング＝ショティッシュを行う。ショティッシュはステップ，クローズ，ステップ，ホップであるが，このダンスではステップ，ステップ，ステップ，ホップと右足から3歩ランニングで前進し，右足でホップする。

2．同じく左斜めに行う。

3．前の方にステップ，ホップを4回行う。

4．互に向かい合い左手を肩の高さにとり，右手は腰にとる。互に右のほうにショティッシュ＝ステップを行う。……右足横，左足を右足の前，右足を横に出して右足でホップする。同じく左のほうに手をかえずに行う。

5．右手にかえて，ステップ，ホップを行いながら回る。左手は腰にとる。

以上を初めからくり返す。

Circussian　Circle　(サーカッシアン＝サークル)　スコットランド

音楽……$\frac{2}{4}$拍子，レコード……ビクター　AE-59

隊形……一重円，肩の高さに手をつなぎ，円の中心を向く。

踊り方

1．1～4小節……全員左足から3歩前進し，4歩目で静かにそろえる(このときあいさつはしない)。同様に後退する。

2．5～8小節……1～4小節をくり返す。

3．9～12小節……男子はそのまま，女子は1～4小節を行う(この時女子は上体は曲げずに軽くひざを曲げる)。

4．13～16小節……女子はそのまま，男子は前進4歩目に拍手し，左回りしてコーナーの女子のところへゆく。

5．1～4小節……男女とも互に手首を握り合って，上体をそらせるようにしてスウィングする。

6．5～8小節……プロムナードポジションで進行方向に前進する。

7．1～16小節……全員内側に向きかえて手をつなぎ，サークルを右のほうにスライドを行う。

Green　Sleaves　(グリーン＝スリーブス)　イギリス

音楽……$\frac{6}{8}$拍子　隊形……男子内側，女子外側で二重円

踊り方　内側の手をとり，外側の手はさげておく。2組がいっしょになり4人で踊る。

1.　互に外側の足から始めて16呼間前進する。

2.　女子は内側に向きをかえ，4人は右手を中央に伸ばして，スターを作り，その場で8呼間右回りする。

3.　互に向きをかえ，左手でスターを作り，8呼間左回りする。

4.　2人は内側の手をとり，前の組は腰をかがめて4呼間後退，あとの組は内側の手を高くあげてアーチを作り，前進しながら前の組をくぐらせ位置を交換する。

5.　同様にしてもとにもどる。

6.　4，5をくり返す。

Kalvelis（カルベリス）　　　リトワニヤ

カルベリスとは小さいかじ屋さんの意味で，その特徴はかじ屋さんが焼けた鉄をうつ動作を模倣したハンドクラッピング（手をうつ）である。このダンスは19世紀の中ごろ北欧のリトワニヤに生れたカップルダンスである。

音楽……$\frac{2}{4}$拍子，レコード……コロンビアAK-151

隊形……一重円，全員手をつなぎ円の中心に向く。

踊り方

1．1～8小節……全員右足から右のほうにポルカ＝ステップを7回行い，続いて3回スタンプし，左のほうに向きをかえる。

2．1～8小節……1を左のほうへくり返す。

3．9～16小節……その場でパートナーと向かい合い，ハンドクラッピングを行う（両うでを伸ばし，胸の前で左右の手の手のひらを中側に向ける。4回上下させながらうつ)。次に右うでを組んで，スキップ四つで1回転し，ふたたび手をうち，それから左うでを組んで1回転する。

4．9～16小節……3をもう一度くり返す。

5．1～8小節……ふたたび円心を向き，女子のみがスカートを手でもち，これをふりながら中央に向かってポルカ＝ステップ3回し，スタンプ3回し，向きをかえて同様のステップでもとにもどる。

6．1～8小節……男子が胸の前にうでを組み，ひじを下げないようにして，女子と同様のステップを行う。最後に男女が向かい合う。

7．9～24小節……3，4をくり返す。

8．1～16小節……男女向かい合い，右手をつなぎ，ポルカ＝ステップ8回でグランド＝ライト＝アンド＝レフト（グランドチェイン）を行う（男子は円の進行方向に，

女子は逆に進む)。グランド＝ライト＝アンド＝レフトを８小節行った時に出会った新しいパートナーと組んで，ダンスポジションでポルカ＝ステップで進行方向に向かって踊る。

リトワニアのポルカステップは次のような特徴をもっている。

(1) ポルカの歩幅が非常に狭い。

(2) ホップをする時に高くする。

(3) ホップの時，他の足は，外側に少しけり上げるようにする。

Csecogar（シェボガー）　　ハンガリア

シェボガーはハンガリアのナショナルダンス（国民舞踊）になっている。

音楽……$\frac{2}{4}$拍子，レコード……ビクターＡＥ-19

ステップ……ハンガリアンターン（ホッサステップ）

ハンガリアン
ターンポジション

ショルダー=ウェスト=ポジション

隊形……男子左，女子右側で一列円。円の中心を向き顔の高さに手をつなぐ。

踊り方

1．左足から左のほうにスライド７歩進み，８歩目で軽くホップ，体重は右に移さない。（８呼間）

2．右へ同様に行う。（８呼間）

3．円の中心に全員スキップ四つで前進，スキップ四つでもとにもどる。この場合，前進は上体を前に倒して手を下げ，後退は上体を起して手をあげる。

4．パートナーと図のようにハンガリアンターンポジションに組んで，ホッサステップで右回りする。ホッサステップ（ハンガリアンターンステップ）……右足ホップ，左足ステップ，右足その場でステップ，以上を３回くり返し，時計のほうへ回転する。女子は終りの右足のステップを省く。（８呼間）

5．互に向き合って（男子左肩，女子右肩を中央に向けて）内側の足から始めて円の中心にサイドクローズ（ドロー=ステップ）を４回くり返し，外側に４回してもとにもどる。(16呼間)

6．同じく，内側，外側に２回ずつ行う。（８呼間）

7．ハンガリアンターンを行う。(ホッサステップ４回，４回目は男女ともに第１拍で左足でスタンプし，第２拍目に「ホイ」とよぶ。)

Varsoviene (バルソビエーン)　　スウェーデン

音楽……$\frac{3}{4}$拍子，レコード……コロンビヤAK-26

隊形……二重円，内側男子，外側女子，男子は女子の背に後から右手をまわし，女子は左手を男子の肩にかけ，他の手は腰にとる。(ショルダーウェスト＝ポジション)

踊り方

1．1〜2小節……女子は右足から3歩で男子の前を通り，男子の左側にならぶ。男子は左足から3歩小またにランニングステップする。次の3呼間で男子は右かかと，女子は左かかとを前に出して床につける。

2．3〜4小節……1をくり返す。女子はもとの位置にもどる。

3．5〜8小節……以上をくり返す。

4．9〜10小節……マズルカステップを2回する。

5．11〜12小節……1をくり返す。

6．13〜16小節……4，5をくり返す。

7．17〜24小節……パートナーとダンスポジションに組み，終りまでワルツステップを行う。

Jingle　Bells (ジングル　ベルス)　　アメリカ

雪の原をそりがサンタクロースをのせて，リンリンと鈴をならしながら元気よく駈けてゆく。

音楽……$\frac{4}{4}$拍子，レコード……AK-38，　AE-270

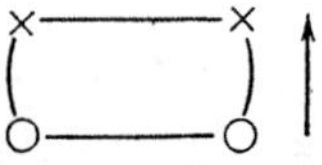

隊形……男子が内側，女子が外側になり，進行方向に向かって二重円をつくる。4人1組となり，内側の手はパートナーと，外側の手は他の組のものとつなぐ。

ステップ……ポルカ，スキップ，スライド

踊り方

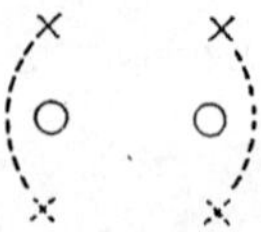

1．1〜2小節……外足からポルカ4回で前進する。

2．3〜4小節……前の2人が中の手だけ離してスキップ8回で後にまわる。後の組は中の手，外の手を離さないで，スキップで前進し，2組が位置を前後する。

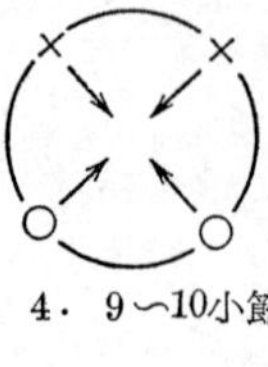

3．5〜8小節……1，2をくり返し，最後に初めのとおりの組になり，前の組は手を離して，2人とも後を向き4人が中を向いて小さな円をつくる。(手はつないでいる)

4．9〜10小節……円周上を4人が手をつないだまま進行方向にスライドで進み，最後に足をそろえる。

5．11～12小節……4人が手をつないだまま，円を小さくして，その場でステップ=クローズで左回りする。

6．13～14小節……円周上をもとにもどる。

7．15～16小節……5．と同様にを右回りする。最後に前の2人は手を離して向きかえ，最初の形になって4人が手をつなぐ。

Road to the Isles　　スコットランド

音楽……$\frac{4}{4}$拍子，レコード……ビクターAE-27

隊形……二重円，進行方向でバルソビエーンポジション

踊り方

1．1～2小節……男女ともに左つまさきを左斜め前にポイントする(1，2)。左足をひき右足後にステップする(3)。重心を左にかけ右足をわずか右にステップしてふたたび重心を移す(4)。次に左足を右足の前にステップする(5，6)。続いて右つまさきを右斜め前にポイントする。(7，8)

2．3～4小節……右足をひきつけて左足の後にステップする(1)。左足をわずかに左にステップ(2)して，右足を左足前にステップする(3，4)。次に左つまさきを左斜め前にポイントする(5，6)。さらに左つまさきを後にポイントする(7，8)。

3．5～6小節……左足から3歩前進し，左足でライズ(rise)する(かかとをあげるだけでホップをしなくともよい)。次に右足から3歩前進し，右足でライズしながら右に半回転して，後方を向く。

4．7～8小節……同様に逆進行方向に行い，左回り半回転して，もとの方向に向き，その場で軽くスタンプを3回する(1呼間休む)。

付　　録

I　施設用具の標準

体育科の学習指導の能率を高めるためにはじゅうぶんな施設・用具が備わっていることが必要である。

しかし，施設の大きさ・種類・数量および用具の種類・数量などは，各学校の立場に応じて詳細な標準を設けることはなかなか困難である。

そこで，高等学校の立場から一般的に必要と考えられるものの具体的な標準例を示すこととした。

なお，運動場および体育館の面積は「学校施設改訂基準案の解説」(昭和31年4月文部省管理局教育施設部編集）によったものであり，用具の数量は，文部省保健体育審議会学校体育分科審議会の審議した案によるものである。

1. 運動場面積

(1)　学級数別運動場面積一覧表（単位m^2）

区　分	1 cl.	2 cl.	3 cl.	6 cl.	9 cl.	12 cl.	15 cl.	18 cl.	21 cl.	24 cl.
高等学校			8,400	8,400	10,050	11,700	13,350	15,000	16,650	18,300

(2)　解説

6学級以下では，運動器具スペースのほか１００ｍ直線コースがとれるが，２００ｍトラックはとれない場合が多い。

9学級〜１５学級では，運動器具スペース・２００ｍトラックのほか，バスケットボール・バレーボールのコート各１〜2面がとれる。

１８学級〜２１学級では，さらにテニスコート１〜2面と，２５ｍ水泳プールがとれ，２４学級以上では，３００ｍトラックとそのフィールドに重ねてサッカーコートがとれる。野球場はトラックに重ねて配置すれば，１２学級以上ではとれるが，正規の試合はできない。

2. 体育館

(1)　暫定最低面積基準

この基準は，国の助成基準であり，公立学校施設費国庫負担法・危険校舎改築促進臨時措置法・へき地教育振興法・小学校不正授業解消促進臨時措置法などの助成基準に用いられているものであって教育目的達成のために必要な最少限度の要求を満たしているものではない。したがって，この程度の基準では，教育的に幾多の困難と支障が予想されるが，現在の国家財政からみてやむをえないものと思われるので，将来の基準引上げが期待されるわけで

ある。

生徒の数	1人～299人	300～449	450～599	600～899	900～1,199	1,200～1,499	1,500～以上
1人当りの基準坪数	0.48坪	0.40	0.30	0.24	0.22	0.21	0.20

(2) 最低基準案と適正基準案

最低基準は教育的にみて必要な基準であり，適正基準は学校として望ましい基準として考えられているものである。

ア．高等学校（普通課程）講堂，体育館の最低ならびに適正面積基準案の算定基礎表

単位 m^2（坪）

学級数			3 cl.		6 cl.		9 cl.		12 cl.		15 cl.		18 cl.		21 cl.		24 cl.	
生徒数			150人		300人		450人		600人		750人		900人		1,050人		1,200人	
施設別＼基準別			最低	適正	最低	適正	最低	適正	最低	適正	最低	適正	最低	適正	最低	適正	最低	適正
講堂スタディーホール	講堂・スタディーホール					120		300		380		460		540		620		700
	付属室・便所廊下等					18		45		57		71		81		93		105
	小計					138		345		437		531		621		713		805
	1人当り	m^2				0.46		0.77		0.73		0.71		0.69		0.68		0.67
		（坪）				(0.14)		(0.23)		(0.22)		(0.21)		(0.21)		(0.21)		(0.20)
体育館	体育館（下欄は小体育館）		280	315	432	486	440	496	532	600	512	576	600	660	660	720	680	720
											116	132	120	154	154	200	228	308
	付属室・便所廊下等		42	63	64	97	66	99	81	122	95	140	108	162	124	184	140	205
	小計		322	378	496	583	506	595	613	722	723	848	828	976	938	1104	1048	1233
	1人当り	m^2	2.15	2.52	1.65	1.94	1.12	1.32	1.02	1.20	0.96	1.13	0.92	1.08	0.89	1.05	0.87	1.03
		（坪）	(0.65)	(0.76)	(0.50)	(0.59)	(0.34)	(0.40)	(0.31)	(0.36)	(0.29)	(0.34)	(0.28)	(0.33)	(0.27)	(0.32)	(0.26)	(0.31)

イ．解説

（ア） 講堂（またはスタディーホール）

a．適正基準の6学級以上に設け，最低基準は体育館兼用にしてある。

講堂は体育館のスペアとして，女子のダンス授業等にも利用できる。

b．付属室・便所・昇降口および廊下などのために講堂面積の15％をとってある。

（イ） 体育館

a．15学級以上では2室設けてある。これは，男女や人数を考慮してのことである。

b．適正規準案と最低基準案について，それぞれステージを設けた場合と設けない場合の体育館に設けることのできるコートの種類を学級別に比べてみると次表のとおりである。

区分		ステージを設けた場合						ステージを設けない場合					
		バドミントン		女子	男子	女子	男子	バドミントン		女子	男子	女子	男子
		シングルス	ダブルス	バレー	バレー	バスケット	バスケット	シングルス	ダブルス	バレー	バレー	バスケット	バスケット
3 cl.	最低	△ 1	①	—	—	—	—	△ 1	△ 1	①	—	—	—
	適正	△ 2	①	—	—	—	—	△ 2	△ 1	①	—	—	—
6 cl.	最低	△ 3	△ 2	△ 1	①	—	—	△ 3	△ 3	△ 1	△ 1	①	—
	適正	△ 3	△ 3	△ 1	①	—	—	△ 4	△ 3	△ 1	△ 1	①	—
9 cl.	最低	△ 3	△ 2	△ 1	①	—	—	△ 3	△ 3	△ 1	△ 1	①	—
	適正	△ 3	△ 3	△ 1	△ 1	①	—	△ 4	△ 3	△ 1	△ 1	①	—
12 cl.	最低	△ 3～4	△ 3	△ 1	△ 1	①	—	△ 4	△ 4	△ 1	△ 1	①	—
	適正	△ 3～4	△ 3	△ 1	△ 1	△ 1	①	△ 4	△ 4	△ 1	△ 1	△ 1	①
15 cl.	最低	△ 3～4	△ 3	△ 1	△ 1	①	—	△ 4	△ 4	△ 1	△ 1	①	—
	適正	△ 3～4	△ 3	△ 1	△ 1	△ 1	①	△ 4	△ 4	△ 1	△ 1	△ 1	①
18 cl.	最低	△ 3～4	△ 3	△ 1	△1～2	①	—	△ 4	△3～4	△1～2	△ 1	△ 1	①
	適正	△ 3～4	△ 3	△ 1	△1～2	△ 1	①	△ 4	△ 4	△1～2	△ 1	△ 1	①
21 cl.	最低	△ 3～4	△ 3	△ 1	△1～2	△ 1	①	△ 4	△ 4	△1～2	△ 1	△ 1	①
	適正	△ 4	△ 3	△ 1	△1～2	△ 1	①	△ 4	△ 4	△1～2	△ 1	△ 1	①
24 cl.	最低	△ 4	△ 3	△ 1	△1～2	△ 1	①	△ 4	△ 4	△1～2	△ 1	△ 1	①
	適正	△ 4	△ 3	△ 1	△1～2	△ 1	①	△ 4	△ 4	△1～2	△ 1	△ 1	①

〔備考〕

i　○内の数字は設けることができる最大のコート数量

ii　△印の数字は○印のものに重ねてとることができるコートの数量

（ウ）　付属室（器具室・更衣室・洗面所・シャワー室など）・便所・昇降口・廊下などのために最低基準では，体育館面積の１５％，適正では２０％とられているが，最低の場合は付属室を設けると渡り廊下はとれないし，渡り廊下を設ければ付属室のうち器具室を除けば，他の更衣室・洗面所などは設けられなくなる。

3. 用　　具

各学校で設備用具を整える場合，学校が教科時や教科時以外の活動で，重点を置いて指導している運動種目の設備用具については，次に示す基準(案)以上に備えることが望ましい。

設備用具	基数			備考
	1～5	6～17	18以上	
バスケットボール	5	10	10	
同スタンド	1	2	2	(組)

バレーボール	5	10	10	
バレーボール用支柱	1	2	2	(組)
バレーボール用ネット	1	2	2	
サッカーボール	5	10	10	
ハンドボール	5	5	5	
サッカー ハンドボール｝用ネット	1	1	1	(組)
サッカー ハンドボール｝用支柱	1	1	1	(組)
ラグビーボール	5	7	7	
卓　球　台	4	5	6	
卓球用ネット	4	5	6	
卓球用ラケット	16	20	24	
バトミントン支柱	2	2	2	(組)
バトミントンネット	2	2	2	
バトミントンラケット	10	16	16	
テニス用支柱	2	2	2	(組)
テニス用ネット	2	2	2	
テニス用ラケット	10	16	16	
マ　ス　ク	1	2	2	
ミ　ッ　ト	1	2	2	
グローブ	8	16	16	
バ　ッ　ト	5	10	10	
バックネット	1	2	2	(移動式を含む)
走高とび用支柱	1	1	1	
棒高とび用棒	2	3	3	
棒高とび用支柱	1	1	1	
砲　丸	3	6	9	(8, 12ポンド)
スターティングブロック	6	6	6	
と　び　箱	2	4	4	
踏　切　板	2	4	4	
マ　ッ　ト	4	8	8	
平　均　台	4	5	5	
平　行　棒	1	1	1	
固定低鉄棒	5	5	5	
固定高鉄棒	5	5	5	
柔　道　衣	2	3	3	(教師用)
た　た　み	40	60	60	
剣道防具	26	26	26	(教師用を含む)
し　な　い	2	4	4	(教師用)
ス　キ　ー	2	4	4	｝
スキー用つえ	2	4	4	｝(教師用, 積雪地のみ)
スケート	2	4	4	｝
綱引用綱	1	1	1	
なわとび用短なわ	50	50	50	
なわとど用長なわ	5	10	10	
笛	5	5	5	
タンバリン	5	5	5	
出発用信号器	1	2	2	
巻　尺	2	2	3	(20〜50m)
ストップウォッチ	2	3	3	
空気入れ	2	2	4	

ひもとおし	2	2	4	
審　判　台	1	2	2	（球技用）
ライン引き	2	2	3	
地ならし用具	1	1	2	
ローラー	1	1	1	
実技用掛図	5	5	5	（種類）
スライド	5	5	5	（種類）
ダンス用レコード	20	20	20	（枚）

〔備考〕

(1) この基準は，学校設備調査報告書（指定統計第47号，文部省調査局統計課昭和29年10月現在調査）を参考にして作成した。

(2) 設備用具の基準は，3学級，12学級，18学級を標準として考えた。

(3) 体育科として必要な用具でも，学校として備えるもの（たとえばピアノ・オルガン・蓄音機など）はこの基準に含めない。

Ⅱ　異常者の取扱

異常者には，精神異常によるものと身体の異常によるものがあり，その異常の程度により特殊学級に入れて教育することが望ましいものと，普通のものといっしょに教育してさしつかえないものがある。特殊学級に入れるものについては学校教育法に示してある。そこで次に特殊学級に入れるものと，その程度ではない身体異常者の保健体育科における取扱について参考事項を掲げてみよう。

1. 特殊学級に入れる者

学校教育法第７５条（特殊学級）

小学校，中学校，高等学校には左の各号の一に該当する児童および生徒のために特殊学級を置くことができる。

(1) 性格異常者

(2) 精神薄弱者

(3) ろう者および難聴者

(4) 盲者および弱視者

(5) 言語不自由者

(6) その他の不具者

(7) 身体虚弱者

② 前項に掲げる学校は，疾病により療養中の児童および生徒に対して，特殊学級を設け，または教員を派遣して，教育を行うことができる。

2. 保健体育科における身体異常者の取扱

高等学校で保健体育科は共通に履習すべき教科になっている。このことは，この時期の生徒の心身の発達からみて，体育運動が重要なものとして考えられるからである。

しかし，身体異常者は，実際に普通の生徒のような体育運動はできないので，その身体の異常の程度に応じて，軽度な運動や運動に関連ある事がらについて，具体的な計画のもとに指導することが必要である。

なお，法的には，小学校の場合，学校教育法施行規則第２６条に「児童が心身の状況によって履修することが困難な教科は，その児童の心身の状況に適合するように課さなければならない」とあり，これは中学校にも準用されている。しかし，高等学校の場合には，この規定は準用されていないが，前述した高等学校における保健体育科の性格や生徒の発達からみて，基本的には，この規定の考え方に立って指導すべきである。

次に参考として，青森県のある高等学校の生徒が「大たい骨炎による歩行困難」よって体育を普通に履修できない場合で，その生徒に対してどのような処置をとり，単位を与えるようにすればよいか，という問に対する文部省の回答を掲げてみよう。

身体異常者の保健体育科の取扱について（昭和２５年３月，中等教育課長）

保健体育科は必修教科ですから，身体異常者に対しても所定の単位をとらせることが必要です。それは異常の程度や種類に応じてそれぞれ異なった方法がとられるべきであることはいうまでもありません。この場合，特に考慮されなければならないのは，その生徒のための計画的な指導が条件でなければならないことです。

すなわち，学校は身体異常者に対する次のような目標を立て，それを学習させることによって単位を与えるよう考慮することが必要です。

⑴　自己の異常の状態を認識させ，できるだけ自己の健康を保持増進するための知識・技能・習慣・態度を身につけさせる。

⑵　異常の程度に応じて余暇を楽しむことの意義を理解させ，そのための知識・技能・態度・習慣を身につけさせる。

いま御照会の「大たい骨炎で歩行困難な生徒」の場合についての処置を考えてみることにします。

⑴　保健は知的科目ですから所定の二単位は修得可能です。

⑵　体育は運動の実際とそれに必要な理論になりますが，そのうち理論の面では多少単位を与えることができます。

もともと体育の理論は運動実践の裏づけとして学習させるのがたてまえですから，なんといっても運動についてできるだけ学習させなければなりません。

そこで，だいたい次のような実施可能な程度の運動や運動に関連ある事がらを学習させることをもって，その単位を与えるのほかありません。

(1) 日光浴

(2) 歩行（患部を刺激しない程度）

(3) 徒手体操

(4) 深呼吸

(5) ゲームや競技の審判（静的で可能なもの）

(6) 見学（特に冷える場合を除いて）

(7) 体育グラフの作成

ただ，このように体育で単位を与えるために考慮されなければならないことは，さきにも触れたように学校（体育教師）は，常にその個人のために特別な指導計画を立て，生徒が真に自覚的に自分の能力の範囲で，その目標を達するようにできるだけ努力するよう指導することが必要と考えられます。

以上をとりまとめて申しますと，身体異常者に対する体育の単位は，学校の計画的な指導と生徒の学習状態によって得られるべきもので，学校の放任と生徒の自由な行動（たとえば体育の時間中に教室に残って，体育に関係のない学習をするなど）によって得られるものではないということです。

Ⅲ　学校剣道の実施について（通達）

文初中第285号
昭和32年5月20日

各都道府県教育委員会
各都道府県知事
各国公私立大学長
各国公私立短期大学長
各国立高等学校長
殿

文部事務次官
稲田清助

学校剣道の実施について（通達）

このたび，中学校・高等学校学習指導要領保健体育科体育編および高等学校学習指導要領保健体育科編の一部を別紙のとおり改訂し，従来中学校・高等学校で実施している「しない競技」と高等学校で実施している「剣道」との内容を整理統合し，「学校剣道」として中学校・高等学校で昭和32年度から実施できることにしましたのでお知らせします。

なお，学校剣道の適切な実施を期するため，近く「学校剣道指導の手びき」を発行するとともに，中央講習会を開く予定であります。

（別紙）　中学校高等学校学習指導要領保健体育科体育編および高等学校学習指導要領保健体育科編の一部改訂について

1．中学校高等学校学習指導要領保健体育科体育編改訂

第3章の2の(5)中学校の教材の表中，男子の選択教材の欄の末尾に「学校剣道〃」を加える。

2．高等学校学習指導要領保健体育科編改訂

第3章の2の2の(1)運動の分類 a．中「剣道またはしない競技」を「学校剣道」に改める。

第3章の2の2の(3)技能的内容中，剣道およびしない競技に関する部分を次のように改める。

○学校剣道

基本	姿勢と構え		°自然体，°中段の構え，°下段の構え
	足さばき		°歩み足，°送り足，継ぎ足，°開き足
	す振り		°上下振り，°斜め振り
	打突		°面（正・左・右），°小手（右），°胴，突き
	打ち返し		°連続左右面，°正面一連続左右面
応用	しかけわざ	払いわざ	°払い面，払い小手，払い胴，払い突き
		出ばなわざ	°出ばなな面，°出ばな小手
		ひきわざ	°ひき面，°ひき胴
		二・三段のわざ	°小手一面，°小手一胴，°面一胴，面一面，突き一小手，突き一面，小手一面一胴
		片手わざ	°片手面
	応じわざ	すり上げわざ	°面すり上げ面，°小手すり上げ面，面すり上げ小手，突きすり上げ面，小手すり上げ小手
		打ち落しわざ	°胴打ち落し面
		返しわざ	°面返し胴（右），面返し胴(左)
		抜きわざ	°面抜き胴，°小手抜き面，面抜き面，面抜き小手
試合			簡易な試合，正式な試合，規則と審判法，競技会の運営

〔内容の説明および取扱上の留意点〕

(1)　基本の内容には，学校剣道を履修させる場合の基礎となる動作と技能を含めた。

(2)　応用の内容は，しかけわざと応じわざに分けた。しかけわざは，相手のすきを見いだし，自分から打突するわざをまとめ，応じわざは，相手の打突をしないと体さばきでそらし，相手にすきが生じたところを打突するわざをまとめた。

しかけわざのうち，かつぎわざと上段わざは教科時の内容としては困難と考えられるので，この内容から除いたが，生徒の技能の程度の高い場合は指導してさしつかえない。

(3)　中学校との関連を明らかにするため，その技能的内容をあわせて示した。○印のものは，中学校の内容として考えられるものである。

(4) 中学校から連続して学校剣道を履修する生徒には，○印のわざは復習的に指導し，それ以外のわざを主として指導する。

(5) 高等学校においてはじめて，学校剣道を履修する生徒には，○印のわざに重点を置き，そのあとでそれ以外のわざを指導する。

(6) しないは，「十六割のふくろしない」と「四つ割のしない」を適宜併用して指導することが望ましい。

第3章の3の(1)に掲げる全日制課程の場合および定時制課程の場合の男子の表の内容の欄中「剣道またはしない競技」を「学校剣道」に改める。

第3章の3の付表の男子の種目の欄中「剣道またはしない競技」を「学校剣道」に改める。

Ⅳ　運動部および対外運動競技に関する通達

文初中第275号
昭和32年5月16日

各都道府県教育委員会
各都道府県知事
各付属学校をもつ国立大学長
各国立高等学校長
殿

文部省初等中等教育局長
内　藤　誉　三　郎

中学校・高等学校における運動部の指導について（通達）

運動部の指導は，学校教育の一部として，生徒の正常な身体的発達を図るとともに，責任・協力・寛容・明朗などの望ましい態度・習慣の育成を目ざして行われるべきものであるが，最近運動部に属する生徒の暴力的な行動や不良行為が一部に起っていることは，まことに遺憾であります。

これについては，学校における生徒指導や特別教育活動一般の問題として検討し，指導の強化を図る必要があるが，この際学校における運動部の指導について下記事項に留意され，運動部の運営が，単に生徒の自主的活動に放任されることなく，学校教育の一部としてじゅうぶんな指導の行われるよう，御配慮願います。

なお，貴管下の教育委員会および学校に対し，この通達の周知徹底方についてよろしくお取り計い願います。

記

1．運動部の活動は，学校教育活動の重要な場であるから，校長は，生徒の自主的活動が健全に行われるよう，運動部長や種目別の各部の担当教員などを監督して，その指導の万全をはかること。

2．校長の特に留意すべき点

(1) 運動部の技術的なコーチを教職員以外に求める場合には，その人の人格が生徒に与える影響の大きいことを考え，教育に対して理解と識見をそなえた人を校長の責任において委嘱すること。

(2) 経済的な協力を先輩や後援会などの外部から受けた場合でも，そのことのために運動部の正常な運営がゆがめられたり，対外運動競技への参加が強制されることのないよう配慮すること。

(3) 運動部の先輩や後援会などが，対外運動競技の場合に，行き過ぎた激励や応援を行って，生徒に悪い影響を与えないように配慮すること。

(4) 生徒を対外運動競技に参加させる場合は，「学徒対外運動競技の基準」(昭和32年5月15日文初中第249号文部事務次官通達）によること。

(5) 運動選手に対し，試験を免除したり，採点を加減するなど，一般の生徒と差別のある取扱をしないこと。

3．運動部長の特に留意すべき点

(1) 運動部長は，種目別の各部の活動全体について掌握し，学校全体の行事や活動との調整を図ること。

(2) 運動部長は，施設用具などが選手のみに独占されることのないように指導すること。

4．種目別の各部の担当教員の特に留意すべき点

(1) 種目別の各部の担当教員は，単に名目だけでなく，絶えず部の活動全体を掌握して指導監督にあたること。

(2) 生徒が運動部に入部あるいは退部する場合は，種目別の各部の担当教員は，本人の意志・健康などをじゅうぶん考慮し，ホームルーム教師や父兄とも連絡して，適切な措置と指導をすること。

(3) 運動部の運営が対外運動競技における勝利のみを目標とし，あるいは部の団結を重視するのあまり，上級生が同僚や下級生に能力をこえた練習をしいたり，さらに，暴力的な行動にまで及ぶことのないようじゅうぶん指導すること。

(4) 運動部の練習については，生徒の健康や学業をじゅうぶん考慮するとともに，できるだけ短時間に練習効果のあがるように指導すること。

5．合宿練習の指導において特に留意すべき点

(1) 合宿の生活においては，教師は必ず寝食をともにして監督し，その生活がとかく運動練習のみに片寄りがちであるので，運動練習以外の生活においても，学習その他について自主的に計画を立てるよう指導し，日々の生活が規則正しく行われるよう配慮すること。

(2) 合宿生活は，ややもすれと，飲酒・喫煙その他好ましくない遊びや集団的な非行の機会になりがちであるから，教師は常に生徒の行動を確実にはあくしてその生活全般にわたる

指導に留意すること。

(3)　合宿練習は，通常の場合の練習と異なって，練習時間や練習量が多く，生徒は心身ともに疲労を増してくるので，教師は個々の生徒の健康や衛生に留意し，病気になったり，傷害を起したりするもののないよう注意すること。

文初中等249号
昭和32年5月15日

各都道府県教育委員会
各都道府県知事
各国公私立大学長　　殿
各国公私立短期大学長
各国立高等学校長

文部事務次官
稲　田　清　助

学徒の対外運動競技について（通達）

学徒の対外運動競技（以下「対外競技」という。）については，昭和29年4月20日付文初中等第220号文部事務次官通達によって，その指導方針を明らかにし，関係者の格別な御配慮をお願いしてきましたが，その後その実施をめぐっていろいろな問題が生じてきました。

このたび，文部省においては，保健体育審議会にはかって審議検討した結果，基本方針については，従来のものを変更しないが，実状に即して，いっそう適切な運営をはかるため，次の点を改正しました。

第1は，中学校の対外競技は，府県内において行う場合もなるべく宿泊を要しないよう計画し，隣接県にまたがる小範囲の競技会は，当該県の教育委員会の承認を得て開催することができるものとすること。

第2は，高等学校の生徒を国際的競技会に参加させようとする場合は，文部省に協議するものとしたこと。

第3は，高等学校以上の学校の参加する競技会の主催者については，教育関係団体が中心となって自主的に構成される審議機関の審査を経て，教育関係団体以外の団体を加えることができるものとしたこと。

以上の改正点を含めて，学徒対外競技の基準を次のように整備しました。

貴教育委員会（都道府県・学校）においては，対外競技が教育に及ぼす影響の重要性にかんがみ，この基準がじゅうぶん守られるよう必要な管理規則を制定するなど，積極的に御協力下さるとともに貴管下関係機関および団体の協力についても，特に御配慮くださるようお願いします。

学徒の対外運動競技の基準

学徒の対外運動競技（以下「対外競技」という。）は，それが真に教育的に企画運営される場合には，学徒の心身の発達を促し，公正にして健全な社会的態度を育成するためのよい機会となり，教育的効果はきわめて大きい。しかし，その運用を誤ると，学校教員の自主性がそこなわれ，学業がおろそかになり，健康を害し，多額の経費を費すなど種々の弊害を生じ教育上好ましくない結果を招来する。

対外競技は，教科としての体育・クラブ活動・校内競技などとの関連をじゅうぶん考慮し，学校教育の一環として行われなければならない。

学徒が対外競技に参加する場合は，校長は，その責任において競技会の性格をよく検討し，学校教育全体の立場から無理がないように配慮するとともにじゅうぶんな教育的効果を収めるように努めなければならない。

以上の見地から，対外競技については，下記の要領によるものとする。

記

1．小学校の場合について

小学校においては，対外競技は行わないものとする。ただし，親ぼくを目的とする隣接の学校との連合運動会は，その目的を逸脱しないかぎり，行うことができる。

この場合において，その主催者は，当該学校または教育委員会とする。

2．中学校の場合について

中学校の対外競技は，都府県（北海道の場合は，支庁の管轄区域内程度とする以下「県」という。）内の競技会にとどめる。ただし，隣接県にまたがる宿泊を要しない小範囲の競技会で当該県教育委員会（北海道にあっては，北海道教育委員会とする。）の承認を得たものはこの限りではない。

なお，県内の競技会の場合も，なるべく宿泊を要しないような計画とする。

3．高等学校の場合について

(1)　高等学校の対外競技は，県内で行うことを主とし，地方大会・全国大会の開催は，各種目について，それぞれ年1回程度にとどめる。

(2)　地方大会・全国大会への参加は，生徒1人についてそれぞれ年1回程度とする。ただし，国民体育大会への参加は，例外として取り扱うものとする。

4．全日本選手権大会または国際的競技会への参加について

中学校または高等学校の生徒を次に掲げる競技会に参加させようとする場合は，文部省に協議するものとする。

(1)　中学校生徒の個人競技において，世界的水準に達している者またはその見込のある者が，全日本選手権大会または国際的競技会に参加する場合

(2)　高等学校の生徒が国際的競技会に参加する場合

5．主催者について

(1)　学徒の参加する競技会は，教育関係団体または機関が主催し，その責任において教育的に運営されなければならない。ただし，高等学校以上の学徒の参加する競技会については，教育関係団体が中心となって自主的に構成される審議機関の審査を経て，教育関係団体以外の団体を協力者として主催者に加えることができる。

この場合において教育関係団体・教育関係機関および自主的に構成される審議機関は次のとおりとする。

ア．教育関係団体とは，日本体育協会・これに加盟している競技団体・これに準ずる競技団体・学校体育スポーツ団体およびこれらの下部組織（これらの団体の最下部組織であるクラブおよび学校は含まない。）をいう。

イ．教育関係機関とは，文部省・教育委員会などの教育行政機関をいう。

ウ．自主的に構成される審議機関とは，県内の競技会について審議する地方審議会と，全国大会および地方大会について審議する中央審議会に分かれ，教育関係団体が中心となり，学識経験者を加えて構成されるものである。

(2)　学校体育スポーツ団体(学生競技団体を含む。）は，その下級の学校の競技会の主催者となることはできない。

(3)　主催者は，当該主催者の管轄する地域または事業の範囲以外の地域にわたって，参加者の範囲を拡大してはならない。

(4)　同種目および同範囲の競技会は，関係団体または機関が共同主催することが望ましい。

(5)　数校間の狭い範囲における対校競技の場合においては，(1)のア．の規定にかかわらず関係学校が主催することができる。

6．その他

(1)　対外競技は，長期の休業日または学業に支障のない日に行うようにしなければならない

(2)　対外競技に参加する選手の決定にあたっては，特定の者に固定することなく，本人の意志・健康・学業・品性などをじゅうぶん考慮しなければならない。

(3)　対外競技に参加する者は，あらかじめ，健康診断を受けなければならない。

(4)　対外競技の実施方法は，学徒の心身の発達および性別に応じたものでなければならない。なお，女子が対外競技に参加する場合は，女子教員が付き添うことが望ましい。

(5)　応援については，学徒としてふさわしい態度をとるよう適正な指導をしなければならない。

(6)　学校を代表しないで競技会に参加する場合についても，この基準の趣旨によって指導するものとする。

高等学校保健体育科　体育指導書　MEJ 2743

昭和33年3月15日　印　刷
昭和33年3月20日　発　行

著作権所有　文　部　省

東京都新宿区市谷砂土原町1の2
発行者　教育図書株式会社
代表者　小松謙助

東京都文京区西江戸川町21
印刷者　二光印刷株式会社
代表者　佐藤精亮

東京都新宿区市谷砂土原町1の2
発行所　教育図書株式会社
電話(33) 5536〜5539　振替東京12565番

③

定価 ¥188